房地产法律实务

FANGDICHAN FALÜSHIWU YU
ANLI FENXI

与

案例分析

■ 丁万星 李艳芳 王 腾 丁 隐 著

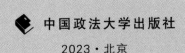

中国政法大学出版社

2023·北京

图书在版编目（ＣＩＰ）数据

房地产法律实务与案例分析/丁万星等著. —北京：中国政法大学出版社，2023.7
ISBN 978-7-5764-1030-3

Ⅰ.①房… Ⅱ.①丁… Ⅲ.①房地产法—案例—中国 Ⅳ.①D922.181.5

中国国家版本馆 CIP 数据核字(2023)第 144468 号

出　版　者　　中国政法大学出版社

地　　　址　　北京市海淀区西土城路 25 号

邮寄地址　　北京 100088 信箱 8034 分箱　邮编 100088

网　　　址　　http://www.cuplpress.com (网络实名：中国政法大学出版社)

电　　　话　　010-58908586(编辑部) 58908334(邮购部)

编辑邮箱　　zhengfadch@126.com

承　　　印　　固安华明印业有限公司

开　　　本　　720mm×960mm　　1/16

印　　　张　　35

字　　　数　　600 千字

版　　　次　　2023 年 7 月第 1 版

印　　　次　　2023 年 7 月第 1 次印刷

定　　　价　　149.00 元

　　房地产业横跨生产、消费和流通三大领域，是国民经济基础性、支柱性和先导性行业，2018 年我国房地产业完成 GDP（国内生产总值）13.21 万亿元，在总 GDP 中占 14.68%。2020 年我国房地产业完成 GDP7.455 万亿元，在总 GDP 中占 7.34%（建筑业占 7.18%）。房地产业关联度高，带动力强，能够带动上下游 60 多个相关产业，每 100 亿元房地产投资可以诱发其他部门 286 亿元的产出，其中诱发建筑业 90.76 亿元产出。房地产业能解决大量的就业岗位，我国近两亿进城务工人员，其中一半以上从事与建设工程和房地产相关的产业。房地产业还能增加财政收入，帮助广大人民群众实现对美好生活的向往。事实证明，房地产业对我国经济发展具有举足轻重的地位。

　　但是另一方面，房地产业也有压缩实体经济空间、拉大贫富差距、一旦经济形势下滑可能引发金融危机等风险。正是由于房地产业"双刃剑"的性质，自从房地产业产生以来，国家一直对房地产业进行宏观调控。尤其是近年来，为了防止经济结构性危机，国家加大了对房地产业的调控力度。由于签订合同时依据的客观情况发生变化，房地产纠纷案件陡增，根据最高人民法院工作报告，过去五年，全国法院审理房地产纠纷案件 460.4 万件。此外行政诉讼案件中，涉及土地、拆迁的案件也在受理的案件中名列前茅。房地产纠纷案件的激增需要法学界的同仁探寻成因、总结规律和研究对策。

　　本人长期从事建设法、房地产法教学活动和律师、仲裁员工作，实务活动主要集中于建设、房地产领域。鉴于房地产法律知识的法条概念学起来枯燥单调，而通过有人物、有场景的案例学习，则"采于山，美可茹；钓于水，鲜可食"。所以，为了方便教学以及为从事法律实务的法官、律师、房地产专业人士提供借鉴，本人从经办的房地产案件中精选一些案件，删繁挹华，创臻辟莽，揆诸微旨，观其会通，以就教于方家。

蜂鸣终日而人若罔闻，雄鸡一唱则天下皆白。受水平局限，书中难免存在缺陷和不足，敬请读者陈阙刺谬，不吝赐教。

丁万星
2023 年 2 月 27 日

CONTENTS

目　录

房地产征收补偿纠纷案例

在房地产开发过程中，房地产征收属于一级开发的范畴。2011 年 1 月《国有土地上房屋征收与补偿条例》施行前，政府不得作为拆迁人；《国有土地上房屋征收与补偿条例》施行后，房地产一级开发由政府组织实施，政府也可以委托房屋征收实施单位，委托范围内的后果由政府承担。但是为了便于管理监督，降低拆迁引起的风险，近年来，房屋征收实施单位多为城投企业或者其他国有企业，因此民间组织一般不能直接实施征收拆迁活动。

房屋是多数民事主体最重要的财产，所以经济发展与征收有时会成为一对矛盾。补偿适当时，被征收人可能"一夜暴富"；补偿不足时，被征收公民或者其他组织的财产会成为一个十分敏感的问题。

目前国有土地上房屋征收与补偿已经有法可依，但是立法上对农村集体土地和村民住宅的征收仍不够完善，仍然依据《土地管理法》[1]《土地管理法实施条例》进行，尤其是本来征收的标的主要是土地使用权，然而无论城市和农村，征收的对象似乎仅限于地上物，而对于真正的征收标的却以房地一致原则而一语带过，这些问题需要在实际工作中进一步完善。

---

[1]《土地管理法》，即《中华人民共和国土地管理法》，为表述方便，本书中涉及我国的法律法规直接使用简称，省略"中华人民共和国"字样，全书统一，后不赘述。另外，本书中所涉法律及相关规定以案件发生时有效为准，不以最新修改版本为准。

第一节 城市房屋征收补偿纠纷案例
——房屋以及院落的"四至"表达问题引起的拆迁纠纷

拆迁是房地产开发中一个重要的环节，拆迁纠纷中出现过许多争议案件，拆迁纠纷无疑是一个焦点问题。作为一个普通市民或村民，我们的房屋和土地很可能面临拆迁。作为建筑、房地产的业内人士，我们很可能因为工作需要去拆迁别人。无论作为拆迁人还是被拆迁人，如何维护自己的权益，不侵害他人的利益，我们通过以下这个案例来了解一些必要的拆迁法律知识。

一、案情简介

四合院是具有中国特色的古民居，具有丰富的文化内涵。

某县有四合院一座，正房五间和东房三间属于居民裴某。1983 年裴某患病，六子女以生活困难为由表示爱莫能助。裴某遂将五间正房以两千元卖给邓某汉。双方将房屋买卖合同做了公证，县政府根据公证过的协议向邓某汉发放了房契。

2009 年，该县响应省政府"三年大变样"号召，开始大拆大建，邓某汉房屋也在被拆迁之列。由于对拆迁补偿数额持异议，邓某汉一直拒绝房开公司拆迁。然而，2010 年 6 月某晚，房开公司在没有签订补偿协议，未告知邓某汉的情况下将邓某汉的正房五间、后院两间平房拆为平地，种植了二十多年的九棵枣树也被卸倒并运走。

邓某汉起诉房开公司要求赔礼道歉，赔偿损失，房开公司同意按照 207.75 平方米进行补偿。但是审理过程中，法院发现四合院后面有一座院子占地 118.2 平方米，而邓某汉和裴某的买卖合同没有明确这座院子的归属。因此法院就追加裴某的六个子女为第三人，并且将院子的一半面积判给了裴某的六个子女。而邓某汉认为买卖合同已经明确包括了四合院后面的整个院子，因此不服法院的判决。此外邓某汉认为自己的正房为做工考究的古建筑，房开公司作价太低。而且造成了其他财产的损失，例如租金损失、院子里的九棵大树。因此要求法院重审。

二、法律法规和政策依据

（1）《城市房屋拆迁管理条例》，2001 年 11 月 1 日施行（已废止）。

（2）《国有土地上房屋征收与补偿条例》，2011 年 1 月 21 日施行。

（3）《民法典》，2021 年 1 月 1 日施行。

（4）《城镇国有土地使用权出让和转让暂行条例》，1990 年 5 月 19 日施行，2020 年 11 月 29 日修订。

（5）《招标拍卖挂牌出让国有建设用地使用权规定》，2022 年 4 月 3 日通过，2007 年 9 月 21 日修订施行。

（6）最高人民法院《关于审理涉及国有土地使用权合同纠纷案件适用法律问题的解释》，2005 年 8 月 1 日施行，2020 年 12 月 29 日修正。

（7）最高人民法院《关于受理房屋拆迁、补偿、安置等案件问题的批复》1996 年 7 月 24 日施行，已失效。

（8）最高人民法院《关于办理申请人民法院强制执行国有土地上房屋征收补偿决定案件若干问题的规定》，2012 年 4 月 10 日施行。

（9）最高人民法院《关于严格执行法律法规和司法解释依法妥善办理征收拆迁案件的通知》，2012 年 6 月 13 日施行。

（10）《信访条例》，2005 年 5 月 1 日施行，已失效。

三、国有土地上房屋征收程序

根据《国有土地上房屋征收与补偿条例》房屋征收需要履行如下手续：

（1）为公共利益的目的而征收（第 8 条）。

（2）实施征收行为需要的资金应当到位（第 12 条第 2 款）。

（3）拟定征收补偿方案，公布并征求公众意见（第 10 条），多数被征收人有异议的，应当组织听证会。

（4）社会稳定风险评估（第 12 条第 1 款）。

（5）政府常务会议讨论决定（第 12 条第 1 款）。

（6）征收公告并登记（第 13 条第 1 款）。

（7）被征收人对征收决定不服的，可以行政复议或行政诉讼（第 14 条）。

（8）征收补偿："不得低于房屋征收决定公告之日被征收房屋类似房地产的市场价格"（第 19 条第 1 款）上述价值由房地产评估机构按照房屋征收评估

办法评估确定。不服评估价格的，申请复核。仍然不服的，申请专家委员会鉴定。

(9) 签订补偿协议。"实施房屋征收应当先补偿，后拆迁"(第 27 条第 1 款)"任何单位和个人不得采用暴力、威胁或者违反规定中断供水、供热、供气、供电和道路通行等非法方式迫使被征收人搬迁。禁止建设单位参与搬迁活动"(第 3 款)。

(10) 房屋征收部门与被征收人在征收补偿方案确定的签约期限内达不成补偿协议，或者被征收房屋所有权人不明的，由房屋征收部门报请作出征收决定的市县级人民政府依照本条例的规定，按照征收补偿方案作出补偿决定，并在房屋征收范围内予以公告。(第 26 条第 1 款)

(11) 被征收人对补偿决定不服的，可申请行政复议，也可提起行政诉讼。(第 26 条第 3 款)

(12) 被征收人既不履行补偿决定，也不行政复议或提起行政诉讼的，由作出拆迁决定的市县政府申请人民法院强制执行。对于违章建筑，法院授权政府直接强制执行。(第 28 条第 1 款)

(13) 2011 年 1 月 21 日《国有土地上房屋征收与补偿条例》施行前取得《房屋拆迁许可证》项目，仍然沿用 2001 年 6 月 13 日《城市房屋拆迁管理条例》(已失效)。

四、双方的主张

一审中邓某汉的诉讼请求：第一，将该 59.1 平方米判予原告邓某汉，即判决被告北海怀戎家园房地产开发有限公司按 266.85 (207.75+59.1) 平方米对原告邓某汉进行拆迁赔偿；第二，赔偿邓某汉被拆房屋的物质损失、租金的损失和院内九棵大树的损失；第三，北海怀戎家园房地产开发有限公司就其野蛮拆迁行为对申请人杨某银做出道歉。

邓某汉就自己诉讼请求提供如下证据：

	一审主要证据复印件		
1	1986年6月1日邓某汉与裴某签订的《典当合同》及某县公证处同年6月10日出具的《公证书》	证明目的是邓某汉对5间正房以及后院拥有所有权	
2	1988年9月28日某县人民政府为邓某汉出具的《某县人民政府房屋印契》		
3	1988年9月28日某县人民政府为邓某汉出具的《某县人民政府契税收据存根》		
	其他佐证材料		
1	胡家巷2号平面图		
2	2010年6月12日某县城镇面貌三年大变样指挥部办公室颁发的《拆迁通知书》		
3	1994年4月5日某县土地局关于对换发宅基地使用证有关问题的具体要求和处理意见		
4	1994年3月24日某县土地管理局关于换发全县1987年颁发的农村宅基地使用证的意见		

请收件人核对后在后面签名确认：

胡家巷 2 号平面图

被告就原告诉讼请求作如下答辩："三年大变样"是全省城市改造的统一行动，原告所处位置属于老旧小区，处于拆迁范围之内。原告漫天要价，使拆迁工作举步维艰。由于时间短，任务重，所以只能先予拆迁，否则补偿谈判事宜遥遥无期。至于面积问题，主要因为原告后院面积所有人不明，所以被告只好请求追加裴某的子女作为第三人，程序上没有问题。请人民法院驳回原告的诉讼请求。

五、争议的焦点

（1）北海怀戎家园房地产开发有限公司是否有权拆迁邓某汉的房子；

（2）正房后面 59.1 平方米院落的归属以及拆迁补偿问题；

（3）一二审法院遗漏的请求即赔偿申请人邓某汉被拆房屋的物质损失、租金的损失和院内九棵大树的损失；

（4）北海怀戎家园房地产开发有限公司是否应就其野蛮拆迁行为对申请人邓某汉作出道歉。

六、一审裁判的结果

一审法院认为，旧城改造涉及公共利益和公共福祉，为此目的在城镇国有土地上征收居民的住房符合法律规定。正房后面 59.1 平方米院落因为所有人不明所以平均分割符合公平原则。原告主张的物质损失、租金的损失和院内九棵大树的损失没有证据可以证明，法院不予支持。由于北海怀戎家园房地产开发有限公司根据法律进行拆迁，且原告已经在拆迁补偿协议上签字，所以原告要求被告赔礼道歉没有法律依据。

综上，一审法院判决驳回邓某汉的诉讼请求。

七、二审裁判结果

邓某汉不服一审判决，向中级人民法院提起上诉，中级人民法院经过审理驳回邓某汉的诉讼请求。

八、申请再审以及再审结果

2012 年 2 月，邓某汉到某省高级人民法院申请再审，很早就来到法院取号，但是人员众多，后发现受案大厅后面临时新开一个窗口，遂递交申请再审资料。接待的法官指导他填写了《民事申请再审案件来访登记表》，告知邓某汉等候通知。

邓某汉再审申请书的主要理由：

（一）根据《民事诉讼法》（2007 年）第 179 条："当事人的申请符合下列情形之一的，人民法院应当再审：……（八）审判组织的组成不合法或者依法应当回避的审判人员没有回避的；……"

二审开庭审理时，审判人员只有法官马某一人。然而二审判决书却签上了武某和王某的名字，这是明显违反程序的行为。根据《民事诉讼法》（2007 年）第 152 条第 1 款规定："第二审人民法院对上诉案件，应当组成合议庭，开庭审理。……"按此规定，二审案件不能由审判员独任审理，本案终审由法官马山一人审理，属于审判组织的组成不合法。

此外，一审法院依职权追加房屋卖主裴某的六子女为第三人也违反了《民事诉讼法》（2007 年）第 56 条关于第三人进入诉讼的规定。依本条规定，法院只能依职权追加无独立请求权的第三人参加诉讼。有独立请求权的第三人以请求的方式进入诉讼，而不是法院追加。就本案而言，若裴某的六子女对涉案后院有 59.1 平方米的产权，其应为有独立请求权的第三人，对此类当事人，法院不能依职权追加进入诉讼。对此，申请人在一二审中均提出异议，但两审法院对此均予回避，并未阐述不予审理的理由。希望再审法院对此进行审查并给出说法。

（二）根据《民事诉讼法》（2007 年）第 179 条："当事人的申请符合下列情形之一的，人民法院应当再审：（一）有新的证据，足以推翻原判决、裁定的；……"

二审期间，申请人邓某汉向某市中级人民法院提交某县人民政府换发、复核宅基地证登记表，以证明六名第三人的父亲裴某的使用面积及其四至，法定面积为 0.039 亩。此新证据足以证明原审第三人使用面积不包括后院。如果 59.1 平方米归裴某请提供证据。然而二审法院对此新证据不置可否，二审判决书也没提到这份证据。现在申请人邓某汉再将此证据提交给再审法院，希望再审法院依据此证据查明原审第三人的确切面积。

（三）根据《民事诉讼法》（2007 年）第 179 条规定："当事人的申请符合下列情形之一的，人民法院应当再审：……（二）原判决、裁定认定的基本事实缺乏证据证明的；……"

"谁主张，谁举证"是民事诉讼的基本规则，在举证期限内未举证的视同放弃权利。最高人民法院《关于民事诉讼证据的若干规定》（2008 年）第 2 条第 2 款规定："没有证据或有证据不足以证明当事人的事实主张的，由负有举证责任的当事人承担不利后果。"第 76 条规定："当事人对自己的主张，只有本人陈述而不能提出其他证据的，其主张不予支持。但对方当事人认可的除外。"现第三人根本没有提供任何证据，申请人邓某汉认为原审判决认定的这 59.1 平方米缺乏证据证明，是明显的误判。

与第三人无任何证据相反，申请人对自己拥有沙城镇胡家巷二号 266.85 平方米土地使用权的主张有确凿的证据证明。申请再审人邓某汉与第三人的父亲裴某于 1986 年 6 月 1 日签订典当合同，双方于 1986 年 6 月 10 日在某县公证处做了公证。该合同对正房及院落的四至有明确的规定，即"南至胡某生，西至柯某德，东至贺某梅，北至清洁队围墙"。（详见随卷的典当合同和某县人民政府印契）然而，一二审法院经审理均认定四至不清，原因是四至中的"南至胡某生"包括了同院中蔺某军和裴某（出卖时保留两间自住）的房屋和宅基地使用权，北至中包括了孟某芳的房屋和宅基地使用权。一二审法院以此认定四至不清，从而推定后院有第三人裴某的一半面积。这完全没有道理，这也是本案的争议焦点。必须讲清楚。

第一，东西两至没有任何争议。仅此一点就不能说四至不清，只能说两至不清。

第二，虽然"南至胡某生"包括了同院中蔺某军和裴某（出卖时保留两间自住）的房屋和宅基地使用权，但"南至胡某生"讲的是前院，而本案争议的是后院。且上述两家在前院的面积已与开发商达成协议并补偿完毕。因此"南至"与本案所争议的标的没有任何关系，处理本案可忽略这个问题。

第三，毋庸讳言，"北至清洁队围墙"可理解为包括了孟某芳的房屋和宅基地使用权，然而孟某芳与申请再审人邓某汉之间在房屋及土地使用权方面没有任何争议。孟某芳未对邓某汉主张的面积提出疑问，邓某汉也从未主张自己后院的面积包括孟某芳的。两家间在后院的划分上各自继承自己的上家，孟某芳北至县委会围墙，两家中间并有围墙隔开。孟某芳已与开发商达成协议并补偿完毕。

因此，裴某与邓某汉签订典当协议时约定"北至清洁队围墙"，是指自家围墙范围内的后院北至清洁队围墙。

结合胡家巷 2 号的居住情况以及拆迁补偿情况可知，裴某与邓某汉签订典当协议约定的四至中，只有"南至"不清，不能笼统地说"四至"不清。

如果北至真有不清，也只能是孟某芳与申请再审人邓某汉之间界址不清，也只能在孟某芳与申请再审人邓某汉之间解决，不能凭空推定六名第三人对后院拥有 59.1 平方米的面积。

况且，从 1988 年 9 月 28 日裴某与邓某汉作为买卖双方在某县政府办理房屋印契后，申请人邓某汉一直独立占有使用后院长达 20 余年，与四邻从无争议。这次拆迁，六个第三人竟然认为典当协议无效，其用意昭然若揭。现在房屋拆迁，他们回来要房要地，却又没有证据，纯属无理取闹。

（四）根据《民事诉讼法》（2007 年）第 179 条规定："当事人的申请符合下列情形之一的，人民法院应当再审：……（六）原判决、裁定适用法律确有错误的；……"

本案从裴某与邓某汉签订典当协议至 2010 年涉案房屋被拆迁，历时 24 年，这就必然涉及诉讼时效的问题。

1988 年，某县政府还没有为居民颁发房屋所有权证，因此某县政府颁发的房屋印契在当时就相当于房屋所有权证明。如果这样，一二审法院应当依照某县政府颁发的房屋印契保护申请再审人的所有权。

如果认为某县政府办理房屋印契不算房屋所有权证，那么，以典当协议为依据，邓某汉和原审第三人之间就是债权债务关系。而债权债务关系是要适用诉讼时效的。

然而，原审法院对申请再审人的诉讼时效抗辩不予理睬，在判决书中不予置评。申请人认为，原审法院不应回避这个问题，能否依法适用诉讼时效应依法给出理由。

申请人认为，原审法院判决未根据申请人的要求适用诉讼时效是一个错误。

（五）原审法院均存在漏判现象

请再审法院注意邓某汉的起诉状和上诉状关于诉讼请求和上诉请求部分，邓某汉均要求赔偿损失，可是一二审法院只审理了诉争的房屋以及宅基地部分，对开发商侵权行为只字未提。

2005 年 10 月 31 日建设部发布的《城市房屋拆迁工作规程》规定，拆迁人与被拆迁人就补偿事宜未达成协议的，应进行行政裁决，并实行"一公证两听证"程序。本案中，被申请人北海怀戎房地产开发公司在未通知申请人，也未申请行政裁决、听证和公证的情况下，于 2010 年 6 月 6 日至 18 日，擅自拆除了申请人的七间房屋，擅自砍伐了申请人的九棵大树（枣树和榆树，每年产枣一千斤）。

2010 年 5 月 15 日，国务院办公厅发布《关于进一步严格征地拆迁管理工作切实维护群众合法权益的紧急通知》；2011 年，国土资源部发布《关于切实做好征地拆迁管理工作的紧急通知》；2011 年 5 月 6 日，最高人民法院发布《关于坚决防止土地征收、房屋拆迁强制执行引发恶性事件的紧急通知》。2003 年以来，国务院、相关部委类似的通知可谓连篇累牍。

就本案而言，开发商违法强拆，法院以开发商单方测量的、大幅缩水的面积判赔申请人，申请人已属有苦难言。而申请人主张赔偿竟被一二审法院全部驳回并不讲判决理由，确实有违法律的公正原则。

综上所述，申请再审人邓某汉既有公证过的典当协议（债权债务关系）也有政府房屋印契和税票（在当时未统一办理房产证的情况下，是相当于房屋所有权证的物权证明），而原审第三人无任何证据；申请再审人邓某汉既有自己对诉争房屋和土地使用权拥有所有权的证据，又有原审第三人对诉争房屋和土地使用权没有所有权的证据（1994 年 11 月 1 日某县人民政府为裴某颁发的宅基地证明）；"四至"中"南至"不清不能瞒天过海地认定为"四至"都不清，而且"南至"的情况与本案在事实认定方面无关。更不能因为"南至"不清就推定与"北至"毫无关系的第三人拥有 59.1 平方米的面积，况且原审第三人的权利主张已过诉讼时效。总之，二审法院无论在程序上，还是在实体上都存在瑕疵。请再审法院发微探幽、辨法析理、秉公明断。

2013 年 1 月 10 日，邓某汉收到某省高级人民法院《民事申请再审案件受理通知书》。

某省高级人民法院经过审理，驳回了邓某汉的再审申请。

九、本案的教训

古色古香的古民居被拆掉了，补偿费每平方米仅 900 元。实行产权调换少拿 59.1 平方米。邓某汉的官司非常遗憾地打输了。邓某汉输掉官司的原因既有特定历史时期的时代烙印，也有自身法律意识不强的因素。如果注意如下几个方面，邓某汉胜诉的概率会提高很多。

（1）不动产买卖中，房屋土地的四至一定要明确无歧义，否则就会产生争议，本案就是因为院落的北部界址存在歧义导致的诉讼。

（2）拆迁公告公示后，邓某汉未及时申请听证，亦未对拆迁决定提起行政诉讼。

（3）被拆迁之前，未保留房屋、院落等书面和视频证据，导致诉讼中无法说明房屋、院落、树木等损失情况。

（4）补偿协议不是自己真实意思表示情况或者不同意补偿方式时，不应当在协议上签章。

（5）补偿数额达不成协议时，应及时提出对不动产进行评估，本案没有走评估程序。

十、作为被拆迁人如何维权

（一）区分商业征收和公益征收

公益征收是为了社会公共利益，单位、公民应当配合和服从；商业征收是企业或者个人为了盈利，申请政府进行征收，这种商业行为应当遵循互利有偿的原则。

《国有土地上房屋征收与补偿条例》第 8 条规定了公益征收的范围，即："为了保障国家安全、促进国民经济和社会发展等公共利益的需要，有下列情形之一，确需要征收房屋的，由市、县级人民政府作出房屋征收决定：（一）国防和外交的需要；（二）由政府组织实施的能源、交通、水利等基础设施建设的需要；（三）由政府组织实施的科技、教育、文化、卫生、体育、环境和资源保护、防灾减灾、文物保护、社会福利、市政公用等公共事业的需要；（四）由政府组织实施的保障性安居工程建设的需要；（五）由政府依照城乡规划法有关规定组织实施的对危房集中、基础设施落后等地段进行旧城区改建的需要；（六）法律、行政法规规定的其他公共利益的需要。"

《宪法》第 13 条和《民法典》第 207 条也对征收私有财产的前提条件做了规定。

（二）要收集和保存好各类证据，必要时进行证据保全

第一，保存好房产证等各种书证的原件。

要将房产证、土地使用权证、营业执照等原件保存好，将其复印四五份。然后只向拆迁单位出示复印件。每次办事也只带复印件。直至拆迁补偿数额达成一致时再将原件交给拆迁单位，否则就会陷于被动。

第二，在证人陪同下，对不动产全方位进行录像、拍照。

邀请证人、律师、公证员陪同，从小区大门口即开始录像，要显示小区名字、门牌号。中间不间断。将不动产里里外外所有地方都录像拍照，不留死角。将视频和照片复制保存，原件保留好，不可删除，法庭上只有原件才具有说服力。

第三，与拆迁单位历次洽谈都保存录音或者录像。

在谈判场所安装摄像头，并告知对方。有条件的话，制作会谈纪要，双方签字。

第四，对被强拆后的现场进行录像、拍照。

（三）收集、整理、学习征收拆迁方面的法律法规

征收拆迁方面的法律法规主要包括：

1.《宪法》相关规定

《宪法》第 13 条规定："公民的合法的私有财产不受侵犯。国家依照法律规定保护公民的私有财产权和继承权。国家为了公共利益的需要，可以依照法律规定对公民的私有财产实行征收或者征用并给予补偿。"

2.《民法典》相关规定

《民法典》第 207 条规定："国家、集体、私人的物权和其他权利人的物权受法律平等保护，任何组织和个人不得侵犯。"

《民法典》第 243 条规定："为了公共利益的需要，依照法律规定的权限和程序可以征收集体所有的土地和组织、个人的房屋及其他不动产。征收集体所有的土地，应当依法及时足额支付土地补偿费、安置补助费以及农村村民住宅、其他地上附着物和青苗等的补偿费用，并安排被征地农民的社会保障费用，保障被征地农民的生活，维护被征地农民的合法权益。征收组织、个人的房屋及其他不动产，应当依法给予征收补偿，维护被征收人的合法权益；征收个人住宅的，还应当保障被征收人的居住条件。任何组织或者个人不得贪污、挪用、私分、截留、拖欠征收补偿费等费用。"

（四）对补偿决定不服，应及时复议或者诉讼

对市县政府补偿决定不服的，可以在知道或者应当知道该行政行为之日起 60 日内向上一级政府提出行政复议；也可以在 3 个月之内向法院提起诉讼。或者提起行政复议后对复议结果不服，在收到复议决定书后 15 日内向法院提起诉讼。

（五）暴力拆迁的法律责任

《国有土地上房屋征收与补偿条例》第 27 条规定："实施房屋征收应当先补偿、后搬迁。作出房屋征收决定的市、县级人民政府对被征收人给予补偿后，被征收人应当在补偿协议约定或者补偿决定确定的搬迁期限内完成搬迁。任何单位和个人不得采取暴力、威胁或者违反规定中断供水、供热、供气、供电和道路通行等非法方式迫使被征收人搬迁。禁止建设单位参与搬迁活动。"

《国有土地上房屋征收与补偿条例》第 31 条规定："采取暴力、威胁或者违反规定中断供水、供热、供气、供电和道路通行等非法方式迫使被征收人搬迁，造成损失的，依法承担赔偿责任；对直接负责的主管人员和其他直接责任人员，构成犯罪的，依法追究刑事责任；尚不构成犯罪的，依法给予处分；构成违反治安管理行为的，依法给予治安管理处罚。"

（六）暴力抗征的法律责任

《国有土地上房屋征收与补偿条例》第 28 条第 1 款规定："被征收人在法定期限内不申请行政复议或者不提起行政诉讼，在补偿决定规定的期限内又不搬迁的，由作出房屋征收决定的市、县级人民政府依法申请人民法院强制执行。"

《国有土地上房屋征收与补偿条例》第 32 条规定："采取暴力、威胁等方法阻碍依法进行的房屋征收与补偿工作，构成犯罪的，依法追究刑事责任；构成违反治安管理行为的，依法给予治安管理处罚。"

附：国有土地上房屋征收、拆迁与补偿的著名案例

地址：重庆市杨家坪鹤兴路 17 号；面积：219 平方米。

始建：1944 年由杨某父亲修建，为木质结构，一底一楼。

充公：1957 年依国家私房归公政策，该楼被房管部门收走统一分配。

回归：1983 年杨某与吴某结婚后，吴某以书面形式，向上层反映，讨回

产权。

翻修：1993 年，房子年久失修，吴某向当地房管所申请排危，获准在原址重建起砖混结构的小楼。

2004 年起重庆市九龙坡区的鹤兴路片区旧城改造工程开始启动，重庆南隆房地产开发有限公司与重庆智润置业有限公司确定联合对该片区实施商业开发，2005 年重庆正升置业有限公司加入成为第三方开发商，该地区邻近杨家坪轻轨站，是当地的商业核心地段之一。自拆迁公告发布以来，该片区 204 住户和 77 非住宅户，除杨某、吴某夫妇一户外，均陆续与开发商达成协议搬迁。

而杨某、吴某夫妇的房屋则坐落于鹤兴路 17 号，面积 219 平方米，是一座两层砖混结构，属营业用房，据吴某所述，该地段在 1944 年由杨某父亲建成房子，1992 年重建成现在的建筑，2004 年 8 月 31 日公布拆迁公告，由于他们的房子最大，九龙坡区房管局以此为由放到最后来解决。2005 年 9 月 6 日房管局与开发商达成裁决，但没有剩下九家拆迁户之参与和签字，吴某作为代表与房管局理论后终止裁决，并对区内断水断电，2005 年 7 月，其他八户拆迁户已跟开发商达成协议，只有杨某夫妇仍在胶着。

在执行期限即将到来之前，房屋虽然早已被断水断电，但杨某断然在 3 月 21 日爬上"孤岛"重返留守孤房，每天由妻子或妻子之兄把食物、瓶装水甚至大瓦斯瓶送至空地下，由丈夫以绳子把它们一一吊上至房子内，以维持生活所需，同时也带上包括《中华人民共和国宪法》在内的各种法规文本和有效证件。男主人在楼顶扯上横幅，并在众多记者的镜头前挥舞国旗，表示"与楼共存亡"，附近亦有不少民众到场声援。

最后结局：2006 年 3 月 22 日期限过后，至同月 30 日上午，九龙坡区人民法院仍未强制执行拆迁，但于同日该法院发表公告，责令在钉子户内坚守的杨某在 4 月 10 日前（即 10 天后）自动搬迁，钉子户交由智润置业公司拆除。

事件至 4 月 2 日下午有突破性发展：杨某、吴某夫妇与开发商在下午 4：30 达成协议并签署拆迁安置同意书；夫妇同意接受易地实物安置，在沙坪坝区置换一套同等面积之商业用房（协议中没有涉及补偿金事项），约下午 5 点，杨某拆除挂在屋子前后之横幅与国旗并收拾家当离开房子，象征事件的落幕。官方人员其后曾登上该幢楼房楼顶视察并拍照，而开发商于晚上 7 点半开始拆除房子，至当晚 10 点半被移平（但地基土丘并未推倒），事件正式结束。

第二节 集体土地和房屋征收、拆迁与补偿案例
——农村居民如何维护自己的合法权利

一、案情简介

某市韩信村西倚翠屏山，东临纵贯市区的云州河，毗邻该市第一中学，与该市第一医院隔河相望。2009 年，河北省推行"三年大变样"政策，开发商认为某市上谷区的韩信村属于城中村改造的绝佳地段，遂与村委会进行洽商，双方一致决定对韩信村进行城中村改造。

2009 年 9 月 1 日，韩信村党委会、村委会等作出实施旧村改造的决议。其后向韩信村镇镇政府提出申请，上报改造方案（两委决议、补偿安置办法和村民名单）。

2009 年 9 月 2 日，韩信村镇镇政府向上古区管委会关于韩信村实施"城中村"合作改造项目进行请示，并附了《韩信村"城中村"改造工程拆迁安置补偿方案》。韩信村镇镇政府对补偿安置办法进行公示，韩信村镇镇政府对公示结果作出批复，上谷区管委会作出立项的意见。

2009 年 10 月 9 日，某市上古区关于将韩信村列入主城区"城中村"改造范围。

2010 年 5 月 19 日，开发商与韩信村村委会签订《韩信村"城中村"合作改造项目协议书》，项目建议书、规划部门的建设项目选址初步意见、国土部门项目用地预审意见、环境部门环境评价文件、社会稳定评估，也相继报到上谷区管委会。

2010 年 10 月 18 日，上谷区管委会向该市递呈关于韩信村"城中村"改造项目办理用地手续的请示（控制性规划已通过评审），2010 年 10 月 23 日，市长批示："请秘书长自处。"

2010 年 10 月 26 日，市规划局对上述请示的答复："统一进行城中村改造，供地方式由国土部门确定。"

2010 年 10 月 27 日，上谷区管委会给市政府关于韩信村"城中村"改造给予优惠政策的请示：其一，该项目地块的划拨土地管理费、土地出让业务费等免收，其他费用按照收费标准最底线的 1/3 收取；其二，该项目免收各

项行政性收费，包括城市配套费、人防结建费、教育附加费、环评报告费、排污费、地震安全评估费、地质勘察费、防雷费、墙改基金、散装水泥基金、新型墙体材料专项基金等；其三，该项目事业性收费项目按照收费标准最底线的1/3收取；其四，该项目免收涉及道路建设的各种收费。

2010年10月27日，某市国土局《关于韩信村"城中村"改造项目办理用地手续的处置意见》表明：按照一级开发模式统筹实施；35.08公顷公共设施和村民安置占地及11.86公顷代征道路占地供地方式为划拨，42.47公顷商业住宅用地供地方式为出让。

2010年12月17日，某市国土资源局提出关于城中村改造征收集体建设用地的请示。2011年1月6日，河北省人民政府作出征收集体建设用地批复。2011年1月10日某市上古区发布《关于实施韩信村旧村改造拆迁的通告》。2011年1月17日，某市人民政府建设用地批复。2011年1月18日上古区拆迁安置中心发布拆迁通知，截至2011年4月15日。2012年2月20日，上古区拆迁安置中心发布拆迁通知。2012年5月17日某市人民政府建设用地获得批复（耕地36公顷，园地6公顷，林地2公顷，集体建设用地0.7公顷。经济适用房、廉租房和中小价位、中小套型普通住房不得低于住宅用地的70%）。

经过充分动员和协商，韩信村大部分村民都与开发商签订了《征收补偿协议》，但是也有四户村民认为补偿费过低，不签订补偿协议，也不搬出。

经开区政府和开发商不得不与这四户村民进行一轮又一轮的谈判与磋商。由于情况复杂，经开区政府和开发商不得不动员村委会提起诉讼，直到申请法院强制执行。最终通过法律政策讲解以及诉讼，双方终于达成征收补偿协议。2015年9月，在经过两年的过渡和安置后，全村搬进了宽敞明亮的回迁房。随后，与之配套的幼儿园、小学、蔬菜批发市场、商业街也相继落成，其他地块的高层商业楼也拔地而起。新落成的小区内亭台有致，名木翳日，绿地成荫，建筑质量优良，获颁河北省居民小区优质工程。

二、征收农村房屋土地的法律法规政策依据

（1）《土地管理法》1986年6月25日通过，2019年8月26日第三次修正。

（2）《土地管理法实施条例》1991年1月4日通过，2021年7月2日第三次修订。

（3）《基本农田保护条例》2011年1月8日修订并施行。

（4）《土地复垦条例》2011 年 3 月 5 日施行。

（5）《不动产登记暂行条例》2019 年 3 月 24 日修订并施行。

（6）《不动产登记暂行条例实施细则》2019 年 7 月 24 日修正并施行。

（7）《确定土地所有权和使用权的若干规定》1995 年 5 月 1 日施行。

（8）《建设项目用地预审管理办法》2016 年 11 月 25 日修正，2017 年 7 月 1 日施行。

（9）《土地权属争议调查处理办法》2010 年 11 月 30 日修正并施行。

（11）《关于审理涉及农村集体土地行政案件若干问题的规定》2011 年 9 月 5 日施行。

（12）《关于审理破坏土地资源刑事案件具体应用法律若干问题的解释》2000 年 6 月 22 日施行。

以及《河北省人民政府关于实行征地区片价的通知》《某市土地利用整体规划》《上古区房屋及附属设施拆迁货币补偿标准》《某市房管局关于拆迁区域等级划分住宅房屋市场参考指导平均价格的通知》《某市人民政府关于加强主城区"城中村"改造的实施意见》《韩信村"城中村"改造项目改造工程拆迁手册》。

三、某市上古区拆迁安置补偿方案

（一）货币补偿

宅基地证内房屋每 1600 元/平方米，村委会补助 100 元/平方米，证外房屋 300 元至 800 元/平方米，违章建筑不予补偿。

（二）房屋安置

（1）本次拆迁一律采取期房过度回迁方式；

（2）宅基地内房屋：以有证宅基地的面积为计算基础，回迁安置的建筑面积在宅基地面积 75% 范围内的可以享受优惠价，即以 1800 元/平方米的价格收取房屋安置款；75% 至 100% 部分享受成本价 2300 元；超出 10 平方米以内的市场价 2800 元/平方米；10 平方米以上按照开盘价。

（3）宅基地外无证房屋：无证房屋建筑面积的 70% 为应安置房屋的建筑面积。其中 40% 以内的执行优惠价；40% 至 70% 部分执行成本价；超出部分的 10% 执行市场价；其余执行开盘价。

（4）被拆迁人向拆迁人支付的房屋安置费及拆迁人向被拆迁人支付的安

置补偿费双方互相找补。

（三）临时安置过渡补助费

（1）选择房屋安置的，一律自行过渡，过渡期不超过 24 个月，宅基地内的房屋按照宅基地面积计算，标准按照 8 元/平方米/月执行。宅基地外的房屋按照建筑面积的 75% 计算，标准为 10 元/平方米/月。

签订《房屋拆迁安置补偿协议》并腾空房屋后一次性预付 12 个月补助费，待安置房屋交付使用时按照实际过渡时间一并结清。

（2）选择货币补偿的，按照上述标准一次性给付 3 个月的临时过渡费。

（四）搬家补助费

宅基地内的房屋按照宅基地面积计算，标准 11 元/平方米。宅基地外的房屋按照建筑面积的 75% 计算，标准 16 元/平方米。签订《房屋拆迁安置补偿协议》并腾空房屋后一并结清。

（五）经营补助费

按照使用面积（1∶0.75）200 元/平方米结算。

（六）电讯设施移机费

电话 58 元，有线电视 150 元，宽带 150 元。

（七）搬迁奖励（略）

四、征收人和被征收人的主张

村民甲：宅基地面积 238 平方米，土地使用权证号 456 号。

征收人认为，按照上古区拆迁补偿政策，如按照货币补偿：第一，宅基地面积 238 平方米，补偿额 404 600 元；第二，搬迁费 2618 元（238×11）；第三，临时安置费 5712 元（3×8×238）（选择安置房的面积每月 8 元/平方米，按照 24 个月计发，如不要安置房一次性支付 3 个月过渡费）；第四，电讯设施以及移机费 358 元/户；第五，宅基地面积外空院面积 33 平方米，补偿 26 400 元；第六，宅基地外自建房面积 43 平方米，补偿金额 34 400 元。上述合计 474 088 元。

但是甲坚持一次性货币补偿 600 万元，或者按产权调换补偿 400 平方米。

显而易见，双方所持意见的反差太大。

其他三户村民的情况和村民甲的情况相似，所要求的补偿额在 600 万元至 1000 万元之间。

五、农村房屋征收过程中被征收人如何维护自己的合法权益

（一）首先确定房地产开发的性质

如果村集体处于城市规划区内，则适用《国有土地上房屋征收与补偿条例》。

如果村集体处于城市规划区外，则适用《土地管理法》《土地管理法实施条例》。

"城中村"改造项目属于村集体改造项目，因此"城中村"改造项目适用的是《土地管理法》《土地管理法实施条例》，而不是《国有土地上房屋征收与补偿条例》。有些地方为了征收顺利，参照《国有土地上房屋征收与补偿条例》对村民进行征收拆迁。

棚户区改造项目多在城市规划区内进行，因此棚户区改造项目多适用《国有土地上房屋征收与补偿条例》，但也有对农村实行棚户区改造的。此时就应当适用《土地管理法》《土地管理法实施条例》。

属于棚户区改造还是属于城中村改造，具体还要看县市政府审批立项的政府文件。

还要通过土地征收用途来确定用地单位属于公益征收还是商业征收，《土地管理法》第2条第4款规定征收征用土地的前提条件是为了实现公共利益。如果属于商业征收，例如，开发商征收土地建设影视基地、乡村别墅、田园综合体等，村民要坚持等价有偿原则，维护自身合法权益。

（二）做好产权界定和登记确权工作

由于历史、经济、婚姻、继承等原因，农村土地权属问题远比城市复杂，因此作为被征收人的村民一定要在家庭范围内确定权利主体，在家庭范围以外与宅基地、承包地的邻居界定彼此的产权界限，积极登记确权，以防征收决定下达后，宅基地或者房屋的权属不清，造成亲人反目，邻居成仇。

土地所有权和使用权争议，按照《土地管理法》第16条处理。

（三）收集、整理和保存权属凭证，做好必要的录音、录像工作

主要权属凭证包括《土地承包合同》《宅基地使用证书》《土地承包经营权证书》《林地承包合同》《荒山承包合同》《草原承包经营权证书》《滩涂承包经营权证书》《湖面承包经营权证书》等。对于旧社会以及新中国成立以后，各个历史时期颁发的土地和房屋所有权证书也要妥善保存，以便在权属

不清时用以佐证。

（四）对征收拆迁等重大问题有不同意见的，要积极通过村委会或者村民
　　　代表大会及时反映问题，争取通过协商方式解决争端

《村民委员会组织法》规定，涉及村民重大利益的问题须村民大会或者村
民代表大会 2/3 以上多数通过方为有效。所以对征收拆迁等重大问题有不同
意见的，应当通过正当程序，通过村民大会、村民代表大会、村委会来谈判，
力争协商解决。

（五）对征收方案或者征收决定不服的，应当及时提请有管辖权的政府进
　　　行行政裁决

《土地管理法实施条例》（1998 年）第 25 条第 3 款规定，对补偿标准有
争议的，由批准征收的人民政府裁决。此为提起行政复议或者行政诉讼的前
提条件。

（六）不服《责令交出土地通知书》的，60 日内申请行政复议或者 3 个
　　　月内提起行政诉讼

（七）收集农村征收法律诉讼案例，尤其是最高人民法院的判例，比照类
　　　似案例维权

六、农村房屋征收过程中征收人如何合法征收

（一）征收农村集体土地的一般程序

1. 用地申请

必须使用农用地进行建设的，应当按照《土地管理法》第 44 条规定办理
农用地转用审批手续，只有将农用地征收为国有建设用地后，才能够进行房
地产开发。

征收基本农田、基本农田以外耕地超过 35 公顷、其他土地 70 公顷的，
须国务院批准。其他土地由省、自治区、直辖市政府批准，报国务院备案。

就本案而言，韩信村被征地达到 900 亩，其中有基本农田，也有耕地，
超过 35 公顷，因此必须经过国务院批准。

2. 土地征收公告

（1）县级以上政府公告并组织实施。

按照《土地管理法》第 46 条规定，依照法定程序批准后，由县级以上人
民政府予以公告并组织实施。本案上古区管委会属于县级政府，有权公告并

组织实施。

公告内容包括批准征地机关、批准文号、征收土地的用途、范围、面积、征地补偿标准、农业人口安置办法、办理征地补偿的期限等。

（2）使用权人在公告规定的期限内，持土地权属证书到土地行政部门登记。

3. 征收补偿

（1）县级以上政府公告补偿安置方案。

按照《土地管理法》第 48 条规定，征地补偿方案确定后，有关地方政府应当公告。未公告的，被征收人有权拒绝办理征地拆迁手续。

按照《土地管理法》第 47 条规定，补偿费用包括土地补偿费、安置补偿费、地上附着物和青苗补偿费。土地补偿费和安置补偿费的总和不超过土地被征前三年平均年产值的 30 倍。

土地补偿费归农村集体组织所有，其他费用归其所有者所有。

《土地管理法》的补偿标准制定于 1986 年。应当说，随着城乡贫富差距的增大，《土地管理法》关于征收农村土地的补偿标准已落后于时代的发展。土地被征前三年平均年产值的 30 倍根本不足以弥补农民的损失，农民再就业、养老、医疗等问题也无法解决。如果机械地执行《土地管理法》，失地农民生活将非常窘迫。因此各地执行《土地管理法》第 47 条比较灵活，一般都突破了这个补偿标准。

（2）听取村集体组织和农民的意见。

土地征收公告和补偿安置方案可以一并公告。

根据《征收土地公告办法》，村集体组织和农民对补偿方案有不同意见的，应在方案公告后 10 日内向有关市、县人民政府主管部门提出。

4. 征收人与被征收人争议解决程序和办法

征收土地的各项费用应当自征地补偿、安置方案批准之日起 3 个月之内全额支付。

对补偿标准有争议的，由县级以上地方人民政府协调；协调不成的，由批准土地征用的人民政府裁决。征地补偿、安置争议不影响征用土地方案的实施［《土地管理法实施条例》（1998 年）第 25 条］。

（1）制定并送达具体补偿方案，并限 7 日内答复。

（2）拒绝按照具体补偿方案接受补偿的，向公证机关办理证据保全。

属地政府送达《用地通知书》《房屋拆迁通知书》。

（3）申请市国土资源局作出交出土地的行政决定，提交证据材料，市国土资源局发出《责令交出土地通知书》。仍不交出的，发出并送达催告书〔《土地管理法实施条例》（1998 年）第 45 条规定：“违反土地管理法律、法规的规定，阻挠国家建设征用土地的，由县级人民政府土地行政部门责令交出土地；……”〕。

（4）收到《责令交出土地通知书》拒不交出土地，60 日内不申请行政复议或者 3 个月内不提起行政诉讼，申请人民法院强制执行〔属地政府填写《申请司法强制执行审查表》，报送法制相关部门。法制相关部门进行社会稳定评估后，属地政府向法院递交《强制执行申请书》。《土地管理法实施条例》（1998 年）第 45 条〕。

最高人民法院《关于审理涉及农村集体土地行政案件若干问题的规定》第 14 条规定：“县级以上人民政府土地管理部门根据土地管理法实施条例第四十五条规定，申请人民法院执行其作出的责令交出土地决定的，应当符合下列条件：（一）征收土地方案已经有权机关依法批准；（二）市、县人民政府和土地管理部门已经依照土地管理法和土地管理法实施条例规定的程序实施征地行为；（三）被征收土地所有权人、使用人已经依法得到安置补偿或者无正当理由拒绝接受安置补偿，且拒不交出土地，已经影响到征收工作的正常进行；（四）符合最高人民法院《关于执行〈中华人民共和国行政诉讼法〉若干问题的解释》第八十六条规定的条件。人民法院对符合条件的申请，应当裁定予以受理，并通知申请人；对不符合条件的申请，应当裁定不予受理。”

（二）本案上谷区管委会和用地人的征收程序

上谷区管委会和用地人向拒不交出土地的四户村民发出《房屋拆迁通知书》《补偿方案》。

房屋拆迁通知书

某某先生：

根据 2014 年 2 月 15 日《某市上谷区韩信村“城中村”改造地块房屋征收公告》，您位于韩信村，土地使用证 06620 号的宅基地（223.1 平方米）以及地上房屋等附着物属于规定的征收范围，已被征收为国有土地。征收人已经在韩信村张贴拆迁公告并向您送达《某市上谷区韩信村改造工程拆迁手册》包括补偿方案。经过多次协商，您均拒绝签订补偿协议。＿＿＿年＿＿月＿＿日，征收人根据《韩信村城中村改造项目房屋征收补偿安置方案（A08地块）》已经向您送达具体补偿方案。补偿金额共569 036元，已全部存储于＿＿＿＿＿银行＿＿＿支行中。

按照项目进度的安排，01地块用于全村村民的回迁安置，只有01地块的新建房屋竣工，全体村民才得以回迁安置，才能腾空其他地块现有房屋，从而进行各个阶段的工程建设。现在您拒绝具体补偿方案并且拒不搬迁的行为已经妨碍了整个项目的推进，影响其他绝大多数村民的回迁安置。

希望您接到本《用地通知书》后七日内，腾空房屋，向征收人交出被征收范围的土地。否则征收人将依据《土地管理法实施条例》第45条规定对该房屋进行拆迁。

征收人：某市上谷区管委会
年　月　日

某市上谷区管委会就刘某被征收土地以及地上附着物的补偿方案

征收人：某市上谷区管委会，地址：某市大中路4号院

法定代表人：丁某甲，上谷区管委会主任。

被征收人：刘某，男，1956年11月出生，身份证号：130704×××2349住址：韩信村镇韩信村。

利害关系人：子女，刘某某，男，1987年12月出生，身份证号：130703××××4321。住址：韩信村镇韩信村。

因韩信村"城中村"改造（A05地块）工作需要，按照《土地管理法》《土地管理法实施条例》相关规定，某市人民政府授权委托征收人于2014年2月15日作出对韩信村"城中村"改造A05地块工程的决定，并发布了《上谷区韩信村"城中村"改造A05地块房屋征收公告》。2014年月8日由征收实施单位某市高新城建投资集团城市房屋拆迁有限公司对韩信村镇韩信村A05的平房及地上附着物实施征收。本次征收工作的房屋征收部门为某市上谷区管委会，征收拆迁实施单位为某市高新城建投资集团城市房屋拆迁有限公司。

登记在被征收人名下的韩信村房屋位于规定的征收范围，土地使用证号为06620号，宅基地面积223.1平方米，房屋用途为住宅。依据《韩信村城中村改造项目房屋征收补偿安置方案（A05地块）》，房屋征收部门为被征收人提供了产权调换和货币补偿两种方式。被征收人在法定期限内，未对房屋征收决定申请行政复议或提起行政诉讼，也未在规定的签约期限与房屋征收部门达成补偿协议。

征收人认为征收部门的征收程序合法，为被征收人提供的补偿标准和补偿方式符合《土地管理法》等相关法律规定。现征收决定规定的签约期限已过，本征收项目该片区内已完成征收比例达95%以上，被征收人仍坚持要求提高补偿安置标准，不能与房屋征收部门达成补偿协议。为保证本次"城中村"改造工程的顺利进行，同时维护被征收人的利益，根据《土地管理法》相关规定，参照《国有土地上房屋征收与补偿条例》第17条第1款、第21条、第26条有关规定，作出征收补偿决定如下：

一、对被征收人____名下的坐落于韩信村（A08地块）房屋实施征收，按照《韩信村城中村改造项目房屋征收补偿安置方案（A05地块）》的规定给予货币补偿或调换。

二、如被征收人选择货币补偿，依据《韩信村城中村改造项目房屋征收补偿安置方案（A05地块）》的规定，被征收人应得的货币补偿数额为：

1. 宅基地面积223.1平方米，补偿金额379 270元。

2. 搬迁费2454元（宅基地面积11元/平方米）。

3. 临时安置费（过渡费）5354元（宅基地按照选择安置房的面积每月8元/平方米，按24个月计发，如不要安置房一次性支付3个月的过渡费）。

4. 电讯设施及移机费：358元/户。

5. 宅基地证面积外空院面积227平方米，补偿金额181 600元。

6. 宅基地外自建房面积_____平方米，补偿金额_____元。

上述6项合计569 036元。

三、如被征收人选择房屋产权调换，按照《韩信村城中村改造项目房屋征收补偿安置方案（A05地块）》确认的安置地点和安置原则选择安置房，安置房屋价值与被征收房屋价值的差额及被征收人应得的补偿费等按照《韩信村城中村改造项目房屋征收补偿安置方案（A05地块）》计算，奖励除外。

四、被征收人刘某于收到本补偿方案之日起7日内向征收人作出答复，联系人：张三。联系电话：123456789。被征收人在上述期限内拒绝本补偿方案或不予答复的，征收人将按照《土地管理法实施条例》第45条规定执行。

2016年1月3日

《房屋拆迁通知书》《补偿方案》送达后，四户村民仍然不同意征收补偿方案，用地人因为工期限制，非常着急，请求上古区管委会加大征地拆迁的说服工作。上古区管委会向某律师事务所咨询，律师经过调查，向上古区管委会出具《法律意见书》。

法律意见书

按照某市政府《关于加强主城区"城中村"改造的实施意见》（某政〔2009〕第22号）的精神，某市上古区韩信村镇韩信村决定实施旧村改造。2009年9月2日，韩信村镇镇政府给上古区管委会递交《关于韩信村实施"城中村"建设项目的请示》，2009年9月29日，上古区管委会发布《关于韩信村"城中村"改造立项的意见》。2010年12月17日某市国土资源局向某市政府递交《关于某市2010年第十一批次城镇面貌三年大变样城中村改造征收集体建设用地的请示》2011年1月17日某市人民政府作出《关于某市2010年第十一批次城镇面貌三年大变样城中村改造征收集体建设用地的批复》（某政征收函〔2011〕02号），河北省人民政府作出《关于某市第十一批次城中村改造征收集体建设用地的批复》（冀政征函〔2011〕0002号）2011年1月，某市上古区管委会以及某市上古区管委会拆迁安置中心在韩信村张贴拆迁公告，要求韩信村范围内所有建筑物于2011年4月15日前拆迁完毕。

按照项目进度的安排，A05地块用于全村村民的回迁安置，只有A05地块的新建房屋竣工，全体村民才得以回迁安置，才能腾空其他地块现有房屋，从而进行各个阶段的工程建设。目前该地块三百多户村民均已经顺利搬迁完毕，只有四户村民拒绝搬迁，导致整个项目无法向前推进。

我们认为，对这四户拒不搬迁的村民应当适用《国有土地上房屋征收与补偿条例》的相关规定，理由如下：

第一，韩信村经过上古区、某市以及河北省政府的征收决定，其土地性质已经由集体土地变为国有土地。

《土地管理法》第 2 条第 4 款规定："国家为了公共利益需要，可以依法对土地实行征收并给予补偿。"韩信村位于某市城市规划区内，如村两委《关于实施旧村改造的决议》以及韩信村镇政府《关于韩信村实施"城中村"建设项目的请示》所言，改革开放以来几乎没有审批宅基地建设新居，原有房屋老旧破败，急需改造重建。而且"城中村"改造后，全体村民都从中获益，这从近几年韩信村地段商品房价格大幅上涨即可见端倪。因此这个项目的集体土地征收符合《土地管理法》第 2 条规定。

《土地管理法》第 44 条第 3 款规定："……在已批准的农用地转用范围内，具体建设项目用地可以由市、县人民政府批准。"第 46 条第 1 款规定："国家征收土地的，依照法定程序批准后，由县级以上人民政府予以公告并组织实施。"

韩信村经过上古区、某市以及河北省政府的征收决定，其土地性质已经由集体土地变为国有土地。

第二，因为韩信村土地通过政府征收已经变为国有土地，所以其后政府对韩信村的房屋进行征收补偿应当适用《国有土地上房屋征收与补偿条例》。

《国有土地上房屋征收与补偿条例》第 8 条关于公共利益作出了列举式规定，规定由政府组织实施的保障性安居工程、由政府依照《城乡规划法》有关规定实施的对危房集中、基础设施落后等地段进行旧城区改造的工程，可以由市县人民政府作出征收决定。

如前所述，上古区政府对韩信村的房屋进行征收补偿完全符合《国有土地上房屋征收与补偿条例》的相关规定。

第三，2011 年 3 月 17 日，中共中央纪委办公厅、监察部办公厅发出《关于加强监督检查进一步规范征地拆迁行为的通知》，该通知指出："在《土地管理法》等法律法规作出修订以前，集体土地上房屋拆迁，要参照《国有土地上房屋征收与补偿条例》的精神执行。"也就是说即使上述土地属于集体土地上房屋征收，也应适用《国有土地上房屋征收与补偿条例》。

第四，2011 年 9 月 5 日，最高人民法院施行的《关于审理涉及农村集体土地行政案件若干问题的规定》（法释［2011］20 号），第 12 条第 2 款规定："征收农村集体土地时未就被征收土地上的房屋及其他不动产进行安置补偿，补偿安置时房屋所在地已纳入城市规划区，土地权利人请求参照执行国有土地上房屋征收补偿标准的，人民法院一般应予支持，但应当扣除已经取得的土地补偿费。"

　　韩信村就在某市城市规划区内，其既然安置补偿可以适用《国有土地上房屋征收与补偿条例》，那么根据权利和利益相一致的原则，争议解决也应当适用《国有土地上房屋征收与补偿条例》。

　　第五，相对《土地管理法》而言，适用《国有土地上房屋征收与补偿条例》对韩信村的村民非常有利，必然获得广大村民的拥护。

　　综上所述，我们认为，对这四户拒不搬迁的村民应当适用《国有土地上房屋征收与补偿条例》的相关规定。那么如何适用《国有土地上房屋征收与补偿条例》呢？

　　第一，按照该条例第26条第1款规定："房屋征收部门与被征收人在征收补偿方案确定的签约期限内达不成补偿协议，或者被征收房屋所有权人不明确的，由房屋征收部门报请作出房屋征收决定的市、县级人民政府依照本条例的规定，按照征收补偿方案作出补偿决定，并在房屋征收范围内予以公告。"

　　第二，被征收人对补偿决定不服的，可以依法申请行政复议，也可以依法提起行政诉讼。

　　第三，按照该条例第28条规定："被征收人在法定期限内不申请行政复议或者不提起行政诉讼，在补偿决定规定的期限内又不搬迁的，由作出房屋征收决定的市、县级人民政府依法申请人民法院强制执行。强制执行申请书应当附具补偿金额和专户存储账号、产权调换房屋和周转用房的地点和面积等材料。"

　　2015年12月8日，韩信村村民委员会向上古区人民法院提交报告，请求法院强制执行。

　　2015年6月25日，国务院发布《关于进一步做好城镇棚户区和城乡危房改造及配套基础设施建设有关工作的意见》，2015年10月10日，全国棚户区改造电视电话会议召开，李克强强调，要把棚改放在民生工作的突出位置，进一步围绕重点难点，抓住硬骨头，矢志攻坚。党的十八届五中全会将包括城中村在内棚户区改造视作稳增长、调结构、惠民生的重大举措。

　　韩信村"城中村"改造项目属于某市棚户区改造的重要部分，符合某市发展总体规划、土地利用规划以及城市规划，然而现在这个项目却因为四户村民漫天要价而无法推进。这不仅影响项目的推进，而且也在损害韩信村绝大多数村民的利益。

　　法律不应当使过错方从其过错行为中获益，法律也不应使无过错方因为过错人的过错行为而受损。因此既然政府已经将韩信村集体土地征收为国有土地，那么在这块国有土地上的房屋征收行为就应当适用《国有土地上房屋征收与补偿条例》，况且中央纪委和监察部、最高人民法院在同一时期就这一问题均作出相关批示，因此我们衷心希望人民法院对这四户拒不搬迁的村民应当适用《国有土地上房屋征收与补偿条例》的相关规定，让韩信村民早日喜迁新居，盼照所请！

　　此致
　　某市上谷区人民法院

韩信村村民委员会

　　因为工期紧张，而四户村民态度很坚决，开发商只好多管齐下，一方面与上古区干部入户洽商，另一方面动员村委会为了村集体的整体利益，通过诉讼解决四户村民与村集体的矛盾。2015年11月10日，村委会作为原告向上古区人民法院提起诉讼，请求人民法院判令各被告限期腾空位于韩信村"城中村"项目A05地块的房屋。

起诉状

　　原告：韩信村村民委员会，地址：某市上谷区韩信村镇韩信村，组织机构代码证号：组代管130700--010646，电话：177×××4568。村委会主任：张某

　　第一被告：甲，男，61岁，身份证号：130704×××1122，住址：某市上古区韩信村镇韩信村，电话：139×××234

　　第二被告：乙，男，57岁，身份证号：130704×××2332，住址：某市上古区韩信村镇韩信村，电话：137×××321

　　第三被告：丙，男，59岁，身份证号：130704×××4567，住址：某市上古区韩信村镇韩信村，电话：1393×××456

　　第四被告：丁（房主妻子），女，62岁，身份证号：130704×××5463住址：某市上古区韩信村镇韩信村，丁某某（房主之子），住址：某市上古区韩信村镇韩信村，电话：133×××654

　　诉讼请求：第一，请求人民法院判令各被告限期腾空位于韩信村"城中村"项目A05地块的房屋；第二，诉讼费由被告承担。

　　事实和理由：按照某市政府《关于加强主城区"城中村"改造的实施意

见》（某政［2009］第 22 号）的精神，韩信村决定实施旧村改造。2009 年 9 月 2 日，韩信村镇镇政府给上古区管委会递交《关于韩信村实施"城中村"建设项目的请示》，2009 年 9 月 29 日，上古区管委会发布《关于韩信村"城中村"改造立项的意见》。2010 年 5 月 19 日，韩信村村委会与某市大京房地产开发有限公司签订《韩信村"城中村"合作改造项目协议书》。2011 年 1 月，某市上古区拆迁安置中心在韩信村张贴拆迁公告。

我公司根据国家法律和政策、《某市房屋拆迁管理实施办法》《某市城市拆迁区域登记划分住宅房屋市场参考指导平均价格的通知》《某市上古区管委会关于印发〈上古区房屋及附属设施拆迁货币补偿标准〉的通知》，同时征求村委会的意见制订了韩信村"城中村"改造工程拆迁安置补偿方案。协议签订后，村民们陆续与开发商签订补偿安置协议。上述被告所在的地块内共 300 多户，只有 4 名被告未与开发商签订补偿安置协议，其他村民均签订协议并搬迁完毕。事实证明，绝大多数村民都认为拆迁安置补偿方案能够满足他们的要求，因而认可拆迁安置补偿方案。

按照项目进度的安排，A05 地块用于全村村民的回迁安置，只有 A05 地块的新建房屋竣工，全体村民才能得以回迁安置，才能腾空其他地块现有房屋，从而进行各个阶段的工程建设。

然而本案 4 名被告（甲名下土地使用证号为 00684 号、乙名下土地使用证号 00619 号、丙名下土地使用证号 06620、丁名下土地使用证号 06621）不顾村集体的整体利益，提出高额的、不切实际的补偿安置要求，开发商不能全部满足他们的要求，他们就拒不搬迁。而他们不搬迁，相应地段便无法开发，其他村民就无法得以回迁安置，其他村民安置不了，相应地段也无法进行土地整理，这样影响整个项目就无法进行，增进全体村民福祉、造福子孙后代的大好项目就可能因为几户人的阻挠变得遥遥无期，广大村民的利益受到极大伤害。

为了维护村集体的利益，使广大村民早日喜迁新居，使韩信村面貌一新，特向贵院起诉，请贵院依法判决。盼照所请。

此致
上古区人民法院

具状人：韩信村村民委员会

七、四户村民最终的解决结果

在上古区政府、村委会、开发商的共同努力下，四户村民终于与征收人签订了征收补偿协议。开发商主要用开发的房子补偿了四户村民，四户村民人均获得 100 平方米的住房 10 套左右。2017 年，由于冬奥会落户某市，某市房价飞涨，该小区房价大概 14 000 元/平方米，四户村民因为征收补偿而得到了甜头。村民、村委会、开发商和上谷区管委会各方共赢，皆大欢喜。

第二章

房地产买卖纠纷案例

第一节　限购政策下的房屋买卖合同纠纷案例
——民事审判与国家宏观调控政策的衔接问题

一、案情简介

2017 年，高某通过中介公司与甲房开公司签订房屋买卖合同，约定高某购买甲房开公司开发的湖光山色小区 1 号楼 2 单元 103 房间，面积 240 平方米，每平方米 15 000 元。高某在签订《期房认购协议书》后 1 个月内首付房款的 30%，其余房款以按揭贷款方式分 20 年还清。

双方签订《期房认购协议书》后 10 日，湖光山色小区所在的城市对房地产销售出台了新的政策，规定期房预售首付金额不得低于 50%，而且本市居民在本市购买居住性房屋不得超过 2 套，而高某此前已经购买了 2 套住房。

高某由于无力交付 50% 首付，向甲房开公司要求解除合同，甲房开公司不同意，高某只好借款支付了首付并卖掉了一套房子。2019 年 10 月，高某看到房子已经落成，在与甲房开公司商量交房事宜时，高某意外得知其购买的房屋已经被甲房开公司抵押给乙公司。

高某与甲房开公司协商未果，遂向法院提起诉讼，要求解除合同，赔偿相当于房款一倍的赔偿金。甲房开公司认为，本公司销售房屋给高某时没有《商品房预售许可证》，因此双方签订的《期房认购协议书》无效，提出解除合同，退还高某的已交房款。

二、本案的焦点问题

（一）国家宏观调控政策能否成为合同解除的原因

《期房认购协议书》约定高某在签约后一个月内首付房款的30%，然而双方签订《期房认购协议书》后第10日，湖光山色小区所在的城市为了贯彻国家房地产调控政策，对房地产销售出台了新的政策，规定期房预售首付金额不得低于50%。这个首付标准超出了高某的支付能力。这种情况下，高某是否有权解除合同？

《民法通则》第6条规定："民事活动必须遵守法律，法律没有规定的，应当遵守国家政策。"《民法典》虽然没有完全继承这个规定，但是在第8条、第10条中都有类似规定。

对于合同中的政策风险，首先要审查当事人对政策风险有无约定，如果事先有约定，则按照"民有所约，视同法律"的原则，尊重当事人的意思自治结果。

就本案而言，双方当事人没有对政策风险有事先约定，那么高某以房贷政策变化不能足额缴纳首付为由主张解除合同是应当获得法律支持的。

本着尽量维护合同效力稳定和合同效力多层次的审判原则，能变更则不解除，法官可以对当事人行使释明权，推动双方变更合同条件，以使合同得以稳定、效率地履行。

如果没有变更的余地，法院应当支持原告的诉讼请求，同时主张退还已缴费的购房款或者定金。

但如果是购房人违约期间遇到房地产政策调控，导致合同履行障碍，此时购房人的主张就不能获得法律支持。不仅如此，房开公司还有权向购房人主张违约金。

（二）如果高某凑齐并缴纳了50%的首付，但是不符合仅能买2套房的限购政策，高某能否以此为由解除合同

由于房地产调控的新政出台后，双方签订的合同赖以存在的基础已经动摇，合同目的无法实现，只属于法律上的"不可归责于当事人双方的事由"。这个属于《民法典》规定的情势变更，可以解除合同。如果当事人还请求对方承担其为订立合同而发生的合理的实际损失的，人民法院可以酌情予以支持。

（三）如果高某为了规避国家限购政策，借名买房或者离婚买房，此时如何认定双方买卖合同的效力

国家的房地产调控政策虽然不属于法律、法规，但是它关系金融安全、城镇化进程和其他行业的比例关系以及广大居民安居乐业等国计民生，因此审判工作应当与国家宏观调控的政策导向相一致。

由于国家的房地产调控政策属于关系公共利益的公序良俗问题，因此，依照《民法典》第153条规定，借名买房、离婚买房均属于违反公序良俗，属于无效的民事法律行为。

当然在具体案件中，还要区分客观事实和法律事实的对应情况，一旦事实清楚，证据确凿，就应当依法判决无效。

就本案而言，高某为了规避本市居民不可持有三套房的规定，自觉卖了一套房，这样他就合法地获得了再买房的资格。

（四）如果高某签约后，在履行合同期间因国家限购政策不能获得买房资格，中介公司能否主张中介费

根据《民法典》第963条规定，中介人促成合同成立的，委托人应当按照约定支付中介费。促成合同成立的，中介活动的费用由中介人承担。

高某签约后，在履行合同期间因国家限购政策不能获得买房资格，此时合同因不能履行只能解除。在这种情况下，中介公司无权主张中介费，但是有权主张因本次中介活动产生的费用。

（五）甲房开公司将高某认购的房屋抵押给乙公司，高某是否有权主张相当于房款一倍的赔偿金

在宏观调控的背景下，房开公司经常资金窘迫，为了生存，利用没有交付的房屋进行融资的情况经常发生。本案开发商遇到经济困难，以购房人已购房屋进行抵押，以获得周转资金。自以为不是"一房二卖"，没有问题。其实已经产生了极大的法律风险。

对本问题的处理在《民法典》颁布前后是不同的，《民法典》颁布前，根据最高人民法院《关于审理商品房买卖合同纠纷案件适用法律若干问题的解释》（2003年）第8条、第9条规定，一房二卖以及将购买人已购商品房抵押给第三人的行为，开发商一律承担相当于房款一倍的赔偿金。

但是《民法典》颁布后，最高人民法院紧接着颁布了新的《关于审理商品房买卖合同纠纷案件适用法律若干问题的解释》（2020年），新的解释删掉

了对一房二卖以及将购买人已购商品房抵押给第三人行为的罚则。也就意味着《民法典》颁布后再就这个问题起诉的，将不再适用这个罚则。

该解释还依据1995年1月1日《城市房地产管理法》实施时间分成两个阶段，施行前适用当时的法律法规。施行后订立的房屋买卖合同，尚在一二审阶段的，适用该解释，也就是不再适用相当于房款一倍的罚则。

（六）一房数卖情况下权利保护的顺位问题

房开公司就同一房屋卖给数人，形成两个以上重叠的债权债务关系，就形成了一房数卖。在各法律关系均为善意且均要求实际履行的情况下，一般应按照物权优先于债权，优先权优于物权及债权平等的原则来决定权利保护的顺位。

具体而言，保护顺序为：持胜诉的确权判决书、已办理房屋所有权登记、合法占有房屋、房款交纳以及贷款办理情况、合同登记情况、合同签订时间以及生效情况。

根据合同签订时间以及生效情况确定保护顺序时，要防止当事人之间通过倒签合同或者篡改合同签订时间等方式来获取不法利益。上述情形应适用《民法典》关于"恶意串通"的规定。

实践中，存在顺位在后的买房人先拿到法院判决书，在这种情况下，作为顺位在先的买房人只能通过案外人提起再审或者第三人执行异议之诉来获得相应的救济。

就本案而言，高某看到房子已经落成，在与甲房开公司商量交房事宜时，高某意外得知其购买的房屋已经被甲房开公司抵押给乙公司。按照物权优于债权的原则，高某的债权请求权劣后于乙公司的抵押权。高某的救济途径可以主张违约赔偿，也可以通过案外人提起再审或者第三人执行异议之诉来获得相应的救济。如果乙公司明知房子已经卖给高某，仍然与甲房开公司签订抵押合同，高某还可以起诉甲房开公司和乙公司恶意串通，主张合同无效，要求甲房开公司赔偿全部损失。

（七）假设《商品房买卖合同》经双方签字盖章生效，现房价大幅上涨，开发商主张合同未成立，因为合同落款处开发商法定代表人未签字，仅加盖名章

如果《商品房买卖合同》经双方签字盖章生效，房开公司法定代表人未签字，合同确实没有成立。因为根据《民法典》第490条规定，公章、签字

和指印具有同等的效力。

但是如果《商品房买卖合同》上加盖了房开公司公章或者合同专用章，且其他合同均以这种形式签订，则应认定合同已经成立。

如果房开公司否定法定代表人私人名章为其所有并加盖，则根据《关于民事诉讼证据的若干规定》，应由主张合同成立的高某来证明私章的真实性。因为私章未备案，未备案的公章不能对外产生公示效力。当事人否定私章，即否定合同成立。根据举证规则，合同纠纷中，主张合同成立一方具有证明合同成立的义务。

(八) 假设高某购买的房屋带一个 50 平方米的私家花园，为此开发商违反
　　　规划沿花园修建了长廊、台阶和栏杆，此时双方所签合同是否有效，
　　　高某能否购买已成违法建筑的房屋，开发商能否将该房屋交付使用

首先要区分买房人是否善意，如果已知违反规划，但坚持购买，则《商品房买卖合同》因违法而无效。如果买房人不知违反规划，则主观上为善意。根据公示公信原则，买房人有权根据不动产登记簿记载的权利状况，确信权利状态与事实状态相一致，其信赖利益受法律保护。至于违反规划部分，如果不拆除，行政主管部门有权将其冻结并限制出售。根据区分原则，如果房开公司将违反规划的部分拆除，则不影响销售。由于违章建筑部分仅影响合同履行，并不影响合同的签订，因此高某与房开公司签订的房屋买卖合同是有效的。

第二节　房屋买卖合同纠纷案例
——预约合同的性质、效力以及与本约合同的关系问题

一、案情简介

2019 年 2 月 7 日，原告甲在隆业房开公司售楼处观看样板房后表示满意，甲想买房被告知开发商还未取得《商品房预售许可证》，但是甲若想买，可以先签订认购意向书。甲提出想看一下正式的合同文本，置业顾问说只有正式签约时才能看。甲遂与被告隆业房开公司签订了《商品房认购意向书》，约定原告购买被告位于某市民生小区商品房一套，面积 100 平方米，房价 7000 元/

平方米。预定交房日期为 2021 年 7 月 31 日。隆业房开公司如果不能按时交房，需承担违约责任。甲须向隆业房开公司交付定金 5 万元。正式《商品房买卖合同》待房开公司通知购房人后签订，签订正式合同时，甲须支付相当于总房款的 50% 的首付款。购房人接到通知后 15 日内拒绝签约或者放弃签约的，无权收回定金。约定"本合同解释权"归隆业房开公司。

2020 年 10 月，隆业房开公司通知甲来签约，甲看到置业顾问提供的《商品房买卖合同》有"样板房仅作参考"的条款，遂产生怀疑，双方洽谈无果，甲没有签订《商品房买卖合同》。置业顾问告知甲，若不签合同，隆业房开公司有权没收甲交付的定金。

二、双方的主张

甲主张解除合同，退还定金。理由是甲看了样板房才决定买房的，可是现在买卖标的物已经不以样板房作为依据，这样买卖标的物已经具有很大的不确定性，形成了巨大的商业风险。再者，《商品房认购意向书》也不是正式的合同，没有法律约束力。由于未取得《商品房预售许可证》，《商品房认购意向书》属于无效合同。因此主张解除合同，退还定金。

隆业房开公司主张《商品房认购意向书》有法律约束力，《商品房认购意向书》明确约定"本合同解释权"归隆业房开公司，因此样板房仅作参考具有合同依据。如果甲主张解除合同，隆业房开公司有权不退还其定金。

三、本案焦点问题以及法律分析

（一）《商品房认购意向书》的法律性质

1. 根据给付义务是否欠缺来区分《商品房认购意向书》的法律性质属于预约合同还是本约合同

合同可以分为预约合同和本约合同，预约合同是当事人为将来签订确定性合同而达成的协议，是为正式的合同创造成立并生效的条件。本约合同则是对双方权利和义务的明确约定，属于正式的合同。

合同条款分为已决条款和未决条款，明确约定的是已决条款，尚未明确的属于未决条款。开发商在与购房人签订正式《商品房买卖合同》之前，总是与购房人签订各种形式的认购书，这种认购书的性质取决于其内容是否具备商品房买卖合同的主要内容，如果具备了《商品房销售管理办法》第 16 条的规定，则需要明确的内容已经完备，不存在必要的未决条款，此时无论其名称是什么，其法律性质都是本约合同。反之，如果合同中存在履行所需的主要未决条款，甚至约定未来以正式协议明确双方权利和义务，则该合同即为预约合同。

就本案而言，《商品房认购意向书》尚欠缺最终的建筑面积、房屋状态（毛坯、精装等）、交付时间、办证时间、房屋保修等，因此本案甲与隆业房开公司签订的属于预约合同。

2. 《商品房认购意向书》的法律性质不是要约邀请

由于要约邀请在内容上也不完整、明确，有人认为《商品房认购意向书》的法律性质属于要约邀请，这个观点是完全错误的。要约邀请仅是一方的意思表示，而《商品房认购意向书》是双方的意思表示，所以《商品房认购意向书》不可能是要约邀请。此外要约邀请欠缺的是意思成立的要件，舍此合同不能成立。而预约合同是一个独立的合同，只要约定未来须签订本约合同其意思就算明确完整。因此《商品房认购意向书》不是要约邀请，而是一个独立的合同，即预约合同。

3. 开发商提供的《商品房认购意向书》和《商品房买卖合同》都属于格式合同，适用《民法典》关于格式合同以及格式条款的规定

《民法典》第 496 条第 1 款规定，格式合同或者格式条款是当事人为了重复使用而预先拟定，并在订立合同时未与对方协商的合同或者条款。

实践中，《商品房认购意向书》和《商品房买卖合同》一样多为开发商单方拟定并提供给购房人，购房人只能决定签和不签，不能决定合同的内容。所以《商品房认购意向书》和《商品房买卖合同》一样都是《民法典》第496 条规定的格式合同。

《民法典》第 497 条第 3 项规定，排除对方主要权利的条款无效。

《民法典》第 498 条规定，对格式合同或者格式条款的理解发生争议的，尤其是出现两种解释时，要作出不利于格式提供者的解释。

就本案而言，"本合同解释权"归隆业房开公司的约定涉嫌排除对方主要权利，因此该条款无效。

就本案而言，甲看到置业顾问提供的《商品房买卖合同》有"样板房仅作参考"的条款，未与隆业房开公司签订合同不属于违约，而是新旧两版最高人民法院《关于审理商品房买卖合同纠纷案件适用法律若干问题的解释》

第 4 条规定的 "不可归责于双方当事人的事由"。甲有权要求隆业房开公司退还定金。

（二）开发商取得商品房预售证不是作为预约合同的《商品房认购意向书》的前提条件，开发商未取得商品房预售证时不影响预约合同的法律效力

2003 年最高人民法院《关于审理商品房买卖合同纠纷案件适用法律若干问题的解释》施行前，即使没有《商品房预售证》，但是《建设用地规划许可证》《建设工程规划许可证》《土地使用证》《施工许可证》以及竣工验收合格资料等手续齐全的，为了维护交易稳定和赎回稳定，商品房买卖合同也可认定有效。

2020 年最高人民法院《关于审理商品房买卖合同纠纷案件适用法律若干问题的解释》施行后，对于没有商品房预售证的商品房买卖合同，一律认定无效。

两版最高人民法院《关于审理商品房买卖合同纠纷案件适用法律若干问题的解释》均规定，出卖人未取得《商品房预售许可证》与购房人签订的商品房买卖合同无效。据此，有人认为取得商品房预售许可证是开发商销售房屋的前提条件，出卖人未取得商品房预售许可证与购房人签订的《商品房认购意向书》也无效，这个观点是错误的。

作为预约合同的《商品房认购意向书》是一个独立的合同，其目的是为将来订立确定性的正式商品房买卖合同达成书面承诺，确立双方当事人未来订立本约合同的权利义务。当事人仅有权要求对方依此订立本约合同，无权依此主张本约合同的权利和义务。因此取得《商品房预售证》是开发商签订给付义务完整的本约合同的前提条件，不是欠缺给付义务的预约合同的前提条件。所以未取得商品房预售许可证的《商品房认购意向书》等预约合同均为有效合同。

（三）预约合同和本约合同的关系

预约合同是为本约合同创造条件，一方面是确定未来签订本约合同的义务，另一方面将部分内容提前确定化。本约合同是预约合同的签约目的，是预约合同的履行结果。

（四）若隆业房开公司未按约通知甲签订正式合同，导致合同不能履行，甲如何追究隆业房开公司的违约责任

隆业房开公司未通知甲前来签订正式合同，违反了预约合同约定而签订

确定性的本合同的义务，必然会给甲造成一定的经济损失。如果房价上涨，甲的损失会更大。

要追究甲的经济损失，首先应明确甲交付的是首付款还是全款，如果仅是首付款，那么只能根据首付款占全款的比例或者占全部损失的比例，酌定支持的数额。如果全额支付，那么就甲的全部损失，包括直接利益和间接利益，都应当由隆业房开公司来承担。

在合同不能履行的情况下，经济损失的举证责任特别重要，因为起诉时同地段、同楼层等同样情况的房屋售价情况难以取证和证明，甲举证的标准必须是能够具体明确地证明受到损失的数额。

四、预约合同与商品房备案及网签的关系

按照相关行政法规规定，商品房买卖合同签订后 30 日内，开发商应当办理预售商品房登记备案。近年来为了贯彻国家对房地产限购、限售等宏观调控政策，商品房买卖合同签订后，开发商应当办理预售商品房网签手续。可见商品房备案和网签与预约合同没有关系，都是本约合同签订后需要履行的后给付义务。

在非全款买房的情况下，如果商品房买卖合同签订后，开发商没有按照约定为购房人办理备案或者网签手续，购房人有权行使不安抗辩权，拒绝交付剩余的房款。

五、购房人甲行使合同解除权的期限

解除合同的依据有两种，即约定解除和法定解除。本案预约合同没有约定解除合同的条件，所以甲只能依据法律解除合同。

《民法典》第 563 条规定了法定解除的条件，本案中房开公司不按照样板房标准签订合同，违反了第 4 项的规定甲有权解除合同。

《民法典》第 564 条对原《合同法》作了修正，《民法典》规定，解除合同的期限是解除权人知道或知道解除事由之日起 1 年内行使。

就本案而言，甲应当在与房开公司磋商不成，至迟在接到通知后 15 日之后一年内行使解除权。

基于鼓励交易的原则，若非根本违约，法官一般不会支持合同解除。

第三节　金镶玉燕麦食品有限公司诉满某芳土地使用权买卖合同无效纠纷案例

——土地使用权证书与约定以土地使用权出资的出资协议之间的效力冲突以及适用规范

一、案情简介

2005 年钱某来和高某瓴购买定边县直属国有粮库位于上村的院落，房屋 71 间，成交价 22 万元。二人各出 11 万元，二人商定土地使用权证书和房屋所有权证过户到钱某来女儿钱某妹名下。

2006 年 4 月 27 日，钱某来和高某瓴、刘甲、陈乙、高丙成立定边县金镶玉燕麦食品有限公司，钱某来和高某瓴各自以孩子钱某妹和高某东名义出资，公司注册资金 70 万元，高某东认缴 25 万元，钱某妹认缴 15 万元，刘甲 15 万元、陈乙 5 万元、高丙 10 万元。2006 年 4 月 10 日的《公司章程》表明钱某妹以货币实缴出资 15 万元。但是验资报告载明钱某妹和高某东等都以土地使用权和房屋的实物出资。钱某妹是公司法定代表人。

2008 年，钱某妹将上述土地使用权和房屋中自己的一半份额卖给李某边。售价 18 万元。2008 年 2 月，李某边将上述土地使用权和房屋的全部份额过户到自己名下。

2007 年 4 月 4 日，钱某妹将股权转让给王某水，王某水成为公司法定代表人。

2014 年 9 月 15 日，李某边与赵某矿签订《土地及房屋转让协议》，赵某矿以 110 万元购买了上述土地使用权和房屋。

2014 年 10 月 25 日，金镶玉燕麦食品有限公司与赵某矿签订《房屋租赁协议》。

2014 年 11 月 22 日，钱某妹、李某边与赵某矿在某市公证处对房屋产权转让三方协议进行公证，上述土地房屋转让给赵某矿的妻子满某芳。钱某妹与满某芳签订某市私有房屋买卖合同，以 20 万元将剩余房屋卖给满某芳。

2015 年 3 月 26 日，在缴纳所有的税费之后，上述土地使用权和房屋正式过户到满某芳名下。

王某水认为，公司成立时的出资协议书表明，上述土地和房屋已经作为实物出资到金镶玉燕麦食品有限公司，因此产权属于该公司。无论单某华还是李某边都无权出卖上述土地和房屋。而钱某妹和李某边认为上述土地房屋产权属于本人，公司无权干涉其转让出售。

协商无果后，2019年10月，金镶玉燕麦食品有限公司起诉钱某妹、李某边和满某芳。

二、双方主张

（一）原告金镶玉燕麦食品有限公司的诉讼请求

请求确认钱某妹、李某边2008年1月3日签订的转让协议无效；请求确认钱某妹、李某边和满某芳2014年11月22日签订的《房屋产权转让三方协议》无效；请求判决李某边、满某芳返还上述土地房屋，并配合办理过户手续。

（二）被告答辩观点

第一被告钱某妹的答辩观点如下：

首先，钱某妹只是名义股东，对公司注册、经营等状况一概不知，涉案土地房屋是钱某妹名下财产，从没有人通知其需要出资。

其次，原告诉称钱某妹和高某东将涉案土地房屋以实物出资形式注资到原告公司没有事实依据。高某东非共有人，钱某妹已经法定程序将上述土地使用权和房屋转让，依法受法律保护。

2008年，钱某妹将上述土地使用权和房屋中自己的一半份额卖给李某边时，王某水已经是法定代表人，是王某水亲自到土地局为李某边办理房地转让手续。后来李某边转让给满某芳也是王某水给牵线联系的，否则李某边根本不认识满某芳和赵某矿。土地局工作人员到现场测量四至时，王某水就在现场，没有表示出任何异议。

虽然验资报告载明以钱某妹名下房地实物作为出资方式70万元进行验资，但没有付诸实施。定边县法院执行裁定书执行了钱某妹8万元，没有认为钱某妹名下土地使用权和房屋属于公司财产。

原告认为被告转让协议无效的理由是互相串通，这个理由站不住脚，被告买卖自己享有所有权的标的物合理合法，不需要串通。如果原告以此主张合同无效，应当举证在何时何地串通，否则不能得到法律的支持。

第二被告李某边的答辩观点与第一被告相同。

第三被告满某芳答辩观点如下：

就定边县金镶玉燕麦食品有限公司诉满某芳确认合同无效纠纷一案答辩如下：

（1）原告《起诉状》认为涉案房屋土地归属于定边县金镶玉燕麦食品有限公司所有，这个认识是完全错误的。

根据物权法定、公示公信的原则，动产归属以交付为准，不动产归属以不动产登记簿和不动产权属证书为准。本案原告从来没有在不动产登记簿中被记载为涉案土地、房屋的权利人，也没有获得过涉案土地的权利证书。因此涉案房屋土地从未归属于原告。

主张返还的前提条件是拥有物权，如果没有物权而主张返还，就没有主张返还的基础法律关系。原告没有涉案土地房屋的使用权和所有权，没有权利主张返还原物请求权。

（2）原告主张权利的依据是钱某妹对原告的出资承诺，这个承诺的本质是原告对钱某妹的债权。根据物权对债权优先的原则，原告无权向满某芳主张权利

即使钱某妹和高某东承诺以涉案土地向原告出资，那么原告对股东钱某妹也仅享有债权，而不是享有物权，因为涉案土地并未过户到原告名下。该债权不能对抗满某芳的物权。

钱某妹将涉案土地使用权以及房屋所有权"一女二嫁"，原告和李某边两人债权平等，谁先过户谁获得相应物权。至于与卖主有债权合同但没有获得履行的一方，只能向卖主钱某妹主张违约责任或者损害赔偿责任，不能向物权人主张物权，这就是物权优先效力以及市场经济的安全、效率原则。

满某芳从权利人李某边手里购得不动产，有合同，有公证书，并完成了过户，原告对满某芳无权主张权利。

（3）钱某妹认缴的注册资金共15万元，其通过强制执行和股权转让，已经完成对原告公司的出资义务，原告无权追缴出资。

首先，由于公司债权人柴某美主张股东在未出资范围内承担清偿责任，钱某妹已经通过强制执行履行8万多元的清偿责任，这就相当于钱某妹履行了对公司补资义务。如果说钱某妹对公司还有出资义务，那么就还有6万多

元的出资责任。涉案土地共 13 亩多，加上地上房屋，其评估价值 300 多万元。6 万元的价值只相当于土地房屋价值的 1/50。为追缴 6 万元出资责任而追溯不动产转让合同的效力，代价过于高昂。

其次，2007 年 4 月 4 日，钱某妹已经将股权转让给王某水，按照权利和义务相一致原则，该出资义务已经转让给王某水。而且按照《股权转让协议书》规定，"转让方不再是公司股东，不再对公司承担责任"。"受让方成为公司股东，按照法律法规和公司章程规定，享有相应权利，承担相应义务。"这句话明明白白交代了双方的义务，即钱某妹不再承担出资义务，她的义务由股权受让人王某水来承担。

所以，原告无权依据当初的出资承诺来否定不动产无权转让的效力。

（4）《公司法》对股东未履行出资责任已经有明确的救济方式，原告可以按照相应规定维护公司权益。

《公司法》对股东未履行出资责任规定了三种救济方式：第一种是股东对公司的补资责任；第二种是按照出资协议书对其他股东的履约责任；第三种是对债权人的侵权责任。对于以实物出资的股东，其他股东负有连带责任。根据上述规定，即使钱某妹还有未出资情况，原告还可通过多种渠道维护公司权益。

（5）满某芳与钱某妹、李某边签订的合同符合法律规定，不存在《合同法》第 52 条和《民法总则》第 154 条规定的情形。

《起诉状》认为满某芳与钱某妹、李某边串通，造成原告资产流失，该指控不符合事实。钱某妹、李某边依据自己对所有物权的支配效力，依法处分自己物权，不属于私自转让。与满某芳签订买卖合同系当事人意思表示一致。原告却将正常交易过程指为串通，没有任何事实依据。

综上所述，原告的《起诉状》指控没有事实依据，请求人民法院驳回原告诉讼请求。

三、本案焦点问题

（1）涉案房地产交易是否存在恶意串通并导致无效。

（2）原告对涉案房地产是否具有国有土地使用权和房屋产权。

四、双方举证和质证

原告举证：

（1）营业执照、法定代表人证明等，证明主体适格。

（2）验资报告，证明验资报告载明以钱某妹名下房地实物作为出资方式 70 万元进行验资，涉案土地房屋产权属于原告。

被告质证：

（1）对主体适格无异议。

（2）认可真实性，但不能达到证明目的。

被告举证：

（1）国有土地使用权证书和房屋所有权证书，证明涉案国有土地使用权和房屋所有权已经属于第三被告。

（2）《土地及房屋转让协议》、补充协议以及公证书，证明交易真实合法。

（3）完税证明，包括销售不动产发票、评估费、登记费、测绘费、印花税、契税、营业税、个人所得税、城市维护建设税、教育税附加和地方教育税附加等。

原告质证：

（1）真实性无异议，合法性有异议，只能证明现在产权属于满某芳，但是如果转让协议无效，那么满某芳将承担返还原物，配合过户登记的义务。

（2）真实性无异议，合法性有异议，属于互相串通。

（3）水费与交易金额严重不符，有偷逃税费嫌疑。合法性有异议，三方均对房地产权属与公司知情，但恶意出卖和恶意购买。

五、法庭辩论

就法官归纳的第一焦点，原告认为，钱某妹不是涉案房地产的真实权利人，真实的权利人应当是钱某来和高某瓶。钱某妹明知自己不是真是权利人，也不能代表全部权利人，但是却擅自将涉案房地产出卖，其恶意不言而喻。李某边作为公司管理人员，明知涉案房地产属于公司，却低价买入，再高价卖给满某芳。李某边购买土地使用权时，房屋理论上仍然属于钱某妹，这违反《物权法》房地一致的原则。根据《租赁合同》满某芳明知涉案房地产属于公司即出租人，且评估价 300 多万元，但见利忘义，以 110 万元的不合理对价购买涉案房地产。上述情形证明三被告恶意串通，损害原告利益，其转让房地产的行为应属无效。

就法官归纳的第二焦点，原告认为，被告答辩状中也承认钱某妹已经以涉案房地产出资到原告公司。根据最高人民法院《民事诉讼证据的规定》："在诉讼过程中，一方当事人陈述的于己不利的事实，或者对于己不利的事实明确表示承认的，另一方无需举证证明。"

据此，被告已经承认涉案房地产的产权归属于原告。最高人民法院《关于适用〈中华人民共和国物权法〉若干问题的解释（一）》第16条规定："具有下列情形之一的，应当认定不动产受让人知道转让人无处分权：（一）登记簿上存在有效的异议登记；（二）预告登记有效期内，未经预告登记的权利人同意；（三）登记簿上已经记载司法机关或者行政机关依法裁定、决定查封或者以其他形式限制不动产权利的有关事项；（四）受让人知道登记簿上记载的权利主体错误；（五）受让人知道他人已经依法享有不动产物权。真实权利人有证据证明不动产受让人应当知道转让人无处分权的，应当认定受让人具有重大过失。"本案李某边、满某芳均知道涉案不动产权属于原告，因而主观具有故意。赵某矿签订租赁协议时就能证明其知道产权人属于原告公司，因为出租人就是原告。

被告满某芳发表答辩意见如下：

结合开庭情况，就定边县金镶玉燕麦食品有限公司诉满某芳确认合同无效纠纷发表如下代理意见：

一、对原告辩论意见的回应

（1）原告代理人首先声明其诉求不是返还原物，而是确认合同效力。但是其诉状明确写明返还房屋土地，其说法自相矛盾。

（2）原告代理人认为钱某妹承诺以房屋土地出资，就等于完成了出资义务，这种认识完全错误。完成出资义务需要将承诺出资的货币实物交付公司，不动产变更过户到公司名下。上述物权变动在工商局登记备案。如此才叫作完成出资。

原告之所以这样解释完成出资，目的是给房屋土地已经归属原告找到根据，从而进一步为被告相互串通创造前提条件。但是承诺出资和完成出资是两码事，原告对公司出资的理解是错误的。

（3）原告代理人认为李某边、满某芳均明知涉案土地房屋所有权属于原告。这个推断是完全错误的。

买方判断不动产所有权人的标准就是不动产登记权属证书，这就是《物权法》公示公信原则。如果要求买方根据其他情况进行判断，那么《物权法》公示公信原则就失去了意义。钱某妹和李某边拥有真实合法的土地使用权证书和房屋所有权证书，这是买方判断物权归属的合法根据。

（4）认为两次转让没有真实的交易，这只是原告单方的怀疑，没有提供相反证据。

根据满某芳提供的证据，满某芳实际支付李某边738 575万元，由于李某边没有腾空房屋，所以剩一部分尾款未支付。相关所有税费缴清。原告的怀疑不攻自破。

（5）原告认为其占用部分土地房屋就推定其为所有权人，这种观点是不符合法律规定的。

动产以交付为所有权转移的标志，不动产以登记过户为取得所有权的标志。本案争议标的物属于不动产，不能以占有推定所有权人。

有房屋所有权的人都占用相应土地，能推定我们是土地所有权人吗？不能，因为土地属于国家所有。

（6）错误解读最高人民法院《关于适用〈中华人民共和国物权法〉若干问题的解释（一）》第16条。

最高人民法院《关于适用〈中华人民共和国物权法〉若干问题的解释（一）》第16条规定的五种判断出让人是否有处分权的情况中，前四项均是根据不动产登记簿或者权属证书来判断，第五种也指明是知道他人拥有物权，而不是债权。

即使钱某妹承诺以房屋土地出资，那也是公司对钱某妹的债权，而不是第五种情形所讲的物权。

最高人民法院《关于适用〈中华人民共和国物权法〉若干问题的解释（一）》第16条规定的五种判断恰恰证明李某边和满某芳对真正的物权人的判断是完全正确的。

二、本代理人关于本案的代理意见

（一）关于原告指控的被告相互串通问题

第一，从实体和程序方面判断物权登记人是否真实，是不动产登记管理部门的职责，其审查无误并登记备案，买房就可以据此交易。

第二，满某芳根据前手李某边、钱某妹的产权证判断真实物权人完全符合物权法公示公信的原则。至于钱某妹的出资承诺，满某芳没有调查义务，也没有那个能力。

第三，各被告的产权证书真实合法，原告在质证阶段已经认可涉案产权证书的真实性、合法性。被告依据物权的支配效力处分自己的财产，这是民法意思自治的体现，用得着串通吗？

第四，原告认为有一个评估价达到300万元，而满某芳和李某边交易价100多万元，就认为串通损害原告利益。事实上，评估价的数额是因时而异的，大概与房地产的涨跌同步。此外，不同的评估机构结果不同。满某芳和李某边交易价是政府的税务局评估的，具有更高的公信力。这个评估价不是被告委托的，而是政府委托的，目的是防止偷税漏税。因此，据此说满某芳和李某边串通是完全没有道理的。

第五，钱某妹出资承诺是原告主张物权和串通的基础，这个基础动摇，那么原告的所有主张就解体了。而这个出资承诺确实存在很多法律问题。

该承诺完全是以实物出资，违反《公司法》关于公司出资中货币出资必须30%以上的强制性规定。因此这个出资承诺和方式是违反法律规定的，是无效的。

退一步讲，不谈他的效力，其也过了诉讼时效。公司2006年成立，距今已经14年，原告从没有催缴过出资。

此外，按照原告提供的证据，公司章程和公司决议早已将钱某妹的出资由房屋土地变更成了货币。时间在后、效力更高的公司章程证明力大于以前的出资承诺。

（二）赵某矿与原告《租赁合同》与本案的关系

原告认为，赵某矿与原告签订《租赁合同》，证明原告知道原告是土地使用权人和房屋所有权人，这种说法明显错误。

原告是出租人不假，但是出租人不等于所有权人，这是常识。就本案而言，原告是出租人，也是转租人，赵某矿是次承租人。原告混淆了租赁关系和所有权关系。

其次主体也不同，赵某矿知道不等于满某芳知道。

（三）满某芳在土地交易中有无主观过错

满某芳根据政府不动产登记簿和李某边产权证书，判断李某边、钱某妹是涉案物权所有人，没有任何过错。

满某芳根据税务局评估报告，交付所有的税费。行为合法，没有任何过错。

（四）原告的主张将颠覆物权法定、公示公信的原则，对交易的安全、效率产生消极影响

如果不动产登记簿还不能证明真实的产权状况，我们产权市场的交易信用何在？谁还敢据此进行交易！而且不动产登记部门撤销登记又会产生多少法律争端？这个结果是不安全、不效率的。

（五）原告主张的原因关系与产权转让关系

原告主张的原因关系，是钱某妹与原告的出资承诺，原告正是凭借这个承诺编织其所谓串通织网。这是原告根本的理论观点。但是这个出资承诺已经因为违反《公司法》强制规定而无效，并且后来也变更了出资方式为货币。在这种情况下，原告的原因法律关系已经站不住脚了。

原告主张的原因法律关系与产权转让关系要通过恶意串通连接起来，但是涉案产权本来就不是原告的，既然不是原告的，就谈不上损害原告利益。原告的错误就是把债权当作物权使用，过分夸大了出资证明在所有权界定过程中的效力和作用。

（六）钱某妹出资有效情况下的法律救济

《公司法》对股东未履行出资责任规定了三种救济方式：第一是股东对公司的补资责任；第二是按照出资协议书对其他股东的履约责任；第三是对债权人的侵权责任。对于以实物出资的股东，其他股东负有连带责任。根据上述规定，即使钱某妹还有未出资情况，原告还有多种渠道维护公司权益。

总之，满某芳与钱某妹、李某边签订的合同符合法律规定，不存在《合同法》第52条和《民法总则》第154条规定的情形。原告《起诉状》指控没有事实依据，请求人民法院驳回原告诉讼请求。

六、法院判决结果

案涉位于定边县高家营镇地上村房屋及土地一处，在金镶玉燕麦食品有

限公司成立时虽进行验资，但该房屋及土地仍登记在钱某妹名下，并未过户完成实际出资。且公司章程显示，股东钱某妹出资方式为货币出资 15 万元，因此，原告从某绿并未取得该房屋所有权及土地的使用权，钱某妹仍持有合法的产权证书，系该房屋及土地的登记权利人。钱某妹将该土地出让给李某边，李某边又转让满某芳，以及钱某妹将房屋出让给满某芳的行为均属有权处分。对于三被告于 2014 年 10 月 22 日签订的房屋产权转让三方协议，该合同系三方真实意思表示，且支付了相应的对价，并完成了产权过户登记，不属于法定合同无效的情形，该合同为有效合同。对于钱某妹未完成金镶玉公司章程规定的个人所认缴的出资额，原告金镶玉食品有限公司可要求其履行出资义务。综上所述，依照《合同法》第 52 条、《公司法》第 28 条规定，判决如下，驳回原告定边县金镶玉燕麦食品有限公司的诉讼请求。

原告没有上诉。

七、关于本案的思考

作为第三被告的代理人，本案虽然取得了胜诉，但耳闻目睹到的情节仍然引发本人的思考。太阳每天都是新的，每个案子都有其与众不同之处。

（一）权利的失语者哪里去了

2005 年钱某来和高某瓴购买定边县直属国有粮库位于上村的院落，房子 71 间，成交价 22 万元。二人各出 11 万元，二人商定土地使用权证书和房屋所有权证过户到钱某来女儿钱某妹名下。

一般而言，钱某妹作为产权代持者处分二人出资购买的房地产，隐名的共有人高某瓴以及儿子高某东肯定会表示异议。然而本案从始至终，高某瓴以及儿子高某东都没有露面。案子虽然结束了，高某瓴以及儿子高某东去哪儿了。其实他们才是能够决定本案走向的人。

刘甲、陈乙、高丙都是本案股东，然而本案从始至终这几个股东都没有露面，只有法定代表人王某水关心此案。在房地产价格不断攀升的大背景下，9140.9 平方米的土地，474.8 平方米的房屋不是小数。

（二）案子未来的实际占有和排他控制问题悬而未决

涉案房地产虽然产权属于满某芳，但是却在王某水为法定代表人的金镶玉燕麦食品有限公司的实际占有之下。原告在此产权归属案件中败诉，但是满某芳基于国有土地使用权和房屋所有权要求原告腾出土地和房屋也非易事。

（三）本人在本案中的失误

鉴于案子未来的实际占有和排他控制问题，办案应当于开庭之前提起反诉，要求原告腾出所占用土地房屋，排除妨害，恢复原状。

满某芳购买涉案房地产，目的是房地产开发。为了这个目的，满某芳必须实际占有并控制该土地和房产，仅仅打掉其他人对房地产的觊觎还是远远不够的。因此，为了提高诉讼效率，应当借原告诉讼之际，提起反诉，这如同硬币之双面，能够在挫败原告诉求的同时顺带解决。反之，不在本案中一揽子解决，未来再单独起诉，胜负就难以预料了。

第四节　大力神公司与水光山色房开公司土地使用权转让纠纷案例
——拨开国有土地使用权出让上的虚假诉讼迷雾

一、案情简介

大力神公司（甲方）是某市一家中外合资锅炉生产企业，公司占地128亩，位于某市市中心黄金地段，属于工业划拨用地。2009年，某市响应省政府"三年大变样"号召，决定市内工业厂房搬到产业开发区，原厂址用于房地产开发，大力神公司在第一批28家需要搬迁的公司之列。

为了筹措新厂房建设资金，甲方决定与水光山色房开公司（乙方）合作，2010年5月，双方签署了《项目合作协议书》，约定大力神公司将公司土地转让给水光山色公司，面积以实测为准，每亩108万元，暂定1.3476.24亿元。双方合同签订之日乙方支付1000万元定金，签订后一个月内支付3000万元，次月再支付3000万元。乙方在同等条件下为甲方代建新厂房，厂房竣工后以工程款充抵土地转让款，多退少补。政府退回的土地出让金归乙方所有。乙方首先为甲方建好厂房，甲方在保障生产的情况下随建随搬。乙方建好办公楼后，甲方整体搬迁，甲方最晚于2011年底全部搬完。

合同签订后，乙方按照合同向甲方支付了2亿多元。但是招投标过程中，甲方却选择了丙公司承建新厂区。

乙方为了早日将土地过户到自己名下，与甲方协商尽快过户的办法。乙方与甲方签订了一个虚假的《借款协议》，约定甲方借乙方人民币1亿元，1个月内归还，以公司经营占地128亩提供担保。到期未归还借款，甲方土地使用权归乙方所有。甲方给乙方出具了借款1亿元的虚假借条。

一个月后，甲方当然没有归还所谓的借款，乙方遂到法院起诉。甲方对乙方的诉讼请求全部认可，并愿意以地顶债。法院很快作出了判决。执行过程中，法院应双方请求出具了《调解书》。乙方持调解书申请执行，国土局根据《调解书》为双方办理了过户手续。乙方交纳了相应的税费，拿到了《国有土地使用权证》。

乙方拿到《国有土地使用权证》后，付款开始拖延，甲方非常不满。甲乙双方经过几轮交涉，双方负责人互相指责，最终关系破裂。截至2015年4月，乙方共支付甲方88 894 715元，剩余的49 190 521元拒绝支付。甲方忍无可忍，遂决定起诉乙方。

二、双方的主张

1. 甲方的诉讼请求

甲方的诉讼请求为：①判令乙方支付剩余土地款49 190 521元及其相应利息；②诉讼费由乙方承担。

2. 乙方的答辩观点

甲方主张与事实不符。乙方获得甲方厂区土地是因为甲方向乙方借款人民币1亿元，约定以土地使用权作为担保。后甲方无力还债，双方按照约定将甲方名下128亩土地折价抵债。因此，不存在所谓征收拆迁一说，甲方的主张不应得到法律支持。

三、开庭审理过程

2015年10月，某市中级人民法院开庭审理该案。甲方律师宣读起诉状并出具上述证据。乙方律师答辩称，双方签订的《项目合作协议书》并没有实际履行，双方实际履行的是《借款协议》。也就是说，甲方以公司土地使用权抵顶乙方的借款。乙方律师向法庭出具了《借款协议》，某市中级人民法院作出的《判决书》以及执行庭为双方制作的《调解书》。证明乙方已经全部履行了自己的义务，甲方的起诉没有任何依据。

（一）甲方举证和乙方质证情况

①区政府、市政府将甲方列入搬迁企业名单的政府文件；②《项目合作协议书》；③甲方《国有土地使用权证书》，工业划拨用地 330 亩；④乙方付款明细，共支付 88 894 715 元，尚欠 49 190 521 元；⑤乙方的售楼书、广告、《土地使用权证》《用地规划许可证》《建筑规划许可证》《商品房预售许可证》。证明甲方根据政府的决议，与乙方签订土地转让合同，甲方已经将土地过户给乙方并全部履行合同义务。乙方已经在甲方原厂址上开发了楼盘，销售火爆。

大力神公司诉水光山色公司土地转让纠纷一案原告提交的

证 据 目 录

序号		证据名称	页数	证据内容	证明目的
第一组	1	原告营业执照	1		主体适格
	2	组织机构代码证	1		
	3	法定代表人任职证明	1		
第二组	1	工业路 85 号原告厂址的《国有土地使用权证书》	4	原告是工业路 85 号原大力神宗地的合法使用权人	原被告双方签订的《项目合作协议书》合法有效
	2	原告与被告公司签订的《项目合作协议书》	6	原告与被告就工业路 85 号（原甲方厂址）签订土地使用权转让条款。宗地面积 128 亩，总转让价 13 824 万元	
	3	某市政府政字〔2009〕52 号、某某区政府东正字〔2010〕37 号、某某区工信局东工信〔2010〕9 号文	7	2009 年，某市政府主城区工业企业搬迁实施方案，要求列入搬迁名单的企业按照确保生产、有序推进等原则限期搬出，原被告依据上述政府文件签订《项目合作协议书》	

序号		证据名称	页数	证据内容	证明目的
第三组	1	2007年9月某市国土资源服务中心绘制的甲方宗地图	1	2007年9月，某市甲方原厂址的宗地面积为91 815.23平方米，折合137.72亩	原告向被告转让的土地面积127.8567亩（约128亩），金额为138 085 236元，已付88 894 715元，尚欠49 190 521元
	2	原告《关于申请确认滨河南路、钻石路建设中所拆除建筑并占用土地面积的报告》	1	某市修建滨河路占用原告土地面积6568.95平方米，折合9.86亩。所以某市修建滨河路占用原告土地面积后，原告的土地面积为137.72亩 – 9.86亩 = 127.8567亩（约128亩）。再×108万元，所卖土地的金额为138 085 236元	
		某市某某区、某市正兴城建投资有限公司出具的占地证明	3		
	3	被告自2010年5月24日至2015年1月20日向原告付款的明细。包括银行进账单、原告收款数据等	23	被告自2010年5月24日至2015年1月20日分14次向原告付款88 894 715元，	
第四组	1	工业路85号现在《国有土地使用权证书》	1	被告2013年7月12日已经取得原告位于工业路85号宗地的国有土地使用权	原告已经按照《项目合作协议书》的约定履行了自己的合同义务。否则被告不可能就上述宗地完成净地受让、开发和销售等活动
	2	被告福耀居项目的《施工许可证》	1	被告2013年9月3日已经取得施工许可证	
	3	被告福耀居项目的《商品房预售许可证》	1	被告2013年12月11日已经就开发的福耀居项目进行销售	

	序号	证据名称	页数	证据内容	证明目的
第五组	1	《某市 2009 年主城区工业企业搬迁实施方案》，政字〔2009〕52 号	4	"企业搬迁入区工作由市产业集聚区办公室牵头，是工业运行局、某某区、高新区管委会为企业搬迁承办单位，是第一责任人"等	原告地搬迁是某市政府统一规划、协调的结果，如果搬迁迟延，原因在于政府行为。政府行为属于不可抗力，因此，原告不应承担搬迁迟延的责任
	2	2013 年 4 月 20 日某某县住建局给原告颁发的《建设用地规划许可证》	1	地字第 1307××××4008 号，用地位置为某市西山产业集聚区	
	3	《项目合作协议书》	6	"甲方新厂区建设开工后，应本着满足生产、随建随搬的原则，陆续、分批、及时地开始原厂房、机械设备及附属设施的腾空搬迁，将原厂宗地移交给乙方。""因不可抗力造成的部分或全部不能履行本《协议书》，甲方不承担责任。"	
	4	《搬迁及租用协议》	1		
	5	原告与某某供电分公司签订的《高压供电合同》	21	某市、某某区政府关于原告整体搬迁并寻求合作者以共同开发原企业土地的文件	
	6	原告与某某供电分公司签订的《工程施工合同》	5		
第六组		拆迁安置补偿协议	1	住宅楼拆迁安置费用由被告承担	原告对住宅楼住户的拆迁安置不承担任何责任

序号	证据名称	页数	证据内容	证明目的
证据 份数		总 页数		
收取证据方 签收证据栏				

乙方认为甲方提供的证据不具备真实性，不能实现证明目的。

（二）乙方举证与甲方质证

①甲方向乙方借款人民币1亿元并以厂区128亩地作为抵押的借据；②某区人民法院判决书，判决甲方向乙方还款人民币1亿元，并以厂区128亩地作为承担保证责任；③某区人民法院强制执行裁定书；④乙方对上述128亩土地的国有土地使用权证书。

甲方质证意见是，上述证据均为虚假证据，涉嫌虚假诉讼，请合议庭就上述证据调查核实。

1. 对被告所提证据的质证意见

被告补充证据共两组，第一组四项证据，证明被告通过银行贷款，民间借贷筹措购地资金。由于原告迟延交地，给被告造成利息损失，因此要求原告赔偿利息损失28 085 687.67元。第二组证据两项，证明被告对职工进行安置补偿，因此，要求用这笔费用抵顶土地转让款。

原告首先对被告第一组证据发表质证意见：

（1）对被告2010年7月19日至2011年7月19日发生的3500万元贷款的质证意见

对该证据的真实性没有异议，对该证据的关联性、合法性、证明目的有异议。理由如下：

第一，该笔贷款与被告打入原告账户的3000万元没有必然的因果联系，不能因此证明被告将此笔贷款打进原告账户，也不能排除被告用自有资金支付土地转让款。

第二，《项目合作协议书》第7条第5款明确规定："厂区西半部搬迁应于2011年4月底前完成，整体厂区的全部搬迁甲方应在2011年的年底完成。"也就是说，原告晚于2011年底搬迁就属于迟延搬迁，应当承担被告的利息损失。然而被告的 3500 元贷款产生于 2010 年 7 月 19 日至 2011 年 7 月 19 日，这个期间均在 2011 年底之前，不在原告迟延搬迁的范围内，因此，被告要求原告承担利息损失 2 129 572.5 元没有依据。

（2）对被告截至 2011 年 7 月 19 日发生的 3500 万元贷款的质证意见

第一，被告没有就上述主张提供任何证据，因此应当承担举证不能的责任。

第二，即使发生这笔贷款，这个期间在 2011 年底之前，不在原告迟延搬迁的范围内，因此，被告要求原告承担利息损失 4 579 726.03 元没有依据。

（3）对被告 2011 年 7 月 19 日至 2011 年 9 月 26 日发生的 7000 万元贷款以及 3 175 890 元利息的质证意见

质证意见与对第一项证据的质证意见相同。

（4）对被告 2011 年 9 月 26 日至 2013 年 3 月 8 日发生的 3500 万元银行贷款和 3500 万元民间借贷的质证意见

第一，对没有证据支持的民间借贷 3500 万元的真实性不予认可。

第二，对 3500 万元银行贷款的真实性予以认可。

第三，对 2011 年 12 月底前的利息主张不予认可。

（5）对 2011 年 12 月底以后（2012 年 1 月 1 日至 2013 年 3 月 8 日）发生的 3500 万元银行贷款以及利息的质证意见

第一，对该笔贷款与原告迟延搬迁的关联性有异议。

第二，某市人民政府政字［2009］52 号文件第 1 条第 4 款规定，企业搬迁"坚持确保生产、有序推进的原则""最大限度减少因搬迁对生产经营的影响"。《项目合作协议书》第 7 条第 3 款约定："甲方新厂区建设开工后，应本着满足生产、随建随搬的原则，陆续、分批、及时地开始原厂房、机械设备及附属设施的腾空搬迁，将原厂宗地移交给乙方。"根据上述规定和约定，原告搬迁的前提条件是新厂区建成一部分，搬一部分，从而确保生产不间断。因此，双方约定的搬迁时间不能违背这个原则。

第三，原告迟延搬迁的原因在于政府的原因，属于不可抗力。

根据原告提供的第五组证据，2013 年 4 月 20 日某某区住建局才给原告颁发《建设用地规划许可证》，直到现在也没有给原告颁发《建设工程规划许可证》和《施工许可证》，没有上述基建手续，原告不能及时进行新厂区设计、招标、接入工程用水、工程用电，导致开工较晚，进度较慢。某市人民政府政字〔2009〕52号文件第1条规定"企业搬迁入区工作由市产业集聚区办公室牵头，市工业运行局、某某区、高新区管委会为企业搬迁承办单位，是第一责任人"，原告搬迁迟延正是政府原因导致的，不是原告故意拖延，过错不在原告，因此不应追究原告迟延搬迁的法律责任。

2. 对被告第二组证据发表质证意见

（1）对被告对职工宿舍职工进行安置补偿事实的真实性没有异议。

（2）对被告证明目的有异议，理由如下：

根据《项目合作协议书》第2条规定："该宗地上先由大力神方职工宿舍楼一栋，由乙方妥善解决。"这一条明确了对原告宿舍楼的职工进行安置补偿是被告的责任。

根据原告提供的第六组证据，即《拆迁安置补偿协议》，该协议第2条规定，"拆迁安置补偿工作产生的相关费用由乙方承担"，第3条规定："拆迁安置补偿工作产生的任何纠纷及法律责任由乙方无条件承担并负责解决，甲方不承担任何责任。"所以，《项目合作协议书》《拆迁安置补偿协议》对职工宿舍进行安置补偿的责任规定得非常明确，被告要求原告承担这笔费用的主张没有任何根据。

（三）原告向法院提交调查取证申请书

1. 申请事项：调查收集以下证据：①某某区工业路85号（大力神锅炉有限公司住所）的现国有土地使用权人以及现使用权人的《国有土地使用权证书》记载的相关内容；②前述宗地如何过户到被申请人的名下；③前述宗地由工业用地变为商住用地的过程、程序等相关情况；④被申请人是否通过招拍挂获得某某区工业路85号（大力神锅炉有限公司）的宗地以及相应的挂牌价格、土地出让金返还等情况。

2. 事实和理由：2010年5月，原被告签订《项目合作协议书》，约定原告将位于某市金汤区工业路85号（原土地使用权证书编号为"张东地字〔1996〕001号"）的厂址宗地128亩以108万元/亩转让给被告，以筹措搬迁建设资金。《项目合作协议书》第2条约定被告应支付原告土地总转让款13 824万元（壹亿叁仟捌佰贰拾肆万元整）。具体支付方式为，协议书签订后3日内支付定金1000万元，协议书签订后10日内支付3000万元，30日内再支付3000万元。剩余款项作为原告新厂区建设的前期资金，如果被告中标代建被告的新厂区，由被告代原告作为建设资金投入，最终与决算数额一并计算。

后被告没有中标并代建该工程。截至目前，被告共支付原告土地使用权转让款 88 806 115 元，尚欠 49 433 885 元，原告多次催要，被告拒不支付。

就上述证据申请人于 2015 年 5 月 29 日到金汤区国土资源局取证，但金汤区国土资源局只允许摘抄，不允许复印，因此申请人无法取得上述证据。根据《民事诉讼法》第 64 条以及最高人民法院《关于适用〈中华人民共和国民事诉讼法〉的解释》第 94 条规定，现申请贵院调查和收集相关证据。

该法院认为不符合法院依职权调查的范围，驳回原告调查取证申请。

四、本案的焦点问题

（一）双方 2010 年以《借款协议》为依据的诉讼是不是虚假诉讼

2015 年 11 月 1 日施行的《刑法修正案（九）》第 35 条规定："在刑法第三百零七条后增加一条，作为第三百零七条之一：'以捏造的事实提起民事诉讼，妨害司法秩序或者严重侵害他人合法权益的，处三年以下有期徒刑、拘役或者管制，并处或者单处罚金；情节严重的，处三年以上七年以下有期徒刑，并处罚金。单位犯前款罪的，对单位判处罚金，并对其直接负责的主管人员和其他直接责任人员，依照前款的规定处罚。有第一款行为，非法占有他人财产或者逃避合法债务，又构成其他犯罪的，依照处罚较重的规定定罪从重处罚。司法工作人员利用职权，与他人共同实施前三款行为的，从重处罚；同时构成其他犯罪的，依照处罚较重的规定定罪从重处罚。"

2016 年 6 月 20 日，最高人民法院发布《关于防范和制裁虚假诉讼的指导意见》，该意见规定虚假诉讼一般包含以下要素：①以规避法律、法规或国家政策谋取非法利益为目的；②双方当事人存在恶意串通；③虚构事实；④借用合法的民事程序；⑤侵害国家利益、社会公共利益或者案外人的合法权益。

实践中，要特别注意以下情形：①当事人为夫妻、朋友等亲近关系或者关联企业等共同利益关系；②原告诉请司法保护的标的额与其自身经济状况严重不符；③原告起诉所依据的事实和理由明显不符合常理；④当事人双方无实质性民事权益争议；⑤案件证据不足，但双方仍然主动迅速达成调解协议，并请求人民法院出具调解书。

根据以上规定，双方 2010 年以《借款协议》为依据的诉讼是虚假诉讼。

（二）双方 2010 年以《借款协议》为依据的诉讼能否作为裁判本案的依据

最高人民法院《关于适用〈中华人民共和国民事诉讼法〉的解释》第 93

条规定："下列事实，当事人无须举证证明：（一）自然规律以及定理、定律；（二）众所周知的事实；（三）根据法律规定推定的事实；（四）根据已知的事实和日常生活经验法则推定出的另一事实；（五）已为人民法院发生法律效力的裁判所确认的事实；（六）已为仲裁机构生效裁决所确认的事实；（七）已为有效公证文书所证明的事实。前款第二项至第四项规定的事实，当事人有相反证据足以反驳的除外；第五项至第七项规定的事实，当事人有相反证据足以推翻的除外。"

没有瑕疵的判决可以在其他案件中作为证据使用，但是虚假诉讼的判决不能作为证据使用。

（三）虚假诉讼应当承担什么法律责任

虚假诉讼不仅应当承担民事责任，还需承担刑事责任。就本案而言，如果原告代理人明知《借款协议》为假，仍然以其作为主要证据进行抗辩，则涉嫌虚假诉讼罪，应当承担刑事责任。

（四）如何证明双方 2010 年以《借款协议》为依据的诉讼是虚假诉讼

（1）被告提交的《借款协议》以及相关法律文书隐瞒了"三年大变样"企业搬迁这个背景，捏造了双方借款这个事实。

（2）根据假《借款协议》作出的抵顶行为，严重违反《物权法》。

《物权法》第 186 条规定："抵押权人在债务履行期届满前，不得与抵押人约定债务人不履行到期债务时抵押财产归债权人所有。"据此《借款协议》的担保条款为无效条款，根据此担保条款作出的调解书、执行裁定都是错误的。

（3）根据假《借款协议》作出的抵顶行为，严重违反《企业国有资产法》。

《企业国有资产法》规定，对国有资产作出重大处分，必须经过出资机构批准，经过评估，公开出让，以实现国有资产保值增值，防止国有资产流失。然而，根据假《借款协议》作出的抵顶行为，没有经过出资机构或政府批准，没经过评估，没通过产权交易机构公平竞价、公开出让，严重违反《企业国有资产法》。根据《合同法》第 52 条规定，违反法律法规强制性规定的行为无效。因此，依据《借款协议》作出的调解书、执行裁定都是错误的。

（4）如果将《借款协议》以及相应民事调解书和执行裁定书作为判决本案的证据，原告 128 亩土地抵顶被告所谓的借款的结果将严重违反《民法通则》和《合同法》规定的公平原则。

（五）原被告双方签订的《项目合作协议书》不仅是真实的，而且得到了实际履行

1. 《项目合作协议书》是双方根据某市政府相关文件签订的，是某市政府"三年大变样"时期企业整体搬迁的产物，二者存在必然的因果联系。被告认为原告提交的政府文件和《项目合作协议书》没有关联性的观点是完全错误的

为了提升城市品位、优化产业结构，某市组成了以市委常委、副市长为组长的主城区工业企业搬迁工作领导小组，2009年初，市政府《关于印发〈市面貌"三年大变样"实施方案〉的通知》，据此，2009年3月9日，市政府发布《市2009年主城区工业企业搬迁实施方案》（政字〔2009〕52号）决定原告等21家企业入驻西山产业集聚区（该文件附件2为2009年主城区搬迁企业名单，原告位于前边数第四位），并制订了原告等企业搬迁的基本原则、要求、组织领导、目标任务和工作措施。

2010年4月15日，区政府作出同意原告整体搬迁的批复（某政字〔2010〕37号），要求原告等企业寻找合作方共同实施企业搬迁和原企业土地的开发，要求随建随搬，保障生产，企业搬迁与升级扩模相结合。

正是在这个大背景下，原告开始寻找合作伙伴，并确定被告作为合作方，共同实施企业搬迁。没有"三年大变样"这个大背景，没有市政府的决定，原告不可能无故以几千万的低价出卖自己的场地供被告开发，自己再花数亿元到偏远的西山地界建立新厂区。

根据市政府的总体部署以及区政府的批复，原被告于2010年5月签署了《项目合作协议书》，约定原告将原址128亩土地使用权转让给被告，每亩108万元，以筹措向西山产业集聚区搬迁和建设的经费。约定被告向原告支付7000万元后原告协助被告办理过户手续。协议还约定尽量由被告代建新厂区，如政府向原告返还土地出让金，原告应全部转付给被告。

协议签订前，被告按照协议支付1000万元定金，协议签订后，被告按照协议于2010年6月、7月分别支付3000万元（被告依据《借款协议》起诉前已支付土地转让款总计7千万元），然后要求过户以尽快对旧厂区变性并进行房地产开发。由于非净地不能过户，被告提出以司法文书过户的方法，原告为了尽快获得剩余土地转让款以加快新厂区建设，于是同意被告要求。

为了过户，双方签了虚假《借款协议》，协议签订后双方即到市中级人民法院提起诉讼，审判结果当然是原告败诉。判决后被告申请执行。2010年10月28日，市中级人民法院下达执行裁定，裁定原告以原厂址128亩宗地抵顶给被告。后被告持《执行裁定书》顺利将原告原厂址宗地过户到被告名下。

原告以为被告完成过户后会顺利支付剩余款项，没想到被告开始拖欠土地转让款，原告多次催告无效后，于2015年10月起诉至市中级人民法院。

2.《项目合作协议书》得到了双方实际履行

（1）被告支付原告土地出让金的数额、方式基本与《项目合作协议书》的约定相符。

按照原告提交的第四组证据，被告向原告支付的前三笔款项恰好是1000万元、3000万元和3000万元。为什么不是按照被告提交的《借款协议书》规定，支付给原告4000万元，然后戛然而止呢？如果仅是借款，为什么所借4000万元没还，又支付3000万元呢？事实上这7000万元支付与约定之间的吻合，恰恰印证了《项目合作协议书》得到了履行。

（2）被告从2010年至2015年又分11次向原告支付1.1亿元，这11次支付行为进一步印证，被告的支付行为是在履行《项目合作协议书》。如果不是尚欠土地转让款，被告后续支付给原告的1.1亿元怎么解释。被告辩解支付给原告的其他款项属于经济往来，其列举的事由却是原告2013年后租赁被告公馆以及代建一部分新厂址的工程。这些明显都是应当原告支付给被告价款的事项，怎么能解释被告支付给原告款项呢？况且多支付的是1.1亿元，原告只卖锅炉，如果被告不买原告锅炉，双方不可能有那么庞大数目的经济往来。可见被告的解释自相矛盾，不能自圆其说。

（3）《项目合作协议书》第4条、第6条、第7条和第8条均预定同等条件下，由乙方代建原告的新厂区。事实上，被告从事了原告新厂区的部分前期工作，即三通一平和开挖基槽工作，这也说明被告部分履行了《项目合作协议书》的约定。

（4）《项目合作协议书》第3条约定，政府返还原告土地出让金后，原告在该资金到账后5日内支付给被告。按照原告提交的第4组第2份、第3份证据，原告于2013年6月13日和7月5日收到某某区财政局拨付的土地出让金返还款1.2亿元及搬迁补偿资金3000万元后，当天就将该款项支付给了被告。这充分说明双方一直是按照《项目合作协议书》来履行的。

（5）《项目合作协议书》第 7 条第 1 款约定，原告收到被告 1.4 亿元后，向被告移交土地证、房产证及相关水电手续，同时协助被告过户。

2010 年 10 月，被告为了早日获得原告旧厂址的土地使用权，要求原告以假协议的形式达到过户目的。原告出于好意，也为了换取被告早日支付剩余款项，同时加快推进这个项目，违心地与被告签订了不存在基础法律关系的《借款协议》，协助被告办了过户手续。没想到被告一达到目的，就开始拖延履行《项目合作协议书》约定的付款义务。

根据原告提交的第 3 组第 2、3、4 项证据，原告于 2013 年 5 月初将原厂址交付该被告，被告以原告原厂址开发项目并获得《土地使用权证书》《施工许可证书》《商品房预售许可证书》。目前这个项目出于火热销售中。这些结果说明原告已经履行了协助被告办理过户、交付宗地的义务，被告的合同目的完全得到实现。除了被告欠付原告土地转让款 5000 万元以外，《项目合作协议书》约定的双方的权利义务基本得到了履行。

（6）原告如何使被告承认《项目合作协议书》，并以其为依据解决双方之间的纠纷。

原告向某市中级人民法院撰写了《紧急情况汇报》，详细反映本案涉嫌虚假诉讼，要求法院调查处理。如果仍不纠正，将向人民检察院递交《报案材料》，请求人民检察院对涉案人员进行廉政调查。

紧急情况汇报

尊敬的某市中级人民法院领导：

贵院业已受理了原告大力神锅炉有限公司诉被告房地产开发公司拖欠土地转让款一案（实际是合作合同纠纷，合作的内容包括土地转让。协议土地 128 亩，每亩 108 万元，总价 13 824 万元。后经实测土地为 124.78 亩，总价应为 13 476.24 万元）。原告以《项目合作协议书》为根据，主张尚欠土地转让款 45 956 285 元。被告则以《借款协议》以及人民法院生效的裁定和执行文书抗辩，认为原告曾借被告 4000 万元，现已用原告原厂址 128 亩土地抵顶欠款。人民法院最终的认定取决于土地转让的根据是《项目合作协议书》还是《借款协议》，二者相差 9000 多万元甚至 15 000 万元国有资产流失，现择要如实汇报，请领导高度关注此案。

一、本案的背景

2009 年初，某市政府《关于印发〈某市城市面貌"三年大变样"实施方案〉的通知》，据此，2009 年 3 月 9 日，某市政府发布《某市 2009 年主城区工业企业搬迁实施方案》（政字〔2009〕52 号）决定原告等 21 家企业入驻西山产业集聚区（该文件附件 2 为某市 2009 年主城区搬迁企业名单，原告位于前边数第四位），并制订了原告等企业搬迁的基本原则、要求、组织领导、目标任务和工作措施。某某区政府 2010 年 4 月 15 日某政字〔2010〕37 号文件批复同意原告寻找合作方共同实施企业搬迁和原企业土地的开发。

根据某市政府的总体部署以及某某区政府的批复，原被告于 2010 年 5 月签署了《项目合作协议书》，约定原告将其原址 128 亩土地使用权转让给被告，每亩 108 万元，共计 13 824 万元，以筹措向西山产业集聚区搬迁和建设的经费。约定被告向原告支付 7000 万元后原告协助被告办理过户手续。协议还约定尽量由被告代建新厂区，如政府向原告返还土地出让金，原告应全部转付给被告。

协议签订前，被告按照协议支付 1000 万元定金，协议签订后，被告按照协议于 2010 年 6 月、7 月分别支付 3000 万元（起诉前已支付土地转让款总计 7000 万元），然后要求过户以尽快对旧厂区变性并进行房地产开发。由于非净地不能过户，被告提出以司法文书过户的方法，原告为了尽快获得剩余土地转让款以加快新厂区建设，于是同意了被告要求。

为了过户，双方签了个假的《借款协议》，将第一次支付的 1000 万元和第二次支付的 3000 万元作为借款，2010 年 8 月 21 日归还，否则原告用原厂址 128 亩偿还上述 4000 万元借款。协议签订后双方即到某市中级人民法院诉讼（相当于"手拉手"去诉讼），审判结果当然是原告败诉。判决后被告申请执行。2010 年 10 月 28 日，中级人民法院下达执行裁定，裁定原告以原厂址 128 亩抵顶给被告。后被告持《执行裁定书》顺利将原告原厂址宗地过户到被告名下。

原告以为被告完成过户后会顺利支付剩余款项，没想到被告开始拖欠土地转让款，至 2015 年，被告共支付原告 88 806 115 元，尚欠 45 956 285 元。原告多次催告无效后，于 2015 年 10 月起诉至某市中级人民法院。

庭审中，被告矢口否认《项目合作协议书》，认为双方实际履行的是所谓的《借款协议》，并且认为根据《借款协议》双方已经过诉讼并执行。

二、本案的焦点

本案焦点问题是,双方实际履行的到底是《项目合作协议书》还是《借款协议》;如果否定《项目合作协议书》的真实性,那么不仅原告主张的4000多万元剩余土地款要不回来,而且被告已经支付的8000多万元中有4000多万元也成为不当得利。如果再加上原告按照《项目合作协议书》返还给被告的6850万元,那么原告就会产生8000多万元甚至15 000万元国有资产流失的问题。

原被告双方无疑是按照《项目合作协议书》履行的,理由是:

(1) 被告支付原告土地出让金的数额、方式基本上与《项目合作协议书》的约定相符。

《项目合作协议书》约定,土地转让总价款为13 824万元,被告于协议书签订后三日内向原告支付定金1000万元;签订10日内支付3000万元;30日内再支付3000万元,事实上,被告于2010年5月、6月和7月分别向原告支付了1000万元、3000万元和3000万元。

(2) 其后,被告从2011年~2015年又分17次向原告支付了48 806 115元,这17次支付行为进一步印证,被告的支付行为是在履行《项目合作协议书》。如果是履行《借款协议》,被告支付4000万元就履行完毕了,何必又分17次付给原告4800多万元,这4800万元算什么钱呢?

(3)《项目合作协议书》第4条、第6条、第7条和第8条均规定同等条件下,由乙方代建原告的新厂区。事实上,被告从事了原告新厂区的部分前期工作,即"三通一平"和开挖基槽工作,这也说明被告部分履行了《项目合作协议书》的约定。

(4)《项目合作协议书》第3条约定,政府返还原告土地出让金后,原告在该资金到账后5日内支付给被告。原告于2013年6月13日和7月5日收到某某区财政局拨付的土地出让金返还款54 647 000元及搬迁补偿资金13 853 000元后,当天就将该款项支付给被告。实际上这笔款是发展生产资金和项目资金,原告理解错误并错误地支付给被告。

(5)《项目合作协议书》第7条第1款约定,原告收到被告7000万元后,向被告移交土地证、房产证及相关水电手续,同时协助被告过户。原告确实按照约定协助被告完成了过户。

(6) 原告于2012年开始搬迁,至2013年5月初,原告将原厂址全部交付给被告，被告已经获得了原告原厂址的土地使用权证书、施工许可证书和商品房预售许可证书。这些结果说明原告已经履行了协助被告办理过户、交付宗地的义务，被告的合同目的完全得到实现。除了被告欠付原告土地转让款 45 957 215 元以外，《项目合作协议书》约定的双方的权利义务基本得到了履行。

被告提交的《借款协议》虚假，提交的相关法律文书所依据的事实不存在，不能作为本案定案的依据。

（1）被告提交的《借款协议》以及相关法律文书隐瞒了"三年大变样"企业搬迁这个背景、真相，捏造了双方借款这个事实。

（2）按照《企业国有资产法》，国有企业处分重大资产，必须经过主管部门批准同意。本案双方以地顶债行为没有政府批准同意。

（3）《企业国有资产法》第47条规定，国有企业转让重大资产，应当进行评估。本案以地顶债行为没有经过评估，没有公开转让。

（4）《借款协议》关于原告不能还款时，以全部宗地抵顶欠款的规定属于"流押契约"，违反《物权法》《担保法》的规定，属于无效条款。

（5）依照《关于适用〈中华人民共和国民事诉讼法〉的解释》（2015年）第93条相关规定，即使是生效法律文书，但当事人有相反证据足以推翻的，不能作为定案的依据。原告提交的《借款协议》以及相关法律文书虽然已经生效，但是综合本案全案审查，这些文书完全是被告为了规避法律，例如不是净地不能过户等，以捏造事实、隐瞒真相、违反法律强制性规定的方法达到土地使用权过户的目的。这样的证据根本不能采用。

三、原告建议的本案处理方式

（1）人民法院启动审判监督程序或者原告申请再审，撤销相关判决书和执行裁定书。

（2）人民法院通过审理，包括依据职权进行调查，认定有相反证据足以推翻已经生效法律文书的，该司法文书不能作为定案的依据。同时根据查证属实的证据，直接作出裁判。

综上所述，原被告双方实际履行的是《项目合作协议书》。《借款协议》以及相关司法文书只是被告为了及早过户采取的规避法律的手段。如果不对其进行拨乱反正，国家、集体的利益将受到重大损害。原告还是中外合资企业，本案的处理结果还关系我国的国际形象。

导致现在这个局面，原告自身也存在问题，原告愿意就此承担相应的责任。但是原告不愿看到大力神锅炉有限公司巨额国有资产流到他人之手，原告将辜负政府重托，无法面对大力神全体职工，原告负不起这个重大的责任。

特此汇报，请贵领导百忙之中给予关注！

汇报人：大力神锅炉有限公司

2016 年 3 月 26 日

慑于虚假诉讼的法律后果，乙方代理律师决定撤销其向法院提交的一切答辩状、抗辩证据。法官决定以前的审理全部撤销，本案在《项目合作协议书》的框架下重新审理。

六、被告承认《项目合作协议书》后，本案的焦点问题

（一）宗地的确切面积

宗地面积有多个版本：

（1）原告《国有土地使用权证》记载 158 亩；

（2）《项目合作协议书》记载 128 亩；

（3）2007 年原告测绘的面积 119.5 亩；

（4）被告 2010 年 11 月测绘的面积 118 亩，《国有土地转让登记表》也是 118 亩；

（5）2013 年（挂牌）《成交确认书》128 亩。

应以哪个作为交易的面积？

原告首先主张 128 亩，开庭时又修改诉讼请求为 158 亩。闭庭后发现 2007 年原告测绘的面积 119.5 亩，遂在其后的庭审中改为 128 亩。理由是 158 亩减去修建沿河大道占用土地面积 31.5 亩。由于被告质疑原告的测绘结果，坚持交易的面积是 118 亩，原告又改为以《项目合作协议书》记载 128 亩作为交易的面积。

关键是原址南面 10 亩地的性质。是无主地？还是原告用地？要搞清楚这个问题，第一应当看原告《国有土地使用权证书》后边的附图是否包括这十亩地。第二应到国土局调查当时土地利用和规划情况，第三要看被告的《国土使用权证》是否包括这十亩地。

（二）职工宿舍楼拆迁费用的负担

（1）对被告对职工宿舍楼职工进行安置补偿事实的真实性没有异议。

（2）对被告证明目的有异议，理由如下：

根据《项目合作协议书》第2条规定："该宗地上先由甲方职工宿舍楼一栋，由乙方妥善解决。"这一条明确了对原告宿舍楼的职工进行安置补偿是被告的责任。

根据原告提供的第六组证据，即《拆迁安置补偿协议》，该协议第2条规定"拆迁安置补偿工作产生的相关费用由乙方承担"，第3条规定"拆迁安置补偿工作产生的任何纠纷及法律责任由乙方无条件承担并负责解决，甲方不承担任何责任"。所以，《项目合作协议书》《拆迁安置补偿协议》对职工宿舍进行安置补偿的责任的规定非常明确，被告要求原告承担这笔费用的主张没有任何根据。

（三）甲方延误搬迁日期应当如何追究责任

（1）《项目合作协议书》第6条约定主要车间、办公楼搬迁日期是2011年4月底。但前提条件是乙方于2010年12月底将具备搬迁条件的主要车间、办公楼交付甲方。第7条第5款约定甲方整体搬迁日期为2011年底，但前提条件是乙方代建全部项目后具备搬迁条件，甲方接到乙方书面通知之日后起1个月内完成搬迁。

由此可见，甲方按期搬迁的前提条件是新厂区已经建好，具备搬迁条件，乙方通知甲方搬迁。事实上乙方没有全部代建，协议书相关约定没有实际履行，因此2011年底不能成为甲方全部搬迁的最后期限。

（2）《项目合作协议书》第9条第3项约定，因不可抗力造成的部分或全部不能履行本《协议书》，甲方不承担责任。甲方滞后交付土地重要因素是基建手续办不下来，水暖电等手续也办不下来。甲方新厂址的建设手续有些到现在也没办下来。这些问题主要是政府原因，是甲方不能预见、不能克服的事件，属于不可抗力。按照协议约定，甲方不承担责任。

《项目合作协议书》第10条第3项规定："甲方应按约定提供土地，甲方延期交付土地超过3个月，乙方有权解除合同。甲方应当在15日内退还已收取乙方的所有费用，并按已收取乙方实际转让费用总额的银行贷款利息向乙方支付违约金，超过15日的双倍返还定金。"本条是合同解除责任不是合同违约责任。目前此宗土地已经过户并开发、商品房也已销售、交付，解除合同不符合实际，此外乙方也没有主张解除合同。

（3）某市人民政府政字［2009］52号文件第1条第4款规定，企业搬迁"坚持确保生产、有序推进的原则""最大限度减少因搬迁对生产经营的影响"。《项目合作协议书》第7条第3款约定："甲方新厂区建设开工后，应本着满足生产、随建随搬的原则，陆续、分批、及时地开始原厂房、机械设备及附属设施的腾空搬迁，将原厂宗地移交给乙方。"根据上述规定和约定，原告搬迁的前提条件是新厂区建成一部分，搬一部分，从而确保生产不间断。因此，双方约定的搬迁时间不能违背这个原则。

（4）原告迟延搬迁的原因在于政府的原因，属于不可抗拒力。

根据原告提供的第五组证据，2013年4月20日某某区住建局才给原告颁发《建设用地规划许可证》，直到现在也没有给原告颁发《建设工程规划许可证》和《施工许可证》，没有上述基建手续，原告不能及时进行新厂区设计、招标、接入工程用水、工程用电，导致开工较晚，进度较慢。某市人民政府政字［2009］52号文件第1条规定"企业搬迁入区工作由市产业集聚区办公室牵头，市工业运行局、某某区政府、某西区政府、高新区管委会为企业搬迁承办单位，是第一责任人"，原告搬迁迟延正是政府原因导致的，不是原告故意拖延，过错不在原告，因此，不应追究原告迟延搬迁的法律责任。

（四）如何确定甲方应当搬迁的日期节点和实际搬迁的节点

（1）乙方对新厂区建设在工程进度、质量等方面有控制权的基础上，乙方将采取冬季施工措施，力争于2010年12月底前将具备搬迁条件的主要车间、办公楼交付甲方。甲方在2011年4月底前将乙方已交付的主要车间、办公楼搬迁完毕。

（2）乙方代建全部项目完成后具备搬迁条件，甲方应在接到乙方书面通知之日起1个月内完成搬迁。厂区西半部分搬迁应于2011年4月底前完成。整体厂区的全部搬迁甲方应在2011年底前完成。

（五）甲方迟延搬迁和乙方迟延付款的利息如何计算

1. 甲方迟延搬迁的利息计算

假定应当搬迁时间为2011年12月31日，而甲方实际搬迁的日期是2013年6月1日，则甲方迟延搬迁的天数为365+133＝498天。

甲方应付的利息有两种：一为合同总标的3亿元×498×中国人民银行同期同类贷款利率；二为按照已付款总额2.5亿元分段计算。

2. 乙方迟延付款的利息如何计算

利息计算的起点为甲方实际搬迁的日期是 2013 年 6 月 1 日。计算方式按照付款节点分段计算。利息计算的截止点为乙方付清全部土地转让款之日。具体到本案暂定为调解书生效之日。

例如：

2013-06-02～2014-06-10 利息 = 1.6 亿元×5.4%/365×394 天 = 2 958 776 元

2014-06-10～2014-10-23 利息 = 1.4 亿元×5.4%/365×141 天 = 1 064 926 元

2014-10-23～2014-12-12 利息 = 1.2 亿元×5.4%/365×50 天 = 377 093 元

2014-12-12～2015-11-02 利息 = 8000 万元×5.4%/365×326 天 2 409 749 元

2015-11-02～2016-03-31 利息 = 5000 万元×5.4%/365×151 天 = 1 114 165 元

七、裁决结果

2016 年 8 月，某地人民法院在征求双方意见后作出《民事调解书》，主要内容为，经查明，2010 年 5 月，原被告签订《项目合作协议书》，约定原告将位于某市某某区工业路 85 号（原土地使用权证书编号为"某东地字〔1996〕001 号"）的厂址宗地 128 亩以每亩 108 万元转让给被告，以筹措搬迁建设资金。《项目合作协议书》第 2 条约定被告应支付原告土地总转让款 13 824 万元（壹亿叁仟捌佰贰拾肆万元整）。具体支付方式为，协议书签订后 3 日内支付定金 1000 万元，协议书签订后 10 日内支付 3000 万元，30 日内再支付 3000 万元。剩余款项作为原告新厂区建设的前期资金，如果被告中标代建被告的新厂区，由被告代原告作为建设资金投入，最终与决算数额一并计算。后被告没有中标并代建该工程。截至目前，被告共支付原告土地使用权转让款 88 806 115 元，尚欠 49 433 885 元，原告多次催要，被告拒不支付。依据《合同法》第 6 条关于诚实信用的规定，第 60 条关于全面履行合同义务的规定，请求判令被告支付剩余欠款以及利息。

案件在审理过程中经法院主持调解，当事人自愿达成如下协议：①被告于 2016 年 9 月 30 日前支付原告 3700 万元；②上述款项支付完毕后，原被告签订《项目合作协议书》履行完毕，双方就该协议再无任何瓜葛；③案件受理费减半收取，其余受理费原被告各承担一半。

八、本案留下的悬疑问题

（一）甲方为什么配合乙方签订虚假《借款协议》，帮助乙方在拖欠 4000
多万元土地出让金的情况下办理过户登记手续

对于房开公司而言，早日拿到土地，早开发，早开盘，早销售。早日资
金回笼，当然是好事。但是前提条件是足额支付土地使用权人约定的土地使
用金。

对于土地使用权人而言，早日拿到约定的土地出让金，早日落袋为安，
是其孜孜以求的大事。

然而本案土地使用权人"太阿倒持，授人以柄"，通过捏造的《借款协
议》帮助乙方在拖欠 4000 多万元土地出让金的情况下办理过户登记手续，从
而使自己置身于巨大的风险当中，最终不得不通过诉讼救济自己的权利。这
是令人费解的事情。

（二）政府退还的土地出让金以及拨付的技改资金本是用于在异地发展生
产的，可是甲方却将上述巨额悉数给予乙方

按照市政府文件，政府收取的土地出让金按照规定扣除农业开发基金、
廉租房保障金、国有土地收益基金后，经市产业集聚区领导小组批准，全部
拨付给搬迁入区企业用于项目建设和发展生产。

《项目合作协议书》规定，招拍挂过程中乙方交纳的土地出让金，政府返
还后，所返还的全部支付给乙方。该笔资金到甲方账户后 5 日内支付给乙方。
否则承担违约责任。

该宗地 2013 年 3 月挂牌出让 2013 年 7 月，甲方将财政局拨付的发展生产
基金 1.3 亿元支付给乙方。

甲方在异地迁建后遇到巨大资金困难，这在迁建之前就应当有所预料，
然而甲方却将政府拨付的帮助资金给予乙方，遂使该乙方一夜暴富，成为当
地财务状况最好的房开公司。

（三）案情柳暗花明之际，甲方却放弃胜诉结果，执意进行调解，不仅放
弃了部分土地出让金，而且放弃了全部利息，痛失好局，令人扼腕

本案开始时遇到了一些麻烦，但是随着乙方承认《项目合作协议书》，本
案已经走上正确的轨道。在这种情况下，被告如数支付拖欠的土地出让金几
乎已经是板上钉钉的事。然而，正在笔者期待一场大胜的诉讼时，甲方几位

高管却开始通过调解解决纠纷。而且准备做出非常大的让步，即本金放弃几百万，利息全部放弃。得知此消息后，笔者诚恳地劝说甲方高管不要妥协，全力争取一场大胜。可是，甲方的高管们的理由是，公司已经多半年没有开工资了，已经酝酿着一些影响稳定的事。当务之急是必须拿到一笔现金，以此渡过难关。甲方高管们也知道胜券在握，但是担心对方上诉，官司遥遥无期，并且担心胜诉后的执行问题颇多掣肘，夜长梦多。

权利处分属于当事人的权利，律师只能建议，但最终还是当事人来做决断。尽管笔者再三释明我方已经胜券在握，但是最终还是没能挽回。

最后本案调解结案，甲方不败而败，乙方不胜而胜，代理律师不仅没有迎来期待中的一场大胜，甚至连自己的律师费也没有全部拿回来，留下了重大的遗憾。其后很长时间里，笔者常常沉浸在对案件中人性的深深思考之中。

第五节　清明上河房开公司与李某客房屋买卖合同纠纷案例
——因规划原因导致标的物不存在时购房人的损失由谁承担

一、案情简介

2010年10月22日，申请人与被申请人签订《期房认购协议》，购买被申请人清明上河房开公司开发的锦绣园小区六号楼三单元803楼房一套，该房面积约86.97平方米，单价为3488元/平方米，共303 350元，优惠后房款总价30万元，付款方式为按揭付款。房屋于2012年6月30日前交付使用，合同签订后，申请人只付了30%的首付款，一共89 850元。不料直至约定交房日期，该工程还未开工建设。又过了几年，申请人得知涉案房屋于2016年完工，遂前往售楼处，要求补齐剩余房款并交付房屋，却遭到被申请人房开公司拒绝，反复协商无果，申请人于2016年12月提起仲裁，请求被申请人履行合同义务，经仲裁委调查核实，该案房屋实际不存在，无法支持申请人。现申请人重新提起仲裁申请，请求：①解除申请人与被申请人签订的购房合同；②被申请人返还申请人前期支付的购房款，并按照房屋交付时的市场价格赔偿申请人无法取得的房屋所造成的差价损失。

庭审中，申请人将第二项仲裁请求变更为双倍返还购房款，并从2010年

10 月 23 日起本金给付完毕止，按照五年期贷款利率 5.76% 支付利息 231 456 元。

二、本案焦点问题

（1）政府规划行为是否属于不可抗力。

（2）房开公司在报纸上通过公告通知购房人前来办理按揭手续能否起到通知并送达的效果。

（3）购房合同标的物不存在的情况下，购房人的权利如何实现救济。

三、开庭过程

申请人为支持自己的主张，向仲裁庭提供了如下证据：①2010 年 10 月 22 日双方签订的《期房认购协议》及购房收据；②张仲 2017 年裁字第 7 号裁决书，申请人向仲裁庭提交证据的目的是证明申请人已于 2010 年 10 月 22 日向被申请人交付 89 951 元购房款，同时签订《期房认购协议》，原《裁决书》裁决时已查明申请人购买房屋不存在，且《期房认购协议》符合商品房买卖合同的情形，对双方具有约束力。由于购买标的物不存在，合同目的无法实现的责任在于被申请人，其应承担全部过错。

对申请人向仲裁庭提交的证据，被申请人对证据无异议，但对证明目的有异议。对申请人提供的证据及证明目的，仲裁庭予以认可，但认为申请人未能提供证明返还双倍购房款的证据。对于申请人提供的证据仲裁庭入卷作为佐证。

庭审中，被申请人为支持自己的主张，向仲裁庭提交证据如下：2016 年 1 月 5 日，张家口日报一份，被申请人证明目的是被申请人于 2016 年 1 月 5 日在《张家口日报》刊登告示一份，通知申请人来补办手续，申请人未补办房款，申请人应承担逾期付款的责任。

对被申请人提交的证据及证明目的，申请人认为对其关联性及合法性不认可，申请人购买的是 6 号楼 3 单元的 803 室，而通知上是 11 号楼，对被申请人提供的证据真实性。仲裁庭认可被申请人所提交证据的真实性。

被申请人的代理意见如下：

（1）同意返还李某客已经交付的房款。

（2）申请人主张返还双倍已付购房款 179 702 元没有法律依据。

申请人依据最高人民法院《关于审理商品房买卖合同纠纷案件适用法律

若干问题的解释》（2003 年）第 9 条的规定，要求返还双倍已付购房款。该条解释属于房开公司故意欺诈买房人，而本案是因为规划变更，没有了房源，导致合同不能适当履行。显然不属于第 9 条规定的情形。

（3）申请人主张的利息不应得到支持。

被申请人通知申请人换房，申请人拒不同意，执意要期房认购书中确定的房屋，而该房屋已经因为规划变更根本就不存在。后来申请人无法联系，被申请人只好在《张家口日报》刊登公告，要求其速来办理商品房购买手续，但是申请人没有来办手续，被申请人也无法联系到申请人。

如果申请人及时调整房源或者及时解除合同，都不会产生经济损失。造成申请人数年没有得到所购房屋的责任是申请人一意孤行，且对被申请人的通知不理不睬。

因此，申请人的利息损失责任在于自己怠于行使自己的权利，应当自负其责。

（4）6 号楼类似申请人这种情形有六十多户，其他人均得到妥善安置，唯有李某客一户因其本人原因合同难以履行。可见规划变更情况下，不是没有变通的办法，绝大多数人都能顺利解决这个问题，而申请人却不能解决。

（5）本案已经仲裁一次，仲裁庭查明申请人所购房源已经不存在，如果当时申请人及时调整仲裁请求，把主张房屋实物改为解除合同，返还已付购房款以及利息，那么其损失就不会有这么大。正是由于申请人一意孤行，导致其损失扩大，现在其试图将损失转嫁到被申请人身上，这对于被申请人是不公平的。

（6）申请人认为其因合同无法履行损失巨大，但是其应该意识到合同没有履行，被申请人损失也不小。合议庭在考虑申请人的损失时，也应当考虑被申请人的经济损失。

作为卖方，其通过卖房获取利润，因此主观上绝对不存在故意不卖给申请人房子这种想法。房子因为规划变更导致合同无法履行，也使被申请人本来应该获得的利润化为乌有。因此若论损失，双方都有，绝不是申请人单方面的损失。希望仲裁庭也考虑一下被申请人因此受到的经济损失。

总之，本案合同没有得到适当履行是因为双方意志以外的因素，不存在欺诈胁迫的情形。至于经济损失双方都不同程度地存在。在沟通联系环节双方都存在一些瑕疵，申请人通讯方式不畅，不及时调整诉求是导致损失的主要原因。

综上所述，请求张家口仲裁委员会驳回申请人的仲裁请求。

四、裁决结果

仲裁委员会经过评议，驳回了申请人的仲裁请求。理由如下：

申请人与被申请人于 2010 年 10 月 22 日签订了期房认购书，双方主体合格，意思真实，内容符合最高人民法院《关于审理商品房买卖合同纠纷案件适用法律若干问题的解释》（2003 年）第 5 条的规定，合同合法有效，对双方都有约束力。

但申请人购买的清明上河房开公司开发的锦绣园小区六号楼三单元 803 室房屋实际不存在，被申请人也无法按约履行交付特定标的物，双方签订的合同无法履行，导致此结果过错方在被申请人，其行为违反了合同法诚实信用原则，申请人向仲裁委提起解除房屋认购协议书，承担返还已购房款，支付占用已购房款的利息，符合《合同法》相关规定。

仲裁庭裁决被申请人向申请人支付房款 89 851 元，利息从 2010 年 10 月 23 日交付购房款之日起，以已付购房款这个 89 851 元为基数，按照中国人民银行公布的金融机构贷款基准年利率 4.9% 进行计算，计算至 2019 年 8 月 20 日止。之后的利息按贷款市场报价利率计算至实际返还已付购房款为止。对申请人主张双倍返还已付购房款的主张，因无事实和法律依据，仲裁庭不予支持。

第六节　夏某周与神圣家族房开公司底商买卖合同纠纷案例
——买 240 平方米的跃层不一定是上下各 120 平方米

一、案情简介

2010 年 11 月，夏某周在神圣家族房开公司开发的缙骅水郡购买商业楼一套，面积 226.7 平方米，5500 元/平方米。2014 年 4 月重新签订合同，面积改为 208.71 平方米，单价不变。2014 年 8 月 19 日夏某周通过按揭贷款付清房款。2015 年 5 月，因为神圣家族房开公司拒绝交房，夏某周按照《商品房买卖合同》中争端解决条款的规定，将纠纷提交仲裁委员会仲裁。

申请人夏某周的仲裁申请事项：①裁决被申请人向申请人交付所购商品房；②赔偿申请人迟延交付违约金 85 000 元；③本案仲裁费用由被申请人支付。事实和理由：2010 年 11 月 25 日，申请人与被申请人签订《期房认购协议》，申请人购买被申请人开发的位于怀安县柴沟堡镇天泽骏景小区 A 区东侧 055 号商业楼一套，面积 226.7 平方米，售价 5500 元/平方米，总价款 1 246 850 元，预计 2012 年 6 月 30 日前交付使用，2010 年 10 月 25 日申请人交付房款 626 850 元。2014 年 4 月 14 日，双方重新签订了一份《期房认购协议》，面积变更为 208.71 平方米，总价款 1 147 905 元，其他内容不变。2014 年 4 月 14 日，双方签订商品房买卖合同一份，编号 2014 第 014 号，面积、单价、总价款与 2014 年 4 月 14 日的《期房认购协议》约定完全一致，付款方式为首付 627 905 元，按揭贷款 520 000 元。2014 年 8 月 19 日，中国建设银行怀来支行向被申请人支付按揭贷款 52 万元，按照合同约定，申请人已履行了给付房款的义务，被申请人理应依约交付房屋，但时至今日仍未交付，合同约定迟延交付房款，被申请人赔付，赔偿已付房款 1‰的违约金，因双方鉴于上述情况，现向贵委申请仲裁，请公正裁决。

被申请人答辩称：

（1）申请人所购的 055 号底商，实测面积为 227.49 平方米，而不是合同约定的 208.71 平方米，申请人尚有 18.78 平方米共 103 290 元房款未付。2010 年 11 月 25 日，答辩人与申请人签订第一次《期房认购协议》时，暂定 055 号底商面积为 226.7 平方米，申请人交首付 626 850 元，经测绘 055 号底商的实际面积为 227.49 平方米。但在 2014 年 4 月 14 日双方签订正式的商品房买卖合同时，由于测绘单位怀安县广汇房产测绘有限公司出具的测绘数据对 055 号底商二层露台上一间 18.78 平方米的独立房屋未能明确是属于 054 号底商还是 055 号底商（055 号底商结构特殊），且在申请人与被申请人两次实地看房都未果的情况下，为了及时配合申请人贷款要求，经申请人与答辩人协商，055 号底商二层露台上的 17.88 平方米面积暂时不写入合同，等确定属于 055 号底商后，再由申请人补齐房款，在这种情况下。商品房买卖合同约定的面积为 208.71 平方米，并在合同第 5 条中明确约定：买受人购买房屋的产权面积，最终以房屋产权测绘部门的测绘结果为准，房款依据测绘部门的测绘结果多退少补。现申请人要求答辩人交房，但却不想补交该 18.78 平方米、房款 103 290 元。要求申请人低价或将 18.78 平方米房屋白送给申请人，这明显不合理，与合同约定的计价方式不符，且该间 18.78 平方米房屋只能通过 055 号底商进出，是 055 号底商的一部分，如果申请人不支付该面积房款，答辩人也无法将该房屋另售，在这种情况下，双方未能实现交房，且从双方 2010 年 10 月 25 日签订的期房认购书约定的面积分析，该期房认购书约定的面积暂定 226.7 平方米，与实测面积 227.49 平方米仅差 0.79 平方米，这充分说明申请人所要购买的 055 号底商是明确包括了 055 号底商二层露台上的 18.78 平方米，支付该部分的房款，既是申请人真实的意思表示，也没有超过申请人的心理预期。

（2）申请人诉求 85 000 元迟延交付违约金，没有事实和法律依据。由于申请人以贷款方式支付房款，签订合同时才正式申请办理贷款手续，但因贷款下来的具体时间难以确定，双方才没有在合同中约定具体的交房时间，因此，从该商品房买卖合同的目的和《合同法》的相关规定分析，该合同虽未具体约定交房时间，但基本能确定贷款到位，并由申请人补齐差价的时间。应视为双方都认可的交房时间，现申请人的贷款于 2014 年 8 月 19 日到位，交房时间可以确定为 2014 年 8 月 20 日，同时申请人应补交余款 103 290 元，但至今未付，因此答辩人行使履行抗辩权而未交房，不构成违约。且就本案事实来讲，不是答辩人逾期交房，而是申请人逾期付款，真正应该承担违约责任的是申请人。按照合同第 7 条约定，买受人逾期付款的违约责任为：逾期 30 日之内，申请人应按日承担逾期付款金额 10‰ 的违约金；超过 30 日，申请人应按日承担逾期付款金额 20‰ 的违约金。截至 2015 年 6 月 30 日，申请人应向答辩人支付违约金 54 743 元。退一步讲，即使答辩人逾期交房，根据合同出卖人逾期交房的违约责任约定，出卖人逾期交房不超过 60 日的，出卖人按日承担买受人已付房款 1‰ 的违约金，合同继续履行；超过 60 日的，买受人有权解除合同，买受人要求继续履行合同的合同继续履行，出卖人不承担违约责任。据此计算，即使是答辩人逾期交房违约，也最多按日 1‰ 承担 60 日的违约金，即 6887 元，而不是申请人诉求的 85 000 元。综上所述，申请人的仲裁请求没有任何事实和法律依据，应驳回其仲裁请求，并由申请人向答辩人付清余款 103 299 元，并承担违约责任，办理收房交接手续。

二、案件焦点问题

（1）055 号底商二层露台上的 17.88 平方米面积是否属于本案标的物？如

何认定二层露台上的 17.88 平方米面积是否与其他部分属于同一个整体？

（2）申请人是否付清 055 号底商的房款？

（3）哪方构成违约？如何承担违约责任？

三、案件审理过程

（一）申请人举证以及被申请方质证

（1）《期房认购协议》《商品房买卖合同示范文本》，证明双方就神圣家族房开公司开发的缙骅水郡购买商业楼一套，面积 208.71 平方米，单价 5500元/平方米，交房日期是预计 2012 年 6 月 30 日前。现被申请人没有按期交房。

被申请人认为地上面积不是 208.71 平方米，而是 227.49 平方米；交房日期不是 2012 年 6 月 30 日前，而是未予最后确定。其他无异议。

（2）2014 年 7 月 24 日《个人住房（商业用房）借款合同》1 份、收据 5张、交款凭证 2 张，证明申请人已经付清全部房款。

被申请人对上述证据真实性无异议。

（3）《河北省建设工程竣工验收报告》1 份，证明上述工程已经竣工验收合格，具备交付使用条件。

被申请人认为该报告不是 055 号底商的竣工验收报告。

（二）被申请人举证以及申请人质证

（1）《期房认购协议》《商品房买卖合同示范文本》，证明双方就神圣家族房开公司开发的缙骅水郡购买商业楼一套，面积以测绘部门的最终实测面积为准。最后实测 227.49 平方米，单价 5500 元/平方米。申请人到现在也没有付清房款。没有具体交房时间，需要依据按揭贷款的时间来确定交房时间。退一步讲，即使答辩人逾期交房，根据合同出卖人逾期交房的违约责任约定，出卖人逾期交房不超过 60 日的，出卖人按日承担买受人已付房款 1‰的违约金，合同继续履行；超过 60 日的，买受人有权解除合同，买受人要求继续履行合同的合同继续履行，出卖人不承担违约责任，据此计算，即使是答辩人逾期交房违约，也最多按日 1‰承担 60 日的违约金，即 6887 元，而不是申请人诉求的 85 000 元。

申请人质证意见认为合同明确规定面积 208.71 平方米，毫无疑问。合同第 8 条第 1 款明确约定 2012 年 1 月 1 日前交房，所以说是有具体交房时间的。至于违约金部分，如果被申请人认为没有明确规定，那么申请人请求依据最高人民法院相关规定，按照评估价计算违约金。

（2）055号底商图纸，证明18.78平方米的阁楼是055号底商不可分割的一部分。

申请人质证意见认为：底商图纸应当与商品房买卖合同附件一的房屋平面图一致，但是底商图纸显示一层和二层面积不一样，一层只有50平方米，其余均为二层，太不公平。所以我方拒收房屋。

（3）怀安县广汇房产测绘有限公司出具的测绘数据对055号底商的测绘报告，证明055号底商建筑面积为227.49平方米。

申请人质证意见认为：测绘报告不能证明属于18号楼的055号底商，所以与本案没有关联性。

（三）仲裁庭辩论意见

1. 申请人

（1）关于交房时间，《期房认购协议》明确交房时间为2012年6月30日。商品房买卖合同示范文本虽然只约定2012年，没有约定具体月份和日期，但是明确约定了2012年之前。这个可以解释为2012年1月1日之前，最保守的也应该是在2012年12月31日之前。所以不能说没有具体交房日期。

（2）关于房屋面积。商品房买卖合同示范文本签订时间在《期房认购协议》之后，而且是五证齐全之后签订的，因此二者发生冲突时，应当以示范文本为准。示范文本约定为208.71平方米，这个也恰好是图纸约定的面积，因此商品房买卖的标的物就是208.71平方米。按照这个面积，我方已经完全交清房款，被申请人应当履行交房义务。

（3）被申请人出具的商品房实测面积不具有法律效力，该报告不能对抗双方意思表示一致的商品房买卖合同。因此买卖合同的面积还是要以合同为准。

（4）我们要求一层和二层面积相等，这是商品房买卖的商业惯例。被申请人利用我方疏忽和没有经验，将总面积分为二层150多平方米，一层50平方米明显违反诚实信用的民法原则，请仲裁部门依法公正裁决。

（5）关于违约责任，合同有明确约定，我方希望执行合同第9条约定。

2. 被申请人

（1）关于交房时间，虽然《期房认购协议》约定交房时间为2012年6月30日。商品房买卖合同示范文本虽然约定2012年交房，但是交房的前提条件是申请人付清全款。由于本案申请人没有及时办理抵押贷款手续，其 2014 年 8 月 19 日才付清 208.71 平方米对应的房款，因此无论是《期房认购协议》约定的 2012 年 6 月 30 日还是商品房买卖合同示范文本约定的 2012 年均已经失去意义。如果最终确定房屋面积就是 208.71 平方米，那么交房日期应是 2014 年 8 月 19 日。如果最终确定房屋面积就是 227.49 平方米，那么交房日期应是申请人再交付 103 290 元之后。

（2）关于房屋面积。根据图纸，18.78 平方米的阁楼是 055 号底商不可分割的一部分，并且只有通过 055 号底商才能进入阁楼，如果将阁楼分割出去，那么阁楼将无法出售。申请人之所以恶意将房屋面积理解为 208.71 平方米，其真实的意图是想要白白拿走这个阁楼，不用付出任何代价。因为他不买，别人也买不成。等于申请人挟持了这个阁楼，要白白拿走。所以 055 号底商面积就是 227.49 平方米，申请人是别有用心的，不能让其得逞。

（3）关于实测面积。商品房买卖合同第 5 条明确约定："买受人购买房屋的产权面积最终以房屋产权测绘部门的测绘成果为准，房款依据测绘部门的测绘成果多退少补。"因此，被申请人主张按照测绘面积缴纳房款既有合同依据，也符合房地产开发的商业惯例。应该得到支持。申请人说测绘面积没有依据是站不住脚的。

（4）关于一层和二层的结构一致性问题。因为施工过程中出现变更，所以出现一层二层不一致的问题，不是被申请人不讲诚信。011 号和 055 号的门也弄反了。最重要的是，申请人 2014 年 8 月 19 日才付清 208.71 平方米对应的房款，当时 18 号楼已经竣工，申请人去过现场，因此申请人对一二层结构不一致的情况是知情并且认可的，否则不会缴纳房款。申请人现在不应该再反悔，否则不是被申请人不诚实，而是申请人不诚实。

（5）关于违约责任，关键就是买卖合同标的包不包含 18.78 平方米的阁楼。包括就是申请人违约，不包括就是被申请人违约。我们认为是包括的，因此不是被申请人违约，而是申请人违约了。退一步讲，即使是被申请人违约，根据合同第 9 条第 1 款规定，只有 60 日内有约定；对于超过 60 天的合同并没有相应约定。所以被申请人承担 60 日的违约责任即可。

申请人认为，申请人买底商时，由于一层与二层不一致，因此，被申请人承诺将 18.78 平方米的三层阁楼免费送给申请人，所以合同才不写 227.49 平方米，而是写 208.71 平方米。但是交房时，被申请人又出尔反尔，背信弃义，否定以前赠送阁楼的承诺，导致双方迟迟没有交接底商。此外，施工合同变更时，如果上下不一致，被申请人应当通知申请人，但是被申请人从来没有通知申请人，由于木已成舟，在被申请人承诺赠送阁楼的情况下，申请人才缴清了房屋尾款。

被申请人认为，双方约定应当落笔为准，被申请人不可能免费送给申请人阁楼。只是由于测绘部门疏漏，没有明确阁楼在 054 号和 055 号之间的归属。为了不耽误申请人办理抵押贷款，双方约定先按照 208.71 平方米来写，待测绘部门最终测绘成果出来后再多退少补。这虽然没有写进合同，但是申请人心知肚明。现在不应该以此为要挟，企图白拿白占这个 18.78 平方米的阁楼。

（四）关于 055 号底商结构和面积的司法鉴定

由于 18.78 平方米的阁楼的归属以及 055 号底商的测绘问题属于专业问题，仲裁庭建议通过司法鉴定来解决这个问题。申请人表示同意，但被申请人表示反对。

被申请人认为仲裁庭没有权力指定司法鉴定机构对 18.78 平方米的阁楼的归属以及 055 号底商的测绘问题进行司法鉴定，仲裁庭根据《仲裁法》向被申请人释明仲裁庭有这个权力。《仲裁法》第 44 条第 1 款规定："仲裁庭对专门性问题认为需要鉴定的，可以交由当事人约定的鉴定部门鉴定。也可以由仲裁庭指定的鉴定部门鉴定。"该市仲裁委员会仲裁规则第 46 条也有相应规定。

后来由于仲裁庭认为根据双方提交的合同、房屋平面图和施工图纸，能够确定阁楼归属。或者通过其他方法解决这个问题。所以最终仲裁庭放弃对 18.78 平方米的阁楼的归属以及 055 号底商的测绘问题进行司法鉴定。

四、裁决结果及其理由

仲裁庭经过研究裁决结果如下：

（一）本案 055 号底商面积为 208.71 平方米，鉴于申请人已经交清全部房款，被申请人在本裁决书生效后 15 日内向申请人交付房屋

根据诚实信用的原则和合同的相对性原理，依法成立的合同在当事人之间具有法律约束力。双方《商品房买卖合同示范文本》约定 055 号底商面积为 208.71 平方米，双方应当按约履行。至于 18.78 平方米的阁楼面积，待双

方具有充分证据后可以另行主张权利。

（二）被申请人应当交付 055 号底商的时间为 2014 年 8 月 19 日房款交清之
　　　日。由于房屋到现在为止也没有交付，被申请人应当自 2014 年 8 月
　　　20 日起，按照合同约定的每日 1‰的标准向申请人支付违约金

尽管《期房认购协议》约定交房时间为 2012 年 6 月 30 日，《商品房买卖
合同示范文本》虽然约定 2012 年交房，但是交房的前提条件是申请人付清全
款。由于本案申请人没有 2012 年之前未及时办理抵押贷款手续，其 2014 年 8
月 19 日才付清 208.71 平方米对应的房款，因此合理交房时间应确定为交清
房款时间。违约金应自交清房款的次日开始计算。

五、关于本案焦点问题的思考

（一）在商品房买卖合同中，房屋的面积、结构和布局一定要完整地通过
　　　书面形式予以明确。合同外的口头约定很容易引起纠纷。一旦房屋
　　　的面积、结构和布局出现歧义，与之相联系的房屋总价和交房日期
　　　都会引起连锁纠纷

首先，房屋总面积应当明确具体，如果有合同外约定，一定通过书面形
式完成，口头的"君子协定"是靠不住的。本案就是因为阁楼没有说清楚，
导致双方各怀鬼胎，形成纠纷。

其次，房屋的结构一定要详细描述，能够客观反映当事人的真实意思表
示。本案房屋总共 208 平方米，但不是一层和二层各 104 平方米，而是上边
大，下边小，不符合常人思维惯性。因此，发生这种情形，一定要明确一层
和二层的面积，避免"被套路"。

房屋布局应当通过图纸和说明来界定，平面图不足以界定的，要通过施
工图进一步明确。图纸要标明日期，加盖公章。为了防止施工中出现变更，
要提前约定变更的通知形式以及救济方式，避免程序上的约定盲区。

有些商品房买卖涉及草地、停车位、地下室等附属设施，开发商对此经
常只是口头承诺或者用铅笔在所赠予的停车位、地下室等位置做记号。这些
都隐藏着未来的法律纠纷。还有的开发商虽然与客户就草地、停车位、地下
室等单独签订协议，但是不明确地下室的房号、停车位的位置号或者不表明
所赠与草地的四至和面积。所有这些客户都应及时主张权利，避免将来出现
纠纷。

很多买房人签订合同时，就将置业顾问或者中介的售房广告丢弃了，也没有意识将开发商承诺的小区公共环境、设施固化下来。例如，购房时开发商售楼处沙盘上有篮球场，如果这个篮球场对买房人是否买房的决策具有重大影响，那么卖房人就应当要求开发商通过书面形式正式承诺，防止将来合同目的落空。沙盘上有幼儿园、小学、步行街、健身房、水塘、水榭、养老院等其他公共环境、配套设施皆照此办理。

（二）在商品房买卖合同中，开发商经常利用优势地位给消费者强加不公平条款，例如仅有买房人未缴足房款的违约责任，却故意将开发商未按时交房栏目里的违约责任划去，这就是显失公平的霸王条款。遇到这种情形，买房人应当据理力争，将开发商未按时交房的违约责任明确下来

本案就是如此，开发商在商品房买卖合同里，仅规定了延迟 60 日的救济方法，故意将延迟 60 日以上开发商未按时交房栏目里的违约责任划去，导致开发商延迟交房时，买房人无法追究开发商的违约责任。

尽管本案仲裁庭裁决开发商按照 60 日以内的罚则来追究超过 60 日的违约责任，但是严格来讲，这么裁决也是有一定问题的。除非能够明确释明如此裁决的理由，不幸的是，裁决书没有相应的理由。

由于本案双方没有就迟延交房 60 日以上的违约责任作出约定，笔者认为应当适用最高人民法院《关于审理商品房买卖合同纠纷案件适用法律若干问题的解释》（2003 年）第 17 条第 3 款的规定："逾期交付使用房屋的，按照预期交付使用期间有关主管部门公布或者有资格的房地产评估机构评定的同地段同类房屋租金标准确定。"

如果办理房产证有问题的，可以按照上述解释第 18 条和第 19 条办理。第 18 条规定："由于出卖人的原因，买受人在下列期限届满未能取得房屋权属证书的，除当事人有特殊约定外，出卖人应当承担违约责任：（一）商品房买卖合同约定的办理房屋所有权登记的期限；（二）商品房买卖合同的标的物为尚未建成房屋的，自房屋交付使用之日起 90 日；（三）商品房买卖合同的标的物为已竣工房屋的，自合同订立之日起 90 日。合同没有约定违约金或者损失数额难以确定的，可以按照已付购房款总额，参照中国人民银行规定的金融机构计收逾期贷款利息的标准计算。"

第 19 条规定："商品房买卖合同约定或者《城市房地产开发经营管理条

例》第三十三条规定的办理房屋所有权登记的期限届满后超过一年，由于出卖人的原因，导致买受人无法办理房屋所有权登记，买受人请求解除合同和赔偿损失的，应予支持。"

（三）实践中，交清房款不一定就等于交房条件成就

因为买房人除了交清全部房款，还需要缴纳公共维修基金、前期物业费、取暖费、水电费、煤气费、燃气初装费、小区供水管网运行维护费、测绘费、垃圾清运费、装修保证金等费用后才能办理入住手续。如果是办理房屋所有权证的，还需要缴纳增值税、契税、印花税、教育附加税、城市建设税等。

（四）《期房认购协议》、房屋电子签证备案（网签）的法律性质以及与《商品房买卖合同》的衔接关系

一般而言，《期房认购协议》属于预约合同，即约定未来就标的物交易再签订正式的合同。预约相较于本约有以下特征：一是订约时间不同。预约属前契约阶段订立的合同，所承担的民事责任属缔约过失责任范畴。而本约是在民事合同权利义务关系全部定型后签订的，双方应承担的义务是合同义务。二是预约合同是诺成合同，不受要物约束，强调当事人主观意志在合同成立中的决定作用。而本约一般则受要物约束，交付是合同履行的重要内容。三是签订预约合同的目的是订立本约，本约所定的义务是合同义务，直接具备履行内容。《期房认购协议》如果具备了房屋买卖的实质性要件，就是正式的《商品房买卖合同》，不受协议名称的限制。

在五证不全的情况下，《期房认购协议》因为违法属于无效协议，但是起诉时五证已经补齐的，《期房认购协议》则有效。

网签就是指交易双方签订房屋买卖合同后，到房地产相关部门进行备案，形成网签号并在网上公布，用户可以通过网签号在网上进行查询。《存量房自行成交网上签约申请表》《存量房买卖合同信息表》上具有买房人详细的身份信息和标的物信息，因此网签也是正式的商品房买卖合同，只不过与《商品房买卖合同》外在形式不同，属于电子形式合同。

此外，由于网签向社会公众公式，具有商品房预告登记的作用。从这个角度讲，网签具有确定商品房归属的物权作用，其法律约束力要强于《期房认购协议》和《商品房买卖合同》。因此，即使没有《商品房买卖合同》，只要已经办理网签，商品房买卖合同即告成立，书面合同可以后补。

（五）商品房测绘在商品房买卖中的作用和效力

很多商品房买卖合同中房屋面积都是暂定面积，最终房价要依据商品房测绘部门的测绘成果来计算，这样商品房测绘在商品房买卖中就形成了举足轻重的作用，这个环节往往会引起商品房买卖合同纠纷。

很多卖房人以为商品房测绘部门是政府住建局或者房管局的下属单位，出于对政府公信力的信任，往往对测绘部门的测绘结果深信不疑。事实上，商品房测绘部门不是政府住建局或者房管局的下属单位，也是企业，只不过具有相应的执业资质。因此，商品房测绘部门的测绘成果并不当然具有法律效力。

所以消费者买房时一定不可忽略房屋测绘这个环节，必要时应当聘请专业部门自主测绘。

第七节　公某平与展某梅买卖集资建房指标纠纷案例
——合同成立与合同效力的关系

一、案情简介

2006 年，某高校集资建房，1500 元/平方米，公某平听说后心痒不已。恰好其昔日的老师展某梅在该校有集资资格却不需要这套房子。于是公某平提出以老师展某梅的名义集资，给展某梅一笔指标费。经过协商，双方以 17 000 元成交，公某平将房屋预售款以展某梅名义 60 000 元交给学校。2008 年国家取消集资建房政策，高校遂按照年息 10%给教职工退还了集资款和利息。

2011 年，高校新校区征收了土地，准备换一种形式为教职工建设家属房。即与国企房开公司合作，将一部分教学用地变性为住宅用地，低价卖给房开公司开发商品房，再由房开公司低价卖给教职工，售价 2600 元/平方米左右。公某平看到希望，继续以 17 000 元价格从展某梅处购买集资指标。展某梅不同意，以自己的名义到学校做了购房登记并缴纳了购房预付款。

2012 年，该市商品房涨价，涉案房屋价格涨到 3600 元/平方米左右，公某平又想以展某梅的名义购房，展某梅不同意。双方均无妥协之意，公某平遂提起诉讼，要求展某梅继续履行合同。

二、双方主要观点

原告认为，依法签订的合同受法律保护，被告应当履行商品房集资指标买卖协议，不能见利忘义。

被告展某梅就原告诉求物权确认一案答辩如下：

（一）原告陈述的事实存在重要遗漏，有些陈述不正确

首先，起诉状只陈述了原告以被告的名义支付某高校集资建房预付款60 000元，但却对某高校已于2011年4月份将上述款项退还原告这个事实只字不提。2006年8月，也就在某高校刚刚决定集资建房之后，建设部、国土资源部和监察部于2006年8月14日发布《关于制止违规集资合作建房的通知》（建住宅〔2006〕196号），这就意味着某高校集资建房的计划成为泡影。为了挽回损失，某高校想了许多办法予以变通，但最终无力回天，只好于2011年4月份将教职工的集资建房款全部退还。为了弥补教职工的损失，某高校按年息10%补偿了教职工，原告也取回了自己的集资款和利息。

某高校和教职工结清集资建房款并补偿利息的过程意味着2006年8月双方达成的集资建房意向彻底解除。否则，某高校不会补偿利息，教职工也不会接受退款。某高校和教职工集资建房意向彻底解除决定了教职工与校外人签订的转让购房指标意向根本无法履行，只能予以解除。

其次，起诉状事实和理由部分第7行说："某高校至今年4月份才正式动工建设，2006年集资时登记的定价1500/平方米左右，现某高校规定以前登记的定价为2600/平方米，继续有效。"这个说法是完全错误的。如果原告坚持这个主张，那么按照"谁主张，谁举证"的原则，希望原告提交相关证据。

事实是，集资建房被叫停后，高校已不能作为建设单位开发建设，否则将遭到党纪国法的处分。因此，原告所谓的某高校正式开工之说根本不存在，以此要求被告继续履行2006年8月25日的协议也是根本不可能的事。如果原告有异议，那么请拿出某高校正式开工建设的证据，否则应承担举证不能的后果。

（二）原被告2006年8月25日的《房屋确权协议书》存在重大瑕疵

所谓房屋确权，是指已经存在的房屋在所有权属上产生争议，通过法定程序确定合法的所有权人的法律行为。就本案而言，某高校在2006年准备集资建房时，其相关地块既无国有土地使用权证，更没有建成房屋，"皮之不

存，毛将焉附？"土地使用权和房屋都不存在，根本谈不上什么房屋确权。因此，该协议是一个没有标的物的协议，是一个没有成立的合同。

另外，《房屋确权协议书》的乙方是被告，但协议书上并没有被告签名，而是由被告妻子代签。在被告未明确追认的情况下，该协议书效力待定。

(三) 2006 年 8 月 25 日的《房屋确权协议书》是一个未成立的合同；即使该协议成立也是一个无效合同；再退一步，即使该协议有效，也因集资建房被国家叫停而无法履行

首先，确权的标的物不存在，因此合同不能成立。

其次，国家已于 2006 年 8 月 14 日出台《关于制止违规集资合作建房的通知》(建住宅 [2006] 196 号)，而原被告 2006 年 8 月 25 日签订《房屋确权协议书》，这是明显的违法行为，应视同无效。

最后，原被告 2006 年 8 月 25 日的房屋确权协议也是一个无法继续履行的合同。根据合同条款，双方协议的对象是某高校的集资家属楼，然而，按照目前的法律和政策，某高校已不可能再申请土地使用权用于家属楼建设。导致这种变化的原因不能归咎于某高校和被告，只能归咎于重大的情势变更或者不可抗力。

综上所述，原被告双方签订的是一个不能成立的协议；原被告是在国家发出《关于制止违规集资合作建房的通知》之后签订的转让集资建房协议，是无效协议；况且某高校已将原告以被告的名义交的集资建房款返还，双方意向已经解除。而且根据国家目前的形势政策，该协议已无法履行。鉴于以上情况，请求人民法院驳回原告的诉讼请求。

三、本案焦点问题

(1) 购房指标能否成为买卖合同的标的。

(2) 法院认定本案《房屋确权协议书》的案由属于物权确认是否准确，该协议能否成立、是否有效。

(3) 被告将集资款以及利息退还原告，但是指标费没有退还，在这种情况下，双方的购房指标买卖协议是否已经解除。

四、庭审过程

（一）原告举证和被告质证

（1）原告与被告妻子签订房屋确权协议书一份，证明双方就集资建房指标买卖一事达成协议。被告质证对合法性提出异议。

（2）被告之妻收到原告 17 000 元的收据。

（3）被告交给某高校 60 000 元购房款收据；被告对真实性无异议。

（4）学校的公示表。

（5）原告认为被告已经委托仁某到学校选定了房子，系 3 号楼 1 单元 701 室。

（6）学校的楼层价格表，证明团购价格（每平方米）低于市场价 1000 元。

（7）学校的分房方案，证明学校团购商品房确有其事，被告有条件履行双方签订的协议。被告质疑上述证据的真实性、合法性和关联性。

（二）被告举证和原告质证

（1）《关于制止违规集资合作建房的通知》，证明集资建房已经失去合法性，因此双方签订的协议无效。原告不认可关联性；

（2）某高校提供的不再建设集资房的证明，证明目的是原告陈述的内容不具备真实性。内容如下：

"兹证明某高校为配合新校区建设，计划于 2005 年为教职工集资建房，并于 2006 年收取了部分集资建房款。后由于国家政策禁止集资建房，我院于 2011 年 4 月将集资建房款和利息全部退还了教职工。"

某高校拟为教职工建住宅的地块于 2010 年 10 月取得土地使用证，其中约 102 亩已卖给某市旺财房地产开发有限公司，相关手续正在办理中。

2011 年 7 月学校向某市旺财房地产开发有限公司购买住房属团购性质，购房主体是成达集团和教职工个人。

（三）法庭辩论

原告发表如下观点：原告与被告系师生关系，出于对被告的信任，原告卖掉了原来在县城的住房，购买被告的住房集资指标。从双方签订协议以来已经 5 年，原告等了五六年。而且原告房子已经卖掉，如果被告违约，原告连住的地方都没有了，由于房屋涨价，原来的 60 000 元也买不了相应面积的房子，原告损失巨大。对于被告见利忘义的行为，法院应当为原告主持正义。

被告发表如下代理意见：

（1）对双方争议的协议是否成立、是否有效、是否解除、能否履行等问题，被告在答辩状中已详尽阐述，在此不再重复。

（2）原告在庭审前又补充了要求被告赔偿损失的诉讼请求，这是非常没有道理的。

首先，原告既要求继续履行合同，又要求赔偿损失，而这两者是相互矛盾、不可兼得的。

其次，集资建房计划没有实现，原因在于国家宏观住房政策发生变化，这是双方当事人无法预见、无法克服并无法避免的不可抗力事件，原告的损失不是由于被告的过错导致的。对于这种情况，即使合同成立并有效，双方也只能各自承担自身的风险和损失，任何一方都无权向对方索赔。

（3）原告认为被告在某高校重新集资建设了房屋，应当提供相应证据，否则应当承担举证不能的不利后果。

原告当庭提供了4份复印件，来证明起诉状中提到的某高校2011年4月份正式动工建设住宅。依据最高人民法院《关于民事诉讼证据的若干规定》（2008年）第10条"当事人向人民法院提供证据，应当提供原件或原物"，原告的复印件显然不能说明任何问题。另一方面，某高校也不可能再作为开发建设单位为职工建造住宅。

（4）原告律师认为合同是否成立与有无标的物无关，本代理人不同意这种观点。

本代理人认为原被告双方签订的房屋确权协议无标的物，因而不能成立。原告律师缺乏法律基本常识，其认为合同是否成立与有无标的物无关。换句话说，就是无标的物合同也可成立。对此本代理人无意与其探讨这些没一点技术含量的问题。

（5）原告认为双方口头达成购买集资建房指标，意味着买断了被告的购房权，无论某高校是否建成房屋，只要被告买房，原告即有取代被告优先购买的权利。这个主张是没有道理的。

原被告双方确实达成有偿转让某高校集资建房指标的协议，但协议仅针对某高校集资建房这一特定情况。在国家不允许继续集资建房，且双方已解除协议并结清购房预付款、利息后，双方不再负任何权利和义务。至于今后被告在开发商处购房，与原告及其以前的协议完全无关。原告以买断被告购房指标为由阻碍被告在其他地方买房完全是无理取闹。

（6）原告律师认为，建设部、监察部、国土资源部于 2006 年 8 月 14 日发布《关于制止违规集资合作建房的通知》只是国家的政策，根据《合同法》不能作为双方协议无效的法律依据。本代理人认为原告律师对此所做的理解是错误的。

首先，本案相关协议题目是房屋确权协议，房屋确权协议是物权协议，能否引用《合同法》尚有疑问。退一步讲，就算其属于转让购房指标的协议，该协议也属于有关身份关系的协议，不能直接适用《合同法》，所以原告律师引用《合同法》来证明该协议的效力问题属于适用法律错误。

其次，原告律师关于国家政策不能作为法律依据，法律比政策大等观点体现其对法律理解比较狭隘，属于对法律的曲解。

在我国，有法律条文作依据的当然以法条，无法条的，还可依《民法通则》《合同法》等法律的基本原则来弥补制定法留下的空白。《民法通则》和《合同法》在法律行为和合同效力方面分别把是否违反社会公共利益作为判别法律行为和合同效力的依据，公共利益就属于公序良俗原则。就本案而言，是否违反国家政策就是是否违反社会公共利益，就是是否违反公序良俗中的公共秩序原则。所以，政策是以社会公共利益进入法律范畴，而不一定以某个具体条文出现。

就本案而言，双方在国家不允许集资建房之后，又违规签订有偿转让集资建房指标的协议当然是无效法律行为。

（7）《民法通则》第 58 条第 3、4 项规定，一方以欺诈手段使对方违背真实意思所为；恶意串通，损害国家、集体或者第三人利益的行为无效。就本案而言，某高校为解决本院职工住房问题进行集资建房，显然集资的对象仅为本校职工。而本案原被告签订的协议违背了集资建房的初衷，隐瞒的是某高校，损害的是第三人某高校的利益，是无效的法律行为。何况其根本不能成立，即使成立也因双方结清购房款和补偿利息而解除。

综上所述，请求人民法院驳回原告诉讼请求。

五、法院判决结果

2011 年某市某区人民法院作出一审判决，双方签订的购买分房指标的合同不违反法律禁止性规定，合同有效。但是由于某高校后来并没有建设上述住房，使当事人订立的合同履行不能。况且被告已经将原告交来的 60 000 元集资款以及利息全部退还给原告，所以双方签订的集资购房指标转让合同已经解除，已经解除的合同不必再履行。据此判决：其一，被告返还原告指标转让费 17 000 元；利息自双方签订协议之日起按照银行同类同期贷款利率计算；其二，驳回原告诉讼请求。

六、二审判决结果

被告不服一审判决提起上诉，上诉理由是：其一，既然一审认定合同有效，就应当全面适当履行，不能履行则赔偿上诉人经济损失。然而一审判决返还指标转让费和利息，无疑将有效合同当成无效合同处理。其二，一审在没有任何证据的情况下，认为上诉人与被上诉人之间的合同已经解除，犯下严重的错误。本案有两个合同，分别独立存在，就是当事人之间的指标转让合同和被上诉人与其单位之间的购房登记合同，第二个合同解除并不代表第一个就解除了，反之亦然。一审混淆了两个合同的法律关系。

二审法院经过开庭审理，认为一审事实清楚，适用法律正确，因而驳回了上诉人的上诉请求。

第八节　康庄大道房开公司与元某房屋买卖合同纠纷案例
——因约定不明导致一处房子引发多起诉讼

一、案情简介

2009 年康庄大道房开公司获准开发康庄嘉苑居民小区建设项目，康庄大道房开公司也是土地一级开发的出资人。元某是该地块上的居民，其居住的房屋 45.71 平方米，在康庄嘉苑的征收拆迁范围内。

2010 年 6 月 16 日，申请人与被申请人签订《房屋拆迁补偿安置协议书》，乙方为元某甲（元某父亲），约定采取回迁安置的方式进行过渡，过渡期为 2010 年 5 月 14 日至 2011 年 5 月 14 日。合同中的被拆迁人是元某的母亲姚某珍。2010 年 7 月 26 日，申请人与被申请人签订《期房认购协议》，合同中的买房人是元某的母亲姚某珍。约定被申请人购买申请人开发的康庄嘉苑 6 号楼五单元 202 房屋，地上面积 127.6 平方米，售价 3188 元/平方米，总价款 406 789 元。拆迁补助 206 789 元，补房屋差价 20 万元。签订《期房认购协议》时，交付 60 000 元，其余为按揭贷款，需要于 2010 年 9 月 30 日前办理贷款手续，并签订正式购房合同。

由于康庄大道房开公司欠施工人张某的工程款，康庄大道房开公司将 6 号楼 1 单元 301 房屋抵做工程款。张某又转让给丁某妆，丁某妆付给张某房款，康庄大道房开公司对丁某妆出具收款凭证。

2015 年 11 月 16 日，案外人丁某妆与康庄大道房开公司签订《期房认购协议》，购买 6 号楼 1 单元 301 房屋，并于 2015 年 12 月 12 日交付全款，2017 年 4 月 1 日交付维修基金、税费等，并于 2017 年 10 月入住。

2015 年 12 月 8 日康庄大道房开公司取得《商品房预售许可证》。

2016 年 10 月，元某房子获悉已经建好并交付使用，于是到康庄大道房开公司办理交款手续，却被告知需要按照 2016 年房价交付尾款。理由是被申请人在《期房认购协议》所留的联系电话停用，无法联系，房开公司于 2016 年 1 月 5 日在《张家口日报》刊登公告，要求其交款、订约，但被申请人均未回复。由于本案标的物已不存在，被申请人无法履行交付康庄嘉苑 6 号楼 1 单元 301 房屋的义务。

2017 年 6 月 19 日元某提交仲裁申请，要求房开公司继续履行合同，赔偿 2012 年 1 月 1 日至房屋交付之日的租金损失。

2017 年 2 月 10 日法院依照元某的申请保全了康庄嘉苑 6 号楼 1 单元 301 房屋。

2017 年 9 月 21 日，某市仲裁委员会将丁某妆的 6 号楼 1 单元 301 房屋裁给了元某。

二、双方主张以及举证质证过程

由于康庄嘉苑 6 号楼五单元 202 房屋已经不存在，元某根据被申请人代理人交换证据时的陈述，将标的物由 6 号楼 5 单元 202 房屋换成 6 号楼 1 单元 301 房屋。为证明自己主张，申请人提交了如下证据：①《房屋拆迁补偿安置协议书》《期房认购书协议》和已交 60 000 元的收据 1 张，证明申请人已经将原来的房屋交给了被申请人，双方存在买卖商品房的法律关系；②某市电机厂破产清算组 2017 年 4 月 17 日出具证明一份，证明双方存在拆迁补偿关系；③某市第一医院 2014 年 1 月 28 日出具的《死亡证明》1 份、派出所证明 1 份、公证书 1 份，证明申请人系姚某珍之子，作为申请人的主体适格；④房屋所在地法院 2017 年 2 月 10 日对 6 号楼 1 单元 301 房间财产保全裁定书一份，查封期限 2 年。

被申请人对申请人所提证据的质证意见为：①主体不适格；②涉案标的不存在，无法交付。

被申请人提交如下证据：①2016 年 1 月 5 日《张家口日报》1 份，证明被申请人已经发布公告，要求买房人办理按揭手续，但申请人预留电话不通，不予答复，丧失调房时机；②丁某妆《期房认购协议》、缴纳 6 号楼 1 单元 301 房屋全款的收据，证明申请人主张的房屋已被抵顶工程款，已为第三人全款买下，申请人无权对其主张权利。

申请人的质证意见认为：虽然被申请人登报声明，但是申请人并不看报，无法知悉。况且申请人数次到售楼处交款，均被要求按照 2016 年市场价格交付剩余房款，被申请人不交付房屋完全是恶意的；法院将 6 号楼 1 单元 301 房屋财产保全，说明该房屋并未售出，依然在被申请人名下。丁某妆《期房认购协议》、缴纳 6 号楼 1 单元 301 房屋全款的收据都是假的。

三、本案焦点问题

（1）主体是否适格问题。

（2）2016 年 1 月 5 日《张家口日报》公告能否成为被申请人不履行合同义务的抗辩理由。

（3）6 号楼 1 单元 301 房屋能否作为合同标的。

四、庭审过程

申请人认为：由于被申请人已经获得《商品房预售许可证》，双方签订的《房屋拆迁补偿安置协议书》《期房认购协议》合法有效。依法成立的合同双方应当诚实信用地履行。申请人是康庄嘉苑项目的回迁户，被申请人必须给申请人提供房源。被申请人以规划变更为借口，宣称合同标的物不存在。事实上，被申请人是要求申请人按照现在的房价缴纳房款，而不是按照合同缴纳房款。申请人不同意，被申请人就说没有房源了。这是见利忘义、背信弃义的行为。被申请人说与申请人联系不上，与事实不符，申请人一直积极主张自己的权利。被申请人为了逃避合同义务，单方公告声明合同解除，这是没有法律效力的，不符合合同解除的条件。希望人民法院裁定被申请人向申请人交付 6 号楼 1 单元 301 房屋。

被申请人认为：

第一，期房认购书是元某甲的拆迁安置款中在折价 20 万元基础上购房签订的，被拆迁人是元某甲，协议购房人姚某珍、申请人都是代办，三人之间到底什么关系我们不能辨认，而查封的却又是 6 号楼 1 单元 301，这是当时相关政策的产物只能预计该房于 2011 年 12 月 31 日交工，属《合同法》第 62 条第 4 项规定的 "对履行期限约定不明"。该条规定，履行期限约定不明的，债务人可以随时履行，债权人也可以随时要求履行，但应当给对方必要的准备时间，申请人是债权人，被申请人是债务人，在这种履行期限不明确的情况下，申请人也没按照《合同法》第 94 条《关于审理商品房买卖合同纠纷案件适用法律若干问题的解释》第 15 条的规定进行催告，交付程序既为预计请求预期，损失就无依据，反倒是被申请人房屋刚完工，马上通知其 2015 年 8 月底来交款或者办理按揭贷款手续，但是他不来，所以只能电话明确告知，由于你未履行合同的主要义务在先，我方已依法解除合同，因没有申请人确切住址，无法书面送达单个的解除通知，被申请人只能在 2016 年 1 月 5 日的《张家口日报》第 3 版刊登通知，"各位客户于 2016 年 1 月 20 日之前到公司交款及办理相关手续。如逾期不办者，我公司试图放弃与我公司签订的期房认购书"。约定从电话催告的 2015 年 8 月 31 日至被申请人公告送达有四五个月，符合《合同法》第 94 条第 3 项的法定解除合同的条件和《关于审理商品房买卖合同纠纷案件适用法律若干问题的解释》的规定，当事人迟延履行，主要在经催告后在合理期限内仍未履行《合同法》第 99 条规定。当事一方依照《合同法》第 93 条第 2 款、第 94 条的规定，主张解除合同的，应当通知对方，合同自通知送达对方时解除。对方有异议的，可以请求人民法院或者仲裁机构确认解除合同的效力，《关于审理商品房买卖合同纠纷案件适用法律若干问题的解释》第 15 条规定，根据《合同法》第 94 条规定，出卖人时间交付房屋或者买受人迟延交付购房款，经催告后在 3 个月内的合理期限内仍未履行，当事一方解除合同的，请求解除合同的，应予支持，但当事人另有约定的除外，这是法律赋予双方的单方解除权。我们是依法行事，应该得到法律的支持。

第二，被申请人在银行贷不上款，要把房子盖起来，只得借高利贷，月息四五分的都有，申请人违约，房子盖起来之后不及时付款，被申请人只能依法单方行使解除权，而后另觅买主或者顶债，该房屋早在去年就已经顶给施工队了，申请人再索要这些房子已无可能。

第三，根据合同法的情势变更原则，合同成立以后，客观情况发生了当事人在订立合同时无法预见非不可抗力造成的不属于商业风险的重大变化，继续履行合同，对于一方当事人明显不公平或者不能实现合同目的，当事人请求人民法院变更或者解除合同的，人民法院应当根据公平原则，并结合案件的实际情况确定是否变更或者解除。到 2016 年底的实际房价，均已升至10 000 元/平方米以上，再按原房价执行显然不合理，违背了合同法的公平原则，会使被申请人身陷巨大亏损，特此答辩，请求驳回申请人请求。

五、裁决结果

2017 年 9 月 21 日，仲裁委员会作出裁决，被申请人自收到本裁决书 15 日内向申请人交付 6 号楼 1 单元 301 房屋；申请人向被申请人交付房屋尾款 14 万元。

六、被申请人申请撤销仲裁裁决书

2017 年 11 月 9 日，被申请人向仲裁委员会所在地中级人民法院提出撤销仲裁裁决书申请。理由是《仲裁法》第 58 条规定有下列情况的，可以申请撤销仲裁裁决书。本案申请人主张的是 6 号楼五单元 202 房间，而仲裁委员会却将第三人缴纳全款的 6 号楼 1 单元 301 房屋裁决给申请人。属于《仲裁法》第 58 条规定 "裁决的事项不属于仲裁裁决的范围或者仲裁委员会无权仲裁的"，所以仲裁委员会超范围裁决，应予撤销。

2017 年 12 月 8 日，被申请人提出撤回撤销仲裁的申请，中级人民法院以裁定书准许撤回申请。

七、仲裁裁决书的执行

（一）申请人向仲裁委员会所在地中级人民法院执行申请

2018 年 3 月 12 日，中级人民法院向被申请人发出《执行通知书》，责令被申请人向申请人交付 6 号楼 1 单元 301 房屋；向申请人支付仲裁受理费、处理费、保全费以及相应利息；负担申请执行费 166 元。

2018 年 3 月 12 日，中级人民法院向被申请人发出《报告财产令》，责令被申请人依照《民事诉讼法》第 241 条和最高人民法院《关于执行民事诉讼法执行程序若干问题的解释》第 31、32、33 条规定，在收到报告财产令后向法院如实报告收到执行通知之日前一年的财产情况，包括收入、银行存款、现金、有价证券；土地使用权、房屋等不动产；交通运输工具、机器设备、产品、原材料等动产；债权、股权、投资权益、基金、知识产权等财产性权利；其他财产情况。否则将依法予以罚款、拘留。

（二）中级人民法院向被申请人发出《责令限期追回房产通知书》

2018 年 7 月 16 日，中级人民法院向被申请人发出《责令限期追回房产通知书》，经过查明，第三人 2015 年 11 月 16 日购买 6 号楼 1 单元 301 房屋，签订《期房认购协议》并缴纳全款 60 万元。第三人 2017 年 3 月收房，2017 年 4 月 1 日缴纳公共维修基金、契税、煤气入户费、暖气费、网络电视安装费等并于 2017 年 10 月份入住，但是人民法院已经于 2017 年 2 月 14 日将该房屋执行财产保全。由于第三人未办理网签，于仲裁期间入住该房，并且于财产保全后违法入住该房屋，因此责令被申请人在收到本通知书后 5 日内追回该房屋交付给申请执行人，否则以被申请人其他财产承担责任并追究非法处置查封扣押冻结财产的刑事责任。

（三）案外人对本案执行程序提出异议

2018 年 7 月 30 日，案外人丁某妆向中级人民法院提出异议，请求中止中级人民法院的执行内容。中级人民法院认为，案外人符合最高人民法院《关于人民法院办理执行异议和复议案件若干问题的规定》第 29 条规定，全款买房并且已经入住，没有其他过错。根据《仲裁法》第 22 条第 3 项规定，裁定不予执行仲裁委员会裁决书。

元某不服该裁定，向河北省高级人民法院提出复议。认为案外人提交的主要证据严重存疑，不能成为认定事实的依据；中级人民法院适用法律错误；中级人民法院超出诉讼请求范围裁判，违反不告不理的原则；案外人在法院查封期间非法占有执行标的，其权力不能对抗在先查封的申请人；元某购买的属于回迁房，享有绝对优先权；被执行人房开公司非法处置查封财产，已经构成犯罪，依法应当追究刑事责任。

2018 年 11 月 27 日，河北省高级人民法院经审理认为，案外人主张中止执行通知书的执行内容，而中级人民法院裁决不予执行仲裁委员会的裁决书，超出案外人异议请求的范围，有违不告不理的原则。因此，裁定撤销中级人民法院不予执行仲裁裁决书的裁定，驳回案外人的异议请求。

（四）案外人对本案执行程序再次提出异议

案外人再次向中级人民法院提出异议，请求中级人民法院不予执行仲裁裁决书。中级人民法院根据河北省高级人民法院〔2018〕冀执复 426 号执行裁定书，驳回了案外人的异议申请。

八、房开公司向仲裁委员会提起仲裁请求解除房屋买卖合同

仲裁请求：一是裁决解除双方签订的《期房认购协议》；二是仲裁费由被告承担。

事实和理由：2010 年 6 月 16 日，申请人与被申请人签订《房屋拆迁补偿安置协议书》。2010 年 7 月 26 日，申请人与被申请人签订《期房认购协议》，约定被申请人购买申请人开发的康庄嘉苑 6 号楼五单元 202 房屋，地上面积 127.6 平方米，售价 3188 元/平方米，总价款 406 789 元。拆迁补助 206 789 元，补房屋差价 20 万元。签订《期房认购协议》时，交付 6 万元，其余为按揭贷款，需要于 2010 年 9 月 30 日前办理贷款手续，并签订正式购房合同。

合同签订后，由于被申请人在《期房认购协议》上所留的联系电话停用，被申请人也不能办理按揭贷款，因此无法继续履行合同。后来因被申请人无法联系，申请人 2016 年 1 月 5 日在《张家口日报》刊登公告，要求其交款、订约，但被申请人均未回复。由于本案标的物已不存在，被申请人无法履行交付康庄嘉苑 6 号楼 1 单元 301 房屋的义务。且被申请人也未交房屋余款，违反预约合同义务，情节非常严重，现申请人请求解除双方签订的合同。

仲裁委员会受理该案件，经过审理驳回房开公司解除合同的仲裁请求。

九、案外人提起执行异议之诉并被驳回（略）

十、案外人丁某妆到仲裁委员会提起仲裁

2021 年 6 月，案外人到仲裁委员会提起仲裁，要求康庄大道房开公司终止购房合同，返还购房款、赔偿购房差价和装修费。

康庄大道房开公司答辩意见：①申请人房屋系向张某购得，应向张某主张权利；②该问题是由于法院执行错误导致，元某案的执行标的应当是6号楼5单元202房屋，但是法院却错误地执行了丁某妆的6号楼1单元301房屋，丁某妆应当向法院说明情况，纠正执行错误；③房开公司无过错，法院2017年2月14日查封丁某妆的6号楼1单元301房屋时，没有贴封条，因此房开公司不知道该房屋已经被查封。丁某妆2017年4月1日入住，康庄大道房开公司无过错。④根据2003年最高人民法院《关于审理商品房买卖合同纠纷案件适用法律若干问题的解释》第15条第2款规定："法律没有规定或当事人没有约定，经对方当事人催告后，解除权行使的合理期限为三个月；对方当事人没有催告的，解除权应当在解除权发生之日起一年内行使，逾期不行使的，解除权消灭。"2020年最高人民法院《关于审理商品房买卖合同纠纷案件适用法律若干问题的解释》第11条作了相同规定，《民法典》第564条也作了相同规定。2018年7月13日。中级人民法院依据执行裁定书要求丁某妆迁出6号楼1单元301房屋。该时间应为丁某妆有权解除合同之日。自该日起开始，已经过去3年，丁某妆解除合同的权利已经消灭。⑤根据诉讼时效的规定，案外人丁某妆的合同债权也已经消灭。

2021年7月21日，仲裁委员会开庭审理本案，申请人提交如下证据：①《期房认购协议》；②房款收据；③支付各种费用的收据；④元某案的裁决书；⑤中级人民法院的《执行通知书》；⑥中级人民法院的《执行裁定书》；⑦中级人民法院的《执行通知书》。

康庄大道房开公司的质证意见是：对上述证据的真实性没有异议，但是不认可其关联性和证明目的。元某案的执行标的是6号楼5单元202房屋，但是法院却错误地执行了丁某妆的6号楼1单元301房屋。此外根据法律关于合同解除和诉讼时效的规定，丁某妆也丧失了合同解除权。

丁某妆向仲裁委员会提出《鉴定申请书》，要求对房屋涨价后的差价、装修损失进行赔偿。

康庄大道房开公司针对《鉴定申请书》，认为没有必要进行鉴定。理由是：①根据《张家口仲裁委员会仲裁规则》第48条规定："当事人申请鉴定，应当在举证期限内提出。"申请人丁某妆庭审时才口头提出鉴定意向，2021年7月26日才提交书面《鉴定申请书》，明显超过举证期限。②根据2003年最高人民法院《关于审理商品房买卖合同纠纷案件适用法律若干问题的解释》

第 15 条第 2 款规定:"法律没有规定或当事人没有约定,经对方当事人催告后,解除权行使的合理期限为三个月;对方当事人没有催告的,解除权应当在解除权发生之日起一年内行使;逾期不行使的,解除权消灭。"2020 年最高人民法院《关于审理商品房买卖合同纠纷案件适用法律若干问题的解释》第 11 条作了相同规定,《民法典》第 564 条也作了相同规定。2018 年 7 月 13 日。中级人民法院依据执行裁定书要求丁某妆迁出 6 号楼 1 单元 301 房屋。该时间应为丁某妆有权解除合同之日。自该日起开始,已经过去 3 年,丁某妆解除合同的权利已经消灭。根据诉讼时效的规定,案外人丁某妆的合同债权也已经消灭。"皮之不存,毛将焉附",仲裁委员会不应当支持申请人丁某妆的鉴定申请。

仲裁庭委托君泽君房地产评估咨询公司对涉案房屋以及装修费用进行评估,评估结果是:房屋平方米单价 6921 元,房屋总价 92 万元。

某市仲裁委员会裁定支持了丁某妆的仲裁请求,虽然丁某妆认为评估价太低,但也没有申请法院撤销仲裁结果。

十一、本案应当思考的问题

(一) 本案是否涉嫌"一房二卖"

本案不构成"一房二卖",因为本来就不是"一房",元某买的是康庄嘉苑 6 号楼 5 单元 202 房屋,而丁某妆买的是 6 号楼 1 单元 301 房屋。

(二) 法院能否查封案外人全款购买的 6 号楼 1 单元 301 房屋

法院是依据仲裁委员会生效的裁决书查封,所以法院查封没有问题。房开公司认为查封有问题,应当从实体问题入手,推翻仲裁委员会的裁决。本案的关键是仲裁委员会将丁某妆的房子裁给了元某。

(三) 康庄大道房开公司向仲裁委员会提起仲裁请求解除房屋买卖合同的行为是否违反"一案不再审"的原则

元某仲裁请求的是继续履行合同,所以合同效力依然存在,此时康庄大道房开公司请求解除与元某的合同,二者诉求方向相反,并不重复,因此不违反"一案不再审"的原则。

(四) 标的物不存在的情况下,被征收人如何维护自己权利

即使合同没有约定,被征收人联系方式改变后,应当及时通知房开公司,以便联系。如果因为意外因素导致标的物不存在,应当及时向房开公司主张

调换房屋、货币补偿等。如果房子都已经卖出，应当收集同地段同类商品房的价格信息，要求房开公司补偿。

（五）交付全部房款的案外人如何维护自己的权利

买房人属于消费者，权利受《消费者权益保护法》保护。当交付全款后，一定要尽快将债权变成物权。即开出不动产发票，拿到完税凭证，到不动产登记部门办理登记。如果获取所有权的条件不具备，一定要做预告登记。如果房子被查封，一定要及时提出异议，不能过了诉讼时效以及提出解除合同的除斥期间。提出恰当、准确的诉求，保障维权的效率。

第九节　金玉满堂房开公司与肖某女地下室买卖合同纠纷案例
——房屋以及地下室的公摊面积怎样计算

一、案情简介

被告金玉满堂房开公司与原告肖某女于 2017 年 5 月 2 日就位于某市规划路康泰苑 2 号院 3 号楼 3 单元 301 房屋达成商品房买卖合同，双方于 2017 年 5 月 2 日签订了正式合同，按合同约定，原告购买上述楼房附带地下室 3 单元负二层 6 号，建筑面积为 10.12 平方米，地下室单价 1580 元/平方米，总价 15 900.89 元。原告已全额支付了地下室全款，被告于 2018 年底向原告交付了地下室，但是地下室面积仅有 4.2 平方米（长 2.8 米，宽 1.5 米）。后原告多次找到被告要求更换或退款，被告均以地下室包含 50% 的公摊，并经房管局测绘予以推脱。按照《建筑工程建筑面积计算规范》（GB-T5035-2013）规定，地下室半地下室应按其结构外围面积水平面积计算。结构层高在 2.2 米及以上的应计算全面积结构；层高在 2.2 米以下的，应计算 1/2 面积，地下室的建筑面积不计容积率。建设部颁发的《商品房销售面积计算及公用建筑面积分摊规则（试行）》第 6 条明确规定，商品房销售面积等于套内面积加公摊加分摊公用面积；第 8 条规定，公用建筑面积由以下组成：①电梯井、楼梯间、垃圾道、变电室、设备间、公共门厅和过道、地下室、值班室以及其他功能上为整栋建筑公共用房和管理的建筑面积；②已作为独立使用空间销售或出租的地下室、车棚不计入公共面积的部分。该地下室已作为独立空间进行了销售，不应再计入公共面积。况且原告购买房屋已分摊建筑面积20.97平方米。再给地下室进行分摊，属于二次分摊，双方对地下室面积也没有约定公摊，按照格式合同有利于消费者的解释，即没有约定就应按照使用面积4.2平方米计算。

二、金玉满堂房开公司的答辩意见

答辩人就被答辩人所诉房屋买卖合同纠纷一案，发表如下答辩意见：

（1）被答辩人所购房屋的公摊面积已将涉案地下室的建筑面积部分扣除，不存在二次分摊情形。

（2）测绘部门测绘出的建筑面积已经考虑了层高结构关于2.2米的相关规定，也就是说，当建筑物层高大于2.2米时测绘出的建筑面积是按照全面积计算的；当层高不足2.2米时测绘出的建筑面积是按半面积计算的，所以答辩人认为被答辩人的诉讼请求，于法无据，应驳回其诉讼请求。

三、本案焦点问题

（1）商品房面积测量的法定依据。
（2）本案地下室面积是否计算有误。

四、本案开庭情况

原告提交如下证据：①康泰苑房屋预约登记协议复印件1份，欲证明原被告于2016年3月15日就康泰苑四期中的3号楼3单元301房屋达成预售协议；②商品房买卖合同1份，欲证明原被告于2017年5月2日就康泰苑2号院第3栋3层301室房屋及3单元负二层06号地下室达成买卖合同；③2016年3月15日和2016年3月22日，中国建设银行存款凭条2份，欲证明原告肖某女分别于2016年3月15日及2016年3月22日向被告法定代表人兰某个人账户转10万元和125 876元，用于支付涉案房屋首付款；④某市金玉满堂房开公司收据2张以及中国建设银行的电汇凭证1份，欲证明原告肖某女按照合同约定支付房屋首付款214 978元，公积金贷款460 000元，以上房屋总价款共计674 978元，其中包括地下室价款15 989元；⑤康泰苑四期五期入住相关费用明细1份，欲证明被告向原告交付地下室面积应为10.12平方米；⑥原告肖某女实测地下室面积照片一组5张，欲证明原告实测被告交付地下室面积为 4.2 平方米。

被告认可原告提交的一到五组证据的真实性，但对第六组证据系原告自行测量表示不予认可。

经审查，原告提交的一到五组证据，被告予以认可且能够证明案件事实，法院予以确认，并在卷佐证。原告提交的测量地下室面积照片系原告自己进行的测量，没有聘用专业的测绘机构，测量方法、测量工具都与专业测绘不同，可能存在误差，且从照片可见原告测量时并未紧贴墙体，故对该组证据及测量结果法院不予认可。

被告为反驳原告的主张，向法院提交以下证据：一是某市房产测绘报告一份，欲证明涉案地下室的建筑面积为 10.12 平方米，使用面积为 5.53 平方米，且地下室的公摊面积与房屋的公摊面积是分别计算的，不存在重复计算的事实；二是视频录像资料一份，欲证明原告所购房屋地下室层高确已达到2.2 米。

原告肖某女对于第一组证据某市北方房产测绘服务中心作出的某市房产测绘报告的合法性不予认可。认为该测试报告没有经过业主同意，委托程序不合法，测试报告无法体现是何方委托，来源不可知，测绘依据、分摊的面积包含哪一部分在报告中均未显示。第三方测试机构属于商业机构，是否进行了实测，真实性无法保证。测试报告为单方委托，是向被告出具的，与本案无关联。对于第二组证据，原告肖某女认为，认可地下室层高已超过 2.2米。经审查，武州北方房产测绘服务中心，具有不动产、房产测绘资质，其经办武州主城区内的全部房地产测绘工作能够做到适用规范及标准一致，故被告提供的上述证据具有真实性合法性关联性，能够证明案件事实，法院予以确认并在卷佐证。

诉讼中，某市北方房产测绘服务中心于 2019 年 6 月 10 日向法院出具关于某市经开区规划路康泰苑 2 号院 3 号楼的分摊说明 1 份，载明："2016 年 3 月收到金玉满堂房开公司对武州经开区规划路 2 号康泰苑 2 号院 3 号楼的委托测绘申请，产权单位申请资料齐全，符合测试条件，我单位根据国家标准《房产测量规范》（GB/T17986.1-2000）房产测绘规范的规定，对该项目进行了测绘，并出具了某市房产预测绘报告，地下室面积等于套内建筑面积加分摊面积，地下室分摊面积包括电梯 1 层、-1 层北风井、-1 层、-2 层楼梯间、-2层公共通道，楼上楼下部分没有进行二次重复分摊。"

经法院调查，北方测绘中心法定代表人李某于 2020 年 7 月 2 日向法院陈述："房地产公司测绘都是直接向我公司提出申请，出具委托合同后双方盖章生效。有两种测绘方式：一种是在房屋预售之前根据图纸进行测绘，为方便房屋销售；另一种是实地测绘，在房本上显示的面积是实际测绘面积商品房。买卖合同中显示的面积是预测绘面积，因为当时房屋尚未盖好。最终面积后期还会出具实际测绘面积，涉案房屋属于电梯楼，地下室面积包括公摊面积，全国的标准是地上公摊地上，地下公摊地下。"购房者进入地下室必定要通过过道使用公共面积，将地下室公摊面积加到地上房屋公摊面积中对于没有购买地下室的购房者而言，显失公平。地上房屋的公摊面积不包括地下室公摊面积，地上及地下公摊面积不重合，不存在重复公摊的情形，其使用的测绘标准是 2000 年颁布的《房产测量规范》（GB/T17986.1-2000），该文件是国家统一标准，关于公用面积的分摊，在该标准附录 B 中有明确规定，具体内容详见该文件。文件中独立使用的地下室的含义，是不需要使用公用面积的地下室，而涉案地下室出入均要使用到公用面积，这个过道不属于独立使用的地下室，涉案商品房实测报告已出，涉案地下室面积无变化，并提供测绘资质证书复印件及房产测绘测量规范附录 B 复印件各 1 份。

法院经审理认定事实如下：2016 年 3 月 15 日，原被告签订预约登记协议，约定原告向被告预约登记的房屋为 301 房屋商品房一套，2016 年 3 月 23 日，北方测绘房产测绘服务中心经被告委托出具了某市规划路 2 号康泰苑 2 号院 3 号楼某市房产预测绘报告，该报告显示，1 层 3 单元负二层 06 号地下室建筑面积为，10.12 平方米，套内建筑面积为 5.53 平方米，分摊面积为 4.59 平方米。2017 年 5 月 2 日，原告与被告签订房屋买卖合同，合同约定向被告公司购买康泰苑 2 号院 301 房屋以及负 2 层 06 号地下室，该商品房建筑面积。101.1 平方米，其中套内建筑面积 80.04 平方米，公共部位与公用房屋分摊建筑面积 20.97 平方米，附带地下室，建筑面积为 10.12 平方米。地下室单价 1580 元/平方米，地下室总价为 158 989 元，付款方式为首付 214 978 元，贷款 46 万元。

合同签订后，原告肖某女依约向被告履行了交付购房款的义务，涉案房屋入住时，被告金玉满堂公司向原告肖某女出具康泰苑入住相关费用明细 1 份，该明细显示预测地下室面积与实测地下室面积相同，为 10.12 平方米。

法院认为，本案中，依据北方房产测绘服务中心出具的这个预测绘报告，

3 号楼共有住宅 136 套，地下室 72 套，地下室均位于负 2 层。该楼每一层的公用建筑面积均是分别测量的，且没有重复计算，亦不存在将地下室的分摊公用建筑面积计算至楼上住宅的分摊共用建筑面积中的重复分摊情形。原告主张依据建设部于 1995 年颁布的《商品房销售面积计算及公用建筑面积分摊规则（试行）》第 5 条、第 8 条、第 9 条规定，凡已作为独立使用空间销售或出租的地下室、车棚等，不应计入公用建筑面积部分之规定，其购买的地下室面积，并包含分摊的公用建筑面积，该部分分摊面积已经计算至楼上住宅的分摊面积中。但该主张对于未购买地下室的同楼住户而言显失公平，且与交易习惯及实际不符。原告购买的地下室位于负 2 层，原告到达该地下室必定要通过楼梯或电梯的方式进入该楼层，且经过负 2 层的共用通道，该地下室并非独立使用，故不应适用《商品房销售面积计算及公用建筑面积分摊规则（试行）》第 9 条的规定，对于原告要求被告为其调换为全面积为10.12 平方米的地下室或者退款之诉讼请求，无事实及法律依据，法院不予支持。

五、判决结果

驳回原告的诉讼请求。

第十节　商品房买卖合同迟延履行的违约责任案例
——一笔借款能否签订两个性质不同的合同

一、案情简介

2020 年 2 月，甲投资公司（以下简称"甲公司"）与乙房开公司（以下简称"乙公司"）签订《借款协议》和《商品房买卖合同》，乙公司向甲公司借款 1 亿元，借款期限为 1 年，以商品房买卖合同约定的房屋担保。借款到期，乙公司还清借款，《商品房买卖合同》不再履行；借款到期，乙公司不能还清借款，则履行《商品房买卖合同》，用上述十套商铺充作抵押物偿还借款，双方不再支付对方任何款项。《商品房买卖合同》约定的交房期限为2021 年 3 月。2021 年 5 月为甲公司办理房屋所有权证和土地使用权证。

后乙公司果然未能按时还款，双方遂决定《借款协议》终止，双方履行《商品房买卖合同》。但是截至 2021 年 5 月，乙公司既没有移交房屋，也没有为甲公司办理房屋所有权证。

甲公司经催告无效后到法院起诉。

二、双方的主张

甲公司主张乙公司按照约定继续履行合同，移交房屋并未甲办理房屋所有权证，同时承担延迟交房和延期办理房屋所有权和土地使用权的违约责任。

乙公司主张《商品房买卖合同》无效，由于合同无效，延迟交房和延期办理房屋所有权和土地使用权的违约责任条款也无效。

三、本案焦点问题以及法律分析

（一）本案合同的性质

本案一笔款项签了两个合同，涉及借贷、担保和商品房买卖三个法律关系，这样就需要对这笔款项涉及的法律关系作出界定。

一笔款项签了两个合同，没有违反法律的禁止性规定，因此在借款未到期之前借贷和商品房买卖两个法律关系能够同时存在。

但是按照合同约定，乙公司未能按时还款，那么《借款协议》就终止，双方履行《商品房买卖合同》。

所以案涉合同的性质属于商品房买卖合同。

（二）虽然案涉商品房是借款的担保，但是却不属于流押契约，而是独立、合法的《商品房买卖合同》，具有法律效力

按照原《担保法》规定，约定不能还款质押物或者抵押物所有权归债权人所有是无效条款。但是本案借款合同不是约定不能还款则抵押物所有权归债权人所有，而是说不能还款，双方就终止借款合同，开始履行《商品房买卖合同》。因此，案涉合同不属于流押契约，合同具有法律效力。

《民法典》没有将流质契约或者流押契约作为无效合同，因此《民法典》生效后，即使约定不能还款时质押物或者抵押物所有权归债权人所有，合同也具有法律效力。

（三）甲公司如何向乙公司主张迟延交房的违约责任

截至 2021 年 5 月，乙公司没有移交房屋，应当向甲承担违约责任，违约

责任不足以弥补甲的经济损失的，甲还可以追究赔偿责任。这就是民法"填补损失"的基本原则。

按照"有约从约"的原则，在合同中有违约责任计算方式的情况下，执行合同的约定。

本案仅原则性地约定了应承担违约责任，但没有约定具体的承担违约责任的方式。这种情况下，应当按照相关法律规定来追究违约责任。

按照2003年最高人民法院《关于审理商品房买卖合同纠纷案件适用法律若干问题的解释》规定，购房人延期付款，承担开发商相当于房款数额的贷款"使用利益"，相当于开发商是银行获得该笔贷款所付出的代价。

就本案而言，乙公司未能按期交房，应当承担相当于业主租房居住的"替代利益"。因此，乙公司应当按照政府规定或者有资格的评估机构评定的同地段同类房屋的租金标准来承担违约责任。

有些购房人采用按揭买房，可能按揭的利息超出了同地段同类房屋的租金标准，这种情况下，会按照贷款利益主张损失赔偿。因为这种主张没有相关法律依据，所以利息与租金的差额，购房人须自行承担。

（四）甲公司向乙公司主张迟延办理产权登记违约责任的方式以及诉讼时效起算点的计算

2003年最高人民法院《关于审理商品房买卖合同纠纷案件适用法律若干问题的解释》第18条第1款规定："由于出卖人的原因，买受人在下列期限届满未能取得房屋权属证书的，除当事人有特殊约定外，出卖人应当承担违约责任：（一）商品房买卖合同约定的办理房屋所有权登记的期限；（二）商品房买卖合同的标的物为尚未建成房屋的，自房屋交付使用之日起90日；（三）商品房买卖合同的标的物为已竣工房屋的，自合同订立之日起90日。"

合同没有约定违约金或者损失数额难以确定的，可以按照已付购房款总额，参照中国人民银行规定的金融机构计收逾期贷款利息的标准计算。

中国人民银行《关于人民币贷款利率有关问题的通知》（银发〔2003〕251号）规定，逾期贷款罚息利率由原来的按日2.1‰计收利息，改为在借款合同载明的贷款利率水平上加收30%至50%。

由于近年来中国人民银行不再公布贷款基准利率，逾期办证的，可参照最高人民法院《关于审理民间借贷案件适用法律若干问题的规定》第29条规定，借贷双方对逾期利率有约定的，从其约定，但以不超过年利率24%为限。

未约定逾期利率或者约定不明的，人民法院可以区分不同情况处理：①既未约定借期内的利率，也未约定逾期利率，出借人主张借款人自逾期还款之日起按照年利率6%支付资金占用期间利息的，人民法院应予支持；②约定了借期内的利率但未约定逾期利率，出借人主张借款人自逾期还款之日起按照借期内的利率支付资金占用期间利息的，人民法院应予支持。

2003年最高人民法院《关于审理商品房买卖合同纠纷案件适用法律若干问题的解释》第19条规定，商品房买卖合同约定或者《城市房地产开发经营管理条例》第33条规定的办理房屋所有权登记的期限届满后超过1年，由于出卖人的原因，导致买受人无法办理房屋所有权登记，买受人请求解除合同和赔偿损失的，应予支持。

关于诉讼时效，请求办理房产证和土地使用权证的请求属于物上请求权，不适用诉讼时效的规定。

房开公司已经将房屋交付给购房人，购房人已经实现对房屋的占有的，请求办证权利不适用诉讼时效的规定。

根据合同约定或者法律规定，请求房开公司交付房屋的权利属于债权请求权，适用《民法典》关于诉讼时效的规定。

主张逾期办证的请求属于债权，适用诉讼请求权的规定。

债权分为一时性债权和继续性债权。如果合同中约定了逾期办证违约金的数额，那么就属于一时性债权，超过知道或者应当知道权利被侵害之日起3年就超过了诉讼时效，不再受法律保护。如果约定以日或者月为单位累计计算违约金数额的，就属于继续性债权，以每个个别的债权分别适用诉讼时效。

对于继续行使债权，一般而言，自起诉之日起倒推3年的债权受法律保护，但是对于倒推3年的债权，如果债务人提出诉讼时效抗辩，就不受法律保护了。

（五）以房抵债的情况下如何实现债权

《第八次全国法院民事商事审判工作会议纪要》对以房抵债协议的性质没有予以界定。

以房抵债协议是诺成性协议，而非实践性合同。能否交付不是合同是否生效的前提条件。

当事人一方以出卖人缔约时没有所有权或处分权为由主张合同无效的，法院不予支持。以房抵债签订后已经办理了产权转移手续，一方主张合同无效的，如果不存在《民法典》规定的无效情形，其主张不予支持。

当事人根据以房抵债协议要求以房产清偿债务的，应当采取拍卖等变价措施。

以房抵债是虚假诉讼的重灾区，司法审判中遇到以房抵债协议，应当认真审查其真实性、合法性。

四、法院判决结果

支持甲公司的诉讼请求。

第三章

房地产租赁纠纷案例

第一节　创世纪房开公司与大河之舞酒店租赁合同纠纷案例
——承租人通过承租酒店的面积、部分楼层合法性以及
装修等问题对出租人进行的抗辩

一、案情简介

2012 年 5 月 24 日原告创世纪房开公司（以下简称"创世纪公司"）与大河之舞酒店（简称"大河酒店"）就某市高新区胜利中路 241 号时代广场小区 7 号楼（面积 22 329 平方米）签订房屋租赁协议，租赁期限 20 年，租金 23.8 元/平方米。2014 年 11 月 18 日，原告与大河酒店、范某英签订《创世纪公司与大河酒店承租人继续经营的过渡协议》（以下简称《过渡协议》），约定：自 2014 年 10 月 1 日开始，原告将某市高新区胜利中路 241 号时代广场小区 7 号楼交由大河酒店、范某英经营，一年之内原告按照每日 1 万元收取租金。此外被告还租赁原告配电室，约定每年租金 1.5 万元。协议签订后，两被告没有按期履行支付租金的义务，至今已经拖欠租金 6 207 870 元，给原告造成巨大经济损失。2016 年 4 月 26 日，原告到法院起诉。

二、原告的诉讼请求和被告的答辩意见

（1）原告诉讼请求：①解除原被告之间的租赁合同；②判令两被告共同向原告支付拖欠的租金 6 207 870 元；③判令被告共同向原告支付违约金 1 862 321 元；④诉讼费由被告承担。

（2）被告答辩意见：

第一，被告认为其支付租金后，原告没有开具发票，所以有权拒付租金。

第二，被告提出接受租赁房屋时，房屋属于未完工程，剩下 10% 是由被告完成的，此工程款可以抵顶租金。

第三，被告认为，《租赁合同》约定的面积为 22 329 平方米，但实际面积只有 19 000 平方米。

第四，被告认为其将地下部分转租给他人经营游戏、唱歌等，但是由于地下部分漏水，导致第三人无法经营，原告作为出租人应当承担相应责任。

第五，双方其他合作项目中，原告欠被告的款项，应当将所欠款项抵顶本案房租。

三、开庭情况

创世纪公司诉范某英、大河酒店证据目录

序号		证据名称	页数	证明目的	备注
第一组	1	营业执照	1	主体适格	
	2	法定代表人证明	1		
	3	法定代表人身份证	1		
第二组	1	房屋租赁合同	9	双方就创世纪时代金茂 7 号楼（22 328 平方米）、配电房和化油池存在房屋租赁关系	
	2	创世纪公司与大河酒店承租人继续经营的过渡协议	2		
	3	会议纪要	2		
第三组	1	建设工程竣工验收报告	8	7 号楼（22 328 平方米）、配电房和化油池等相关建筑的建筑质量合格	
	2	竣工验收备案证明书	2		
第四组	1	被告已支付 7 号楼租金的会计凭证		房租总额 __ 元，被告已支付 __ 元，尚欠租金 __ 元。	
	2				
	3				
制表日期			总页数		收件方签字	

大河酒店以及范某英租金结算明细

一、范某英租金结算明细

应付租金		应付违约金		已付租金				尚欠租金	备注
时间	金额	拖欠日期	金额	时间	金额	付款方式	付款人		

二、大河酒店租金结算明细

应付租金		应付违约金		已付租金				尚欠租金	备注
时间	金额	拖欠日期	金额	时间	金额	付款方式	付款人		

被告提交如下证据：①被告就酒店地下部分与他人签订的《租赁合同》；②地下部分漏水的照片；③原被告双方签订的《数码港项目施工合同》。

原告提交的代理词

尊敬的审判长、审判员：

根据庭审情况，现发表如下代理意见：

一、原告的诉讼请求具有充分的法律以及合同依据，具有确凿的证据支持。

（一）被告对原告提供的《租赁合同》《过渡协议》《会议纪要》的真实性、关联性和合法性均予以认可，但没有提供曾经支付过租金的任何证据。这充分证明原被告之间就某市高新区胜利中路 241 号时代广场小区 7 号楼存在租赁关系、被告拖欠原告租金这一事实。

被告认为《催款通知》范某英没有收到。原告认为，该《催款通知》上有大河酒店经理白某林的签名，根据《民法通则》（2009 年）第 43 条规定："企业法人对它的法定代表人和其他工作人员的经营活动，承担民事责任。"因此，被告称没有收到《催款通知》的抗辩不能成立。

根据《合同法》第 226 条规定，"承租人应当按照约定的期限支付租金"，《租赁合同》第 5 条、第 6 条，《过渡协议》第 4 条、《会议纪要》第 4 条均有相关规定。

（二）原告主张解除双方租赁合同具有充分的法律和合同依据。

《合同法》第 227 条规定："承租人无正当理由未支付或迟延支付租金的，出租人可以要求承租人在合理期限内支付。承租人逾期不支付的，出租人可以解除合同。"

《租赁合同》第 11 条规定，甲方可以在发生以下情形时，以书面形式解除本合同。"11.1.2 因乙方违约原因，乙方延迟支付租金超过 60 天的或累计拖欠应付租金或其他费用超过两个月的。"就本案而言，被告自 2014 年 11 月 18 日签订《过渡协议》以来一直未支付房屋租金。2015 年 11 月 30 日，原告向被告送达《催款通知书》，被告签收后拒不支付。2016 年 1 月 14 日，原告向被告送达《催款通知书》，被告不予签收并拒不支付。被告拖欠租金的时间远远超过合同约定的可以解除合同的时间。

被告拖欠原告巨额租金，原告向被告数次发出催款通知，被告拒不支付，原告根据法律和合同有权解除合同。

被告辩解，其拖欠租金的行为不构成根本违约，因此不具备解除合同的条件。原告认为，合同解除包括法定解除和约定解除，根本违约是法定解除的一种，除此之外，当事人可以约定解除合同的条件。就本案而言，被告的行为已经构成《租赁合同》第 11 条约定的合同解除条件，同时构成《合同法》第 227 条规定的解除条件，因此原告有权解除合同，被告的抗辩不能成立。

况且就被告拖欠的数量、期限也已经构成根本违约。

（三）原告主张违约金具有充分的法律和合同依据。

《租赁合同》第 11 条规定："甲方可以在发生以下情形时，以书面形式解除本合同。如甲方决定解除合同的，甲方有权要求乙方承担 5000 万元人民币的违约金。"

《合同法》第 107 条、第 114 条也对违约金事项作了相应规定。

就本案而言，被告存在拖欠租金超过两个月、未经原告同意并签署，擅自对房屋进行野蛮装修，未经原告同意擅自将地下室部分房屋租给他人经营棋牌室等多种导致合同解除的情形，因此原告主张违约金具有充分的法律和合同依据。

二、被告为反驳原告的主张，提供了三组证据。但是这些证据中，除了被告与张某安就部分地下室签订的《租赁合同》是原件外，其他的证据均非原件，而是复印件，均不具备证据的真实性，均不能证明被告曾经给付过原告租金。被告与张某安的合同虽是原件，但不具备合法性和关联性。

《民事诉讼法》（2012 年）第 70 条规定，"书证应当提交原件"。而被告既没有提供原件，也没有不能提供原件的情形，因此其证据除了被告与张某安就部分地下室签订的《租赁合同》外，均不具备证据资格，不具备任何证明力。

至于被告与张某安就部分地下室签订的《租赁合同》，属于没有经过出租人即原告同意的转租合同，本身不具有合法性，不能作为证据使用。

此外，被告认为地下室漏水，张某安向被告提出赔偿，此赔偿额可以抵顶租金。对此，原告认为原告没有证据证明地下室漏水，原告《竣工验收报告》《竣工验收备案表》均证明工程验收合格，因此即使地下是真的漏水，也是被告野蛮装修或使用不当的原因，因此被告的证据不能证明其事实和主张。

三、除以上提到的外，被告还提出几个抗辩理由，但均为口头抗辩，没有证据支持。其理由本身也不能自圆其说。

第一，被告认为其支付租金后，原告没有开具发票，所以有权拒付租金。原告认为，被告连已经支付租金的证据都没提供，谈什么开具发票，"皮之不存，毛将焉附"？况且双方合同里并没有约定不开发票就不支付现金。被告声称曾以数码港一套房子抵顶租金，并签订了《认购书》。原告认为被告所说的房子是未竣工房子，已经烂尾两年，能否建成并竣工验收、办理房产证都是疑问，因此单凭意向性质的《认购书》不能为被告开具发票。

第二，被告认为，《租赁合同》约定的面积为 22 329 平方米，但实际面积只有 19 000 平方米。但被告没有提供证据证明自己的主张。原告认为，被告是资深酒店经营者，对酒店面积具有很高的判断能力。况且被告租赁原告房屋已经四年多，一直未对面积提出异议。而且签订《过渡协议》时再度对租赁面积予以认可。原告历次催收房租均以此计算租金数额，被告签收认可，没有异议。退一步讲，即使被告有异议，也因为连续四年没有提出而过了诉讼时效。

事实上，合同租赁面积是根据房管部门的测绘面积确定的，被告对此心知肚明。之所以在诉讼之后对面积提出异议，只是为了达到拒付租金的目的。但是其没有任何证据支持自己的主张。

第三，被告提出接受租赁房屋时，房屋属于未完工程，剩下 10% 是由被告完成的，此工程款可以抵顶租金。对此，被告仅提供一张复印件来证明。

原告认为被告没有提供证据证明待证事实。而且这与本案案由属于不同法律关系，应另案起诉。

第四，被告认为在另外一个地点的数码港工程中，原告作为建设方对作为承包方的被告欠有工程款，因此可以抵顶租金。但也没有提供任何证据。

原告认为，被告主张的事实与本案属于两个法律关系，被告可以另案起诉，不能抵顶租金。况且该工程总造价 3800 万元左右，原告已经支付被告 3900 多万元，超付 100 多万元。

第五，被告声称原告在《租赁合同》中承诺，为被告提供 60 个地下停车位，但原告没有履行义务。

原告认为，《租赁合同》第 10 条约定，原告向被告提供 60 个共用停车位，而不是被告专用停车位。事实上被告一直在使用原告的共用停车位，而且不向物业公司缴纳停车管理费。因此，被告无权据此拒交租金。

《民事诉讼法》（2012 年）第 64 条第 1 款规定："当事人对自己的主张，有责任提供证据。"最高人民法院《关于适用〈中华人民共和国民事诉讼法〉的解释》第 90 条规定："当事人对自己提出的诉讼请求所依据的事实或者反驳对方诉讼请求所依据的事实，应当提供证据加以证明，但法律另有规定的除外。在作出判决前，当事人未能提供证据或者证据不足以证明其事实主张的，由负有举证证明责任的当事人承担不利的后果。"就本案而言，原告提供了证明自己主张的证据，且基本为被告所认可。被告提供的证据只有一份是原件，却不具备合法性和关联性。其余证据均是复印件，不具备真实性。被告的辩解理由也不成立。

综上所述，请人民法院依法支持原告的诉讼请求，盼照所请！

河北创世纪公司代理人　丁万星

2016 年 4 月 26 日

补充代理词

尊敬的审判长、审判员：

就原告解除与被告之间《租赁合同》的理由补充代理意见如下：

一、原告解除《租赁合同》的主张符合双方关于解除权的约定

合同解除条件包括法定解除条件和约定解除条件，约定解除条件包括约定单方解除权和双方协商解除。当具备上述任何一种解除条件时，都能产生合同关系终止的法律后果。

二、原告解除《租赁合同》的主张符合《合同法》第 94 条关于迟延违约和根本违约的规定

《合同法》第 94 条规定，当事人一方迟延履行主要债务，经催告后在合理期限内仍未履行，当事人可以解除合同。就本案而言，被告自 2015 年 5 月 14 日以来，连续 398 天不支付租金。原告多次催告，被告经理白某林 2015 年 12 月 1 日在原告催款通知书上签收，但仍不支付租金。被告的违约行为非常严重，已经使原告不能实现合同目的，因此只能主张解除合同。

三、原告解除《租赁合同》的主张符合最高人民法院《关于审理城镇房屋租赁合同纠纷案件具体应用法律若干问题的解释》（以下简称《房屋租赁解释》）相关规定

该《房屋租赁解释》第 7 条规定，承租人擅自变动房屋建筑主体和承重结构或者扩建，在出租人要求的合理期限内仍不予恢复原状，出租人请求解除合同并要求赔偿损失的，人民法院依照《合同法》第 219 条的规定处理。被告租用原告房屋期间，擅自变动房屋建筑主体和承重结构并且向主体结构之外扩建，已经具备解除合同条件。

四、被告的违约行为不仅给原告造成巨大经济损失，而且被告偷窃原告供水，多人持菜刀恐吓原告，导致双方丧失继续合作的基础，因此该合同已不适合继续履行。否则不仅导致原告的利益无谓地扩大，而且可能给原告带

来更严重的后果

2016 年 1 月，被告在原告供水管道上偷接水管，仅 6 月份就盗窃原告 200 多吨水。2016 年 6 月 13 日，被告开始对租赁原告的房屋进行扩建，原告派人制止，被告竟然邀集多人威胁原告，而且派许多人手持菜刀恐吓原告。被告的行为使原告无法与其继续合作，否则会酿成更严重的后果。

五、关于租赁合同解除后承租房屋的装饰装修问题

（一）双方有约定的，根据意思自治的原则，按照约定履行

按照双方《租赁合同》第 11 条第 1 款规定，甲方可以在发生以下情形时，以书面形式解除本合同。如甲方决定解除合同的，甲方有权要求乙方承担人民币 5000 万元的违约金，并且乙方投入的装饰装修及不可移动设施应按照甲方要求处理，保留并归甲方所有或者按照甲方要求拆除并恢复可供出租状态，租赁保证金不予退还。

（二）双方没有约定的，按照《房屋租赁解释》第 11 条履行

最高人民法院《房屋租赁解释》第 11 条规定，承租人经出租人同意装饰装修，合同解除时，双方对已形成复合的装饰装修物的处理没有约定的，人民法院按照下列情形分别处理：

1. 因出租人违约导致合同解除，承租人请求出租人赔偿剩余租赁期内装饰装修残值损失的，应予支持；

2. 因承租人违约导致合同解除，承租人请求出租人赔偿剩余租赁期内装饰装修残值损失的，不予支持。但出租人同意利用的，应在利用价值范围内予以适当补偿。

就本案而言，显然属于对装饰装修有约定的情形，因此应当按照《租赁合同》第 11 条履行。

此外，按照酒店行业惯例，五年就要重新装修，因此被告的装修没多少残值可言。

（三）依照《租赁合同》第 11 条履行是否存在显失公平问题

按照最高人民法院《关于执行〈中华人民共和国民法通则〉若干问题的意见（试行）》第 72 条规定，一方当事人利用优势或者利用对方没有经验，致使双方的权利义务明显违反公平、等价有偿原则的，可以认定为显失公平。

就本案而言，原告并非垄断企业，对被告没有优势。被告是自身酒店经营者，也并非没有经验。原被告就是根据意思自治的原则协商订立合同，照

章办事，不构成显失公平。

退一步讲，如果构成显失公平，被告可以根据《合同法》第54条行使撤销权。然而自双方订立合同以来已经4年多，被告从没有表明该合同显失公平，更没有行使撤销权。被告答辩状中也没有主张显失公平，此举足以说明被告并不认为双方的《租赁合同》显失公平。在被告没有主张显失公平的情况下，人民法院没有必要考虑这种情形。

通过最高人民法院《房屋租赁解释》第11条规定，也可以印证《房屋租赁解释》是坚持违约方无权主张装饰装修赔偿权的。《租赁合同》第11条的规定与《房屋租赁解释》相关规定的精神是完全一致的。

因此依照《租赁合同》第11条履行不存在显失公平问题。

六、关于解除合同的时间

按照《租赁合同》第11条，乙方发生连续拖欠租金60天或累计拖欠租金超过2个月等情形，原告以书面通知的形式解除本合同。现原告向贵院起诉主张解除合同，应视同原告依法行使合同解除权。因此原告认为，本案的合同解除时间应为原告至贵院起诉之日。

四、一审判决结果

某市法院经过审理，支持了原告的诉讼请求。被告不服，向中级人民法院提起上诉。其主要上诉理由就是在另一起案件中的评估报告（复印件）中发现了酒店的面积和双方租赁合同所载不同。中级人民法院裁定发回重审。

原告发回重审后的一审
代理词

就合议庭归纳的焦点问题发表如下代理意见：

一、关于租赁物面积

1. 双方签订的《租赁合同》合法有效，原告对其真实性、合法性、关联性均没有异议。《租赁合同》对租赁面积明确约定为22 329平方米，并附有22 329平方米的平面图。按照《合同法》的有关规定，依法成立的合同，当事人应当全面、适当履行。

2. 原告在原一审诉讼中就提交了某市房管局指定的房屋面积测绘单位即某市北方房产测绘中心出具的房屋测绘报告原件，证明了被告租赁原告的房屋面积就是 22 329 平方米。

3. 从 2012 年 5 月 24 日双方签订《租赁合同》，到 2016 年 6 月原告起诉，被告在长达 4 年的时间里从来没有对租赁面积提出过异议。只是在原告起诉后，被告在庭审中才将其作为拖欠租金的抗辩理由。

4. 从合同履行的角度看，原告历次收取房租均以 22 329 平方米计算租金数额，2014 年 11 月 18 日《过渡协议》签订前的房租，双方已经按照 22 329 平方米计算租金并且已经结清房租。这个事实证明被告对租赁面积是知情、认可的，双方一直是按照这个约定的面积履行的。

5. 2014 年 11 月 18 日签订《过渡协议》时被告再度对租赁面积予以认可，没有对 22 329 平方米的租赁面积提出任何异议。

6. 原告向被告数次发出《催款通知书》，告知的数额均是按照《租赁合同》约定的 22 329 平方米计算出来的，被告签收认可，从来没有对租赁面积、租金数额提出异议。例如，2015 年 11 月 30 日原告向被告发出《催款通知书》（见原告提供的证据），2015 年 12 月 1 日大河酒店经理白某林签收。根据《民法通则》（2009 年）第 43 条规定："企业法人对它的法定代表人和其他工作人员的经营活动，承担民事责任。"因此，被告称没有收到《催款通知》的抗辩不能成立。

7. 被告是资深酒店经营者，对酒店面积具有很高的判断能力。

时隔四年，在起诉中才对面积提出异议，不合常理。

8. 被告庭审中认为，实际面积只有 19 000 平方米。被告在原一审诉讼中没有提供证据证明自己的主张。二审和此次审理被告提交一份没有头尾、没有司法鉴定许可证、专用章的复印件，证明其实际租赁面积只有 19 000 平方米。原告对该复印件真实性、合法性、关联性均存在异议，因为该复印件与本案标的物涉及法律关系、性质、场地范围等均不一样，况且只是一个复印件，既不具备证据的形式特征，也不能证明待证事实。

9. 被告提供沧州司法实务鉴定中心对被告租赁的部分地下房间面积进行鉴定，认为地下面积为 1612.09 平方米，不是 4800 平方米。原告认为被告不能达到其证明目的。因为双方签订《租赁合同》后面附有被告租赁大河酒店地下部分的平面图，而沧州司法实务鉴定中心只对被告租赁的部分地下面积进行鉴定，被鉴定的部分不是被告租赁原告地下面积的全部，因此该鉴定没有任何意义。

10. 被告承认合同租赁面积确实是 22 329 平方米，认为实际租赁面积19 000 平方米，但是被告没有任何证据证明其将未二者的差额面积交还原告。

11. 被告租赁原告房屋已经五年多，一直未对面积提出异议。退一步讲，即使被告有异议，也因为合同生效并且开始履行后连续四年没有提出而过了诉讼时效。

总之，无论从合同签订角度，还是从合同履行角度，被告租赁的面积都是非常明确的，双方也是一直按照这个面积执行的。

二、关于租金支付标准

被告认为，《过渡协议》终止以后的租金仍然应当按照《过渡协议》的租金标准来执行，即每天租金 1 万元。原告对此不认可，原告认为，《过渡协议》终止以后的租金仍然应当按照《租赁合同》的标准，即每平方米 23.8 元履行，理由如下：

1.《租赁合同》是双方租赁关系的主合同，《过渡协议》只是《租赁合同》的补充协议，双方的权利义务应当遵守主合同的约定。

2.《过渡协议》约定的过渡期间只有 1 年，一年的过渡期间结束后就不能再继续执行《过渡协议》的租金标准了。

3.《租赁合同》从来没有被解除，《过渡协议》终止后《租赁合同》仍然有效。作为对双方仍然具有约束力的合同，《租赁合同》约定的租金标准仍然适用。

4.《过渡协议》为期 1 年，到期后原告向被告发出催款通知，催款通知仍然按照《租赁合同》约定的面积和租金标准计算。2015 年 12 月 1 日大河酒店经理白某林签收，未提出任何异议。此举说明原告认可按照《租赁合同》支付租金。

5. 比照周边酒店标准，每平方米 23.8 元的租金并不高。

6. 被告严重拖欠原告租金，具有重大过错。如果按照《过渡协议》租金标准，被告将因为其重大违约行为而受益，这不符合合同法的公平原则。

总之，《过渡协议》只是合同履行中的一段特殊时期，是原告体谅被告资金困难给予的为期 1 年的优惠。过渡期结束，被告继续承租酒店，原告按照《租赁合同》收取租金，被告没有异议。在《租赁合同》仍然有效的情况下，租金仍应执行《租赁合同》。

三、关于承担责任的主体

范某英的代理人认为范某英不是适格主体，不应承担责任。这是完全站不住脚的。理由如下：

1.《过渡协议》的签订人就包括范某英本人，因此范某英是当然的适格主体。

2. 根据《过渡协议》，范某英与大河酒店共同经营酒店生意，共同经营的事实说明范某英和大河酒店是民事合伙关系，因此范某英和大河酒店应当共同对债权人承担责任。

3. 大河酒店是家族企业，《过渡协议》声明，范某英是大河酒店的实际控制人，而总经理是范某英的儿媳妇田某。酒店和家庭人员和财务高度混同，实际控制人如果承担有限责任，对债权人有失公正。

四、关于违约责任

《租赁合同》第 11 条规定："甲方可以在发生以下情形时，以书面形式解除本合同。如甲方决定解除合同的，甲方有权要求乙方承担 5000 万元人民币的违约金。"

《合同法》第 107 条、第 114 条也对违约金事项作了相应规定。

就本案而言，被告存在拖欠租金超过 2 个月、未经原告同意并签署，擅自对房屋进行野蛮装修，未经原告同意擅自将地下室部分房屋租给他人经营棋牌室等多种导致合同解除的情形，因此原告主张违约金具有充分的法律和合同依据。

五、关于原告的合同解除权

《合同法》第 227 条规定："承租人无正当理由未支付或迟延支付租金的，出租人可以要求承租人在合理期限内支付。承租人逾期不支付的，出租人可以解除合同。"

《租赁合同》第 11 条规定，甲方可以在发生以下情形时，以书面形式解除本合同。"11.1.2 因乙方违约原因，乙方延迟支付租金超过 60 天的或累计拖欠应付租金或其他费用超过两个月的。"就本案而言，被告自 2014 年 11 月 18 日签订《过渡协议》以来一直未支付房屋租金。2015 年 11 月 30 日，原告向被告送达《催款通知书》，被告签收后拒不支付。2016 年 1 月 14 日，原告向被告送达《催款通知书》，被告不予签收并拒不支付。被告拖欠租金的时间远远超过合同约定的可以解除合同的时间。

被告拖欠原告巨额租金，原告向被告数次发出催款通知，被告拒不支付，原告根据法律和合同约定有权解除合同。

六、关于第 14 层的问题

被告认为第 14 层是违章建筑，因此关于第 14 层的租赁条款无效，原告不仅无权收取相应租金，原告还应退回应收取的租金。原告认为被告的主张没有依据，理由如下：

1. 是不是违章建筑，应当依据政府主管部门的认定。目前关于第 14 层的性质问题，没有任何政府文件予以认定，因此，截至目前，第 14 层的法律性质不是违章建筑。

2. 大河酒店具有工程竣工验收合格的文件，该文件应视为主管部门对第 14 层的认可。

3. 第 14 层的建设有历史的原因，它包括总统套间，是为了提升我市的城市形象，与我市改革开放的发展面貌相适应，是市领导同意建设的。第 14 层的修建也是原告以放弃市政府零地价出让给原告的巨大优惠条件换来的，因此第 14 层的建设不属于违章建筑。

4. 《租赁合同》附件中，原告已经告知被告，第 14 层没有产权，被告对第 14 层的情况是知道的。

5. 最高人民法院《房屋租赁解释》第 5 条第 1 款规定："房屋租赁合同无效，当事人请求参照合同约定的租金标准支付房屋占有使用费的，人民法院一般应予支持。"因此，即使第 14 层合法性存在瑕疵，原告房屋占用费仍然受法律保护，而房屋占用费仍然参照租金标准。

总之，原告关于第 14 层的出租权益是受法律保护的。

此外，请合议庭注意，被告不仅不履行租赁合同义务，而且不履行签收法院送达文书的义务。原审一审判决书下达后，被告百般逃避签收，法院只好公告送达，被告之无赖行为致使送达过程长达 8 个多月。被告提出面积异议、工程款抵顶等实质上都是一个目的，就是尽量拖欠原告租金。希望人民法院查明事实，依法驳回被告诉讼请求。

此致

某某区人民法院

原告代理人：丁万星

2017 年 8 月 30 日

发回重审结果是维持原审判决，被告又上诉到中级人民法院。

发回重审后的二审代理词

尊敬的审判长、审判员：

根据庭审情况，现发表如下代理意见：

一、范某英是本案适格主体

1. 《过渡协议》是甲乙丙三方协议，范某英以乙方名义签约，在合同落款处签字。

2. 《过渡协议》中范某英承担着具体的权利和义务，即协议乙丙双方一起清偿债务，这是范某英本人具体、确定的义务。

3. 范某英作为大河酒店实际控制人加入合同主体，目的是增加和补强租赁人的信用，不违反法律规定。

4. 被上诉人向范某英和大河酒店送达催款通知书，范某英没有提出任何异议。

范某英代理人所谓公司股东不能和公司一起作为一方当事人的观点没有针对本案客观事实，说的是另一回事，跟本案没有任何联系。

综上，范某英确实是本案适格主体。

二、大河酒店代理人的观点没有事实和法律依据

（一）房屋面积名实相符

1. 租赁合同明确约定了租赁面积，上诉人知情且没有异议。

2. 政府主管部门指定的测绘部门测定的面积与合同约定面积一致。

3. 房屋交接时，上诉人没有任何异议。

4. 上诉人一直按照合同面积履行付款义务，从来没有异议。

5. 我方向上诉人送达催款通知书，租金按照合同面积计算，上诉人也没有异议。

6. 上诉人没有异议并按照合同面积履行合同义务，说明上诉人对房屋租赁面积不仅知情而且同意。

上诉人只是在我方起诉后才以面积不符作为抗辩理由，完全是拖延租金交付的手段。

（二）《过渡协议》之后的租金标准应按照主合同约定执行

1. 《租赁合同》是主合同，《过渡协议》是主合同的补充。主合同规定

租赁期限 20 年，租金标准也非常明确。如果认为过渡协议约定不明时，应以主合同约定为准。

2.2015 年 11 月 30 日我方以此为标准向上诉人送达催款通知书，租金按照合同面积计算，上诉人也没有异议。

3. 上诉人是合同违约方，拖欠我方租金，如果按照过渡协议的租金标准支付租金，上诉人将因为违约行为而获利。不让违约者因为违约而获利是商事法的基本法理。否则违反立法初衷并助长违约人的违约行为，形成鼓励违约的价值导向。

4.《过渡协议》是我方为了缓解上诉人资金困难，主动采取帮扶措施帮助上诉人改善经营状况。上诉人应当感激我方，而不应恶意利用我方的善意，背信弃义。

（三）上诉人认为第 14 层是违章建筑，这个观点没有依据

1. 主管部门只是认为第 14 层还没有审批手续，未通过验收。这个说法与违章建筑不能画等号。暂时没有手续不代表永远没有手续，暂时没有验收不代表永远验收不了。事实上，市政府正在对"三年大变样"遗留的问题进行善后解决。

2. 按照最高人民法院《房屋租赁解释》，即使违章建筑，出租人也有权参照租赁合同等标准向承租人主张租金。绝不是像上诉人想象的那样，以违章建筑作为借口没有对价使用出租人房屋。

（四）上诉人臆造的工程款不能与房租抵销

1. 大河酒店没有施工企业的资质，不可能有工程款债权。

2. 即使有，也不是一个法律关系，应当另案解决。

（五）是否开具发票不是拒付租金的理由

1. 上诉人未付租金，无权索要发票。

2.《租赁合同》没有将开具发票作为支付租金的前提条件。

3. 开具发票与支付租金不是对价义务、对等义务，只有对价义务、对等义务才能获得相应抗辩权。否则有违民法公平原则。

4. 上诉人编造的所谓因发票遭受的损失没有任何证据，只是无端拖欠租金的借口。

综上所述，我方的诉讼请求具有充分的法律以及合同依据，具有确凿的证据支持。被告主张多为口头抗辩，证据几乎全是复印件，没有相应证据支

持。其理由本身也不能自圆其说。请求二审法院驳回其上诉请求。

2018 年 3 月 27 日

五、终审判决结果

支持原告的诉讼请求，判决被告 15 日之内支付租金和违约金。

第二节 众神之巅大厦租赁合同纠纷案例
——业委会作为原告时的主体资格问题暨签约时
被告信息的重要性

一、案情简介

众神之颠大厦位于某市市中心，是一栋商场，总共 3 层，11 434.06 平方米。大厦开发商按照独立商铺销售，共有 268 名业主。

2016 年 7 月 26 日，众神之颠大厦业主委员会（甲方）与兴隆商贸公司（乙方）双方签订租赁合同，约定甲方将众神之颠大厦 7720.13 平方米租给乙方。该 7720.13 平方米为 245 名业主区分所有。租金标准为：2016 年 9 月 30 日~2019 年 9 月 29 日，每年租金 330 万元；2019 年 9 月 30 日~2021 年 9 月 29 日，每年租金 460 万元。合同签订后，被申请人只缴纳 2016 年 9 月 30 日~2017 年 9 月 29 日一年的租金后，便以房屋漏水、暖气双重收费为由拒交租金。承租方声称，如果将租金降至每年 220 万元原则继续履行合同，否则就不再履行合同。2018 年 2 月 15 日，承租方将大厦部分钥匙交给大厦所在社区，表示已经撤场，不再履行合同。

2019 年初，众神之颠大厦业主委员会换届。新业主委员会履新后决定通过司法程序解决与承租方的租赁纠纷。2019 年 6 月，众神之颠大厦业主委员会向某地仲裁委员会提请仲裁。

123

二、出租方的仲裁请求

仲裁申请书

申请人：某市众神之颠大厦业主委员会，住所：某市桥东区东安大街29号众神之颠大厦二楼，负责人：田某军，职务：主任

被申请人：某市兴隆商贸有限公司，住所：某市桥西区长青路39号，法定代表人：钱某礼

仲裁请求：①解除租赁合同并退还被申请人租赁的商业楼；②被申请人支付申请人2017年9月30日以来拖欠的租金暂定577.5万元；③因仲裁产生的费用由被申请人承担。

事实和理由：

2016年7月26日，申请人和被申请人签订《众神之颠大厦商业租赁合同》，被申请人承租申请人众神之颠大厦商业楼7720.13平方米，租金标准为：2016年9月30日~2019年9月29日，每年租金330万元；2019年9月30日~2021年9月29日，每年租金460万元。合同签订后，被申请人只缴纳2016年9月30日~2017年9月29日一年的租金，其后便开始拖延交付租金至今。经申请人多次催要，被申请人拒绝缴纳。

《合同法》第8条规定，依法成立的合同，对当事人具有法律约束力。申请人与被申请人签订的合同系双方的真实意思表示，不违反法律，被申请人应当本着诚实信用的原则全面适当履行合同。可是被申请人置合同约定于不顾，拒不履行合同义务。为此申请人到贵委提起仲裁，请贵委秉公明断，依法裁决。

此致

某市仲裁委员会

申请人：某市众神之颠大厦业主委员会
2019年4月10日

为了保障仲裁结果能够执行，在提交仲裁申请书同时，某市众神之颠大厦业主委员会向属地法院提交了财产保全申请书。

财产保全申请书

申请人：某市众神之颠大厦业主委员会，住所：某市桥东区东安大街 29 号众神之颠大厦二楼，负责人：田某军，职务：主任。联系电话：136××××3456

被申请人：某市兴隆商贸有限公司，住所：某市桥西区长青路 39 号，法定代表人：钱某礼

财产保全请求：请求贵院冻结被申请人银行存款 232.25 万元，或者查封、扣押被申请人相应价值的财产。

事实和理由：

2016 年 7 月 26 日，申请人和被申请人签订《众神之颠大厦商业租赁合同》，被申请人承租申请人众神之颠大厦商业楼 7720.13 平方米，租金标准为：2016 年 9 月 30 日~2019 年 9 月 29 日，每年租金 330 万元；2019 年 9 月 30 日~2021 年 9 月 29 日，每年租金 460 万元。合同签订后，被申请人只缴纳 2016 年 9 月 30 日~2017 年 9 月 29 日一年的租金，其后便开始拖延交付租金至今。经申请人多次催要，被申请人拒绝缴纳。

为防止本案仲裁裁决将来难以执行，根据《民事诉讼法》第 101 条规定向贵院提出申请，望予照准。

此致

某市桥西区法院

申请人：某市众神之颠大厦业主委员会

2019 年 6 月 10 日

提交仲裁申请书后，业委会却遇到无力缴纳仲裁费问题。经过业委会成员协商，业委会决定按照承租方提出的方案提出仲裁请求，这样既可以缓解无力缴纳仲裁费问题，也可以拉近与承租方的距离，有利于问题快速解决。这样业委会将租金主张由 577.5 万元，改为租金暂定 82.5 万元（年租金 330 万元，每月租金 27.5 万元，承租方认为他们第二个租赁年度共承租了 3 个月，因此是 82.5 万元）；违约金暂定 149.75 万元（330 万元+460 万元+460 万元+9×27.5 万元 = 1497.5 万元，1497.5 万元×10% = 149.75 万元）。两项合计共 232.25 万元。

正式开庭后，律师建议将 232.25 万元都改为租金。理由是违约金的证明标准比较高，一旦不能获得支持，损失较大。既然承租人截至仲裁时将近两年没有交付租金，已经拖欠租金 577.5 万元，这个事实很好确定，不如主张 232.25 万元租金，这个举证标准比较低。虽然放弃了一部分租金，但是与承租方提出的方案接近，有利于解决问题。况且也是暂定主张数额，如果将来被申请人财务改善，随时可以按照实际拖欠的租金主张，业委会采纳了这个意见。

三、本案的送达问题

将仲裁申请书递交仲裁委并缴费后，申请人等待开庭。然而过了一段时间，仲裁委却通知申请人，由于被申请人营业执照上的地址难以找到，受理案件通知书无法送达。受理案件通知书无法送达，案子就无法开庭。申请人律师要求仲裁委人员再细心找找，但是仲裁委人员说，已经按照地址去了好几趟，根本找不到这个公司的办公地点。

申请人律师知道案子拖一天，就是几万元的损失。因此决定亲自去找被申请人的地址。律师沿着营业执照上的街道从头走到尾，也没有找到营业执照的门牌号。前后门牌号基本都有，就是到了被申请人所在的 39 号就没有了。律师在附近转了个遍也没有找到。第二次去，还是没有找到。

既然被申请人营业执照上的地址难以找到，律师就决定找到被申请人法定代表人的家庭地址。他沿着被申请人法定代表人身份证上的街道从头走到尾，终于找到了被申请人法定代表人的家庭地址，却绝望地发现这个地址不是一个居民楼，而是一个国营药厂，因为合资经营不善，已经倒闭，院子萧条破败，没有住户。

律师终于意识到，被申请人的公司地址和法定代表人地址都是假的，其遇到了传说中的"送达难题"。

从 6 月到 9 月，案子因为送达问题不能开庭，仲裁委要求申请人撤案。

在放弃之前，律师决定再去工商局（现为行政审批局）调查一下被申请人的公司地址。业委会人员说，不用去了，没什么用。很多公司注册都用的是假地址。律师说，死马当作活马医吧，再试一次。

到了行政审批局，办事人员告知该公司已经迁离本局到另一个区。律师一听，觉得绝处逢生，赶快来到另一个区。在办事人员帮助下，终于在工商档案中找到了被申请人的新地址。

律师将被申请人的新地址告知仲裁委，仲裁委按图索骥找到公司地址，成功送达。

这个因为送达问题，山重水复的案子终于看到了柳暗花明的时候。

四、承租方的答辩意见和反请求

（一）承租方的答辩意见

1. 本案申请人提起仲裁的主体不适格

本案申请人没有经过工商登记、没有其他登记资料或者备案信息、没有合法成立的证明，因而提起仲裁的主体不适格。

2. 同意与申请人解除合同

由于租赁物不具备租赁条件，承租人决定解除合同，并于2018年2月15日将众神之颠大厦钥匙交给街道办事处铁路社区，申请人已经领走钥匙。

3. 申请人未履行维修租赁物的法定义务，因而被申请人未及时交付租金

租赁物存在漏水、暖气双向收费、噪声等问题，《合同法》第220条规定，出租人具有维修租赁物的义务。

4. 租赁物存在瑕疵给承租人造成了巨大损失

租赁物存在瑕疵，导致很多商户退租，给承租人造成了巨大损失。

综上，请求驳回申请人的仲裁请求。

（二）承租方的反请求

鉴于租赁物存在瑕疵给承租人造成了巨大损失，承租人向出租人提出反请求，要求赔偿金暂定10万元。

（三）出租方对承租方反请求的答辩

答 辩 状

就某市兴隆商贸有限公司的反请求答辩如下：

反申请人主张经济损失暂定10万元，理由是房屋漏雨和暖气双向收费，我们认为其依据不能成立。理由如下：

一、房屋漏雨不能成为拒付租金的理由

第一，反申请人具有维修房屋的义务。

虽然《合同法》第220条规定了出租人履行房屋维修义务，但是又规定了双方另有约定的除外。依据双方2016年7月27日签订的《众神之颠大厦

物业管理委托合同》（以下简称《物业合同》），反申请人正是众神之颠大厦的物业公司，根据《物业合同》委托管理事项中第4条约定："房屋建筑共用部位的维修、养护和管理，包括楼盖、屋顶、外墙面、承重结构、楼梯间。"也就是说，屋顶漏雨属于反申请人维修范围。所以，反申请人以此为由拒付租金是不对的。

第二，局部漏雨不是拒付租金的理由。

《合同法》第221条规定，出租人未维修，承租人可以代为维修。《合同法》没有规定出租人未维修房屋，承租人就可以拒付租金。

第三，根据答辩人现场踏勘，标的物房屋只是去年有几处屋顶渗水，就漏雨的程度、漏雨的部位来看不影响使用。

二、暖气双向收费不能成为拒付租金的理由

第一，反申请人承租的部分没有安装暖气，何来双向收费。

第二，众神之颠大厦主要靠中央空调取暖，这部分收的是电费，电费当然由承租人支付。

第三，如果既有空调，又有暖气，可以自主决定仅使用空调关掉暖气，也可以使用暖气关掉空调。反申请人对此有选择权。

第四，反申请人在签订《租赁合同》之前，已经看过众神之颠大厦的现场和周围环境，包括取暖情况，对众神之颠大厦的取暖方式早已了解，当时没有异议，现在不能再以此为由拒付租金。

总之，截至本月29日，反申请人租赁使用众神之颠大厦已经接近3年，没有正当理由，拖欠租金660万元，反申请人既没有法定理由，也没有约定的理由拒付房租。希望仲裁委员会查明事实，驳回反申请人的请求事项。

答辩人：某市众神之颠大厦业主委员会

2019年9月10日

五、第一次开庭情况

书记员核对双方身份，询问双方是否有异议。

宣布仲裁员并询问双方是否申请回避。

宣布开庭规则。

首席仲裁员宣布开庭。

申请人宣读仲裁申请书。

被申请人宣读答辩状。

被申请人宣读仲裁反请求。

申请人针对反请求宣读答辩状。

首席仲裁员归纳审理焦点：

（1）申请人能否作为申请仲裁的主体。

（2）申请人是否有权放弃业主租金利益。

（3）合同的解除问题。

（4）租赁物是否存在瑕疵。

（5）被申请人应当支付的租金数额。

（6）违约金如何计算。

（7）出租人是否应当赔偿承租人。

仲裁员认为，业委会不是法人，能否成为申请人是个疑问，如果这个问题不解决，以下的程序就走不下去，因此仲裁员要求业委会提供合法选举产生并且已经登记备案的证据。在申请人提交相应证据之前，仲裁庭暂时闭庭。

六、第二次开庭

申请人提交了业委会成立的备案资料，街道委员会开具的合法召开业主大会并合法选出本届业委会的证明，住建局物业科开具的备案登记证明。

但是被申请人和仲裁员对申请人的主体资格仍有怀疑。因为业委会不是法人，不是法定的社团组织。业委会提出仲裁请求之前没有召开业主大会进行表决。尤其是业委会在没有征得业主同意情况下，是否有权放弃业主利益。

仲裁委认为，如果申请人放弃大部分租金利益，或许有部分业主会追究仲裁委的责任。认为业主的权利与业委会的代理人地位存在脱节。

仲裁委研究后，要求业委会提供所有业主的授权委托书，登报公告仲裁事项，告知业主权利，通过短信或者微信向每一名业主发出告知，保障每一名业主的知情权，并且有机会行使对自己权利的处分权。

律师和业委会表示，小区245名业主，不可能意见一致，只能以多数决来决定。仲裁请求的主张数额是业主们的内部问题，如果部分业主不同意业委会主张的数额，由本业委会来承担责任，与仲裁委没有关系。

但是仲裁委考虑社会稳定问题，仍然坚持让业委会提供前述证据。

七、第三次开庭

业委会提供了 245 名业主的授权委托书，在某市日报上登报公告，说明仲裁事项，告知业主权利。通过短信或者微信向每一名业主发出告知，保障每一名业主的知情权，并且有机会行使对自己权利的处分权。

仲裁员宣布开始庭审调查。

首先，申请人举证。

第一组证据：业委会备案资料、住建局物业科备案证明、街道办事处关于业委会合法成立合法换届选举的证明。证明目的是业委会是适格的仲裁主体。

对此被申请人的质证意见是：备案资料是复印件，不具备真实性。住建局物业科备案证明、街道办事处关于业委会合法成立合法换届选举的证明没有负责人签字，形式上不完整，不具备证据的要件。因此业委会不能成为提起仲裁的主体。

第二组证据：245 名业主的授权委托书，在某市日报上登报公告，说明仲裁事项，告知业主权利。通过短信或者微信向每一名业主发出告知。

对此被申请人的质证意见是承认真实性，否定关联性。

第三组证据：双方的租赁合同，证明存在租赁关系。

对此被申请人的质证意见是只承认和上届业委会的租赁关系，不承认本届业委会，并且声明只有签订合同的证据，没有履行的证据。

第四份证据：申请人与被申请人的物业服务合同，证明目的是申请人与被申请人不仅存在租赁关系，而且存在物业服务法律关系。租赁物瑕疵未及时维修是被申请人的责任。

对此被申请人的质证意见没有关联性。

第五份证据：某商铺与被申请人的租赁合同，证明目的是被申请人现在仍占用租赁物，仍在利用租赁物进行经营。

对此被申请人的质证意见是，不承认真实性，证据没有关联性。

其次，被申请人举证。

第一组五份证据：①《给业委会的问题总结》；②《申请函》；③《问题函》和《再发函》；④关于联创小区未解决的问题书面说明；⑤租赁物漏水照

片。证明目的是租赁物存在瑕疵导致承租方无法正常使用租赁物。

申请人质证意见是：①申请人与被申请人存在两个法律关系，被申请人即是承租人，也是众神之颠大厦的物业服务提供者。物业公司对租赁房屋具有维修义务，可是被申请人没有尽到自己的义务，因此租赁物的瑕疵责任在于被申请人。②很多证据不是给业委会的，因此与本案不存在关联性。③租赁物存在的瑕疵不影响使用，没有构成根本违约，被申请人拒交租金是没有法律和约定依据的。

第二组两份证据：①关于众神之颠大厦供水设备改造的请示；②申请报告。证明目的是租赁物存在双向收费造成承租方租赁成本增加。

申请人质证意见是：①请示报告呈送的单位不是业委会，因此没有关联性；②租赁物不存在双向收费问题，因为房屋采用中央空调取暖，根本没有安装暖气片。

轮到反申请人举证时，首席仲裁员说，我们还是觉得本案主体有问题。租金权益是业主权利，对于没有授权的业主而言，业委会是否有权利处分其法律权利仍然是一个问题。

申请人律师回答道，任何群体性权益都只能是多数决，人大通过决议如此，法院合议庭判决案件如此，仲裁委审理案件也是如此。就贵仲裁委而言，合议庭成员共三位，有时可能二比一作出裁决。何况众神之颠大厦有二百多名业主。

有一名仲裁员说，能否由业主作为申请人，谁申请给谁仲裁。

申请人律师回答道，那是不可能的，因为那样的话，被申请人会说，根据合同相对性原理，被申请人与业主之间没有合同，所以业主不是适格仲裁申请人。

另一名仲裁员说，能否计算出授权业主的比例和所代表面积的比例，我们只裁决授权部分业主的仲裁请求，对未授权部分业主的租金权益不予裁决。留待他们认为需要仲裁时，由他们自己主张权利。

申请人律师回答道，按说不用这样，签订合同时出租方就是业委会代为签订，仲裁时业委会当然有权作为申请人提起仲裁。但是考虑到合议庭对申请人主体资格的顾虑，这个方法可以作为一个折中方案，作为一个避免矛盾的权宜之计。

首席仲裁员说，我们对主体资格问题还是没有把握，今天先闭庭，仲裁庭评议之后再决定此事。

申请人律师回答道,申请人主体资格没有问题,因为租赁合同就是由它签订的,如果它不是主体,其他人更不能当主体。首先如果业委会违约,承租人该告谁,告业主,没有与承租人签订合同;告业委会,可能说他不是主体。首席仲裁员说,先闭庭,以后通知开庭时间。

八、第四次开庭

首先,申请人补充证据。

其次,反申请人举证。

第一组证据共四份:①《给业委会的问题总结》;②《申请函》;③《问题函》和《再发函》;④关于联创小区未解决的问题书面说明。证明目的是租赁物存在诸多瑕疵给承租方造成损失。

第一组证据共一份,雪绒花儿童大世界退款协议,证明租赁物存在诸多瑕疵导致商户纷纷退租,给承租人造成经济损失。

授权委托书

致某市仲裁委员会:

某市众神之巅大厦业主委员会与某市兴隆商贸有限公司就联创大厦租赁合同纠纷一案已由贵委受理,为某市众神之巅大厦业主委员会能够合法、便捷地代表业主行使权利,我作为业主之一,特授权张家口市众神之巅大厦业主委员会代理我参与本次仲裁活动:

代理权限为特别代理,具体权限包括:①申请仲裁;②聘请律师;③委托某市众神之巅大厦业主委员会主任田某军为本案代理人出庭参加仲裁活动;④代为主张、变更、放弃租金的数额;⑤对反请求代为抗辩、承认或者调解;⑥解除《众神之巅大厦商业租赁合同》;⑦申请对某市兴隆商贸有限公司进行财产保全;⑧代收、发各种法律、仲裁文书;⑨举证、质证、辩论、调解等全部仲裁活动;⑩接受某市众神之巅大厦业主委员会在本案中的裁决结果。

委托人:_____,商铺面积:_____,商铺号_____

联系电话:_____

受委托人:某市众神之巅大厦业主委员会

_____年___月___日

众神之颠大厦业主授权情况统计

根据登记备案的资料，众神之颠大厦位于某市桥东区东安大街 29 号，总面积 11 434.06 平方米，业主 268 人。

根据申请人与被申请人的租赁合同，双方的租赁面积为 7720.13 平方米。

根据业委会本次收集的代表 7720.13 平方米租赁部分业主的授权委托书，本次出具授权委托书的业主共 234 人，未授权业主 11 人。

经过统计，未授权业主代表租赁部分面积 699.07 平方米，占 7720.13 平方米的 9%。授权业主占 7720.13 平方米的 91%。

经过统计，未授权业主共 11 人，占出租部分 245 名业主的 4%。授权业主 234 人，占 245 名业主的 96%。

根据《物业管理条例》第 12 条第 1、2、3 款："业主大会会议可以采用集体讨论的形式，可以采用书面征求意见的形式；但是应有物业管理区域内专有部分占建筑物总面积过半数的业主且占总人数过半数的业主参加。业主可以委托代理人参加业主大会会议。业主大会决定本条例第十一条第（五）项和第（六）项规定的事项，应当经专有部分占建筑物总面积 2/3 以上的业主且占总人数 2/3 以上的业主同意；决定本条例第十一条规定的其他事项，应当经专有部分占建筑物总面积过半数的业主且占总人数过半数的业主同意。"业委会可以采用授权委托书形式征集业主意思表示，超过法定比例同意，业委会根据授权作出的决定合法有效。

呈送人：某市众神之颠大厦业主委员会

2020 年 5 月 19 日

代理词

一、双方签订的租赁合同意思真实，不违反法律，被申请人应当诚实信用地履行合同

2016 年 7 月 26 日，双方签订《众神之颠大厦商业租赁合同》，合同约定 2016 年 9 月 30 日~2019 年 9 月 29 日，每年租金 330 万元；2019 年 9 月 30 日~2021 年 9 月 29 日，每年租金 460 万元。合同签订后，被申请人只缴纳了 2016 年 9 月 30 日~2017 年 9 月 29 日一年的租金，其后便开始拖延交付租金至今。

二、被申请人具有履行能力，应当履行合同义务

被申请人将众神之颠大厦临街一楼转租，每年收入不菲。被申请人还是管理众神之颠大厦的物业公司，每年向业主收取物业费。被申请人还将众神之颠大厦停车场用于经营，收入也比较可观。

所以被申请人具有履行租赁合同的能力，但现在却既不退场，也不交付租金。

三、申请人没有主张全部租金，体现了解决问题的诚意，希望被申请人体会申请人作出的巨大让步，同样拿出解决问题的诚意

按照合同，被申请人已经拖欠租金 660 万元，但是考虑到被申请人没有实现预期的招商规模，自身存在一些困难，申请人只主张了 1/3。可以说申请人已经作出了巨大让步。

四、众神之颠大厦共有 232 位业主，申请人拖欠巨额租金给 232 个家庭造成了经济损失，这个结果是很严重的

很多业主是通过按揭贷款购买的商铺，企图通过以房养房，实现收回成本并逐渐盈利的目的。可是申请人的拖欠行为使很多家庭的美梦落空，陷入困境。还有业主是靠房租生活，申请人的拖欠行为直接导致这些家庭入不敷出。

五、对反申请部分的代理意见与答辩状相同，不再赘述

综上所述，被申请人无论在法律上，还是在约定上，都没有拒付租金的依据，请仲裁庭支持申请人的仲裁请求，驳回反申请人的请求事项。

代理人：田某军　丁万星

2019 年 9 月 18 日

就某市众神之颠大厦业主委员会主体资格
问题呈某市仲裁委员会的几点说明

一、拟说明的几点问题

(1) 申请人的主体资格问题；

(2) 申请人是否有权放弃部分租金利益的问题；

(3) 申请人每天都在丧失租金利益问题。

二、情况简介

某市众神之颠大厦业主委员会（以下简称"申请人"）与某市兴隆商贸有限公司（以下简称"被申请人"）就众神之颠大厦租赁合同纠纷一案已由贵委受理，庭审中被申请人认为申请人的主体资格存在瑕疵，具体表现为申请人没有进行工商登记，没有主管部门备案资料，因此，其主体资格的合法性存疑。此外，申请人仲裁请求的数额大大低于租赁期租金的数额，申请人是否有权放弃部分租金利益亦存质疑。

再次开庭期间，申请人就主体资格问题补充了如下证据：①主管部门桥东区林园路办事处出具的证明文件，证明某市众神之颠大厦业主在办事处指导下召开了业主大会，依法选出了本届业主委员会并公告；②桥东区住建局出具的证明，证明本届业主委员会已经依法在该部门登记备案；③业主委员会组成人员以及公章备案登记簿。申请人以此证明主体资格为合法选举，依法登记，具有提起仲裁的主体资格。

第三次开庭，被申请方依然对申请人主体资格的合法性存疑，对申请人是否有权放弃部分租金利益亦存质疑。为此申请人庭后向仲裁委提交了如下证据：①218名业主（共245名业主）的授权委托书；②业委会给其他有联系方式的业主发出的短信；③业委会在某市日报刊登的给所有众神之颠大厦业主的公告。以此证明申请人主体资格合法性，申请人有权放弃部分租金利益。

三、某市众神之颠大厦业委会主体资格合法的理由

（1）根据《物业管理条例》第10条规定以及申请人提供的上述证据，某市众神之颠大厦本届业委会主体资格合法有效。

（2）根据《物业管理条例》第15条规定以及业主提交的授权委托书，本届业委会有权代表业主与被申请人签订众神之颠大厦租赁合同。

（1）《物业管理条例》主要针对居住型业主，而本案均为摊铺商户。尽管二者有区别，但是性质上均为交易行为，包含业主对外租赁行为，可以推定适用。

（2）《物业管理条例》的立法目的是维护业主合法利益，业委会代表业主签订合同符合效率原则，符合我国基层自治原则，没有违反法律，租赁合同合法有效。

（3）《物业管理条例》第15条第5项的兜底条款规定了业委会有权执行

业主大会授予的其他职责，就本案而言，业主授权比例远不止过半数，而且达到90%以上，其主体资格没有问题。

（4）双方的租赁合同中，出租方就是业委会，即本案申请人，这种情况下，根据合同相对性原则，申请人只能是本届业委会，其他主体没资格担任申请人。

（5）某市仲裁委员会以前审理并裁决过某市众神之巅大厦业主委员会与其他承租人就众神之巅大厦租赁合同纠纷案件，没有出现业委会资格问题，尽管该案被申请人没有主张，但是仲裁委可以依据职权判断当事人主体资格问题。申请人请求仲裁委承续案件审理的一贯性，这是裁决具备权威性的基础之一。

《全国法院民商事审判工作会议纪要》（法〔2019〕254号）（以下简称《九民纪要》）强调法治统一和同案同判，虽然仲裁案件适用《仲裁法》，但是最高人民法院审理案件的原则仲裁也可以借鉴。

四、申请人主张租金数额的多少符合权利的处分原则，既有法律支持，也有业主约定支持，不存在法律上的瑕疵

（1）申请人主张数额的目的和依据。

申请人主张的数额大大低于本应主张的数额，这样做于己是因为财力不济，防范风险，于对方是出于解决问题的诚意，不仅不损害对方的利益，而且有利于对方。

申请人主张数额的依据是根据双方谈判时被申请人提出的数额，这样便于拉近距离，及时解决问题。

（2）按照法律，义务需要履行，但权利可以放弃。

（3）申请人向仲裁委提交了218名业主的授权委托书，这个业主人数以及代表的面积均远远超过了半数。授权委托书明确授权本届业委会有权决定主张的数额。根据意思自治原则，申请人有权决定主张的数额。

（4）《物业管理条例》第12条规定，业主大会既可以集体讨论的形式，也可以书面征求意见的形式作出意思表示。现在218名业主的授权委托书明确授权本届业委会有权决定主张的数额，业主的意思、意图非常明确，足以判断广大业主的真实意思表示。因此，不存在法律上的瑕疵。

五、本案特殊性问题

首先，本案特殊性在于目前业委会在我国尚不属于法人；其次，本案属

于群租行为和整体出租。

群租行为和整体出租的特点决定了业主意思只能多数决，如果要求意思表示全部一致，表面上是尊重业主意见，但会导致决策机制名存实亡，实质上损害了业主的利益。

（1）众神之巅大厦的设计思路和摊位特点决定其整体出租才能够实现业主利益最大化，所以它的特点是群租行为和整体出租。

（2）众神之巅大厦业主在主管部门指导下成立了业委会，说明其已经是一个基层自治单位，可以通过民主的形式进行决策，而民主决策只能采用多数决的方式，否则将一事无成。

（3）就本案而言，明确授权业委会仲裁权利的业主已经占绝大多数。尽管还有个别业主没有作出意思表示，但是他们多数已经知情，其不做表示不影响集体决策，也可以推定其默示同意。

（4）要求意思百分百一致没有法律依据，在实践上既不具有操作性，也变相剥夺了业主权利。

《九民纪要》强调，尽可能准确把握现行法律规定的精神，符合基本法理，贴近中国经济社会的现实情况，力求公平公正地处理纠纷，平衡各方面的利益，对各方面的意见争取最大公约数。希望仲裁委考虑目前业委会在我国法治建设中的现实情况裁决本案。

六、对仲裁委的请求

众神之巅大厦240多名业主，也曾为了自己的利益四处上访维权，最终本着对仲裁委的信任，申请仲裁裁决。仲裁"一裁终局"的审理效率也适合本案这样"拖不起"的案件。

为了尽快了解申请人和被申请人的纠纷，申请人本着解决问题态度作出了巨大让步，按照被申请人洽商时提出的方案提出仲裁申请。可是由于被申请人提出主体资格等程序上的问题，导致本案延宕至今。按照租赁合同，每年租金460万元，每过一天，申请人都有1万多元的损失，申请人因此遭到了重大的经济损失，安全和效率是民商法关注的两大重点，希望仲裁委考虑申请人之痛，尽快审结此案。

上述说明不当之处，请予批评指正。

申请人：众神之巅大厦业主委员会

2020 年 3 月 20 日

变更仲裁事项申请书

申请人：某市众神之颠大厦业主委员会，住所：某市桥东区东安大街29号众神之颠大厦二楼，负责人：田某军，职务：主任

被申请人：某市兴隆商贸有限公司，住所：某市桥西区长青路39号，法定代表人：钱某礼

变更仲裁事项：变更仲裁请求第二项为：被申请人支付申请人租金暂定123.75万元，以及违约金108.5万元

事实和理由：

2016年7月26日，申请人和被申请人签订《众神之颠大厦商业租赁合同》，被申请人承租申请人众神之颠大厦商业楼7720.13平方米，租金标准为：2016年9月30日~2019年9月29日，每年租金330万元；2019年9月30日~2021年9月29日，每年租金460万元。合同签订后，被申请人只缴纳2016年9月30日~2017年9月29日一年的租金，其后便开始拖延交付租金。

双方多次就租金事宜进行磋商，被申请人于2017年底曾经提出降低租金的要求，申请人不同意。2018年初被申请人表示不再履行租赁合同，提出支付第二个租赁年度三个月的租金82.5万元（年租金330万元，每月租金27.5万元，承租方认为他们第二个租赁年度共承租了3个月，因此是82.5万元）；支付违约金149.75万元（330万元+460万元+460万元+9×27.5万元＝1497.5万元，1497.5万元×10%＝149.75万元）。两项合计共232.25万元。申请人认为合法生效的合同应当履行，且按照被申请人提供的方案，申请人损失过大，遂不同意。

后来随着时间的推移，申请人逐渐认识到，被申请人经营不善，即使是232.25万元，被申请人也可能无力支付。遂同意被申请人的方案。但是被申请人又不同意。眼看一天天租金利益流失，申请人只好提起仲裁。

本着解决问题的诚意，申请人以被申请人提供的方案为基础，提出仲裁请求，没有将租金计算至实际支付之日，以期快速解决租赁纠纷。这是申请人体谅被申请人的经济情况和将来执行情况，同时考虑自身经济情况。从效果来讲，这是对双方都有利的。

通过庭审，鉴于被申请人认为其2018年2月15日将钥匙交给林园社区，且该社区开具证明接受了钥匙并声明业委会已经取走钥匙。申请人决定将

2018 年 2 月 15 日作为主张权益的节点。

在此基础上，申请人决定调整仲裁请求，决定主张租金 123.75 万元（2017 年 10 月~2018 年 2 月 15 日，共计四个半月。计算方式为 27.5 万元×4.5＝123.75 万元），违约金 108.5 万元（2017 年 2 月 16 日~2021 年 9 月 30日，七个半月又三年，共计 43 个半月。计算方式为 43.5×27.5 万元＝1196.25万元，1196.25 万元×10%＝119.625 万元。）因为再也无力缴纳仲裁费，业委会决定主张违约金 108.5 万元。

被申请人一再强调主体问题，似乎想通过制造主体问题的困难，达到逃避全部租金的目的。申请人已经做出了巨大的让步，希望被申请人秉承诚实信用的基本原则同样也拿出解决问题的诚意。

此致

某市仲裁委员会

申请人：某市众神之颠大厦业主委员会

2020 年 5 月 19 日

九、裁决结果

被申请人于仲裁委作出裁决之前要求调解，即如果申请人同意 450 万元解决此租赁纠纷，被申请人就可以在 15 天之内将 450 万元打进申请人账户。申请人考虑到通过财产保全没有查封到被申请人的财产，其也没有其他财产可以执行，于是就同意了被申请人的调解方案。仲裁委员会为双方出具了调解书。

十、本案应总结的问题

（一）送达问题

实践中，很多当事人不重视核实对方的基本信息，导致起诉时无法送达，甚至无法启动诉讼。正确的做法是无论什么交易，均需要对方提供营业执照复印件以及法定代表人的任职证明和身份证复印件。合同中要有对方的通讯方式、银行账户确认条款。

（二）业委会的主体资格问题

业委会作为民事主体参加诉讼的法律依据相当弱，即使《民法典》颁布之后，也没有明确规定业委会是适格主体。虽然《民法典》在特别法人一节规定了群众自治组织可以作为特别法人，但是再进一步阐释中仅规定了居委会、村委会是特别法人，没有明确业委会也是法人。《民事诉讼法》也没有相应规定。

所以业委会作为诉讼主体的法律依据只能从效力较低的《物业管理条例》中去寻找。

律师如果代理业主委员会的诉讼，必须相当谨慎。

（三）业委会能否通过多数决处分业主权利

当事人有权处分自己的权利一般属于通说，但是业委会作为当事人能否处分就值得商榷了。理论上讲，业委会处分业主的权利需要每名业主单独授权特别代理，这个与共有部分的处分还有区别。

（四）租赁法律关系中，如何防止承租人拖欠租金甚至因租金问题久拖不决——快速死亡条款

首先，要收足保证金，数额相当于租金的 15%。其次，应当参照买卖合同关于加速到期的规定，即承租人拖延租金达到全部租金的 20% 以上，出租人可以解除合同，追究承租人违约责任；违约金相当于合同标的 30%。

（五）如何证明租赁合同已经履行

除了租赁合同以外，出租方与承租方一定要有一个《交接单》，载明承租人已经入住，并且载明水、电、汽、暖、宽带、物业费的缴存情况，双方签名盖章。

房开企业与施工单位建设工程施工合同纠纷案例

第一节　一个承包商没见过开发商的工程款纠纷案例
——法律意识在建设与房地产开发案件中的重要性

一、案情简介

　　包工队领头人鲍某正苦于没活可做，心急如焚。某日，朋友叶某介绍"大姐大"黄某超与鲍某认识。黄总珠光宝气、谈吐不凡，她说内蒙古某县有一个房开项目正准备施工，房开公司老板是他初中同学，她可以帮鲍某承揽工程。鲍某感到遇到了贵人，不由得多点了好几道硬菜。

　　黄总说，包工队没有资质，需要挂靠在保定一家建筑商名下，鲍某认为这是行规，满口答应。几天后黄总拿来了鼎兴房开公司与保定共工建筑公司的《用地规划许可证》、《土地使用权证》复印件、《建设工程承包协议书》，约定建筑面积5万平方米，合同金额1.2亿元，除了电梯等全部属于承包商的承包范围。保定共工建筑公司只是被挂靠单位，实际工程由鲍某完成。《建设工程承包协议书》加盖有鼎兴房开公司和保定共工建筑公司的公章。鲍某大喜。

　　黄总说，包工队需要交100万元保证金，必须是现金，鲍某犹豫一会儿还是表示同意。到了约定的日子，鲍某和伙伴在银行和黄总见面，黄总向鲍某介绍了鼎兴房开公司的王会计，黄总让王会计以他的名义打了100万元的收条。鲍某离开后，黄总将现金存入自己的账户。

　　鲍某带领施工队进入场地后，垫资300多万元做了平整场地、搭建围栏、建设员工宿舍等工作，黄总为施工队工程量清单加盖了鼎兴房开公司项目部的章。

鲍某做完上述工作后，项目竟然拖了两年也没有开工，黄总已经联系不上。实在等不及的鲍某就找到了鼎兴房开公司的总经理吴某，可是吴某说鼎兴房开公司根本没有黄某超这个人，鼎兴房开公司根本没有和保定共工建筑公司签过合同，《建设工程承包协议书》上的公章根本不是鼎兴房开公司的公章，工程量清单加盖的房开公司项目部章也是假的。

鲍某拼命解释自己就是给鼎兴房开公司干的活儿，自己还交了 100 万元的保证金，欠了农民工 200 万元的工钱，希望吴总诚实守信，给付他工程款。可是吴总耸耸肩，说没听说过这件事。

鲍某一急，带着农民工就去了县政府，该县劳动监察大队电话了解情况后，表示爱莫能助，建议鲍某诉讼解决。

2020 年 5 月，鲍某在工程所在地某县法院起诉了鼎兴房开公司。

二、双方的主张

原告主张：一是支付工程款 4 570 234 元。二是支付工程款利息，自 2015 年 10 月 8 日~2019 年 8 月 19 日按照中国人民银行发布的同期同类贷款利率支付资金占用费。2019 年 8 月 20 日之后按照全国银行间同业拆借利率支付资金占用费，直到实际给付为止。三是被告支付诉讼费。

被告答辩称：双方没有签过任何合同，原告所称的工程量未获被告认可，与本案没有任何关联性，因此对原告主张均不认可。

三、开庭审理过程

原告为支持其诉讼请求，提交以下证据以实现自己的证明目的：

（1）加盖被告印章的《建设用地规划许可证》《国有土地使用权证书》《施工许可证》复印件。证明原被告协商开工事宜中已将手续向原告展示，原告据此认为涉案工程属于手续齐全的合法工程，原告基于此信赖进行了下一步的投资和施工。

（2）2015 年 7 月 1 日原告向被告递交的措施管理费统计，证明原告按照被告的要求进行了临时设施和文明施工的建设，因此产生费用 282.21 万元。被告在上述工程量清单上加盖了项目部公章。

（3）2015 年 7 月 1 日至 2015 年 12 月 1 日工地留守人员工资表，证明原告配合被告办理图纸确定以及手续办理阶段的工作，由此产生的费用被告每月承担12万元，共计60万元。

（4）2015年7月18日，原告向被告提交的项目部屋顶防水维修材料、人工总费用表，共计费用108 578元，被告签章确认。

（5）2015年10月16日，某县劳动监察大队向原告送达的《限期整改通知书》，证明2015年5月至同年9月，原告承建了被告开发的三期工程，在此施工期间，被告欠付原告农民工工资1 139 520元。由于开发商手续不全，导致项目在2015年9月16日全面停工。

（6）2015年4月20日双方签订的《建设工程承包协议书》，证明双方就本房开项目约定了各自的权利和义务。

被告质证意见为：

（1）承认《建设用地规划许可证》《国有土地使用权证书》《施工许可证》的真实性、合法性，但是否定其关联性和证明目的。

（2）原告的证据二与本案没有关联性，被告不知道原告在干什么，被告根本没有什么项目部公章。

（3）原告的证据三也与本案没有关联性。

（4）对证据四的质证意见同于证据三。

（5）对证据五的质证意见是被告知现在也没有开工，不可能产生农民工工资、材料费等工程款。

（6）对证据六的质证意见是，《建设工程承包协议书》上加盖的公章不是被告的公章，其外观明显不同。况且《建设工程承包协议书》上的承包方是保定共工建筑公司，而不是原告。

因此，原告主张没有证据支持。

法院经过审理查明，2015年4月，黄某超以鼎兴房开公司的名义，以开发内蒙古某县国际生态健康养生养老项目为内容，与保定共工建筑公司签订了《建设工程承包协议书》。经查明，黄某超不是被告的工作人员，现已下落不明。原告与保定共工建筑公司没有挂靠协议。原告施工的售楼部等临时建设设施被告也没有使用。

四、判决结果

某县法院认为，《建设工程承包协议书》是黄某超在没有被授权的情况下以鼎兴房开公司的名义签订的。《建设工程承包协议书》外观上的双方当事人分别是鼎兴房开公司与保定共工建筑公司，原告不是本案当事人。原告声称挂靠保定共工建筑公司，但是又没有挂靠协议。虽然原告完成了一部分前期工作，但是这部分的权利应当由保定共工建筑公司来主张。根据合同相对性原则，原告主体不适格。因此，驳回原告的全部诉讼请求。

原告对一审判决不服，提起上诉。

五、二审判决结果

一审原告的上诉请求包括：①请求人民法院依法改判或依法撤销内蒙古自治区某县人民法院作出的［2021］内 0922 民初 320 号民事判决书，并发回重审。②本案全部诉讼费用由被上诉人承担。

事实与理由：上诉人为本案的适格主体。上诉人借用保定共工建筑公司资质并以其名义与被上诉人签订的《工程承包协议书》约定工程承包范围为除电梯、燃气专业分包工程外，设计图纸范围内所有工程内容及室外管网、道路、园林绿化、亮化工程。而本案中，上诉人所诉工程为用于正式开工使用的临时设施的建设、文明施工的建设及相应办公用品家具的采购，以及对项目部屋顶进行防水维修等工程，上述内容并不被上述协议书中所包含，而且在施工完毕后上诉人的法定代表人多次找到鲍某及其他工作人员沟通付款事宜，被上诉人也没有提出上诉人主体问题反而在《措施管理费投入发生统计》《项目部屋顶防水维修材料人工总费用表》中加盖了项目部章。虽然上诉人与被上诉人无直接的承包合同，但是被上诉人加盖公司印章的行为是针对上诉人是案涉工程实际施工人地位的确认。一审法院在判决书中认定保定共工建筑公司应作为本案原告，而事实上保定共工建筑公司与被上诉人签订的《工程承包协议书》中提到的工程并未开工，合同未实际履行，基于案涉工程范围及《工程承包协议书》的履行情况判断，保定共工建筑公司不能作为本案的原告，一审法院基于合同相对性而认定原告主体不适格，是没有事实和法律依据的。

一审法院在被上诉人没有提供任何证据证明的前提下，主观认定案外人黄某超无代理权擅自对外签订合同，据此判决驳回原告诉讼请求，事实认定不清，证据不足，适用法律错误。

在一审中，上诉人提交的签订主体为保定共工建筑公司与被上诉人的

《工程承包协议书》中，案外人黄某超在"法定代表人/授权人"项下签字并加盖被上诉人公章，表明虽然其不具有法定代表人身份，但是其是作为授权人身份对此合同进行了签订。被上诉人在一审中主张黄某超没有代理权限，但是自 2015 年 4 月至该工程最终进入无法履行时止，黄某超一直以被上诉人在该项目的负责人身份与上诉人洽谈，还在《措施管理费投入发生统计》《项目部屋顶防水维修材料人工总费用表》中加盖项目部公章，《维修材料人工总费用表》同时还经被上诉人项目工程监理签字确认，被上诉人对此知情但又没有及时制止，结合被上诉人的默许行为以及黄某超的行为，足以证明黄某超是有代理权限的，即使无书面授权，也成立表见代理，其实施的民事法律行为均应视为被上诉人的真实意思。

不仅如此，《协议书》同时还加盖了被上诉人的公章，这也充分体现了签订协议是经被上诉人认可的。根据最高人民法院于 2019 年 9 月 11 日发布的《九民纪要》规定，假公章的认定，往往需要借助举证责任的分配予以解决。通常情况下，是公司以加盖在合同书上的某一枚公章是假公章为由提出合同不成立或无效的抗辩时，应由该公司承担举证责任，公司可通过申请鉴定、比对备案公章等方式进行举证。在庭审中被上诉人虽否认公章及项目部章的真实性，且辩称其所组织实施的项目从未启用项目部章，但是根据《九民纪要》之规定，证明被上诉人公章及项目部印章为假章的举证责任主体应是被上诉人，但庭审中被上诉人并未向法庭提出书面鉴定申请，也未提供任何能够佐证该印章为假章的证据。

一审法院判决驳回诉讼请求不符合法律规定。

一审法院以"原告主体不适格"为由判决驳回诉讼请求，根据《民事诉讼法》的相关规定可知，"判决"与"裁定"适用的情形不同。在原告的起诉不符合民事案件受理条件时，法院应予以驳回，而此时针对的是程序性问题，应当用"裁定"；只有原告因证据不足等实体性问题丧失胜诉权，才能判决驳回诉讼请求。因此，一审法院判决驳回诉讼请求不符合法律规定。

六、关于本案的反思

（一）建设工程问题也是法律问题

无论是勘察设计，还是施工验收，都必须执行国家强制性标准，工程领域中遵守的强制性标准以及当事人选定的推荐性标准，本质上就是执行法律。

从这个意义上讲，建设工程领域的从业人员也是执法人员。既然建设工程领域人员和企业的资质、项目报建、市场管理、标准规范等均属于法律规范的领域，那么，建设工程问题也是法律问题。

（二）对于承包商而言，施工的目的不仅是把活干好，更重要的是收回投资，把钱要回来

很多建筑业从业人员只关心是否有活干，是否能够把活干好，却忘了有活干、把活干好的目的是把钱要回来。本案就是一个"只知低头拉车，不知抬头看路"的典型案例。包工头鲍某只知道揽活、干活，没有任何法律意识，导致上当受骗。这个案例说明一个道理，没有法律意识，揽的活越多，亏的钱越多。干的活越好，上的当越大。

（三）建设房地产从业人员有两个战场：一个是工地，一个是法院

建设房地产从业人员在工地履行合同义务，履行得好，皆大欢喜。履行得不好，双方换个地点到法院，继续较量。

（四）技术手段解决不了制度问题，制度问题必须用法治思维和法治方式来解决

建设工程需要多方合作来完成，没有血缘、亲情和信任关系的人在一起合作，需要预先确定共同遵守的游戏规则，这个规则就是合同以及相应的法律规定。建设房地产从业人员属于专业的技术人员，技术精湛，但是不熟悉游戏规则。如同一个武林高手去参加职业搏击，却不懂散打、泰拳、拳击、柔术、空手道、跆拳道等的比赛规则。即使武艺高超，也可能因为违反规则而败下阵来。所以建设房地产从业人员擅长的技术解决不了博弈规则问题，行业博弈的规则最终需要用法治思维和法治方式进行解决。

（五）法律是一门工具性学科，可以与任何一门学科结合起来。任何学科与法律结合起来，都会如虎添翼

任何专业的发展，不外乎向深度和宽度两个维度拓展，本专业的创新、发现、发明属于学科深度的发展，与其他学科的交叉融合属于本专业在宽度上的发展。法律是社会各个领域的游戏规则，因此是一门工具性的学科。建设工程、房地产专业也需要与法律跨界合作，综合发展。

第二节　总承包商和分包商之间的施工合同纠纷案例
—— "背靠背" 合同条款适用条件的争议

一、案情简介

2017 年 3 月 9 日，山水大观房开公司（以下简称 "山水公司"）与重庆山城建筑公司（以下简称 "山城公司"）就莱茵小镇签订《建设工程施工合同》补充协议，2017 年 8 月 23 日，原、被告就莱茵小镇项目签订《建设工程施工合同》，约定山城公司承包内容为 1~7 号公寓、商业、地下车库（含换热站、配电室土建）、大门。总建筑面积 9.54 万平方米（建筑面积执行《建设工程建筑面积计算规范》GB/T50353-2013）。工程计划于 2018 年 7 月 30 日完工。工程结算方式为：以 2008 年定额、施工图、图纸会审纪要、工程变更、工程签证为依据，据实编制工程决算。材料调价依据施工同期某市《工程造价信息》、人工费按签订补充协议时的某市信息价计算。工程取费类别按照相关规定执行。双方同意以总造价为基础上浮 1% 作为最终决算价。关于工程款支付，双方约定主体封顶完工，被告支付到主体封顶工程进度款的 75%，主体结构验收后，被告支付到主体封顶进度款的 80%；工程完工经甲方、监理、质监站验收合格，交钥匙后支付到工程总价款的 85%；工程竣工交钥匙之日起，如因甲方手续办理缓慢，综合验收不能及时办理，甲方一年内支付到工程总决算的 90%，两年内支付到工程总决算的 95%；工程经政府部门综合竣工验收合格，甲方支付到工程总价款的 95%。剩余 5% 为质量保证金，保修时间从综合竣工验收之日起算，保修满 1 年开始，每年退还保修金的 1/5，五年付清。

因为基槽开挖和地基处理为山水公司分包工程，其于 2017 年 3 月 9 日进场挖槽，5 月 5 日进行静载实验。2017 年 4 月 1 日，山城公司进入该项目，但是山水公司无法取得项目备案证和开工证，地基和基础工程竣工较晚，图纸蓝图交付滞后，山城公司于 2017 年 8 月份正式全面施工。由于山水公司指定分包施工的桩基不合格、土地招拍挂、280 多项图纸变更、工程款不能及时支付等原因，中间多次停工，2018 年 12 月底山城公司完成合同承包内容，2019

年 6 月 30 日完成预验收，2019 年 8 月 27 日完成验收并交付使用，该项目住户已经入住。工程实际造价 17 445.15 万元。原告于 2019 年 12 月正式提交了结算资料，但是山水公司以资料不齐为由，拒绝核对工程量并办理结算。截至 2021 年 8 月 26 日，山水公司尚拖欠工程款 5490.72 万元。

2017 年 4 月和 2018 年 1 月，北京天河建筑材料公司（以下简称"天河公司"）与山城公司签订了《莱茵小镇续建工程防水施工承包合同》，合同标的 1 634 686 万元。合同第 5.2.2 条约定的付款方式为：进度款和结算款天河公司在开具发票日算起（以发票日期算），在 5 个工作日内提供等额、有效的主材增值税专用发票、完税凭证原件或者复印件以及相关正确的请款单据（请款单据按照山城公司要求提供）给到山城公司，人工费开收款收据，山城公司核对无误后并收到建设单位支付的工程款后于 5 个工作日内，按照建设单位于山城公司签订的合同支付部分、支付比例、支付方式，山城公司向天河公司支付工程款。山城公司如果未收到建设单位的工程款，有权顺延支付天河公司工程款的时间，山城公司在收到建设单位工程款时再对天河公司进行支付，顺延期间天河公司不得以任何理由停止施工和追究山城公司的任何违约责任。这就是总承包商与分包商签订的"背靠背"合同条款。

分包商天河公司认为自己已经完成全部合同义务，而总承包商山城公司尚欠工程款 336 294 万元。现到工程所在的法院提起诉讼。同时追加发包人山水公司为第二被告。

二、双方的主要观点

分包商天河公司庭审中将诉讼请求变更为 436 294 元。

第一被告总承包商山城建筑公司答辩观点：首先，我公司和天河公司签订了背靠背付款协议，双方对工程款支付方式非常明确，合同合法有效。支付方式的性质属于附条件民事法律行为，目前约定的条件尚不具备，因此不能支付相应工程款。其次，分包合同约定，每次工程款支付之前，天河公司必须首先提供等额税票，目前天河公司未提供任何税票，未履行先履行义务，因此不具备支付条件。

第二被告发包人山水公司的答辩观点：首先，工程尚未竣工验收，所以不具备支付工程款的前提条件；其次，天河公司不能突破合同相对性，直接向没有合同关系的第三方主张权利。

三、开庭过程

（一）原告举证和被告质证

为了证明自己的诉讼请求，分包商天河公司提交如下证据：第一，分包合同复印件，证明三方的合同关系，同时证明分包合同未经发包人确认，属于非法合同；第二，分包单位（班组）进度审批表，证明已经完成工作量 1 634 686 元，已经支付 1 116 658 元，扣除质保金后尚欠 436 294 元。

第一被告对上述证据没有异议。

第二被告对上述证据也没有异议。

（二）被告举证和原告质证

发包人第二被告举证：第一，部分付款凭证，证明截至 2021 年 6 月 28 日，发包人已经向总承包商付款 13 394 847 元；第二，工程款支付证明，证明截至 2021 年 6 月 28 日，工程款已经支付到进度款的 89.2%；第三，发包人与总承包商签订的施工合同补充协议。

原告（分包商）的质证意见为，对付款证明没有异议。但是总承包商与发包人签订的施工合同和补充协议原告并不知情，总承包商没有向原告披露他们之间的任何付款条件。

第一被告总承包商（山城公司）的质证意见为，发包人提供的付款凭证以及付款进度不可信，因为其提供的很多算不上证据，只是一些情况说明，不具备证据的形式要件，没有具体付款凭证为依据。实际情况是发包人尚欠总承包商 6000 万元左右。其次，发包人与总承包商签订的合同日期为 2017 年 4 月 3 日，而与原告分包商订立合同的日期是 2018 年 1 月，从时间上看，原告对发包人与总承包商之间订立合同的基本内容是知情的。所以总包对分包的付款节点尚未来临。

（三）合议庭归纳审判焦点

（1）原告的诉讼请求是否具有事实和法律依据。

（2）发包人承担连带责任是否具有事实和法律依据。

（四）法庭辩论（略）

四、一审判决结果

法院一审判决结果支持了原告的诉讼请求，理由如下：

（一）关于原告诉请被告给付工程款 436 492.68 元是否有事实和法律依据

被告山城公司认可原告进行了防水工程施工，经对账尚欠原告工程款 436 294.28 元，但认为根据《续建工程防水施工承包合同》第 5.2.2 条约定付款方式的付款条件未成就。法院认为：其一，主张先履行抗辩权是基于同一双务合同而产生的对等给付。原告完成了防水工程施工，被告山城公司支付工程款是合同约定的义务。本案中，原告的主要义务是完成防水工程施工，被告山城公司的主要义务是支付工程款。原告开具税务发票只是合同约定的附随义务，和被告需要支付工程款的义务不具有对等性。原告未出具发票是附随义务履行存在瑕疵，原告天河公司应当履行纳税义务。其二，根据法律规定，法律行为可以附条件或期限，条件是将来可能发生也可能不发生的事实，期限为将来必定发生的事实。因为存在山水公司由于某些原因不能向山城公司付款的可能性存在，那么"甲方在收到建设单位工程款时再对乙方进行支付"是将来可能发生也可能不发生的事实，被告山城公司的付款义务也由确定的义务变成不确定的义务，这违背了原告签订此合同要达到的目的。被告山城公司与山水公司签订的《建设工程施工合同》补充协议约定景奂小镇续建工程完工时间为 2018 年 10 月 30 日。因二被告对景奂小镇续建工程合同存在纠纷，导致工程至今未能竣工结算，其不利后果不应由已经按照《洋河区莱茵小镇续建工程防水施工承包合同》进行了防水工程施工的原告天河公司承担。被告山城公司以发包人付款作为自己付款的前置条件，不符合当事人订立合同的目的和公平原则。因此原告请求被告山城公司支付工程款 436 294.28 元的诉讼请求本院予以支持。

（二）关于被告山水公司对上述工程款承担连带给付责任是否有事实和法律依据

债权具有相对性，债权人只能向债务人主张债权。原告想要突破合同相对性要求发包方山水公司承担付款责任，必须符合最高人民法院《关于审理建设工程施工合同纠纷案件适用法律问题的解释（一）》第43条之规定，首先证明存在转包和违法分包的情况，在此基础上查明发包人欠付转包人或者违法分包人建设工程价款的数额后，发包人在欠付工程款范围内承担责任，因原告未能提供证明存在违法分包情况的证据，原告请求被告山水公司在欠付工程款范围内对上述工程款承担连带给付责任的诉讼请求，法院依法不予支持。

五、二审过程

（一）总承包商的上诉请求和上诉理由

总承包商山城公司不服一审判决，向中级人民法院提起上诉。

上诉请求：

（1）请求二审法院依法撤销［2020］冀 0705 民初 2016 号民事判决，发回重审或在查清事实的基础上依法改判上诉人无需向被上诉人天河公司承担给付 436 294.28 元工程款或该款项由某市山水公司承担。

（2）一审二审案件受理费由被上诉人承担。

事实与理由：

上诉人与被上诉人建设工程合同纠纷一案，某市某区人民法院于 2021 年 9 月 13 日作出［2020］冀 0705 民初 2016 号判决书，上诉人认为一审判决认定的事实不清，适用法律错误主要表现在以下两个方面：

第一，法院认定的事实错误。上诉人与被上诉人签订《景奂小镇续建工程防水施工承包合同》，在合同第 5.2.2 条款明确约定"进度款和结算款天河公司在开具发票日算起以发票日期算，在 5 个工作日内提供等额、合法有效的主材增值专用发票、完税凭证原件或者复印件以及相关正确的请款单据（请款单据按甲方要求提供）给到山城公司，人工费开收款收据，山城公司核对无误后并收到建设单位支付的工程款后于 5 个工作日内，按建设单位与山城公司签订的合同支付部位、支付比例、支付方式、山城公司向天河公司支付工程款。山城公司如果未收到建设单位的工程款时，有权顺延支付天河公司工程款时间，山城公司在收到建设单位工程款时再对天河公司进行支付，顺延期间天河公司不得以任何理由停止施工和追究甲方任何违约责任"。首先，上诉人认为该条文是根据目前建设工程领域存在的实际情况形成的一种给付方式，在甲方给到施工方钱款以后，上诉人方才有能力向本案的被上诉人给付工程款，这也合情合理，并且被上诉人对给付的方式和实际的工程领域的债务关系非常明确，所以我们认为该条款就是一个附条件的给付内容。其次，该条款的内容是本案的被上诉人在结算无误以后需要向我方出具合法的票据，在整个施工过程当中，原告也没有向我方出示任何票据，根据这两条上诉人认为被上诉人在一审的起诉都不具备付款条件，合同条文是经过双方协商好的法律条文，是双方真实意思表示，对双方应当发生法律效力，一审法院强行突破当事人意思自治，违背民事行为的基本原则。

第二，一审法院适用法律错误。根据庭审调查截至目前山水公司尚欠上诉人山城公司工程款 6000 万元左右，其在一审出示的证据不能够证明其完全向上诉人支付工程款项，截至目前案涉项目结算并没有办理，最终工程款的总数就无法确定，假设就是按照山水公司的主张，那么山水公司欠上诉人山城公司的工程款事实存在，依据法律规定即便是欠付工程款，那么发包方在没有付清我方工程款的情况下应当对分包方的工程款承担连带给付责任，而且根据山水公司与上诉人公司之间的补充协议可以认定该份补充协议的时间为 2017 年 4 月 3 日，而上诉人和被上诉人订立合同的时间为 2018 年 1 月份，订立合同时间在补充协议之后，结合上诉人与被上诉人签订合同第 5 条的规定可以说明双方之间的付款情况是明确或知晓的，因为合同本身对付款条件有明确的约定，那么上诉人始终认为在本案山水公司未付清款项的前提下原告不具备起诉的条件，付款的节点未达到。

（二）开庭过程

总承包商代理律师不认同一审判决的观点，具体理由如下：

1. 关于山城公司与天河公司 2018 年 1 月《分包合同》第 5.2.2 条附款（"背靠背"条款）

（1）关于一审认定的"不符合合同目的"。

合同目的非常主观，以当事人的意思为准，一审判决不应代替当事人对是否符合合同目的作出判断。

合同目的应当主要以当事人缔约时的判断为准，履行过程中合同情境会发生变化，这是与机遇、利润共存的风险。

一审判决以"不符合合同目的"为由否定《分包合同》第 5.2.2 条附款，但是没有提供相应的法律依据。

（2）关于一审认定的"不符合公平原则"。

公平与否也应当以当事人的意思为准。

天河公司是一家成立了 23 年的资深建筑公司，其签订合同时对自己的投入和产出、付出与回报非常清楚。

况且《民法典》对显失公平的情况均提供了救济手段，例如主张情势变更、主张撤销权、主张解除权等。但是天河公司并没有依法行使撤销权、解除权等，说明天河公司对合同的条款是能够接受的。

民法基本原则主要为了弥补成文法不周延的缺陷，即没有具体法条明确规定时才援引基本原则的规定，本案显然不属于这种情形。

所以《分包合同》第5.2.2条附款并不存在"不符合公平原则"的情况，一审判决不应以"不符合公平原则"为由否定《分包合同》第5.2.2条附款。

（3）关于一审认定的"因将来可能发生或不发生的事实"使上诉人义务不确定，导致被上诉人权利得不到保障。

一审法院在判决书后附的相关法律条文中，援引了《民法总则》第158、159条规定，显然认为《分包合同》第5.2.2条附款是一个附条件的法律行为。既然是条件，那么必然不确定，这是民法的通说。

可是一审判决却以"因将来可能发生或不发生的事实"使上诉人义务不确定，导致被上诉人权利得不到保障为由，否定第5.2.2条付款，这是自相矛盾的。

反过来说，一审判决以"因将来可能发生或不发生的事实"使上诉人义务不确定，导致被上诉人权利得不到保障为由，否定第5.2.2条付款，似乎是将第5.2.2条附款认定为期限，但是判决书后附的相关法律条文中，援引了《民法总则》关于条件的规定，这同样自相矛盾。

所以，一审判决的理由根本不能自圆其说。

根据民法理论，民事法律行为的附款，包括附条件、附期限和其他付款。笔者认为，本案"背靠背"条款肯定不是附期限，因为时间不确定，所以一审判决以期限来推断肯定是不对的。

如果是附条件，时间不确定就不是问题，因为时间不确定本来就是附条件的题内应有之义。

如果是其他附款效力也没问题。

本案的《分包合同》第5.2.2条附款也可能既不是附条件，也不是附期限，而是合同的正面规定。理由是无论是附条件还是附期限，一旦不成就相应法律行为就不生效。但是本案的《分包合同》第5.2.2条附款却不是这样，开发商是否付款与后手的法律效力无关，这个特征与附条件和附期限都不同。

（4）从《八民纪要》《九民纪要》到《民法典》，无不强调尊重契约自由，第5.2.2条付款既不违法、也不存在欺诈胁迫，应该受到法律保护。

公法奉行"法无授权皆禁止"，私法奉行"法无禁止皆可为"，显然法律并没有禁止建设工程中的"背靠背"条款。

双方签订合同以来，中间都没有对第5.2.2条（"背靠背"条款）提出任何异议，双方履行得也很好，每次房开公司给上诉人付款，上诉人都能依约给天河公司付款。所以天河公司对该条款是认可的。

法官享有依职权审查合同效力的职权，对条款有疑问应当首先审查其效力，但是一审判决没有依据职权审查并判断合同以及第5.2.2条付款的效力，却在没有无效、可撤销等情形下否定了第5.2.2条付款，这个判决结果是没有法律依据的。

此外上诉人不存在《民法总则》第159条规定的故意阻碍条件成就的情形，一审判决却按照条件成就来判决，这属于适用法律错误。

（5）山水公司未按时结算工程款这种情况，即使让天河公司直接面对开发商也不可避免，结果和上诉人目前遇到的情况一样。这说明天河公司工程款未得到支付，不是上诉人的过错，即使天河公司直接和山水公司签合同，结果和现在也是一样。

（6）上诉人因为山水公司拖欠工程款，公司陷入绝境，心急如焚，一直在催促山水公司支付工程款。这个从情理上也能理解。上诉人在景兔小镇和莱茵小镇垫资几千万，哪有不着急的道理，天河公司应当理解，不应把风险都推到上诉人身上。

（7）天河公司是一家成立了23年的资深建筑公司，对"背靠背"条款的利益和风险了如指掌。

（8）虽然山水公司拖延支付工程款，但是并不意味着天河公司的工程款就没有了保障，山水公司的房产地产还在，上诉人和天河公司可以通过行使"建设工程价款优先受偿权"来维护自己权益。一审法院的担心是不必要的。

（9）请二审法官注意，天河公司的工程虽然完工，但是还没有竣工验收合格，也就是说质量还是一个未知数，所以天河公司目前还不具备主张全部工程款的条件。

（10）北京市高级人民法院《关于审理建设工程施工合同纠纷案件若干疑难问题的解答》第22条明确规定，"背靠背"条款有效。最高人民法院也有相关案例支持建设工程"背靠背"条款。例如最高人民法院［2019］最高法民终819号、最高人民法院［2020］最高法民终106号等案件。

2.《分包合同》5.2.2付款（"背靠背"条款）中关于开具票据的条款

（1）《八民纪要》第34条规定，承包人不履行配合工程档案备案、开具发票等写作义务的，人民法院视违约情节可依《合同法》第 60 条、第 107 条规定，判令承包人限期履行、赔偿损失等。这个规定，说明发包人有权将支付发票作为付款的条件。

（2）最高人民法院有很多支持发包人或者总包人向承包人主张发票的案例，例如［2019］最高民终 995 号、［2019］最高民终 590 号、［2020］最高民终 971 号等案件。

（3）最高人民法院也有不支持发包人或者总包人向承包人主张发票的案例，例如《最高人民法院司法观点集成》（民事卷 4）中第 2425 页的案件，但该案中开具发票没有被明确为支付工程款的条件，而且开具发票的内容仅指已付工程款的部分，与本案不尽相同。

总之，尊重契约自由是人民法院审判民商事案件应当坚持的"六个原则"之一，我国《民法典》已经确立严格合同主义的原则，意思表示不违法、没有欺诈、胁迫等情形的情况下应当本着促成交易的原则尽量维护合同的效力。如果否定他，就应当具有充足的理由，希望二审法院审查《分包合同》第5.2.2 条附款（"背靠背"条款）的法律效力，参照发达地区，例如北京市的相关规定裁决本案。

一审原告分包商在二审庭审过程中基本没有再发表观点。

一审第二被告主要强调已经支付绝大部分的工程款，分包商向其主张连带责任没有法律和合同依据。

法庭辩论阶段，总承包商的代理律师发表了代理词：

代理词

尊敬的审判长、审判员：

根据开庭情况，现发表代理意见如下：

一、针对天河公司的代理意见

（一）天河公司代理人认为分包合同第 5.2.2 条附款（"背靠背"条款）无效，这是完全错误的。

合同或者条款无效的情况必然是违反了法律法规或者公序良俗，而分包合同第 5.2.2 条附款（"背靠背"条款）完全不存在这些情况。

（二）天河公司代理人认为分包合同第 5.2.2 条附款（"背靠背"条款）存在山水公司永远不支付给上诉人工程款的可能性，所以不能适用。

第一，任何合同理论上都存在永久不能履行的可能，如果以此为借口否定合同效力，任何合同都将成为一纸空文。

第二，我们不否认这个风险存在，天河公司签约时也明白这一点。但是天河公司之所以明知这个风险还要签订合同，原因是天河公司认为这种概率很小，所以才签订这个合同。天河公司签约时是考虑了风险和利益的关系的，是权衡利弊之后签订的，是真实意思表示的结果。

第三，关键是这个风险签约时就知道，还是不知道。如果签约时就知道这个风险还要签就是自愿承担这个风险。作为一个 23 年的资深建筑公司，天河公司无疑对此风险了如指掌。

（三）天河公司代理人认为工程已经完工，但是没有证据证明这个事实。

完工不是一个规范术语，竣工验收合格才能证明工程结束，而竣工验收包括实体验收和资料验收，目前这个工作还都没有做。在这种情况下，天河公司不具备主张工程款的条件。

（四）天河公司认为上诉人没有及时起诉山水公司，属于故意妨碍条件成就，这是完全错误的。

根据最高人民法院判例以及学者理论，是否故意妨碍条件成就以是否过了诉讼时效为准。目前上诉人与山水公司正在核对工程量，在合同磋商、工程结算过程中当然不能起诉。只有双方存在重大争议，协商无果，调解不成，诉讼时效将至时才不得不起诉。

2. 针对山水公司的代理意见

山水公司认为已经支付 1.6 亿元工程款，达到合同总额的 89%，但是没有证据支持。

总之，分包合同第 5.2.2 条附款（"背靠背"条款）不违法，无胁迫欺诈，没有阻碍条件成就的事实和相应证据，如果要是否定他必须具有法律或者合同依据，不能寻求法律之外的诸如感情、社会效果等理由。如果给出理由，也不能像一审那样牵强、缺乏关联性、自相矛盾。另外对待天河公司和山水公司的抗辩，应当看其有没有证据，不能凭借其说辞就加以认定，那是对上诉人的极大不公平！

最高人民法院《关于加强和规范裁判文书释法说理的指导意见》要求法院判决书以法律为准绳，言必有据。希望二审判决结果用合乎逻辑的法律规定辨法析理。

3. 二审判决

维持一审判决。理由是总承包商主张的"背靠背"条款约定不明，没有约定具体给付时间和条件。总承包商也没有向分包商出示或说明该条款。发包人一审二审中均称已经按照施工进度给付了相应的工程款。所以一审根据分包商签订合同的目的和交易习惯支持分包人的诉讼请求并无不当。

六、对本案的评析

（一）"背靠背"条款在建设工程案件中的适用

"背靠背"条款的英文名字是"Pay-if-paid"或者"Pay-when-paid"，系法律行为的附款，是当事人意思自治的体现，在不违反相关法律和法规的情况下，合法有效。

就域外经验而言，英国明确禁止"背靠背"条款，美国以及其他英联邦国家出于对分包商利益的保护，严格限制"背靠背"条款的适用。

笔者认为，"背靠背"条款首先应当判断有无效力，在条款有效的情况下，应当区分是否为发包人指定分包，如果属于指定分包，则考虑发包人与分包商的密切关系，加持《建筑法》规定的总包方与分包方对发包人的连带责任，法官应当支持"背靠背"条款的约定内容。

2012年8月，北京市高级人民法院《关于审理建设工程施工合同纠纷案件若干疑难问题的解答》第22条规定，"背靠背"条款有效，除非总包方拖延结算或者怠于行使到期债权致使分包方不能及时获得工程款。且总包方需要对与业主之间的结算情况和工程款的支付情况承担举证责任。

实践中，如果双方仅约定结算以总包方与业主的结算依据和条款为准，或者双方约定，业主向总包方付款后，总包方才向分包方支付工程款。这两种情况均视为付款期限约定不明，不适用"背靠背"条款。

如果双方约定"待总包方与业主进行结算且业主支付工程款后，总包方再向分包方支付工程款"，则总包方需对向分包方披露其与业主约定的付款条件举证；同时证明其通过诉讼和仲裁积极主张债权。在具备上诉条件的情况下，法院应当支持适用"背靠背"条款。

总包方和分包方均应当慎重对待"背靠背"条款，尤其总包方，不仅应当及时披露与分包方的结算条款，还应当在收到业主的每一笔款项时，搞清楚是否包含分包工程内容以及分包工程款。如果是指定分包商，一定要注意搜集保存发包人指定分包的证据。

(二) 二审判决对附条件民事法律行为的认识存在欠缺

"背靠背"条款在性质上到底属于附条件法律行为还是附期限法律行为,在学界和实务界尚有争议。认为是附条件的较多,但也有认为是附期限。例如袁华之和丑斌在《财经法学》2017 年第 2 期刊载的《分包合同中"背靠背"条款浅析》一文,即认为背靠背条款属于附期限。理由是业主对总包方付款这个事实是确定的,只不过付款期限不确定。鉴于付款这个事实一定会发生,所以"背靠背"条款就是附期限法律行为。

就本案而言,主审法官已经在判决书中认定了"背靠背"条款属于附条件,因此应当按照《民法典》规定的附条件法律行为来裁判本案。

二审判决致命的缺陷就是认为附条件应当给出工程款给付时间和条件,这是对附条件民事法律行为的错误认识。民事法律行为之附条件,就是不确定时间和条件的,否则就不是附条件,而是附期限了。二审判决一方面承认双方签订了附条件的"背靠背"条款,另一方面又要求所附条件具体明确,甚至给出明确时间,这是自相矛盾的。

(三) 二审判决没有对发包人提供已付工程款的证据进行实质审查,存在事实不清的错误

发包方在一审二审中,都强调了工程款已经按照约定给付进度给付。作为法官,应当审查其主张的证据真实性,也就是付款时间、金额与合同约定匹配。而且发包人应当提交支付工程款的付款凭证、银行回单、收据发票等。然而在本案中,法官将发包人单方面的宣示作为客观事实,这是一个常识性的错误。

(四) 二审法院忽视了竣工验收这个环节在工程款给付过程中的重要性

发包人对承包人的工作成果不仅有量的要求,而且有质的要求。所以工程验收合格是发包人支付工程款的前提条件,否则就不能支付工程款。而本案法官听信分包商的一面之词,在没有出具任何《竣工验收报告》《竣工验收备案表》《竣工验收合格证明》的情况下,就按照验收合格的标准要求总承包商支付分包商工程款。这个操作说明法官不了解建设工程施工的基本特点,仅仅依据朴素的欠债还钱的观念审判案件。

(五) 法院文书写作存在逻辑不通,说理薄弱的缺陷

笔者阅览所及,法院判决书在过程叙述方面着墨很多,但是在证据评判

方面惜墨如金，更不论证证据取舍的理由。在法院认为部分，很少论证判决结果与证据之间的因果关系，甚至也有不讲任何理由直接给出判决结果的。

正因为如此，最高人民法院颁布《关于加强和规范裁判文书释法说理的指导意见》，要求法院判决书以法律为准绳，言必有据。

第三节　锦城房开公司与冲之造价公司咨询服务纠纷案例
——工程结算后造价咨询机构出具咨询报告是否有权主张咨询费

一、案情简介

2012 年 6 月原告冲之造价公司与被告锦城房开公司签订了关于锦城嘉苑 1~8 号楼以及室外工程的《建设工程造价咨询合同》，由原告为被告提供工程项目的清单、拦标价的编制以及工程结算审核服务。服务酬金清单、拦标价的编制部分为 0.2%，工程结算审核服务部分为 5%，共计产生服务费 933 575 元。

2013 年对招标控制价进行编制，并进行第一次备案产生服务费用 140 426 元；2015 年 5 月 22 日，被告修改图纸，原告重新对招标控制价进行编制，并进行第二次备案产生服务费用 105 218 元；其后被告多次修改设计，原告多次重新对招标控制价进行编制。

工程结算审核酬金共计 438 145 元。

原告认为被告拖欠造价咨询服务费，经过多次催要被拒绝。

2020 年 7 月 22 日原告起诉并被立案。

二、造价计算相关法律规范

（1）《建设工程量清单计价规范》（GB50500-2013）。

（2）财政部、建设部《建设工程价款结算暂行办法》，2004 年 10 月 20 日施行。

（3）最高人民法院《关于审理建设工程施工合同纠纷案件适用法律问题的解释（一）》，2021 年 1 月 1 日施行。

（4）《河北省建筑、安装、市政、装饰装修工程费用标准》（HBBGFB-1-2012）。

（5）《全国统一建筑工程基础定额河北省消耗量定额》上册。

（6）《全国统一建筑工程基础定额河北省消耗量定额》下册。

三、原告诉称以及被告答辩观点

原告冲之造价公司诉称，2012 年原、被告签订了关于锦城嘉苑 1~8 号楼以及室外工程的《建设工程造价咨询合同》，由原告为被告提供工程项目的清单、拦标价的编制以及工程结算审核服务。原告依约完成了工作，被告服务费不能全额给付，原告不断催要。2015 年双方签订了协议，约定用房子抵顶造价咨询服务费，但不久，被告又卖了该房。之后原告不断向被告催款，被告于 2017 年 10 月 9 日向原告转账 5 万元，截至目前被告尚欠原告服务费 593 575 万元。

被告锦城房开公司辩称：

（1）原告起诉状的陈述不符合事实，起诉状认为原告依约完成工作，但事实是，被告没有收到原告的全部工作成果，所以被告没有支付相关的咨询服务费，被告已经付给原告 34 万元，而不是起诉状中说的仅仅支付 5 万元，这个费用就原告完成的工作而言已经属于超付。

（2）本案工程尚未竣工验收，发包方和承包方尚未进行工程决算。在决算价还不存在的情况下，就没有达到支付造价咨询费的节点。

（3）被告委托相关机构进行造价审计，结果与原告告知被告的结果差别过大，原告给被告的一个总数是 900 多万元，而相关造价机构审核结果是 400 多万元，这个结果使被告有理由怀疑原告造价审计结果的真实性和专业性，所以原告应当认真负责审计结果。复核无误再主张付费。

（4）原告造价审计拖延时间过长，给被告工作造成很大影响，双方 2012 年签订合同，原告直至现在也没有提交正式的工作成果。被告的利益受到了很大损害。

（5）原告最终工作成果需要发包方和承包方签字确认才能主张付费，目前原告尚未交付工作成果，双方也没有签字确认，所以原告无权主张相关的咨询付费。

另外，2019 年 10 月 29 日，某市中级人民法院 ［2019］ 冀 07 民终 1241

号民事判决书已经对涉案工程的工程款作出判决，对被告与施工单位就锦城嘉苑的工程款认定数额是 36 868 824.58 元，被告已支付工程款 21 686 169.4 元，尚欠工程款 1 518 955.18 元。该数字是法院委托某市昊天项目管理公司进行司法鉴定得出的。该案为终审判决，已经进入执行阶段，说明发包人与承包人之间的工程款通过法院判决已经确定。原告的造价咨询严重逾期，其造价咨询已经没有任何意义，综上所述，请人民法院驳回原告的诉讼请求。

四、开庭过程

原告向法院提交以下证据：

（1）造价咨询服务合同书，欲证明双方有服务合同关系。

（2）原告项目清单汇总表，欲证明被告应负的服务费总额是 933 575 元。

（3）中国银行入账回单，欲证明被告于 2017 年 10 月 9 日支付了服务费 5 万元。

（4）原被告双方在 2015 年 4 月 29 日签署的期房认购协议书 1 份，该协议书签订以后，被告又将当时说定的房屋售卖给他人，欲证明双方在 2015 年 4 月份对欠付服务费数额和性质没有纠纷，被告已经签署文件，同意将商品房抵顶服务费。

（5）光盘 2 份，内容是原告为被告提供造价服务的所有劳动成果的数字化材料，欲证明原告已经完成了合同约定的服务劳动量，之所以提供光盘，一是因为原告采取数字化办公形式；二是在原告完成这些工作量以后，多次催促被告的接办人员，双方移交书面的劳动成果，但是被告接办人员多次表示，原告暂不要制发这个书面劳动成果。

（6）控制价文件 4 份、审价报告书 8 份以及向被告公司邮寄审价报告书的回单 3 份，欲证明原告多年前已经完成了控制价编制工作，根据原告向法庭提交的电子数据文件。在第一次开庭后形成书面的正规审价报告书并邮寄到被告公司，被告已经履行了全部服务合同工作。

被告对原告提交的证据质证称：对证据一无异议；对证据二的三性均不认可，因为发包方和承包方尚没有进行工程结算，而原告的服务费是根据结算价算出来的，现在结算价尚未确定，那么原告的咨询服务费也就不能够算出来；对证据三的三性无异议，但是不认可证明目的，因为被告并没有拖欠咨询服务费，所以谈不上违约赔偿；对证据四有异议，因为该协议当中没有卖方负责人签名，只有合同专用章，所以其真实性存疑。此外，该协议是一个附条件的协议，合同上有此两套房暂定为冲之造价公司名下，待双方结算后再决定此房屋的归属权。从这句话来看，该协议只是没有生效的协议，只有双方工程结算完毕后。才能据此决定该房屋的归属，而且该协议中说的两套房与本协议的一套房是自相矛盾的。所以该期房认购协议书不能达到原告的证明目的；对于证据五两份光盘，恰恰证明了原告没有完成工程结算的工作成果，截至现在，原告的工作仅仅停留在数字化阶段，原告代理人说他们是数字化办公，这只是其内部的规定，对工程行业来讲，造价咨询必须向被服务方提供书面的加盖公章的由有资质的造价人签字盖章的书面报告，鉴于原告到现在为止都没有向被告提交正式的工作成果，原告无权向被告主张咨询服务费以及违约赔偿，被告也没有收到原告关于造价咨询的光盘；证据六在证据的形式内容和期限等方面都存在重大的瑕疵：首先，原告提交的证据存在严重逾期；其次，原告没有在工程结算期间完成造价咨询业务。原告在举证方面存在重大过失，并且这次这些报告也存在很多瑕疵，例如，招标控制价只有 5、6、7、8 号楼没有 1、2、3、4 号楼的，而工程的清单只有 1、2、3、4 号楼没有 5、6、7、8 号楼，说明原告到现在也没有完全完成他们的工作，而且报告落款日期很多还是 2020 年 9 月 23 日，原告的这个工作已经使被告的造价咨询失去了意义。最后，2019 年 10 月 29 日，某市中级人民法院 1241 号民事判决书已经对涉案工程的工程款作出判决，对被告与施工单位就锦城嘉苑工程款认定的数额已经由法院委托某市昊天项目管理公司进行司法鉴定得出。原告的造价咨询严重逾期及造价咨询，已经没有任何意义。

被告向法院提交以下证据，被告向原告支付服务费的付款凭证 11 份，付款总额为 34 万元。为证明被告以及原告完成并提交的工作成果支付了全部款项。

原告对被告提交的证据质证称，认可被告已经给付服务费 34 万元的事实，但被告提供的清单以及转账凭证都是复印件，原告无法全部核实其真实性。

五、审理焦点

（1）原告是否按照合同按时、真实、专业地完成了全部合同内容。

（2）被告拖欠原告服务费是否为 593 575 元。

（3）被告是否已达到支付造价咨询费的条件以及时间节点。

六、法庭辩论

(一) 第一轮辩论

原告认为，依法成立的合同，双方当事人都应当遵守。原告已经按照合同约定提交了造价咨询服务成果，被告应当按照合同支付相应报酬。原告早已计算出结算数据，通知被告择期出具书面报告，但是被告处于懈怠履行的动机，一直要求原告迟延出具，导致双方一直无法进行交接。

被告认为，被告一直没有收到原告提交的书面造价咨询成果，多次催促，都没有及时提交，但是原告告诉过被告结算结果，与被告咨询第三人的造价结果差距巨大。不仅被告不认可，施工单位也不认可。况且被告的工程款经法院判决，已经与施工单位结算完毕。原告再出具咨询报告已经没有意义。

(二) 第二轮辩论

原告认为，虽然没有出具书面报告，但是原告已经有了具体数据，即第一次开庭提交的两张光盘。本次开庭原告又提交了书面造价咨询报告，因此原告合同义务已经履行完毕。

原告认为，原告的书面报告不必被告认可，单方出具即有效力。

被告当庭宣读代理词如下：

代理词

尊敬的审判长：

根据庭审情况，现发表代理意见如下：

一、原告直到法庭辩论结束，也没有完成工程造价咨询工作，因此无权获得对待给付

法庭调查阶段，原告向法庭提交两张光盘，证明其已经完成工程造价咨询工作。

按照工程领域行业惯例，造价咨询专业机构提供造价咨询，必须提供书面的造价咨询报告，并加盖造价单位和造价人员执业专用章。本案原告仅向法庭提供两张光盘，显然没有完成工程造价咨询工作。

二、原告没有向被告提交造价咨询成果，因此无权获得对待给付

原告提交的全部证据中。没有证据证明其已经向被告提交了书面的造价咨询成果。根据双方协议，原告应当先履行合同义务，被告根据原告履行合

163

同义务时确定的工程造价，按照百分比支付原告报酬。在原告没有向被告提交造价咨询成果前，无权获得对待给付。

三、从签约到现在，原告八年中没有提交造价咨询成果，属于严重违反合同义务，后果非常严重，对被告的利益构成极大损害

本次开庭，原告逾期提交的证据仍然不完整，工程量清单只有1、2、3、4号楼，缺乏5、6、7、8号楼。而拦标价只有5、6、7、8号楼而没有1、2、3、4号楼。工程量汇总表的数字和造价咨询报告的数字存在矛盾。咨询服务费重复计算。

原告提交的证据表明，其截至现在也没有完成造价咨询报告的书面成果，遑论提交被告。

四、根据某市中级人民法院［2019］冀07民终1241号民事判决书，被告与施工单位就锦城嘉苑的工程款已经作出判决，该判决已经发生法律效力。也就是说，原告的造价咨询结果对被告已经没有任何意义

某市中级人民法院2019年11月25日作出［2019］冀07民终1241号民事判决书，判决被告与施工单位就锦城嘉苑的工程款为36 868 824.58元，被告已付工程款21 686 169.4元，尚欠工程款1 518 955.18元。该案为终审判决，已经进入执行阶段。

也就是说，被告与施工单位就锦城嘉苑的工程款数额已成定局，原告的造价咨询结果对被告已经没有任何意义。

五、对于原告不仅超过举证期限，而且在法庭辩论结束，法官宣布闭庭之后又提交的证据，被告对此不予质证。希望法庭对原告证据不予采纳

因为2020年9月22日开庭时，被告抗辩原告没有完成咨询报告，所以原告突击搞了一个咨询报告作为证据提交。被告对此不予质证。

《民事诉讼法》（2017年）第65条规定，当事人对自己的主张，有责任提供证据。

2020年8月6日某市桥东区法院送达的举证通知书载明，本院指定的举证期限为7日，从当事人收到案件受理通知书或者应诉通知书的次日起计算。原告没有申请延长举证期限，那么其举证期限就是《举证通知书》指定的7日。

本条还载明，"当事人在本预案制定的举证期限内不提交证据的，视为放弃举证权利。逾期提交证据的，本院审理时不组织质证"。本案原告不仅远远

超出法院指定的举证期限，而且是在法庭辩论结束，法官宣布闭庭以后又提交证据，严重违反《民事诉讼法》关于举证期限的规定。

原告没有提交该证据，不是因为客观原因，而是因为主观上的重大过失。就是不懂得造价咨询报告需要采用书面形式，并加盖企业和造价咨询人员执业专用章。也不懂得造价咨询报告需要通过当面提交或者邮寄的方式送达方为有效。作为法律专业人员，不具备这些基本知识，其重大过失不能随便纵容，否则《民事诉讼法》关于证据及时性的规定就变成证据随意性了。

所以，根据法律相关规定以及本案法院的规定，原告于法庭辩论后，法官宣布闭庭之后又提交的证据，应当被视为放弃举证权利。

六、关于原被告之间的期房认购协议书的法律效力，被告认为其不能实现原告的证明目的

首先，从形式上看，该协议没有加盖骑缝章，没有被告单位法定代表人签字，其作为证据的真实性令人存疑。

其次，从内容上看，协议注明"此房屋暂定为冲之造价名下，待双方结算后再决定此两套房的××权"。由此可见，该协议是一个结果不确定的、附条件的协议。结果不确定或者条件未成就时，不能据此履行。

七、关于违约责任

原告直到上次开庭尚未形成正式的书面造价咨询报告，这次匆匆拿出一个咨询报告。上次提交的光盘以及这次提交的东西充分说明原告八年来一直没有完成合同义务。据此原告根本没有权利主张违约责任。被告认为原告迟延履行的后果极其严重，被告保留向原告追究迟延履行导致合同目的落空的经济责任。

八、关于利息

原告从被告2017年10月9日支付原告5万元服务费开始，按照中国人民银行基准利率主张双倍利息。这个主张没有任何根据。首先，原告没有形成正式书面稿并提交被告，导致原被告之间的费用无法确定。其次，原告竟然不知道中国人民银行现在已经不再发布基准利率。另外原告主张双倍利息更是无稽之谈。

被告注意到原告在起诉状中，没有违约赔偿以及利息的具体数字，因此原告很可能没有缴纳相应的诉讼费。上次开庭原告提出利息的计算方式，但是法官没有核实其诉讼费的缴纳情况。如果连诉讼费也没有缴纳，其主张根

本不应作为诉讼主张予以考虑。

综上所述，原告没有完成造价咨询报告，在没有完成的情况下，提交也没有意义。原告严重迟延完成造价咨询，导致与施工人工程款诉讼中被多判500多万元，给被告造成巨大经济损失。在某市中级人民法院判决书已经确定被告与施工人工程款数额的情况下，其迟延交付的咨询报告已经失去造价咨询的意义。而且原告关于收费依据、工程结算节点、合同效力等表述存在前后矛盾，逻辑混乱情形，不能使被申请人对其专业水平产生信赖。请求桥东区人民法院驳回原告的诉讼请求。

七、法院判决

驳回原告诉讼请求，案件受理费减半收取，由原告负担。如不服本判决，可在判决书送达之日15日内，向法院递交上诉状，并按照对方当事人人数提交副本，上诉到中级人民法院。

原告在上诉期内没有上诉，判决生效。

八、对本案的评析

（一）法庭能否采纳原告在法庭辩论已经结束之后向法庭提交的证据

按照原《民事诉讼法》是不可以的，按照2017年修正的《民事诉讼法》，如果对于查明案件事实有必要，法官可以恢复法庭调查。

（二）逾期提交证据将承担什么法律责任

没有正当理由而逾期提交证据，将承担举证不能的法律责任。

（三）工程造价咨询合同中哪一方应当承担先履行义务

有约从约，无约从法。所谓从法，主要根据《民法典》第509、510、511条来确定。

（四）造价咨询成果已经完成的标志是什么？如何送达造价咨询成果

根据住建部、司法部规定的造价咨询规范，造价咨询成果一般是咨询机构以及咨询人签字盖章的书面造价咨询报告。

（五）工程被行政机关处罚，造价咨询机构是否有权额外收取费用

这种情况还是遵守合同约定，没有合同约定时，根据咨询单位是否付出了额外的工作量来决定。

（六）本案中造价咨询机构应吸取的教训有哪些？

其一，明确造价咨询的正式成果是书面的造价咨询报告，而不是电子光盘；其二，提交造价咨询报告的时间必须遵守委托合同的约定，没有约定时要符合行业惯例，不能待委托人造价已经合法有效的方式确定之后才提交；其三，提交的程序应当有交接记录，载明交接的人员姓名、职务、联系方式、交接的名称、内容、数量、时间、签名盖章等；其四，主张权利时要注意诉讼时效。

第四节　孟尝君悦酒店与天河消防公司拖欠工程款纠纷案例
——因消防工程施工质量引起的工程款纠纷

一、案情简介

2013 年 4 月 7 日，申请人河北天河消防安全工程有限公司（以下简称"天河消防公司"）与被申请人孟尝君悦酒店订立《安装工程施工合同》。合同约定：申请人为被申请人开发的孟尝君悦酒店安装自动报警系统，合同价款（包工包料）120 000 元，合同签订后 2 日内付款 30%，材料设备进场后付款 40%，调试验收后付款 30%。合同订立后，申请人进场施工。施工过程中，被申请人通过转账支付给申请人 36 000 元，48 000 元，10 000 元。消防工程于 2014 年初通过验收。

二、案件审理过程

（一）申请人诉称

2013 年 4 月 7 日，申请人与被申请人订立《安装工程施工合同》。约定：申请人为被申请人开发的孟尝君悦酒店安装自动报警系统，合同价款（包工包料）120 000 元，合同签订后 2 日内付款 30%，材料设备进场后付款 40%，调试验收后付款 30%。合同订立后，申请人全面履行了申请义务，消防工程于 2014 年初通过验收，且被申请人已实际使用该工程，但被申请人未按照约定给付验收后应付的 30% 合同款，即 36 000 元。申请人多次索要，但遭无理拒绝。为此，申请人依据合同约定申请依法仲裁。

（二）被申请人答辩

2013 年 4 月，法定代表人也就是我哥，他同其朋友计划做宾馆生意，在筹备期间，委托本人做前期筹备工作，并洽谈各项工程的招标工作。其间我哥的朋友介绍贾某空的父亲过来找我，说是可做宾馆消防设施，众所周知，消防工程最主要的环节就是工程验收，工程本身造价非常低，做消防的公司有包验收的能力才能有人用你做消防。我虽然不懂，但这一点是我哥和股东一再交代的，也是众所周知的。所以我就问他有能力包验收工程吗。他坚定地说他做这个工程验收没问题。信誓旦旦地说只要是消防上的事儿，他都能包验收。所以我才相信了他。当时他要价 12 万元，我说咋这么高。他说包验收就这么高，验收很难的。后来我一想能验收也就同意了。因为我以前也没接触过这类合同，我就说贾哥你拟合同吧，我也不会弄。2013 年 4 月 7 日，他拿着合同来找我签字，我看了看，合同上啥也没写，也没说包验收，只说做消防工程，付款分几次付。我问他怎么都不写呀。他说消防合同就是这样写，他以前做的都是这样签的，不用写包验收，说咱们都是朋友介绍的，而且聊了聊还有些亲戚关系，根本没事儿，不用那么认真，放心吧，没问题，不是还有一部分钱是验收完才付吗，验收不了我也拿不上钱呀，再说我肯定能验收的。当时我想得太简单了，为以后的事儿埋下了祸根。我就轻信了他的话，而且写工程完工时间的时候，他说你装修啥时候完工，我跟着就完工，所以要看你的工程进度，你没法规定我的工程时间，咱这个关系了，又是有朋友在中间，就不用写了，你几时完工我跟着你完工，就别写完工时间了。我又同意了。因为我的无知不懂法，为以后的工程造成了重大损失。所以，鉴于以上情况，以上签订的这份合同，由于消防工程当事人的哄骗欺瞒，这份合同明显有失公平，未约定完工日期。还有一点就是这个消防工程本身造价非常低，就在楼道的屋顶布上线管，然后把报警线穿进去就行了，跟主机连接上就可以。做工程的时候楼道布线管的工程是我们宾馆方的工人替他们做的，老贾说你们做楼道顶的时候顺便让工人就给我们做了，不费事儿，可简单了。我一想这也无所谓，大家处好关系以后也方便配合，就替他们布了线管。布好以后，他们来了一个工人一天就把线穿完了，这时候我才知道这项 12 万元的工程有多简单，当时我就觉得有种上当的感觉。后来一想，都已经这样了，赶快验收了就行，也别计较那么多了，然后就开始了漫长的验收工程之路。

第二点，我不认可欠款数额。我给付他工程款有 4 次，三次有我给他打款的凭证，还有一次他去找我说着急用钱，我当时在家，就拿着工行的银行卡在北方学院门口的工行柜员机上给他取了 10 000 元钱，在家门口给的他，说事后再补收条，后来一再催促他把我给他的所有工程款给我写个收条，但是他一再推拖，一直也没写。好在以前付的款都是从网上银行付给他的，都有打款凭证，只有这 10 000 元现金没有打款凭证。所以我实际给付他工程款 104 000 元。

第三点，工程验收。我们的装修工程 10 月初就做完了，就完全可以营业接待客人了。雇佣的 2 个酒店经理和所有服务员全部到位工作，就等消防验收完就可以对外营业了，但是万万没想到他做的消防根本验收不了。我每天都给他打电话，他一直说他每天都在市消防支队跑这个事儿，他一直说这个工程就是在市消防支队验收。其实后来我才知道，从 10 月初开始，这个验收工程的工作就归各区自己管了，也就是说实际上 10 月份我们的验收工程就应该去桥西消防支队了。但他一直隐瞒这个事儿，也没告诉我。其间我一直催促他，因为酒店每个月的费用是 10 万元左右，包括 7 万元的房租和 3 万元的员工工资，酒店合伙人都急疯了，每天都跟我吵架，因为这个做消防工程的是我哥找的，所以合伙人每天都找我兴师问罪。我怎么找老贾都没有结果，老贾就是验收不了，每个人都没办法，就这样一拖就拖了 4 个月，造成酒店直接损失 40 万元左右。酒店合伙人提出让我赔偿这部分损失，我们的关系彻底破裂。其间我跟老贾也吵了好多次，他说他不管了，让我告他吧。那时候我已付他工程款 104 000 元了，再找别人干活就没法儿干了，一点办法都没有。后来我决定我们自己去消防队跑验收。与此同时，桥西消防支队去酒店下了通告，让负责人去桥西支队报备，这时我们才知道原来我们这片的消防验收从 10 月份已经归桥西支队了，所以只能说明老贾隐瞒这件事情的原因就是他根本就不认识桥西消防支队的人，他根本就验收不了这个工程，我彻底绝望了。自此，我们开始自己跑验收。桥西消防支队接受验收工作后，全盘否定了之前的消防布设，要求限期整改工程，同时罚款 20 000 元。整改工程又花费了近 20 000 元，总计花费大约 40 000 多元。终于在 1 月 27 日我们拿到了验收合格证。期间，我受到的各方面的身心压力和折磨无以言表，也因此事，我个人被迫赔偿酒店损失 60 000 元，酒店直接损失约 40 万元。我们和合伙人关系因此破裂，造成后期经营沟通不好，酒店一直处于亏损状态。

所以，我认为我不能再给付他任何款项，因为是他违约在先，而且因他做的工程不合格，验收不了，后期我们自己改造后才验收合格，还因工程不合格被罚款。经过这件事已身心疲惫，不想再跟他有任何瓜葛，没想到他还恶人先告状，所以我请求法院给予我公正的判决。

（三）申请人举证和被申请人质证

庭审中，申请人提供证据 2 份：一为申请人与被申请人订立的《安装工程施工合同》，证明双方存在消防工程施工合同关系；二为《电气防火安全检测报告》，证明申请人履行了合同义务，并且工程质量合格。

被申请人的质证意见为，对《安装工程施工合同》予以认可，对《电气防火安全检测报告》的关联性不认可，认为电气防火只是消防的一部分，与消防验收不具有关联性。

为了证明该 10 000 元是委托申请人支付给南京消防器材股份有限公司的设计费，申请人又提交 2 份证据：一为申请人委托南京消防器材股份有限公司北京分公司设计消防图纸的《委托书》，二为南京消防器材股份有限公司为某市明德南街 170 号出具的消防改造工程设计图纸，图纸编号为 S13BJ-0411-04，设计费为 10 000 元。被申请人对该图纸和设计费予以认可。但又声明没有使用上述设计图纸，而是使用其他单位的设计图纸。

被申请人质证意见为，申请人与南京消防器材股份有限公司的委托设计问题是他们双方的债权债务关系，根据合同相对性原则，该债权债务关系与本案不存在关联性，因此不能达到申请人的证明目的。

（四）被申请人举证和申请人质证

被申请人提供证据 3 份：一为 2013 年 4 月 18 日支付给申请人 36 000 元；二为 2013 年 9 月 5 日支付给申请人 48 000 元；三为支付给申请人 10 000 元，证明申请人认可的支付数额与被申请人实际支付的数额不符。申请人的质证意见为，对首付款 36 000 元、进度款 48 000 元予以认可，但对于 10 000 元不予以认可，因为该 10 000 元是委托申请人支付给南京消防器材股份有限公司的设计费，与申请人的诉讼请求没有关联性。

（五）辩论过程（略）

三、裁决结果以及理由

根据《合同法》第 6 条、第 60 条、第 279 条以及最高人民法院《关于审理建设工程施工合同纠纷案件适用法律问题的解释》相关规定，裁决如下：
①被申请人自收到本裁决书之日起 10 日内，支付申请人工程款 36 000 元。迟延履行期间的利息按照中国人民银行同期同类贷款利率计算；②仲裁费由被申请人承担。

裁决理由如下：

（1）双方 2013 年 4 月 7 日订立《安装工程施工合同》，约定工程款共计 12 万元。申请人履行了合同义务，消防工程于 2014 年初通过验收，被申请人经营的酒店已实际使用该工程，被申请人对以上事实予以认可。仲裁庭对以上事实予以确认。

（2）被申请人于 2013 年 4 月 18 日支付申请人 36 000 元，于 2013 年 9 月 5 日支付给申请人 48 000 元。双方对此没有异议，仲裁庭对此予以确认。

（3）被申请人于 2013 年 4 月 24 日支付申请人 10 000 元，双方对该款项的性质各执一词。仲裁庭认为，南京消防器材股份有限公司北京分公司与被申请人存在委托设计关系，设计费为 10 000 元，双方的中介人是申请人，双方对此没有异议。该支付凭证未注明款项用途为设计费，该款项支付时间为设计完成时间。按照《安装工程施工合同》，申请人的工程款分三笔支付，分别为合同签订后三日内付 36 000 元、材料设备进场付 48 000 元、调试验收后付 36 000 元。申请人与被申请人该款项支付时间为 2013 年 4 月 24 日，如果该 10 000 元是工程款，那么 2013 年 9 月 5 日被申请人支付给申请人 38 000 元就可以。而 2013 年 9 月 5 日被申请人支付给申请人 48 000 元，此举说明该 10 000 元不属于工程款。结合仲裁庭调查的其他事实，可知该 10 000 元是被申请人委托申请人支付给南京消防器材股份有限公司北京分公司的设计费。被申请人认为没有使用上述图纸，而是用了另一家设计院的图纸，但没有提供相应证据。据此仲裁庭对被申请人关于该 10 000 元是支付给申请人工程款的主张不予支持。

（4）被申请人认为还支付给申请人 10 000 元，由于被申请人没有提供证据证明，申请人不予认可，因此，仲裁庭对此不予支持。

四、需要注意和思考的问题

（1）消防工程施工金额不大，但不是小问题，在工程使用方面能够起到一票否决的作用。

（2）工程要通过质量来验收，不能通过人际关系验收。

本案建设单位轻信承包人的大包大揽，将消防工程的验收寄托在承包人的人际关系之上，这个思想是完全错误的。

（3）工程款的组成应当明确具体，本案被申请人委托申请人支付给设计单位的 10 000 元就没有明确是否包含在总数 12 万元的工程款里面。

（4）工程中一定要建立联系函制度，有问题及时向对方递交联系函，沟通无果后再采取单方行动。否则对工程的整改完善只能认为是乙方的单方行为，责任自负。

本案建设单位在工程没有及时验收，无法使用的情况下，没有向承包人发出通知函，只是口头要求对方整改。在数次口头通知无果的情况下，自己出资对消防工程进行整改，甚至重做，付出了沉重的代价。正确的做法应当是向对方发出书面通知甚至律师函，也可以采取会议磋商并签字确认等方式来沟通消防工程的整改，书面沟通无果再告知对方下一步的行动。对方仍然无动于衷，再自己整改或者聘请其他承包单位整改，费用由承包人承担。

（5）应当有证据意识，任何主张和观点都要有证据来支持，不能言之凿凿，但仅仅是口头上的抗辩。法律是不会支持口头宣示和控诉的。此外，如果认为自己有损失，应当及时提起反请求。如果认为自己有损失，但只有抗辩，而没有提起反诉或者反请求，那么仲裁庭将按照不告不理的原则对相关诉求不予考虑。

本案被申请人认为这个标的额 12 万元的工程给自己造成 40 万元的损失，包括整改费用、酒店不能按时开业产生的人员工资、房租等损失。对于这种情况，被申请人应当提供证据，证据可以是书面形式，也可以是微信、QQ 等截图电子形式，还可以要求证人出庭作证。但是被申请人只有口头陈述，这就难以形成证据链闭合的法律事实。

本案被申请人也没有就其主张的 40 万元损失提起反请求，所以仲裁裁决对此主张不予支持。被申请人如觉有必要，可以另案解决此事。

第五节　春秋秦汉房开公司与苟某贵工程款纠纷案例
——施工合同关于实际施工人范围的界定

一、案情简介

2014 年 9 月 7 日，苟某贵与春秋秦汉房开公司签订外墙保温承包合同，约定苟某贵承包春秋秦汉房开公司开发的阿尔卑斯小镇住宅小区 5-8 号楼的外墙保温工程，工程款按照 76 元/平方米计算。

后苟某贵将此工程转包给元亨公司完成。

2015 年 7 月 19 日，苟某贵与春秋秦汉房开公司签订墙砖粘贴承包合同，约定苟某贵承包春秋秦汉房开公司开发的阿尔卑斯小镇住宅小区 5-8 号楼的墙砖粘贴工程，工程款按照 130 元/平方米计算。

2015 年 8 月 15 日，苟某贵与春秋秦汉房开公司签订真石漆承包合同，约定苟某贵承包春秋秦汉房开公司开发的阿尔卑斯小镇住宅小区 5-8 号楼的真石漆工程，工程款按照 46 元/平方米计算。

苟某贵还完成了阿尔卑斯小镇住宅小区锅炉房的改造工程以及一些零星工程，春秋秦汉房开公司认可这些事实。

苟某贵认为春秋秦汉房开公司开发的阿尔卑斯小镇住宅小区 5-8 号楼已经于 2016 年入住，因此春秋秦汉房开公司应当支付剩余工程款。但是经过多次催促，春秋秦汉房开公司仍未按时支付，所以其只好提起诉讼。

二、本案焦点问题

（1）对于元亨公司施工的部分，原告是否有权主张权利。

（2）工程造价的实际数额到底是多少。

（3）房开公司应否对职工李某签字的工程联系单上的权利义务承担责任。

三、开庭过程

（一）春秋秦汉房开公司申请主审法官回避被批准

春秋秦汉房开公司认为其在该法院打了好几个官司都输了，其中一个原因就是主审法官对自己有偏见，这次又是这个法官，肯定还是要输，所以申请回避。法院经过合议，更换了主审法官。

（二）原告苟某贵的诉讼请求和被告的答辩意见

原告认为其承包的总工程款224万元，零星工程款58万元。应收到工程款103万元，以房顶账63万元。被告春秋秦汉房开公司尚欠工程款119万元。

被告认为工程款总数为166万元，以房顶账31万元，尚欠35万元。

（三）原告举证以及被告质证

原告就其主张提供了六组证据：①合同书三份、结算书两份、签证以及洽商10份、锅炉房改造图纸等，证明原告完成外墙贴砖、真石漆、墙砖粘贴、锅炉房改造等工程。工程款总共224万元；②零星工程签证总共58万元；③李某职务说明以及身份证复印件，证明李某系被告代表，其在工程联系单上签字的效力及于被告；④被告付款明细，证明被告共支付工程款103万；⑤期房认购书2份，证明被告以房顶账共63万元；⑥照片6组，证明原告施工的工程已经实际投入使用。

被告的质证意见认为：①认可合同书真实性、合法性；不认可签证和洽商以及工程款总数；②不认可零星工程总数；③认可李某是其单位职工，但与证明目的没有关联性；④基本认可付款明细；⑤期房认购书中只认可一份，有一份是不真实的，不认可；⑥照片的三性均不认可。

（四）被告举证以及原告的质证

被告就其主张提交5份证据：①合同书3份，证明双方权利和义务关系；②被告请某造价公司对上述工程进行造价审计，表明双方已经对账，工程款总数166万元；③支付明细表；④期房认购书1份，证明以房顶账31万元协议；⑤李某本人的证人证言，证明其只负责工程质量，无权在工程造价签证书上签字。

原告质证意见认为：①无异议；②因为是单方审计，不具有法律效力；③认可支付明细表；④认可期房认购书，但认为还有32万元也已经以房顶账；⑤李某是被告全权代表，其签字行为应由被告承担法律后果。

被告补充证据：①5-8号楼的外墙照片30张，证明原告施工的内容质量低劣，墙皮纷纷脱落，墙砖掉落情况严重。②中级人民法院发回重审的裁定书，明确"仅凭李某的个人签字就确定结算错误，应予纠正"。证明李某签证的部分已经有了结论，中级人民法院已经有指导性内容；③被告委托第三方对苟某贵完成的工程进行造价审计的审计报告，证明原告所完成的工程总价款为166万元，扣除已付工程款以及以房顶账的部分，被告基本上不再欠原告工程款。

原告的质证意见认为：①照片不具备真实性；②法院判决书不属于证据；③该审计报告是被告单方出资委托设计，是按照被告的意思审计，不包含原告的意思表示，不具备证明力。

（五）双方现场对账

法官要求原告与被告以及被告律师当庭对账，结果对不下去。法官征求就是否进行司法鉴定双方当事人意见，双方表示同意。法官宣布暂时休庭。

（六）造价司法鉴定情况

2020年10月，法院通知双方当事人到法院摇号确定司法鉴定人，被告因故缺席，法官认为被告放弃权利。在只有原告参与的情况下，确定嘉和造价公司为司法鉴定机构。法院通知被告后，被告要求嘉和造价公司回避。因为在另一起案件当中，嘉和造价公司作为原告起诉被告拖欠造价咨询费，该案也在同一受诉法院审理，被告认为嘉和造价公司与本案具有利害关系，有可能影响本案公正审理。

法院经过研究，采纳了被告意见。嘉和造价公司退出。

2020年11月，法院通知双方当事人到法院摇号确定司法鉴定人，被告又因故缺席，法官认为被告放弃权利。经过摇号，法院确定天平造价公司作为本案司法鉴定机构。

天平造价公司经过测算，认为本案标的额太小，收费不合适，因此主动要求退出本案司法鉴定。

本案的司法鉴定一时陷入僵局。

2021年5月，法院通知双方当事人到法院摇号确定司法鉴定人，被告律师参与摇号，确定春秋造价公司作为本案鉴定机构。

2021年12月春秋造价公司出具《工程造价鉴定意见书》，确定阿尔卑斯小镇住宅小区5-8号楼以及锅炉房的造价总计为承包的总工程款195万元，零星工程款40万元。应收到工程款103万元，以房顶账63万元。被告春秋秦汉房开公司尚欠工程款69万元。

四、判决结果

春秋秦汉房开公司在判决生效后 15 日内支付原告 69 万元,驳回原告其他诉讼请求。

第六节 天地豪情房开公司诉桂漓江装饰公司门窗质量不合格纠纷案例
——门窗工程属于买卖合同还是加工承揽合同抑或建设工程合同

一、案情简介

原告天地豪情房开公司开发建设山水谣小区,被告桂漓江装饰公司与原告签订五份协议承包原告的部分安装装修工程,分别是:①2014 年 4 月 11 日《门窗产品购销合同》,约定原告从被告处采购聚源牌 85 型断桥铝窗 3000 平方米,单价 420 元共计 126 000 元。②2015 年 5 月 26 日《百叶窗安装制作合同》,约定颜色咖啡色,厚度正负 0.6 毫米,160 元/平方米。③2014 年 4 月 18 日《门窗产品购销合同》,约定原告从被告处采购中材牌 60 型塑钢窗 5000 平方米,单价 248 元,共计 1 240 000 元。④2014 年 8 月 10 日《协议书》约定被告承包二期工程不锈钢栏杆及肯德基门窗的工程,栏杆每一延米 95 元,肯德基门每樘 4800 元,玻璃按每平方米 380 元计算。⑤2016 年 10 月 26 日《合同书》约定被告承包钢结构雨棚、不锈钢楼梯扶手、盲人道扶手、自动车库保温门、自动保温大卷帘门、铁艺大门和护栏、不锈钢仿古铜固定窗、换中空玻璃等工程。

2015 年 6 月 10 日《变更协议书》约定 8 号楼断桥隔热门窗每平方米按照 530 元结算,中空白玻璃变为中空绿玻璃,每平方米增加 30 元。

双方一致认为工程总价款为 3 602 883.44 元,但是原告认为已经全部付清。被告认为尚欠 527 120.44 元。

2018 年被告起诉原告,某法院判决原告于判决生效之日起 20 日内支付被告 527 120.44 元。

后原告上诉,称工程款已经全部支付,要求委托造价咨询机构进行司法鉴定，要求追究被告工程质量责任。原告二审期间补充提交 3 份证据：一是双方协议，证明只有验收合格才能支付工程款；二是工程质量专家验收评价意见，证明 8 号楼外窗检测与设计不符；三是工程质量专家验收评价意见一份，证明 5 号楼外窗检测与设计不符。二审法院经过审理认为。被告已经完成合同义务，原告应当支付工程款。至于工程质量问题以及鉴定请求，属于原告另诉的范围，原告可以保留另行起诉以及追索超额给付工程款的权利。二审判决维持原判。

二审生效后，被告申请强制执行，法院已经执行完毕，3 602 883.44 元工程款已经全部支付。

原告认为，被告承包的工程存在重大工程质量问题，法院却无视工程质量问题判决支持被告的诉讼请求。因此，在法院强制执行后，又到原审法院提起诉讼，要求被告承担工程质量的责任。

二、装饰装修工程验收规范

（1）《建设工程施工质量验收统一标准》（GB503000-2013）。
（2）《建筑装饰装修工程质量验收规范》（GB50210-2013）。
（3）《建筑节能工程施工质量验收规范》（GB50411-2013）。

三、双方在管辖权问题上的争夺

本案被告注册地址为某县，但是山水谣小区的地址在某市某区。

原告因为在某市某区输了官司，因此不愿意在该区法院诉讼。原告律师认为在没有事先约定的情况下，按照《民事诉讼法》（2017 年）第 23 条规定，合同纠纷案件有两个法院管辖地，即被告住所地和合同履行地。被告注册地为被告住所地，山水谣小区所在的某市某区为合同履行地，两个地方的法院都可以成为提起诉讼。既然原告不愿意在某市某区法院提起诉讼，也可以在某县提起诉讼。

由于正处在疫情期间，法院要求登录某县法院官网线上起诉，原告按照要求登录某县法院官网，填写公司基本情况，上传了必要的证据，然后等待审核通过。

一周过后，原告没有获得立案通知，只好给网页上所留的联系方式打电话。接电话的法官告知原告，未予立案的原因是原告没有将合同文件上传。

原告赶忙将所有的合同都传上去。又过了一周，原告依然没有获得立案通知，又给法院立案庭打电话，被告知证据不充分，还需要补充证据。于是原告又强化了证据并上传。过了一周，仍然没有等到立案通知，打了电话后，被告知本案不属于某县法院管辖，而是属于某市某区法院管辖。

被告也在提交答辩状期间提出了管辖权异议。

原告律师问法官为什么某县法院不能管辖，《民事诉讼法》规定"原告就被告"的原则，本案被告注册地就在某县，为什么不符合地域管辖呢？法官回答本案属于不动产专属管辖，《民事诉讼法》规定，农村土地承包经营合同纠纷、房屋租赁合同纠纷、建设工程施工合同纠纷、政策性房屋买卖合同纠纷，按照不动产纠纷确定管辖。本案属于施工合同纠纷，应按照不动产纠纷确定管辖。现某市某区为山水谣小区实际所在地，因此应当归某市某区人民法院管辖。

原告律师认为，这个合同不是施工合同，而是建设工程装饰装修合同，因此可以由被告住所地法院管辖。法官说，这就是建设工程施工合同，需要按照不动产纠纷管辖，也就是建设工程所在地某市某区法院管辖。

四、原告诉求和被告的答辩意见

（一）原告诉讼请求

第一，判令被告按照设计要求对山水谣小区塑钢窗进行修理、重做或者更换，以通过工程质量验收。

第二，赔偿因此造成的经济损失 50 万元。

第三，诉讼费由被告承担。

事实和理由：

2014 年 4 月，原被告签订合同，原告向被告订购"聚源"牌断桥窗、中空玻璃以及锁闭器等。结算方式为被告安装完后 15 天内付给供方总工程一半的 70% 工程款，完工后付总工程 50% 的工程款，剩余款项除去 5% 的质保金全部用于抵房子。2014 年 8 月 10 日，原被告签订合同，被告承揽不锈钢栏杆和肯德基门窗工程。

按照双方签订的多份合同，被告主要负责山水谣小区门窗工程，但是被告所完成的工程很多不合格。2017 年 1 月 10 日，工程质量专家验收评价意见认为："1. 塑钢窗开启不灵活，外窗台找倒坡；2.5 号塑钢窗检测 $K=2.6$ 大于设计 $K=1.9$，不符合要求；3.8 号外窗检测 $K=3.1$（5+12+5）大于设计 $K=$

1.9……9.8 号一层外门窗未安装完。"结论："外窗检测与设计要求不符。"

此外还有 18 间车库和两个防火门没有安装电机，致使车库无法使用。8 号楼还有部分门窗没有安装。6、7、8 号楼底商的玻璃由两块拼接而成，违反图纸整体安装的设计要求。

工程质量专家验收后，原告公司多次要求被告按照图纸和设计要求进行整改，但是被告以各种理由搪塞，迟迟不动。被告拒不整改，导致工程无法通过验收，房屋也无法向业主交付，给原告造成巨大经济损失。

依法签订的合同，双方当事人应当诚实履行。现被告拒不履行合同义务，导致原告所开发的商品房无法验收，给原告造成巨大经济损失。请人民法院支持原告的诉讼请求，判令被告完成其合同义务，配合工程验收，并赔偿原告经济损失。

（二）原告依据《民事诉讼法》第 225 条和第 232 条增加诉讼请求

原告宣读起诉状以后，根据《民事诉讼法》第 225 条和第 232 条要求增加诉讼请求，法官表示同意。原告又增加了如下诉讼请求："①要求被告为车库卷帘门安装尚缺失的 18 部电机；②为地下车库入口、消防通道的大卷帘门安装尚缺失的 3 部电机；③8 号窗户密封、保温等级达不到设计要求，窗户缺失保险勾，开启角度大于 90°等，均需要修理，以满足设计要求；④原告要求被告安装的玻璃与冠垣国际一致，为此每平方米增加了 30 元，但是被告没有按照要求去做，现要求被告按照约定完成合同义务；5、6、7、8 号楼一层商铺的玻璃应当是整块的，可是被告用多块玻璃拼接而成，而且中间没有架框，现要求被告按图施工。"

索赔数额由 50 万元增加到 300 万元，事实和法律依据如下：

（1）未装电机无法使用的 18 个车库造成 4 年租金损失，按照每个车库租金 500 元/月计算，共计 432 000 元；

（2）8 号商业楼门窗不合格导致 2 层至 9 层 7950 平方米租金损失，按照 1 元/平方米/月进行赔偿，共计 11 607 000 元。

现原告合计主张赔偿 300 万元，放弃其他部分的赔偿权。

（三）被告答辩意见

原被告之间的装饰装修纠纷已经二审法院判决，原告仍然起诉属无理取闹；被告承包的工程大部分于 2015 年完工。个别项目 2016 年上半年全部完工，原告全部予以验收，并认可该工程。2016 年 10 月份原告已经交付业主使用，2017 年 10 月份之前，所有工程保修期均已到期。被告合同义务均已履行完毕。本次诉讼属原告滥用诉讼权利，胡编乱造，无理取闹。请求原告出具所有工程合同的原件，请求原告就其主张向法庭提供所有相关证据。

五、开庭过程

（一）法官归纳审判焦点

（1）原被告签订合同的主要内容。

（2）被告对合同的履行是否存在不合格的情况。

（3）如不合格，原告是否有损失，损失的金额是多少。

（二）法官分配举证责任

（1）原告有责任举证证明被告履行合同不符合约定，不符合约定给原告造成了损失，且有义务证明损失的计算标准，同时具有事实和法律依据。

（2）被告就其对原告的反驳需提供证据予以支持。

（三）原告举证和被告质证

序号		证据名称	证据内容	证明目的	备注
第一组	1	营业执照复印件		主体适格	
	2	法定代表人证明			
	3	法定代表人身份证复印件			
第二组	1	门窗产品购销合同（2014-04-11）		双方存在建设工程装饰装修承揽法律关系	
	2	门窗产品购销合同（2014-04-18）			
	3	合同书（2016-10-16）	窗户卷帘门承包		
	4	变更协议书（2015-06-10）	白玻璃变更为绿玻璃		
	5	协议书			

序号		证据名称	证据内容	证明目的	备注
第三组	1	工程质量专家验收评价意见		证明被告施工的门窗质量不合格	
	2	工程质量专家验收评价具体意见			
	3	建筑使用功能评价记录			
	4	建筑节能质量评价记录			
	5	建筑门窗物理性检测报告			
	6	照片			
	7	施工图纸			
第四组	1	5、6、7号楼底商出租合同		证明5、6、7号楼底商租金1元/平方米/月；相邻的万和小区每个车库每月租金500元	
	2	万和小区车库租赁合同			

被告对原告提交的上述证据质证如下：

对第一组证据无异议。

对第二组证据的真实性有异议，因为均是复印件，而不是原件。

对第三组证据无异议，但设计肯定达不到要求，因为是原告为了降低成本，要求被告用便宜东西来安装。所以达不到要求，不能通过验收的责任不在被告，而是原告的原因。

原告说有18个卷帘门的电机没有安装不符合事实，那些电机都在卷帘门的轴里，原告不懂，没看见。

工程已经竣工验收，原告已经交付业主使用，其后再主张质量问题没有法律依据。

《门窗产品购销合同》第7条约定，根据当前行业标准验收，7天内可提出异议，协商解决。原告没有在 7 天内对工程质量提出异议，没有权利再就质量问题主张权利。

对第四组证据的真实性和关联性均有异议，不能成为原告主张赔偿款的依据。

（四）被告举证和原告质证

第一组证据是本案已经法院判决的判决书、执行裁定书，证明本已经审理并判决过，按照"一案不再审"的原则，本案应当驳回起诉。

第二组证据是原被告签订的 5 份协议，证明被告已经全面适当履行了合同义务，应当驳回原告诉讼请求。

第三组证据包括工程结算单、现场签证单、《断桥铝窗质量标准及价格》，证明使用秦皇岛 60 内开聚源铝材，香港乙森锁闭器和角部铰链，玻璃用 5+12+5 中空双道密封玻璃，窗扇开启部位用三元乙丙胶条，其他部位均打玻璃耐厚胶并均按本行业标准执行，440 元/平方米，不含税金及配合费用、不包含纱窗隐形纱窗（45 元/个）；

《塑钢窗质量标准及报价》，证明使用中材 60（外墨绿内白）平开窗，香港乙森锁闭器和角部铰链，玻璃用 5+12+5 中空双道密封玻璃，钢衬采用 1.5 毫米壁厚镀锌或防腐 U 型钢材，260 元/平方米，不含税金及配合费用、不包含纱窗隐形纱窗（30 元/个）。证明双方按照上述验收标准验收所完成的工程。

第四组证据包括 5 号楼业主缴纳暖气费、水费收据等，证明二期工程已经交付业主使用，原告无权就质量问题提出主张。

原告对被告所提供证据质证意见如下：

第一组证据不能证明其举证目的，恰恰证明本案工程质量问题并没有经过处理。因为判决书第 6 页明确说明原告就质量问题保留另行起诉权利，可以另行解决。

对第二组证据的真实性不持异议，其内容与原告提交的第二组证据相同。

对第三组证据存在异议。工程结算单和现场签证单只是原告工地代表对被告完成工程量的认定，并不包含对质量的认定。质量问题需要在工程验收环节根据图纸和国家强制性标准进行验收。只有通过了住建部门、建设单位、施工单位、设计部门、监理部门、审图部门参加的工程验收才能确定工程质量合格。

建设工程是百年大计，必须遵守国家强制性规范的规定。国家强制性规范是工程质量的最低标准，违反强制性规范肯定不能通过验收。当事人无权通过约定降低工程的质量标准，否则双方的约定无效。

被告认为工程质量不达标，通不过验收的原因是原告授意降低质量标准，这是不符合事实的。如果被告坚持这一看法，请被告提供相应证据。

原告不是工程专业人士，作为发包人不懂工程的国家标准情有可原。但是被告作为有经验的承包商，应当知道按图施工的法律规定和工程行业惯例。应当知道不符合国家强制性规范、没有按图施工的后果。可是被告为了盈利，不顾设计、规范的要求，降低工程质量标准，致使涉案工程不符合设计要求，被告对工程不合格存在重大过错，应当为此付出代价。

被告第四组证据是 5 号楼的，即使真实，也只能证明 5 号楼交付业主使用。本案原告主张的工程质量问题多数是 8 号楼的，因此被告提供的证据与本案不具有关联性。

（五）法官提问原告

（1）本案开竣工时间：2014 年开工，2016 年大部分完成。

（2）哪栋楼不合格：5 号楼和 8 号楼。

（3）涉及商业出租的是哪栋楼：8 号楼。

（4）为什么工程没有验收：还有部分工程不合格。

（5）索赔 50 万元。

（六）法官提问被告

（1）K 值由什么来决定：由玻璃、玻璃框、五金件等共同决定。

（2）现在原告指控部分的门窗是否达不到设计要求：是。

（3）工程是包工包料，还是清包工：包工包料，但是料是原告指定的。

（4）施工时是否见到图纸：从来没给过图纸，没见到。

（5）原告提交的专家验收意见是谁组织的？住建局。

（6）一层底商玻璃是否约定整块安装：没有。

（7）十八个车库卷帘门是否没有安装电机：都在轴里，原告不仔细就看不见。

（8）门窗安装方面有没有国家标准：没有。

（9）原告是否通知过你们修理或者重做；通知过。

（10）为什么不修理或者重做：没有按时支付工程款。

六、法庭辩论

(一) 第一轮辩论

原告认为，《建筑法》（2011年）第58条规定了施工单位按图施工义务，这是法律规定，也是工程行业惯例。被告以没有收到图纸为借口，不按图施工，导致工程质量不符合设计要求。应当按照《建筑法》（2011年）第74条规定，赔偿原告损失，并接受行政处罚。

原告认为，《建筑法》（2011年）第61条规定，交付竣工验收的建筑工程，必须符合规定的建筑工程质量标准，有完整的工程技术经济资料和经签署的工程保修书，并具备国家规定的其他竣工条件。《民法典》第799条第1款规定："建设工程竣工后，发包人应当根据施工图纸及说明书、国家颁发的施工验收规范和质量检验标准及时进行验收。验收合格的，发包人应当按照约定支付价款，并接收该建设工程。"

按照上述规定，被告施工质量必须符合国家强制性法律规范的规定，必须满足设计要求并保证通过验收。否则必须修理、重做或者赔偿原告经济损失。

被告认为，施工单位确实应该按图施工，但是被告没有收到原告的图纸。所以没有按图施工的责任不在被告。

被告认为，不符合设计要求并不等于工程不合格，验收标准有很多种，施工单位是按照原告确定的标准来施工。如果原告的标准违反了法律规定，责任不在被告。

合同规定，质量有问题应在7天内提出，而原告不仅7天内没有提出异议，而且其工地负责人已经对工程质量进行验收并完全认可被告的成果。所以原告的主张没有道理。

(二) 第二轮辩论

原告认为，被告没有收到施工图纸的说法是非常荒谬的，门窗工程非常复杂，不可能仅凭原被告工地代表口头沟通能够完成。被告说法违反工程建筑施工的常识。

退一步讲，作为有经验的承包商，没有图纸可以暂停施工并相应顺延工期，不能在没有图纸情况下盲目施工。原告作为投资人没有建筑知识可以原谅，但是被告没有图纸进场胡乱施工是不可原谅的。

5、6、7 号楼已经交付使用，按照最高人民法院《关于审理建设工程施工合同纠纷案件适用法律问题的解释》，原告放弃就质量问题主张权利。但是 8 号楼没有竣工验收，也没有交付使用，所以 8 号楼的工程质量问题被告必须承担责任。

工程质量责任是法律规定的，是强制性的规范，当事人必须执行，当事人无权以约定废除法律的规定。

关于 7 天异议期，只是说 7 天未提异议双方协商解决，并没有说 7 天没有异议就等于认可产品和安装质量，也没有说 7 天无异议就放弃诉讼权利。

被告认为，原告方工地代表对被告承包工作的现场认可就是验收通过，2016 年 12 月 16 日的《现场签证单》就是证明。被告是按照原告的要求进行安装工作，给多少钱干多少活，有问题错在原告，与被告没关系。

5、6、7、8 号楼都已经竣工交付使用，根据最高人民法院的相关司法解释，发包人未经许可，擅自提前使用未竣工验收工程的，又就工程质量提出主张，法院对其不予支持。

（三）最后陈述

原告要求支持诉讼请求；被告要求驳回原告诉讼请求。

七、法院判决（略）

八、对本案的评析

（一）门窗工程是否属于建设工程活动

《民法典》第 788 条第 2 款规定："建设工程合同包括工程勘察、设计、施工合同。"《建筑法》也有相关规定。

按照上述规定，门窗工作只有必须属于施工活动才能属于建设工程合同，因此施工活动的范围就决定了门窗工程是否属于建设工程合同。

《建筑法》（2011 年）第 2 条规定，建筑活动指各类房屋建筑及其附属设施的建造与其配套的线路、管道、设备的安装活动。

《建设工程质量管理条例》（2011 年）第 2 条第 2 款规定，本条例所称建设工程，是指土木工程、建筑工程、线路管道和设备安装及装修工程。

《建筑业企业资质管理规定》将施工企业分为施工总承包、专业承包和劳务分包 3 种。施工总承包又分为房屋建筑工程、公路工程、电力工程等 12 类。

专业承包分为地基与基础、土石方、钢结构、装饰装修、金属门窗等60类。

通过以上分析，可以得出以下结论，门窗工程属于施工活动，施工活动又属于建设工程活动，因此门窗工程合同属于建设工程合同。

（二）门窗工程是否属于加工承揽活动

《民法典》第770条第1款规定："承揽合同是承揽人按照定作人的要求完成工作，交付工作成果，定作人支付报酬的合同。"按照第770条的规定，双方都可以提供加工承揽所需要的材料。

由于门窗制作安装特别专业，不是普通的承揽活动，而且肯定附属于建筑工程上面，况且《建设工程施工质量验收统一标准》（GB503000-2013）《建筑装饰装修工程质量验收规范》（GB50210-2013）《建筑节能工程施工质量验收规范》（GB50411-2013）对门窗工程的验收作出了详细规定，因此笔者认为门窗工程属于建设工程合同。

（三）门窗工程在建筑活动中属于哪个阶段的工作

按照《建设工程施工质量验收统一标准》（GB503000-2013）建设工程分部分项的划分，建筑工程分部分项工程划分为：地基与基础、主体结构、建筑装饰与装修、建筑屋面、建筑给排水与采暖、建筑电气、智能建筑、通风空调、电梯、节能等十个分部，其中门窗工程属于建筑装饰与装修中第三个子分部，属于节能分部中第三个子分部。

（四）门窗工程的验收有没有国家标准

门窗工程的验收有国家标准，即《建设工程施工质量验收统一标准》（GB503000-2013）《建筑装饰装修工程质量验收规范》（GB50210-2013）《建筑节能工程施工质量验收规范》（GB50411-2013）等。

（五）门窗工程除了适用《建筑法》，是否也适用《产品质量法》和《标准化法》

《产品质量法》和《标准化法》是范围更广的法，适用于所有经过加工制作，用于销售的产品。由于房屋属于不动产，是特殊商品，有特别法规定。所以根据特别法的有限原则，房屋建筑不适用《产品质量法》。

但是，门窗属于建筑的附属物，又是动产，门窗的设计生产无疑都属于产品，因此建筑物的门窗适用《产品质量法》。

无论建筑产品，还是普通产品，都适用《标准化法》。建设工程相关质量验收规范也都属于《标准化法》的范畴，因此门窗工程除了适用《建筑法》

《产品质量法》，也适用《标准化法》。

（六）发包人和承包人能否约定一个低于国家标准的验收标准

国家标准就是最低标准，低于国家标准就属于不合格产品。所以当事人不能约定一个低于国家标准的验收标准。

（七）本案原告提供的证据是否达到证明被告工程质量不合格的水平

本案原告提供的《工程质量专家验收评价意见》和《工程质量专家验收评价具体意见》只是施工方自检过程中，专家提出的整改意见。《建筑门窗物理性能检测报告》是 2015 年 12 月 7 日至 14 日见证取样的报告，不能证明这段时间之后被告施工的结果。正常情况下，自检不合格之后，建设单位将要求承包人对质量问题进行整改。

就本案而言，原告应当提供被告自检后直到起诉前向被告发出的所有质量整改通知书，这样才能证明被告承包的门窗安装工程一直处于不合格的状态。

本案原告提供的照片不是原件，未标明楼号、位置、瑕疵和证明目的，而且难以证明照片和建筑物的对应关系。正确的举证方法应当是制作视频，从小区大门开始一直到建筑物前面，清晰完整，连续不间断。

（八）质量问题是本案的焦点问题，判断本案工程质量问题是否需要进行
　　　工程质量鉴定

质量是否合格，发包方和承包方谁说了都不算，应当对该问题进行司法鉴定。

2021 年 1 月 1 日施行的最高人民法院《关于审理建设工程施工合同纠纷案件适用法律问题的解释（一）》第 32 条第 1 款规定，当事人对工程造价、质量、修复费用等专门性问题有争议，人民法院认为需要鉴定的，应当向负有举证责任的当事人释明。当事人经释明未申请鉴定，虽申请鉴定但未支付鉴定费用或拒不提交相关材料的，应当承担举证不能的法律后果。

根据最高人民法院《关于适用〈中华人民共和国民事诉讼法〉的解释》第 121 条的规定，本案原告应当在案件受理后，举证期限届满前向法庭提出工程质量司法鉴定申请。被告可以聘请有专门知识的专家辅助人对鉴定意见进行质证。

（九）原告诉讼请求的表达方式

原告第 1 项诉讼请求是："判令被告按照设计要求对山水谣小区塑钢窗进行修理、重做或者更换，以通过工程质量验收……"这个明显涵盖被告施工的门窗工程存在的所有质量问题，所以这个表达有缺陷。

开庭后，原告变更和增加了诉讼请求，但是太具体，没留有余地，一旦指控的事实不存在，将直接动摇诉讼请求，危及诉讼的目的。

因此，原告关于诉讼请求正确的表达方式应当是宏观与微观结合，既有具体的质量问题，也有目的控制，从而保证诉讼请求既不会挂一漏万，也不会忘掉初心。

例如，原告要求被告为 18 个车库门和地下人防设施出口卷帘门安装电机，但是后来被告带领原告、法官、书记员到现场指认说电机已经安装，只是没有遥控器，也没接通电线。这个时候原告就很被动，因为诉讼请求就是判令安装电机。现在已经有了，显然原诉讼请求站不住脚，而且以此为基础的赔偿请求也没有依据了。所以这个诉讼请求的表达方式是有问题的，应当表述为："为车库、出口的卷帘门安装电机，完全履行合同义务，实现质量合格并通过验收。"这样既有具体方面也有兜底的目的诉求，任何情况下都能站得住脚。

第七节　广厦房开公司与东风建筑公司工程合同纠纷案例
——无效合同在《民法典》施行后的效力判断暨
六份合同相互之间的关系

一、案情简介

2009 年 7 月 1 日，双方签订《建设工程施工合同》，被申请人东风建筑公司承建山水大观小区 34 号楼、44 号楼。之前 2009 年 6 月 30 日，双方签订《工程承包补充协议》，之后分别于 2012 年 5 月 25 日、2012 年 5 月 26 日、2014 年 4 月 4 日签订了补充协议。

双方通过上述协议约定，承包内容为山水大观小区二期十标段；承包范围是合同施工图纸的全部内容，完成土建、水暖、电气的全部工程（包括所有碰头、接口）。采用平方米固定综合单价承包形式，一次性承包，不作任何调整，工期为 2009 年 7 月 1 日至 2013 年 6 月 30 日。工期每延误一天，广厦房开公司有权扣合同总价款的 2‰，作为违约金。经广厦房开公司测算，工程测绘面积 12 077.48 平方米，工程承包总价 11 376 986 元。

2014 年 4 月 2 日，东风建筑公司致函广厦房开公司，称"合同工程虽未经竣工验收，但已具备竣工验收条件，为稳定广大购房者情绪，稳控上访事件，担当社会责任，我公司同意你公司使用合同工程，交付于购房者"。

2015 年 3 月 26 日，广厦房开公司向东风建筑公司发出《催缴验收资料的函》，称工程虽然于 2014 年竣工，但是由于东风建筑公司没有按时提交竣工资料，导致工程无法验收，业主不能办理房产证，导致多人上访。故要求 2015 年 6 月 30 日将相关资料交到住建局有关部门，否则承担因此引起的一切责任。

2016 年 6 月 15 日，工地突然起火，经过消防扑救，8 号工棚内勘测仪器、电线等被烧毁，直接财产损失 24 847 元。起火原因可以排除用火不慎、电气故障等，不排除外来火源引燃工棚内杂物引发火灾事故。

2019 年 1 月 21 日，广厦房开公司向东风建筑公司发出《告知函》，要求："一提交资料，配合验收；二广厦房开公司收到住建局档案室出具的《竣工验收备案表》《竣工验收合格证明书》后按合同约定对备案楼座进行结算"。

2021 年 6 月 26 日，广厦房开公司在某市仲裁委员会提请仲裁，要求：①请求裁决被申请人向申请人支付延期竣工及延期交付竣工资料的违约金 290 万元；②裁决被申请人继续履行合同并按约定提交全部竣工验收资料以及竣工报告。

二、申请人的主张和被申请人的答辩

申请人的仲裁请求：申请人认为自己已经支付了全部工程款，但是被申请人没有交付施工资料，导致工程不能验收，还造成了大量上访事件。请仲裁委裁决被申请人向申请人支付延期竣工及延期交付竣工资料的违约金 290 万元，申请人的关于延期交付工程违约金主张期限始于合同约定的竣工期限即 2013 年 6 月 30 日，日利率适用的是总价款的 2‰。

被申请人的答辩意见如下：

一、就申请人申诉我方因延误工期主张违约金事宜答辩如下

由于本案合同效力问题对申请人的主张存在重大影响，所以我们将从合同无效和合同有效两种情况来答辩。

（一）合同无效的情况

根据《工程建设项目招标范围和规模标准规定》（国家发改委 2000 年 3 号令）第 3 条规定，涉案工程属于必须招标的工程，如果本案应该招标而未招标，那么合同就无效。

在合同无效的情况下，除了解决争议的条款，其他条款均无效。违约金条款也当然无效。在工期违约金条款无效的情况下，申请人的主张就没有合同依据，其主张应当予以驳回。

（二）合同有效的情况

在不存在违反法律禁止性规定，合同有效的情况下，判断申请人的主张能否得到支持，存在合同和法律两个维度，我们先从合同的维度，从四个方面讲：

（1）根据双方签订的《建筑工程施工合同》专用条款第 56.2（1）条约定，双方就工期事宜既不设提前竣工奖也不设误期赔偿费，所以申请人的主张没有合同依据。

（2）根据《通用条款》第 56.2 条规定，除专用条款另有约定外，误期赔偿费的最高限额为扣除暂列金额和零星工作项目费后合同价款的 5%。住建部颁发 2013 年版《建设工程工程量清单计价规范》条文说明第 9.12 条中也明确了这一点。

因此即使存在工期延误，申请人任何过错，且不过索赔期限和诉讼时效，申请人主张的违约金亦存在合同价款 5% 的上限。根据申请人《仲裁申请书》，工程承包总价为 11 376 986 元，其 5% 为 568 849.3 元。

（3）补充协议只针对被申请方设立违约责任，违反《民法典》第 6 条关于合理确定双方权利和义务的公平原则。

2012 年 5 月 25 日补充协议第 9 条约定的内容是工期延误的责任，一共 9 款，但是全部约定的是乙方的工期延误责任，这在责任分配上是不公平的，是申请人利用优势地位增加对方责任，逃避己方责任。答辩人认为，由于本条违法，应当执行专用条款第 56.2 条的约定。

（4）申请人不按约定支付工程款，导致工程延期。

涉案工程封顶时间为：38 号楼一层封顶时间 2011 年 7 月 20 日，44 号楼一层封顶时间 2011 年 7 月 14 日；38 号楼四层封顶时间 2011 年 9 月 15 日，44 号楼四层封顶时间 2011 年 8 月 30 日；38 号楼六层封顶时间 2011 年 10 月 4 日，44 号楼封顶时间 2011 年 9 月 30 日；装修完成具备验收，分户验收 38 号楼封顶时间 2014 年 3 月 28 日，44 号楼封顶时间 2014 年 3 月 28 日。

实际付款时间一层封顶应在 2011 年 7 月 14 日后 38、44 号楼付款 1 207 745 元，实际是 2011 年 9 月付款 60 万元，11 月付款 65 万元，按照合同约定付完一层封顶的工程款延迟 4 个月。四层封顶应在 2011 年 8 月 30 日后付款1 811 628 元，2012 年 2 月抵房款 297 208 元，2012 年 4 月付款 65 万元，2012 年 8 月付款 60 万元，2012 年 9 月付款 10 万元，2012 年合计付款 1 647 208 元，直到 2012 年底还没有付清 2011 年 8 月 30 日应该付清的四层封顶应该付的工程款，按照合同约定付完四层封顶的工程款延迟 1 年 3 个月。六层封顶应在 2011 年 9 月 30 日付款 1 207 745 元。2013 年 2 月付款 60 万元，5 月付款 10 万元，5 月付款 10 万元，6 月付款 10 万元，9 月付款 50 万元，合计付款 150 万元，到此时 2013 年 9 月延迟 2 年才付清应该在 2011 年 10 月 4 日付清的 6 层封顶应付工程款。更不要说后面的付款。

申请人指定的商品混凝土，给开出的付款委托书 153 290 不付款，资料不给提供。在 2013 年 4 月 30 日被申请人开出的委托支付，申请人说没有工程进度款可以支付所以就没有支付给商品混凝土。实际上到 2011 年主体封顶完成按照约定应该付工程进度款为 4 227 118 元，实际到 2013 年 4 月 30 日才支付到 3 497 208 元，还欠封顶进度款 729 910 元。商品混凝土的委托付款书就应该在尚欠的工程进度款中扣除支付。

合同没有顶房条款，按照《民法典》第 514 条金钱之债给付货币的确定。以支付金钱为内容的债，除法律另有规定或者当事人另有约定外，债权人可以请求债务人以实际履行地的法定货币履行。而申请人违约高于市场价格 30%~50% 顶了 8 套房。楼层都是售楼部不好销售的 5 层、6 层，没有商业价值的商铺。我们只能再赔一半价格出售（税务局交税需要现金，农民工支付需要现金，材料支付需要现金，可不能用房子顶）。其中申请人给顶账的 4 套房（E 区 13 号楼 2 单元 601，E 区 13 号楼 2 单元 501，E 区 45 号楼 2 单元 502，E 区 39 号楼 1 单元 502）1 469 134 元既没有开具不动产发票，也没有办理网签，更没有过户登记手续，因此属于应付而未付的工程款。

从法律的层面讲，申请人的主张也不符合法律规定。

（1）工期延误的原因是申请人审批手续瑕疵等自身原因导致的，申请人不应将工期延误的责任归咎于答辩人。

申请人的初期的项目规划是一个整体的大的规划许可证，直到 2019 年 12 月 9 日才由某市自然资源和规划局永宁分局办理了山水大观 C、D 南、D 北、E 区三个居住区的已建建筑物（共 77 栋住宅楼）的规划验收认证（规划认定意见：认字第［2019］04 号）其中有 C 区 38 号楼、44 号楼。

某市永宁区人民政府关于永宁区遗留问题基本情况简介："我区共上报 17

个项目部，现将各项目部情况报告如下，山水大观该项目为三年大变样，历史遗留问题工程，加之行政管辖权和行政审批管理权多次变更等历史原因，存在违规占地，地证不符，供地迟缓，规划滞后，处罚不完善等诸多遗留问题，导致项目违法，违规建设和手续不完善。已建成的建筑不能竣工验收，不能发放房产证，后续过程不能顺利推进，引发了诸多矛盾。"

由此可见，是申请人违规占地，地证不符，供地迟缓，规划滞后等原因造成工期延误。

（2）申请人作为开发商，一级开发就未按时完成，导致工程延期。

合同约定的开工日期为 2009 年 7 月 1 日，但 2009 年 7 月 1 日施工现场还没有达到"三通一平"，直到 2009 年 10 月才开始具备施工条件。由于 2010 年"5·16"事件，工程停工 2 年，申请人因此产生工期损失，答辩人损失更大。因为没有办理开工许可证，2011 年被记者报道后申请人在 2012 年 4 月 1 日才取得《土地使用权证》，2012 年 5 月 24 日才取得《施工许可证》。

（3）中共某市永宁区委办公室、永宁区人民政府办公室关于《某市永宁区解决房地产开发遗留问题实施意见的通知》（永宁区［2017］8 号）解决房地产企业办证难问题的通知下，申请人已于 2021 年办理了《关于山水大观住宅小区质量认定意见》（（遗）住建字［2021］第 011 号）的质量验收，依据境门科技事务司法鉴定中心出具鉴定意见书，某科司建［2021］字第 016 号（1-61）栋，其中包括 C 区 38 号楼、44 号楼根据鉴定结论质量认定为合格。此《质量认定意见》代替了《工程质量监督报告》于 2021 年 5 月 26 日办理了《河北省建设工程竣工验收备案证明书》。住户就可以办理房产证了。

（4）申请人关于工期违约金的主张既过了工程索赔期限，又已经过了诉讼时效。

住建部颁发 2013 版《建设工程工程量清单计价规范》第 9.13.7 条规定，根据合同约定，发包人认为，由于承包人的原因造成发包人损失，宜按承包人索赔的程序进行索赔。第 9.13.2 条和第 9.13.3 条详细规定了索赔程序，既逾期 28 天未发出索赔意向书的，丧失索赔的权利，《通用条款》也作了相似规定。

按照申请人的《仲裁申请书》，申请人认为竣工日期为 2013 年 6 月 30 日。超越这天申请人就应当在 28 天之内提出索赔意向，否则就丧失索赔权利。根据权利和义务一致原则，承包人也应遵守这个索赔程序。

　　申请人于 2014 年 9 月份已经入住该工程，根据相关司法解释，未竣工验收但提前入住的，以实际入住时间为竣工时间。现距 2014 年 9 月已经过去 7 年，申请人关于工期违约金的主张已经过了索赔期限和诉讼时效。

　　也就是说，无论是从合同约定的竣工时间，还是申请人入住的实际竣工时间，申请人对违约金的主张均过了索赔期限和诉讼时效。

　　二、申请人关于工程资料的答辩意见

　　（1）我方的资料基本齐全包括：基础静载报告，实体检测报告，基础主体的水泥、钢筋、砖、砂等，基础验槽记录，主体验收记录，屋面资料，装修资料，电气资料，给水排水采暖资料等都齐全。申请人指定的混凝土不齐全。

　　（2）工程竣工是提交工程资料的前提条件，申请人在工程尚未竣工之前就擅自入住，违反《建筑法》第 61 条规定，因此，资料提交问题的责任不在被申请人。

　　（3）被申请人没有交付施工资料的原因是申请人没有按约支付工程款。申请人在每个付款节点都没有按照约定付款，工程 2014 年初就已经达到竣工条件，并且申请人已经入住，但是截至 2016 年 9 月 21 日，申请人共支付工程款 9 157 065.84 元，尚欠工程款 2 272 614.16 元。以申请人和被申请人对账为准（款项有被申请人委托支付的还没有被申请人支付的，需要对账核查）。

　　（4）办理工程竣工验收报审资料总共 23 项资料，其中只有第 17 项施工单位资料由我单位提供，只占 1/23，4.34%。申请人需要提供的其他 22 项资料大多数没有准备齐全（消防资料是在 2018 年验收，规划是在 2019 年 12 月 9 日才办理认定）。

　　（5）在 2016 年 6 月我单位资料在另外一个工地资料室放着，由于失火将资料烧毁，烧毁后我单位不惜重金补办资料。于 2017 年 8 月送到永宁质监站，也于 2017 年通过了质监站的认定，已经基本齐备。申请人私自从质监站拿回来属于个人行为，拿回来以后却说资料有短缺。

　　（6）建设工程竣工验收报告是应该由申请人（建设方）自己办理。建设工程竣工验收报告还需要施工、监理、设计、地勘、施工图审查、建设单位盖章，我们施工单位没有资格去找其他单位盖章，建设工程竣工验收报告已经于 2014 年底在没有进行决算的情况下由被申请人盖章交付到申请人手里。其他单位没有盖章是由于申请人没有付完他们款项。申请人没有提出的建设工程竣工报告已由被申请人 2014 年底提交。我们施工单位作为弱势群体在没有决算、没有付完工程款的情况下已经盖完章了。

申请人指定塑钢窗、混凝土、楼宇门、防盗门、储物间门、水表、电表、锁闭阀、不锈钢栏杆提供的资料不齐全。

（以上答辩中如需进一步澄清的，可申请到相关单位调阅取证）。

三、《仲裁申请书》多处陈述与事实不符，主张不符合常理

第一，申请人认为工程承包总价 11 376 986 元，如果真如申请人所称，如约支付全部工程款，那就是 11 376 986 元全部付清。答辩人没有收到这么多工程款，申请人所说与事实不符。

第二，申请人认为大批上访事件是因为答辩人引起的，这也与事实不符，答辩人早已交付承包建造的房屋，不会引起上访。事实是申请人开发手续有瑕疵导致业主不能及时办理房产证，才导致大量上访。

第三，申请人要求答辩人提交竣工验收报告，不符合常理，因为竣工验收报告属于发包人也就是申请人应当准备并提交给主管部门的文件，提交竣工验收报告不是答辩人的义务。

第四，答辩人多数竣工资料已交付永宁质监站，申请人从永宁质监站又取走上述资料。也就是说，多数资料在申请人手里。所以申请人要求答辩人提交全部竣工资料不合情理。请申请人根据建筑档案部门的要求清点手中的竣工资料，查漏补缺，答辩人可以就付诸阙如部分进行补充并提交。

第五，申请人已于 2021 年办理了《关于山水大观住宅小区质量认定意见》（（遗）住建字［2021］第 011 号），已经具备为业主办理产权登记的条件，因此，竣工资料问题不是《仲裁申请书》所言大批量上访的原因。

总之，申请人主张的延期竣工违约金没有合同和法律依据。申请人要求提交的竣工报告、结算报告以及相关资料已经提交，要求提交的竣工验收报告是申请人组织完成的内容，其余竣工验收资料绝大多数属于申请人的义务，申请人要求答辩人提交全部资料不符合规定。综上所述，请仲裁委驳回申请人的仲裁请求。

三、被申请人反申请以及申请人的答辩

某市《仲裁委员会仲裁规则》第 18 条规定，被申请人如有反请求，最迟

应当收到应诉通知书之日起 30 日内以书面形式通知仲裁委员会。仲裁庭认为有正当理由的，可以适当延长此期限。

据此，东风建筑公司向广厦房开公司提出反请求，要求该公司支付拖欠的工程款 2 272 614.16 元。理由是：

首先，根据最高人民法院《关于审理建设工程施工合同纠纷案件适用法律问题的解释（一）》第 9 条第 3 项规定："建设工程未经竣工验收，发包人擅自使用的，以转移占有建设工程之日为竣工日期。"现广厦房开公司已经入驻该工程，该工程应当视同竣工。根据《建设工程质量管理条例》（2019 年）第 40 条规定，质量保修期自竣工验收合格之日起算。据此规定，广厦公司实际入住该工程之日既是申请人完成合同义务之日，也是工程质保期开始计算之日。

无论根据最高人民法院《关于审理建设工程施工合同纠纷案件适用法律问题的解释（一）》第 17 条，建设部、财政部《建设工程质量保证金管理暂行办法》《通用条款》第 68.3 条约定，还是根据《补充协议》第 4.6 条约定，两年缺陷责任期限早已期满，因此广厦房开公司应当支付全部工程款。

根据《民法典》第 804 条规定，由于广厦房开公司原因导致工程停工、窝工，广厦公司应赔偿反申请人的经济损失。

根据最高人民法院《关于审理建设工程施工合同纠纷案件适用法律问题的解释（一）》第 26 条、第 27 条规定，广厦房开公司应就拖欠反申请人的工程款承担利息。

广厦房开公司答辩称："我公司已经如约全部支付了工程款，不存在拖欠工程款的问题。"

四、本案焦点问题

（1）合同效力。

（2）工期延误的原因以及责任。

（3）工程资料与工程款是否构成对等给付。

（4）索赔期限和诉讼时效的问题。

五、关于工程资料的基础知识

（一）竣工文件的组成

根据《建设工程资料管理规程》（JGJ-185-2009）《建设工程文件归档整理规范》（GB/T-50328-2001）规定，建设工程归档的范围包括：工程准备阶段文件、监理文件、施工文件、竣工图、竣工验收文件五部分。

某市市建筑工程档案移交目录

案卷题名	案卷类别	序号	文件名称	备注
工程准备阶段卷	决策立项文件	1~8	项目建议书等	
	征地拆迁文件	1~6	选址申请及选址规划意见通知书等	
	勘察测绘设计	1~12	岩土勘察报告等	
	招标投标文件	1~6	勘察设计招投标文件	
	开工审批文件	1~8	建设项目年度计划审报文件	
	工程质量监督	1~6	建设工程质量监督报建备案登记表	
	财务文件	1~4	估算、概算、预算和决算	
监理文件卷	监理规划	1~3	监理规划、实施细则、施工组设计	
	进度控制	1~4	工程开工报审表、暂停令、复工令等	
	质量控制	1~11	主要施工机械设备报审表等	
	造价控制	1~5	工程款支付申请表等	
	分包资质	1~2	分包商资质、实验室资质报审表等	
	监理通知	1~2	监理通知、监理师通知回复单等	
	合同争议、违约及处理	1~5	工程临时延期报审表等	
	监理工作总结卷	1~5	监理月报、专题报告、质量评估报告	
	监理会议纪要卷	1~2	监理会议纪要、监理工作联系单	

案卷题名	案卷类别	序号	文件名称	备注
施工文件	工程管理文件	1~7	开工报审表、施工组织设计、技术交底记录、施工日志、竣工总结等	
	土建卷	1~87	图纸会审记录、设计变更通知单、工程洽商记录、工程定位测量及复测等	
	水暖卷	1~20	图纸会审、设计变更通知单、工程洽商、主要材料出厂合格证等	
	电气卷	1~15	图纸会审、设计变更通知单、工程洽商、主要材料出厂合格证等	
	通风与空调	1~22	图纸会审、设计变更通知单、工程洽商、主要材料出厂合格证等	
	电梯卷	1~26	图纸会审、设计变更通知单、工程洽商、主要材料出厂合格证等	
	建筑智能化	1~16	图纸会审、设计变更通知单、工程洽商、主要材料出厂合格证等	
	桩基、支护土方	1~35	图纸会审、设计变更通知单、工程洽商、不同桩位测量放线定位图等	
	地基处理	1~13	图纸会审、设计变更通知单、工程洽商、工程测量放线定位平面图等	
	施工验收	1~4	单位（子单位）工程质量竣工验收记录等	

案卷题名	案卷类别	序号	文件名称	备注
竣工验收	工程概况表、工程竣工总结、单位（子单位）工程质量竣工验收记录、单位（子单位）工程质量控制资料核查记录、单位（子单位）工程安全和功能检验资料核查及主要功能抽查记录、河北省建设工程竣工报告和竣工验收报告、河北省建设工程竣工验收备案表、河北省建设工程竣工验收备案证明书、规划验收认可文件、公安消防验收意见、环保验收合格证、其他专项验收认可证明、沉降观测记录、《住宅质量保证书》《住宅使用说明书》《工程质量保修书》，工程开工、施工等照片、光盘等，交付使用财产总表和财产明细表、档案专项验收申请表及认可书			
竣工图卷	综合竣工图卷	1~5	总平面布置图、设计总说明书、竖向布置图、室外水电（电力、电讯、电视系统）气热综合图等	
	室外专业竣工图卷	1~14	给水、雨水、污水、热力、燃气、电讯、电力、电视、室外小品、消防、照明、水景等	
	专业竣工图卷	1~7	建筑、结构、装修（装饰）工程竣工图、电气、电气智能化、给排水、消防、通风、采光采暖、燃气等竣工图	

（二）归卷的时间

（1）建设单位在招投标、签约阶段，向各工程主体就档案编制、保存、整理、汇总、提交问题明确提出要求。

（2）各工程主体在工程各个相应阶段准备资料、签署意见、出具相应报告。

（3）施工单位在竣工验收前，将施工资料整理、汇总完成。准备两套资料，一套移交建设单位，一套自行保存。

（4）建设单位在组织竣工验收前，提请城建档案馆对工程档案进行预验收，未取得《建设工程竣工档案预验收意见》的，不得组织工程竣工验收。

（5）建设单位在竣工验收后3个月内将工程档案移交城建档案馆。

（三）工程资料的编号说明

资料编号共7位：前两位是工程分部，中间两位是资料类别，后三位是资料顺序号。

工程分为 9 个分部,分别是地基与基础、主体结构、装饰与装修、建筑屋面、给排水和采暖、建筑电气、智能建筑、通风与空调、电梯。

资料分类包括:基建文件 A、监理资料 B、施工资料 C、竣工图 D。

六、开庭情况

申请人广厦房开公司提交的证据如下:

第一组:2009 年 5 月 22 日申请人取得用地和工程规划许可证,2012 年 4 月 1 日取得土地使用权证,2012 年 5 月 24 日取得施工许可证。以上证据证明申请人的开发项目合法。

第二组:2009 年 7 月 1 日《施工合同》、2009 年 6 月 30 日签订补充协议、2012 年 5 月 25 日和 26 日补充协议。38 号楼、44 号楼的面积测绘报告。以上证据证明被申请人应得的工程款为 11 376 986 元。

第三组:2015 年 3 月到 2021 年 6 月 9 日的六份告知函,要求提交施工资料,此外还有 1 275 708.28 元没有开具发票。

第四组:2012 年 5 月 25 日共同声明,针对 5.16 事件提高平方米单价。

第五组:工程款支付明细,证明工程款已经支付 9 353 842.15 元,达到合同总价 82.22%。

第六组:抵顶工程款协议书 4 份,证明 4 份,委托付款书 4 份。证明申请人不愿意再用上述房屋抵顶工程款。

东风建筑公司对广厦房开公司提供证据的质证意见

一、第一组

认可真实性,关联性,不认可合法性和证明目的。

该组证据恰恰证明施工手续不合法,理由是:

(1) 颁发规划许可证到签约这个时间段,需要勘察、设计(建筑设计和施工图设计)、招标。现二者仅隔 38 天,根本来不及招标,应招标而未招标,严重违反《招标投标法》,由于没有招标,合同无效,违反《合同法》。依据无效合同进行施工,手续不合法。

(2) 取得规划许可证、土地使用证、施工许可证时间严重滞后,违反《建筑法》《建设工程质量管理条例》《建筑工程施工许可证管理办法》相关规定,手续不合法,合同无效的责任应当由申请人承担。

（3）施工许可证比合同签订时间晚了近三年，导致长时间停工，所以合同延期竣工的责任应当由申请人承担。

二、第二组

对第一部分认可真实性，关联性，不认可合法性和证明目的。理由是：

（1）因必须招标的项目未招标，所以所签订的合同除争端解决条款外均无效。

（2）合同违反公平原则，开发商利用优势地位增加对方义务，回避自己义务，权利义务严重不对等。

对第二部分认可真实性，关联性，合法性。不认可证明目的。理由是因为工程有变更、停工窝工损失严重、申请人指定分包商干扰施工，工程款不止 11 376 986 元。

三、第三组

这些均是索要资料的函，有些收到，有些未收到。不认可证明目的。

资料已经提交质监站，申请人从那里取走。由于火灾，现申请人手里资料不全，申请人付清拖欠工程款后，被申请人愿意配合补交资料。

对被反申请人提供证据的质证意见

一、第一组

对第一部分认可真实性，关联性，不认可合法性和证明目的。理由是：

（1）因必须招标的项目未招标，所以所签订的合同除争端解决条款外均无效。

（2）合同违反公平原则，开发商利用优势地位增加对方义务，回避自己义务，权利义务严重不对等。

二、第二组

认可真实性，关联性，不认可合法性和证明目的。理由是：该调价无法涵盖停窝工损失。

三、第三组

（1）仅支付 9 157 065.84 元，其余未付。

（2）均未按照约定的施工节点付款。

四、同意不以该组协议书抵顶工程款

法庭调查过程中，被申请人提出对工程造价、窝工损失等情况进行司法鉴定。

工程造价鉴定申请书

申请人：东风建筑公司

住所：某县柴左公路第六屯村

法定代表人：郑某海　电话：139×××2255

被申请人：某市广厦房开公司

住所：某市永宁区山水大观小区

法定代表人：潘某云

申请事项：对申请人承包的某市山水大观小区第二期十标段工程（C区38号楼、44号楼）的实际造价和停窝工损失进行鉴定

事实和理由

2009年7月1日，双方签订《建设工程施工合同》，之前2009年6月30日，双方签订《工程承包补充协议》，之后又签订了补充协议。双方通过上述协议约定，承包内容为山水大观小区二期十标段；承包范围是合同施工图纸的全部内容，完成土建、水暖、电气的全部工程（包括所有碰头、接口）。示范文本上合同价款983.4844万元，工期为2009年7月1日至2013年6月30日，日历天数1460天。

2014年4月上述工程竣工，被申请人已经全面使用，业主们早已全面入住，但是被申请人尚拖欠申请人工程款。

按照《工程建设项目招标范围和规模标准规定》（国家发改委2000年3号令）第3条规定，本工程发生在2009年，是必须招标的工程。但是申请人没有招标，合同价款983.4844万元没有计算依据，因此该工程应当通过造价鉴定来重新确定工程的实际造价。

此外，由于被申请人征地手续问题，导致2010年发生"5·16事件"；未及时办理建设手续，2012年4月1日才办理《国有土地使用证》，2012年5月24日才办理《施工许可证》；未按时支付工程款；导致工程逾期。

工程逾期期间，人工材料大幅度上涨，给申请人造成巨大经济损失。被申请人确定的11 376 986元承包价远远不能涵盖被申请人在工程建设中的投入。

《仲裁申请书》中，被申请人要求申请人继续履行合同，如果继续履行，目前也就是2021年的工程造价一定要参照市场来计算，按照签订合同时2009年的价格显然不合理。

综上所述，根据《仲裁法》第 44 条，《某市仲裁委员会仲裁规则》第 46 条规定，请求通过造价鉴定来重新确定工程的实际造价。

此致

某市仲裁委员会

申请人：东风建筑公司

2021 年 6 月 18 日

鉴定申请书

申请人：东风建筑公司

住所：某县柴左公路第六屯村

法定代表人：郑某海　　电话；139××××2255

住所：某市永宁区山水大观小区

法定代表人：潘某云

被申请人：某市广厦房开公司

请求事项：①请求对被申请人所提供的 2012 年 5 月 25 日签订的《山水大观建设工程承包补充协议》中乙方签字、加盖公章的真实性以及印泥、打印用纸、油墨年份进行鉴定，通过与我公司真实的印章、签字对比，确定该补充协议的真假。②鉴定费由被申请人承担。

事实与理由：申请人与被申请人建设施工合同纠纷一案，贵委已开庭审理，庭审中发现被申请人提供的 2012 年 5 月 25 日签订的《山水大观建设工程承包补充协议》。申请人经向公司掌管印信人员核实，确认我方从来没有在这份合同上签字盖章，即该协议系伪造。该合同中的乙方（申请人）印章与法定代表人签章均系伪造，纸张年限页不符合 2012 年时段所造。基于以上所述事实，为维护申请人的合法权益，特向贵委申请鉴定，请求贵委依法委托权威鉴定机构将该证据中所涉印章与申请人的真实公章的一致性进行鉴定，以及上述协议的纸张的字迹年限、印章印泥年限鉴定和 2012 年期间文档用的纸质、材质与本协议用的纸质、材质工艺标准做鉴定。以便查清案件事实。

此致

某市仲裁委员会

申请人：东风建筑公司

2021 年 8 月 9 日

调查取证申请书

申请人：东风建筑公司

住所：某县柴左公路第六屯村

法定代表人：郑某海　电话；139××××1788

被申请人：某市广厦房开公司

住所：某市永宁区山水大观小区

法定代表人：潘某云

申请事项：对申请人承包的某市山水大观小区第二期十标段工程（C 区 38 号楼、44 号楼）的使用入驻时间进行调查。

事实和理由：2009 年 7 月 1 日，双方签订《建设工程施工合同》，之前 2009 年 6 月 30 日，双方签订《工程承包补充协议》，之后又签订了补充协议。双方通过上述协议约定，承包内容为山水大观小区二期十标段；承包范围是合同施工图纸的全部内容，完成土建、水暖、电气的全部工程（包括所有碰头、接口）。示范文本上合同价款 983.4844 万元，工期为 2009 年 7 月 1 日至 2013 年 6 月 30 日，天数 1460 天。

2014 年 4 月上述工程已经竣工，被申请人已经全面使用，业主们早已全面入住，但是被申请人尚拖欠申请人工程款。

由于申请人已经将工程资料提交给被申请人，证明工程已经竣工，被申请人已经全面使用的证据在被申请人控制之下，申请人通过多方调查取证无法取得上述证据。申请人只好根据《仲裁法》第 43 条、《某市仲裁委员会仲裁规则》第 43 条规定，申请仲裁庭对被申请人对涉案工程已经全面使用入驻的证据进行调查。

此致

某市仲裁委员会

申请人：东风建筑公司

2021 年 6 月 18 日

被申请人向仲裁庭提交如下证据：

被申请人证据目录

序号		证据名称	证据内容	证明目的	原件	页数
第一组	1	2009 年 6 月 30 日，双方《工程承包补充协议》	合同标的；山水大观小区；建筑面积；12 077.48 平方米；承包总价；11 376 986 元（以上另见仲裁申请书）工期 2009 年 7 月 1 日至 2013 年 9 月 30 日乙方完成基础、车库、一层封顶后，甲方付实际发生工程量70%费用；水暖电安装及内外装修完成后，资料齐备、并具备竣工条件，甲方支付工程总造价95%	根据《通用条款》第 56.2 条规定，除专用条款另有约定外，误期赔偿费的最高限额为扣除暂列金额和零星工作项目费后合同价款的 5%。根据双方签订的《建筑工程施工合同》专用条款第 56.2（1）条约定，双方就工期事宜既不设提前竣工奖也不设误期赔偿费		
	2	2009 年 7 月 1 日，双方签订《建设工程施工合同》				
第二组	1	2009 年 5 月 22 日《建设用地规划许可证》《建设工程规划许可证》		非法占地、施工手续不及时引起停工、窝工，导致不能按期竣工。		
	2	2012 年 4 月 1 日《国有土地使用证》				
	3	2012 年 5 月 24 日《施工许可证》				
	4	5·16事件				

序号		证据名称	证据内容	证明目的	原件	页数
第三组	1	一层封顶时间	应付 1 207 745 元（3450.7× 350）			1
	2	四层封顶时间	应付 1 811 628 元 （5176.08×350）			1
	3	六层封顶时间	应付 1 207 745 元（3450× 350）			1
	4	装修完成并具备验收条件	应付 4 305 622（付款到 75%）			1
	5	分户验收	应付 2 275 397.7（付款到 95%）			4
	6	保修金	应付 568 849.3 元（承包款的 5%）			
第四组	1	退场费		证明申请人多次不按约定支付工程款导致工程逾期		6
	2	未过户房屋部分				1
	3	未付商砼部分				
第五组	1	工程变更一		被反申请人拖欠工程款未付		1
	2	工程变更二				2
	3	工程变更三				
第六组	1	2016 年 7 月 4 日桥西区公安消防中队《火灾事故认定书》		部分验收资料毁损		1
	2					2
签收栏		提交人签字：		提交时间：		
		签收人签字：		签收时间：		

反申请人证据目录

序号		证据名称	证据内容	证明目的	原件	页数
第一组	1	营业执照复印件		主体适格		1
	2	法定代表人证明				1
	3	法定代表人身份证复印件				1
第二组	1	2009 年 6 月 30 日，双方《工程承包补充协议》	合同标的：山水大观小区 C 区 38 号楼、44 号楼；建筑面积：12 077.48 平方米；承包总价：11 376 986 元（以上另见仲裁申请书）工期 2009 年 7 月 1 日至 2013 年 6 月 30 日	双方关于山水大观小区 C 区 38 号楼、44 号楼施工合同关系成立。		
	2	2009 年 7 月 1 日，双方签订《建设工程施工合同》	乙方完成基础、车库、一层封顶后，甲方付实际发生工程量 70% 费用；水暖电安装及内外装修完成后，资料齐备、并具备竣工条件，甲方支付工程总造价 95%			
第三组	1	2009 年 5 月 22 日《建设用地规划许可证》《建设工程规划许可证》		施工手续不及时导致不能按期竣工。引起停工、窝工，造成反申请人重大经济损失		
	2	2012 年 4 月 1 日《国有土地使用证》复印件				
		2012 年 5 月 24 日《施工许可证》复印件				
第四组	1	一层封顶时间 38 号楼：2011 年 7 月 20 日 44 号楼：2011 年 7 月 14 日	应付 1 207 745 元（3450.7×350）	2011 年 9 月付 60 万元 2011 年 11 月付 65 万元	迟延 3 个月	1

序号	证据名称	证据内容	证明目的	原件	页数
2	四层封顶时间 38 号楼：2011 年 9 月 15 日 44 号楼：2011 年 8 月 30 日	应付 1 811 628 元 （5176.08×350）	2012 年 2 月付 297 208 元 2012 年 4 月付 65 万元 2012 年 8 月付 60 万元 2012 年 9 月付 10 万元	迟延了 1 年又 3 个月	1
3	六层封顶时间 38 号楼：2011 年 10 月 4 日 44 号楼：2011 年 9 月 30 日	应付 1 207 745 元 （3450×350）	2013 年 2 月付 60 万元 2013 年 5 月付 10 万元 2013 年 6 月付 10 万元 2013 年 8 月付 10 万元 2013 年 9 月付 50 万元	迟延了 2 年	1
4	装修完成并具备 验收条件 38 号楼：2013 年 10 月 44 号楼：2013 年 10 月	应付 4 305 622 元（付 款到 75%）	2013 年 10 月付 50 万元 2013 年 11 月付 50 万元 2014 年 1 月付 130 254 元 2014 年 4 月付 551 840 元 2014 年 5 月付 155 万元 2014 年 7 月付 750 148 元 14 年 10 月付 285 551 元	迟延 1 年	1
5	分户验收 38 号楼：2014 年 3 月 28 日 44 号楼：2014 年 3 月 28 日	应付 2 275 397.7 元（付 款到 95%）	2015 年灰土 20 520 元 2015 年抵房 416 766 元 2015 年抵房 302 221 元	抵房款 和甲分 包。迟 延一年 或者未 付	4

序号		证据名称	证据内容	证明目的	原件	页数
			不锈钢 71 116 元 不锈钢 55 152 元 2015 年储物 213 600 元 2016 年 3 月前付 7 笔 总计 981 824.84 元			
	6	保修金	应付 568 849.3 元（承包款的 5%）			
第五组	1	退场费	52 694 元	证明申请人多次不按约定支付工程款导致工程逾期		6
	2	未过户房屋部分	1 469 135 元			1
	3	未付商砼部分	2014 年 10 月委托支付 153 290 元			
第六组	1	工程变更一		被反申请人拖欠工程款未付		1
	2	工程变更二				2
	3	工程变更三				
第七组	1	2016 年 7 月 4 日桥西区公安消防中队《火灾事故认定书》		部分验收资料毁损		1
	2					2
第八组	1			申请人已经入住该工程		
	2					
签收栏		提交人签字：		提交时间：		
		签收人签字：		签收时间：		

证明目的：按照《仲裁申请书》中申请人确定的 11 376 986 元，申请人尚欠工程款 2 272 614.16 元；如果加上利息、工程变更增项和停窝工损失，申请人拖欠的工程款不止 2 272 614.16 元。

申请人对被申请人所提交证据的质证意见：

第一组：双方实际履行的是补充协议，而非《施工合同》；

第二组：虽然当时施工手续不齐，但是现在已经手续齐全；

第三组：申请人已经全部支付了工程款；

第四组：申请人已经全部支付了工程款；

第五组：申请人已经全部支付了工程款；

第六组：对该组证据的真实性有异议，不认可其证明目的。

对反申请人提交证据的质证意见：

第一组：没有异议；

第二组：隐瞒重要证据，没有提交双方实际履行的补充协议；

第三组到第七组：质证意见与前述相同；

第八组：承认已经入住，但是时间不准确。不同意反申请人提出的由仲裁委进行调查的申请。

由于被申请人对申请人提交的补充协议上公章签字的真实性提出异议，仲裁庭决定临时休庭并委托公安机关进行鉴定。

被申请人庭后到公安机关报案，按照先刑后民的规则，公安机关通知被申请人将全部公章上交，作为鉴定的样本。被申请人认为仅交印章的印模就可以。但是公安机关坚持上交全部公章，后被申请人只好上缴全部三枚公章。经公安机关鉴定，申请人提交的 2012 年 5 月 25 日补充协议上的公章与被申请人提交的样本无异。

被申请人对公安机关的《鉴定报告》结论不服，向仲裁委员会申请重新鉴定。

重新鉴定申请书

申请人：东风建筑公司

住所：某县柴左公路第六屯村

法定代表人：郑某华　电话：137××××53344　139××××2255

被申请人：某市广厦房开公司

住所：某市永宁区山水大观小区

法定代表人：潘某云

请求事项：①请求贵委对被申请人当庭提供的 2012 年 5 月 25 日《山水大

观建设工程承包补充协议》《关于山水大观小区有关工程款平方米单价调整的共同声明》中的乙方盖章处，申请人公章、原法人章的真伪以及日期签字、印泥、打印用纸、印刷文字油墨的新旧程度、形成年份委托鉴定。通过与我公司留样的真实印章样本、签字对比，确定该补充协议的真假。②由于使用现代科技条件刻章超出人眼辨识的范围，请求贵委委托的鉴定机构使用远高于人眼的仪器设备软件和技术进行鉴定，并在鉴定报告中说明该仪器、设备、软件的名称，并陈述运用该仪器设备软件和技术的过程、观察到的情况、特征描述、对比分析等。防止仅仅通过肉眼对检材和样本进行规格大小、文字布局结构、重叠对照等简单技术得出鉴定结论。③鉴定费由被申请人承担。

事实与理由：申请人与被申请人建设施工合同纠纷一案，贵委已开庭审理，庭审中发现被申请人提供的 2012 年 5 月 25 日签订的《山水大观建设工程承包补充协议》《关于山水大观小区有关工程款平方米单价调整的共同声明》。申请人经向公司掌管印信人员核实，确认我方从来没有在这份合同上签字盖章，我方怀疑该合同中的乙方（申请人）印章与法定代表人签章均系伪造，纸张、文字、印泥等均系 2021 年完成，而非 2012 年完成。基于以上情况，特向贵委申请鉴定。请求贵委依法委托专业鉴定机构对请求事项进行全面鉴定，以便查清案件事实。

此致
某市仲裁委员会

申请人：东风建筑公司

2021 年 10 月 14 日

七、裁决结果

经过仲裁委斡旋，双方自愿调解。申请人放弃向被申请人主张违约金，同时向反申请人支付 100 万元工程款。被申请人放弃反请求主张，向申请人提交施工资料，并配合申请人进行工程验收。

八、本案中应当思考的若干法律问题

（一）本案施工合同是否有效

本案工程施工合同签订于 2009 年，应当执行《招标投标法》和《工程建设项目招标范围和规模标准规定》，即商品房开发必须招标。而本案工程并未招标，所以按照《民法典》颁布以前的法令，本案施工合同属于违反效力性强制性规定的无效合同。

如果本案属于必须招标的合同，则发包方存在没有招标以及标前串通的情况。后者不仅涉及合同效力问题，而且可能构成串通投标罪。

但是 2018 年，国家发改委发布《必须招标的工程项目规定》和《必须招标的基础设施和公用事业项目范围规定》，民营企业投资的商品房开发不在必须招标的范围，即按照现在的规定，本项目施工合同是有效的。

《民法典》颁布以后，最高人民法院又于 2021 年 1 月颁布了《关于适用〈中华人民共和国民法典〉时间效力的若干规定》，其第 8 条规定："民法典施行前成立的合同，适用当时的法律、司法解释的规定合同无效而适用民法典的规定有效的，适用民法典的相关规定。"

而《民法典》总则编第六章关于无效民事法律行为总共有五种，即主体不适格、虚假意思、互相串通、违反公序良俗和违反法律强制性规定。对照这个规定，本案施工合同似乎也不存在上述情形。那么本案施工合同的效力如何呢？

如果合同无效，承包商有可能抛开原合同要求据实结算，这样可以拿到更多的工程款，所以合同无效对承包商是有利的。但是，如果承包商是实际施工人，其结算的工程款范围将等于或者小于承包商能够结算的范围。

笔者认为，根据最高人民法院《关于适用〈中华人民共和国民法典〉时间效力的若干规定》，本案施工合同还是有效的。但是商品住宅涉及公共安全、公共利益，因此如果法院将商品住宅解释为公序良俗范畴，也是可以理解的。

（二）本案存在五份施工合同，哪一份是发包、承包双方实际履行的合同

本案当事人 2009 年 6 月 30 日签订建设工程承包补充协议，同年 7 月 1 日签订施工合同，2012 年 5 月 25 日、26 日、2014 年 4 月 4 日分别签订了补充协议。从内容上看，6 月 30 日补充协议和 7 月 1 日的合同均全面约定了建设工程施工合同的主要内容，但是价款、面积、工期都不一样。因此，二者是阴阳合同关系。补充协议变更了原合同的某些约定，相当于合同变更。

第八节 天团银团房开公司与华宁建筑公司、实际施工人工程款纠纷案例
—— 如何判断合同价款中是否包括甲供

一、案情简介

2012 年 10 月 8 日天团银团房开公司（甲方）与华宁建筑公司（乙方）就华宁建筑公司承包天团银团房开公司开发建设的派克财富广场工程，经协商一致签订《协议书》，主要约定：（1）工程概况建筑面积 42 182.70 平方米，工程造价 3939 万元（按设计要求一次性包死价格）；（2）工程承包范围：①包括建筑、结构施工图内主体框架结构、内墙及外砖坯墙体；②公共部位抹灰及其他专业预埋预留、水电（图纸）土方回填；③含弱电预留预埋及其他水电图纸里所示全部内容并配合二次装修；（3）合同工期 2012 年 8 月 20 日至 2012 年 4 月 20 日；（4）工程质量标准为合格；（5）合同价款金额 3939 万元（含税）。……（10）合同价款与支付①合同价款及调整：1.1 土建工程一次性定价 3239 万元，水电工程一次性定价 700 万元。1.4 甲方采购应扣除钢筋工程款为 12 360 092.4 元；1.5 甲方采购应扣除商品混凝土工程款 8 066 746.54 元；②风险范围以外合同价款调整方法：2.1 施工期间所有费率不参与调整；2.2 本工程钢材与商砼为甲供。（11）工程款（进度款）支付：1.1 施工单位垫工程款至五层全部封顶后支付已完成五层工程量的 75%，以后每月按完成工程量的 75% 支付；二次结构完成支付至 80%；竣工验收合格后支付至 90%，竣工结算审计、竣工资料备案验收后付至 95%，余 5% 工程款按质量保证金的规定方法支付。1.2 已完工作量的确认：乙方按合同约定的时间向甲方代表每月 25 日提交已完工作量报告，并向甲方提供上个月工资发放表，不提供工资发放表的，甲方有权拒付工程款。乙方华宁建筑公司签订合同时向天团银团房开公司提供一份书面授权委托书，载明"华宁建筑公司委托吴某贵作为我方代理人，全权办理天团银团房开公司开发的派克财富广场项目的所有事宜，其法律结果由我方承担"。

签约后，华宁建筑公司进场施工至 2013 年底，后不再施工。协议书第 2 条工程承包范围内所约定的施工项目未全部完成，尚有部分未完成的工程项

目，即全部裙楼、内隔墙、抹灰、二次结构、后浇带、垫层、防水（卫生间）、汽车坡道、护栏和土方回填（东侧和南侧）等未完成。

天团银团房开公司合计向华宁建筑公司支付工程款 1531.41 万元。

2018 年 4 月原告华宁建筑公司起诉被告天团银团房开公司建设工程施工合同一案，案号桃城区人民法院［2018］冀 1102 民初 1804 号，请求被告给付工程款 1500 万元及利息等，后变更诉讼请求为给付工程款 1500 万元。诉讼中一审法院根据华宁建筑公司未完成全部工程的情况，依据《河北省高级人民法院建设工程施工合同案件审理指南》第 12 条的要求，委托鉴定机构衡水永信造价公司对该项目的已完成工程和合同约定的全部工程进行造价鉴定，以确定两者的对比系数确定工程款。根据《工程造价鉴定意见书》计算出的华宁建筑公司已完成的土建部分占合同约定全部工程的比例系数为 55.54%。

吴某贵 2020 年 4 月 7 日提交参加诉讼申请书，申请参加该案诉讼（未提交民事起诉状，未办理立案预交案件受理费）。本案经 2020 年 4 月 16 日和 5 月 28 日二次开庭审理并辩论结束，庭审中原告华宁建筑公司再变更诉讼请求为：被告天团银团房开公司给付工程款 10 133 840.86 元及利息，但华宁建筑公司当庭陈述称"涉案工程由第三人施工，同意被告将所述款项直接给付第三人吴某贵"，吴某贵同意华宁建筑公司的请求。被告天团银团房开公司不同意原告及第三人的请求，认为吴某贵参与华宁建筑公司承包的派克财富广场工程属于代表华宁建筑公司的职务行为，工程的基础及主体结构工程施工等均由华宁建筑公司来完成，吴某贵个人根本没有任何施工资质和能力完成，也没有能力承担相应的法律责任和风险，发包人天团银团房开公司和承包人华宁建筑公司在整个施工过程中，均不认可吴某贵个人为实际施工人完成的该部分工程。吴某贵未提交民事诉状提起诉讼，不是有独立请求权的第三人，不是适格的当事人，不应支持吴某贵的请求。

一审庭审辩论结束后，一审法官 2020 年 7 月 17 日在询问笔录中告知吴某贵作为有独立请求权的第三人，并要求其以起诉的方式加入诉讼中来，否则视为放弃权利。后吴某贵未提交民事诉状在立案庭办理起诉立案及预交案件受理费。一审法官 2020 年 7 月 24 日通知华宁建筑公司 7 日内足额补交案件受理费，华宁建筑公司未按期补交。一审法院按撤诉处理，但未作出民事裁定。

2020 年 8 月 16 日一审法院作出［2018］冀 1102 民初 1804 号民事判决书，判决如下：①被告天团银团房开公司于判决生效后 7 日内给付第三人吴某贵工程款 7 673 396 元、保证金 60 万元、利息（自 2015 年 4 月 27 日起至付清之日止）；②驳回第三人吴某贵的其他诉讼请求。

二、本案焦点问题

（1）吴某贵在本案中的法律地位。

（2）2012 年 10 月 8 日《协议书》中工程造价 3939 万元（按设计要求一次性包死价格）中是否包括甲供。

（3）固定总价前提下，工程未完工时如何计算已完工程的造价。

三、二审的庭审过程

天团银团房开公司不服一审判决提出上诉，请求撤销一审判决、改判驳回吴某贵的诉讼请求。第三人吴某贵不服一审判决提出上诉，请求改判第一项为给付工程款 10 372 058.36 元。

吴某贵上诉理由是：①一审提交了 8 张送货单，共计 3 443 063.58 元，能够证实其用于涉案工程的数量。可是一审法院未采纳，而是采纳了鉴定报告的 2 985 916.64 元；②天团银团房开公司没有证据证明已经按照材料预算总额的 4% 支付 778 944.42 元材料管理费，但是一审法院却错误地认定了该事实；③一审法院以证据不足为由为支持其提出的窝工损失、塔吊闲置费用、延时赔付费用等，这是错误的；④利息计算的基数不对；⑤鉴定费分配错误。

天团银团房开公司的上诉理由是：①蔡某飞主体不适格，一审程序错误；②2012 年 10 月 8 日《协议书》中工程造价 3939 万元（按设计要求一次性包死价格）中已经包括甲供；③不应当判决退还保证金；④我方已经支付 1531.41 万元，已经超额支付工程款；

针对吴某贵上述理由，天团银团房开公司答辩称 8 张送货单没有天团银团房开公司签章，不能证明用在了涉案工程上，一审没有认定是正确的；其第二第三上诉请求也是没有道理的。

针对天团银团房开公司的上诉理由，吴某贵辩称，其交了诉讼费，参与了庭审和鉴定过程，主体适格；一审时提交了工程造价单和预算书，证明合同总价不包含钢筋和混凝土，结合吴某贵与天团银团房开公司经理电话录音以及马某国的视频资料，能够证明合同价款确实不包括钢筋、混凝土。双方合同解除应当退还保证金，天团银团房开公司尚欠工程款 9 533 840.86 元，工程保证金 60 万元。

二审法院 2021 年 5 月 1 日作出判决如下：①撤销桃城区法院［2018］冀 1102 民初 1804 号民事判决；②天团银团房开公司于判决生效后 7 日内将欠付华宁建筑公司的工程款 8 482 339.92 元及利息给付第三人吴某贵（利息自 2015 年 4 月 27 日起至付清之日止）；③天团银团房开公司于判决生效后 7 日内给付吴某贵保证金 60 万元；④驳回吴某贵其他上诉请求；⑤驳回天团银团房开公司的其他诉讼请求。

四、天团银团房开公司认为二审存在如下错误，故提出再审申请，理由如下

（一）二审法院在实体问题上存在认定事实错误

1. 二审判决在未查明并认定涉案工程至今未经竣工验收的基本事实情况下，认定"天团银团房开公司欠付华宁建筑公司工程款 8 452 339.92 元及利息"这一最重要的基本事实，缺乏证据证明。

天团银团房开公司（甲方）与华宁建筑公司（乙方）的《协议书》第 11 条对工程款支付方式和时间有明确约定，即"1.1 施工单位垫工程款至五层全部封顶后支付已完成五层工程量的 75%，以后每月按完成工程量的 75% 支付；二次结构完成支付至 80%；竣工验收合格后支付至 90%，竣工结算审计、竣工资料备案验收后付至 95%，余 5% 工程款按质量保证金的规定方法支付。1.2 已完工作量的确认：乙方按合同约定的时间向甲方代表每月 25 日提交已完工作量报告，并向甲方提供上个月工资发放表，不提供工资发放表的，甲方有权拒付工程款。1.3 在确认已完工程量 7 天内，甲方向乙方支付工程款"。根据上述约定，华宁建筑公司要求天团银团房开公司支付工程款，但没有提供其完成相应的工程量报告及工资发放表给天团银团房开公司，天团银团房开公司无付款义务。本案华宁建筑公司实际完成的工程量应支付至 75%。因《协议书》为无效合同，该工程项目至今未经竣工验收合格，根据最高人民法院《关于审理建设工程施工合同纠纷案件适用法律问题的解释》（法释［2004］14 号）第 2 条"建设工程施工合同无效，但建设工程经竣工验收合格，承包人请求参照合同约定支付工程价款的，应予支持"的规定，在本工程经竣工验收合格前，天团银团房开公司没有再付工程款的义务，更无欠利息的问题。

2. 二审判决认定"争议工程由吴某贵实施施工，吴某贵实际施工人身份，其主张的工程款请求应当进行审理；吴某贵一审提交参加诉讼申请书，内容表明与本案有直接的利害关系，有明确的被告，有具体的诉讼请求和事实理由，符合起诉状的要求，也预交了诉讼费""吴某贵参与了全部诉讼活动，本案无需另行重复审理，可以直接作出裁判，一审再查明天团银团房开公司在欠付华宁建筑公司工程款范围内向吴某贵承担给付责任，直接作出判决并无不妥"缺乏证据证明。

（1）桃城区人民法院［2018］冀 1102 民初 1804 号，系华宁建筑公司（原告）根据其与天团银团房开公司（被告）的《协议书》提起的要求给付工程款的建设工程施工合同纠纷，其提供的证据均系证明由华宁建筑公司完成的施工（部分已完工程），要求给付其相应的工程款。

（2）吴某贵未依法提起诉讼参加到本案，不属于有独立请求权的第三人。吴某贵提交参加诉讼申请书，属于无独立请求权第三人，不符合《民事诉讼法》（2017 年）第 56 条第 1 款"对当事人双方的诉讼标的，第三人认为有独立请求权的，有权提起诉讼"及最高人民法院《关于适用〈中华人民共和国民事诉讼法〉的解释》（2015 年）第 81 条"根据民事诉讼法第五十六条的规定，有独立请求权的第三人有权向法院提出诉讼请求和事实、理由，成为当事人；无独立请求权的第三人，可以申请或者由法院通知参加诉讼"中，对有独立请求权第三人参加诉讼的规定。吴某贵如对上述原、被告之间争议的工程款主张权利，应依照《民事诉讼法》第 56 条、第 119 条、第 120 条、第 121 条规定向法院提出诉讼，提交以吴某贵为原告、以本诉的原告华宁建筑公司、被告天团银团房开公司为共同被告的民事诉状，在法院办理立案登记、预交受理费等立案手续，获得法院受理其起诉的案件编号和案由，由此才能形成独立请求权第三人参加之诉，其与本诉为各自独立的诉讼。否则在该参加之诉未被法院依法受理的情况下，不存在法院合并审理的问题。

（3）吴某贵经法官告知后未提起诉讼，属于放弃权利。2020 年 7 月 15 日一审法官在询问笔录中，明确告知吴某贵作为有独立请求权的第三人，并要求其以起诉的方式加入诉讼中来，否则视为放弃权利。法院认定其预交了诉讼费，没有根据。诉讼费是根据其在立案庭提交起诉状，经审查符合法定受理条件后才收取的。仅凭交了诉讼费，不能证明是合法立案提起诉讼。

（4）认定吴某贵为实际施工人缺乏证据。吴某贵未举证证明与华宁建筑公司的《建筑工程分包施工协议书》已经实际履行，与华宁建筑公司诉状所主张的由华宁建筑公司履行的《协议书》相悖。华宁建筑公司向天团银团房开公司提供的《授权委托书》中"吴某贵系华宁建筑公司该项目的代理人，全权办理该项目的所有事宜，其法律结果由我方承担"，吴某贵在该项目上实施的全部行为属于受华宁建筑公司委托的职务行为，其不是实际施工人。

（5）法院认为本案无需另行重复审理，可以直接作出裁判，一审在查明天团银团房开公司在欠付华宁建筑公司工程款范围内向吴某贵承担给付责任，直接作出判决并无不妥。

如吴某贵提起诉讼，则该案件的被告为华宁建筑公司和天团银团房开公司，其所依据的是其与华宁建筑公司的《建筑工程分包施工协议书》，与华宁建筑公司起诉被告天团银团房开公司依据的《协议书》，属于不同的法律关系，当事人的主体资格和权利义务、举证责任、法律责任均有本质不同，不应混淆。

3. 二审认定"双方对是否包含钢筋、混凝土部分争议较大，对协议书第十条合同价款与支付：1. 合同价款及调整：1.4、1.5 钢筋混凝土应扣除工程款；2. 风险范围以外合同价款调整方法 2.2 本工程钢材与商砼为甲供的理解产生争议，对此一审法院委托鉴定机构对工程造价进行了鉴定"缺乏证据证明。

一审法院同时对土建全部工程包含钢筋及混凝土主材和不含钢筋及混凝土主材的工程造价分别进行鉴定，系因华宁建筑公司未完成全部工程，法院根据《河北省高级人民法院建设工程施工合同案件审理指南》第 12 条"对实行固定价但未完工工程的当事人对已完成造价产生争议时，应当由鉴定机构在同一取费标准下分别计算出已完工程部分的价款和整个合同约定工程的总价款，两者对比计算出相应系数，再用合同约定的固定价乘以该系数，确定工程价款"规定要求，为确定已完工程部分的价款和整个合同约定工程的总价款对比计算出相应系数而进行的，非因对合同约定的一次性价格 3239 万元是否包含钢筋混凝土有争议进行的鉴定。

4. 二审判决认定"《协议书》第十条合同价款与支付：1. 合同价款及调整：1.1 合同价款采用《河北省建筑工程预算基价》预（决）算按 2012 年 4 月图纸依据《河北省工程造价信息》和相关文件统一计算结算工程造价：土建工程一次性定价为 3239 万元，水电工程定价 700 万元。根据上述约定，当事人协议书确定的工程造价确定办法是依据相关文件进行确定，协议书约定的土建工程造价与鉴定机构鉴定的不含钢筋、混凝土部分的总造价基本一致。争议工程款 3239 万元如包括钢筋混凝土部分，需在 51 900 518 元基础上下浮 37.6%不合常理。同时结合 2013 年 8 月 15 日工程款再次催促通知，载明……2013 年 10 月 24 日会议纪要第 6 条载明……综合以上事实和证据，应认定吴某贵在催要工程款中也催要过垫付钢筋款，工程款 3239 万元不包含钢筋混凝土款，天团银团房开公司是认可的"缺乏证据证明。

（1）《协议书》是固定总价合同。根据《协议书》中"一、工程概况：工程造价 3939 万元（按设计要求一次性包死价格），二、工程承包范围：1. 包括建筑、结构施工图内主体框架结构、内墙及外砖坯墙体、公共部位抹灰及其他专业预埋预留、水电（图纸）土方回填；……3. 含弱电预留预埋及其他水电图纸里所示全部内容并配合二次装修……五、合同价款金额 3939 万元（含税）。十、合同价款与支付：1. 合同价款及调整：1.1 土建工程一次性定价 3239 万元，水电工程一次性定价 700 万元。1.4、1.5 甲方采购应扣除钢筋工程款为 12 360 092.4 元、商品混凝土工程款 8 066 746.54 元；2. 风险范围以外合同价款调整方法：2.1 施工期间所有费率不参与调整，2.2 本工程钢材与商砼为甲供"等约定，已明确了《协议书》是固定总价合同，非依据文件结算工程款。双方应按固定价结算工程款，无需进行工程造价的鉴定。这符合最高人民法院《关于审理建设工程施工合同纠纷案件适用法律问题的解释》第 22 条"当事人约定按照固定价结算工程价款，一方当事人请求对建设工程造价进行鉴定的，不予支持"的规定。

（2）当事人在《协议书》已明确约定固定总价工程款 3239 万元，系双方真实意思，在双方未协商一致变更情况下，应按约履行。法院根据鉴定意见主观认为"工程款 3239 万元如包括钢筋混凝土部分，在 51 900 518 元基础上下浮 37.6%不合常理"，并推定固定价 3239 万元不包括钢筋混凝土部分，强行以鉴定意见的造价金额否定《协议书》已明确约定固定价，属于干涉当事人意思自治的违法行为，与《合同法》第 4 条"当事人依法享有自愿订立合同的权利，任何单位和个人不得非法干预"的规定相悖，没有任何依据。

（3）华宁建筑公司提交的 2013 年 8 月 15 日工程款再次催促通知及 2013 年 10 月 24 日会议纪要的复印件，系华宁建筑公司单方制作，未经天团银团房开公司授权人员签字确认，不具有真实性、合法性与关联性。不能证实吴某贵催要工程款及垫付的钢筋款。

（4）天团银团房开公司从未认可工程款 3239 万元不包含钢筋及混凝土价款，天团银团房开公司始终认为《协议书》工程款 3239 万元为固定价。根据《协议书》上述第一、二、五、十条的多处约定完全足以确定该价款包含钢筋及混凝土价款在内。

5. 二审认定"一审对吴某贵提交的 8 张送货单真实性予以确认……以实际使用钢筋款 2 985 916.64 元确定天团银团房开公司应给付价款"缺乏证据证明。

8 张送货单非吴某贵提交，系一审时华宁建筑公司提交，不能证明货物送到本案工地用于本工程的施工，未经监理单位和天团银团房开公司签字确认，不能证明是华宁建筑公司基于该工程施工已实际垫付钢材款 2 985 916.64 元。吴某贵参与华宁建筑公司承包的工程属于代表华宁建筑公司的职务行为，不存在吴某贵垫付钢筋款的问题。

6. 二审判决认定"吴某贵垫付混凝土款 2 075 543.25 元，泵送混凝土费用 427 253.38 元，钢筋、商混保管按 4% 计算费用 611 870.65 元"均缺乏证据证明。

《协议书》约定混凝土为发包人天团银团房开公司提供，华宁建筑公司未提交购买混凝土款 2 075 543.25 元及泵送混凝土费用 427 253.38 元的合同和支付价款的凭证，因此判决归吴某贵没有证据。

7. 华宁建筑公司未向天团银团房开公司支付 130 万元保证金，没有提供交付 130 万元保证金的凭证，吴某贵非实际施工人，也未向天团银团房开公司支付该保证金，不存在天团银团房开公司认可原告华宁建筑公司诉请返还 60 万元保证金的情形。

（二）二审法院在程序上存在错误

1. 二审判决未适用《民事诉讼法》第 170 条第 1 款第 2 项规定及上述《民事诉讼法》第 118 条、第 154 条第 1 款第 11 项及《关于适用〈中华人民共和国民事诉讼法〉的解释》第 199 条对一审判决的适用法律错误予以撤销或者改判。

《民事诉讼法》第 170 条规定："第二审人民法院对上诉案件，经过审理，按照下列情形，分别处理：……（二）原判决、裁定认定事实错误或者适用法律错误的，以判决、裁定方式依法改判、撤销或者变更；……"第 118 条第 1 款规定，当事人进行民事诉讼，应当按照规定交纳案件受理费。第 154 条第 1 款规定："裁定适用于下列范围：……（十一）其他需要裁定解决的事项。"《关于适用〈中华人民共和国民事诉讼法〉的解释》第 199 条规定，适用简易程序审理的案件转为普通程序的，原告自接到人民法院交纳诉讼费用通知之日起 7 日内补交案件受理费。原告无正当理由未按期足额补交的，按撤诉处理。

一审判决在原告华宁建筑公司未按期足额补交案件受理费被按撤诉处理情况下，未适用上述《民事诉讼法》第 118 条、第 154 条第 1 款第 11 项及《关于适用〈中华人民共和国民事诉讼法〉的解释》第 199 条作出本案按撤诉处理的民事裁定，不应宣告本案诉讼程序结束，而是应继续对原告提起的 1804 号案件进行审理，并对原告所主张的事实作出认定，进而作出［2018］冀 1102 民初 1804 号民事判决（该判决仍列明原告华宁建筑公司、被告天团银团房开公司、第三人吴某贵，即该［2018］冀 1102 民初 1804 号事实上并未按撤诉处理）。二审判决未适用《民事诉讼法》第 170 条第 1 款第 2 项规定及上述《民事诉讼法》及《关于适用〈中华人民共和国民事诉讼法〉的解释》的相关规定，对一审判决的适用法律错误予以撤销或者改判。

2. 二审判决、一审判决未正确适用《民事诉讼法》第 56 条及《关于适用〈中华人民共和国民事诉讼法〉的解释》第 81 条的规定，将原告华宁建筑公司和被告天团银团房开公司之间争议的工程款，判归一审中放弃以起诉方式参加诉讼的第三人吴某贵所有。

《民事诉讼法》（2017 年）第 56 条第 1、2 款规定："对当事人双方的诉讼标的，第三人认为有独立请求权的，有权提起诉讼。对当事人双方的诉讼标的，第三人虽然没有独立请求权，但案件处理结果同他有法律上的利害关系的，可以申请参加诉讼，或者由人民法院通知他参加诉讼。人民法院判决承担民事责任的第三人，有当事人的诉讼权利义务。"最高人民法院《关于适用〈中华人民共和国民事诉讼法〉的解释》第 81 条规定，根据《民事诉讼法》（2017 年）第 56 条的规定，有独立请求权的第三人有权向人民法院提出诉讼请求和事实、理由，成为当事人；无独立请求权的第三人，可以申请或者由人民法院通知参加诉讼。

吴某贵在一审法官告知其"以起诉方式加入诉讼，否则视为放弃权利"（见 2020 年 7 月 15 日询问笔录）之后，并未提起诉讼，提交起诉状在立案庭办理立案登记及预交案件受理费等手续，应视为放弃起诉权利。一审法院在吴某贵自行放弃起诉权利、原告华宁建筑公司起诉被告天团银团房开公司的1804号案件被撤诉处理的情况下，将原告华宁建筑公司之前曾主张的诉讼请求直接判决归第三人享有，明显有违民事诉讼不告不理的原则，也即吴某贵在放弃以提起诉讼方式参加诉讼并提出诉讼请求、一审法院在没有审理对象的情况下，直接判决吴某贵获得了巨额的工程款利益。

3. 二审判决适用最高人民法院《关于审理建设工程施工合同纠纷案件适用法律问题的解释（一）》第43条第2款（二审判决书第22、28页）明显确有错误。

上述最高人民法院《关于审理建设工程施工合同纠纷案件适用法律问题的解释（一）》于2021年1月1日起施行。本案原告华宁建筑公司2018年即提起诉讼，相关事实发生在上述司法解释施行之前，本案不适用该司法解释。

4. 二审判决确定天团银团房开公司对华宁建筑公司欠付工程款8 482 339.92元，明显违背双方《协议书》对工程款支付方式和时间的约定。

天团银团房开公司（甲方）与华宁建筑公司（乙方）的《协议书》第11条对工程款支付方式和时间有明确约定，即"1.1 施工单位垫工程款至五层全部封顶后支付已完成五层工程量的75%，以后每月按完成工程量的75%支付；二次结构完成支付至80%；竣工验收合格后支付至90%，竣工结算审计、竣工资料备案验收后付至95%，余5%工程款按质量保证金的规定方法支付。1.2 已完工作量的确认：乙方按合同约定的时间向甲方代表每月25日提交已完工作量报告，并向甲方提供上个月工资发放表，不提供工资发放表的，甲方有权拒付工程款。1.3 在确认已完工程量7天内，甲方向乙方支付工程款"。据此，确认天团银团房开公司是否欠付华宁建筑公司工程款以及欠付工程款的数量，应根据天团银团房开公司确认的华宁建筑公司提供的工程量报告及工资发放表为准。事实是华宁建筑公司未提供工程量报告及工资发放表，也未证实其完成二次结构工程，根据华宁建筑公司实际完成的工程量应支付至75%，且本工程项目至今未经竣工验收合格，也不具备达到支付至90%工程款的约定。二审判决确定天团银团房开公司对华宁建筑公司欠付工程款8 482 339.92元是全部的工程款，明显违背了双方的约定。

5. 二审判决确定天团银团房开公司对华宁建筑公司欠付工程款8 482 339.92

元，也明显违背法律规定，应当适用最高人民法院《关于审理建设工程施工合同纠纷案件适用法律问题的解释》（法释〔2004〕14号）第2条而未适用。

最高人民法院《关于审理建设工程施工合同纠纷案件适用法律问题的解释》（法释〔2004〕14号）第2条规定，建设工程施工合同无效，但建设工程经竣工验收合格，承包人请求参照合同约定支付工程价款的，应予支持。

一审判决已确认天团银团房开公司与华宁建筑公司签订的《协议书》为无效合同，根据上述法释〔2004〕14号第2条，华宁建筑公司请求参照《协议书》支付工程价款的前提条件是其已经完成的建设工程经竣工验收合格。事实是华宁建筑公司已经完成的建设工程（部分）至今未经竣工验收合格，华宁建筑公司也未举证证实其所完成的部分工程质量标准达到了合格。在本工程经竣工验收合格前，天团银团房开公司没有再付工程款的义务。二审判决确定天团银团房开公司对华宁建筑公司欠付工程款8 482 339.92元，明显违背上述法释〔2004〕14号第2条规定。

6. 二审判决适用的法律与案件性质明显不符，即根据二审判决适用的《关于审理建设工程施工合同纠纷案件适用法律问题的解释（一）》第43条第2款中"实际施工人以发包人为被告主张权利的，人民法院应当追加转包人或违法分包人为本案第三人，在查明发包人欠付转包人或违法分包人建设工程价款数额以后，判决发包人在欠付建设工程价款范围内对实际施工人承担责任"（见二审判决书第22、28页）的内容看，是认定吴某贵为实际施工人向发包人天团银团房开公司主张权利，这与原告华宁建筑公司起诉被告天团银团房开公司的建设工程施工合同一案（桃城区人民法院〔2018〕冀1102民初1804号）的性质明显不符。

桃城区人民法院〔2018〕冀1102民初1804号案件，系一审原告华宁建筑公司要求被告天团银团房开公司给付其工程款，依据为双方的《协议书》，属于建设工程施工合同纠纷。因华宁建筑公司被按撤诉处理，其所主张的工程款不应作出确认和裁判。吴某贵在该案一审中申请参加诉讼，在法官明确告知其应以提起诉讼方式参加诉讼后，仍未在立案庭递交诉状办理立案登记手续，应为放弃诉讼权利，法院不应审理其请求并作出裁判。

吴某贵虽称其为实际施工人但缺乏证据，根据华宁建筑公司提供给天团银团房开公司的《授权委托书》中"华宁建筑公司委托吴某贵作为我方代理人，全权办理天团银团房开公司开发的派克财富广场项目的所有事宜，其法律结果由我方承担"看，吴某贵参与华宁建筑公司承包的派克财富广场工程，其自身代表的是承包人华宁建筑公司，其行为是代表华宁建筑公司的职务行为，吴某贵提交的《建设工程分包施工协议书》属于企业内部承包合同，不能对外向发包人天团银团房开公司单独主张工程价款。

吴某贵根据其与华宁建筑公司的《建筑工程分包施工协议书》（天团银团房开公司认为不真实不合法，未经发包人同意，无证据证明已实际履行；假设该合同真实）根据其内容看，属于建设工程分包合同，如双方因履行分包合同发生纠纷，吴某贵应向华宁建筑公司主张权利，不能向天团银团房开公司主张权利。因为该《建筑工程分包施工协议书》的承包人吴某贵不具有相应的承包人资质条件，属于无效合同，约定的承包范围是主体结构包工包料，不是劳务分包合同，不属于《关于审理建设工程施工合同纠纷案件适用法律问题的解释》（法释〔2004〕14 号）第 26 条第 2 款为保护农民工利益所规定"发包人只在欠付工程价款范围内对实际施工人承担责任"的适用范围。同时河北省高级人民法院《建设工程施工合同案件审理指南》第 31 条第 1 款也规定："实际施工人向与其没有合同关系的转包人、分包人、总承包人、发包人提起的诉讼，发包人与承包人就工程款问题尚未结算的，原则上仍应坚持合同相对性，由与实际施工人有合同关系的前手承包人给付工程款。"因此，吴某贵不能突破合同相对性向天团银团房开公司主张权利。

7. 二审判决、一审判决均超出诉讼请求。如前所述吴某贵经法官明确告知"其作为有独立请求权的第三人，并要求其以起诉的方式加入诉讼中来，否则视为放弃权利"后，其未在立案庭提交起诉状办理登记立案手续预交案件受理费，明显属于放弃起诉权利。一审在对华宁建筑公司的起诉按撤诉处理后，不但未依法裁定按撤诉处理，反而在华宁建筑公司提起的诉讼案件中，将原告华宁建筑公司的请求判决归第三人所有，即原告虽按撤诉处理，仍然支持原告的请求，第三人吴某贵未提起诉讼请求却获得了一审判决支持。二审判决对一审判决存在的违法行为未予纠正，反而维持。因此，二审判决、一审判决均存在超出诉讼请求的情形。

综上所述，申请人认为二审判决及一审判决均存在认定的基本事实缺乏证据证明、适用法律确有错误、超出诉讼请求等情形，符合《民事诉讼法》（2017 年）第 200 条第 2 项、第 6 项、第 11 项等规定的应当再审情形。恳请上级人民法院依法裁定再审，并提审本案，维护申请人的合法权益。

五、本案需要思考的问题

（一）本案在已完工程尚未验收合格情况下判决房开公司支付实际施工人
工程款是否正确

施工合同对承包人工作成果的要求不仅包括数量，还包括质量，因此承包
人的已完工程一定要符合国家标准、规范和施工图纸、说明的要求，这就需要
通过竣工验收来检验。所以《民法典》第799条规定，建筑工程竣工后，应当
进行验收、验收合格的，发包人应当按照约定支付价款，并接收该建设工程。

就本案而言，审判人员在未考虑工程质量和工程验收问题的情况下，判
决发包人支付实际施工人工程款是不对的。

（二）当存在甲供时，如何表述工程款与甲供的关系

首先，在合同中明确存在甲供。

其次，明确甲供的种类、规格、型号、数量、价款等，明确甲供由甲方
出资购买。

最重要的是，明确工程款总价和甲供的关系，如果工程款总价包括甲供，
就以小括号注明其中包含甲供种类以及金额；如果工程款总价款中不包括甲
供，就以小括号注明该款项不包括甲供。

（三）当事人对工程总价款是否包括甲供各执一词时，如何查明上述事实

无论承包商还是发包人，进场都需要履行质检、签证等手续，因此当根
据合同关于是否加工的约定，然后结合钢材和混凝土进场签证，即监理工程
师和对方当事人的签字综合认定是否存在甲供。

承包商提供的工程造价单和预算书只能说明承包人报价时认为完成该工
程需要的数量和价款，不能说明履行中的问题。承包商的8张进账单只能说
明承包商购买过钢材，但是不能说明这些钢材用在了涉案工程上。造价鉴定
单位认为已完工程消耗掉钢材数量只能说明工程的钢材消耗量，但是不能反
映出是甲供还是承包商包工包料。

（四）个体实际施工人是否有权主张工程款中的利润、社会保险等规费和
管理费

实际施工人这个概念来源于2005年施行的最高人民法院《关于审理建设
工程施工合同纠纷案件适用法律问题的解释》（法律〔2004〕14号）。2019
年最高人民法院民一庭在《民事审判指导与参考》上发表的《建设工程施工

合同实际施工人的认定规则》一文则对实际施工人进行了准确的界定。实践中，只要实际施工人实际组织了施工，具有本应由总承包人保管的施工资料，实际投入了资金，享有工程款的实际支配权，具备前述条件，就可以认定其为实际施工人。

根据 2021 年最高人民法院施行的《关于审理建设工程施工合同纠纷案件适用法律问题的解释（一）》第 43 条以及人民法院出版社出版的理解与适用一书，发包人欠付工程款的范围仅包括《建筑安装工程费用组成》中的人工费、材料费、机械使用费、税金、管理费、规费和利润。但是不包括利息、违约金、奖励和索赔的费用。

笔者认为，是否支持利润需要根据实际施工人是否为企业而分别对待，如果实际施工人属于企业，且实际支付了规费和社会保险费，那么就可以支持。反之，就不该支持。另外实际施工人是自然人时，其主张规费和保险费也不应该得到支持。

最具争议的是实际施工人的利润以及部分规费，因为实际施工人是违法行为人，因此不应因自己的违法行为获利，所以实际施工人的利润不应受到法律保护。此外，实际施工人往往只是作为包工头的自然人，没有产生企业管理成本，更没有缴纳"五险一金"等规费。因此不应该获得这部分工程款，否则实际施工人获得的超额利润将远远超过合法企业的施工利润，这是违反立法初衷的。

《合同法》第 58 条规定，合同无效的依据合同获取的财产应当返还；不能返还或没必要返还的折价补偿；有过错的一方应当承担过错责任，双方都有过错的各自承担相应的责任。工程的人力物力物化到工程中后，实际已经无法返还，因此发包人支付的工程款不是合同正常履行的对价，而是适当的折价补偿。既然是折价补偿，必然与合同的对价有区别。

有些人将最高人民法院《关于审理建设工程施工合同纠纷案件适用法律问题的解释（一）》第 26 条赋予实际施工人的诉权理解成了胜诉权，误以为虽然实际施工人违法，但只要工程验收合格，发包人就必须全面适当地支付给承包人和实际施工人全部工程款，这种理解是错误的。诉权不等于胜诉权，司法实践中如何界定工程款保护的范围还应当依据当事人的过错以及过错程度。

至于管理费，则应区分是工程造价组成部分的企业管理费还是挂靠、转包、非法分包等对价的居间费，前者包括管理人员工资、办公费、差旅交通费、固定资产使用费、劳动保险和职工福利费、工会会费、财产保险费、职工教育经费等。如果实际发生，应该获得支持。对于后者，由于这种行为本身属于法律禁止的行为，因此不应该判决支持。

第九节　打了十年官司的房屋质量纠纷案例
——开发商毁掉证据自酿苦果难收场

一、案情简介

2007 年，某县将 2010-71 号地块挂牌出让，A 房开公司竞拍并获得该地块的土地使用权。2008 年 A 房开公司在该地块开发建设美仑佳苑住宅小区，2010 年 10 月工程交付使用。2011 年初，小区 6、7、8 号楼出现严重裂缝，该县住建局聘请国家工程质量检验监督中心对裂缝原因进行调查，确认沉降原因在于地基处理存在问题，主体施工也存在问题。其后该县住建局又从北京某大学、某建筑研究所聘请五位专家对 6、7、8 号楼的安全情况进行鉴定，五位专家认为，上述楼房存在严重质量问题，应当拆除。某县住建局又聘请一家造价公司对三栋楼房的造价进行鉴定，鉴定的结果是造价 2200 万元。

根据五位专家的意见，某县决定将出现质量问题的 6、7、8 号楼拆除。其后又有几栋楼出现质量问题，某县将这些楼房均拆掉了。

由于该楼房的安全事故导致重大经济损失，2011 年 2 月 19 日，该县公安局以涉嫌工程重大安全事故案为由将 A 房开公司总经理甲、副总经理乙；地基处理单位 B 公司美仑佳苑小区项目部经理丙，负责 6、7、8 号楼地基处理的三个工长丁、戊、己；某建筑公司负责 6、7、8 号楼主体施工的三个工长庚、辛、壬；设计单位负责 6、7、8 号楼结构设计的工程师李某琪刑事拘留。2011 年 3 月 9 日，该县检察院批准将上述十人逮捕，并提起公诉。笔者受李某琪家属委托，担任李某琪的辩护律师。

2011 年 10 月，某县人民法院判决上述十人缓刑至 4 年有期徒刑不等的刑事责任。十人均不服，提起上诉。2012 年 4 月某市中级人民法院以事实不清为由将该案发回重审。

2012 年 10 月，该县法院判决上述十人缓刑至 3 年有期徒刑不等的刑事责任。十人均不服，提起上诉。2013 年 3 月 8 日，该市中级人民法院判决现有证据不足，不能证明设计公司设计人员李某琪有罪，因而判决李某琪无罪。其他人员仍然承担缓刑到 4 年不等的刑事责任。A 房开公司总经理甲、副总经理乙；地基处理单位 B 公司美仑佳苑小区项目部经理丙，负责 6、7、8 号楼地基处理的三个工长丁、戊、己不服二审判决，向某省高级人民法院提起审判监督程序。某省高级人民法院指令中级人民法院再审。

2016 年 10 月，某市中级人民法院判决 A 房开公司总经理甲、副总经理乙；地基处理单位 B 公司美仑佳苑小区项目部经理丙，负责 6、7、8 号楼地基处理的三个工长丁、戊、己无罪。理由是县政府在 A 房开公司中占 40% 的股份，因此住建局属于案件当事人。一方当事人在未通知其他当事人的情况下，单方委托国家工程质量检验监督中心（简称"国检中心"）进行鉴定，其证明力不可信。而且国家工程质量检验监督中心为了取证，其挖掘的探坑不在地基处理单位的地基处理范围之内。所以无论从实体角度，还是从程序角度，国家工程质量检验监督中心的鉴定结论都不能使用。

2017 年，A 房开公司在某市中级人民法院起诉地基处理单位 B 公司、主体施工单位 C 公司和监理单位 D 公司。由于 D 公司已经注销，A 房开公司将该公司股东告上法庭。其中一个股东不久去世，A 房开公司放弃对去世股东的追诉。

2018 年某市中级人民法院驳回 A 房开公司的诉讼请求，A 房开公司不服，向某省高级人民法院上诉。经某省高级人民法院裁定发回重审。2019 年某市中级人民法院驳回 A 房开公司的诉讼请求，A 房开公司不服，又向某省高级人民法院上诉。某省高级人民法院维持原判。

2020 年，A 房开公司向最高人民法院提起再审程序，最高人民法院书面审理后，指令某市中级人民法院重新审理。

某市中级人民法院重新审理期间，地基处理单位坚决要求追加设计单位，称美仑佳苑住宅小区工程质量事故的真正责任人是设计单位，只有追加设计单位，才能查清美仑佳苑住宅小区工程质量事故的真正原因，才能正确划分责任。某市中级人民法院经过考虑，决定追加设计单位为被告。

2021 年 10 月，受涉及公司委托，笔者成为设计公司的代理律师。

二、本案的焦点问题

（1）作为工程重大质量问题的受害者，为什么房开公司既无法追究本案各工程主体的刑事责任，也无法追究各工程主体的民事责任。

（2）某市中级人民法院是否应当追加设计单位为被告。

（3）国家工程质量检验监督中心的鉴定结论能否作为证据使用。

（4）如果国家工程质量检验监督中心的鉴定结论不能作为证据使用，如何确定本案分配各工程主体的责任，如何确定责任的比例。

（5）被告要求追加的被告原告没要求追加，在原告没有诉讼请求的情况下，法院如何追究被追加被告的民事责任。

三、开庭过程

2021年5月10日开庭。

原告A房开公司宣读起诉状，要求各建设主体承担赔偿责任。

（一）关于被告地基处理单位是否有权追加设计单位为被告的辩论

地基处理单位（B公司）宣读追加设计公司为被告的理由：设计公司应当对6、7、8号楼的质量问题承担主要赔偿责任，理由如下：

第一，恒基岩土公司的勘察报告指出该楼座属于山区地基，场地不稳定，在向2号楼方向扩建后，未按照《建筑地基基础设计规范》（GB50007-2002）第6.3.7条的规定分析其稳定性，但是设计公司未分析场地的稳定性。

第二，按照《湿陷性黄土地区建筑规范》（GB50025-2004）第5.2.3条的要求，应设计挡土墙，恒基岩土公司以及地基处理单位的强夯竣工报告也提出了建议，但是设计公司未设计挡土墙。

第三，未按照《建筑地基处理技术规范》（JGJ79-2002）第3.0.5条和第3.0.2条规定进行不均匀变形及稳定性验算。

第四，在建筑物超长情况下没有设计沉降缝，违反了《湿陷性黄土地区建筑规范》（GB50025-2004）第5.4.1条规定以及《建筑地基基础设计规范》（GB50007-2002）第7.3.2条的规定。

第五，要求设计公司提供未进行修改之前的设计图纸（电子版）。

设计院从程序上对地基处理单位B公司追加其为被告的理由进行驳斥：

首先，B公司作为被告不具有申请追加被告的资格。申请追加被告的主体只能是原告而不能是被告。向法院起诉谁为被告是原告享有的起诉权，被告不享有此诉权。原告是否追加被告，是其意思自治和诉权处分的行使，所以除非法院依职权追加被告外，已参加诉讼的被告是无权为原告选择被告而以自己的名义直接申请法院追加的。本案，原告未起诉某市设计公司，也未申请追加某市设计公司为被告，也不是法院依职权追加某市设计公司为被告的，而是被告之一 B 公司向法院申请追加，是被告行使了原告享有的诉权，违反法律规定。

虽然最高人民法院《关于适用〈中华人民共和国民事诉讼法〉的解释》（2015 年）第 73 条规定，"必须共同进行诉讼的当事人没有参加诉讼的，人民法院应当依照民事诉讼法第一百三十二条的规定，通知其参加；当事人也可以向人民法院申请追加。人民法院对当事人提出的申请，应当进行审查，申请理由不成立的，裁定驳回；申请理由成立的，书面通知被追加的当事人参加诉讼"，表述的是"当事人"可以向人民法院申请追加被告，但该条文的字面意思与其要表达的真实法律意思及法律原则相悖，这里当事人只能是原告而不可能包括被告，应对条文的字面意思作限缩解释，才能准确表达条文的真实法律意思，符合法律的基本原则。

其次，B 公司申请追加某市设计公司为被告不符合法律规定的实质要件——拟追加的被告必须是与原告所起诉的被告系必要共同诉讼的被告。根据《民事诉讼法》（2017 年）第 132 条"必须共同进行诉讼的当事人没有参加诉讼的，人民法院应当通知其参加诉讼"的规定，以及最高人民法院《关于适用〈中华人民共和国民事诉讼法〉的解释》第 73 条的规定，要追加的被告必须是与原告已起诉的被告系必要共同诉讼的被告。也就是说无论是法院依职权追加还是当事人（应限于原告）申请追加的被告都必须是与原告已起诉的被告系必要共同诉讼的被告。而从本案的法律关系来看，可知某市设计公司与 B 公司等被告不构成共同违约，某市设计公司与 B 公司等都分别与原告存在各自合同法律关系，各被告谁有违约谁承担自己违约的责任，即某市设计公司与已起诉被告不是必要共同诉讼被告。

请求法庭驳回 B 公司追加设计公司为被告的申请。

（二）关于设计公司在本案中是否承担实体责任的辩论

地基处理单位（B 公司）认为，2007 年 5 月 8 日在 A 房开公司召开的会议上，设计单位在验槽记录上签了字，因此就应当承担责任。设计公司为了逃避责任，事后修改了图纸，这个有蓝图上手写痕迹为证。6 号楼向后挪了位置，设计公司没有作相应调整。国家工程质量检验监督中心的鉴定报告多处违反程序和其他法律规定，不能作为本案认定事实的依据。法院的终审判决书认定 B 公司无罪，因此 B 公司在本次工程质量事故中没有过错，不应当承担民事责任。

设计公司在本案中多处违反国家规范，是工程质量问题的主要责任人。

设计单位对地基处理单位回复如下：

1. 某市恒基岩土工程勘察公司提供的 6 号楼勘察报告指出 6 号楼场地不稳定，在该楼移位并向 2 号楼方向扩建后，未分析工程地质条件发生了重大变化，未依照《建筑地基基础设计规范》（GB50007-2002）6.3.7 之规定，分析其稳定性，从而造成在 2 单元附近向两侧位移。

回复：

（1）关于 6 号楼楼移位问题：我公司提供的 6-A 号楼施工图，建设场地位置并没有发生改变，并且在本工程设计阶段和建设过程中我公司也没有收到建设单位和规划管理部门任何关于本楼座位置移动的通知，仅是建设方对楼号进行了重新排定，施工图中的 6-A 号楼对应《京北重镇第一村 1 号楼、5 号楼、6 号楼及办公楼岩土工程勘察报告》（HJ07-hongz）（某市恒基岩土工程有限公司）中的 6 号楼位置。

（2）关于本楼座向 2 号楼方向扩建问题：首先，我公司接受建设单位委托设计任务时，6-A 号楼长度为 94.4 米，实际施工长度亦为 94.4 米，不存在向 2 号楼方向扩建问题。其次，我公司技术人员进行结构设计时依据《京北重镇第一村 1 号楼、5 号楼、6 号楼及办公楼岩土工程勘察报告》（HJ07-hongz），及东边相邻 2 号楼的《京北重镇第一村 2 号楼~6 号楼及办公楼岩土工程勘察报告》（HJ06-hpgz）进行设计。两个楼座之间的距离为 6 米，相邻勘察孔距 26 米，是由同一单位（某市恒基岩土工程有限公司）制作的同一小区的勘察报告，满足规范要求，勘察点完全覆盖了 6-A 号楼座。

基坑开挖后，我公司设计人员参加了现场勘验，实际状况与设计采用的勘察报告描述基本符合。不存在未依照《建筑地基基础设计规范》（GB50007-2002）第 6.3.7 条之规定，分析其稳定性的问题。

由于需要进行地基处理设计，为此 B 公司还进行了补充勘察（工程编号 2007K054），地质情况与原勘察基本一致，由此可见，楼房开裂与此并无关系。

2. 某市恒基岩土工程勘察公司和 B 公司的强夯竣工报告及验收报告均提出建议，修建挡土墙，确保 6-A 号楼的稳定。直到楼房拆除也未见实施。同时也违反了《湿陷性黄土地区建筑规范》（GB50025-2004）第 5.4.1 条规定。

回复：

建设单位委托我公司进行住宅楼单体建筑设计，其中并不包括建筑占地平面轮廓以外的挡土墙，这类挡土墙不属于我公司承担的设计范围。

3. 设计公司未按《建筑地基处理技术规范》（GB50007-2002）第 3.0.5 条及第 3.0.2 条（强制性标准）以及《湿陷性黄土地区建筑规范》（GB50025-2004）第 5.4.1 条规定进行不均匀变形及稳定性验算。

回复：

（1）鉴于本楼座地基土质及场地条件较为复杂，我公司对地基处理提出的要求有：处理后全部消除地基土湿陷性，处理深度不小于基底以下 7.5 米，并进行了地基变形验算，符合规范要求。由于地基处理设计及施工过程没有按照我公司施工图中提出的要求进行设计和施工，以致出现了质量问题。

（2）关于本楼座稳定性问题，仅存在于 6-A 号楼主体已施工到一定高度，且本楼南侧回填土回填范围较小情况下才会出现。按照正常施工程序，在楼座主体结构施工到室外地坪标高后，须进行基槽回填土施工，回填标高为室外自然地坪标高，然后再进行主体结构施工。本楼南侧回填土回填完成后不会出现楼座失稳情况。

（3）本工程天然地基不可以作为本工程的持力层，我公司设计的基础图中明确提出要求有资质的单位进行地基处理。对地基的变形及稳定性验算应由 B 公司完成。

4. 建筑物超长情况下设计未按规定设计沉降缝。违反了《湿陷性黄土地区建筑规范》（GB50025-2004）第 5.3.1 条规定，以及《建筑地基基础设计规范》（GB500007-2002）第 7.3.2 条规定。

回复：

根据规范，只有在天然地基且特别不均匀，建筑物高度差异或荷载差异较大的情况下才设置沉降缝。本工程地基条件较复杂，但经过专门处理的人工地基是均匀的，不需要再设置沉降缝。而依据规范，建筑物长度超过一定限值时需要设置结构伸缩缝，我公司施工图设计中已按规范要求设置了伸缩缝。

5. 设计公司提供未进行修改前的设计图纸（电子版）。

回复：

（1）根据相关规定，只有加盖设计单位出图章和审图单位审查合格章的施工图纸才具有法律效力；其他任何未加盖设计单位出图章和审图单位审查合格章的施工图纸不能作为施工依据。

（2）所谓修改前的设计图纸（电子版）不是正式施工依据，不具法律效力，况且我公司从未提供过未进行修改前的设计图纸（电子版）。

地基基础设计情况说明

地基基础设计包含两个内容，即地基设计和基础设计，分别属于岩土工程设计和建筑工程设计，相应的分别需要岩土工程设计资质和建筑工程设计资质。

地基设计属于岩土工程设计，主要包括地基处理施工工艺、地基承载力及地基变形计算、施工材料要求、施工技术要求、绘制地基处理设计施工图并编写地基处理设计总说明等。

基础设计属于建筑工程设计，主要包括基础选型、基础配筋及强度计算、基础材料要求、基础施工技术要求、绘制基础施工图并编写结构设计总说明等。

我公司负责上部结构设计和基础设计。在设计过程中，根据地勘资料，天然地基不能作为持力层，某 A 房开公司要求采用强夯处理地基，而我公司不具备岩土工程设计的资质条件，因此要求建设单位委托其他有资质的单位进行地基处理设计。依据《河北省某市市中级人民法院刑事判决书》（[2013] 某刑终字第 61 号）第 15 页第 15 条，A 房开公司委托 B 公司进行地基处理方案设计、施工。我公司在结构施工图中对地基处理设计提出包括地基承载力、地基变形（压缩模量）等参数及消除持力土层湿陷性要求，并明确提出"地基处理施工完成后，应经过检测，合格后方可进行下步工序施工"。

我公司设计范围为基础及上部结构设计，出具的设计成果已通过某市市金木工程设计咨询有限公司施工图审查合格（证书编号 071099）。

我公司对地基处理深度的要求"处理后全部消除湿陷性，强夯处理基底以下 7.5 米"（见工程编号 2007-106-6-A 结施 2/8），但《河北省某市中级人民法院刑事判决书》（[2017] 冀 07 刑终 150 号）记载："2007 年 5 月 8 日，阮某刚代表 A 房开公司在设计图审查完成之前，即与汪某代表的 B 公司签订地基处理合同，为了降低造价和缩短工期，住宅楼的地基处理深度为 4 米左右。"相关单位并没有按照我公司提出的条件进行地基处理，也没有向我公司提出任何修改设计条件的要求，且地基处理完成后，未能提出合格的检测报告，故我公司不予验收，没有签字认可。在未经结构主体设计单位同意的情况下，继续进行并完成了上部结构施工。

某市建筑工程司法鉴定中心、河北建筑工程司法鉴定中心和国家工程质量检验监督中心分别出具的鉴定报告。三家鉴定机构的结论都明确我公司无设计质量问题，并且一致认为 B 公司处理的地基沉降是造成楼体裂缝的原因。

很明显，本工程出现的质量问题与我公司无任何关系，我公司不承担任何法律责任和经济赔偿责任。

设计公司陈述了自己没有责任的理由：

（1）某市中级人民法院〔2013〕某刑终字第 61 号判决书第 20 页第 1 行认为，认定我公司构成犯罪的证据不足，并判决设计人员李某琪无罪。

（2）国家建筑工程质量监督检验中心的鉴定结论没有提出我公司的设计有问题。

（3）作为审图公司，某市金木工程设计咨询有限公司于 2007 年 5 月 12 日为涉案三栋楼房出具了河北省施工图设计文件审查报告书和河北省施工图设计文件审查合格书，其施工图审查结论是："本建筑工程施工图设计文件依据国家有关法规和建设部《房屋建筑和市政基础设施工程施工图设计文件审查管理办法》经审查合格。"

（4）我公司在施工图设计说明中按照国家规范，对地基处理提出了科学合理的设计要求，履行了设计单位的职责。然而建设单位和负责地基设计和施工的 B 公司不仅不按照施工图设计要求处理地基，B 公司还通过造假敷衍施工。其推荐的地基检测单位为了承揽工程出具虚假报告，导致工程质量事故。

施工图说明中，设计人员已经提出甲方"找具有资质的公司进行地基处理""处理后消除湿陷性，用强夯置换处理基地，处理后基地以下 7.5 米范围内土层压缩模量不小于 20 毫帕，不大于 25 毫帕。软化厚度 1 米，处理后地基承载力设计值 fk = 180kpa""在施工期间，应做好防水防渗措施，严防地面水流入基坑或槽内，处理后的人工地基应进行检测并提供合格的检测报告，才可进行上部施工"。

然而，原告和 B 公司另外签订了《地基处理合同》，将处理深度改为 4 米。

按照国家规范，每个楼座应做 3 至 5 个点的静力荷载实验。然而根据刑事审理阶段基地检测单位尚某水的证言，6-A、7、8 号楼三栋楼只在 6-A 号楼做了一个点，7、8 号楼没做。在这种情况下，地基检测单位违规出具了地基处理达到地基承载力设计值 fk＝180kpa，压缩模量不小于 20 毫帕，不大于 25 毫帕的检测报告。有了这个合格报告，工程基础和主体等下面的工序就往下进行了，结果导致工程事故。

（5）在刑事审判期间，B 公司的汪某、赵某好、刘某业均表明地基处理施工期间从来没有见过李某琪的设计图纸。主体施工单位工地负责人也声称没有见过李某琪的设计图纸。如果 B 公司和施工单位的工地负责人都没有见过我公司的设计图纸，说明我公司设计的施工图没有用在工程上，这三栋楼不是按照我公司施工图建设的。如果这样，工程任何质量问题都与我公司无关。

（三）对国检中心鉴定报告证据价值的分析

国检中心鉴定报告确实存在些问题，但是不像 B 公司说的那样不堪，我们认为国检中心鉴定报告具有很高的证据价值，理由如下：

1. 程序方面

（1）某县住建局作为鉴定的委托人不仅不是程序瑕疵，而且合理合法。

《建筑法》（2011 年）第 6 条规定，国务院建设行政主管部门对全国的建筑活动实施统一监督管理。

《建设工程质量管理条例》（2000 年）第 4 条规定，县级以上人民政府建设行政主管部门和其他有关部门应当加强对建设工程质量的监督管理。

因此，某县住建局具有双重身份，一方面他是某县政府下辖的职能部门，另一方面也是某县建设工程领域的主管部门，对于工程质量问题，具有责无旁贷的责任。当美仑桂苑住宅小区出现严重工程质量事故时，某县住建局当然有权过问并依据职权查清事实。

同样都是政府部门，如果是别的部门委托鉴定，就不合法，但是住建局委托鉴定就没有程序问题，因为这是住建局行使自己的质量监督职能。

（2）尽管工程主体未参与鉴定，但是不影响程序的合法性。

全国人民代表大会常务委员会《关于司法鉴定管理问题的决定》（2015 年修正）和司法部颁布的《司法鉴定程序通则》（2016 年修订）均未规定司法

鉴定时必须有工程主体的工作人员在场。所以工程主体未参与鉴定，不影响鉴定程序的合法性。

2. 实体方面

（1）B公司一直强调国检中心所取数据在其地基处理范围之外，因而不能反映地基处理的真实情况。事实是B公司处理的范围小于规范要求。

第一，根据《建筑地基处理技术规范》（JCJ79-2002）第6.2.6条规定，地基处理范围超出地基"不宜小于3米"，而B公司超出2.4米至2.55米。复杂地基应按照规范从严要求。这一点见国检中心给吴某萍律师的回复。

第二，2012年11月12日刑事案件开庭时，国检中心出庭人员刘某霞、白某红已经正面回答了这个问题。第四次回函也明确说明："本专项勘察的勘察点布置、数量、深度、原位试验及室内实验的数量满足上述勘察目的要求，且已充分考虑了既有建筑场地条件以及建筑物开裂破坏的位置、形态等等因素的影响。""结合现场原始地形、地貌状况，通过对专项勘察原位试验和室内实验结果以及建筑物开裂破坏的形态及分布特征等因素的分析，本次专项勘察的结论正确。"

第三，是专项勘察，不是常规勘察。

（2）B公司一直强调国检中心根据现有资料不能得出6号楼、8号楼各遍夯击点布置及施工顺序不符合规范要求。

国检中心的答复是6号楼、8号楼各遍夯击点布置及施工顺序不符合规范要求是国检中心根据B公司强夯施工记录各夯点的作业时间顺序得出。

（3）B公司认为国检中心收集资料不充分，结论不准确。

国检中心回复其地籍调查资料不完全统计26项。

（4）B公司质疑建研公司的勘察报告的准确性。

国检中心对此已经书面答复。

（5）B公司质疑仅对人工地基进行评价是否全面充分。

国检中心的答复是相关问题不影响鉴定结论。

（6）此外，国检中心质疑了B公司美仑桂苑项目地基处理人员的专业性，即土岩结合地基应修改设计方案，但及局部进行软化处理，无法消除地基土刚度横向分布的不均匀。

所以，在实体问题上，国检中心的《鉴定报告》是比较可靠的。

3. 国家建筑工程质量检验监督中心是工程质量检验方面的权威机构，是包括《建筑地基处理技术规范》（JGJ79-2002）在内的一系列建设工程技术规范的起草者，其专业水平是可靠的。

4. 以前的判决在国检中心鉴定人员不在场的情况下，仅凭B公司一面之词就认为国检中心的鉴定报告非法，是没有说服力的。

5. B公司不认可国检中心的鉴定结论，应当及时提出重新鉴定。可是B公司既不认可也不提出重新鉴定。

6. 在涉案建筑物已经拆除，很难取证的情况下，国检中心的鉴定结论是唯一可查明事实的证据。如果否定国检中心的鉴定结论，其结果将是真相永远无法查明，犯有过错的当事人将永远逍遥法外。

7. 民事案件举证责任的证明标准不同于刑事案件，刑事案件的举证标准是证据链完全闭合，因此国检中心的鉴定结论不能满足刑事案件的证明标准，但是民事案件的证明标准是优势证据原则，只要有大的概率证明一方有过错，就可以认定责任，没有必要追求100%的准确。

就本案而言，某市司法鉴定中心、国家工程质量检验中心、河北建筑工程鉴定中心三个鉴定结论基本一致，加持国家建筑工程质量检验监督中心在中国工程界的地位，可以认为鉴定结论是可靠并可信的。

综上所述，我们认为国检中心出具的鉴定报告具有较高的证明力，可以作为本案证据使用。

（四）对地基处理设计、施工方的B公司在本次事故中责任分析

地基处理单位是建设工程的主体，地基的安全稳定是上部结构安全的保证，是工程建设的重中之重。B公司是本案地基处理的设计、施工单位，其没有响应上部结构的设计要求，无证施工，管理混乱，检测造假，是造成工程事故的直接原因。

1. B公司无施工资质，属于无证施工

B公司于2007年6月12日取得建筑业施工资质，资质等级为地基与基础工程专业承包（暂定）叁级，证书编号B301401××××5（证书附后），而B公司2007年6月10日已经完成6-A#、9#、10#住宅楼的地基处理施工，属于无证施工，违反了《建筑法》（2011年）第26条第1款："承包建筑工程的单位应当持有依法取得的资质证书，并在其资质等级许可的范围内承揽工程"和《建设工程质量管理条例》（2000年）第9章："施工单位的质量责任和义务"第25条第1款"施工单位应当依法取得相应等级的资质证书，并在其资

质等级许可的范围内承揽工程"之规定。

2. B 公司降低工程质量标准出具地基处理方案

河北省某市中级人民法院刑事判决书［2017］冀 07 刑终 150 号。

"2007 年 5 月 8 日，原被告人阮某刚代表 A 房开公司在设计图审查完成之前，即与汪某代表的 B 公司签订地基处理合同，为了降低造价和缩短工期，住宅楼的地基处理深度为 4 米左右"，没有将设计说明中"处理后全部消除湿陷性，强夯处理基底以下 7.5 米"（工程编号 2007-106-6-A 结施 2/8）的设计要求纳入地基处理内容。

设计公司的工程设计文件经某市金木工程设计咨询有限公司审查后，于 2007 年 5 月 12 日才出具编号为 071099 的审查合格证书。

B 公司出具地基处理方案在设计公司提供施工图纸之前，违反工程建设程序，降低工程质量标准。

3. 地基处理管理人员不具备相关资质和管理经验

作为 6-A 号楼地基处理负责人刘某业无地基处理经验，汪某庭审时说"刘某业（6-A 号楼、8 号楼地基处理负责人）是搞地勘的，没有做过地基处理"。刘某业证言："来工地之前，和汪某说了以前没有干过地基处理，可不可以干点别的，汪某说：'地基处理简单，按照图纸做就行。'"赵某好说，"我只是个临时工"。（引自河北省某市中级人民法院刑事判决书［2017］冀 07 刑终 150 号），管理人员由于资质和经验的缺失，无法进行施工组织、人员管理、质量把控。

4. B 公司未提供地基处理施工图纸，且未通过施工图纸审查，其违反了《房屋建筑和市政基础设施工程施工图设计文件审查管理办法》（2004 年）第 3 条"施工图未经审查合格的，不得使用"的规定

刘某业证言："没有见过设计单位出的设计图，只是汪某给的夯点平面布置图，按照汪某的图安排工人干活"，赵某好证言："7 号楼的地基强夯工作是按照 B 公司的施工方案和汪某的意见执行的。"（引自河北省某市中级人民法院刑事判决书［2017］冀 07 刑终 150 号）

以上说明 B 公司仅有施工方案，没有设计施工图，更不用说经过施工图审查了。

5. 地基处理施工的程序和工序违反相关规范的规定

根据刑事审判的开庭笔录，B 公司工地负责人汪某承认，"由于甲方要求

的工期太紧，而采用了一遍夯的方式。施工过程中下过雨，表面的土壤不符合一遍夯的条件"。（一审刑事判决书第 13 页第 1 段第 5 行）"刘某业（6-A 号楼、8 号楼地基处理负责人）是搞地勘的，没有做过地基处理"，刘某业也承认以前没有干过地基处理。（一审刑事判决书第 12 页第 2 段第 5 行）

B 公司工地负责人在每次开庭时都声称没有见过我公司的设计图纸。2013 年 4 月 1 日庭审时，汪某辩护人问："某市设计公司的结构设计图你是什么时候见到的？"汪某回答："出事以后见到的，大概是 2012 年。"（一审刑事判决书第 12 页第 2 段 5 行刘某业供述等），从而导致其违反建设程序，未对施工图的设计要求作出回应。

6. 秦皇岛众工检测公司出具的地基检测报告弄虚作假，检验点数违反《建筑地基处理技术规范》（JGJ79-2002）第 6.4.4 条"对于简单场地上的一般建筑物，每个建筑物地基的载荷试验检验点不应少于 3 点；对于复杂场地或重要建筑物地基应增加检验点数"。

B 公司施工方案中要求强夯两遍，实际只夯一遍，无法保证施工质量。而且尚某证言："6-A 号楼只做了一个点的静力载荷试验，7 号楼 8 号楼没有做静力载荷试验。"（引自河北省某市中级人民法院刑事判决书［2017］冀 07 刑终 150 号），这明显属于虚假的地基检测报告，是无效的，不能认定地基处理合格。

7. 省、市、国家三级鉴定结果均说明地基沉降楼体裂缝是由于地基处理
   不合格的原因

某市建筑工程司法鉴定中心、河北建筑工程司法鉴定中心和国家工程质量检验监督中心分别出具鉴定报告。三家鉴定机构的结论一致认为楼体裂缝是由于地基不均匀沉降引起的非受力裂缝，其原因是地基处理单位没有按照规范进行地基处理设计、施工和检测，强夯处理的范围小于规范规定，强夯影响范围内填土不均匀，各遍夯击点布置及夯点施工不符合相关规范要求，强夯未全部消除湿陷性，在基底以下 7.5 米深度范围内的主要受力层地基承载力及压缩模量远远没有达到结构设计要求，且检测报告的主要指标数据来源不真实，处理后地基不合格，从而引发地基不均匀沉降，造成事故发生。

8. 对鉴定报告的说明

（1）国检中心的鉴定报告虽然在委托程序上不合规，但内容是真实有效的，所谓取点不在强夯范围内，是由于 B 公司地基处理的范围不足，不满足

规范要求。

（2）河北司法鉴定中心的报告已经说明了地基沉降是上部裂缝的主要原因，而地基处理不合格是地基沉降的原因，因此，地基处理不合格是上部裂缝的主要原因。

（3）不清楚某市建筑工程司法鉴定中心的鉴定报告（A 房开公司委托的第三方鉴定）为什么不能作为依据，刑事方面不足，但民事方面完全可以。

四、开庭审理结果

某市中级人民法院经过审理，驳回原告诉讼请求。

五、对本案的反思

（一）房地产问题也是法律问题

房地产属于国家重点调控的行业，所以项目策划、规划、可行性研究、征收、拆迁、勘察、设计、施工、验收、销售、物业等各个环节都受到法律规制。仅仅施工这个环节就涉及《建筑法》《城乡规划法》《招标投标法》《标准化法》《安全生产法》《防震减灾法》《环境保护法》《消防法》《人民防空法》等法律的约束。在房地产开发经营销售环节更是受到《土地管理法》《城市房地产管理法》《消费者权益保护法》《民法典》《信托法》《公司法》《企业所得税法》的规制。从纵向上讲，法律约束伴随房地产开发的全过程，从横向上讲，房地产开发需要很多部门法协调配合，消弭冲突。

随着国家法制逐渐健全，越来越多的企业开始重视经营合约、合规。房开企业法务部力量得到增强。

房地产问题也是法律问题，开发销售仅是技术性问题，而合法性问题则关乎企业生死，所以，房地产开发的每一个环节都值得从法律的角度予以审视。

（二）原告 A 房开公司的工作失误和责任

（1）存在没有施工许可证等工程手续违法问题。

（2）2007 年 5 月 8 日，没有收到设计单位的施工图时，为了节省费用、缩短工期，与当时尚无地基处理资质的 B 公司签订了《地基处理合同》，将处理深度定为 4 米，没有把消除湿陷性写进《地基处理合同》。

（3）2007 年 5 月 8 日，与秦皇岛市众工工程检测有限公司签订《工程检测合同》，在国家规范规定每个楼座至少做 3 个点的静力荷载实验情况下，竟然 6-A、7、8 号三栋楼只做了一个点的静力荷载实验，并要求众工公司出具地基处理合格的检测报告，导致工程事故。

（4）2012 年 9 月~2013 年 8 月，擅自将涉案的 6-A、7、8 号三栋楼拆除，既人为加大了损失，也灭失了证据，导致其后查找工程事故原因的困难。

（5）民事诉讼中，提交的证据存在瑕疵，无法证明所发生的损失。

（6）由于管理混乱，证据不足，无法确定各被告的过错与损失的因果联系，责任比例以及针对各被告的具体诉求。

（三）作为工程重大质量问题的受害者，为什么房开公司既无法追究本案各工程主体的刑事责任，也无法追究各工程主体的民事责任

首先，因为房开公司违规拆除了涉案房屋，导致国检中心鉴定结论被多方质疑后，无法再进行工程质量、工程造价以及维修加固的司法鉴定，不得不承担举证不能的责任。

其次，房开公司起诉时，每次都没有将施工、监理、地基处理等单位的责任分割开来，没有明确提出对各个责任主体的具体的诉讼请求。只是笼统地提出一个对所有责任主体追究责任的主张，然后寄希望于法院来确定各方承担责任的比例。由于刑事案件中没有判决被告承担责任，法院不是建设工程专业人员，原告也没有针对各个建设工程责任主体的诉求，所以依据"不告不理"的原则，法院驳回了原告诉讼请求。

被告没有吸取败诉的教训，二审、再审过程中，依然复制一审诉讼请求的模式，导致一败再败。

（四）如果国检中心的鉴定结论不能作为证据使用，如何确定本案分配各工程主体的责任，如何确定责任的比例

如果国检中心的鉴定结论不能作为证据使用，只能根据现场情况，确定该工程的原始现场是否存在。如果地基基础还在，可以继续做工程质量鉴定。如果原场地已经重新进行地基处理，并建起新的建筑物，则本案将无法确定工程事故责任主体。但是工程拆除不影响造价鉴定。

至于各方应当承担责任的比例，应当由建设工程专业机构确定，法院审判人员不具备这个专业条件。

在工程质量事故中，在责任主体存在多家的情况下，如何确定各方应当承担责任的比例也是一个值得探讨的复杂问题。

（五）被告要求追加的被告原告没要求追加，在原告没有诉讼请求的情况
下，法院如何追究被追加被告的民事责任

最高人民法院 2014 民申字第 1459 号判决书以及最高人民法院 2015 民一
终字第 106 号判决书均属于被告提出追加其他人为被告的案例，在案件中是
否追加属于法官自由裁量权的范围。

（六）刑事案件中被告被宣告无罪，能否以此认定被告在民事案件中也没
有过错并不承担民事责任

刑事案件的证明标准是证据链完全闭合原则，民事案件的证明标准是优
势证据原则。刑事案件中关于被告不起诉的原因包括证据不充分不起诉、存
疑不起诉和酌定不起诉等，法院判决也有罪轻不判的情况。因此，刑事上无
罪并不能代表民事上没有过错，不追究刑事责任不一定就没有了民事责任。

第十节　开发商与设计公司的设计费纠纷案例
——以房顶账时房价波动对于债务清偿的风险

一、案情简介

2016 年 6 月 29 日某设计院（原告）与威斯康星房开公司（被告）就某
市清水湾商住小区三期工程项目签订《建设工程设计合同》，约定原告为被告
设计 4、5、6、7 号商住楼，11、12 号住宅楼、幼儿园、社区配套 3 号地下车
库设计施工图，设计费 14 元/平方米，以最终设计面积为准核算设计费，不
含变更费，设计费合计 1 887 857.27 元。被告为设计方提供的设计成果包括
设计任务书、红线图、地形图等设计图、地质勘探资料、周边市政管线技术
资料、其他有关涉及指导文件。合同签订后三日内支付 20%定金 38 万元，交
付施工图时支付 70%的尾款 132 万元，竣工验收时结清余款 18.7857 万元。
发包人未按照约定支付设计费的，按 0.2%/天支付的违约金。发生纠纷由某
市仲裁委员会仲裁。2018 年 6 月 1 日，双方就 6 号商住楼变更、社区配套、
会所天窗钢结构签订合同，设计费 96 475.65 元，纠纷解决方式未定。2018
年 6 月 30 日，双方就干挂石材钢结构签订合同，设计费 58 141 元。纠纷解决
方式未定。双方还就加晒图纸签订《设计补充协议书》，晒图费 28 959 元。截

至 2022 年 1 月，被告总共支付原告设计费 77 万元，尚欠设计费 1 301 432.92 元（原告已为被告开具发票 1 272 473.92 元，仅有 29 000 元未开票）。

被告清水湾项目地理位置优越，又适逢冬奥项目落户某市，赶上了房产销售的一波大行情，赚得钵满盆盈。可是被告虽然现金流充裕，但就是不支付原告的设计费。每次催缴，被告都以各种理由搪塞。由于被告拒不支付设计费，导致原告处于困顿甚至倒闭状态。

原告多次向被告催缴设计费，被告总以资金紧张为由推脱。但是被告有一次告诉原告，其清水湾项目赚了 6 个亿，原告非常气愤。

2019 年 1 月 18 日，被告告知原告可以商品房抵顶设计费，原告和被告洽商时，被告提出以 77.66 平方米的一处商品房抵顶设计费，14 908 元/平方米，再打 9.8 折，共冲销设计费 1 137 755 元。原告明知此时被告商品房售价仅仅 9000 元/平方米左右，但是考虑如果不同意，可能一分钱也拿不回来，于是就让法定代表人的妹夫郝某多在《商品房认购协议》上签了字。

2021 年底，被告所在城市商品房售价大幅回落，原告认为本来设计费就是按照 1/3 收取，以房顶账已经受到巨大损失，现在房价大幅回落，损失已经不堪忍受，遂未在协议上签字。并经过数次索要设计费无果后，到法院提起诉讼。

二、双方的主张

原告请求判令被告支付拖欠的设计费 1 301 432.92 元及利息 30 万元，诉讼费由被告承担。

被告主张涉案房屋并非原告设计，所以原告无权主张设计费。即使未失权，原告已经过了诉讼时效。因此被告无权主张设计费。

三、双方举证以及质证

原告就其主张向法院提交如下证据：

原告证据目录

序号		证据名称	证据内容	证明目的	原件	页数
第一组	1	营业执照复印件		主体适格		1
	2	法定代表人身份证复印件				1

序号		证据名称	证据内容	证明目的	原件	页数
第二组	1	2016年6月1日，双方《建设工程设计合同》	原告为被告清水湾三期工程项目提供设计服务	双方签订建设工程设计合同，确定了双方各自的权利和义务		41
	2	2018年6月29日，双方《建设工程设计合同》				
	3	2018年6月30日，双方《建设工程设计合同》				
	4	设计补充协议书				
第三组	1	被告收取图纸回执单	被告履行了全部合同义务	被告应向原告支付拖欠的设计费		13
	2	原告主张设计费时，按照被告的要求，向被告提供的发票	被告履行了合同的附随义务			1
第四组		2021年10月26日《催款通知书》	拖欠设计费1 301 432.92元	被告对设计费久拖不还，给原告造成巨大经济损失。目前原告公司由于拖欠设计人员工资，人员纷纷跳槽，公司陷入危急状态		1
第五组		郝某多任职证明	郝某多是某事业单位临河大区管委会在编制工	郝某多不是原告单位在编制工		1
第六组		被告领取全部图纸的登记表	清水湾项目三期	原告已经履行了自己的合同义务		
第七组		《施工许可证》	开工日期为2016年6月	被告应于该时间支付欠款的利息		
签收栏		提交人签字：		提交时间：		
		签收人签字：		签收时间：		

被告对原告证据提出如下质证意见：对第一组证据不认可，因为被告没有使用原告的图纸；对第二组证据的真实性无异议，但是属于签订而未履行的合同，原告无权依据该合同主张设计费；对第三组证据的真实性、关联性有异议，取走图纸的人并非被告公司的职工。对第四组证据的真实性、关联性有异议，被告未收到上述《催款通知书》。对第五组证据不认可，该证据为虚假证据，首先不符合《民事诉讼法》规定的形式要件，没有出具证明的单位法定代表人签字，也没有出具证明的人到庭说明情况。对第六组证据不认可，因为证明不了图纸是第几期的，回执单上的签字人中，有些人也不是被告单位的工作人员。对第七组证据真实性认可，但是与设计费支付时间及利息起算时间没有关联性。

被告为了证明其抗辩意见，向法院提交如下证据

序号		证据名称	证据内容	证明目的	原件	页数
第一组	1	企业登记卷宗		郝某多为被告代理人		33
	2	换照授权委托书				
	3	企业年检报告				
第二组	1	2016 年 6 月 1 日，双方《建设工程设计合同》	双方存在设计合同关系			41
	2	2018 年 6 月 29 日，双方《建设工程设计合同》				
	3	2018 年 6 月 30 日，双方《建设工程设计合同》				
	4	补充协议书				
第三组		付款凭证	威斯康星房开公司付款审批表河北增值税普通发票	已经支付79 万元		30

序号	证据名称	证据内容	证明目的	原件	页数
第四组	《商品房认购协议》	原告同意被告以77.66平方米的一处商品房抵顶设计费，14908元/平方米，再打9.8折，共冲销设计费1 137 755元。	已经不欠原告的设计费		1
第五组	2022年2月20日电话录音以及通话详单	原告对商品房抵顶设计费事宜知情并同意	被告已经不欠原告的设计费		4

原告对被告提交的证据发表如下质证意见：

被告的第一组证据只能证明郝某多是原告办理公司登记事项的经办人，但是不能证明郝某多是原告公司的在编制工以及有权签署合同的代理人；对被告的第二组证据真实性表示认可，但是不认可其证明目的；认可被告第三组证据的真实性，但是不认可其证明目的；被告的第四组证据只能证明双方就以房顶账事宜磋商过，但是由于双方都没有签字盖章，因此协议并没有成立，所以原告的抗辩不成立；被告的第五组证据也是双方就以房顶账事宜所做的磋商，原告在录音中一再说"顶得太高了"，说明原告并不认可这个协议。

四、审理焦点问题

（1）《商品房认购协议》是否成立。

（2）郝某多是否具有代替原告签署合同的权利。

（3）是否拖欠设计费，拖欠数量，是否应支付利息。

（4）《商品房认购协议》是否抵顶了设计费。

（5）抵顶行为是否完成。

五、庭审中双方的辩论意见

原告发表了如下代理意见：

根据庭审调查情况，现发表如下代理意见：

（一）《商品房认购协议》（以下简称《认购协议》）只能说明双方磋商过以房抵顶设计费事宜，但是双方意思表示并未达成一致，合同没有成立

1. 《认购协议》签章处，原告没有签字盖章，合同不具备成立的要件。

该《认购协议》第7条约定："本认购协议经双方确认无误，双方签字盖章后生效。"

双方签字盖章就是签字并盖章的意思，况且《认购协议》签章处，出卖人、认购人之后均附有"（签章）"字样，但是原告既没有盖章，也没有签字。

2. 《认购协议》签章处，被告没有签字，所加盖印章既不是备案公章，也不是合同专用章。

被告仅加盖了"认购协议专用章"，而不是加盖单位公章或者合同专用章。"认购协议专用章"明显不属于备案公章，由于没有公示，所以不具备公信力，仅在公司内部有效，对公司外部人不具有拘束力。

3. 按照《认购协议》第8条规定："本协议自双方签字之日起生效"，而原告和被告均未签字。

4. 按照《认购协议》第8条规定，签订《商品房买卖合同》后，本协议自动作废，亦即本协议非正式协议。

5. 被告一直没有将《认购协议》到房管局备案并办理网签。

6. 根据被告提供的"仇某与梁某道通话录音"，双方并没有达成协议。

通话内容第26行，"我们售楼处催了那妹夫好几次，签协议也不来"，说明被告让原告签协议，原告一直不同意。

7. 《认购协议》时间落款为2019年1月18日，该时被告早已取得《商品房预售许可证》，被告售楼处也有现成的《商品房买卖合同示范文本》。如果双方当时意思表示一致，直接就使用《商品房买卖合同示范文本》签订合同，根本不用使用《认购协议》来签订商品房买卖合同。

8. 从双方以往签订合同的惯例看，《认购协议》也没有成立。

双方此前签订过三份《设计合同》和一份《补充协议》，每次双方都是加盖各自的合同专用章，加盖各自法定代表人的印章。从这个惯例看，《认购协议》也没有成立。

（二）郝某多在本案中的身份不是原告授权签约的委托代理人，只是往来传送文件资料的人，因此他以个人名义签的《认购协议》不能代表原告

1.《认购协议》虽然有郝某多签字，但是郝某多既不是原告的公司员工，也没有授权委托书，更不是法定代表人。

2. 郝某多开具增值税发票行为属于履行行政法义务，与本案法律性质不同，不能推导出郝某多有签订顶房协议的权利。

3. 开具增值税发票行为属于附随义务，不是合同的对价义务，不能与双方设计合同确定的权利义务相提并论。更不能牵强附会地认为郝某多有签订顶房协议的权利。

4. 依据《民法典》相应规定，被告如果对郝某多身份有疑问，可以行使催告追认权，但原告未作表示的，视为拒绝追认。

5. 双方签订过三个《设计合同》以及《补充协议》，郝某多从来没有代表原告在合同签章处签过字，所以被告没有对等理由认为郝某多属于表见代理。

6. 根据《民法典》关于格式条款的规定，出现不同理解时，应当作出不利于提供格式条款一方的解释。据此，不能任由格式条款的提供者被告任意解释。

（三）被告称《建设工程设计合同（示范文本）》（GF-2000-0209）是原告提供的，这是错误的

《建设工程设计合同（示范文本）》（GF-2000-0209）是原国家建设部、原国家工商行政管理局统一制定的，被告以为设计合同就是设计单位制定的，施工合同就是施工合同制定的，这种思想是错误的。

按照《工程建设项目招标范围和规模标准规定》，居民住宅工程是需要招标的，开发商作为招标人应当提供工程前期的审批资料以及合同范本，所以本案《建设工程设计合同（示范文本）》（GF-2000-0209）是国家主管部门制定，由被告提供的。

（四）被告称原告晚交图纸不符合事实，也没有证据支持（略）

（五）被告财务状况非常好，本来应当顺利支付原告的设计费，可是被告为了谋取更大利益，一直试图用房屋抵顶设计费，这个行为既违反合同约定，也极大损害原告的利益

1. 被告财务状况非常好

清水湾项目系征收原泰山锅炉厂的厂址，2010 年双方签订土地转让协议，

该宗地面积 138 亩，转让价格每亩 108 万元，总价 1.3824 亿元。项目合作协议约定，被告缴纳的土地出让金，政府返还后，所返还的金额全部支付给被告。泰山锅炉厂 2013 年 6 月 13 日和 7 月 5 日收到桥东区财政局拨付的土地出让金返还款 54 647 000 元和搬迁补偿金 13 853 000 元后，第二天就支付给了被告。即便这样，被告仍拖欠泰山锅炉厂欠款 5000 万元长期不还，后泰山锅炉厂在某市中级人民法院起诉被告，泰山锅炉厂为了顺利执行，在被告的压力下，又放弃了 1200 万元，被告只支付泰山锅炉厂 3800 万元。

即相当于被告不到 5800 万元就拿到了泰山锅炉厂的土地，相当于每亩 42 万元。

2016 年冬奥项目落户某市，被告赶上了一波大行情，被告的原法定代表人告诉原告，清水湾项目仅仅前期就赚了 6 亿元。这个问题在被告提供的录音中，梁某道反复说，仇某也没有否认，只是说这是两码事，后来又投资到别的项目了。

2. 被告压迫原告以房顶账的动机是进一步牟利

高层建筑建设成本大概 2000 元/平方米，被告拿地成本 630 元/平方米，其按照 14 908 元/平方米顶设计费，房子面积 77.66 平方米，每平方米反过来倒赚六七十万元。

3. 原告在本案中受到的损失

原告只不过按照国家规定的设计费的 1/3 取费，被告又在此基础上打了一个 6 折，因此原告在设计费收取方面是让利很大的。

可是被告按照 14 908 元/平方米抵顶设计费，原告的利益就进一步受到损害，因为房子难以变现，难以解决原告现金流捉襟见肘的困境。

房价下跌后，被告仍然要按照 14 908 元/平方米顶设计费，相当于尚欠的设计费免掉八九十万元，实在是太过分了！

（六）国家为了防止大企业店大欺客，颁布一系列文件保护中小企业，可是被告却利用买方市场的优势盘剥原告，有违立法精神以及诚实信用的原则

2020 年 9 月 1 日，国务院实施《保障中小企业款项支付条例》，第 5 条规定禁止大型企业利用优势地位拒绝或者迟延支付中小企业款项。第 15 条规定迟延支付的，逾期利息不低于合同订立时一年期贷款市场报价利率；未作约定，按照每日利率 5‰支付逾期利息。

国务院特别强调保护中小企业，2014 年 10 月 31 日，国务院发布《关于扶持小型微型企业健康发展的意见》，2022 年 2 月 18 日，国家发改委等部门发布《关于促进服务业领域困难行业恢复发展的若干政策》等。

就本案而言，原告在鲸吞国有企业巨大利益之后，利用优势地位盘剥作为服务商的设计企业，号称赚 6 亿元，却拖欠 130 万元设计费长达 5 年，之后企图用房子抵顶设计费，从中攫取巨额利润，实在是贪得无厌！

总之，被告答辩状承认双方设计费总价 2 042 473.92 元，加上尚未开票的 28 959 元。已付 77 万元，尚欠 1 301 432.92 元。截至目前，清水湾项目早已竣工验收并交付入住，所以双方约定的交付施工图即结清设计费的支付节点早已具备（如果不到支付节点，被告也不会主动提出以房顶账），希望法庭查明事实，依法支持原告的请求。

被告的主要抗辩意见是：

第一，原告隐瞒了重要事实，即双方已经于 2019 年 1 月 28 日签订《商品房认购协议》，被告欠原告的设计费已经通过商品房抵顶完成，被告已经不再欠原告设计费。

第二，原告交施工图纸时间严重滞后，给被告造成重大损失。

第三，《建设工程设计合同（示范文本）》由原告提供，因此属于格式合同。当合同条款出现含义不清情况时，应当作出对格式提供者不利的解释。

原告迟延交付《设计任务书》，应当承担违约责任。

其后原告又发表补充代理意见如下：

（一）设计费发生的过程

2012 年，已经合作多年的原告和被告即商讨清水湾三期工程的设计事宜，但是由于被告一再压低设计费，设计费用一直没有谈妥，所以双方当时没有签订《设计合同》，但是被告要求原告先开始设计工作。

2013 年 2 月 25 日，被告工程部人员刘某旺拿走原告设计的第一批图纸。

随后，被告工程部人员甲、乙、丙、丁、戊等即分批领取设计图纸用于工程商业策划、报建、消防等手续。

2015 年被告已经领走全部施工图纸，并已经开始施工，同时开始预售三期的商品房。

2016 年 4 月 27 日，被告补领取了《施工许可证》。

2016 年 6 月 28 日，历经数年讨价还价（主要是被告压价）的长跑后，双方终于商定了设计费的价格，并签订了《设计合同》，加盖了双方合同专用章和法定代表人印章。

其实签约时许多楼宇已经竣工，被告的商品房早已开始热卖。

被告没有说过设计存在瑕疵和其他质量问题。

（二）设计费拖欠的过程以及拖欠的时间

2016 年 6 月 28 日双方签订了《设计合同》，约定签订后 3 日内支付定金 38 万元，后被告没有按约支付。

《设计合同》第 5 条"说明"中约定收到最后一部分施工图纸即结清全部设计费，事实上被告 2015 年即领走全部施工图纸，但是被告一直拒绝支付设计费。

所以 2016 年 6 月 28 日双方签订《设计合同》时，被告就应当支付全部设计费，因为原告早已完成了设计任务，有权主张全部设计费。

可是，被告一再以资金紧张为由拒不支付设计费，到现在已经拖欠了 6 年，严重违约、严重失信。

（三）被告的违约责任以及给原告造成的实际损失

根据《设计合同》，被告每逾期一天，应当支付拖欠部分 2‰的违约金，如果按照这个标准计算，被告应当支付的违约金就是 2600 元/天，总计将近 600 万元。

原告没有主张预期利益，仅仅向被告主张了一部分实际损失，也就是一部分利息损失，原因是为了息事宁人，退一步海阔天空，另一方面也出不起仲裁费。

（四）关于以房顶账的磋商过程

2019 年初，被告就设计费尾款 130 余万元提出要以房顶账，此时被告已经拖欠设计费将近 3 年，按照合同违约金也已经达到 200 万元了。

经过多年打交道，原告知道被告没有支付设计费的诚意，其法定代表人持有美国绿卡，随时有举家移民的可能。为了不至于白干，只好答应参加以房顶账的磋商。

磋商过程中，被告拿出事先拟定的认购协议书让原告签字，原告多次提出不能以当时的价格顶房，因为原告卖不出去，也无法用它给员工开工资。但是被告十分强势，坚持用当时的将近 15 000 元/平方米价格顶账，原告表示不同意。

由于双方就价格问题没有达成一致，所以在双方法定代表人都在场的情况下，双方法定代表人均没有签字，也没有加盖单位公章或者合同专用章。

其后，双方有多次电话磋商，均因为价格谈不拢而无法取得合意一致。即合同没有成立。

（五）被告将一个未签字、盖章、备案、网签的认购协议认定为已经生效，并且以此认定原告背信弃义，于法于情都没有道理

1. 双方以前签订过很多合同，全部是加盖单位公章或者合同专用章，加盖法定代表人印章。因此，无论是根据《民法典》，还是双方的交易惯例，本次认购协议都没有成立。协议上的工作人员签字只是证明双方存在过一个磋商过程，而不是协议成立的充分条件。

2. 庭审中，被告代理人根据《设计合同》第3条约定，认为原告未及时交付设计任务书，因此构成迟延交付，需要承担违约责任。但是这根本不是原告的义务。

3. 庭审中，被告认为协议上加盖什么章都可以，不一定需要加盖公章或者合同专用章。这个观点是错误的。

公章或者合同专用章都是在公安部门备案的，具有公示性和公信力，对外、对第三人具有约束性和法律效力。与对方签订合同只能使用公章或者合同专用章。

"认购协议专用章"不是备案公章、只是房开公司内部专用章。房开公司、建筑公司类似的专用章可能有数十个，例如办公室章、人事部门章、财务部门章、档案部门章、项目部章等，这些印章只在内部有效，除非合同相对方自愿认可，否则不具有约束合同相对人的效力。

所以，被告认为协议上加盖什么章都可以，这个观点是错误的。

4. 法人签订合同，认购协议上法定代表人以外的人签字应当根据其签名位置、交易惯例、有无授权等分析其法律地位。

凡代理人，或有独立的授权委托书，或在合同内容中有条款约定，或有双方以前签订合同的交易惯例。否则法定代表人之外的任何签名之人都不规范，不能代表法人的意思。

房开公司提供的合同文本惯有促成交易的置业顾问的名字，那只是为了内部管理、奖励、查找资料信息方便。但是签订合同时，签章处仍然要签法定代表人或代理人的名字。

认购协议中也有原告方普通员工的签名，那也是为联系方便，或者起到证明、收执作用。但是正式签订合同时，仍然需要签章处签法定代表人或代理人的名字或加盖名章。

（六）被告认为原告隐瞒重要证据的观点是错误的

"谁主张，谁举证"是诉讼的举证原则，原告根据自己的仲裁请求提供相应的证据，没有义务为对方的抗辩提供证据。将抗辩证据作为原告隐瞒证据的观点是不正确的。

就本案而言，法庭不仅看到了《认购协议书》，而且将其成立和效力作为审理焦点，双方也围绕这份证据反复盘诘、质证、补强。所以并不存在因为缺乏关键证据，影响公正裁决的情况。

（七）关于郝某多的身份定位问题

被告在庭审过程中对郝某多的身份定位多次出现反复，从经办人、工作人员、代理人等，直到最后经过确证，定位郝某多行为属于职务行为。

职务行为是指单位职工履行职责的行为，然而原告已经举证，郝某多不是原告单位的工作人员，所以被告咬定郝某多行为属于职务行为，这个观点完全错误。

因为公司已经濒临倒闭，养不起职工，所以原告请亲戚代办一些事宜，主要是开发票、公司年检。这些都是公司日常杂务，如果公司正常运营，这些都是办公室、财务部门普通工作人员的事，法定代表人没有时间去做这些日常工作。公司办公室、财务人员虽然大量地和机关、业务部门打交道，但是没有权利与其他人签订合同。被告将日常杂务与签约行为等同起来，目的就是促成以房顶账。

反过来讲，被告单位办公室、财务、前期、合约、工程部的人员签字的协议，被告都认为对自己有约束力吗？显然他不能也不敢。

因为双方洽谈时，没有会议记录。郝某多之所以签字，主要是证明双方就以房顶账事宜磋商过，这既是双方磋商内容的证明，也是主张权利的证明。

（八）被告要求郝某多出庭作证没有法律依据

被告第二次开庭时提出要求郝某多出庭作证，不符合法律关于证人出庭的审理程序。

被告此前一直认为郝某多是案件当事人，但是在此又要求郝某多作为证人，属于当事人与证人身份冲突，违反民事诉讼法的基本原则。

合同是否成立，以签字盖章为准。本案合同既未签字，也未盖章，郝某多出不出庭对于判断合同成立和效力没有意义。

总之，前期挣6亿元的被告拖欠濒临倒闭的原告设计费长达6年，磋商以房顶账时违约金就将近300万元，超过了设计费本身。可是被告不守信用，不仅不支付设计费，不谈违约金，还利用大企业的强势地位，压迫原告一再降低设计费，压迫原告签订以房顶账协议，威胁原告不签订以房顶账协议就一分钱拿不走。

被告的第二轮抗辩意见：

第一，根据被告提交的原告2013~2017年的工商年检报告，证明图纸设计期间，郝某多一直是工商登记的申报人、制表人、授权代理人，也是合同履行的经办人。所以郝某多在认购协议上的签字行为，就是职务行为或者叫作单位行为。

第二，鉴于郝某多在本案中的重要地位，我们申请郝某多出庭作证，如实陈述案件真实情况。

第三，双方签订的《认购协议》具有法律效力，原告只是因为房价大幅回落才反悔，不认可协议效力。

第四，鉴于原告隐瞒重要证据，而且重要证人不出庭，如果法院判决我方败诉，我方一定会上诉并向有关部门反映相关问题。

第五，根据最高人民法院《关于审理商品房买卖合同纠纷案件适用法律若干问题的解释》，认购协议属于预约合同，原告有义务据此与被告签订《商品房买卖合同》。

第六，认购协议上，公章和法定代表人签字都有，合同成立并生效。

六、判决结果

双方以调解的方式结案，合同继续履行，原告在15日内办理签订《商品房买卖合同》的正式手续并选定车位，被告同意补偿原告25万元的购房差价。

七、需要反思的问题

本案在笔者看来是一场没有悬念的必赢的官司，结果却输得体面无存，令笔者痛彻心扉，因此需要反思的方面很多。此外，本案诉讼标的虽然仅仅

130 万元，但是却充满技术含量，原被告在诉讼过程中均出现了重要的失误，这个也需要认真地反思。

（一）被告在这场官司中应反思的地方

1. 被告不懂建设工程业务，没有抓到原告借用资质这个致命错误。

原告虽然与被告签订了 4 份《设计合同》，但是设计施工图却借用了另一家设计院的资质。施工图上的设计人、校对人、总建筑师、项目负责人以及公章都不是原告，而是另一家公司的。工程竣工验收报告上的设计单位也是如此。

如果被告律师发现了这一点，完全可以设计人不是原告，而是另一家单位，竣工验收报告上的设计人不是原告为由，拒绝支付设计费。

然而被告律师只看了设计合同，并确信设计人就是原告，没有看施工图纸、验槽记录、主体竣工、综合竣工验收报告等文件。失去了最有力的抗辩机会。

2. 被告资料管理存在巨大漏洞，导致一个具有决定意义的证据丢失。资料管理不严谨是很多房开公司的通病。

事实上，原告法定代表人曾经签署过一个以房顶账协议，这个协议原告手里有，但是被告手里的已经找不到了。如果被告以《商品房认购协议》加之原告法定代表人亲笔签署的协议，被告的胜诉就没有太大的争议。

3. 被告没有提诉讼时效问题。

4. 被告对公章、施工许可证、职务行为、格式条款等问题的认识存在错误，抗辩没有收到原告图纸等存在诚实信用缺失的问题，在承认合同效力，也承认合同金额、已付款、欠款数额、以房顶账协议的情况下，不承认收到原告设计的图纸，这个抗辩策略既没有必要，效果也不好，还显得不太讲理。

（二）原告律师的痛苦反思

1. 未注意设计合同约定的违约金条款，未主张违约金条款。这是原告律师犯下的致命错误。

《设计合同》第 7 条约定，发包人未按期支付设计费，每逾期 1 天，按照应承担支付金额 2‰的违约金。

若以 2016 年《施工许可证》颁发的时间起算，被告应当支付原告 600 多万元违约金。

但是，鉴于原告只想收回设计费和利息，被告房开公司也非常强势，原告律师在起诉时也考虑节省诉讼费，最重要的是，原告律师认为主张设计费和利息必然胜诉，根本没有考虑还有输掉诉讼的可能性，因此只主张了设计费和利息。

如果本案中原告主张了违约金，即使以房顶账协议成立，原告可以用违约金来对冲过高的房价，并且还会有盈余。

即使违约金不会全部得到支持。但是从 2016 年施工许可证颁发到 2019 年 1 月 28 日这段时间的违约金获得支持属于大概率事件。这段时间的违约金也有 300 万元左右，不仅可以为原告挽回损失，而且能够起到震慑被告的作用。

2. 关于郝某多身份的证明，原告律师也因为大意在证据形式上存在瑕疵。

按照《民事诉讼法》的规定，开具证明确实需要法定代表人和出具证明的人签字，加盖公章，但是证明只有公章，没有签字。

给郝某多供职单位打个电话就可以搞清楚，但是应当考虑到如果主审法官拒绝打这个电话，那么，原告就要承担举证不能的责任。

3. 对方的条件没有听清，自己的谈判条件不够详细，缺乏层次，与法官事先沟通不够通畅。

（三）如能从头再来，原告律师的正确做法

1. 不应该过多地为当事人考虑节省诉讼费的问题。立案时考虑当事人经济困难，主张 600 万元违约金既不现实，也需要支付高昂的诉讼费。而 30 万元左右利息在主张的设计费被支持的情况下属于顺理成章的事，因此仅主张了设计费和利息。事实证明这是完全错误的。

2. 诉讼请求应当包括设计费、利息和违约金。由于被告 2015 年领取图纸后，一直到 2019 年 1 月 28 日被告提出以房顶账事宜，已经拖欠了 130 万元的设计费，所以，原告依照《设计合同》有权主张违约金。

如果《商品房认购协议》成立，原告有权主张 2015 年到 2019 年 1 月 28 日的违约金，大概 300 万元。

如果《商品房认购协议》不成立，原告有权主张 2015 年以后的违约金，大概 700 万元。

从 2016 年 4 月 27 日《施工许可证》颁发之日起算利息，原告还有权主张违约金 600 万元。

如果主张了违约金，并且主张成立，原告根本不必再考虑《商品房认购协议》是否成立，也不必考虑房价是高还是低。那将是多么轻松的一场诉讼！

3. 必然胜诉的诉讼要按照可能败诉的诉讼去打。尤其对手是房开公司，其"盘外招"的力度可能超人所料。

一个双方都没有签字盖章的合同竟然成立，意外也不意外。本案原告先赢后输，庭审时占压倒优势，闭庭后形势竟然逆转，其中的道理不言而喻。

所以，只有必输的官司，没有必赢的官司。千万不能因为正义在手就麻痹大意。

4. 律师代理案件过程中，要坚信没有易如反掌的诉讼，否则当事人不会请律师。

互联网时代，当事人有什么法律问题都可以在网上搜索，很多问题都能够在网上找到答案。如果需要律师代理案件，一定是存在普通咨询解决不了的问题，有一定的难度。

5. 律师代理案件过程中，要坚持以自己当事人利益最大化为原则，要最大限度压缩对方当事人的利益空间，要永远占据主动。

就本案而言，能追究违约责任就一定要追究，不能因为诉讼费的问题因小失大。只有保持给予对手强大的压力，占据主动，才能争取到广阔的斡旋空间。

（四）需要思考的几个理论问题

1. 如何理解合同约定的签字、盖章生效或者签章或者签字盖章生效

最高人民法院［2005］民一终字第 116 号判决书认为，签字、盖章中的顿号，是并列词语之间的停顿，其前面的"签字"与后边的"盖章"系并列词组，并表示签字和盖章是并列关系，只有在签字和盖章均具备的条件下，该协议才生效。另外，双方当事人在协议中设定了双方加盖公章和负责人签字栏目，说明双方就是以签字和盖章作为协议成立的条件。现在原告公司法定代表人未签字，协议未成立。

至于签字盖章，比签字、盖章更明确，就是签字加盖章的意思，不是签字或者盖章的意思。

至于签章，就是签字盖章的缩写，需要同时具备，协议才能够成立。

2. 法定代理人和加盖公章之间的关系以及法律效果

按照《九民纪要》第 41 条规定，以假公章为由否定合同效力时，人民法院审理案件时，应当主要审查签约人于盖章时有无代表权或者代理权，从而

根据代表或者代理的相关规则来确定合同的效力。

3. 公司印章那么多，但是对外签订合同时到底应当盖哪个

一般来讲，公司印章主要包括公司公章、钢印、合同章、财务章、发票章、法定代表人名章等。

公章最能代表法人意思表示，除了领取发票时，它可以在对外签订的任何文件上加盖并具有法律效力。钢印用于公司组织人事工作。合同章用于签订合同。财务章用于出具收款凭证，与银行业务往来。发票章用于购买发票。法定代表人名章与公章配合使用，代表法定代表人对盖章事项知情同意。

本案中，《认购协议》上，房开公司加盖的"商品房认购专用章"只是内部使用的专用章，没有备案，不具有对外效力。应当加盖合同专用章。4份《设计合同》也能说明这一点。

4. 加盖法定代表人名章的行为算不算法定代表人签名

法定代表人名章如果已经在公安部门备案，则已经产生公示公信力，能够代替本人签名。如果没有备案，则参考双方的交易惯例。如果既没有备案，也没有适用名章的交易惯例，则不能起到本人签名的法律效力。

5. 合同条款出现冲突时应当如何解释

本案《认购协议》第5条规定："本认购书经双方确认无误，双方签字盖章后即生效。"紧接着另起一行有约定："本协议自双方签字之日起生效，并在签订《商品房买卖合同》后自动作废。"

上述两个规定明显矛盾。

根据《民法典》第498条规定，格式合同出现冲突时，应当作不利于提供格式合同一方的解释。

本案《认购协议》属于房开公司提供的格式合同，因此应当作对房开公司不利的解释。原告认为应当签字加盖章，法院应当支持原告的主张。

6. 当事人能否同时主张利息和违约金

《民法典》第588条仅规定了定金和违约金竞合时不能同时适用，没有禁止利息和违约金同时适用。根据"法无禁止皆可为"的原则，应当是利息和违约金可以同时主张。

首先，合同约定可以同时主张利息和违约金的，从其约定。但是如果二者高于当事人的损失，违约方可以请求人民法院酌情减少。

其次，当事人没有约定可以同时主张利息和违约金的，一般不予支持。但是有证据证明单一利息或者违约金难以弥补实际损失的，法院应当指出。

最高人民法院《关于审理民间借贷案件适用法律若干问题的规定》（2015年）第30条规定，出借人与借款人既约定了逾期利率，又约定了违约金或其他费用，出借人可以选择主张逾期利息、违约金或者其他费用，也可以一并主张，但是总计超过合同成立时一年期贷款市场报价利率4倍的部分，人民法院不予支持。

7. 图纸交接关系双方合同实际履行，关系设计费支付的节点，工程质量问题的责任追究。因此，如何设计图纸交付的登记、留痕方式是一个非常重要的问题

应设立图纸领取登记簿。其下设栏目应有项目名称，第几期，图纸名称，领图纸人的单位、姓名、职务、电话等。

日期	项目	图纸名称	设计人	领图人	单位	职务	电话	用途	备注
		规划图						规划	付款节点
		初步设计						可研	付款节点
		建筑图						招标	

8. 赔偿款封顶的设计合同条款是否有效

按照"有约从约，无约依法"的原则，如果合同中约定赔付款封顶，条款有效。但是作为房开公司，签约时要利用自己买方市场的地位删除类似约定。

9. 借用他人资质进行设计，当发包人拒付设计费时，设计单位如何收取设计费

以自己名义与房开公司签订设计合同，借用他人资质进行设计，通过诉讼主张设计费时应当以被借用单位的名义起诉。因为签订设计合同只是签约行为，签约并不等于履行。而施工图加盖被借用单位公章则是履行合同行为。一方履行合同，另一方接受该履行行为，可以认定双方合意，合同成立。

10. 设计单位在施工过程中需要签几次字，各具有什么法律意义。如何规避非设计环节的签字风险

设计单位需要在出图、图纸会审、设计交底、验槽、地基检测（天然地

基除外）、基础验收、主体验收、竣工验收、质量保证书等环节在相应的文件上签字。

为了避免发生质量问题时难以分清责任，设计人签字时，最好注明"本签字仅对设计部分负责"。

11. 如何堵塞房开公司资料管理不善，屡屡丢失重要证据的漏洞

笔者给房开公司提供法律服务时，经常遇到房开公司丢失重要文件的情况。例如本来准备起诉，依据施工合同中关于工程造价"降点"的约定主张减少工程款，但是却丢失施工合同原件，导致无法起诉。还有施工单位向房开公司出具承诺函，表示已经不欠工程款，但是后来施工单位起诉主张工程款，房开公司想用承诺函抗辩时，却找不到了承诺函。等等。

本案房开公司丢失了设计单位法定代表人出具的承诺函，虽然最终胜诉，但却不是通过证据确凿，而是其他因素。否则是一场必败的官司。

类似上述代表金钱的重要文件，房开公司不能与普通文件一样放在档案柜中，而是应当放在保险柜中。同时准备多份复印件，放在相应的施工文件中。重要文件应当编制目录，表明存放地点，使用记录，批准使用的等级等。

12. 房开公司法定代表人未在合同签字处签字，而是在最上角等处签字，是否具有签字的效力

公司法定代表人无疑应在合同设定的签名处签字，如果一反常态，不在签名处签字，那么一定有其他用意。本案房开公司法定代表人在合同右上角签字，是针对合同中给予设计单位订房价款的优惠。因此，该签字是针对优惠价的同意，而不是针对整个合同的同意。

所以，公司法定代表人的签字一定要在合同设定的签名处签名，不可别出心裁，以免引起歧义。

第五章

房地产担保纠纷案例

第一节　偷盖公司印章骗取担保案例
—— 客观事实不一定等于法律事实

一、案情简介

2012 年 8 月，启林房开公司的一位朋友告诉笔者，有一个新上市的白酒叫作"赖茅"，品感不错，邀请笔者到公司品尝。笔者和朋友驱车来到房开公司，刚进办公室，就遇到一名公司财务处职员急匆匆进来，要带着公司印章到银行办事。这名职员带着公章走了以后，笔者就提醒公司董事长说，公司公章不能这样谁用就拿走，能在办公室使用完毕的就不要出办公室，使用公章前要登记时间、对方当事人、印章用途、文书内容、使用公章人、加盖的份数等。董事长说，说得有道理，他们一般不敢，但是我们以后要注意。

酒席宴间，董事长和笔者谈起一个案子，就是有一个不认识的小贷公司，声称启林房开公司为其提供了担保。后来还不了贷款，债权人已经将小贷公司和房开公司告上法庭，某县人民法院 [2013] 北商初字第 146 号判决书中第三项判决，即"某市启林房开公司对被告王某宝的上述款项在抵押物价值范围内承担赔偿责任"的规定。公司正在准备上诉。

笔者说是不是公司印信管理有漏洞，有人偷盖公司印章骗取担保。董事长非常自信地说，绝对不可能，公司没有人有那个胆子，除非不想活了。望着董事长犀利的眼神，笔者宁愿相信董事长所言非虚。

笔者说，如果公司确定担保合同上的公章和法定代表人印章都是假的，那么这个案子一定能够打赢，只要申请做一个印章司法鉴定就能辨别真伪。董事长说，我根本不知道这回事情，根本没有这回事。肯定是假的。你就给我们代理这个案子吧。我说，只要印章是假的，这个案子不难打。双方随后办理了代理手续。

二、房地产担保基本法律依据

（1）《民法典》。

（2）《民法典》物权编。

（3）《民法典》合同编。

（4）最高人民法院《关于适用〈中华人民共和国民法典〉物权编的解释（一）》。

（5）最高人民法院《关于适用〈中华人民共和国民法典〉有关担保制度的解释》。

三、双方的主张

原告某县恒昌科技贷款有限公司认为，2012年6月1日，某县恒昌科技贷款有限公司与王某宝签订《借款合同》，约定王某宝向某县恒昌科技贷款有限公司借款200万元，借款期限2个月。某市启林房开公司以其开发的某县二台镇龙台商城7套底商作为抵押物，为王某宝提供担保。现王某宝到期无力还款，原告请求判决启林房开公司承担抵押担保责任。

被告房开公司认为，所谓的某市启林房开公司和某县恒昌科技贷款有限公司（以下简称"恒昌公司"）以及王某宝之间签订的抵押协议上所加盖的某市启林房开公司的公章是假的。所谓的抵押协议也是假的，某市启林房开公司在本案中不承担任何责任。

四、本案焦点问题

本案焦点问题就是担保合同上启林房开公司公章和法定代表人印章的真伪。

五、本案开庭经过

（一）一审法院判决房开公司承担抵押担保责任

（二）二审审理过程

1. 房开公司向二审法院提出上诉

民事上诉状

上诉人：某市启林房开公司，住所地某市桥东区张宣公路 158 号

法定代表人：田某山

被上诉人：某县恒昌公司，住所地安边县上古区管委会办公大楼一楼 105、106 室，法定代表人：杨某斌

被上诉人：王某宝，女，汉族，某市桥西区沈家屯 81 号，130703×××× ×2171

被上诉人：某市东旺奶牛养殖专业合作社，住所地某县大囵囵镇洞亭营村，法定代表人：李某

上诉请求：①请求撤销安边县人民法院 ［2013］ 北商初字第 146 号判决书中第三项判决，即"某市启林房开公司对被告王某宝的上述款项在抵押物价值范围内承担赔偿责任"的规定；②上诉费用由被上诉人承担。

事实和理由：某县人民法院 ［2013］ 北商初字第 146 号判决书认定，2012 年 6 月 1 日，恒昌公司与王某宝签订《借款合同》，约定王某宝向恒昌公司借款 200 万元，借款期限 2 个月。某市启林房开公司以其开发的某县二台镇龙台商城 7 套底商作为抵押物，为王某宝提供担保。事实上某市启林房开公司根本不知道自己给王某宝抵押担保这回事，也就是说，所谓的某市启林房开公司和恒昌公司以及王某宝之间签订的抵押协议上所加盖的某市启林房开公司的公章是假的。所谓的抵押协议也是假的，某市启林房开公司在本案中不承担任何责任。一审时上诉人没有收到开庭传票，所以开庭时未出庭参加审理。

希望二审法院查清事实，依法明断。

此致

某市中级人民法院

某市启林房开公司

2013 年 11 月 6 日

2. 房开公司向二审法院提出司法鉴定申请

鉴定申请书

申请人：某市启林房开公司，住所地某市桥东区张宣公路158号

法定代表人：田某山

被申请人：某县恒昌公司，住所地县上古区管委会办公大楼一楼105、106室，法定代表人：杨某斌

被申请人：王某宝，女，汉族，某市桥西区沈家屯81号，130703××××2171

被申请人：某市东旺奶牛养殖专业合作社，住所地某县大圐囵镇洞亭营村，法定代表人：李某。

申请事项：某市中级人民法院委托有资质的鉴定机构对2012年6月1日恒昌公司与王某宝签订《借款合同》及相关合同文件上加盖的某市启林房开公司公章的真伪进行鉴定。

事实和理由：某县人民法院［2013］北商初字第146号判决书认定，2012年6月1日，恒昌公司与王某宝签订《借款合同》，约定王某宝向恒昌公司借款200万元，借款期限2个月。某市启林房开公司以其开发的某县二台镇龙台商城7套底商作为抵押物，为王某宝提供担保。事实上启林房开公司根本不知道自己给王某宝抵押担保这回事，也就是说，所谓的启林房开公司和恒昌公司以及王某宝之间签订的抵押协议上所加盖的启林房开公司的公章是假的。所谓的抵押协议也是假的。鉴于上述文件上加盖的启林房开公司公章是该公司是否承担担保责任的关键，特向贵院提出以上鉴定申请。

3. 房开公司代理意见

代理词

尊敬的审判长、审判员，

受上诉人某市启林房开公司委托，现发表如下代理意见：

一、2012年5月25日，被上诉人王某宝、恒昌公司炮制的《协议书》上的上诉人公章、法定代表人名章是假的

上诉人根本不认识王某宝，没有为其提供大额担保的任何意图。因此，

《协议书》上的上诉人的公章肯定是假的。对此，上诉人已经向合议庭提出对该公章、法定代表人名章的司法鉴定申请，希望二审法院委托有资质的机构进行司法鉴定。否则上诉人将因此承受非常不公平的法律后果，这是有违民法公平原则的。

二、依据《物权法》第187条，该《协议书》约定的抵押权尚未设立

《物权法》第187条规定："以本法第一百八十条第一款至第三项规定的财产或者第五项规定的正在建造的建筑物抵押的，应当办理抵押登记。抵押权自登记时设立。"

《协议书》约定的7套底商只有商品买卖合同，工程尚未完工，未进行工程竣工验收，没有房屋所有权证书，因此无疑属于正在建造的建筑物。当事人各方并未办理抵押权登记，因此抵押权并未设立。

一审法院在抵押权尚未设立时判决上诉人承担担保责任是错误的。

三、该《协议书》的内容违反法律，因此属于无效合同

《物权法》第186条规定："抵押人在债务履行期限届满前，不得与抵押人约定债务人不履行到期债务时抵押财产归债权人所有。"这就是《物权法》关于流质契约的规定。

该《协议书》第2段规定："如借款人王某宝到期未及时归还借款本息，此7套底商归某县恒昌公司所有，某市启林房开公司无任何异议。"该约定属于典型的流质契约，应因违法而归于无效。

一审法院在未审查抵押约定的法律效力时判决上诉人承担担保责任是错误的。

四、被上诉人提供7套商品房买卖合同和现金收据恰恰说明《协议书》属于无效合同

李某挂靠上诉人的资质开发二台镇龙台商城，因此7套商品房买卖合同和现金收据均由李某提供。上诉人没有这些商品房买卖合同和现金收据。

此外，若是上诉人提供抵押，应以上诉人有权处分的财产提供担保，不能以其他人的房产提供担保。上述7套商品房均已经售出，不能再作为上诉人启林房开公司的房产提供抵押。

《物权法》第184条规定，抵押财产属于抵押人有权处分的财产，被上诉人提供的7套商品房买卖合同和现金收据恰恰证明上诉人已经无权处分相应的财产，因此，本案抵押是无效法律行为。

五、一审法院违反《民事诉讼法》关于审理程序的规定

本案标的 200 万元，在县域范围内不算小案，此外主体较多，法律关系并非简单明确，但一审法院却适用简易程序审理本案。其次，一审法院通知开庭的送达方式流于形式，导致上诉人未能及时参加法庭审理。

综上所述，希望二审法院发微探幽，明察秋毫，撤销某县人民法院〔2013〕北商初字第 146 号判决书中第三项判决，即"某市启林房开公司对被告王某宝的上述款项在抵押物价值范围内承担赔偿责任"的规定，或者发回重审。

4. 二审法院判决结果

由于北京市某司法鉴定中心鉴定结论是，经过与启林房开公司提交印章样式比较，加盖在涉案抵押担保合同上的公章就是公司的印章。因此，二审法院判决房开公司以合同中明确的 7 套房承担抵押担保责任。

六、本案对于房地产公司的主要教训

（一）房开公司必须建立严格的公司印章管理制度

很多公司公章印章管理比较随意，公章放在办公室开放的抽屉里，谁用谁拿。

有一次笔者的一个法律顾问公司给一个债权人送催债文书，对方总是不理不睬，我方决定登门送达。驱车数百里到达对方公司后，对方董事长不在，公司职员以老板不在为由，拒不在回执上签字。我们正与他们解释，劝他们在回执上签字时，我们发现对方公章就放在办公桌上，于是拿起公章就在回执上盖上了，对方非常不满，但是无可奈何，我方顺利拿到了送达回执。表明了我方意思，也重新开始计算诉讼时效。

公司印章必须严格管理，对于房开公司而言，由于在政府、银行等部门要办很多手续，所以需要把公章带出公司，在这种情况下，必须建立严格的公章管理制度。

第一，印章应由专人保管，建立印章与法定代表人分离的制度。

公司应当适当分权，以区别公司的意思和董事长的意思，以期取得权力的平衡，保障公司印信体现法人的意思，而非高管个人的意思。

第二，公司应当建立公章使用台账制度，对公章使用人、发往单位，文

书内容，加盖份数都进行登记，保障公司出具的文书都能体现公司的意思。

第三，使用公章时，应当有两名员工在场，不能一人单独加盖公章。

（二）存在挂靠关系时，应充分认识挂靠关系的危险性，保障挂靠风险在
　　　可控的范围内

本案自然人李某挂靠启林房开公司名下开发房地产，后李某三十几岁英年早逝，妻子没有文化，虽然占据控股权但无法行使管理公司权利。项目的另一个股东系公职人员，无法出面管理公司。遂使挂靠房开公司名下的项目群龙无首，内部纷争，陷于一片混乱。

该项目烂尾，作为被挂靠单位则将承担债务清偿责任。

笔者与李某遗孀洽谈项目的后期发展，由于对方属于家庭主妇，深感项目前景黯淡，也感受到了启林房开公司受到的压力。

所以，被挂靠这种形式，收获的只是蝇头小利，但是一旦"暴雷"，就可能被拉下"无底深渊"。

第二节　明白游戏规则之前不要轻易进入游戏
——好闺蜜之间的担保惨案

一、案情简介

某县政府为加强对小微企业的资金扶持，成立"某县助保贷管理委员会"，遴选符合条件的小微企业加入。设立"小微企业资金池"，即政府向资金池中注入 1000 万元风险补偿金，入选小微企业按照不低于贷款金额 2% 的比例缴纳助保金。合作银行按照风险补偿金的 10 倍发放贷款。资金池的资金在合作银行开设专户，封闭运行。

企业向合作银行贷款需要提供担保，当企业不能按期归还本息时，启动助保金和风险补偿金还贷。助保贷管理委员会履行代偿责任后，由合作银行向借款企业追索和执行担保。追回的资金扣除追索费用、违约金后，优先偿还银行债权，剩余部分按照比例补回助保金和政府风险补偿金。

某县助保贷管理委员会成员华宇塑料加工厂需要贷款，想让自然人赖某民提供担保，赖某民不愿意，但是赖某民的妻子和高中同学孔某萌是亲密无

间的闺蜜，于是赖某民就鼓动孔某萌用家庭住房为塑料厂贷款提供担保。孔某萌不想让老同学为难，于是就说服了丈夫熊某礼，夫妻愿意用家庭住房为塑料厂贷款提供担保。赖某民为此获得了3万元的好处费。

天有不测风云，华宇塑料加工厂经营不善，无法归还贷款，后来塑料加工厂负责人锒铛入狱。某县助保贷管理委员会只好按照约定用助保金和风险补偿金先为塑料厂还了贷款。

按照某县《小微企业助保金贷款管理办法》（以下简称《管理办法》）"助保贷业务合作协议"，某县建设银行支行作为合作银行向华宇塑料加工厂和担保人追索本金和利息。由于塑料加工厂已经倒闭，只能向担保人孔某萌和熊某礼夫妇追偿。

赖某民夫妇知道给孔某萌夫妇添了大麻烦，只好鞍前马后、出谋划策。

2018年，某县建设银行支行在该县人民法院提起诉讼。

如果孔某萌夫妇败诉，就意味着孔某萌的唯一住房保不住了，孔某萌就被交好几十年的闺蜜给坑了。

二、双方诉讼主张

建行某支行向一审法院起诉请求：①依法判令华宇塑料加工厂清偿贷款本金787 389.1元，利息119 905.58元（截至2018年1月9日），贷款本息总计907 294.68元。截止日以后的利息按合同约定计算至本息全部清偿完毕之日；②依法判令熊某礼、孔某萌提供的抵押物变价款享有优先受偿权；③依法判令聂某平、韩某桃承担相应的连带保证责任；④判令上列被告承担本案的诉讼费、保全费以及其他原告实现债权的费用。

被告答辩意见如下：

1. 原告债权已获清偿，主债权消灭，抵押权也消灭，我不再承担抵押责任

（1）借款人欠款已经由某县小微企业助保金全部偿还。

（2）《物权法》第177条规定："有下列情形之一的，担保物权消灭：（一）主债权消灭；……"这里说的主债权消灭，指客观效果，与因谁的清偿导致"主债权消灭"无关，包括第三人代为清偿的导致主债权消灭的，担保物权也消灭。

（3）《担保法》第52条："抵押权与其担保的债权同时存在，债权消灭

的，抵押权也消灭。"抵押权消灭，抵押人不再承担抵押责任。

2. 某县小微企业助保金与我之间没有相互代位追偿的约定，因此我对其没有偿还义务

《物权法》第176条规定："被担保的债权既有物的担保又有人的担保的，债务人不履行到期债务或者发生当事人约定的实现担保物权的情形，债权人应当按照约定实现债权；没有约定或者约定不明确，债务人自己提供物的担保的，债权人应当先就该物的担保实现债权；第三人提供物的担保的，债权人可以就物的担保实现债权，也可以要求保证人承担保证责任。提供担保的第三人承担担保责任后，有权向债务人追偿。"

按照上述规定，被担保的债权存在多个担保，各担保人在没有约定的情况下，相互之间是平行的关系。已经承担责任的担保人，无权向其他担保人追偿，因为这是担保人应当预见到的商业风险。

反之，如果助保贷委员会和我有约定，应作为原告起诉我；如果没有，无论助保贷委员会和债权人都无权向我主张权利。

3. 《抵押合同》《管理办法》的条款如果违反法律规定，属于无效条款

《抵押合同》第9条第6款、第9款、《管理办法》第22条。

4. 原告和某县助保委员会自身在发放贷款过程中存在过错

（1）借款人不是法人，也不具备法人治理结构，不符合助保贷放贷条件，但是两者均未严格审查；

（2）某县助保委员会非金融机构，没有金融行业相应牌照，但是执行的是金融职能；

（3）《管理办法》某些规则不符合法律规定；

（4）审核不严，有些表格系空表。

综上所述，原告债权已获清偿，现原告又要求行使抵押权，其主张没有法律和合同依据，请人民法院驳回其诉讼请求。

三、诉争的焦点问题

（1）原告合作银行是否为适格主体。

（2）以助保金和风险补偿金还贷的法律性质是增信还是担保。

（3）原告合作银行有没有向抵押人解释说明助保贷业务的义务。

（4）被告在《建设银行"助保贷"业务申请表》（以下简称《申请表》）

上签字，能否认定被告了解"助保贷"业务，并且相当于向某县助保贷管理委员会提供担保。

（5）《管理办法》与《物权法》是否存在冲突，如果存在冲突，如何适用法律。

四、一审判决结果

一审法院认定事实：华宇塑料加工厂于 2015 年 6 月 2 日向建行某支行贷款（助保贷贷款）1 000 000 元，熊某礼、孔某萌用个人所有的位某县室房屋提供的抵押，聂某平、韩某桃与建行某支行签订了《自然人保证合同》。之后，聂某平、韩某桃归还部分贷款，尚欠建行某支行贷款本金 787 389.1 元。2016 年 6 月 2 日，某县助保贷管理委员会将该笔贷款还清。

一审法院认为，建行某支行、华宇塑料加工厂之间的"助保贷"合同已明确约定，助保贷委员会偿还贷款后，由建行某支行向被告按照原合同进行追偿，华宇塑料加工厂应偿还贷款，聂某平、韩某桃承担连带清偿责任。助保贷贷款抵押物应为借款人自有财产，建行某支行未向担保人熊某礼、孔某萌讲明"助保贷"贷款应承担相应责任，故熊某礼、孔某萌不应以自己的财产承担担保责任。根据《合同法》第 207 条、《担保法》第 6 条、《民法总则》第 146 条之规定，判决：①某县西八里华宇塑料加工厂于本判决生效后10 日内归还中国建设银行股份有限公司某支行贷款 787 389.1 元，并给付利息及罚息（自 2016 年 6 月 2 日起计算至实际还清之日，利率及罚息按照年利率 9.495% 计算）。聂某平、韩某桃承担连带清偿责任；②聂某平、韩某桃承担连带清偿责任；③熊某礼、孔某萌不承担担保责任；④驳回建行某支行其他诉讼请求。如果未按本判决指定的期间履行给付金钱义务，应当按照《民事诉讼法》第 253 条规定，加倍支付迟延履行期间的债务利息。案件受理费6436 元，由某县华宇塑料加工厂承担。

五、二审判决结果

建行某支行上诉请求：①撤销河北省某县人民法院作出的 [2018] 冀0730 民初 601 号民事判决书判决结果内容的第三项；②依法改判被上诉人熊某礼、孔某萌承担抵押担保责任；③判令本案的上诉费用由被上诉人承担。事实和理由：①一审法院认定事实错误。一审法院认定，上诉人未向被上诉人讲明"助保贷"贷款应承担的法律责任与事实不符。被上诉人签名确定的《申请表》《抵押合同》及抵押登记等，都表明上诉人已进行了说明且被上诉人也已完全理解"助保贷"抵押行为的法律后果。②一审法院判决免除被上诉人的担保责任于法无据。"助保金"贷款的业务特点是在一定担保的基础上，由企业缴纳一定比例的助保金和政府提供的风险补偿金共同作为增信手段的信贷业务，第三人提供抵押担保并不加重其担保责任；同时，第三人提供抵押担保并不违反相关法律、法规的强制性规定；《管理办法》中，也并未规定第三人不得提供抵押。为保证债权实现，上诉人与被上诉人签订《抵押合同》，并且已办理抵押登记，抵押权应受法律保护。退一步讲，如果抵押财产不是借款人与被上诉人的共有财产，而为被上诉人的自有财产，也是被上诉人欺诈了上诉人，不影响《抵押合同》的效力，被上诉人并不因此免除其担保责任。综上所述，二审法院应纠正一审法院的第三项判决，改判被上诉人承担抵押担保责任，只有这样才能使"助保贷"业务健康有序的发展，真正起到国家的助保作用。

熊某礼、孔某萌辩称：

1. 请看几个基本事实。①多个证据表明，助保贷管理委员会是与抵押人平行的担保人且其担保建行某支行全部债权。②直接证据表明 2016 年 6 月 2 日担保人助保贷管理委员会用相关企业用于相互担保的保证金履行代偿义务，建行某支行主债权消灭。③抵押人和助保贷管理委员会或相关企业从未见面，更无任何协议。④抵押人没有与建行某支行约定过可由建行某支行替别人行使权力等任何附加条款。⑤抵押人在建行某支行只签过《申请表》《担保意向书》和《抵押合同》，没有听到或看到过任何助保贷业务方面的内容和条款。所有相关证据文件资料等都是在对方起诉后从对方或其他渠道找到的。⑥借款人是个体户，企业借款等同老板借款。借款人就是聂某平本人。⑦建设局房管部门抵押登记抵押物对应的主债权金额是 41.3343 万元。登记内容中无任何助保贷方面的材料。

2. 对方上诉状说，一审法院认定，上诉人未向被上诉人讲明"助保贷"贷款应承担的法律责任与事实不符。被上诉人签名确定的《申请表》《抵押合同》及抵押登记等，都表明上诉人已进行了说明且被上诉人也已完全理解"助保贷"抵押行为的法律后果。

答辩人认为：

1. 对于抵押人来说，助保贷贷款应承担的相应责任，指在知道并接受助保贷业务的内容，比如本业务的抵押条件；还存在一个叫助保贷管理委员会的相关角色；它可能会给还钱等主要内容的基础上，抵押人同意并约定助保贷管理委员会一旦代偿后还要由建行某支行追偿抵押人的这一条款，再办理相应抵押登记，即设立了助保贷抵押权后，要承担的相应责任。也即同意并约定了建行某支行和助保贷管委会所签《业务合作协议》相关条款后，要承担的相应责任。根据所签文件，被上诉人并不知道更不可能理解"助保贷"贷款应承担的相应责任。因为抵押人当初本意是办理普通抵押，并且借款人和建行某支行工作人员从来没有任何人以任何方式向抵押人说过助保贷业务的任何内容和条款，办理的也是普通《抵押合同》和普通抵押登记手续，抵押人怎么可能知道"助保贷"贷款的相应责任。

2. 除在房管部门抵押登记签字外，在建行某支行签过《申请表》《抵押合同》和《担保意向书》共三个文件。所签文件根本没有讲过相关内容并约定过上述"附加条款"，理由如下：

（1）按法定看。①据最高人民法院《关于适用〈中华人民共和国担保法〉若干问题的解释》第61条，对抵押内容有争议的，以抵押登记记载的内容为准。据抵押登记内容记载：《抵押合同》对应《主合同》是主债权为41.3343万元的《主合同》，登记时上诉人没提交过任何助保贷管理委员会及助保贷业务方面的内容和条款。抵押权人只有建行某支行一家，与助保贷管委会无关。②由上诉人提供的《法律文书现场监签确认单》表格内容和表格下的"备注1"明确看出，涉及抵押人的法律文书只有《抵押合同》。《申请表》不是法律文书，没有法律效力。如果真想告知并约定重要条款，当然要在法律文书中进行。《申请表》的作用显然是填写与本笔借款业务有关的基本信息并用于建行某支行审核和审批，针对对象是借款申请人，根本不用于和抵押人说明并约定重要条款。

（2）按约定看。在《担保意向书》上双方约定："具体条款在担保合同中确定。"故抵押人只对《抵押合同》条款负责，而《抵押合同》中没有告知助保贷业务内容和约定"附加条款"的内容。

（3）按内容对比看。《申请表》上，在声明与保证栏里，借款人的内容是"已充分了解了贵行助保贷业务的管理规定，已充分理解根据该规定办理业务的法律后果，同意向贵行申请助保贷业务"；而抵押人的内容是"本人完全理解抵押行为的法律后果并同意向贵行申请助保贷业务的抵押担保"。可以看出，是对借款人强调了"办理助保贷业务的法律后果"。另外，双方都有助保贷业务这个名称，如果据此就能说明知道并约定了助保贷业务条款的话，为什么借款人还要再加上充分了解了贵行助保贷业务的管理规定，已充分理解根据该规定办理业务的法律后果。

（4）约束抵押人的必须是义务条款而不可能是业务名称。所签文件没有出现过任何助保贷业务的具体内容和条款，非要把出现过一次助保贷业务这个名称说成就是说清了助保贷业务的所有内容并约定了"附加条款"的话，那一定是格式条款，根据民法的公序良俗原则和合同法格式条款规定，建行某支行有义务向抵押人解释，否则会严重侵犯知情权，构成欺诈。

（5）《申请表》和《担保意向书》上抵押人签字处根本不是我们签字的地方，而应是借款人及配偶韩某桃签字处。《申请表》抵押物共有人声明与保证的内容："与借款申请人共同拥有的抵（质）押物用于向贵行申请助保贷业务的抵押担保"。抵押人与借款申请人没有任何共同财产，此处应由借款人妻子韩某桃签字；另外，《担保意向书》签字处写道："本人及配偶愿以如下方式向贵行申请的信贷业务无条件提供担保"，即担保的是本人申请的业务，担保人签字处也应该是借款人夫妻签字，被上诉人此两处签字，是在建行某支行工作人员误导下的误签，签字无效。

（6）反证一下，若只在《申请表》上出现过业务名称就能证明告知并约定了具体条款的话，那所有业务手续只要填一个只有业务名称没有具体条款的《申请表》就行了，再签订合同干什么。就助保贷贷款业务来说，每笔都必须填写《申请表》为什么还要给借款人反复学习助保贷业务的具体条款规定并让其多次签字确认"熟知助保贷业务《管理办法》"。

（7）结论：一审法院认定上诉人未向被上诉人讲明"助保贷"贷款应承担的法律责任完全属实。上诉人没履行告知义务，严重侵犯了被上诉人的知情权和决策权，构成欺诈。当初若向我们说清真相，因严重违背了抵押人本意，绝不给抵押。故本笔业务的助保贷抵押权根本没设立，且不受建行某支行和助保贷管委会双方《业务合作协议》条款约束。

3. 对方上诉状说"一审法院判决免除被上诉人的担保责任于法无据"。答辩人认为：

（1）一审认定"助保贷借款抵押物应为借款人自有财产"证据充分，完全正确。直接证据：《申请表》上抵押人签字处只设计了"与借款申请人共同拥有抵押物"的人的签字处，即借款人配偶签字处，表中根本连第三方抵押人的签字栏都没有设计，直接证明了本业务抵押资产要求使用借款人自有资产。其他证据和依据：根据《管理办法》附件二《企业入池推荐表》中意向担保方式栏中资产抵押要求必须是自有资产抵押，第三方担保只能是保证担保而不能是抵押；根据《管理办法》第13条借款人基本条件（四）明确规定，"提供抵（质）押物担保的，抵（质）押物应为借款人自有"；根据《管理办法》附件三《企业入池推荐表》中意向担保方式栏资产抵押要求必须是自有资产抵押，第三方担保只能是保证担保而不能是抵押。

（2）某建行某支行工作人员私自改变本笔业务抵押条件，违规放贷，出现重大过失，助保贷抵押权也应无效。理由如下：本笔业务是建行某支行助保贷业务，必须设立符合助保贷业务要求的抵押权，即助保贷抵押权。业务要求用借款人自有资产抵押，而我和借款人没有共同拥有的财产，我根本没有资格为本业务做抵押。建行某支行有义务严把抵押条件关，向借款人和抵押人说明抵押条件并让借款人提供符合要求的担保方式，而不是给借款人网开一面。本笔助保贷款抵押的前提条件因违规而不成立，助保贷抵押的所有相关手续自签订之日起就不生效。另外，若当初告知抵押人助保贷业务这一规定，因本笔业务违规，抵押后风险增大和不诚信等原因，绝对不同意抵押。这也属没有讲明助保业务的内容和条款的情况。有欺诈嫌疑。

（3）法律当然也不排斥第三方抵押。但就建行某支行助保贷业务而言，为了降低风险等原因，要求基本条件之一就是抵押担保时必须使用借款人自有资产，并不包括第三人提供抵（质）押。这是业务规范，与国家法律无关。

（4）建设局房管部门抵押登记的抵押所对应的主债权金额是41.3343万元，被上诉人却要依据助保贷业务的那些所谓条款来追偿抵押人全部欠款及利息近百万元，这不是加重抵押人负担吗？还有，违背了抵押人本意，把助保贷管理委员会这个抵押人根本听都没听说过的第三方引进来，给抵押人强加了接受追偿的义务。

4. 上诉人提出"退一步讲，如果抵押财产不是贷款人与被上诉人的共有财产，也是被上诉人欺诈了上诉人，不影响抵押合同的效力，被上诉人并不因此免除其担保责任"。答辩人认为，如前所述，被上诉人在《申请表》上的签字，是在建行某支行工作人员误导下的误签。建行某支行工作人员错误适用表格，不仅签字无效，还构成欺诈。理由如下：

（1）出于对建行某支行工作人员的信任、《申请表》上并无约束抵押人的实质性内容、《意向书》上约定了"具体条款在抵押合同中确定"及对《抵押合同》的详细研究和接受，误签了这两个内容隐蔽性和欺骗性较强的字。

（2）对方的说法——被上诉人欺诈上诉人一说，即被上诉人故意把自己的财产说成是与借款人共同拥有的财产的说法是错误的。

（3）事实上，签字的全部三份文件所有内容都是建行某支行事先单方打印好的，只留了供别人签名的地方；抵押人提交的房产证明上分明写的是抵押人夫妇二人自有财产，与借款人毫无关系；抵押人又没有提交其他任何"与借款人共有"的虚假的证明材料。是建行某支行工作人员拿来直接让抵押人在上边签字而不是被上诉人自己找错了表格签的字。显然，反倒是借款人和上诉人为了各自利益，有欺诈抵押人的动机和行为。

5. 上诉人主张"为保证债权实现，上诉人与被上诉人签订《抵押合同》，并且已办理抵押登记，抵押权受法律保护"。答辩人认为，如前所述，根本没有设立助保贷抵押权，更谈不上受法律保护。如果硬要说依法设立了抵押权，也只能是普通抵押权，但这笔业务是建行某支行助保贷借款业务，要求设立的抵押权只能是助保贷抵押权而不是普通抵押权。因此抵押权不成立，被上诉人无责。综上，一审认定事实清楚，适法恰当，思路清晰，结果正确。上诉人没有向被上诉人讲明并约定助保贷业务的任何内容条款，助保贷抵押权无效且不受其双方的《业务合作协议》条款约束；上诉人擅自改变本业务要求的自有抵押物的基本条件，违规放贷，助保贷抵押权无效；采用欺诈手段让被上诉人在本来是借款人及其配偶签字处签字做抵押，签字无效，助保贷抵押权无效。退一步说，即使认为设立了抵押权，那也只能是普通抵押权。一方面，因不符合业务要求而无效，另一方面，据《物权法》第 177 条，2016 年 6 月 2 日主债权消灭时，建行某支行普通抵押权早已依法消灭。另外，主债权实现后建行某支行已无诉权，主体不适格而助保贷管委会与我无任何协议，无权追偿。总之，不论从哪个角度抵押人都不承担责任。

二审法院认为，华宇塑料加工厂与建行某支行之间的《人民币流动资金贷款合同》以及聂某平、韩某桃与建行某支行的《自然人保证合同》，系双方真实意思表示，不违反法律行政法规的强制性规定，应为有效，对双方具有约束力。建行某支行、华宇塑料加工厂之间的"助保贷"合同已明确约定，助保贷委员会偿还贷款后，由建行某支行向华宇塑料加工厂按照原合同进行追偿，华宇塑料加工厂应偿还贷款，聂某平、韩某桃承担连带清偿责任。建行某支行与熊某礼、孔某萌之间的抵押合同，由建行某支行利用"助保金贷款"业务进行贷款，建行某支行未向熊某礼、孔某萌释明《管理办法》的具体条款。根据《合同法》第 39 条规定："采用格式条款订立合同的，提供格式条款的一方应当遵循公平原则确定当事人之间的权利和义务，并采取合理的方式提请对方注意免除或者限制其责任的条款，按照对方的要求，对该条款予以说明。格式条款是当事人为了重复使用而预先拟定，并在订立合同时未与对方协商的条款。"根据《合同法》第 40 条规定："格式条款具有本法第五十二条和第五十三条规定情形的，或者提供格式条款一方免除其责任、加重对方重任、排除对方主要权利的，该条款无效。"本案中，《管理办法》第22 条规定："债务追偿——在实施助保金代偿以后，建设银行向借款人追偿和执行担保的方式进行债务追偿。追索回的资金或企业恢复还款收回的资金扣除追索费用、违约金后，先偿还银行债权，剩余部分按比例补回政府风险补偿金和助保金所承担损失。"建行某支行依据该条款向熊某礼、孔某萌主张权利，建行某支行系提供格式条款一方，因未向熊某礼、孔某萌释明该条款内容，按照上述规定，该条款对熊某礼、孔某萌无效。且某县助保贷管理委员会将该笔贷款还清，助保贷贷款抵押物应为借款人自有财产，建行某支行向熊某礼、孔某萌主张权利依据不足。原审法院判决熊某礼、孔某萌不承担担保责任并无不当，本院予以支持。综上所述，建行某支行的上诉请求不能成立，应予驳回；一审判决认定事实清楚，适用法律正确，应予维持。依照《民事诉讼法》第 170 条第 1 款第 1 项规定，判决如下：

驳回上诉，维持原判。

二审案件受理费 12 872 元，由上诉人建行某支行负担。

六、再审过程以及判决结果

上诉人（一审原告）不服二审法院的终审判决，向河北省高级人民法院提起审判监督程序，其事实和理由为：

第一，一审法院认为再审申请人没有尽到说明义务。事实上，《管理办法》属于政府文件，申请人也不是发布主体，申请人没有说明义务。抵押人在《申请表》上的签名已经说明其知晓"助保贷"业务的相关规定。

第二，《管理办法》调整的是申请人、政府与借款人的关系，与抵押人无关。

第三，该《管理办法》不是合同内容，不是格式条款。

第四，被申请人收取 4 万元好处费，有偿担保，应当担责。

第五，该《管理办法》没有要求抵押物必须是借款人的自有资产，接不接受抵押是申请人的权利而不是义务。本案中，被申请人与借款人签名确认抵押物为共有，被申请人作为房屋的显名权利人，签订《抵押合同》，办理他项登记，符合法律规定。

第六，"助保贷"本质上是一种增信手段，若将助保金和风险补偿金作为一种担保，"助保贷"资金池里的资金就会枯竭，"助保贷"业务也将难以为继。这项好政策也就失去其制订的初衷。综上所述，请求撤销一审、二审判决结果的内容，改判被申请人承担抵押担保责任，

河北省高级人民法院依据《民事诉讼法》规定，通过《民事裁定书》提审此案。

被申请人（一审被告）就申请人《再审申请书》作如下答辩：

（一）申请人《再审申请书》中的谬误

（1）申请人认为助保金和风险补偿金作为增信手段，不同于担保（包含保证和抵押），这是完全错误的。

《物权法》确立了物权法定的原则，也就是当事人不能法外创设物权，包括担保物权。按照申请人的观点，所谓的增信行为既可以行使担保功能，又不属于《物权法》的担保，试问增信受不受《物权法》调整，如果认为不受《物权法》调整，就不应受法律保护。如果受《物权法》调整，那为什么说它不同于担保（包括保证和抵押），如果属于创设物权，怎能对其他当事人产生法律约束力。

（2）对于增信和担保的理解，申请人逻辑混乱。

申请人一方面认为增信手段不同于担保，仅调整政府、银行与借款人关系，不涉及其他抵押人的关系（第 1 页），可是又根据《担保法》及《关于适用〈中华人民共和国担保法〉若干问题的解释》判断被申请人是否具有担保责任。真是"天上一脚，地下一脚"。

（3）《再审申请书》认为该《管理办法》是政府文件，具有公开性，因此被申请人当然了解，申请人不需要对被申请人进行解释。这种观点完全错误。

法律是具有公开性的，因为其在全国性媒体公布过，请问政府文件在全国性媒体公布过吗？申请人混淆了政府文件和法律的概念、法律关系，其观点根本站不住脚。

（4）申请人一再强调《管理办法》与被申请人无关，与抵押人无关，可是又要按照《管理办法》追究被申请人责任，逻辑非常混乱。

（5）申请人混淆了某县政府的《管理办法》和全国人大制定的《物权法》《担保法》的效力，认为二者具有同等效力，甚至认为《管理办法》高于《物权法》《担保法》。

按照《物权法》《担保法》，借款人还清借款后，借款合同终止，作为从合同的《抵押合同》也终止。但是申请人依据《管理办法》认为，借款人还清借款后，借款合同没有终止，作为从合同的《抵押合同》也没有终止。试问，某县的《管理办法》是法律吗？《管理办法》与法律冲突时，是执行《管理办法》，还是执行法律？

（6）申请人称已经向抵押人释明抵押风险，被申请人收取4万元好处费的观点不顾事实，信口雌黄。

申请人自称已经向抵押人释明抵押风险，被申请人收取4万元好处费等等，请申请人拿出证据。

（7）申请人偷换概念，企图混淆视听。

申请人说，在《抵押合同》上签字，就证明了申请人已经释明了抵押的风险，这是不对的。首先，法院的判决是认为申请人没有释明助保贷这个业务的权利和义务，不是抵押的风险，这里申请人避重就轻，偷换了概念。其次，在《抵押合同》上签字也不能证明就了解助保贷业务。

二者没有必然的因果联系。

（8）申请人关于借款人与被申请人共有抵押物的观点强词夺理，不尊重常识。

申请人认为，被申请人与借款人签名抵押物为共有，被申请人作为房屋显名权利人，签订抵押合同办理他项登记，符合法律规定。这简直是强词夺理。

共同共有的前提是共同的法律关系，例如夫妻之间就是共同共有人。请问申请人，被申请人和借款人有什么共同法律关系，你给大家解释一下我和借款人怎么就成了共同关系。为什么我的房子和借款人是共同共有，借款人怎么就成了隐名权利人？请申请人在正面回答这个问题，当然请申请人出示我和借款人存在共同法律关系的证据。

（9）申请人认为被申请人属于商事主体，这是完全错误的。

被申请人不从事经营活动，连个体户都不是，更不是公司、团体，如果说被申请人属于民事主体，被申请人没意见，但若是商事主体，被申请人就一头雾水。请申请人告诉我们什么是商事主体？我怎么成的商事主体，为什么我成了商事主体，就给我一个审慎审查的注意义务？

（10）申请人无视本案特殊性，用助保贷业务对中小企业的重要性要求法院支持其观点，说明申请人自始至终不了解本案的特殊性，甚至不了解助保贷业务。

按照助保贷的申请条件，借款人必须是法人，然而本案借款人根本不是法人，而是个体户。助保贷业务的本意是让法人的法定代表人用自己的家庭财产提供增信，承担无限连带责任，所以《申请表》上有家庭财产共有人签字同意一栏。

本案的特殊性在于，某县的助保贷业务多数都是面向以公司为企业形态的法人，只有本案申请人违规贷款带给了作为个体户的借款人。申请人在这笔业务中是违规放贷，存在重大过错。

助保贷本意是通过法定代表人的家庭财产为贷款业务增信，但是本案中，借款人向申请人提供了助保贷业务以外的第三方也就是被申请人提供担保。那么这种情况下，申请人就有义务向被申请人释明助保贷业务的规则，而申请人恰恰没有释明。所以就出现了借款人与被申请人成为"夫妻"这样的笑话。

本借款合同中，借款合同和担保合同的格式都是申请人提供的，该格式不经过协商，重复使用，属于格式合同。在这种情况下，申请人就应当履行解释、说明合同权利义务的义务，出现含义不清时，就应当承担对自己不利的解释后果，这是《合同法》关于格式合同解释的规则。

总之，申请人根本没有搞清助保贷业务，也没有搞清某县政府文件和国家法律的位阶关系，甚至物权法定、共同共有、商事主体等基本概念的法律关系，导致《再审申请书》概念不清，逻辑混乱。

（二）某县人民法院和某市中级人民法院的一、二审判决认定事实清楚，适用法律正确，请求高级人民法院维持一二审判决

补充答辩状

答辩人（被申请人）：熊某礼、孔某萌

内容摘要：本案关键词是"释明与约定"。

1. 任何业务都应该是自愿的。做助保贷业务这种附加了先代偿后追偿的特殊条款的抵押不是我的真实意思。申请人未按相关法律和业务正常流程释明助保贷内容和条款，严重侵犯了我的知情权，违背了抵押人要办普通抵押的真实意思，剥夺了抵押人的选择权。之后近三年的纠纷均由此引起，严重影响了抵押人全家人的正常生活。申请人本笔业务漏洞百出，还有欺诈、敲诈和造假等众多错误行为［详见《列举建行某支行（申请人）在本笔业务中的十大过错》］。而我方无任何过错，完全是无辜的受骗者和受害者。应担责的是申请人而不是抵押人。我方保留追责的权利。（从被侵权角度，我方无责）

2. 建行某支行（申请人）、助保贷管理委员会未向抵押人释明任何助保贷业务内容，更未约定同意由助保贷管理委员会先行代偿后再追偿抵押人这一助保贷业务核心条款，办理的完全是普通抵押手续。因此：

（1）符合助保贷业务要求的包含这一条款的抵押权（助保贷业务抵押权）没有设立；（一二审判决的主要角度，抵押人无责）

（2）由于与抵押人没有任何约定，某建行主债权于2016年6月2日代偿后消灭；（从债权消灭抵押权随之消灭角度，抵押人无责）

（3）某县《管理办法》及其核心条款对抵押人不适用。

3. 其实，本笔业务办理过程中，申请人自己出现了重大过错。本业务要求抵押物为借款人自有（抵押人就是借款人），业务表格手续均以此设计。即释明并约定助保贷核心条款的内容不在抵押相应文书上而在借款人所签文书上。建行某支行擅自变为第三方抵押后仍用原手续，没向第三方抵押人释明，更没有签订任何相应补救性协议，导致其不能合法追偿抵押人，责任完全在自己。

4. 申请人作为原告，没有提供任何抵押人该承担责任的证据和法律依据。

一、办理业务前后基本事实再现

1. 抵押人办理本抵押业务当时的真实意思。由于害怕麻烦和担心风险，

且一两年后又有卖房换房计划，但又不好拒绝朋友的三番五次的请求，答应给这笔债权作抵押（期限为 1 年的责任明确的普通抵押）。当时做过风险预估，并和借款人做了约定，即使出现借款人无力还款情况，给其代偿后，我立刻获得向借款人追偿的权利，可以追偿借款人房产和财产，这样不至于遭受损失，也能按时拿回房产证。

2. 所办的手续和还款事实。按照抵押人本意，来建行某支行签订了三份文书。

（1）《担保意向书》。双方约定"具体权利义务条款在担保合同中确定"。

（2）《申请表》。内容主要是借款人的资产状况。表中包含标题，只呈现了两次"建行助保贷业务"字样，没有任何助保贷业务的内容和条款。当时我的理解是，这是建行帮"助""保"障企业"贷"款的"业务"。

（3）《抵押合同》。是无任何助保贷业务内容和条款的普通抵押合同。

几天后做了抵押登记（无任何助保贷业务内容和条款）。《抵押合同》对应是《主合同》编号为"建张 2015 年第 37 号"的贷款账号为 1300××××1838 的建行某支行主债权 100 万元中的 41.3343 万元。（抵押登记时《主合同》的抵押金额为 41.3343 万元，即房屋评估价 59.049 万元乘以 70% 抵押率）。全部债权于 2016 年 6 月 2 日清偿（有建行某支行《贷款账务交易明细报表》为证）。

3. 显然，我办理的是没有加入任何特殊条款的普通抵押业务，只对《抵押合同》上条款负责。申请人在《再审申请书》"一、1"中说"实际上在《申请表》上的签名已经说明其知晓助保贷业务的相关规定，被申请人作为商事主体，更应对商事活动尽到审慎的审查和注意义务"。其实，这个观点早已在一审、二审中辩论过，抵押人在《二审答辩状》上有具体、明确、详细的论述。根据民法的公序良俗原则和有关法律规定，如果其中包含着其他重要条款，申请人有义务释明并提醒抵押人注意！而且，《申请表》不是合同，不是法律文书。更何况，《担保意向书》上双方约定"具体条款在担保合同中确定"。作为商事主体，我的审慎审查和注意义务就是应该把重点集中在《抵押合同》上。退一步讲，再扩大范围，凡是我签字的所有文书上只要找到助保贷业务的内容和条款，都可算和我"释明了助保贷内容并约定了其核心条款"，请申请人睁大眼睛，找一找哪里有说到了助保贷业务的内容和条款？你总不能在那个《申请表》的表头上出现过"建行助保贷业务"字样就认为向我说明并约定了那个核心条款吧？那样一定就是格式条款！

二、办理助保贷业务正常流程、本笔业务的错因、剥夺了我的选择权

1. 正常流程。按照"某县"和"中国建设银行"的《管理办法》，正常流程概括为：想办理此业务的借款人提出申请并获准后，首先签订"熟知助保贷业务管理规定"等方面的文书，接受并约定助保贷业务的核心条款，即约定助保贷管理委员会代偿后债权不算消灭，还要追偿借款人并执行担保。然后办理《主合同》《保证合同》《抵押合同》等相关手续。

2. 导致申请人产生重大失误的原因。"某县"和"中国建设银行"《管理办法》表明，本业务要求抵押物为借款人自有（有证据）。在此且不论被建行某支行（申请人）私自变为第三方抵押是否合法，即使法律允许，也不能成为你侵权别人的理由和借口，必须办理合法手续。不可否认，本业务抵押部分涉及的文书手续完全是按照自有资产抵押设计的。如果按照正常业务要求，即自有资产抵押，借款人就是抵押人，在其他文书手续上早已释明并约定助保贷的核心条款（至少两次），就不必再在抵押文书手续上约定了。故抵押手续上并没有涉及释明并约定助保贷业务的内容和条款。但问题是，你擅自变为第三方抵押后仍沿用原抵押文书手续，导致没向第三方抵押人释明，更没有签订任何相应补救性协议。由于申请人的过错，没尽到告知义务，致使去办理普通抵押手续的抵押人对助保贷相关内容和条款完全一无所知！

3. 剥夺了我的选择权。任何业务都必须在自愿基础上办理，若按要求当时向我释明本业务的特殊抵押条款要求，违背了我的真实意思，我肯定不给这个助保贷业务做抵押，不就没有至今长达三年的纠纷了吗？不就不会影响到我的换房计划了吗？由于你未尽到告知义务，严重侵害了我的知情权，直接剥夺了我的选择权！明知自己错误还要坚持倒打一耙。另外，建行某支行本笔业务漏洞百出，还有其他欺诈、敲诈和造假等众多错误行为（有证据）。而我方无任何过错，完全是无辜的受害者和受骗者。我方保留追究申请人责任的权利。

三、原一二审判决结果与相关法律依据

1. 二审法院认为，本案中因未向熊某礼、孔某萌释明该助保贷业务条款内容，该条款对熊某礼、孔某萌无效。且某县助保贷管理委员会已将该笔贷款还清，助保贷贷款抵押物应为借款人自有，建行某支行向熊某礼、孔某萌主张权利依据不足。

2. 一二审的判决的法律依据

(1) 一二审判决依据的法律条款。

(2)《合同法》第3条规定，合同当事人的法律地位平等，一方不得将自己的意志强加给另一方。

(3)《合同法》第8条规定，当事人应当按照约定履行自己的义务，不得擅自变更或解除合同。

(4)"合同相对性"。合同只对合同相对人有约束力，当事人不能给合同以外的人设定义务。所以建行某支行与助保贷管理委员会双方之间的《业务合作协议》的先由助保贷管理委员会代偿后再追偿抵押人的约定不能约束抵押人。

四、判断助保贷业务抵押权是否设立、债权是否消灭、《管理办法》是否适用等关键问题的标准。

1. 是否释明助保贷业务内容并约定其核心条款是本纠纷的关键。因为它直接决定诉讼结果的胜败。申请人强调"《管理办法》是政府文件，具有公开性，被申请人有多种渠道获得，没有义务向抵押人释明"，是非常可笑的观点。如此重要的条款"不释明与约定"，如何确定权利义务？这恰恰反映了其根本没与抵押人"释明与约定"。比如，办理个电信业务还要签订有权利义务条款的协议，何况助保贷这样的金融业务！再如，本业务既然已经有《管理办法》，为什么建行某支行和某助保贷管理委员会双方还要再签订《合作协议》？

2. 根据众多的法律规定和助保贷业务的要求，判断是否设立了符合助保贷业务要求的抵押权、债权是否消灭、《管理办法》及其核心条款是否适用等关键问题的标准，只能是"是否释明并约定了助保贷核心条款"。借款人和抵押人完全是两个不同的主体，要具体问题具体分析，不能搞一刀切，否则必将违背众多法律条款，产生错判。

3. 本案中，对于借款人（也是无限连带责任保证人）来说，由于建行某支行、助保贷管理委员会与借款人（也是无限连带责任保证人）之间至少两次签过"熟知助保贷业务《管理办法》"的文书，即释明并约定了助保贷业务的核心条款，所以助保贷管理委员会代偿后，主债权并没消灭，借款人（无限连带责任保证人）必须接受追偿，即必须受《管理办法》约束。

而对于抵押人来说，建行某支行、助保贷管理委员会没有向抵押人释明并约定此助保贷核心条款，就没有设立符合助保贷业务要求的包含这一条款的抵押权（助保贷抵押权）；且由于没有任何特殊约定，建行某支行主债权于2016年6月2日早已消灭；《管理办法》对抵押人不适用。由此，抵押人当然不承担助保贷抵押担保责任。

正是基于以上标准，一二审法院从事实出发，依据法律，透过现象抓住了本质，没有搞一刀切，保护了抵押人的合法权益，作出了正确的判决！

五、《再审申请书》上对方的观点和逻辑

1. 《再审申请书》上所述再审理由，与一审后对方《上诉状》和二审庭审时对方的观点完全一致，毫无新意。通篇在讲《管理办法》的内容、条款、特点、具体操作等，以此极力想说明助保贷业务的核心条款（建行某支行与某县助保贷管理委员会签订的《业务合作协议》第12条，也就是《管理办法》第22条）适用于抵押人。

2. 对方的逻辑是，因为借款人办理的借款业务是建行助保贷业务，助保贷业务的核心条款能追偿借款人，就可以顺理成章地追偿抵押人，即《管理办法》因为适用于借款人，所以就适用于抵押人。

这种不论具体情况，搞一刀切的想法显然是错误的。抵押人和借款人是完全不同的两个主体，抵押人的利益也要受法律保护！

必须指明的是，《管理办法》上的确没有刻意区分借款人和抵押人责任划分问题，那恰恰是因为本来要求抵押财产为借款人自有（抵押人就是借款人）。正是由于建行某支行擅自变自有资产抵押为第三方抵押后，出现了重大过错，没向第三方抵押人释明，更没有签订任何相应补救性协议，导致了其不能合法追偿抵押人。

其实，上述逻辑和观点，我方在原审一二审中已经充分表达而且已经有明确的结论！《管理办法》不是法律法规，没有强制性。你办的业务必须符合法律规定。你当时没和我释明，更没约定条款，你现在再说一百次也不如当时向我释明并约定一次。何况对方在《再审申请书》上自己已两次承认"《管理办法》是规制、调整、的是申请人、政府、与借款人的关系，与被申请人（抵押人）无关"。既然《管理办法》与我无关，我为何要受其约束？

六、从《担保法》《物权法》角度，被申请人仍然不承担责任

1. 法律依据。

（1）依据《担保法》第四节抵押权的实现第53条规定，抵押权实现的前

提条件是：债务履行期届满抵押权人未受清偿。

（2）依据《物权法》第177条规定："有下列情形之一的，担保物权消灭：（一）主债权消灭；……"全国人大法制工作委员会胡康生主任的权威司法解释是：担保物权是从属于主债权的权利，主债权消灭的，担保物权也随之消灭。"主债权消灭"指客观效果，与因谁的清偿而导致"主债权消灭"无关。也就是说，债务人自己清偿债务的，担保物权消灭；第三人代债务人清偿债务导致主债权消灭的，担保物权也消灭。

2. 结论。根据胡康生主任的权威司法解释，本案非常明确，毫无争议。即使按对方在《再审申请书》上说严格按《担保法》《物权法》来判断，我仍然不承担任何责任。申请人的逻辑应该是：钱是别人还的，还了不算还。那前提当然必须向我释明经我同意并约定到合同中。

七、《再审申请书》中的《民事诉讼法》（2017年）第200条的两个情形

综上，《再审申请书》上所说，依据《民事诉讼法》（2017年）第200条第2项"原判决、裁定认定的基本事实缺乏证据证明的"并不符合。我方拿出了大量抵押人不承担责任的证据。作为原告，申请人要想获得再审机会，推翻原判决，必须拿出"释明并约定"的新的证据。

另外所说第6项"原判决、裁定适用法律确有错误的"也不成立。其《再审申请书》"一、3"上说，"《管理办法》并不是合同内容，哪来的格式条款"。其实，法官并没说《管理办法》是格式条款，假若如你所说，我所签字的文件中连格式条款都没有，那就是说你已经承认了哪怕任何一丁点儿条款约定都没有，我岂不是更无责任？一直以来，我方提供并引用了大量的不承担责任的法律依据。而作为原告，申请人在一二审及《上诉状》《再审申请书》中从未提出过哪怕一条抵押人应该承担责任的法律依据。

故，《再审申请书》上提出的两个情形完全不符合。对方没提出任何新的观点和法律依据，更没有也不可能有足以推翻本案的新证据。根本不符合再审的条件，更没有再审的必要，恳请法官明断！相反，是我方有提出请求对方承担责任的权利和理由。

以下是《再审申请书》上其他问题答辩：

1. 《再审申请书》上"一、3"，重要的是《管理办法》的相关条款并没有加重或限制被申请人的权利，相反如果不是有助保金的存在，申请人第一时间就会向被申请人追偿。换言之，如果没有助保金，抵押人还不清偿债

务吗？

（1）如果没有助保贷管理委员会的强行代偿再追偿，若出现借款人不能清偿申请人债权，即建行某支行还有抵押权时，我当然会履行清偿义务。这就是我给抵押的意义，也是我的本意。

其实，根本不是我不承担清偿债务的责任。首先，如上所述，我不应承担担保责任。其次，令人十分气愤的是，在近两年的时间内建行某支行没有给我作过任何解释和答复。其间我甚至以书面发函的形式向建行某支行正式提出解释真相，明确责任，返还房产证的要求（有对方 EMS 签收单为证），但建行某支行没有正面回应过一次，解决问题的态度十分消极和傲慢！

（2）何止是限制被申请人的权利，简直就是剥夺。为什么当时不释明内容条款？释明后我有选择权，我根本不会做助保贷业务抵押！

（3）由于助保贷的介入，大大加重了抵押人的负担，没经过我的同意，谁要你的代偿近两年后再来追偿？何况还想收高额利息！

①如前所述，违背当事人意愿，侵犯我的知情权，剥夺了我的选择权。你若释明，我当时完全可以不给你抵押，哪来的这么多纠纷，这还不是加重负担？

②即使当时由我承担抵押担保责任，也只能对担保的建行某支行 41.3343 万元债权负责。由于助保贷条款的强行介入，你硬让我还将近 100 万元，这还不是增加负担？

③如本《答辩状》"一、1 中我当时的真实意思"中所说，抵押人为借款人代偿后，立刻获得向借款人追偿的权利。因为当时借款人有房产和财产，我们事先有约定，我是不会遭受损失的。且能按时拿回房产证，实现我卖房换房计划。但由于助保贷管理委员会的强行代偿，至诉讼时，借款人已身无分文，人也进了监狱。此时再让我去追偿债务人，我还能追偿到什么？

④大大增加了时间成本，妨碍了我的换房计划。严重影响了我的正常生活。这还不叫增加负担？

⑤我到底在接受谁的追偿？接受建行某支行的追偿，债权实现了；接受助保贷管理委员会的追偿，没有任何约定。根据《担保法》相关规定和抵押登记情况，我办理的就是普通抵押手续，明明只有建行某支行一个抵押权人，建行某支行强行加入了助保贷条款后，要求我对根本不熟悉的、没任何约定的另一主体——助保贷管理委员会的债权负责。这还不是加重负担？

2. "一审、二审法院由于错误理解助保贷的特点，混淆了增信与担保的区别，忽视了担保（抵押）的独立性，强加给申请人莫须有的义务，最终导致错判。"

答辩：由于与借款人已"释明和约定"，你可以认为增信与担保略有区别，但与抵押人没作任何"释明和约定"，助保贷管理委员会（含相关的小微企业）的角色，相对于抵押人来说，就是与抵押人是平行关系的法律意义上的担保人。《管理办法》第6条明确助保金和风险补偿金用于"提供助保金借款的担保及代偿"，第9条及《管理办法》的附件表格上多次承认助保金和风险补偿金是担保方式（有证据）。

本笔借款业务在抵押人提供41.3343万元的基础上，由于助保贷管理委员会的介入，将主合同借款金额变为100万元。并且，助保贷管理委员会承诺债务人不能清偿债务时，替债务人清偿这就是保证的担保方式。

即使你硬要否认助保贷管理委员会的担保身份，相关的小微企业也应该是担保人。代偿时完全使用的是相关小企业的助保金（有还款账号为证）。相关小企业之间签订了互相担保的协议（以助保贷业务文书《公司承诺》第4条为证）。按照《物权法》第176条，在没有事先约定的情况下，代偿后你有权向债务人追偿而不是向抵押人。

3. 《再审申请书》的"一、4"中所说："申请人已按要求向其释明了抵押的风险，被申请人签订《抵押合同》办理他项权证就是最好的证明。"

答辩：申请人显然在偷换概念。据《抵押合同》应承担的普通抵押风险，作为完全行为能力人，我完全知道。不同的是，助保贷业务抵押风险中强行加入了助保贷业务条款带来的风险，你没和我"释明并约定"，我怎么会知道？

至于你说的在本案中，被申请人收取了借款人4万元好处费之事根本不是事实，我没从中拿到过一分钱。有可能只是借款人和中间人之间的事。请申请人出示证据。何况即使我真收了钱，与你有任何关系吗？能减轻你的过错吗？

河北省高级人民法院经过开庭审理，判决维持原判，驳回再审申请。

第三节　任某强与胡某万担保贷款纠纷案例

——是保证还是抵押直到再审才尘埃落定

一、案情简介

原告任某强与被告胡某万系朋友关系，2006 年 4 月，被告通过朋友向原告借款 4 万元，2006 年 9 月 10 日，胡某万又以生意周转为由向原告借款 10 万元，并给原告写下借条，承诺一个月内归还。2007 年 1 月 1 日，被告又以办理开矿手续为由向原告借款 5 万元。以上三笔款项共计 19 万元。此后，原告多次找被告催要欠款，被告于 2007 年 12 月 26 日给原告制定还款计划，承诺于 2008 年 5 月前归还借款，并由其父亲胡某雨提供担保，利息为月息 2%。此后被告只陆续归还了 24 000 元借款，剩余 166 000 元至今尚未归还。综上，被告向原告借款数额较大，拒不归还，给原告造成一定的经济损失，现向人民法院起诉，请求法院判决归还 166 000 元及利息 12 万元，诉讼费用由被告承担。

被告胡某万辩称，原告所述不属实，截至目前，被告共欠原告 33 000 元，原告所诉无事实和法律依据，请法院依法驳回原告的诉讼请求。

被告胡某雨辩称，被告胡某雨在担保书上的签字是受胁迫的，无法律效力，即使协议有效力，也已经超过了担保期间，被告胡某雨不应承担保证责任。

二、举证和质证

原告提供 2007 年 12 月 26 日还款计划书及协议一份，具体内容为："胡某万因欠任某强现金 19 万元现做书面归还承诺，如有违背，愿承担法律责任：在 2008 年 5 月前归还，过期不归，将胡某万本人现住宣化东升路工程宿舍××号楼三单元 2××室房屋产权作为偿还（胡某万所住房屋地址，原产权人为父亲胡某雨。愿为长子胡某万作为担保人及证明），双方同意做如下签字，期间利息按月利 2%，还款人胡某万，担保人胡某雨，债权人任某强。"原告提出证据，用以证明被告胡某万向其借款共计 19 万元，由被告胡某雨提供担保，利息约定为月息 2%。

被告对上述证据的质证意见是，该证据的签订背景是被告被关在刑警队，在被胁迫情况下签订的，不是被告真实意思。另外所欠金额也与事实不符。

原告提供三张欠条，证明被告欠款 19 万元。

被告质证意见为：2006 年 4 月，被告通过朋友向原告借款 4 万元，实际支付 34 000 元，其余 6000 元被扣做利息；2006 年 9 月 10 日，借款 10 万元，实际支付现金 9 万元，其余 1 万元扣做利息；2007 年 1 月 1 日 5 万元借款人不是被告，且汇款凭证不是 5 万元，而是 49 000 元。

被告举证：2009 年 2 月 9 日原告出具收条："收胡某万，所欠我五万元其中七千元已收到。"被告以此证明还欠原告 17 000 元，其余欠款已经还清。

原告质证意见为：此 7 千元是 19 万元中的 7 千元，而非 5 万中的 7 千元。

被告胡某雨认为担保的方式为保证责任，根据《担保法》第 19 条和第 26 条规定，自己已经免除担保责任。

三、本案焦点问题

（1）实际借款的数额。

（2）原告主张的利息是否受法律保护。

（3）本案的担保方式是保证责任还是抵押责任。

四、一审判决及其理由

2006 年 4 月，被告通过朋友向原告借款的 4 万元，实际支付 34 000 元；2006 年 9 月 10 日，借款 10 万元，实际支付 90 000 元；2007 年 1 月 1 日 5 万元实际支付是 49 000 元。所以被告实际借原告款项为 173 000 元。由于原告成人被告已经归还 24 000 元，被告实际欠款为 149 000 元整。

由于三笔借款两笔未出具书面凭证，三笔均未约定利息。虽然 2007 年还款凭证有利息约定，但是整体看还是约定不明，因此对原告主张的利息不予支持。

还款计划书及协议是在 2007 年 12 月 26 日签订的，在协议中双方并未约定保证方式及保证期间，按照《担保法》第 19 条规定，当事人对保证方式没有约定或者约定不明确的，按照连带责任保证承担保证责任的规定，应确定本案的保证为连带责任保证，依照《担保法》第 26 条第 1 款规定，连带责任保证的，保证人与债权人未约定保证期间的，债权人有权自主债务履行期届满之日起 6 个月内，要求保证人承担保证责任的规定，本案的保证期间为 2008 年 6 月 1 日至 2008 年 10 月 30 日。原告于 2010 年 3 月 8 日第一次向宣化区人民法院起诉被告胡某雨，并不在此保证期内。综上原告任某强并未向被告胡某雨主张过权利，依照《担保法》第 26 条第 2 款，在合同约定的保证期和前款规定的保证期间，债权人未要求保证人承担保证责任的，保证人免除保证责任的规定，被告胡某雨对此借款不再承担保证责任，故对被告委托代理人的主张予以支持。

一审判决支持借款 149 000 元整。对利息不予支持，对担保责任也不予支持。

五、二审诉讼过程

(一) 原告上诉理由

在 2007 年 12 月 26 日签订的还款计划书及协议中明确约定利息是 2%，认定利息约定不明是错误的；被告人胡某雨以房子担保明显属于抵押行为，一审认定未保证完全是错误的。

(二) 二审判决以及理由

本院认为，被上诉人胡某万多次向上诉人任某强借款，经审理以后确认尚欠 149 000 元未还，被上诉人胡某万与上诉人任某强曾于 2007 年 12 月 26 日双方签订了还款协议书，约定 2008 年 5 月前偿还欠款，期间利息月利 2%，由于被上诉人胡某万在向上诉人任某强借款过程中有提前按高利息扣息的情节，虽本金已按实际借款数额计算，且被上诉人胡某万在庭审中表述偿还过利息，但没有证据证实。根据《民法通则》(1986 年) 第 4 条和最高人民法院《关于人民法院审理借款借贷案件的若干意见》第 6 条相关法律规定，民事活动应当遵循公平原则，公民之间合法的借贷及利息应当予以保护，但双方约定的借款还款利息明显过高。结合本案的实际情况，上诉人任某强提出的上诉理由中要求给付利息的请求，酌情给付中国人民银行现行利率的 1.5 倍计息 (2008 年 5 月到 2008 年 8 月 9 日)，依照《民事诉讼法》第 153 条第 1 款第 2 项之规定，判决如下：维持一审判决，被上诉人胡某万于判决生效之日起 10 日内向上诉人任某强支付 149 000 元的欠款利息 25 899.33 元，按人民银行现行利率的 1.5 倍计算，从 2008 年 5 月到 2010 年 8 月 9 日，如未按本判决指定的期间履行给付金钱义务，应当依照《民事诉讼法》第 229 条规定加倍支付迟延履行期间的债务利息。

六、通过审判监督程序获得完全胜诉的过程

通过二审，一审原告又获得了一部分利息，但是抵押被认定为保证的问题仍没有解决。为此一审原告又向高级人民法院提起再审。高级人民法院立案受理后，指定中级人民法院审理。

一审被告认为，还款协议书是在被胁迫情况下签订的，属于无效协议；还款协议书上月利息 2% 是一审原告后加上去的，原来根本没这个约定；那个 5 万元与本案没有关联性，不应在本案审理范围之内。

一审第二被告认为，还款协议书无效，担保人对所有还款行为不知情，不负有担保责任；保证行为已经过期，保证人已经免除担保责任。

再审申请人（一审原告）向中级人民法院提交了代理词，内容如下：

尊敬的审判长、审判员：

受上诉人任某强的委托，现发表如下代理意见：

（一）请求某市中级人民法院判决被上诉人胡某万承担利息损失

1. 2007 年 12 月 26 日签订的还款协议关于利率的规定非常明确，即月利率 2%，这一点毋庸置疑。

2. 计算利息的期限可以分为三个阶段。

（1）借款事实发生至 2007 年 12 月 26 日签订还款协议这段时间应为第一阶段。

第一，这段时间共发生三笔借款，其中 2006 年 9 月 10 日的借款有借条，有期限，即从 2006 年 9 月 10 日至 2006 年 10 月 10 日，超过 2006 年 10 月 10 日即为逾期。依照《合同法》第 200 条规定："借款的利息不得在本金中扣除。利息在本金中扣除的，应当按照实际借款数额返还借款并计算利息。"按照这条规定，即使有预先扣除利息的情况，也不影响按照实际借款数额返还借款并计算利息。

依照《合同法》第 207 条规定："借款人未按照约定的借款期限返还借款的，应按照约定或国家有关规定支付逾期利息。"本案被上诉人没有在双方约定的 2006 年 10 月 10 日返还借款，按照这条规定，应按照国家相关规定承担

逾期利息。

最高人民法院《关于贯彻执行〈中华人民共和国民法通则〉若干问题的意见（试行）》规定，公民之间的无息借款，有约定偿还期限而借款人不按期偿还，或者未约定偿还期限但经出借人催告后，借款人仍不偿还的，出借人要求借款人偿付逾期利息，应当予以准许。

最高人民法院《关于逾期付款违约金应当按照何种标准计算问题的批复》："对于合同当事人没有约定逾期付款违约金标准的，人民法院可以参照中国人民银行规定的金融机构计收逾期贷款利息的标准计算逾期付款违约金。中国人民银行调整金融机构计收逾期贷款利息的标准时，人民法院可以相应调整计算逾期付款违约金的计算标准。"

最高人民法院《关于人民法院审理借贷案件的若干意见》第9条规定："公民之间的定期无息借贷，出借人要求借款人偿付逾期利息，或者不定期无息借贷经催告不还；出借人要求偿付催告后利息的，可参照银行同类贷款的利率计息。"

《人民币利率管理规定》第20条规定，"……对贷款期内不能按期支付的利息按贷款合同利率按季或按月计收复利，贷款逾期后改按罚息利率计收复利……"中国人民银行《关于人民币贷款利率有关问题的通知》中"三、关于罚息利率问题"规定逾期贷款（借款人未按合同约定日期还款的借款）罚息利率由现行按日万分之二点一计收利息，改为在借款合同载明的贷款利率水平上加收30%~50%；……按罚息利率计收利息，直至清偿本息为止。对不能按时支付的利息，按罚息利率计收复利。

总之，上诉人对2006年9月10日的借款向被上诉人收取借款事实发生至2007年12月26日签订还款协议这段时间利息是有充分的法律依据的。

第二，2006年4月的4万元借款和2007年1月1日的5万元借款也应参照上述情形支付利息。

《合同法》第107条规定，当事人一方不履行合同义务或者履行合同义务不符合约定的，应当承担继续履行、采取补救措施或者赔偿损失等违约责任。根据本条规定，被上诉人不仅应承担利息责任，而且应承担违约责任。

（2）2007年12月26日签订还款协议至2008年5月31日这段时间应为第二阶段。

这段时间有明确的19万元本金、还款期间和明确的利率，毫无疑问应执行 2% 月利率，一审法院无视这些明确规定是毫无道理的。

（3）2008 年 6 月 1 日至今这段时间应当是第二阶段的延续，也应适用 2% 月利率。

2007 年 12 月 26 日签订还款协议中，"期间利息按月利 2%" 这句话中的 "期间" 二字包括所有借款人未按期还款的阶段。这既可从字面上解释，也可从法理和常理上解释。

2007 年 12 月 26 日签订还款协议说明，双方对借款人未按期还款的利率约定是 2% 月利，这是以借款人在 2008 年 5 月 31 日前按期还款为前提的。可以想见，若借款人没有在 2008 年 5 月 31 日前归还借款，借款人就仍然使用着贷款人的资金，借款人此时使用贷款人的资金是不正当的。借款人正当使用贷款人的资金需要偿付代价，在他不正当地占用贷款人资金时就更加应当偿付代价。

这种情形的结果是借款人的主观恶性更大，给上诉人造成的损失更大，因此在这种情况下，利率必须维持在 2% 月利的水平上，因为借款人的行为性质仍是赖账不还，仍是前段赖账行为的延续。

1993 年《全国经济审判工作座谈会纪要》明确指出，各级人民法院要加强调查研究，把情况吃透，虚心听取各方面的意见。要充分、有效地保护债权人的利益，不能让违约一方或者侵权一方在经济上占到便宜，也不能让债务人或其他人承担不该由其承担的责任。

《贷款通则》第 32 条第 5 款规定："贷款人对不能按借款合同约定期限归还的贷款，应当按规定加罚利息……"

中国人民银行所规定的逾期利息是高于合同期内利息的。中国人民银行规定的 1993 年的逾期利息是在原利息基础上加收 20% 的罚息，其他的则是按日利率收取罚息。不论是按规定的利率计算逾期利息还是加收罚息，借款人逾期后的利息负担都比借款期限内的利息负担要重得多。其目的就是约束借款人及时偿还借款，以便银行及时回笼资金，减少金融风险。同理，民间借款合同中的当事人如果逾期付款，也应当负担比合同期内重的利息负担。也就是说借款人除了应当支付按约定的借款利率计算的利息外还要承担违约责任。这样才可能督促债务人按合同约定的期限及时归还借款。违约责任制度才会发挥其应有的作用。

不能使违约人从违约行为中获益是基本的法理，本案被上诉人胡某万作为借款人长期赖账不还，缺乏起码的诚实信用，当初他处于困境时上诉人基于朋友关系出手帮助他，可现在其却百般抵赖。对这样没有诚实信用的人，绝不能让他从赖账中获益。

与第一阶段一样，上诉人不仅有权收取利息，而且有权向被上诉人追究违约责任。

3. 利息的执行有两种方式：一为约定；二为法定。有约定的从约定，没有约定的适用法律的有关规定。

2006 年 4 月和 2006 年 9 月 10 日的借款均有关于利息的规定，尽管方式有问题，但能够看出借贷双方均有约定利息的意思表示。

从常理上看，双方也不可能是无息借贷。借贷双方既是朋友，也是生意人。双方经常在一起做生意，双方的借款不止本案这 19 万元，被上诉人多次向上诉人借款，这些庭审已经查明。每次借款都有关于利息的约定，只是有的有书面形式，有的是口头约定，毕竟双方曾是朋友，上诉人没有想到被上诉人会变成现在这样翻脸无情。

退一步讲，即使利息约定方式有些问题，也不妨碍上诉人按实际借款主张法定的利率。

（二）请求某市中级人民法院判决被上诉人胡某雨承担担保责任

1. 一审判决将胡某雨以住房为儿子胡某万提供抵押的行为认定为保证是错误的。胡某雨的担保行为在性质上是抵押，而不是保证。

担保分为人的担保、物的担保和金钱担保。人的担保包括保证、连带责任和并存的债务承担等；物的担保包括抵押、质押、留置和优先权等；金钱担保包括定金和押金等。

《物权法》第 179 条第 1 款对"抵押"的规定是："为担保债务的履行，债务人或第三人不转移财产的占有，将该财产抵押给债权人的，债务人不履行到期债务或者发生当事人约定的实现抵押权的情形，债务人有权就该财产优先受偿。"

2007 年 12 月 26 日签订的还款协议明确约定："过期不归将胡某万本人现住宣化东升路工程宿舍××号楼 3 单元 2××室房屋产权作为偿还，胡某万所住房屋原产权人为父亲胡某雨愿为长子胡某万作为担保及证明，双方同意做以下签字。"结合 2006 年 9 月 10 日的借据关于担保的规定，可以清楚地表明胡某万用父亲胡某雨的一处房子作为抵押物，胡某雨知晓此事并签字同意这样一个意思表示。这是典型的抵押行为。

根据《担保法》第 6 条："本法所称保证，是指保证人与债权人约定，当债务人不履行债务时，保证人按照约定履行债务或承担责任的行为。"根据本条规定，保证行为属于人的担保，也就是靠保证人的信誉来担保，他不必承诺以特定财物担保，他只是一种债务人不履行债务时进行代为履行的行为。

物的担保与人的担保存在明显区别，望二审法院予以甄别和认定。

2. 胡某雨以住房为儿子胡某万提供抵押的行为没有超过诉讼时效。

二审庭审中，胡某雨的代理人认为，胡某雨以住房为儿子胡某万提供抵押的行为已经超过诉讼时效，这种观点是不对的。

《物权法》第 202 条规定："抵押权人应当在主债权诉讼时效期间行使抵押权；未行使的，人民法院不予保护。"双方 2007 年 12 月 26 日主债权约定的还款期限是 2008 年 5 月 31 日前，那么主债权的诉讼时效应截至两年后的 2010 年 6 月 1 日。

2010 年 3 月 8 日和 2010 年 4 月 20 日上诉人作为一审原告两次起诉二被上诉人，依《民法通则》的有关规定，上诉人主张第二被告胡某雨承担抵押担保责任并未过诉讼时效。

3. 二审庭审中，胡某雨的代理人认为，胡某雨以住房为儿子胡某万提供抵押的行为并没有办理抵押登记，因而抵押合同无效，上诉人的抵押权不受法律保护。这种观点也是错误的。

根据《物权法》相关规定，抵押权没有登记并不等于抵押合同未生效，这一点是《物权法》与《担保法》的重大区别之一。按照《物权法》，抵押合同是原因行为、债权行为，而抵押权登记是结果行为、物权公示行为，二者无一一对应的必然的因果联系。就本案而言，尽管当事人未办理抵押物登记，但双方以意思自治原则签订的抵押合同仍然是有效的。

据此，请求二审法院判决抵押人胡某雨按照合同约定在条件具备时履行抵押登记义务或预告抵押登记义务。

在判决抵押人胡某雨在条件具备时履行抵押登记义务或预告抵押登记义务的同时，判决抵押人胡某雨履行其用益物权的转让义务，即由上诉人对抵押标的物行使占有和收益等权利。

在其履行不能时，请求判令抵押人胡某雨以金钱承担违约责任。

退一步讲，即使担保合同像被上诉人说的那样无效，抵押人也应依《物权法》第172条第2款规定："担保合同被确认无效后，债务人、担保人、债权人有过错的，应当根据其过错各自承担相应的民事责任。"

总之，抵押人胡某雨既然签订了抵押合同，在没有过诉讼时效的情况下，就不能无端地免除抵押担保责任。

（三）二审庭审过程中，胡某雨的代理人提出对2007年12月26日签订还款协议进行笔迹鉴定，对此上诉人是不同意的

被上诉人声称2007年12月26日还款协议书上的利率部分的约定与前文语法不通，是后加的，但其没有证据支持。最高人民法院《关于民事诉讼证据的若干规定》（2008年）第76条规定："当事人对自己的主张，只有本人陈述而不能提出其他相关证据的，其主张不予支持。但对方当事人认可的除外。"据此被上诉人的主张不应得到支持。

至于笔迹鉴定问题，《民事诉讼法》规定，鉴定应在举证期限内向法庭申请。一审开庭前，双方的举证期限已过，若任由上诉人别有用心地拖延时间，将是举证责任分配的不公。

其次，即使做了鉴定，其也不是《民事诉讼法》规定的"新证据"，因为他不是举证期限过后或者一审过后新发现的证据，因此请法庭不要受其无理干扰。我们不是怕鉴定，但也不能因为要表明自己清白就任由对方抛开法律，为所欲为。

后代理人又补充代理意见如下：

一审判决虽认定胡某万父亲胡某雨为胡某万提供担保的行为属保证行为，但没有对相关事实和证据进行分析，没有指出事实和法条适用间的逻辑关系，从一审判决书中看不到判决的形成过程，因而在保证的认定方面是一个没有说明理由的判决。根据最高人民法院的相关规定，加强判决书的说理性是人民法院深化审判方式改革的基本内容之一，只有在判决书中列出判决理由，才能体现法院判决的权威性和公信力，然而，一审判决不讲证据分析不讲理由，其直接认定胡某雨的担保行为是保证行为过于武断，难以服人。

本案担保行为毫无疑问属于抵押行为，这点在代理词中已详尽论述。除此之外，代理人认为2006年9月10日借据能够进一步佐证，胡某万在2007年12月26日还款协议书中具有以相关房产提供抵押的意思表示，也就是说，

胡某万的涉案房产提供抵押的意思是一贯的,由于一直未还款,2007年12月26日,双方抵押协议是2006年9月10日借据中关于抵押约定的继续继承和连续。2006年9月10日,胡某万给任某强打的借据中。胡某万承诺,借期一个月整,2006年9月10日至2006年10月10日到期全部归还,若失约,借贷人将坐落于宣化东升路职工宿舍××号楼三单元2××室的住房,全部产权归属于债权人任某强。这段话清晰地表达了胡某万用上述房屋作为抵押的意思表示。2007年12月26日,由于胡某万一直未归还任某强。双方签下还款协议书,明确说明借款协议于2008年5月前归还,过期不还,将胡某万现住宣化东升路职工宿舍的××号楼三单元2××作为偿还。上述房屋的所有权人胡某雨当时在场,看过还款协议书后,在担保人签名处签上了自己的姓名,说明胡某雨完全知情并同意。这样胡某雨与任某强之间的抵押合同便经合意一致成立了。

抵押人未办理抵押物登记,并不影响抵押合同的效力。至于将来能否实际履行属于执行中的问题。本案抵押人与抵押权人在签订抵押合同的意思表示方面不存在任何问题,只是双方未办理抵押登记,双方合法有效的合同应受法律保护,至于实现抵押权的问题是执行中的问题,不能因此影响抵押关系的认定。

本案最终的判决结果是支持担保方式为抵押,而不是保证。因抵押的期限是2年,所以并没有过期。抵押人须以抵押物折价或者拍卖来偿还债权人的到期债权。至此,一审原告的诉求基本上得以实现。

七、对本案的思考

本案看似简单,实际非常复杂,复杂在于其不仅是一个法律问题,也是一个非常复杂的社会问题。作为一个律师,笔者经常接触法律实务,但是本案还是给本人上了一堂教育课,至今印象十分深刻。

(一) 抵押和保证不难区分,本案却从一审打到再审。本人从法律角度一直难以理解这个问题,许多年后,从社会知识、人生阅历、法理人情等方面才理解了主审法官的苦衷

本人刚接手这个案子时,认定主审法官枉法裁判,因为担保人明确以住房担保,明显属于不动产抵押。然而一二审法官都将担保方式认定为保证,

从而使担保人免于担保责任。本人对此不讲法律的做法颇为义愤。

　　然而随着与一审原告接触增多，本人逐渐认识到本案并不简单，很可能本人代理的原告就是一个职业放贷者。其采用"断头息"这种方式高息放贷，然后借口亏本，再强使债务人承诺2%的月利息，从而收取了两次利息。含糊不清的5万元也强加给了债务人。

　　在这种情况下，法官力求通过将抵押解释为保证，最大限度降低债务人和担保人的损失，这是法官利用自由裁量权对当事人利益的衡平。

　　中国诉讼传统不仅讲法，而且讲情理，是情理法的三位一体。可能本人作为原告债权人的代理人，因为立场问题，没有看清本案的实质，仅仅将本案的难点问题看成法律问题。直到很多年后，才逐渐理解法官判案的用心和苦衷，对主审法官的看法也逐渐由鄙夷变成佩服。

　　（二）本案原被告均十分狡猾，整个借贷过程充满"无间道"。公安、司法人员也展现了其另一面，令本人十分感慨律师工作的复杂、多样与风险性

　　原告常常不动用自己的款项借给被告，而是说动第三人款项借给被告，并允诺给第三人好处费，自己坐收渔翁之利。原告采用断头息，再后加月息2%，罔顾朋友情谊，向被告收取高利贷。当被告不能按时还钱时，原告报警将被告拘押，迫使被告就范。原告明知债权与房屋价值相比特别悬殊，但却通过高利贷，将被告父亲的房子收入囊中，人性之贪婪莫此为甚。

　　被告三次借款中，两次没有给原告打借条，还让原告将部分借款打入自己司机账户中，造成收款人模糊不清的结果。被告与原告还有多重借贷关系，被告故意将还其他贷款的过程与本案来回穿越，试图证明仅仅欠款26 000元的事实。还利用原告收条的表达错误，搞得还款情节扑朔迷离。欠款之后，多次玩失踪，不知信用为何物。

　　原告一审败诉。笔者没有代理一审。笔者代理二审小胜，代理再审大获全胜后，本人曾经非常自豪，因为再审胜诉非常不易。但是对有些事的认识还需要时间。在经过数年之后，笔者开始十分担心第二被告房子的执行问题，想到担保人耄耋之年，唯一的住房可能会抵债，导致失去遮风挡雨之所，笔者逐渐失去作为胜诉代理人的喜悦，变得十分忧虑。

　　总之，生活的复杂性有时超出我们的想象和认知，如同平静的海面之下暗藏很多湍流和暗礁。作为一名律师，不一定胜诉必然高兴，败诉必然沮丧。

有时胜诉难以心安，败诉心地坦然。以后的日子里，我非常钦佩一、二审法官对人心的老练洞察。王泽鉴先生说，每一个案子都不简单，法官每一句话都有深意。方流芳老师在中国政法大学讲授债权法时，每节课都要求我们提前预习他指定的最高人民法院判例。正是因为他们那么善于洞察和揣摩，才取得了令我辈高山仰止的成就。

第四节　某高校以实验楼为抵押为合作单位贷款纠纷案例
——一个细节将四年两次败诉逆转为大获全胜

一、案情简介

2001 年 12 月 10 日，被告某大学（甲方）与原告金元公司（乙方）签订合作办学协议，主要约定：乙方投资人民币 1000 万元，其中 500 万元于 2002 年 1 月 18 日前汇至甲方指定账户，其余 500 万元于 2002 年 2 月 5 日前汇至甲方指定账户，甲方将位于海东市康乐区分校后勤服务设施经营管理权交予乙方，期限 10 年，以经营收益抵顶乙方投资。甲方在同等条件下将康乐校区一切工程交乙方施工完成。

2002 年 1 月 10 日，被告与原告金元公司签订委托管理协议，主要约定：甲方将投资 1000 万元所得某大学康乐校区后勤服务设施，经营管理权交予乙方代为行使，委托经营期限为 10 年，甲方派员监督乙方财务支出，乙方保证优先付清甲方每年的投资回报，即 2002 年至 2005 年 4 月内，乙方每年交付甲方委托管理的物业收益 300 万元，2006 年至 2008 年 3 月，乙方每年交付甲方 200 万元，2009 年至 2011 年 3 月，乙方每年交付甲方 100 万元，付款日期为每年的 12 月 10 日前。违约方每日按双方约定的违约金额的 4‰ 支付违约金。

2002 年 1 月 11 日，被告与原告签订《抵押合同》，主要约定甲方将位于某市正阳路某大学大门南侧的科技楼的所有权及某大学北校区土地约 50 亩并地上抵押物抵押给乙方，甲方在 100 天内办完土地使用证交付，甲方同意乙方将抵押物再抵押，由此造成的损失由乙方承担。如甲方一年内不能按委托管理协议履行，乙方有权直接参与甲方后勤收费行为，直到收回该协议约定的费用，数目为委托代理协议规定总额及违约金，抵押权的有效期限为甲方全部履行管理协议为止。甲方不能按期偿还，抵押物由乙方全权处理。

2002 年 1 月 3 日，被告与原告签订补充协议，约定将合作办学协议第一条修改为：乙方投资 500 万元人民币，于 2002 年 1 月 3 日汇至甲方指定账户。将委托代理协议修改为，甲方将投资 500 万元所得某大学康乐校区后勤服务设施，2002 年至 2005 年 4 月内，乙方每年交付甲方委托管理物业收益人民币 150 万元，2006 年至 2008 年二年，乙方每年交付甲方委托管理的物业收益 100 万元。2009 年至 2011 年三年，乙方每年交付甲方委托管理的物业收益 50 万元。将《抵押合同》修改为：甲方因办学急需，由乙方投资 500 万元，甲方将位于某市正阳路某大学大门南侧的科技楼一座约 2000 平方米所有权抵押给乙方。

2003 年 1 月 28 日被告甲方与原告乙方签订《补充协议（二）》约定：甲方一次性支付乙方 2002 年度利息 467 544 元，支付办理该业务发生的费用和乙方经济损失 50 万元。从 2003 年元月 1 日起，甲方在未执行原四份合同事宜期间，按季度向乙方支付投资款 500 万元的银行同期贷款利息，按银行结息单为准。甲方如确定无法履行原四份合同，应尽快归还乙方投资额 500 万元整。还款日为解除五份协议日，乙方归还抵押物，双方解除合同。

2002 年 1 月 22 日，原告金元公司与第三人太平信用社签订《抵押担保借款合同》，借款 550 万元，利率 0.495%，上浮 40%，期限 3 年，该笔借款由第三人建筑设计院以某大学划拨给其的科技楼抵押担保。同年 1 月 23 日，被告金元公司将该笔借款中的 500 万元汇往康乐中学。

2003 年 12 月 20 日，原告金元公司以被告的行为已表明不能履行合同义务为由向法院提起诉讼。

2003 年，600 万元对于一所地方高校而言是一笔巨款，相当于五百名教职工每人头上顶上了 1 万多元的债务。当时学校已经入不敷出，只能靠贷款给职工发工资。雪上加霜的是，2005 年，某大学开始建设新校区，为此在银行贷款大量贷款，财务状况急剧恶化。因此这场诉讼对校方而言压力巨大。

学校开始从省会城市重金聘请律师代理这个诉讼，但是四年间两次被中级人民法院判决败诉。

2007 年，笔者开始独立代理这个案件。

二、双方的主张

原告要求被告归还投资款和其他费用 650 万元；

被告认为双方签订的合同性质是合作办学，而不是借款协议；《补充协议（二）》显失公平，是无效合同。双方应合理分担损失，我方愿意承担对方大部分损失。

三、本案焦点问题

（1）双方签订合同是否有效。

（2）合同不能履行是否适用情势变更原则。

（3）《补充协议（二）》是否显失公平。

（4）500万元款项的去向以及使用问题。

四、一审判决校方败诉

2004年某市中级人民法院判决某大学败诉，支付原告500万元以及利息666 435元；承担经济损失50万元；交易费3万元；财产保全费2万元；诉讼费41 010元。

五、上诉后发回重审校方又败诉

被告不服，提起上诉，河北省高级人民法院将本案发回原审法院重审。审理过程中，太平信用社作为有独立请求权的第三人加入诉讼。

原审法院更换了合议庭成员，经过审理，判决被告支付原告500万元以及利息1 781 880元；承担经济损失50万元；交易费3万元；财产保全费2万元；诉讼费41 010元。

六、原审法院第三次审理并作出完全不同的判决结果

被告依旧不服，向河北省高级人民法院提起上诉，河北省人民法院将本案发回原审法院重审。

被告某大学的上诉状

（一）金元公司不具有参加本案诉讼的主体资格。

金元公司在与某大学签订合同时还没有提出设立申请，是在签订合作办学合同后，只为运作这个项目而虚注的一个公司，从某大学调取的金元公司工商登记档案资料证明：金元公司是一个没有资金、没有人员、没有办公场

所的三无企业，根本不符合《公司法》规定的设立公司应当具备的条件。

根据 1994 年最高人民法院《关于企业开办的其他企业被撤销或者歇业后民事责任承担问题的批复》第 2 条规定："人民法院在审理案件中，对虽然领取了企业法人营业执照，但实际上并不具备企业法人资格的企业，应当依据已查明的事实，提请核准登记该企业为法人的工商行政管理部门吊销其企业法人营业执照。工商行政管理部门不予吊销的，人民法院对该企业的法人资格可不予认定。"人民法院对金元公司的诉讼主体资格不应予以认定。

（二）金元公司自行向康乐中学汇款，应向康乐中学要款，起诉某大学属于起诉对象错误。

解铃还须系铃人，金元公司自己向康乐中学汇款，应当向康乐中学要款。鉴于某大学与金元公司曾经的合作关系，某大学愿意协助金元公司向康乐中学要款。至于金元公司起诉某大学，纯系诉讼主体错误，某大学不能同意金元公司的无理要求。

（三）金元公司自行将 500 万元汇入康乐中学属于自己意志支配的行为，与某大学没有关系。其认为依某大学的指定而划款的主张既不合情理，也不符合双方约定，更没有相关证据支持。鉴此，某大学对金元公司不负还款义务。

1. 2001 年 4 月 26 日某大学与康乐区人民政府签订转让在建高中协议书，其中约定某大学在合同规定日期将价款支付给康乐区人民政府。2001 年 12 月 10 日某大学与金元公司签订合作办学协议。两个合同共三方当事人。然而，金元公司既未将款汇入某大学，也未汇入康乐区人民政府，而是汇入合同关系之外的第三人即康乐中学，此举并非履行自己对某大学承诺的合同义务，其行为与某大学没有关系。

2. 根据某大学与康乐区人民政府签订的协议，某大学应是在康乐区政府协助完成"河北某大学成人教育学院"和"河北某大学科教开发中心"法人注册手续后向康乐区政府支付 500 万元。就是说，该协议是一个附条件的协议，康乐区人民政府若未成就该协议，某大学就享有先履行抗辩权。金元公司支付 500 万元时"河北某大学成人教育学院"和"河北某大学科教开发中心"注册手续还未开始办理，因此金元公司未按要求时间汇款，应当自己承担汇款不当的责任。

3. 起诉书称，金元公司是按照某大学指定将 500 万元汇入康乐中学，此乃金元公司一家之言，没有相关证据支持。

民事诉讼的举证规则是"谁主张、谁举证"，即当事人对自己提出诉讼请求所依据的事实有责任提供证据加以证明。金元公司既然主张是按照某大学指定将 500 万元汇入康乐中学，就有责任向法院提交关于某大学指定其付款的相关证据，即何人、在何时间、在何地点、以何方式指定其将 500 万元汇入康乐中学，否则应当承担举证不能的责任。这样，金元公司将 500 万元汇入康乐中学的后果应自负其责，与某大学没有关系。

（四）某大学前任法定代表人与原告签订的协议违反法律和法规关于办学的相关规定，据《合同法》第 44 条第 2 款规定，该协议自始无效。

《合同法》第 44 条第 1 款规定："依法成立的合同，自成立时生效。"第 2 款规定："法律、行政法规规定应当办理批准、登记等手续生效的，依照其规定。"

某大学前任法定代表人与金元公司签的是《合作办学协议》，合作办学的地点不是某大学本部，而是海东市康乐区。关于异地办学，法律和行政法规有特别规定。

根据国务院 1986 年 12 月 15 日发布的《普通高等学校设置暂行条例》第 2 条规定："……全日制大学、独立设置的学院和高等专科学校高等职业学校。普通高等学校的设置，由国家教育委员会审批。"

根据 2000 年 1 月 14 日国务院发布的《关于国务院授权省、自治区直辖市人民政府审批设立高等职业学校有关问题的通知》第 1 条规定：独立设置的高等职业学校，省属本科高等学校以二级学院形式举办的高等职业学校，社会力量举办的高等职业学校，由国务院授权省、自治区、直辖市人民政府审批设立。

根据以上规定，某大学前任法定代表人与金元公司要在异地合作办学，首先应拿到省政府批准设立的手续。没有省政府的批准文件，私自签订的合作异地办学协议是不具有法律效力的。

（五）金元公司对某大学主张的 50 万元索赔没有事实依据，不应获得法律支持。

如前所述，某大学前任法定代表人与金元公司签订的协议违反法律和法规的相关规定，合同无效。金元公司由此导致的损失应当自负其责。

退一步讲，即使合同有效，金元公司对某大学主张 50 万元索赔亦应有证据支持。否则，其主张不能获得法律支持。

（六）《抵押合同》是违反法律禁止性规定的无效协议；《抵押担保借款合同》是以合法形式掩盖非法目的的无效法律行为，请求人民法院判决其为违法的无效合同。

《高等教育法》第38条规定："高等学校不得将用于教学和科学研究活动的财产挪作他用。"《担保法》第37条明确规定，教育设施不得设定抵押。依此规定，某大学用于教学与科研活动的科技楼属于法律上的禁止流通物。

《抵押合同》约定将某大学用于教学科研活动的科技楼抵押给金元公司，并同意金元公司以之再抵押。此协议内容涉及的合同标的明显违反法律的有关禁止性规定，应属无效协议。在此基础上形成的其他相关协议亦应归于无效。

《抵押合同》无效，其效力溯及合同签订之时。既然其为自始无效，那么科技楼产权的划拨就没有合法基础。既然科技楼产权的划拨行为违法，那么以之为前提的《抵押担保借款合同》即为无效协议。

科技楼本是某大学校产，却被他人变为某大学建筑设计院的企业财产。结合相关协议签订的动机来看，其规避法律，以合法形式掩盖非法目的规避法律的意思相当明显。

《合同法》第52条规定："有下列情形之一的，合同无效：……（三）以合法形式掩盖非法目的的……"依据此规定，代理人申请人民法院判决《抵押合同》以及金元公司与太平信用社签订的《抵押担保借款合同》无效。

综上所述，答辩人希望人民法院判决金元公司与某大学之间签订的上述违法协议无效；金元公司未将500万元款项打入某大学账户，因此某大学不负还款义务；金元公司对某大学主张的50万元索赔没有事实依据；依法驳回其对某大学主张的500万元赔款附带利息及其50万元经济损失的诉讼请求。金元公司与太平信用社签订的《抵押担保借款合同》违反法律禁止性规定，且以合法形式掩盖非法目的，为无效协议，某大学不负抵押义务。

代理词

尊敬的审判长、审判员：

我受某大学委托，作为某大学的诉讼代理人，发表如下代理意见：

（一）金元公司不具有参加本案诉讼的主体资格。

金元公司在与某大学签订合同时还没有提出设立申请，是在签订合作办学合同后，只为运作这个项目而虚注的一个公司，从某大学调取的金元公司工商登记档案资料证明：金元公司是一个没有资金、没有人员、没有办公场所的三无企业，根本不符合《公司法》规定的设立公司应当具备的条件。

根据1994年最高人民法院《关于企业开办的其他企业被撤销或者歇业后民事责任承担问题的批复》第2条规定："人民法院在审理案件中，对虽然领取了企业法人营业执照，但实际上并不具备企业法人资格的企业，应当依据已查明的事实，提请核准登记该企业为法人的工商行政管理部门吊销其企业法人营业执照。工商行政管理部门不予吊销的，人民法院对该企业的法人资格可予不予认定。"人民法院对金元公司的诉讼主体资格不应予以认定。

（二）金元公司自行将500万元汇入康乐中学属于自己意志支配的行为，与某大学没有关系。其认为依某大学的指定而划款的主张既不合情理，也不符合双方约定，更没有相关证据支持。鉴此，某大学对金元公司不负还款义务。

1. 2001年4月26日某大学与康乐区人民政府签订转让在建高中协议书，其中约定某大学在合同规定日期将价款支付给康乐区人民政府。2001年12月10日某大学与金元公司签订合作办学协议。两个合同共三方当事人。然而，金元公司既未将款汇入某大学，也未汇入康乐区人民政府，而是汇入合同关系之外的第三人即康乐中学，此举并非履行自己对某大学承诺的合同义务，其行为与某大学没有关系。

2. 根据某大学与康乐区人民政府签订的协议，某大学应是在康乐区政府协助完成"某大学成人教育学院"和"某大学科教开发中心"法人注册手续后向康乐区政府支付500万元。就是说，该协议是一个附条件的协议，康乐区人民政府若未成就该协议，某大学就享有先履行抗辩权。金元公司支付500万元时"某大学成人教育学院"和"某大学科教开发中心"注册手续还未开始办理，因此金元公司未按要求时间汇款，应当自己承担汇款不当的责任。

3. 起诉书称，金元公司是按照某大学指定将500万元汇入康乐中学，此乃金元公司一家之言，没有相关证据支持。

民事诉讼的举证规则是"谁主张、谁举证"，即当事人对自己提出诉讼请求所依据的事实有责任提供证据加以证明。金元公司既然主张是按照某大学指定将500万元汇入康乐中学，就有责任向法院提交关于某大学指定其付款的相关证据，即何人、在何时间、在何地点、以何方式指定其将500万元汇入康乐中学，否则应当承担举证不能的责任。这样，金元公司将500万元汇入康乐中学的后果应自负其责，与某大学没有关系。

（三）让某大学承担全部责任不符合民法的公平原则。

金元公司将500万元投资款打入康乐中学的账户，没有打入某大学的账户。债权债务关系发生于金元公司与康乐中学之间，康乐中学收受金元公司500万元，是500万元的占有者和获益者，因此金元公司正确的起诉对象应是康乐中学。

某大学没有收受金元公司的钱，没有义务偿还金元公司的债务。如果让某大学偿还金元公司，将使某大学没有获得任何对价的情况下赔掉一笔巨款，而真正的获益者康乐中学在没有任何付出的情况下，净赚500万元，一个代人受过，一个不当得利，这是非常不公平的。

而且，由于康乐中学收受金元公司500万元，金元公司有权继续向康乐中学索赔，这导致金元公司重复获赔。而某大学若诉康乐中学，对方则可以未收某大学钱款，无义务退款为由抗辩。这将导致某大学的损失没有地方补偿，从而平白无故地损失一笔巨款，这是非常不公平的。

我国《民法通则》（1986年）第4条规定了公平原则。公平原则的作用在于克服成文法刚性、不周延等局限性，填补立法空白，弥补法律漏洞，它是作用于全部民法领域的法上之法。民法基本原则与具体法规是水源与水流的关系，污染水源要比污染水流严重得多。一个案件的处理不仅要依据具体法条，而且应符合民法基本原则。

具体到本案，如果忽视500万元的占有者康乐中学，让债务关系之外的某大学承担全部损失，这样的处理方式不符合合同关系相对性原理和民法公平原则。

（四）双方签订的系列合同均为无效合同。

根据《民法通则》（1986年）第55条规定："民事法律行为应当具备下列条件：（一）行为人具有相应的民事行为能力；（二）意思表示真实；（三）不违反法律或者社会公共利益。"我认为三个条件金元公司均不具备。

1. 金元公司签订《合作办学协议》等协议时不具备相应的民事行为能力

双方2001年12月10日签订《合作办学协议》，2002年1月10日签订《委托代理协议》，而金元公司直到2002年1月11日才成立。根据《民法通则》（1986 年）第 36 条第 2 款规定："法人的民事权利能力和民事行为能力，从法人成立时产生，到法人终止时消灭。"金元公司签订《合作办学协议》时还不是民事主体，没有权利能力，更没有民事行为能力，据此可以认为《合作办学协议》是当然无效的合同。应注意的是，该公司尚未注册，即刻了金元公司公章，且以金元公司名义进行经营活动，这是明显的欺诈行为。即来投资，分文皆无，即来管理，却无任何物业管理经验，明显没有履约诚意。

2002 年 1 月 11 日《抵押合同》和 2002 年 1 月 30 日《补充协议（一）》虽签订于公司成立后。但根据某市工商局桥东分局 2002 年 1 月 10 日给金元公司下发的企业名称预先核准通知书，"该预先核准的企业名称保留期自 2002 年 1 月 10 日——2002 年 7 月 9 日"，在保留期间，不得用于从事经营活动，金元公司与某大学前任法定代表人签订补充协议就是一种经营活动，是一种违反规定的无效行为。

2003 年 1 月 28 日，金元公司与某大学签订的《补充协议（二）》也没有法律效力。理由是：

（1）金元公司在与某大学签订《补充协议（二）》时，虽有营业执照但却不具备法人成立应具备的条件，是一个皮包公司，根据 1994 年最高人民法院相关批复（前已述及），其没有法人资格，因而不具备民事行为能力。

（2）经办人对涉及某大学重大利益进行重大处置，而《高等教育法》根本未赋予其这种权利。

（3）《补充协议（二）》是以《合作办学协议》为基础，是对《合作办学协议》的补充，因而其地位是附属于主合同之下的从合同。主合同无效，其补充协议当然无效。

2. 与金元公司签订协议，尤其是《补充协议（二）》不是某大学真实的意思

《补充协议（二）》中某大学与金元公司约定："甲方如确定无法履行原四份合同，应尽快归还乙方投资额伍佰万元整。"这决不是某大学的真实意思。市场经济中，每个人都是自己利益的最佳判断者，作为一个有理性的人，谁愿意平白无故地替别人负 500 万多元的债务，这相当于某大学每名员工一下子背上 1 万多元的债务，这简直是荒唐透顶，匪夷所思的事情。

3. 双方签订的这些协议违反法律和法规的相关规定

《合同法》第 44 条第 1 款规定："依法成立的合同，自成立时生效。"第

2 款规定："法律、行政法规规定应当办理批准、登记等手续生效的，依照其规定。"

双方签的是《合作办学协议》，合作办学的地点不是某大学本部，而是海东市康乐区。关于异地办学，法律和行政法规有特别规定。

根据国务院 1986 年 12 月 15 日发布的《普通高等学校设置暂行条例》第 2 条规定："……全日制大学、独立设置的学院和高等专科学校高等职业学校。普通高等学校的设置，由国家教育委员会审批。"

根据 2000 年 1 月 14 日国务院发布的《关于国务院授权省、自治区直辖市人民政府审批设立高等职业学校有关问题的通知》第 1 条规定，独立设置的高等职业学校，省属本科高等学校以二级学院形式举办的高等职业学校，社会力量举办的高等职业学校，由国务院授权省、自治区、直辖市人民政府审批设立。

根据以上规定，要在异地合作办学，首先应拿到省政府批准设立的手续。没有省政府的批准文件，私自签订的合作异地办学协议是不具有法律效力的。

（五）将某大学科技楼划转给建筑设计院的行为无效。

某大学是由国家拨付资金和经费的公益事业单位，根据《行政事业单位国有资产管理办法》第 9 条规定，某大学的全部资产的所有权均归国家所有，某大学仅享有占有权和使用权，并无处分权和收益权。因此，某大学并没有对所占用资产的处分权，根据《行政事业单位国有资产管理办法》第 24 条、第 27 条规定，如果确有理由需对所占有使用的资产进行处分，应当履行相应的行政审批程序，向其主管部门（省教育厅、省政府、省国有资产管理局、省财政厅、提出申请，相关部门批准后，才有权进行处分。这种行政审批行为在民法上来讲相当于取得所有权人的授权，未取得授权所实施的行为是无效的民事行为。

（六）《抵押合同》和《抵押担保借款合同》是以合法形式掩盖非法目的的无效法律行为。

根据《高等教育法》第 38 条规定："高等学校不得将用于教学和科学研究活动的财产挪作他用。"《担保法》第 37 条明确规定，教育设施不得设定抵押。依此规定，某大学用于教学与科研活动的科技楼属于法律上的禁止流通物。

然而，2002 年 1 月 11 日，某大学与金元公司签订《抵押合同》（抵押合同签订时，科技楼的产权尚属于某大学）约定将某大学用于教学科研活动的科技楼抵押给金元公司，并同意金元公司以之再抵押。此协议内容涉及的合同标的明显违反法律的有关禁止性规定，应属无效协议。在此基础上形成的其他相关协议亦应归于无效。

1月22日，科技楼被金元公司"合法"地抵押给太平信用社。

就这样，作为皮包公司的金元公司将本是国有资产的科技楼为自己做了担保，摇身一变，成了拥有550万元身家的投资人。纵观科技楼由禁止流通物变为他人抵押物的全过程，其形式似乎很合法，但其签订《抵押协议》时科技楼产权仍属某大学这一点，即表明了这两个合同是以合法形式掩盖非法目的行为。

《合同法》第52条规定，"有下列情形之一的，合同无效：……（三）以合法形式掩盖非法目的……"依据此规定，代理人申请人民法院判决《抵押合同》以及金元公司与太平信用社签订的《抵押担保借款合同》无效。

八、第三人太平信用社为金元公司发放贷款存在故意弄虚作假行为，具有严重过错，应自行承担相应的经济损失，即本金及利息损失。

从2002年1月18日某市房屋产权产籍监理处给太平信用社出具证明的内容、房产转移手续和抵押手续为同时办理及太平信用社信贷员具体办理相关事宜的情况综合分析判断，贷款人对借款人的企业状况描述、资信判断以及某大学的教学资产抵押过程中存在主观恶意。

根据中国人民银行《关于合理确定流动资金贷款期限的通知》（银发[1997]年417号）及农村信用社的规定，流动资金不得投放中长期贷款，短期贷款期限不得超过1年，对仅成立10天的金元公司投放为期3年的中长期流动资金贷款是严重的违规行为，并且在贷款发放审批程序中也存在诸多严重违规情形。

贷款人对借款人的资信具有审查的义务，金元公司借款时成立仅有10天的时间，注册资金仅为50万元，金元公司于2002年1月22日向第三人太平信用社申请贷款550万元，太平信用社于申请的当日就向金元公司发放了550万元的贷款，而这一时间是信用社领导审批同意发放贷款的前一天。

以上事实足以认定太平信用社作为一个金融机构违规操作，弄虚作假，由于贷款人的过错，造成放出贷款本金及利息不能收回，就应当自行承担其经济损失。

　　综上所述，答辩人希望人民法院判决金元公司与某大学之间签订的上述违法协议无效；金元公司未将 500 万元款项打入某大学账户，因此某大学不负还款义务；金元公司对某大学主张的 50 万元索赔没有事实依据；依法驳回其对某大学主张的 500 万元赔款附带利息及其 50 万元经济损失的诉讼请求。金元公司与太平信用社签订的《抵押担保借款合同》违反法律禁止性规定，且以合法形式掩盖非法目的，为无效协议，某大学不负抵押义务。

　　原审中级人民法院经过开庭审理认为，被告与原告签订的合作办学协议、委托《管理协议》《抵押合同》《补充协议》《补充协议（二）》是双方真实意思表示，且合作办学协议系其他协议的基础，但因情势变更均未实际履行，无继续履行的必要和可能，原告要求解除合同的诉讼请求符合法律规定，应予支持。双方签订的《抵押合同》及其补充协议中有关抵押的条款违反了法律法规的规定，被告主张是无效合同的抗辩理由成立。应予确认。原告要求被告返还投资款 500 万元，并支付业务费用及经济损失 50 万元和投资款利息的诉讼请求，双方虽在协议中有合意，但原告将 500 万元汇入康乐中学账户而并非双方的约定，亦不能证实是汇入了被告指定的账户。且原告系经营公司，故该 500 万元汇款的真实用途存在或然性，不能确认，资金亦不能认定。如果认可原告的诉讼请求，有悖于公平、公正、权利义务对等和以事实为根据的司法原则。因此，原告应就是否已指定汇款一事承担举证不能的法律后果。关于经济损失 50 万元，因原告未提供证据证实损失的实际存在和具体数额，使双方的约定缺乏事实依据。法院不予采信。原告要求被告支付业务费用 3 万元，因该款为代垫款项而非约定款项，不属本案调整范围，可经协商或另案诉讼解决。第三人太平信用社明确表示将另案行使诉权，为尊重其意思自治，不再追加太平信用社和建筑设计院为本案第三人。经法院主持调解，当事人未达成一致。

　　根据《合同法》第 52 条第 5 项、第 94 条第 1 项、最高人民法院《关于民事诉讼证据的若干规定》第 2 条的规定，判决如下：①原告某市金元物资有限公司与被告某大学签订的《合作办学协议》《委托管理协议》《抵押合同》《补充协议》《补充合同（二）》予以解除。②驳回原告的诉讼请求，本案诉讼费 61 010 元由原告承担。

七、原审原告上诉高级人民法院被驳回，被告大获全胜

原审原告不服，向河北省高级人民法院上诉。经开庭审理被驳回。

答辩状

首先答辩人认为某市中级人民法院 2007 年 7 月 9 日作出的 ［2007］某商初字第 31 号民事判决所认定的事实清楚，适用法律正确，体现了人民法院司法公正的原则，因此，请求二审法院驳回上诉人的上诉请求，维持原判。

其次，就上诉人的上诉理由做如下答辩。

1. 一审法院认定上诉人"不能证实是汇入了被告指定的账户"及"500万元汇款的真实用途存在或然性"是完全正确的。

本案的基本事实是，上诉人从未向某大学汇过任何款项。上诉人证明自己向某大学的投资行为即曾经向海东市康乐中学汇过 500 万元。答辩人认为，该汇款是上诉人自己的商业行为，与某大学无关。因此，上诉人并未向某大学投过资，上诉人应当实事求是地承认这一点。上诉人的损失应向收款人追索。

2. 一审法院认定"经济损失 50 万元没有证据支持"完全正确。

上诉人系一空壳皮包公司，注册资金虚假，没有任何资本金，其汇往康乐中学的 500 万元款项还是非法以某大学房产提供抵押而取得的。如果说有损失，只能说某大学有损失。

3. 一审判决《抵押合同》无效有明文法律依据。

《担保法》第 37 条规定："下列财产不得抵押：……（三）学校、幼儿园、医院等以公益为目的的事业单位、社会团体的教育设施、医疗卫生设施和其他社会公益设施；……"最高人民法院《关于适用〈中华人民共和国担保法〉若干问题的解释》第 5 条第 1 款规定："以法律、法规禁止流通的财产或者不可转让的财产设定担保的，担保合同无效。"

尽管《抵押合同》的标的物——某大学科技楼归某大学建筑设计研究院实际使用，但其所有权在 2002 年 1 月 22 日之前确定无疑地属某大学所有，因此，2002 年 1 月 11 日签订的《抵押合同》因违反《担保法》第 37 条以教育设施为抵押标的物，其效力当然无效。

综上所述，一审法院判决认定的事实清楚，证据确凿，适用法律正确，

请二审法院依法驳回上诉人的上诉请求，维持一审判决。

八、对原独立请求权人（抵押权人）取得的又一场胜诉

由于贷款人太平信用社具有独立的请求权，金元公司诉某大学借款纠纷一案结束后，太平信用社以金元公司和某大学建筑设计院为被告于2007年7月向某市中级人民法院提起诉讼，请求判令第一被告承担550万元借款本金以及1 909 375元利息；50万元损失以及276 525元利息；第二被告以自有科技楼承担抵押担保责任。

由于涉案500万元汇至康乐中学，后500万元又被康乐区政府使用，因此诉讼中某大学建筑设计院请求追加康乐中学、康乐区政府为第三人。

康乐区政府的代理人系司法局局长、中国政法大学民法学博士，他告诉笔者，他们正想通过诉讼解决此事。因为某大学在海东建设校舍，未支付农民工工资，农民工围攻中直机关。康乐区政府不得不垫付农民工工资600万元，这笔款项应当由某大学来支付。笔者答复这件事应当另案处理，法官也表示应当另案处理。该代理人说那我们就在海东等着你，笔者笑着说同意。

就贷款人兼抵押权人的诉讼请求，笔者提出以下答辩意见：

答辩状

就太平信用社要求我院履行担保义务的诉讼请求，我们的答辩观点是，我院不应当承担担保义务，理由如下：

太平信用社要求建筑设计院履行担保义务的依据是2002年1月22日信用社、金元公司和建筑设计院三方签订的抵押担保借款合同。该《抵押担保借款合同》包括两部分，第一部分是主合同，即金元公司与信用社之间签订的借款合同；第二部分是从合同，即建筑设计院与太平信用社之间签订的《抵押担保借款合同》。我对这个合同的看法是：主合同违规，从合同无效。由于我们答辩的重点是从合同，所以我在此仅对《抵押担保借款合同》无效的理由进行论述，对主合同暂时不予评论。

作为从合同的《抵押担保借款合同》无效的理由在于：

1. 该《抵押担保借款合同》以合法形式掩盖非法目的，因此是无效合同。

《担保法》第37条规定："下列财产不得抵押……（三）学校、幼儿园、医院等以公益为目的的事业单位、社会团体的教育设施、医疗卫生设施和其他社会公益设施；……"

本合同的标的是某大学科技楼，科技楼是某大学用于教学、科研活动的教育设施是国有资产，依据《担保法》第37条的禁止性规定，科技楼当然不能抵押。任何将这种教育设施抵押出去的想法、意图以及目的都是非法的，都是非法目的。

然而，事实的结果是，这种非法目的还是得逞了，科技楼最终被抵押了出去，并且外表上拥有了一个合法的形式。

所以看待这个问题应揭开形式，还原内容；透过现象，看到本质，注意其恶意抵押的非法目的。

2. 抵押人以存在权利瑕疵的房地产提供抵押的行为无效。

《城市房地产管理法》（2007年）第47条规定："房地产抵押，是指抵押人以其合法的房地产以不转移占有的方式向抵押权人提供债务履行担保的行为。……"

也就是说，抵押人要以房地产提供抵押，其权利来源必须合法。否则就失去了提供抵押的前提条件。

具体到本案，《抵押担保借款合同》的抵押物被登记部门错误登记，导致该标的物所有权错误。因此抵押人的所有权是有瑕疵的，以有瑕疵的、不合法的房地产提供抵押，该抵押的效力是无效的。

综上所述，我认为，建筑设计院不应承担担保责任。

2007年9月18日

开庭审理结束后，笔者向合议庭提交了代理词。

代理词

尊敬的审判长、审判员：

我受某大学、建筑设计院的要求，作为某大学的诉讼代理人，发表如下代理意见。

我认为建筑设计院没有义务承担抵押担保义务，理由是：

1. 《抵押担保借款合同》的标的物——某大学科技楼的所有权归属问题存在争议，因此不能用于提供担保。

建筑设计院对科技楼的产权来自某大学的无偿划拨，某大学是国家拨付资金和经费的公益性事业单位，根据《行政事业单位国有资产管理办法》第5条规定，某大学全部资产的所有权归国家所有，某大学仅享有占有权和使用权，并不享有处分权和收益权。

《行政事业单位国有资产管理办法》第27条规定："行政事业单位处置资产（包括调拨、转让、报损、报费等）应向主管部门或同级财政、国有资产管理部门报告，并履行审批手续，未经批准不得随意处置。"

根据以上规定，科技楼转让给建筑设计院必须依法进行。没有相关批准手续，不论采取什么形式都是无效的。

某市房屋产权户籍中心对科技楼所有权的变更登记，其性质是行政确权行为。该行政确权行为违反《行政事业单位国有资产管理办法》的有关规定，是违反法律的错误登记行为，按依法行政的原则，应予变更登记并对受损害的当事人予以赔偿。

太平信用社、金元公司与建筑设计院签订的合同，其性质属民事约定，而国家对国有资产保护方面的规定在性质上是法律规定，法定优于约定，与法定冲突的约定无效，这是最基本的法理。因此，太平信用社无权以科技楼折价偿还担保贷款的本息。

2. 金元公司无权以科技楼所有权为自己贷款提供担保。

金元公司以科技楼提供担保的合同依据是2002年1月11日与某大学签订的《抵押合同》。该合同第1条规定，某大学将科技楼抵押给金元公司，第2条规定，金元公司可以科技楼再抵押，由此造成的损失由乙方承担。

科技楼产权是2002年1月18日某大学划给建筑设计院的，而该《抵押合同》是2002年1月11日签订的，当时科技楼产权尚属某大学，该《抵押合同》直接违反《担保法》第37条的禁止性规定，属确定无疑的无效合同。

金元公司以这份无效《抵押合同》为依据，将科技楼抵押给太平信用社其行为显然是无效的。

3. 太平信用社在发放贷款过程中，未尽到专业贷款机构的谨慎和注意义务，同时兼具违法操作行为，具有严重过错，应自行承担相应的损失和风险。

第一，太平信用社对金元公司资信情况的判断审查不正确，这是其发放这么一大笔贷款给一皮包公司的原因之一。

在信贷员意见栏中，信贷员认为金元公司是一家股份制公司，依当时《公司法》，股份制公司的注册资金为 500 万元，这与金元公司的真实情况不符。

该意见认为，随着公司业务的扩大，与某大学合作办学，因而申请贷款。事实上，金元公司刚刚成立，尚没有开展业务，谈不上什么扩大，这显然是对金元公司缺乏基本的了解。

该意见显示，太平信用社是知道金元公司与某大学合作办学事宜的，既知合作办学，就应了解国家在合作办学方面的规定，因为一旦对方违反法律规定进行合作办学，显然会对放贷产生巨大风险，然而太平信用社对此中存在的巨大风险认识不够，其调查结论完全肯定信贷员意见。可见，根本未予调查，贷款人意见栏中注明，"经信用社集体研究，同意出贷 550 万元"。作为专业提供贷款的金融机构，决策人员应是比较资深的金融人士，为什么集体研究中不对金元公司的资信情况进行认真分析，明知科技楼原属大学校产而不对其权利合法性进行研究论证。

第二，金元公司申请贷款时用的是企业短期借款申请书，而《抵押担保借款合同》的条款中，注明此贷款种类是中长期贷款。这种操作合乎规定吗？

第三，金元公司贷款主要用于康乐中学在建高中的校舍建设，因此应申请基本建设贷款。然而，《抵押担保借款合同》却写明贷款用途为流动资金，这都说明太平信用社在放贷过程中未尽到专业贷款机构的基本注意义务，对借款人提供的各项材料仅作形式审查，而未作实质审查，因此导致损失与其自身失误直接相关。

从 2002 年 1 月 18 日某市房屋产权产籍监理处给太平信用社出具证明的内容、房产转移手续和抵押手续为同时办理及太平信用社信贷员具体办理相关事宜的情况综合分析判断，贷款人对借款人的企业状况描述、资信判断以及某大学的教学资产抵押过程中存在主观恶意。

根据中国人民银行《关于合理确定流动资金贷款期限的通知》（银发〔1997〕417 号）及农村信用社的规定，流动资金不得投放中长期贷款，短期贷款期限不得超过 1 年，对仅成立 10 天的金元公司投放为期 3 年的中长期流动资金贷款是严重的违规行为，并且在贷款发放审批程序中也存在诸多严重违规情形。

贷款人对借款人的资信具有审查的义务，金元公司借款时成立仅有 10 天的时间，注册资金仅为 50 万元，金元公司于 2002 年 1 月 22 日向第三人太平信用社申请贷款 550 万元，太平信用社于申请的当日就向金元公司发放了 550 万元的贷款，而这一时间是信用社领导审批同意发放贷款的前一天。

4. 太平信用社贷出金额的大部分应由康乐中学偿还。

（1）金元公司不能偿还太平信用社的根本原因是，金元公司将借款中的 500 万元打入了康乐中学的账户，也即金元公司对康乐中学拥有 500 万元的债权。如果金元公司能够实现这个债权，那么它就有能力偿还太平信用社的借款。

可是金元公司怠于向康乐中学主张自己的债权，从而导致某大学和太平信用社陷入纠纷。

《合同法》第 73 条第 1 款规定，因债务人怠于行使其到期债权，对债权人造成损害的，债权人可以向人民法院请求以自己的名义代位行使债务人的债权。

根据《合同法》对代位求偿权的规定，太平信用社有权以自己的名义向康乐中学行使代位求偿权。

（2）康乐中学收受金元公司 500 万元属不当得利，应当退还该笔款项。

所谓不当得利，指一方没有法律或合同上的依据而占有另一方的财产，从而对另一方构成不当得利之债。

就本案而言，康乐中学既无法律依据，也无合同约定，却占有他人 500 万元巨款，这个行为的性质应属不当得利，应予退还。

（3）《民法通则》（1986 年）第 4 条规定："民事活动应当遵循自愿、公平、等价有偿、诚实信用的原则。"康乐中学与金元公司之间不存在任何交易关系，康乐中学在没有支出任何对待给付或合同对价的情况下，坐拥 500 万元巨款，这种行为与民法等价有偿原则严重不符。

总之，康乐中学占用的 500 万元巨款是本案的症结所在，如果康乐中学的 500 万元能物归原主，那么某大学、金元公司与太平信用社的债务关系便能全部解套。反之，若 500 万元不能归位，太平信用社与金元公司、某大学的债务纠纷便不会有什么结果，即使一方胜诉，对方也没有能力偿还这笔巨款，因为这笔钱并不在对方手里。

综上所述，我们坚持这样的立场，建筑设计院没有担保义务。太平信用社应向康乐中学主张代位求偿权，这是本案的症结所在。一旦康乐中学归还

500 万元款项，本案的债权债务纠纷便会全部迎刃而解。

2007 年 9 月 18 日

补充代理意见

经过几次庭审，答辩人认真听取了太平信用社、金元公司以及康乐中学等各方发表的大量陈述，并对照相关法律规定进行了仔细的分析。答辩人认为太平信用社与金元公司、某大学建筑设计院（以下简称"设计院"）三方签订的《抵押担保借款合同》既未成立，也未生效。退一步讲，即使成立，也是无效合同。

（一）根据 2000 年 12 月 8 日最高人民法院《关于适用〈中华人民共和国担保法〉的解释》第 56 条第 1 款规定，上述《抵押担保借款合同》中的抵押行为不成立。

该解释第 56 条第 1 款规定："抵押合同对被担保的主债权的种类、抵押财产没有约定或约定不明，根据主合同和抵押合同不能补正或无法推定的，抵押不成立。"考察上述抵押借款合同，答辩人认为其主债权种类和抵押财产均存在自相矛盾情况，因而属于《担保法》第 56 条第 1 款规定的约定不明情形。

首先，根据三方签订的《抵押担保借款合同》，无法认定主债权的种类是短期借款合同还是中长期借款合同，是流动资金借款合同还是基本建设贷款合同。据该合同第 1 条第 1 款，贷款种类为中长期贷款。然而第 2 款却规定借款用途为流动资金。按照中国人民银行《关于合理确定流动资金贷款期限的通知》（银发〔1997〕417 号）及农村信用社的规定，流动资金不得投放中长期贷款。就本合同而言，如果贷款种类是中长期贷款，那么其借款用途便不应是流动资金，反之，如果确定借款用途是流动资金，那么贷款种类便不得为中长期贷款，因为流动资金贷款期限不得超过 1 年。二者的严重冲突使人无法认定其主债权的种类。

其次，关于抵押财产亦约定不明，具体理由是：

1. 抵押房产必须连同土地一同抵押。反之，抵押土地也必须连同其上的房产一并抵押。上述合同仅约定了抵押房产绝对未提及抵押问题。而该土地使用权性质为划拨土地，在交易中对其如何处分必须明确，不容回避，上述三方在签订《抵押担保借款合同》时恰恰忽视了这个问题。因而属于抵押财产约定不明确。

2. 抵押行为的标的物本身为争议财产，三方以争议财产设定抵押，其约定必然不明。

3. 2002 年 1 月 11 日，某大学与金元公司签订《抵押合同》，约定将同一标的物，科技楼抵押给金元公司。仅过 10 天，设计院又将该科技楼抵押给太平信用社。同一标的物被抵押两次，而且两个合同的双方当事人完全不同，这就使这两次抵押行为产生重大矛盾。

如何解释一物两抵的情况，是设计院对太平信用社的抵押行为？还是金元公司对太平信用社的再抵押行为？如何协调两个抵押行为的法律关系？该《抵押担保借款合同》没有相关解释，即对抵押财产约定不明确。

所谓合同成立，指合同主体的意思表示形成一致。本案中合同当事人的意思表示自相矛盾。相互冲突。尚未达成一致。合同未成立，当事人之间不存在权利和义务关系。设计院也就没有担保责任。

（二）根据我国房地产转让过程中，"房随地走，地随房走，房地一致"的原则以及《担保法》的相关规定，太平信用社、金元公司与设计院三方签约后仅在形式上完成了房屋的抵押登记，却未完成土地使用权的抵押登记。因为未完成全部登记，所以合同并未生效。

《担保法》第 36 条第 1 款规定："以依法取得的国有土地上的房屋抵押的，该房屋占用范围内的国有土地使用权同时抵押。"此即我国物权变动中须遵循的"房随地走，地随房走，房地一致"原则。据此，太平信用社、金元公司在签担保合同时应同时办理房产和土地使用权抵押手续，并在相关部门做整体登记后，其抵押登记才算完成。而事实上，太平信用社与金元公司仅办理了房屋所有权登记手续，仅完成了全部登记的一部分。

《担保法》第 41 条规定，"抵押合同自登记之日起生效"，此处之登记包括房屋所有权和土地使用权整体的他物权登记。由于三方签订的《抵押担保借款合同》欠缺土地使用权的抵押登记，因而合同并未生效。

在合同并未生效的情况下，合同各方之间不存在权利义务，上述合同内容对各方不具有法律约束力，据此，设计院没有担保义务。

（三）退一步讲，即使该合同成立，亦因违反法律规定而成为无效合同。

首先，以科技楼作抵押标的物违背法律规定。

《城市房地产抵押管理办法》第 8 条第 2 项规定，用于教育、医疗、市政等公共福利事业的房地产不得设定抵押。

科技楼在形式上的产权人是某大学建筑设计研究院，作为资深的、专业的金融从业人员，原告应当注意到，建筑设计研究院名字之前冠之以某大学，这就意味着科技楼是大学的校产，是服务于教育事业的国有资产。尽管在形式上，设计院对科技楼拥有独立产权，但设计院与学院的建筑系是两套人马，一块牌子，设计院在编职工人事关系在某大学，工资由某大学发放，设计院既是学校学术研究部门，也是学生实习基地，因此，无论科技楼产权属于谁，它在事实上都是教育从属部门，既是学院学术研究的场所，也是学生进行实习的基地，一句话，它是服务于教育目的的房产。

值得注意的是，《担保法》《城市房地产抵押管理办法》第8条第2项仅以房地产用途来作为能否提供担保的标准，并未区分产权类型，也就是说，无论是企业，还是非企业，只要该房地产用于教育事业就不能设定抵押。根据以上规定，用服务于教育目的、科技研发的科技楼设定抵押是违背法律规定的，因而签订《抵押担保借款合同》也是无效的。

其次，科技楼的权属有争议，不能设定抵押。

科技楼的产权原属某大学，2002年1月18日某市房管局在没有某省教育厅、财政厅、省国资委同意产权转让的批准文件情况下，将科技楼变更所有权过户给设计院。这个所有权的变动过程，违反国家关于国有资产管理的相关法律，因此，科技楼的产权事实上处于一种不确定的状态，根据《城市房地产抵押管理办法》第8条第2项，科技楼不能设定抵押。

（四）《抵押担保借款合同》无效的主要责任在太平信用社和金元公司。

第一，作为审批方，太平信用社在贷款发放上掌握主动权，作为申请人，设计院和金元公司处于被太平信用社审查、选择的地位，因此，如果合同失效，主要是太平信用社判断错误的结果。

第二，太平信用社明知某大学与设计院的关系，却故意无视设计院的教育背景，造成贷款方向上的重大失误。

第三，太平信用社在资信审查方面及贷款发放方面，存在一系列失误，内部管理不严，审贷较为粗放，造成损失应从自身多找原因，以期今后亡羊补牢，提高管理水平，此点在前述代理词中已有论及，在此不再赘述。

2008年4月8日

中级人民法院审理后认为："原告太平信用社与被告金元公司、被告某大学建筑设计研究院签订的《抵押担保借款合同》是当事人的真实意思表示，抵押物已进行了依法登记，合同内容不违反法律法规的禁止性规定，合法有效，当事人各方均应全面、适当履行。原告要求被告偿还借款本息、拍卖抵押物、清偿债务及第三人康乐中学承担民事责任的诉讼主张事实成立，且符合法律规定，应予支持。被告金元公司无法定事由不偿还借款本息，显属违约，应依约继续履行合同义务。被告某大学建筑设计研究院认为抵押担保无效的抗辩主张于法无据，不予采信。根据公平、公正原则，其对借款人不能偿还的借款本息，承担抵押担保责任。第三人康乐中学无合法根据收受 500 万元汇款属不当得利，依法应当返还该款项及孳息。第三人海东市康乐区政府无合法依据批准使用该 500 万元系该款项的实际使用人，根据权利义务对等原则，应对康乐中学返还该 500 万元及孳息承担连带返还的法律责任。因被告金元公司未参加诉讼且查无下落，该 500 万元及孳息应直接返还给原告。根据《民法通则》（1986 年）第 92 条，最高人民法院《关于贯彻执行〈中华人民共和国民法通则〉若干问题的意见（试行）》第 131 条、《合同法》第 107 条、《担保法》第 33 条规定，判决如下：①第三人康乐中学于本判决生效之日起 7 日内返还原告太平信用社 500 万元、孳息 1 909 375 元（按五年期存款利率计，自 2002 年 1 月 24 日至 2008 年 6 月 3 日），合计人民币 6 909 375 元，第三人海东市康乐区人民政府承担连带返还责任。②被告某市金元公司于本判决生效之日起 7 日内偿还原告太平信用社借款本金 50 万元，利息 27 652 605 元（按约定利率计，自 2002 年 12 月 21 日至 2008 年 6 月 30 日），合计人民币 776 526.5 元。被告设计院承担抵押担保责任。如果未按本判决指定的期限履行给付义务，应当按照《民事诉讼法》第 229 条规定，加倍支付迟延履行期间的债务利息。本案诉讼费人民币 55 300 元，二被告各负担 1 万元，第三人康乐中学、海东市康乐区人民政府连带承担 35 300 元。如不服本判决，可于接到判决书的次日起 15 日内，向本院提交上诉状及副本四份，并交纳诉讼费，上诉于某省高级人民法院。"

判决生效后，除了某大学，其他当事人均不服判决，分别向河北省高级人民法院提起上诉。河北省高级人民法院经过审理驳回上述各当事人的上诉请求。至此这场困扰某大学五六年的重大诉讼获得了完胜。

九、案件的执行

执行过程中，康乐区政府将 500 万元返还给了太平信用社。由于金元公司无法联系，该 50 万元以及利息由某大学承担。最后双方通过协商，某大学支付原告 60 万元，双方纠纷解决，再无任何瓜葛。

该款支付后，笔者亲自到原告处拿回某大学科技楼的《他项权证书》，原告为笔者出具了《还款证明书》。

笔者到某市房管局不动产登记处递交《他项权证书》《还款证明书》，某市房管局不动产登记处将某大学科技楼的《房屋所有权证书》交给笔者。至此这场历时五年的重大诉讼画上了圆满的句号。

十、本案的经验总结

(一) 本案获胜的关键

《道德经》说："天下大事，必作于细；天下难事，必作于易。"法学是关于正义的学问，但是法学不全是大道理，宏大叙事，而是一个个具体的正义。这个具体的正义需要在诉讼过程中去发现。

本案以前的两次大败均因为从情势变更、显失公平等理论问题入手，而笔者发现了一个关键的问题，就是金元公司自己将 500 万元打进康乐中学账户，金元公司一直坚称是某大学指定打入。如果某大学不承认，金元公司就没有证据证明，那么这笔款项就与某大学无关。

就是这个小小的发现打赢了这个大案子。

(二) 坚持下去有时能够看到奇迹

本案历经五年，败诉两次，前途黯淡。然而笔者没有放弃，坚持打了第三次诉讼，经过扎实的证据、细致的说理，有说服力的逻辑，终于使本案峰回路转，柳暗花明。

第六章

房地产投融资纠纷案例

第一节 冯某扬与贺兰山房开公司投融资纠纷案例
——借款与投资的界限与厘清

一、案情简介

2013年6月,刘某盟跟冯某扬说他在内蒙古自治区锡林郭勒盟西乌珠穆沁旗拿到项目批文,准备挂靠西乌珠穆沁旗贺兰山房地产开发有限责任公司(以下简称"贺兰山公司")开发房地产。由于资金短缺,想向冯某扬借钱用于征地以及拆迁安置。由于其与冯某扬关系不错,借的钱也不多,所以冯某扬就把钱借给他了。自2013年6月以后,刘某盟以办土地手续为借口,不断跟冯某扬借钱,冯某扬不想借,他就以高额回报作为诱饵。冯某扬一方面担心不借给他导致友情破裂,另一方面也担心已经借给他的钱收不回来。因此,截至2014年4月10日,冯某扬陆陆续续借给他100多万元。由于刘某盟一直没有还钱,冯某扬就不想再借给他了,可是刘某盟还是想方设法跟冯某扬借钱。

2014年4月中旬,刘某盟拿来一份西乌珠穆沁旗人民政府《国有土地使用权证书》(西乌国用〔2014〕第0032号),跟冯某扬说已经征下西乌珠穆沁旗柴达木中段路西9605.4平方米。他说现在办理规划、施工许可证、工程施工仍然缺乏资金,希望冯某扬再借给他一部分资金帮助他把茂林美地小区建起来,他许诺用手里的土地使用证做抵押,如果换不了钱,可以将土地拍卖或者转让偿还冯某扬等出借人的借款。冯某扬觉得既然有了土地作为抵押，而且房子建起来后通过销售房子，冯某扬的借款不仅能得到偿还，而且还可能赚钱，因此就答应借钱。冯某扬的朋友康某华也愿意借钱给他，于是就开始把这当成一个很好的项目来投资，试图通过借钱给刘某盟，获得满意的回报。截至 2015 年 6 月，冯某扬通过借款和替刘某盟还利息，给刘某盟提供了 14 401 050 元，康某华借给刘某盟 600 万元。刘某盟拿来的《土地使用权证》保存在康某华处，冯某扬留下了《土地使用权证》的复印件。

由于刘某盟只借不还，而且还要向冯某扬等出借人借钱。冯某扬们就要求刘某盟返还借款，支付利息。可是刘某盟却总是搪塞、敷衍和推诿。2015 年 8 月 20 日签订了协议两份：约定贺兰山公司开发的茂林美地小区住宅楼九套抵顶借款本金及利息，但刘某盟和贺兰山公司至今未履行协议约定的义务，致使原告至今未收回出借款本金及利息，现原告得知二被告已将该小区转让，第三人开发建设，将导致双方的房屋抵顶合同无法履行。

2018 年 2 月，冯某扬到西乌珠穆沁旗人民法院起诉刘某盟和贺兰山公司。庭审过程中，贺兰山公司完全否认刘某盟将他借冯某扬等出借人的款项投资了茂林美地小区。所以西乌珠穆沁旗人民法院判决刘某盟对冯某扬的借款还本付息，贺兰山公司没有责任。

2018 年 4 月，冯某扬儿子到西乌珠穆沁旗不动产登记中心查证刘某盟拿来的《土地使用权证》的真实性，被告知没有这么一份《土地使用权证》。得知消息，冯某扬大为恐慌，因为如果这个《土地使用权证》是假的，那么冯某扬等出借人就被骗了，冯某扬们借给刘某盟的借款就收不回来了。原告冯某扬遂到西乌珠穆沁旗提起诉讼。

二、双方主张

原告冯某扬向法院提出诉讼请求，请求人民法院依法判令第一被告偿还原告借款本金 2 656 500 元，被告支付自 2014 年 5 月 27 日起至本金还清之日，以 2 656 500 元为本金，按照月息 2 分钱计算利息，三是请求人民法院依法判令第二被告对第一被告应偿还原告的借款本金及利息，承担连带清偿责任。

被告刘某盟承认向原告借款 262 656 500 元，也同意偿还原告的借款，但由于对于原告所述 2 分利息约定并不认可，认为当时只是约定用房子顶账，由于资金链断裂项目转让无法履行顶账的协议。

被告贺兰山公司辩称，被告曹某军只是借用贺兰山公司资质在茂林美地小区房地产开发项目中办理手续，与本案借款没有任何关系，也不知情，本案的借贷关系为刘某盟、冯某扬之间，根据合同相对性原则，刘某盟应负还款责任，贺兰山公司不承担任何还款责任。

三、一审判决结果

法院认为，被告刘某盟承认原告冯某扬在本案中主张的借款事实，故对原告主张的事实予以确认，冯某扬与刘某盟之间形成合法的民间借贷关系，应当依法偿还冯某扬的借款。对于曹某军、马某芝签订的用刘某盟开发建设的吉林小区房屋来抵顶借款的协议，因为曹某军已将吉林小区工程项目整体转让给第三人开发建设，已无法履行用房屋抵顶借款的约定，故原告要求刘某盟偿还借款的诉讼请求，法院予以支持，对原告主张有 2 分利息的诉讼请求，因原告没有提交证据证明关于利率及还款期限的约定，故法院酌情考虑从原告起诉至 2017 年 6 月 13 日起，依法按照年利率 6% 支持原告关于利息的诉求，对于被告公司，因不是本案借款合同相对人，故不承担连带清偿责任。根据《民法通则》（2009 年）第 84 条、第 108 条、最高人民法院《关于审理民间借贷案件适用法律若干问题的规定》第 29 条第 2 款第 1 项，《民事诉讼法》第 64 条及《关于适用〈中华人民共和国民事诉讼法〉的解释》第 9 条规定，作出判决。

四、二审审理过程和判决结果

上诉请求：①撤销西乌珠穆沁旗人民法院［2018］内 2526 民初第 795 号判决书第二项判决；②判决贺兰山公司执行其与上诉人签订的以房顶债协议，以履行其对上诉人借款本金、利息的连带清偿责任；③诉讼费由被上诉人承担。

事实和理由：被上诉人刘某盟与被上诉人贺兰山公司合作开发西乌珠穆沁旗的茂林美地小区项目，刘某盟出资，以贺兰山公司的名义开发茂林美地小区项目。为了筹措开发茂林美地小区的资金，自 2014 年起，被上诉人先后向上诉人借款 2 656 500 元。2015 年 8 月 20 日，贺兰山公司茂林美地小区项目部签订以房顶债协议，贺兰山公司的代理人刘某盟签字并加盖项目部公章。后上诉人催款催账无果，只好提起诉讼。

一审判决认为，根据合同相对性，贺兰山公司不是本案借贷合同关系的相对人，所以不应承担连带清偿责任，这个认定是完全错误的。茂林美地小区是贺兰山公司开发的项目，贺兰山公司为了筹措项目资金，通过代理人刘某盟向上诉人借款，资金大部分直接打入贺兰山公司项目部的账户。这个事实说明贺兰山公司与上诉人已经形成借贷关系。还有一些借款打入刘某盟妻子账户，并投入茂林美地小区项目上。刘某盟本人都承认这些事实。

刘某盟是贺兰山公司代理人，以贺兰山公司名义从事茂林美地小区房地产开发业务，因此上诉人打入茂林美地小区项目部的款项以及打给刘某盟的款项都是用于贺兰山公司开发的项目。在这种情况下，贺兰山公司作为茂林美地小区项目的开发商和建设单位无疑是本案合同关系的相对人。而且贺兰山公司与上诉人签订了以房顶账合同，承诺以房子清偿上诉人的本金和利息。本案既有上诉人直接或间接将款项打入贺兰山公司的事实，又有贺兰山公司以房顶账的书面承诺，因此贺兰山公司必须承担清偿责任以及连带清偿责任。

综上所述，一审判决认定事实错误，适用法律不当。请求二审人民法院支持上诉人的上诉请求。

代理词

尊敬的审判长、审判员：

现结合二审庭审情况发表如下代理意见：

被告西乌珠穆沁旗贺兰山房地产开发有限公司（以下简称"贺兰山公司"）应当对刘某盟承担的债务承担连带清偿责任，理由如下：

1. 刘某盟是贺兰山公司的代理人，也是该公司"茂林美地小区"项目的负责人，刘某盟以及"茂林美地小区"项目部从事的法律行为应当由贺兰山公司承担责任。

2013年12月1日贺兰山公司给刘某盟出具的《授权委托书》，明确授权刘某盟为贺兰山公司的代理人，以贺兰山公司名义参加茂林美地小区业务。该《授权委托书》有贺兰山公司法定代表人签字并加盖了贺兰山公司的公章。

根据《民法通则》《合同法》和《民法总则》的相关规定，代理人以被代理人名义从事的法律行为，后果由被代理人承担。《民法通则》（2009年）第65条规定，委托书授权不明的，被代理人应当向第三人承担责任，代理人承担连带责任。也就是说，刘某盟就茂林美地小区项目从事一切法律行为的后果都应当由贺兰山公司承担，这是代理法律行为的应有之义。

2. "茂林美地小区"是贺兰山公司开发的项目，刘某盟根据《授权委托书》，执行茂林美地小区开发建设任务，因开发茂林美地小区产生的债权债务应由贺兰山公司承担。

《民法总则》第170条第1款规定："执行法人或者非法人组织工作任务的人员，就其职权范围内的事项，以法人或非法人组织名义实施的民事法律行为，对法人或者非法人组织发生效力。"

刘某盟作为执行贺兰山公司开发茂林美地小区项目的人员，就其职权范围内签署的《协议》《房屋买卖合同》，对贺兰山公司发生效力。

3. 如果刘某盟是贺兰山公司"茂林美地小区"项目的工作人员，其行为也应当由贺兰山公司承担责任。

《民法通则》（2009年）第43条规定："企业法人对它的法定代表人和其他工作人员的经营活动，承担民事责任。"最高人民法院《关于贯彻执行〈中华人民共和国民法通则〉若干问题的意见（试行）》第58条规定："企业法人的法定代表人和其他工作人员，以法人的名义从事的经营活动，给他人造成经济损失的，企业法人应当承担民事责任。"

4. "西乌珠穆沁旗贺兰山房地产开发有限公司茂林美地小区项目部"是被上诉人贺兰山公司的分支机构，根据《民法总则》等相关法律规定，分支机构的民事法律责任由其法人承担。

《民法总则》第74条第2款规定："分支机构以自己的名义从事民事活动，产生的民事责任由法人承担；也可以先以该分支机构管理的财产承担，不足以承担的，由法人承担。"

《公司法》第14条第1款、《关于贯彻执行〈中华人民共和国民法通则〉若干问题的意见（试行）》第107条、最高人民法院《关于人民法院执行工作若干问题的规定（试行）》第78条等法律均有类似规定。

就本案而言，由于刘某盟在茂林美地小区开发过程中向上诉人借了大量款项，2015年8月20日，刘某盟代表贺兰山公司与上诉人签订《协议》，约定以茂林美地小区2号楼五单元701、702和四单元701室抵顶欠款825 000元。同日，又代表贺兰山公司与上诉人签订《房屋买卖合同》，约定将茂林美地小区2号楼三单元两套，一单元201、202、301、302室抵顶出售给上诉人，房款1 831 500元以欠款全部预付。以上两份合同文件均有贺兰山公司代理人、茂林美地小区负责人刘某盟签字，并且加盖了"西乌珠穆沁旗贺兰山房地产开发有限公司茂林美地小区项目部"公章。

"西乌珠穆沁旗贺兰山房地产开发有限公司茂林美地小区项目部"是被上诉人贺兰山公司的分支机构，有刘某盟签字加上项目部公章的合同文件就是分支机构的民事法律行为，其行为对贺兰山公司产生法律效力。因此，贺兰山公司必须对其债务承担责任。

5. 根据上述《授权委托书》《协议》和《房屋买卖合同》，贺兰山公司正是合同适格当事人，一审判决认为贺兰山公司不是合同相对人是完全错误的。

《协议》和《房屋买卖合同》明确约定，合同双方分别是贺兰山公司（甲方）和上诉人（乙方），甲方是贺兰山公司，不是刘某盟。如此明白晓畅的约定，怎么能无视其约定，而认为贺兰山公司不是合同当事人呢！

《协议》和《房屋买卖合同》系双方真实意思，不违反法律法规，这也是判决贺兰山公司应当承担连带责任的依据。

6. 一审判决认为"刘某盟已经将茂林美地小区工程项目整体转让给案外人开发建设，已无法用房屋抵顶借款的约定"。判决书对这个法律行为后果语焉不详。上诉人认为贺兰山公司不能因为项目转让就没有了责任。按照权利与义务相一致的原则，贺兰山公司应当对上诉人的经济损失承担连带责任。

第一，茂林美地小区不是刘某盟的项目，而是贺兰山公司的项目。

第二，项目是否已经转让，本案双方当事人均没有提供证据证明，一审法院不能在没有证据支持的情况下确定项目已经转让。

第三，权利和义务相一致是法律的基本原则。

茂林美地小区已经竣工，现在房子已经对外销售，贺兰山公司没有实际投资，却是该项目的所有人和实际受益者，即使项目转让，转让的利益也归属了贺兰山公司。上诉人出借的款项已经物化到建筑物当中，无论项目是否转让，贺兰山公司的获益中都包含了上诉人的投资。按照权利与义务相一致的原则，贺兰山公司应当对上诉人的经济损失承担连带责任。

项目已经转让不能成为不承担责任的理由，《协议》和《房屋买卖合同》系双方的真实意思表示，已经成立的合同必须履行。标的物不存在的情况下，可以依据法律或者约定用其他形式承担责任。

7. 上诉人的资金实实在在投入了"茂林美地小区"项目，这一点刘某盟完全承认，否则"茂林美地小区"不会竣工，因此上诉人的损失也是实实在在的、伤筋动骨的。贺兰山公司没有向"茂林美地小区"投资，但无论持有还是转让，其获益却是实实在在、钵满盆盈的。如果不判决贺兰山公司承担连带责任，上诉人的损失将难以挽回。

全国第八次民商事审判会议确定了民商事审判的"六大审判原则"，第一条就是平等保护原则。上诉人因为投资"茂林美地小区"，已经倾家荡产，作为上诉人投资的受让方，贺兰山公司却置身事外，云淡风轻。这严重不符合"八民会议"确立的平等保护原则，对上诉人是极大的不公平。

8. 如果贺兰山公司因为对上诉人债权承担责任而受到经济损失，应当向刘某盟行使追偿权。但是不能因为有损失就回避其应对上诉人承担的责任，毕竟两份以房顶账的合同是贺兰山公司与上诉人签订的。

上诉人作为一个河北人，看好内蒙古经济发展环境，举家投入内蒙古的开发项目。看到自己投资的项目拔地而起，却被告知这些和自己没有关系，这是多么残酷并难以容忍的事。希望二审法院保护上诉人与贺兰山公司形成的合同关系，按照全面适当的合同履行原则，判决执行双方 2015 年 8 月 20 日签订的《协议》和《房屋买卖合同》，根据这两份合同判决贺兰山公司承担连带责任，让上诉人体会到法律的平等保护，体会到"让每一个人在个案中体会到公平和正义"不是一句空话。

二审最终支持了冯某扬的诉讼请求。

五、本案焦点问题

（一）借款和投资的区别

借款和投资是性质完全不同法律问题，法律后果也有天壤之别，如果投资成功，投资收益远远大于借款。如果投资失败，不存在可以变现的资产，则借款的安全性要远远大于投资。

但是实践中很多当事人很难搞清楚。本案当事人冯某扬经常以项目投资人自居，但是向刘某盟主张欠款时又自称为出借方。

如果冯某扬当初准备作为投资人，那么其应当通过出资或者增资的方式成为项目公司的股东，拿到出资证明书，将名字记入股东名册，记载于公司章程，那么她就成了投资人。也可以通过项目投资协议约定其在项目中的股份，按照股份行使表决权和分红权，这时虽不是公司股东，但是其表决权和分红权同样受法律保护。

本案当事人冯某扬自称截至 2015 年 6 月，给刘某盟提供了 14 401 050 元（本案主张的 262 656 500 元只是一部分，因为有以房顶账协议，所以这部分按照民间借贷主张权利），并自称是项目的股东，拥有分红权，但是自始至终没有作为股东或者项目投资人的证据。所以不能对开发商直接主张权利。

就本案而言，开发项目还是比较顺利，并且有大量库存。在这种情况下，冯某扬的借款如果被认定属于公司或者项目投资款，更有利于追回来。如果是借款，由于刘某盟本人已经破产，冯某扬的借款追回的可能性很小。

所以，在投资时，一定要根据情况决策自己是以借款的方式投资，还是以入股的方式投资。当然也可以以更灵活的股转债，或者债转股的形式。

（二）选择起诉案由的技巧

从事律师工作以来，笔者在很多情况下受到案由问题的困扰，深深觉得案由问题不简单。

就本案而言，如果以履行以房顶账协议作为案由，就可以面对贺兰山公司，胜诉就可以直接执行抵账房。而办案一审律师以民间借贷作为案由起诉，不可避免地遇到合同相对性的问题，即贺兰山公司不是借贷关系中的当事人，没有承担还款的义务。如果主张借款用在了房地产开发项目上，一方面举证困难，另一方面存在该投资的主体问题以及与冯某扬的关联性问题。因此，主张贺兰山公司承担连带责任非常困难。

本案正确的方法应当是以履行以房顶账协议作为案由，所以笔者接受这个案子后，在二审中特别强调以房抵债协议，要求贺兰山公司履行以房顶账协议。以至于对方律师认为上诉的请求事由不对，简直是一个新的案子。但是唯其如此，才能有胜诉并得以顺利执行的机会。

（三）承担连带责任的前提条件

《民法通则》《合同法》《民法总则》均规定了连带责任，但是没有规定承担连带责任的前提条件。《民法典》第 178 条第 3 款规定，"连带责任，由法律规定或者当事人约定"，据此冯某扬持刘某盟写的借条向贺兰山公司主张连带责任没有法律依据。

（四）本案让与担保问题

2015 年 9 月 1 日实施的最高人民法院《关于审理民间借贷案件适用法律若干问题的规定》第 24 条第 1 款在某种程度上被认为间接承认了让与担保。

该条规定："当事人以签订买卖合同作为民间借贷合同的担保，借款到期后借款人不能还款，出借人请求履行买卖合同的，人民法院应当按照民间借贷法律关系审理，并向当事人释明变更诉讼请求。当事人拒绝变更的，人民法院裁定驳回起诉。"

司法实践中首次明确定义并承认让与担保法律效力的是 2019 年 11 月 8 日最高人民法院发布的《九民纪要》第 71 条。

《民法典》也没有就让与担保直接作出明确规定，但在第 388 条中增设"担保合同包括抵押合同、质押合同和其他具有担保功能的合同"。该规定旨在扩大担保合同的范围。通过增设前述规定，《民法典》为让与担保合同作为一项非典型担保合同的担保功能提供了法律依据。《民法典》虽然没有明确认可让与担保的物权效力，但已经明确认可让与担保的合同效力。《民法典》修正了流押契约的规定，为让与担保的存在留下了合法的空间。

第二节 元某清与风雅颂公司房地产投融资纠纷案例
——合同相对性原理在房地产投融资案例中的运用

一、案情简介

2006 年，某市金街北国百货大楼有限公司（以下简称"北国公司"）进行股份制改造，风雅颂房地产开发公司（以下简称"风雅颂公司"）购买北国公司的全部股份，并对原商场员工做了补偿安置。风雅颂公司决定重建北国百货大楼，某酒店总经理刀某旦认为，北国百货大楼在某市最繁华的地段，开业后肯定生意兴隆，遂决定与风雅颂公司合作投资。

元某清系刀某旦远房亲戚，得知风雅颂公司重建北国百货大楼后，也认为是上佳商机，遂决定与刀某旦合伙投资北国公司。

2007 年 2 月，原告元某清与被告刀某旦协商达成合作意向，共同出资710 万元，以刀某旦名义投资被告某市风雅颂公司开发建设的位于桥西区东门大街 56 号的不夜城商场项目，原告于 2007 年 2 月 6 日和 8 日分别给刀某旦的丈夫翟某革现金 300 万元，翟某革出具了收条。

2006 年 5 月 26 日，风雅颂公司、刀某旦签订合作协议。约定风雅颂公司出资 650 万元，刀某旦出资 710 万元，双方各占 50%的股份，共同合作开发不夜城商场项目，并约定刀某旦全权委托风雅颂公司对该项目进行整体运作管理，该项目财务进行单独核算，双方各按 50%的比例分配净收益。

2012 年 10 月 29 日，原告与刀某旦签订合作投资补充协议书确认刀某旦投资不夜城商场项目 710 万元是双方共同出资，其中刀某旦出资 410 万元，占 57.75%，原告出资 300 万元，占 42.25%，原告应占不夜城商场项目中总投资的 21.1267%股份，双方委托凯博丰公司对商场项目进行开发运作，按比例享有开发收益。

不夜城商场项目完工并对外出售出租后，风雅颂公司和被告刀某旦均不向元某清告知所得收益情况，元某清多次向风雅颂公司主张不夜城商场项目的出资人权利均遭拒绝。

2014 年 9 月 5 日，元某清心生一计，软磨硬泡刀某旦，要求出具授权委托书，由他出面与风雅颂公司接洽。恰逢刀某旦丈夫患癌在北京住院，其丈夫是某国企房开公司法定代表人，正在接受检察院调查。刀某旦禁不起元某清的软硬兼施，遂按照元某清的口述向元某清出具《授权委托书》称："元某清是不夜城商场项目股东之一，本人特委托元某清作为我的合法代理人，全权代表我处理由风雅颂公司名义投资不夜城商场项目工程建设结算、商场经营、工程及财务审计的相关事项。"该委托书关键字句是"元某清是不夜城商场项目股东之一"这句话，元某清认为，只要风雅颂公司认为是一份授权委托书，在该委托书上签字盖章，就等于认可了元某清的股东身份，元某清的目的即大功告成。

原告持该授权委托书与被告风雅颂公司洽谈时，该公司法定代表人果然签字予以认可。

2014 年 12 月，风雅颂公司对不夜城项目进行委托审计，过程和结果告知了刀某旦，未告知原告。

元某清以此为由，于 2015 年 7 月以风雅颂公司和刀某旦为被告诉至法院。

二、双方的主张

(一) 原告的诉讼请求

原告认为，原告对被告风雅颂公司开发建设的不夜城商场项目进行了实际投资，是挂在被告刀某旦名下的实际投资人，原告申请法院判定被告刀某旦履行与原告签订的合作投资补充协议书，依法享有原告实现投资不夜城商场项目的投资人身份和法律规定的各项收益。

诉讼请求，一请求法院依法确认原告在被告某市风雅颂公司不夜城商场项目中占有总投资 20.1267% 的股份，并享有出资人的知情权、分红权等各项权利；二判令被告刀某旦履行与原告签订的合作投资补充协议书。

开庭后，原告又增加诉讼请求：①对不夜城商厦项目已售出商铺的剩余利润按原告投资比例进行分配；②对未售出的部分以出租所得收益按原告投资比例给予兑现；③二被告支付占用原告应得利润期间的违约金；④请求分割未出售部分商铺，按原告投资比例分配。

（二）被告的答辩意见

就原告诉被告企业出资人权益确认纠纷一案答辩如下：

1. 风雅颂公司与原告不存在任何法律关系，原告要求确认其出资人权利没有任何法律和合同依据。

位于桥西区东门大街××号的"不夜城"商场，是风雅颂公司开发的房地产项目，在开发过程中，风雅颂公司与刀某旦签订合作合同，该合同的当事人仅有风雅颂公司和刀某旦双方。

《合同法》第 8 条规定："依法成立的合同，对当事人具有法律约束力。……"这就是合同的相对性原理，即合同仅在当事人之间具有法律效力。就本案而言。风雅颂公司通过合作协议与刀某旦存在合作关系，与原告不存在任何法律关系。因此，原告要求确认其出资人权利没有任何法律和合同依据。

2. 原告与刀某旦之间无论是借款关系还是合作关系，只能在原告和刀某旦之间产生法律效力，不能突破合同的相对性去约束其他人，当然也不能约束风雅颂公司。

按照《合同法》第 8 条规定，原告与刀某旦之间存在的协议只能约束该协议的当事人，可是原告企图延伸并扩大该协议的效力范围，直接约束风雅颂公司，并企图强行与风雅颂公司产生合同关系。

原告的意图和行为不仅威胁到合同的相对性，进而威胁到交易的安全，而且进一步侵犯到当事人的意思自治。意思自治与主体平等、诚实信用、公序良俗和不违反法律是《合同法》的基本原则，是《合同法》具有普适性的价值取向。如果任由原告与风雅颂公司强制缔约，将构成对《合同法》意思自治原则的颠覆。

3. 本案的案由并非企业出资人权益确认纠纷，应当驳回原告的起诉。

企业出资人权益确认纠纷属于《民事案件案由规定》第九部分"与公司、证券、票据等相关的民事纠纷"之下的第三级案由，其原意是出资人向企业出资产生权益纠纷。就本案而言，原告并未与刀某旦共同设立项目公司或者目标企业，因此并非企业出资人权益纠纷。风雅颂公司也未与刀某旦共同设立项目公司或者目标企业，因此刀某旦与风雅颂公司不存在企业出资人权益纠纷。就该项目而言，风雅颂公司是项目唯一的开发公司，而刀某旦并非风雅颂公司的出资人，原告对风雅颂公司更不存在任何法律关系，因此原告与风雅颂公司之间根本不存在投资关系。简言之，原告和被告没有一起设立企业，哪来的企业出资人权益确认纠纷。

4. 风雅颂公司是基于与刀某旦女士之间的信任关系合作开发"不夜城"项目，因此就"不夜城"项目开发和进展情况，风雅颂公司一直只通知刀某旦，没有通知原告。风雅颂公司与原告没有信任关系，因此与原告没有合作。不通知原告是风雅颂公司的权利。

风雅颂公司不知道刀某旦与原告的约定、约定的内容、法律关系的性质。也不知道刀某旦是否与他人还存在类似的约定、约定的内容以及法律关系的性质。风雅颂公司是基于与刀某旦女士之间的信任关系合作开发"不夜城"项目，至于刀某旦女士与存在信任关系的商业合作伙伴签订合作协议，那是刀某旦女士意思自治的范围。刀某旦女士信任的人并不等于风雅颂公司信任的人，风雅颂公司没有义务与刀某旦女士背后的影子投资人合作。反过来，如果哪一天风雅颂公司背后也冒出一群刀某旦女士素昧平生所谓投资者，刀某旦女士也不见得愿意与这些不认识的人合作。这是起码的商业习惯和投资常识。

综上所述，本案并非投资人对企业出资，因此并非企业出资人权益确认纠纷。本案原告只与刀某旦存在合作关系，如果他们之间因为利益分享和风险负担出现问题，只能依据他们之间的合作协议在他们之间解决，如果要确权也只能在他们之间确权，不能给合作协议之外的第三人设定义务。风雅颂公司与原告没有设立企业，也没有任何合作协议，因此原告将风雅颂公司作为第一被告起诉毫无道理。要求风雅颂公司确认其投资权利更是对《合同法》意思自治、合同相对性等基本原则的无视与挑战。因此，请求人民法院依法驳回原告的起诉或者驳回原告的诉讼请求。

（三）刀某旦撤销了对元某清的《授权委托书》

刀某旦认为，元某清的死缠烂打不仅扰乱了风雅颂公司的正常经营，而且危及了自己的利益。元某清以举报刀某旦丈夫为要挟，使刀某旦不堪其扰，于是刀某旦撤销了对元某清的《授权委托书》。内容如下：

本人于2014年9月5日向元某清出具授权委托书，委托元某清代表我办理"不夜城"项目工程建设结算、商场经营、工程及财务审计等相关事宜。由于委托书关于"元某清是不夜城商场项目股东之一"的表达不正确，并且元某清和我已经形成诉讼，在这种情况下，元某清依然作为我的全权代表处理相关事宜显然不适当。

鉴此，本人郑重声明，撤销2014年9月5日向元某清出具的授权委托书。同时郑重声明，元某清与我就不夜城项目订有合作协议，至于元某清与风雅颂公司是否签有合作协议我并不知情，元某清是否为不夜城商场项目股东之一，由法院根据事实和证据依法判决。

三、双方举证和质证

（一）原告举证与被告质证

原告提交证据如下：①刀某旦丈夫收到元某清投资款300万元的收据，证明原告已经将"不夜城"的投资款交给刀某旦丈夫；②风雅颂公司与刀某旦的合作投资协议，证明双方各占50%投资额；③原告与刀某旦的合作投资协议，证明原告通过刀某旦向"不夜城"投资300万元；④2014年9月5日向元某清出具授权委托书，证明风雅颂公司承认原告股东身份；⑤与风雅颂公司法定代表人洽商的证明；⑥要求风雅颂公司确认原告股东身份的律师函；⑦要求风雅颂公司确认原告股东身份的律师函。

风雅颂公司的质证意见是：对原告证据的真实性无异议，但是原告的证据只能证明其与刀某旦之间的投资关系，不能证明其与风雅颂公司之间有合作关系，也不能证明其为风雅颂公司或者不夜城项目的股东。因此上述证据不能达到证明目的。

（二）被告举证与原告质证

①风雅颂公司与刀某旦的合作投资协议，证明双方各占50%投资额，原

告非合作人，没有股份；②给刀某旦分红的凭证，证明原告以其 300 万元投资已经分走 600 万元；③原告与刀某旦的合作投资协议，证明原告与刀某旦 2012 年才签订合作协议，原告自称项目启动时就进行了原始投资是不符合事实的。

原告质证意见：承认被告证据真实性，但是不认可证明目的。"不夜城"项目运营很好，原告应得利润远远不是 600 万元能够涵盖。2012 年的协议是补签，双方事实上很早就开始合作了。

四、法庭辩论

原告坚持起诉状和质证意见，请求支持原告诉讼请求。

被告发表代理词如下：

尊敬的审判长、审判员：

通过两次开庭审理，本代理人在坚持答辩状和质证意见的前提下现发表如下代理意见：

（一）原告在诉讼程序上存在的问题。

1. 原告在 2015 年 9 月 15 日法庭正式开庭时提交的证据均系复印件，不具备证据的真实性，不能证明原告的事实主张。

根据《民事诉讼法》（2012 年）第 70 条第 1 款规定："书证应提交原件。物证应当提供原物。提交原件或原物确有困难的，可以提交复制品、照片、副本、节录本。"最高人民法院《关于适用〈中华人民共和国民事诉讼法〉的解释》第 111 条规定的提交书证原件确有困难的情况包括："（一）书件原件遗失、灭失或毁损的；（二）原件在对方当事人控制之下，经合法通知提交而拒不提交的；（三）原件在他人控制之下，而其有权不提交的；（四）原件以篇幅或体积巨大而不变提交的；（五）承担举证证明责任的当事人通过人民法院调查收集或其他方式无法获得书件原件的。"

原告提交的证据原件均在原告控制范围之内，即如原告所说锁在保险柜里，因此不存在举证困难的情况。原告在不具备最高人民法院《关于适用〈中华人民共和国民事诉讼法〉的解释》第 111 条规定的提交书证原件确有困难的情况下，没有提交证据原件，应当按照最高人民法院《关于适用〈中华人民共和国民事诉讼法〉的解释》第 90 条第 2 款规定承担责任。

2. 原告在 2015 年 10 月 8 日提交的证据已过举证期限，建议合议庭对该证据不予采纳。

此前原告举证并不是确有困难，原告逾期提交证据没有正当理由，也不存在逾期提交证据的客观原因。此外原告没有申请延长举证期限，因此建议合议庭对该证据不予采纳。

（二）原告在实体法律关系方面存在的问题。

原告的第一个诉讼请求是请求法院确认其在被告开发的"不夜城"商场项目中占有总投资 21.1267% 的股份，由于原告与"不夜城"商场项目的开发商风雅颂公司不存在任何法律关系，因此，原告的主张没有任何法律和合同依据

1. 原告在诉状中承认，"不夜城"商场项目的开发商是风雅颂公司，而风雅颂公司的投资人是根据出资人协议和公司章程向公司投资的股东。原告没有任何证据证明自己是风雅颂公司的股东，因此原告不能依据《公司法》获得项目的投资人身份和项目股额。

2. 原告在诉状中承认，原告和风雅颂公司之间就上述项目没有任何合作投资协议，原告也没有任何证据证明自己与风雅颂公司就上述项目有任何合作投资协议，只是与刀某旦存在合作投资协议。既然原告与风雅颂之间没有投资约定以及利益风险负担方面的约定，原告就无权向风雅颂公司主张在"不夜城"商场项目中占有总投资 21.1267% 的股份，这是合同相对性的基本规定。

3. 原告证明自己和刀某旦共同向不夜城项目投资的证据是两项书证，即 2007 年 2 月 6 日、2007 年 2 月 8 日的两张收条。然而 2007 年 2 月 6 日的收条是翟某革出具的，并且明确投资对象是"医药大厦"，与本案明显不具有关联性。2007 年 2 月 8 日收条则是翟某革和刀某旦出具的借款收条，不是项目投资。

因此，原告这两张收条不能证明自己与刀某旦共同投资"不夜城"商场项目。

4. 风雅颂公司与刀某旦于 2008 年 5 月 26 日签订《合作协议》，而原告与刀某旦之间的《合作投资补充协议书》签订于 2012 年 10 月 29 日，中间相隔 4 年零 5 个月。因此原告与刀某旦确立的投资关系远远落后于风雅颂公司与刀某旦之间确立投资关系的时间。很可能原告将此前的借款关系和其他项目的

投资关系转为在"不夜城"商场项目中的债权债务关系。

5. 退一步讲，如果原告和刀某旦存在投资关系，那么原告只能依据原告与刀某旦之间的投资协议，向刀某旦主张自己在投资收益中的份额。

6. 参考《公司法》《建筑法》等相关法律对类似情况的规定，原告也没有权利直接向风雅颂公司主张权利。

根据最高人民法院《关于适用〈中华人民共和国公司法〉若干问题的规定（三）》第 25 条规定，隐名股东要成为真正的股东，需要其他股东过半数同意，否则法院对其诉求不予支持。根据《建筑法》（2011 年）第 29 条规定，承包人将工程发包给分包单位，"必须经建设单位认可"。《公司法》《建筑法》的上述规定都是考虑合同双方的信任关系，维护交易的安全性。否则，交易的结果就会变得不可预测。就本案而言，风雅颂公司与刀某旦之间存在信任关系，因此双方签订合作协议。但是风雅颂与原告原本就不认识，没有信任关系，因此不会与原告合作投资项目。现在原告想通过诉讼和风雅颂公司强制缔约，风雅颂公司不同意原告的诉求，只能建议其向刀某旦主张权利。

（三）原告认为风雅颂公司签收刀某旦向原告出具的《授权委托书》，因此就认可了原告是"不夜城"项目的股东，认可了原告与风雅颂公司之间存在合作关系，这是一厢情愿，是完全错误的。

首先，原告向风雅颂公司递交《授权委托书》，并要求签收。风雅颂公司负责人签字表示收到此《授权委托书》，刀某旦看到回执后，就知道《授权委托书》已经送达风雅颂公司，就可以委托原告办理相关事宜。因此风雅颂公司负责人的签字只是签收行为，符合法律和商业习惯，不应恶意曲解。

其次，原告向风雅颂公司递交的是《授权委托书》，根据这个书面文件的名称，其内容非常明确，就是刀某旦对原告就"不夜城"项目的授权。风雅颂公司认可刀某旦的授权行为，除了授权行为以外的其他意图，只能通过书面协议明确双方的权利和义务关系。

（四）原告增加的四项诉讼请求没有法律和合同依据。

五、一审判决结果

本院认为风雅颂公司与刀某旦于 2008 年 5 月 26 日签订的合作协议以及元某清与刀某旦于 2012 年 10 月 29 日签订的合作投资补充协议仅能在风雅颂公

司与刀某旦之间、翟某革与刀某旦之间分别发生法律效力，并不能约束协议外的第三人。刀某旦给元某清出具的授权委托书虽称元某清是项目的股东之一，但仅是刀某旦的单方意思表示。风雅颂公司法定代表人虽在洽谈情况证明上签字，但仅是风雅颂公司对元某清持有刀某旦出具的授权委托书来洽谈工程结算、商场经营、财务审计事宜的认可，并不能以此证实风雅颂公司确认了元某清在风雅颂公司与刀某旦合作开发的不夜城项目中占有股份并享有出资人权益，元某清与凯博丰公司之间既没有共同开发项目的相关协议，也没有风雅颂公司之后同意元某清加入项目合作开发的认可，故对元某清要求确认其在风雅颂公司与刀某旦合作开发的不夜城商场项目中占有股份并享有出资人相关权利的诉讼请求不予支持。元某清的相应权利可另向刀某旦主张，根据合同相对性原理以及《合伙企业法》第 43 条规定、《民事诉讼法》第141、142 条规定，驳回元某清的诉讼请求。

六、二审审理过程和判决结果

元某清不服一审判决提起上诉。

二审中，元某清律师补充提交了两份新证据，即元某清和风雅颂公司法定代表人的电话录音，证明元某清和其关系很熟，早已在一起合作了。

风雅颂公司认为该证据就是元某清约风雅颂公司法定代表人吃饭，不能证明风雅颂公司法定代表人承认元某清是风雅颂公司股东或者"不夜城"项目的股东。

风雅颂公司在法庭辩论阶段发表如下代理意见：

尊敬的审判长、审判员：

根据开庭情况，现发表如下代理意见：

（一）"不夜城"商场项目的开发商是风雅颂公司，而风雅颂公司的投资人是根据出资人协议和公司章程向公司投资的股东。上诉人没有任何证据证明自己是风雅颂公司的股东。

（二）上诉人和风雅颂公司之间就上述项目没有任何合作投资协议，上诉人无权向风雅颂公司主张在"不夜城"商场项目中占有总投资 21.1267% 的股份，这是合同相对性的基本规定。

（三）上诉人证明自己和刀某旦共同向不夜城项目投资的证据是两项书

证，即 2007 年 2 月 6 日、2007 年 2 月 8 日的两张收条。然而 2007 年 2 月 6 日的收条是由翟某革出具，并且明确投资对象是"医药大厦"，与本案明显不具有关联性。2007 年 2 月 8 日收条则是翟某革和刀某旦出具的借款收条，不是项目投资。

因此，上诉人这两张收条不能证明自己与刀某旦共同投资"不夜城"商场项目。

（四）风雅颂公司与刀某旦于 2008 年 5 月 26 日签订《合作协议》，而上诉人与刀某旦之间的《合作投资补充协议书》签订于 2012 年 10 月 29 日，中间相隔 4 年零 5 个月。因此上诉人与刀某旦确立的投资关系远远落后于风雅颂公司与刀某旦之间确立投资关系的时间。显然是上诉人将此前的借款关系和其他项目的投资关系转为在"不夜城"商场项目中的债权债务关系。

（五）如果上诉人和刀某旦存在投资关系，那么上诉人只能依据与刀某旦之间的投资协议，向刀某旦主张自己在投资收益中的份额。

（六）参考《公司法》《建筑法》等相关法律对类似情况的规定，上诉人也没有权利直接向风雅颂公司主张权利。

根据最高人民法院《关于适用〈中华人民共和国公司法〉若干问题的规定（三）》第 25 条规定，隐名股东要成为真正的股东，需要其他股东过半数同意，否则法院对其诉求不予支持。根据《建筑法》（2011 年）第 29 条规定，承包人将工程发包给分包单位，"必须经建设单位认可"。《公司法》《建筑法》的上述规定都是考虑合同双方的信任关系，维护交易的安全性。否则，交易的结果就会变得不可预测。就本案而言，风雅颂公司与刀某旦之间存在信任关系，因此双方签订合作协议。但是风雅颂公司与上诉人原本就不认识，没有信任关系，因此不会与上诉人合作投资项目。现在上诉人想通过诉讼和风雅颂公司强制缔约，风雅颂公司不同意上诉人的诉求，只能建议其向刀某旦主张权利。

（七）上诉人认为风雅颂公司签收刀某旦向上诉人出具的《授权委托书》，因此就认可了上诉人是"不夜城"项目的股东，认可了上诉人与风雅颂公司之间存在合作关系，这是一厢情愿，是完全错误的。

首先，上诉人向风雅颂公司递交《授权委托书》，并要求签收。风雅颂公司负责人签字表示收到此《授权委托书》，刀某旦看到回执后，就知道《授权委托书》已经送达风雅颂公司，就可以委托上诉人办理相关事宜。因此风雅颂公司负责人的签字只是签收行为，符合法律和商业习惯，不应恶意曲解。

其次，上诉人向风雅颂公司递交的是《授权委托书》，根据这个书面文件的名称，其内容非常明确，就是刀某旦对上诉人就"不夜城"项目的授权。风雅颂公司认可刀某旦的授权行为，除了授权行为以外的其他意图，只能通过书面协议明确双方的权利和义务关系。

（八）关于上诉人的录音证据。上诉人提供两份录音证据，内容与上诉人要证明的目的无关，不能证明上诉人主张的事实。

（九）本案事实清楚、适用法律正确，请求法院驳回上诉人的上诉。

《民事诉讼法》（2012 年）第 170 条第 1 款规定："第二审人民法院对上诉案件，经过审理，按照下列情形，分别处理：（一）原判决、裁定认定事实清楚，适用法律正确的，以判决、裁定方式驳回上诉，维持原判决、裁定；（二）原判决、裁定认定事实错误或者适用法律错误的，以判决、裁定方式依法改判、撤销或者变更；（三）原判决认定基本事实不清的，裁定撤销原判决，发回原审人民法院重审，或者查清事实后改判；（四）原判决遗漏当事人或者违法缺席判决等严重违反法定程序的，裁定撤销原判决，发回原审人民法院重审。"

本案既不是基本事实不清，也没有遗漏当事人、违法缺席判决，因此不属于第（三）（四）项处理情形，不应当发回重审或改判。

综上所述，上诉人既非风雅颂公司股东，又与风雅颂公司没有合同关系，其以企业出资人权益确认为由起诉风雅颂公司没有任何法律依据，请求人民法院依法驳回上诉。

二审法院经过研究，维持了一审判决。

第七章

物业服务纠纷案例

第一节　鱼水情物业服务有限公司诉程某力拖欠物业费纠纷案例

——物业服务中的同时履行抗辩权问题

一、案情简介

某县有一座天然湖泊，坐落在森林和草地的环绕中。在房地产的开发大潮中，这块风水宝地很快被开发商看上，于是某开发商将该湖命名为天鹅湖。然后在天鹅湖周围开发了一个项目，叫作天鹅湖小镇。小镇依山傍水，配套设施包括高尔夫球场、足球场、商业街、游泳池、健身中心、小学、幼儿园等，俨然成了富人区。

某公司董事长程某力一时心动，在这里购买了一栋别墅。别墅前边有一块赠送的草地。推开别墅后窗就是天鹅湖流过来的湖水，别墅也有后门，拾级而下，就可以来到小溪旁边，甚至可以登船出游。真的有些江南风味。程某力购买房子之后，对未来的田园牧歌生活充满憧憬。

但是，程某力住进别墅一段时间后才发现，小区很多图纸上的配套设施没有建起来，更严重的是别墅后边的溪水断流了，后来成了臭水沟。

由于是高档别墅，所以物业费特别贵。程某力觉得小区没有销售时宣传得那么好，所以开始与物业公司和房开公司交涉。交涉无果后便不再缴纳物业费。

物业公司在多次催收无果的情况下，一纸诉状将程某力起诉到了某县人民法院。

二、管辖权之争

被告非某县居民，认为房开公司与地方政府、法院存在千丝万缕的联系，若在别墅所在地诉讼，败诉的概率较大。况且原告地址与别墅所在地不一致，不再某县，而是在某市某区。目前受诉法院既不是被告住所地，也不是合同履行地，因此无权管辖此案。

管辖权异议申请

申请人：程某力：男，汉，1968 年 11 月 9 日生，身份证号：510102×××
×4321，户籍地，河北省某市桥西区美华小区××号楼 4 单元 501 号，电话：
135××××2345

被申请人（一审原告）：某市鱼水情物业服务有限公司，住所地：某市高新区纬三路福耀园××号楼 12 层 1201，法定代表人：常某鹏。联系电话：186
××××2233

申请事项：裁定本案由有管辖权的某市桥西区人民法院或者某市上古区人民法院管辖或者其他有管辖权的法院审理此案。

事实和理由：

一审原告某市鱼水情物业服务有限公司在某某县人民法院起诉我拖欠物业费，我认为某某县人民法院没有管辖权。理由如下：

（一）某某县既非被告住所地，也非合同履行地。因此某某县人民法院没有管辖权。

1. 我的户口所在地在某市桥西区，我的经常居住地也在桥西区。我购买的天鹅湖房产一直没有装修，不具备居住条件。所以某某县既非我的住所地，也不是我的经常居住地。

2.《民事诉讼法》（2017 年）第 23 条规定："因合同纠纷提起的诉讼，由被告住所地或者合同履行地人民法院管辖。"最高人民法院《关于适用〈中华人民共和国民事诉讼法〉的解释》（2015 年）第 18 条规定，合同约定履行地点的，以约定的履行地点为合同的履行地。合同没有约定履行地点的，争议标的物为给付货币的，接受货币一方所在地为合同履行地。《合同法》第 62 条第 3 项规定："履行地点不明确，给付货币的，在接受货币一方所在地履行；交付不动产的，在不动产所在地履行；其他标的，在履行义务一方所在地履行。"

一审原告被告没有约定合同履行地，属于履行地约定不明的情形。

一审原告起诉我拖欠物业费，我认为这是要求给付货币，而要求给付货币的一审原告所在地是某市高新区纬三路世纪豪园，不是怀安县。因此某市高新区纬三路世纪豪园××号楼 12 层 1201 才是本案的合同履行地。

如果属于其他标的，应在履行义务一方所在地履行，即在桥西区履行，由桥西区人民法院审理。

所以某某县既不是我的住所地、经常居住地，也不是合同履行地，某某县人民法院没有管辖权。

（二）某市桥西区人民法院或者上古区人民法院对本案具有管辖权。

无论对我个人起诉，还是按照物业服务合同纠纷起诉，抑或按照其他情形起诉，在这三种情况下我的住所地桥西区人民法院都有管辖权。

从合同履行地角度，本案原告主张被告向其履行货币支付义务，因此原告是接受货币一方。原告住所地在某市上古区××号楼 12 层 1201，作为接受货币一方所在地，一审原告也可以其为合同履行地在某市上古区法院提起诉讼。

综上所述，某某县既非被告住所地，也非合同履行地，某某县人民法院没有管辖权。希望二审人民法院撤销一审裁定书，将案件交给有管辖权的人民法院管辖。

此致
某市中级人民法院

申请人：程某力

某县人民法院认为，物业公司在天鹅湖别墅区履行合同义务，因此别墅区所在的某县人民法院具有管辖权。由此驳回被告的管辖权异议申请。

三、双方观点以及理由

（一）原告诉讼请求

由于被告拖欠物业费，原告请求判令被告支付物业费 23 000 元，诉讼费由被告承担。

（二）被告答辩观点

答 辩 状

就原告某市鱼水情物业服务有限公司诉我拖欠物业费一案，特做如下答辩：

（一）天鹅湖小镇别墅区的配套建筑、设施、设备、功能不齐全，原告收取高额物业费，违反了《物业管理条例》费用与服务水平相适应的原则。

天鹅湖小镇别墅的卖点主要是天鹅湖及其流经别墅之间的水系，此外天鹅湖边的森林、绿地、高尔夫球场、商业步行街也深深打动了被告。如果能在这样湖光山色中拥有一套别墅，工作之余在这里度假休闲，无疑是非常惬意的事情。所以被告于 2009 年 9 月 8 日与房开公司签订购房合同，房开公司承诺 2011 年 7 月 31 日前交房。

然而被告拿到房子后，天鹅湖小镇的景象与天鹅湖小镇规划却大相径庭，例如，天鹅湖小镇规划中，被告房后就是项目规划的水系，来自天鹅湖的湖水从屋后蜿蜒流过。可是现实中，预留的河道根本没有水，里边垃圾遍地，杂草丛生，夏天苍蝇蚊子成群结队，令人大失所望。规划中被告房屋和步行街只有一墙之隔。可是现实中，小镇的步行街根本没有建设。

这种情形下，天鹅湖小镇的环境已经不再是风光旖旎的别墅，它和普通住宅相似，甚至还不如普通住宅。天鹅湖小镇没有了步行街的安全、保洁、维修等服务，没有了水系的保养、河道的清淤、两岸绿化、水族喂养等物业服务，物业费就应该降价收取。可是原告无视小区现实环境与规划环境的差别，没有提供那么多项目的服务，却按照一个完整的高档别墅标准收取物业费，即 2 元/平方米的价格收取物业费，违反了诚实信用的原则。

《物业管理条例》第 40 条规定："物业服务收费应当遵循合理、公开以及费用与服务水平相适应的原则，……"原告收取的费用远远超出了其提供的服务水平。

（二）原告提供物业服务的质量较差，却按照高档别墅区的标准向被告收费违反公平原则。

天鹅湖小镇路边堆有垃圾，有些绿化带没有修剪，围墙上和墙角长出很多荒草，有些树因为没人管理已经枯死，原告既没有将 2 元/平方米的收费依据明码标价，也没有定期公布物业费的收支情况等。在这些情况下，原告就不能按照原来规划的规模、用途、功能收费。

（三）天鹅湖小镇没有竣工验收就交付使用，违反了《建筑法》规定。作为一家有经验的物业公司，原告此举存在重大过错。

《建筑法》（2011年）第61条第2款规定："建筑工程竣工验收合格后，方可交付使用；未经验收或者验收不合格的，不得交付使用。"原告在建筑工程没有竣工验收的情况下违法接收物业的行为，存在重大过错，应当酌情减收物业费。

综上所述，请求一审法院查明事实，依法驳回原告诉讼请求。

四、开庭过程

（一）原告物业公司举证以及被告质证

原告提交证据如下：①物业公司营业执照，证明主体适格；②双方的物业服务合同，证明双方存在合同关系；③业主入住交接清单。

被告的质证意见是：对第一组证据无异议；对第二项证据的证明内容不认可，因为原告收费标准与服务质量不匹配；对第三项证据无异议。

（二）被告举证和原告质证

被告提交如下证据：①房开公司销售天鹅湖别墅的宣传册、售楼大厅陈列的天鹅湖全景沙盘，证明被告买房时，房开公司承诺别墅周围亭台水榭、碧水环绕，还有游泳馆、步行街等诸多配套；②一系列照片，证明物业公司服务相当差，不及普通住宅小区；③此前的物业费缴费收据，证明以前一直缴纳物业费，但是由于物业公司服务太差，所以才停止缴费。

物业公司的质证意见认为：房开公司的销售承诺与物业公司无关，被告可以另案起诉，被告仍然有义务缴纳物业费；照片不具备真实性、关联性，与物业公司无关；对第三项证据无异议。

（三）法庭辩论（略）

五、一审判决结果

支持原告诉讼请求，理由是原告履行了物业合同约定的服务内容，被告具有对待给付的义务。

六、二审判决结果

一审判决后，被告不服，向中级人民法院提起上诉。

上诉状

上诉人：程某力：男，汉，1968 年 11 月 9 日生，身份证号：510102×××
×6612，户籍地，河北省某市桥西区缙骅苑小区××号楼 4 单元 501 号，电话：
135××××7592

被上诉人（一审原告）：某市鱼水情物业服务有限公司，住所地：某市高
新区纬三路世纪豪园××号楼 12 层 1201，法定代表人：茹某鹏。联系电话：
186××××3648

上诉请求：撤销某某县人民法院［2018］冀 0728 民初 499 号判决书，发
回重审或者依法改判

事实和理由：

（一）一审判决混淆合同签订和合同履行的概念，认为《物业服务合同》
合同约定了收费标准，业主就应当按照约定的标准全额交纳，完全忽视了物
业公司履行合同的情况，导致一审判决显失公平。

一审判决书认为被上诉人与原开发商签订的物业服务合同对业主具有约
束力，而一审判决明确约定收费标准为别墅 2 元/月，公共用水用电业主均
摊，所以上诉人就应当按照这个标准全额缴纳，完全无视物业公司对合同履
行的程度、数量、质量等问题。对合同签订和合同履行不做区分，将签订当
作履行，有失专业水准。

（二）一审判决故意遗漏上诉人的答辩观点和所举证据，更不对上述答辩
观点和证据进行评判，导致判决完全失去司法裁判职能，结果当然没有公平
可言。

一审上诉人《答辩状》的主要答辩观点是：第一，天鹅湖小镇别墅区的
配套建筑、设施、设备、功能不齐全，原告收取高额物业费，违反了《物业
管理条例》费用与服务水平相适应的原则；第二，原告提供物业服务的质量
较差，却按照高档别墅区的标准向被告收费违反公平原则；第三，天鹅湖小
镇没有竣工验收就交付使用，违反了《建筑法》规定。作为一家有经验的物
业公司，原告此举存在重大过错。

可是一审判决书根本没有引用或列举上诉人一审中的答辩观点，作为法
官，根本无视一方当事人的答辩观点怎么能作出公正判决。

一审上诉人通过图片提供了天鹅湖小镇的园区概况、整体规划与现实情

况的巨大反差；提供了物业合同和业主手册中被上诉人承诺的服务标准；提供了 24 张照片证明被上诉人物业服务质量不合格。可是一审判决书中对这些证据不置一词。作为法官，审理案件完全忽略当事人的证据，怎么能作出公正判决。

（三）被上诉人没有提供已经全面适当履行《物业服务合同》的证据，没有提供公用水电费实际消耗的数据、依据、与业主关联性等证据，一审判决却全额支持其诉讼请求，联系一审判决对上诉人答辩观点和证据的无视，这是对被上诉人赤裸裸的偏袒。

"谁主张，谁举证"，被上诉人只有合同约定收费标准的证据，没有提供其按照合同约定完全履行了合同的证据。一审法院不应只根据合同就作出判决，应当认识到权利和义务一致性，按照合同履行的程度支付物业服务费用。

（四）本案的焦点问题是被上诉人是否提供了与收费标准相适应的物业服务，希望二审法院对此问题查清事实，公正判决。

天鹅湖别墅的卖点是湖光山色的优美环境，别墅的价格和物业服务的价格均建立在这个优美环境的基础上，否则还不如普通居民区。本案天鹅湖小镇没有销售时承诺的环绕别墅的水系，没有步行街、活动中心，取而代之的是臭水沟、空地和烂尾楼等。这种环境下还按照理论上的美好蓝图收费对广大业主完全失去了公平性。希望二审法院重点考虑这个收费标准与服务水平的矛盾问题。

（五）最高人民法院 2018 年 6 月发布《关于加强和规范裁判文书释法说理的指导意见》，上诉人希望人民法院给出一份说理的判决书，这个要求一点都不过分。

此致
某市中级人民法院

上诉人：程某力
2018 年 11 月 12 日

二审开庭时，被上诉人的答辩观点与一审一致。

二审法院经过审理，认为一审事实清楚，适用法律正确，因此维持了一审判决。

七、对本案的评析

（一）本案的管辖权问题

本案审理案件法院既非被告住所地，也非原告住所地，那只能由合同履行地法院管辖。

原告履行地为别墅所在地，被告履行地为原告住所地，也就是说这两个地方都有管辖权。

本案是原告主张被告支付货币，在合同履行地约定不明的情况下，依据《合同法》相关规定，当然应由接受货币的一方即原告住所地或者被告住所地管辖。而这两个地点均非本案受理案件法院的所在地。

（二）物业费收费标准

通过类案搜索，发现物业公司追索物业费的案件中，大部分都是物业公司胜诉。通过判决书内容可见，绝大多数法院的裁判思路是，只要物业公司提供了基本的服务，业主就应当缴纳物业费。笔者认为这种观点值得商榷。

无论是国家、省、市的《物业管理条例》，以及相应的收费标准，都强调物业服务收费应当遵循合理、公平、公开以及收费项目、收费标准与服务内容、服务质量相适应原则。因此，业主有权根据物业公司服务的数量和质量与物业公司协商物业费的收费和缴费标准、方式。不考虑物业公司的服务质量，片面强调业主的缴费义务是有违公平原则的。

（三）业主签订物业服务协议时的注意事项

如果是前期物业，那么双方一般签订的是格式合同。业主应当仔细阅读，对显失公平的条款主张签订补充协议。

补充协议应当将服务量化、标准化、可计量化以及货币化。例如，保安数量、保安身体素质、每天巡逻次数、服务态度等。不符合标准就要求物业公司整改。物业公司不整改，业主就要召开业主大会，成立自己的业委会，更换物业公司。

如果不是前期物业，需要利用好买方市场的地位，维护广大业主的利益。可以通过招标、比选、竞争性磋商等方式选择物业公司，要和物业公司约定服务的等级，明确各个等级的相应标准。标准上墙，由物业公司对照服务。

第二节　小区业主与开发商、物业公司关于
会所的所有权纠纷案例
——如何避免小区内的"公地悲剧"

一、案情简介

2011年，伟业房开公司开发建设某市八达小区，其中2号楼包括会所1300平方米。2009年4月，伟业房开公司将前期物业交给小犬物业公司，移交的资料明确说明二层500平方米作为物业用房，但是没有说明会所的归属。自会所建成后，伟业房开公司一直占用该会所作为餐厅、茶室和歌厅。房开公司董事长、总经理在会所宴请亲朋好友，酒足饭饱后经常在茶室打牌、搓麻将或者在歌厅引吭高歌。

2013年3月，八达小区成立业委会，业委会向伟业房开公司和小犬物业公司主张所有权，但均被伟业房开公司拒绝。2007年第二届业主委员会选举产生后，业主委员会继续向伟业房开公司和小犬物业公司主张所有权，伟业房开公司不予理睬，小犬物业公司认为这是业主与房开公司的事，物业爱莫能助。

2018年，业主委员会向某市红河区人民法院提起诉讼。

二、建筑物区分所有权的基础知识

《民法典》物权编第六章规定，居民小区的建筑物分为专有部分和共有部分，业主对专有部分享有所有权，对共有部分享有共有权和共同管理权。

（一）专有部分的范围

最高人民法院《关于审理建筑物区分所有权纠纷案件适用法律若干问题的解释》第2条对专有部分作了具体规定，即构造独立、利用独立、能够登记产权的部分属于专有部分。

建筑区划内，规划用于停放汽车的车位、车库的归属，由当事人通过出售、附赠或者出租等方式约定。

专有部分面积可以按照不动产登记簿记载的面积计算；尚未进行物权登记的，暂按测绘机构的实测面积计算；尚未进行实测的，暂按房屋买卖合同

记载的面积计算。

业主人数可以按照专有部分的数量计算，一个专有部分按一人计算。但建设单位尚未出售和虽已出售但尚未交付的部分，以及同一买受人拥有一个以上专有部分的，按一人计算。

（二）共有部分的范围

一般而言小区内，除非有市政配套部分，否则除了专有部分就是共有部分。《民法典》274条规定，除了城镇公共所有或者已为个人登记所有，小区规划内的道路、绿地属于业主共有。建筑区划内的其他公共场所、公用设施和物业无服务用房，属于业主共有。

最高人民法院《关于审理建筑物区分所有权纠纷案件适用法律若干问题的解释》第3条对共有部分作了具体规定，即"（一）建筑物的基础、承重结构、外墙、屋顶等基本结构部分，通道、楼梯、大堂等公共通行部分，消防、公共照明等附属设施、设备，避难层、设备层或者设备间等结构部分；（二）其他不属于业主专有部分，也不属于市政公用部分或者其他权利人所有的场所及设施等。建筑区划内的土地，依法由业主共同享有建设用地使用权，但属于业主专有的整栋建筑物的规划占地或者城镇公共道路、绿地占地除外"。占用业主共有的道路或者其他场地用于停放汽车的车位，属于业主共有。

三、双方的观点

原告业主委员会主张：①确认小区业主对会所拥有所有权；②伟业房开公司自验收合格后交付之日起赔偿占用会所的租金；③小犬物业公司利用楼顶、建筑物外墙、电梯间等经营获得的广告收益应当返还给原告。

被告伟业房开公司答辩：请求驳回原告业委会的诉请。既然原告诉状中写到本案诉争的会所是伟业房开公司投资建造，而原告并没有提供其对主张的物业有法律上的所有权或者支配权的依据，因此原告的诉请没有事实和法律的依据。原告增加的确认所有权的诉请是一个独立的诉，应该先审确认所有权的诉，然后才能审赔偿损失之类的诉。此外，业委会对开发商占用会所一致知情，但是并没有提出异议，因此构成对伟业房开公司对会所之所有权的默认。

被告小犬物业公司答辩：小犬物业公司仅提供保洁、安全等服务，对于伟业房开公司与业主的产权纠纷无权置喙，所以请求法院驳回原告的起诉。

小区业主拖欠物业费 213 万元，因此，小犬物业公司有权以小区公共部位的经营收益来抵顶物业费。

四、双方争论的焦点问题以及法律分析

（一）确权之诉与赔偿之诉能否合并

一审法院将业委会的两项诉讼请求一并审理，有利于双方争议的解决，亦不存在程序违法问题。故伟业房开公司提出答辩意见，缺乏依据，法院不予采纳。

（二）会所的所有权归属

根据建设工程规划许可证、物业移交接管协议备案证明存根、伟业房开公司与小犬物业公司签订的物业移交验收接管协议等书面证据所载明的内容来看，伟业房开公司在移交物业时，是将会所与物业用房一并作为配套用房移交给物业公司，而且写明产权归全体业主所有。业委会在本案中提供了上述证据，对其主张已经尽到初步举证义务。而伟业房开公司辩称会所系其公司所有，作为小区的开发商，伟业房开公司应当进一步提供充分证据予以证明。房开公司虽然提供了土地分割证、会所成本核算等证据，但根据一审法院向市国土资源局调查了解的情况，以及市物价局对小区商品房价格核定的相关材料，伟业房开公司所举证据并不足以证明会所系其公司所有。根据《物权法》第 70 条规定，业主对建筑物内的住宅、经营性用房等专有部分享有所有权，对专有部分以外的共有部分享有共有和共同管理的权利；该法第 73 条规定，建筑区划内的其他公共场所、公用设施和物业服务用房，属于业主共有。最高人民法院《关于审理建筑物区分所有权纠纷案件具体应用法律若干问题的解释》第 3 条规定，除法律、行政法规规定的共有部分外，建筑区划内的以下部分，也应当认定为《物权法》第六章所称的共有部分。

依据《物权法》及司法解释的规定，针对双方当事人的举证情况，应认定案涉会所属全体业主所有。

（三）伟业房开公司应否参照同地段租金水平赔偿业主损失

由于小区会所所有权属于全体业主，伟业房开公司自移交物业开始就一直占用会所，使小区业主应得利益受到损失，因此伟业房开公司应参照同地段租金水平赔偿业主损失。就伟业房开公司辩称其占用会所业主一直没有异议，因而视为默认，这个说法没有法律依据。根据《民法典》规定，默认的

前提条件必须有法律明文规定，否则不能适用。

（四）物业公司是否有权以小区公共部位的经营收益来抵顶物业费

物业费属于小区业主个人拖欠，而小区公共部位的经营收益属于全体业主，而且应当纳入公共维修基金，两者属于不同性质的债权，不能够抵顶。

五、判决结果

①由于建筑规划中小区会所属于不能对外销售的配套用房，会所建造成本已经分摊到商品房当中，移交协议及经确认会所属于业主共同所有，判决确认小区业主对会所拥有所有权；②伟业房开公司自验收合格后交付之日起赔偿占用会所的租金，租金标准以评估公司的评估结论为依据；③物业公司利用楼顶、建筑物外墙、电梯间等经营获得的广告收益应当返还给原告。但是考虑到物业公司在获取该收益的过程中付出了劳动，根据《河北省物业管理条例》相关规定，判决该收益的70%纳入小区公共维修基金，30%归物业公司所有。④物业公司无权以小区公共部位的经营收益来抵顶物业费。

六、与本案的相关问题的探讨

（一）业委会主体资格问题

业委会属于《民事诉讼法》第48条、第52条规定的"其他组织"。可以由主要负责人参加诉讼。

《民法典》第286条规定了业委会的物上请求权。

《物业管理条例》第15条规定了业主的职责。

因此，业主委员会属于民事诉讼中的适格主体。

（二）小区经营性用房等争议部分的归属问题

根据《商品住宅价格管理暂行办法》，商品房的价格成本包括住宅小区基础设施建设费和小区非经营性配套公共建筑的建设费。《城市新建住宅小区管理办法》《城市异产毗连房屋管理规定》《关于对新建居民住宅供电设施收费及管理的意见》也有相似规定。

也就是说，对于小区经营性用房，应当分为两种情况：一种是开发商独立投资，该成本未摊入房价的部分，这部分由开发商拥有所有权；另一种是成本摊入房价的部分，这部分由全体业主享有所有权。

（三）小区建设用地的归属问题

《民法典》第274条规定，建筑区划内的其他公共场所、公用设施和物业无服务用房，属于业主共有。最高人民法院《关于审理建筑物区分所有权纠纷案件具体应用法律若干问题的解释》第3条规定，建筑区划内的土地，依法由业主共同享有建设用地使用权，但是属于业主专有的整栋建筑物的规划占地或者城镇公共道路、绿地占地除外。也即是说建筑区划内的土地减去整栋建筑物的规划占地或者城镇公共道路、绿地占地，小区其他土地使用权均属于业主共同财产。

（四）沉默作为意思推定的前提条件

《民法典》第140条第2款规定："沉默只有在有法律规定、当事人约定或者符合当事人之间的交易习惯时，才可以视为意思表示。"

因此，本案业主对开发商占用会所经营的行为虽然很长时间没有提出异议，但是并不代表业主默认并同意开发商占用会所。开发商应当向业主交付会所并移交70%的经营所得。

第八章

房地产行政诉讼案例

——由于两个字表达不准确引发了标的数千万元的重大诉讼

一、案情简介

保障房的探索工作开始于 1998 年，2003 年国务院发布的《关于促进房地产市场持续健康发展的通知》要求各级政府"以财政预算资金为主、多渠道筹措资金"。2008 年国务院发布《关于促进房地产市场健康发展的若干意见》，2011 年国务院办公厅发布《关于保障性安居工程建设和管理的指导意见》明确了保障房建设中土地、财税和信贷支持政策，住房保障资金纳入各级政府财政预算安排，中央财政对保障房给予补助。

2013 年 12 月 20 日，大京房开公司与某市国土资源局签订《国有建设用地使用权出让合同》，出让宗地 63 952 平方米，每平方米 3000 元。建筑面积 127 000 平方米，容积率不高于 2。第 15 条约定，根据《关于核定西苑南路出让地块配建保障性住房有关要求的函》，该项目 A03 地块配建保障性住房总套数 198 套，其中廉租房 99 套，公租房 99 套，套型面积 50 平方米。第 14 条约定，廉租房建成后无偿移交区政府，公租房由政府回购。

2016 年 12 月 1 日，该市经济开发区管委会召开专题会议，鉴于公租房已经饱和，决定该项目 A03 地块公租房"不予回购"（事后反思，不予回购其实就是不必建设的意思，但是由于表达错误，两个字的歧义引发了标的数千万元的重大诉讼）。

2017 年，该项目竣工验收合格，交付入住。

2020 年 7 月 14 日开始，省市开始核查已竣工项目公租房的配建情况。

2020 年 12 月 17 日，某区住建局向大京房开公司送达《强制配建保障性住房催缴通知书》，要求 7 日内回复，否则下达《行政决定书》，并依法向人民法院申请强制执行。

2020 年 12 月 17 日，大京房开公司就《强制配建保障性住房催缴通知书》向某区住建局提交《复函》，阐明廉租房已经建成移交，由于区政府决议不再回购公租房，因此该项目未建公租房。

2021 年 1 月 25 日，某区住建局向大京房开公司下达《交付强制配建保障房行政决定书》，要求大京房开公司在 15 日内将应交付的公租房交割完毕。若没有配建，须交付同等面积自建商品房或者购买同地段同等面积房屋无偿交付。"你单位如不服本决定，可在收到本决定之日起 60 日内向区政府申请行政复议，也可以在收到本决定之日起 6 个月内向某区人民法院提起行政诉讼。""本决定一经送达即发生法律效力，复议、诉讼期间本决定不停止执行，如在法定期限内既不申请复议也不提起行政诉讼，本行政机关将向人民法院申请强制执行。"

2021 年 1 月 28 日，大京房开公司向某区政府提起行政复议。

2021 年 2 月 5 日，某区政府向大京房开公司下达《行政复议受理通知书》。2021 年 3 月 25 日，某区政府向大京房开公司下达《延期审理通知书》。

2021 年 4 月 26 日，某区政府向大京房开公司下达《行政复议决定书》，该复议决定书认为 2021 年 1 月 25 日区住建局作出的交付强制配建保障性住房行政决定书系被申请人，根据双方签订的《集美小镇项目配建保障房协议》要求，申请人履行协议的行为不属于独立的具体行政行为，根据《行政复议法》第 2 条的规定，行政复议针对的是具体行政行为，这一规定将当事人经协商自愿签订的协议所产生的争议排除在行政复议范围之外。结合 2017 年 9 月 13 日国务院法制办公室作出的《对交通运输部关于政府特许经营协议等引起的行政协议争议是否属于行政复议受理范围的函》的复函规定的精神，行政协议争议不属于《行政复议法》第 6 条规定的行政复议受理范围。综上，根据《行政复议法实施条例》第 48 条第 2 款规定，本机关决定驳回大京房开公司的行政复议申请，如不服本决定，可在收到本复议决定书之日起 15 日内向有管辖权的人民法院起诉。

由于行政复议并未对实体性问题作出处理，所以大京房开公司决定向该市经济开发区人民法院提起诉讼，要求撤销《交付强制配建保障房行政决定书》。

二、行政复议阶段《行政决定书》的责令履行行为是否具体行政行为的探讨

（一）区住建局《行政决定书》要求履行的内容（见案情简介）

（二）大京房开公司申请行政复议的理由

1. 我公司就该地块应配建廉租房部分已经建成并交付完毕。

按照某市高新区保障性住房管理中心《关于核定西苑南路西侧出让地块配建保障性住房有关要求的函》和 2013 年 12 月 20 日《国有建设用地使用权出让合同》第 15 条约定，集美小镇一二期项目应配建保障性住房 198 套，其中廉租房 99 套，公租房 99 套。

关于该地块应配建的廉租房部分，我公司已经建成并交付完毕，也即贵局所言 10 374.93 平方米中的廉租房部分已经按照合同履约完毕。

2. 按照某市经开区管委会 2016 年 2 月 1 日专题会议纪要，首期应配套的公租房部分政府不予回购，也即贵局所言 10 374.93 平方米中的廉租房部分不必再建。

某市经开区管委会 2016 年 2 月 1 日专题会议纪要决定："考虑到我区公租房现已饱和，对铠甲屯棚改项目 A-03 地块按 5% 比例配建的公租房不予回购。"我公司认为，既然政府对该部分公租房不予回购，则该部分公租房就没有建设的必要。理由如下：

（1）该纪要的上述内容是对 2013 年 12 月 20 日《国有建设用地使用权出让合同》第 15 条约定的变更，双方同意的变更对双方具有法律约束力，双方应本着诚信原则履行向对方的承诺。

（2）某市经开区管委会 2016 年 2 月 1 日专题会议纪要已经明确，经开区的公租房已经饱和。所谓饱和，就是不再需要提供供给之意。

（3）2013 年 12 月 20 日《国有建设用地使用权出让合同》第 15 条约定的公租房是按照政府的要求量身定做的特定物，政府不予回购，该部分房屋无法向社会销售。因此，定做人不予收购时，关于该定作物的定做约定也随之解除。

所谓回购，不是单方义务，而是以双方认可的公允价格购买货物或者服务的一种交易。既然是双向有偿的交易，那么当一方声明不再需要该货物或者服务时，另一方当然不必提供。

3. 集美小镇项目配建了高新区小学、社区用房和回迁房，这些建筑物不属于商业开发，而是公益性质。在确定应配套的保障性住房面积时，应当考虑上述无偿捐助的部分，从应配套的保障性住房面积中予以扣减。

4. 集美小镇项目所属全部建筑物的建设均已进入尾声，进度最慢的也已经完成主体和二次结构，因此已经不具备再建设公租房的条件。

5. 2017 年以来，某市房地产市场相对低迷，房价持续下行，房开企业举步维艰，艰难度日。希望贵局按照 2016 年 2 月 1 日专题会议纪要精神，不再将首期公租房计入应配套建设的保障房面积。

总之，我公司就集美小镇项目签订《国有建设用地使用权出让合同》后，不仅履行了约定的合同义务，而且额外建设了高新区第三小学、幼儿园等公益类建筑项目，兑现了合同承诺，尽到了力所能及的企业社会责任，不存在承建而未建的保障房项目。

(三)《行政复议决定书》认为区住建局作出的交付强制配建保障性住房行政决定书不属于具体行政行为（见案情简介）

(四) 大京房开公司认为某区住建局作出的交付强制配建保障性住房行政决定书属于具体行政行为的理由

1.《国有建设用地使用权出让合同》既是行政协议，也是行政行为。

最高人民法院发布的第 15 批指导性案例中第 76 号案例"萍乡市亚鹏房地产开发公司诉萍乡市国土资源局不履行行政协议案"认为，土地使用权出让协议属于行政协议。

首先，最高人民法院在 2004 年 1 月关于规范行政案件案由的通知中将行政合同列为行政行为之一，由此决定了土地使用权出让合同属于行政诉讼受案范围。其次，作为出让方的主体是具备行政权的机关，其与土地使用者之间的权利义务关系具有不对等的特性。最后，出让合同的目的是社会公共利益，即合理开发土地资源。

2. 某区住建局作出的交付强制配建保障性住房行政决定书不仅是行政行为，而且属于具体行政行为。

所谓具体行政行为，就是具有相应行政职权的机关向相对人送达的具有法律效力的明确的意思表示。

某区住建局的《行政决定书》由保障房的主管机关作出，有明确的标的物，告知了不履行的法律后果。这个法律后果不是依据行政协议追究违约责任，而是决定一经送达即发生法律效力，复议、诉讼期间本决定不停止执行，如在法定期限内既不申请复议也不提起行政诉讼，本行政机关将向人民法院申请强制执行。

可见，某区住建局的《行政决定书》完全具备具体行政行为的要件。

3. 大京房开公司的申请复议行为属于《行政复议法》第 6 条规定的行政复议范围。

《行政复议法》第 6 条第 7 项认为行政机关违法集资、征收财物、摊派费用或者要求履行其他义务的；第 11 项认为行政机关的其他具体行政行为侵犯其合法权益的。

某区住建局作出的交付强制配建保障性住房行政决定书无疑属于要求履行其他义务、侵犯其合法权益这个复议范围。

4. 关于原国务院法制办给交通运输部的回复。

回复的原文："你部《关于政府特许经营协议等引起的行政协议争议是否属于行政复议受理范围的函》（交法函〔2017〕476 号）收悉。经研究，现答复如下：政府特许经营协议等协议争议不属于《中华人民共和国行政复议法》第六条规定的行政复议受案范围。"

第一，是否为具体行政行为须以法律为依据，该回复不是法律，也不是法规或者规章，不能作为依据。

第二，《土地出让合同》不属于特许经营权协议。

第三，区住建局现在不是依据协议追究违约责任，而是依据单方行政职权行使行政强制权力。这个权力只有区住建局有，大京房开公司没有。因此，这不是要求履行协议的行为，而是依据行政职权作出的具体行政行为。

第四，《土地出让合同》的当事人是某市国土局，根据合同相对性原则，如果要求履行协议，应当是某市国土局主张权利，而不是某区住建局。某区住建局行使的不是合同中的债权人权利，而行使的是政府的公权力。

三、《行政复议决定书》复议决定书所说的有管辖权的人民法院是指哪一级人民法院

（一）大京房开公司以区住建局和区政府作为共同被告起诉到中级人民法院，被告知不符合受理条件

《行政诉讼法》第 14 条规定："基层人民法院管辖第一审行政案件。"第

15 条规定："中级人民法院管辖下列第一审行政案件：（一）对国务院部门或者县级以上地方人民政府所作的行政行为提起诉讼的案件；（二）海关处理的案件；（三）本辖区内重大、复杂的案件；（四）其他法律规定由中级人民法院管辖的案件。"第 18 条第 1 款规定："行政案件由最初作出行政行为的行政机关所在地人民法院管辖。经复议的案件，也可以由复议机关所在地人民法院管辖。"第 26 条第 1、2、3 款规定："公民、法人或者其他组织直接向人民法院提起诉讼的，作出行政行为的行政机关是被告。经复议的案件，复议机关决定维持原行政行为的，作出原行政行为的行政机关和复议机关是共同被告；复议机关改变原行政行为的，复议机关是被告。复议机关在法定期限内未作出复议决定，公民、法人或者其他组织起诉原行政行为的，作出原行政行为的行政机关是被告；起诉复议机关不作为的，复议机关是被告。"

本案最初作出行政行为的行政机关是某区住建局，复议机关是某区政府，所以大京房开公司向区政府所在地中级人民法院提起诉讼。

中级人民法院收到《起诉状》，没有出具签收凭证。三日后，电话告知大京公司，根据《关于适用〈中华人民共和国行政诉讼法〉的解释》第 133 条规定，本案不属于某市中级人民法院管辖。

最高人民法院《关于适用〈中华人民共和国行政诉讼法〉的解释》第 133 条规定："行政诉讼法第二十六条第二款规定的'复议机关决定维持原行政行为'，包括复议机关驳回复议申请或者复议请求的情形，但以复议申请不符合受理条件为由驳回的除外。"

中级人民法院认为，区政府作为复议机关认为行政协议争议不属于《行政复议法》第 6 条规定的行政复议受理范围，也就是不符合受理条件。因此，驳回大京房开公司复议请求的行为不属于维持原行政行为，不能与区住建局一起作为共同被告。由于大京房开公司将区住建局和区政府作为共同被告，所以中级人民法院不能受理该案件。

（二）大京房开公司改为单独起诉区住建局，同时以本案重大、复杂为由要求中级人民法院受理，被告知本案不属于重大复杂案件，中级人民法院不能受理

大京房开公司根据《行政诉讼法》第 15 条第 3 项规定以及《关于适用〈中华人民共和国行政诉讼法〉的解释》第 5 条第 3 项规定，变更被告为区住建局，但是由于案情重大复杂，要求中级人民法院直接受理。

数日后，中级人民法院告知大京房开公司，本案不属于案情重大复杂的案件，因此中级人民法院不能受理。

（三）大京房开公司要求中级人民法院出具不予受理裁定书，被中级人民法院拒绝

《行政诉讼法》第51条规定："人民法院在接到起诉状时对符合本法规定的起诉条件的，应当登记立案。对当场不能判定是否符合本法规定的起诉条件的，应当接收起诉状，出具注明收到日期的书面凭证，并在七日内决定是否立案。不符合起诉条件的，作出不予立案的裁定。裁定书应当载明不予立案的理由。原告对裁定不服的，可以提起上诉。起诉状内容欠缺或者有其他错误的，应当给予指导和释明，并一次性告知当事人需要补正的内容。不得未经指导和释明即以起诉不符合条件为由不接收起诉状。对于不接收起诉状、接收起诉状后不出具书面凭证，以及不一次性告知当事人需要补正的起诉状内容的，当事人可以向上级人民法院投诉，上级人民法院应当责令改正，并对直接负责的主管人员和其他直接责任人员依法给予处分。"

第52条规定："人民法院既不立案，又不作出不予立案裁定的，当事人可以向上一级人民法院起诉。上一级人民法院认为符合起诉条件的，应当立案、审理，也可以指定其他下级人民法院立案、审理。"

第53条规定："公民、法人或者其他组织认为行政行为所依据的国务院部门和地方人民政府及其部门制定的规范性文件不合法，在对行政行为提起诉讼时，可以一并请求对该规范性文件进行审查。"

大京房开公司据此要求中级人民法院出具不予受理裁定书，也被中级人民法院拒绝。

（四）如果大京房开公司既不复议也不诉讼，某区住建局是否有权申请法院强制执行

"本决定一经送达即发生法律效力，复议、诉讼期间本决定不停止执行，如在法定期限内既不申请复议也不提起行政诉讼，本行政机关将向人民法院申请强制执行。"

四、诉讼过程

（一）大京房开公司的诉讼请求和事实理由

诉讼请求：请求撤销住区建局向大京房开公司下达《交付强制配建保障

房行政决定书》。

事实经过：

1. 配建保障房要求从无到有的过程

2010 年 10 月 29 日某市城乡规划局向某市土地储备中心出具规划设计要求，其中没有配建保障房的要求，也没有配建高新区第三小学的要求。

2013 年 10 月 11 日，某市高新区保障性住房管理中心向某市国土资源局出具《关于核定西苑南路西侧出让地块配建保障性住房有关要求的函》。2013 年 12 月 2 日，原告与第一被告签订《集美小镇项目配建保障房协议》。在上述文件基础上，2013 年 12 月 20 日，原告与某市国土资源局签订《国有建设用地使用权出让合同》，约定原告在项目宗地范围内配建保障性住房 198 套，其中廉租房 99 套，公租房 99 套，套型面积 50 平方米。其中公共租赁住房由区政府回购，但回购价格未定。

2. A-03 地块配建的 4959 平方米公租房从有到无的过程

2016 年 12 月 1 日《某市经开区管委会专题会议纪要》对《国有建设用地使用权出让合同》中关于配建保障房的部分做了变更。会议议定："1. 考虑到我区公租房已饱和，对铠甲屯棚改项目 A-03 地块按 5% 比例配建的 4959 平方米的公租房不予回购。"由于公租房部分是双向有偿的交易，是按照政府要求量身定做的特定物，因此政府不予回购时，该定做条款也就随之终止。根据会议精神，原告没有建设相应的公租房。

2020 年 7 月 30 日第一被告向原告送达《某市经开区住建局关于"集美小镇"小区和"九号院"小区配建保障性住房移交情况的函》，其中虽然确认已交付保障房 12 034.45 平方米，未配建 5187.46 平方米，但是未表明未配建部分需要继续建设，而且明确"按照保障性住房强制配建相关政策，贵公司开发建设的'集美小镇'和'九号院'小区配建的保障性住房已建造完成且达到交付标准"。因此，原告认为已经履约完毕，完成配建义务。

2020 年 8 月 5 日原告与第一被告签订《某市经开区配建保障房移交协议》，明确原告向第一被告交付"九号院"保障房 2865.71 平方米，交付"集美小镇"一期廉租房 5187.47 平方米，交付"集美小镇"二期保障房 6846.98 平方米。上述三个项目均配建到 A-02 地块 2 号院 1 号楼。

3. 第一被告错误地要求原告交付已经不予回购的公租房，而且计算出的面积出现错误，远超此前函告的面积

2021 年 1 月 25 日，第一被告向申请人下达《交付强制配建保障性住房行政决定书》，要求原告在 15 日内向其交付保障房 10 374.93 平方米。该《行政决定书》未明确保障房 10 374.93 平方米的计算依据和计算方式，远超此前函告的未配建公租房 5187.46 平方米。也未明确该保障房是廉租房还是公租房，原告认为这是第一被告重要的工作失误。

4. 原告申请复议以及经开区管委会作出的复议结果

原告不服，向某市经开区管理委员会提出复议。某市经开区管理委员会 2021 年 4 月 26 日作出《行政复议决定书》，以该决定是履行协议行为，不是具体行政行为为由，驳回了原告的行政复议申请。并告知原告可以在收到复议决定后 15 日内向有管辖权的人民法院起诉。

起诉理由：

1. 关于第一被告的《交付强制配建保障性住房行政决定书》

（1）该决定违反《某市经开区管委会专题会议纪要》所作决定，与此前相关规划、函告等文件相冲突。违背位阶高于自己职权范围的文件所作出行政决定属于无效行为；违背土地出让的规划条件作出的行政决定是违法行为；违背相关协议、函告是违约行为。

2021 年 1 月 25 日，第一被告下达的《交付强制配建保障性住房行政决定书》（某经开住建行决字〔2021〕第 4 号）完全抛开 2020 年 7 月 30 日向原告送达的《某市经开区住建局关于"集美小镇"小区和"九号院"小区配建保障性房移交情况的函》、2016 年 12 月 1 日《某市经开区管委会专题会议纪要》以及第一被告和原告 2020 年 8 月 5 日签订的《某市经开区配建保障房移交协议》，要求原告再交付保障房 10 374.93 平方米。这个决定是完全错误的。

经开区管委会是经开区的首脑机关，其作出的决议对原告和第一被告均具有约束力。经开区辖区内所有机关、事业单位、企业、公民对经开区管委会作出的决议都应当一体遵循，第一被告作为经开区政府的职能部门自然不可以置身事外。况且当时第一被告出席了该会议，对涉案公租房不再收购这一决定不仅知情，也是没有异议的。所以第一被告要求原告再交付保障房 10 374.93 平方米的决定是完全错误的。

（2）第一被告和第二被告都强调《某市经开区管委会专题会议纪要》关

于集美小镇项目的第三点内容即"3. 同意将大京房地产开发有限公司名下需配建的保障性住房任务统一配建到该项目 A-02 地块"。其据此认为，不予回购的公租房仍然需要建设，只不过换了个地方，就是建在 A-02 地块。原告认为这是对会议纪要的错误理解。

某市经开区管委会 2016 年 2 月 1 日专题会议纪要决定："考虑到我区公租房现已饱和，对铠甲屯棚改项目 A-03 地块按 5% 比例配建的公租房不予回购。"所谓饱和，就是不再需要提供供给之意，不需要供给，就是不用再建设。所谓回购，是双向有偿的交易，那么当一方声明不再需要该货物或者服务时，另一方当然不必提供。所以铠甲屯棚改项目 A-03 地块按 5% 比例配建的公租房不需要再建设，这个结论是确定无疑的。

将大京房开公司名下需配建的保障性住房任务配建到该项目 A-02 地块，是指除了 A-03 地块需配建的公租房之外，"九号院""集美小镇"的其他需要配建的保障房。例如"九号院"需配建的保障房 2865.71 平方米，"集美小镇"一期的廉租房 5187.47 平方米，"集美小镇"二期的保障房 6846.98 平方米。这些保障房实际也确实配建在 A-02 地块。

所以，A-03 地块公租房和其他保障房是分别处理的，要求配建到该项目 A-02 地块的保障房并不包括 A-03 地块的公租房。

（3）尽管原规划没有要求建小学，但是原告按照经开区管委会的规划外要求，无偿捐出土地 30 亩在集美小镇项目配建了经开区第三小学，这和公租房一样属于公益事业。加之公租房已经饱和，所以经开区管委会才决议不再回购集美小镇相关地块的公租房。所以不再回购 A-03 地块按 5% 比例配建的公租房是有原因的，有对价的，有项目置换的。忽略原告捐建第三小学，重提 A-03 地块按 5% 比例配建的公租房是不讲诚信的。

经开区小学占地 30 亩，土地出让价约 6000 万元，原告因为修建第三小学减少了将近 20 000 平方米的商品房面积，这些巨大的损失正是经开区政府不再要求原告建造 A-03 地块按 5% 比例配建的公租房的原因。第一被告不能因为领导干部换届就忘记了这一点。

经开区政府虽然对原告公租房配建面积给予一定的扣减，但是扣减的方式不对。应当是将经开区第三小学、社区服务用房的建筑面积从应配建的保障房的面积中扣减，而不是从商品房的面积中扣减。因为同样是公益性质，可以相互置换。按照减少的商品房面积折合系数扣减就失去了公正性，因为两者性质不同，没有可比性。

（4）政府规划局、住建局、国土局等都列席了 2016 年 12 月 1 日某市经开区管委会专题会议，都知道 A-03 地块按 5% 比例配建的公租房不再建设的情况和原因。所以原告开工后，所有手续顺利办结，A-03 地块于 2017 年就已经竣工验收，交付使用。如果只是原告单方面拒绝配建公租房，上述政府部门怎么可能为原告办理用地和基建手续。

开发商建设过程中需要办理《固定资产备案许可证》《建设用地规划许可证》《国有土地使用证》《建筑规划许可证》《施工许可证》《商品房预售许可证》等，实际施工过程中，规划局要到现场根据规划要求验槽验线、第一被告下属的质量监督站要到现场监督工程质量和进度、第一被告需要批准原告的报建申请、向原告颁发《施工许可证》，第一被告还要派出质监站组织工程验收。也就是说原告单方面拒绝配建相应面积的公租房是不可能的。

所以，上述政府部门对 A-03 地块按 5% 比例配建的公租房不再建设的情况和原因是知情而且是认可的。时隔数年，第一被告再要求原告交付保障房 10 374.93 平方米是完全错误的。

（5）五年以来，第一被告从没有向原告提出签订《公租房回购合同》的事宜，没有洽商回购公租房的对价。这说明第一被告是认可 A-03 地块按 5% 比例配建的公租房不再建设的。否则早已开始对公租房组织验收并签订回购合同了。

此外，公租房是回购住房，被告在没有与原告协商确定回购价格之前，不能要求原告无偿交付。

（6）被告强制原告配建保障房，不符合国务院关于保障房建设资金筹措的规定。

保障房的探索工作开始于 1998 年，2003 年国务院发布的《关于促进房地产市场持续健康发展的通知》要求各级政府，"以财政预算资金为主、多渠道筹措资金"。2008 年国务院发布《关于促进房地产市场健康发展的若干意见》，2011 年国务院办公厅发布《关于保障性安居工程建设和管理的指导意见》明确了保障房建设中土地、财税和信贷支持政策，住房保障资金纳入各级政府财政预算安排，中央财政对保障房给予补助。

《民法典》第 207 条规定："国家、集体、私人的物权和其他权利人的物权受法律平等保护，任何组织或者个人不得侵犯。"可是被告强制原告无偿配建廉租房，承诺回购公租房却不谈回购价，只是强制原告交付，因此本质上也是无偿建设，性质等同于征收或者摊派。被告的行为没有法律和政策依据，也没有严格执行国务院关于保障房建设资金筹措的规定，应当予以纠正。

（7）被告强制原告配建保障房不仅没有法律依据，而且违反了《立法法》及国务院《优化营商环境条例》等法律法规的规定

《立法法》（2015 年）第 8 条规定，征收征用非国有资产必须有法律依据。《立法法》（2015 年）第 80 条规定，部门规章不得设定减损公民、法人和其他组织权利或者增加其义务的规范，不得增加本部门的权力或者减少本部门的法定职责。《立法法》（2015 年）第 82 条规定，没有法律、行政法规、地方性法规的依据，地方政府规章不得设定减损公民、法人和其他组织权利或者增加其义务的规范。

2019 年 10 月国务院发布《优化营商环境条例》，其第 64 条规定："没有法律、法规或者国务院决定和命令依据的，行政规范性文件不得减损市场主体合法权益或者增加其义务……"

被告强制配建保障房的规范性依据是《河北省人民政府关于加快保障性安居工程建设的实施意见》（2011 年 28 号文件），该文件的性质如果属于政策性文件，就不具有法律特有的强制力，也不能作为司法裁判的依据；如果属于地方政府规章，按照《立法法》规定，地方政府规章无权制定减损公民、法人和其他组织权力的规范。因此，被告引用的所谓法律依据无论什么性质，其立法意义均令人怀疑。

无偿配建廉租房，低价回购公租房的性质具有征收的性质，明显减损法人的财产权益，这些只能由全国人大或者全国人大常委会制定法律来规定，河北省政府无权制定相关规范性文件。

此外，原告项目的规划是 2010 年确定的，而《河北省人民政府关于加快保障性安居工程建设的实施意见》2011 年颁发，根据"法不溯及既往"的原则，被告不能以之追溯在先履行的项目。

（8）在与全面依法治国，建立法治政府的背景下，政府政令应当具有连续性、一贯性和继承性。经开区会议作出的决定不应反复，否则将损害政府的公信力，不利于法治政府的建设。

两千多年前的商鞅变法，首先徙木立信。昭示政府一诺千金，言必信，行必果。古人尚知如此，何况两千多年后的今人。毛主席年轻时写过《商鞅

徙木立信论》这篇雄文，深刻论述过政府应当讲诚信的道理。

党的十九大报告确定了从 2020 年到 2035 年要基本建成法治国家、法治政府和法治社会。到 2050 年建成居于世界前列的法治国家。法治政府是守法政府、诚信政府、透明政府、责任政府，这意味着第一被告强制要求原告配建必须有法律依据，必须有法律授权，否则就是师出无名。这也意味着第二被告作出的决定应当言出必行，否则相对人以后不知是否应当相信并遵守经开区政府会议决定的事项。这意味着被告作出关涉原告重大利益的决策时应当公平公正，不能动辄向企业无偿征购钱物，不能违反市场经济规律，直接向企业征调和配置资源。

2. 关于经开区管委会的《行政复议决定书》

《行政复议决定书》认为《行政决定书》是履行协议行为，不属于独立的具体行政行为。这个观点语焉不详、前后矛盾，不能成为驳回原告复议申请的理由。

（1）《行政复议决定书》全面回避了原告在复议申请中提出的实体性问题，仅以第一被告的行政决定非具体行政行为为由驳回原告的复议申请。这种避重就轻的处理方式难以令原告信服，原告请求第二被告正面回答原告复议申请中提出的问题。

（2）《行政复议决定书》未明确其所谓协议行为是民事协议还是行政协议。如果是民事协议，第一被告就无权以民事协议为依据下达《行政决定书》，区住建局只能通过催告和追究违约责任或者提起民事诉讼等方式来督促原告履行合同。如果是行政协议，《行政复议决定书》认为《行政决定书》不是具体行政行为的观点就是错误的。

（3）区住建局的《行政决定书》内容具有给付内容，标的具体明确，并告知原告不履行将申请法院强制执行的严重后果。这些内容对原告形成强制的约束力，对原告权利义务具有重大影响。这样的《行政决定书》无疑属于具体行政行为。因此，第二被告认为第一被告向原告下发《行政决定书》的行为不属于具体行政行为的观点是完全错误的。

（4）如果认可第二被告《行政决定书》的行为不属于具体行政行为的观点，原告将失去维权途径。

如果认可第二被告《行政决定书》的行为不属于具体行政行为的观点，原告就不能通过行政诉讼衡平被告的行为。同时原告通过民事途径又无法抗辩第一被告的行政决定书。所以等于堵死了原告的维权途径，剥夺了原告抗辩行政决定书的权利。

总之，根据行政机关"法无明文授权皆禁止"的法治原则，被告的行政决定以及复议决定没有法律依据，行政决定内容违反法律，行为有失诚信，程序上法律关系混乱；行政复议决定自相矛盾。请人民法院撤销上述行政决定。

3. 被告区住建局的答辩意见

1.《河北省人民政府关于加快保障性安居工程建设的实施意见》第 4 条第 2 款规定，自 2011 年 3 月 1 日起，挂牌出让的商品住房用地新上项目须按照项目总建筑面积 10% 以上的比例配建保障性住房，并在规划和出让条件中予以明确。由此可见，建设项目配建保障房属于国家政策性强制规定，任何机关，单位和个人均需严格执行。

2. 某市经济开发区管理委员会 2016 年 2 月 1 日第 51 号专题会议纪要第 6 项关于原告建设开发的城中村改造一期项目第 1 条只是说明，对该棚改项目 A03 地块按 5% 配建的 4945 平方米的公租房不予回购。该会议纪要议定的第 3 项内容则明确规定了同意将原告名下需要配建的保障性住房任务统一配建到该项目 A02 地块。上述议定事项中并未说明原告在该项目中不需要或者不必再建设政府政策文件所规定应当配建的 4945 平方米公租房。

故此，原告主张会议纪要中称不予回购公租房，即为不用再建设公租房，其理由不能够成立。

3. 市住建局于 2020 年 7 月 13 日开始对经开区 2021 年 3 月 1 日至 2015 年 12 月 31 日期间挂牌出让的商品房用地新上项目强制配建保障房情况进行核查，于 2020 年 8 月 14 日作出了关于核查经开区 2011 年至 2015 年挂牌出让的商品房用地新上项目强制配建保障性住房情况的报告，并报经某市人民政府批准。核查报告要求，对于建设项目配建保障性住房不达标的，需以实物配建方式配齐项目上配建的保障性住房。该文件第 4 条"核查发现存在的主要问题"中第 2 项的第 3 点内容确认该村城中村改造一期项目应配建的保障性住房面积 10 374.93 平方米。答辩人依据该整改文件要求，先后向原告发出了《强制配建保障性住房催告通知书》以及《交付强制性保障性住房行政决定书》，要求原告限期予以办理交付手续。

4. 综上所述，答辩人向原告发出限期办理保障性住房交付手续，并交付房屋的行政决定，具有充分的事实和法律依据，原告提出的行政诉讼所提出的事实和理由不能成立，请人民法院依法驳回原告的诉讼请求，维持行政决定书。

（二）法官总结的焦点问题

（1）被告作出《行政决定书》的程序是否合法。

（2）被告作出《行政决定书》依据的事实是否清楚。

（3）被告作出《行政决定书》是否具有法律依据。

（三）被告就其作出《行政决定书》的合法性进行举证

注意行政诉讼与民事诉讼在程序上不一样，行政诉讼先由被告就其行政决定的合法性举证。

1. 被告的证据目录

序号	证据名称	证据来源	证明内容和证明目的
1	工程规划许可证、2020 年 8 月 5 日保障房移交协议、《集美小镇项目配建保障房协议》	被告提供	原告负有按照行政决定要求配建 10 374.93 平方米保障房义务
2	经开区管委会专题会议纪要〔2016〕51 号文	被告提供	同意将大京房开公司名下需配建的保障性住房任务统一配建到该项目 02 地块，但是原告没有配建
3	《强制配建保障性住房催缴通知书》及送达回执	被告提供	被告已经送达《决定书》，原告已经收到
4	《交付强制配建保障性住房行政决定书》及送达回执	被告提供	被告已经送达《决定书》，原告已经收到
5	《行政复议决定书》	被告提供	原告行政复议请求被驳回
6	《关于核查经开区 2011 年至 2015 年挂牌出让的商品房用地新上项目强制配建保障性住房的报告》	被告提供	原告没有履行配建 10 374.93 平方米保障房的义务

序号	证据名称	证据来源	证明内容和证明目的
7	河北省、某市关于保障性住房配建的有关政策文件和规定	被告提供	原告的《决定书》具有法律依据

2. 原告对被告证据的质证意见

（1）被告第一组证据。

第一，对《建设工程规划许可证》的真实性、关联性、合法性无异议，对证明目的有异议，据此不能得出少收保障性住房异地配建费面积5%。

第二，对《集美小镇项目配建保障房协议》的真实性、关联性无异议，对合法性和证明目的有异议。

①该协议缺乏"公租房回购价格"这个实质性条款，因此只是要约邀请的性质，合同并没有成立；原告就该项目为经开区政府建设了十几万平方米的回迁安置房，这些房源均需政府回购，双方均有《回购协议》，且约定回购价为4750元/平方米，都是内容完整的合同。

《集美小镇项目配建保障房协议》将近十年没有约定公租房回购价格的原因就是经开区公租房已经饱和，原告捐大约6000万元的土地用于经开区第三小学的建设。

②该协议和征收、摊派性质一样，都是减损企业法人权利和利益，但是法律依据不足。

③退一步讲，即使合同成立，协议关于公租房的约定也由于《经开区三小代建协议书》和2016年经开区管委会专题会议（［2016］51号）发生变化，最终结果应以变更后的"不予回购"为准，该协议关于公租房的约定已经实际废止。

第三，对2020年8月5日《保障房移交协议》真实性、关联性无异议，对合法性和证明目的有异议。

①对合法性的质证意见同上；

②该移交协议不仅不能证明被告的证明目的，而且恰恰证明原告的主张是正确的。因为该协议并没有说明原告还有保障房未交付，这个结果和经开区专题会议第一项的会议议定相互印证，完全一致，证明4945平方米的公租

房不必再建设。

该协议也说明三个项目均已经配建到了 2 号院，也就是 02 地块。这个结果与经开区专题会议第 3 项的会议议定相互印证，完全一致。会议提到的原告名下须配建的保障房任务就是本协议约定的三个项目。

第四，被告第一组证据均是围绕 03 地块 5% 面积公租房提供，而这个面积按照集美小镇项目《土地使用权出让合同》《配建保障房协议》是 4945 平方米，但是被告行政决定要求原告配建 10 374.93 平方米。这个数字被告没有提交相应证据。我们要求被告提供 10 374.93 平方米的数字来源和计算方式。

（2）被告第二项证据即 2016 年经开区管委会专题会议纪要（第 51 号文）。

第一，对该证据的真实性、合法性和关联性无异议，对该证据的证明目的有异议。

第二，被告曲解该会议的精神，被告的理解与会议的精神格格不入。

①会议第 1 项明确"我区公租房现已饱和"，注意这句话说的我区是指整个经开区，不是仅指集美小镇项目。因此，这句话的意思是不仅 03 地块不需要公租房了，而且 02 地块也不需要公租房了。

②这句话仅仅表达了公租房饱和了，并没有说廉租房、经济适用房等保障房也饱和了，也就是说公租房饱和了，廉租房等保障房并未饱和，还是要建。

③注意饱和这个意思，就是不再需要的意思，如果还大量需要，就不能称饱和，而是应当说缺口很大、需求很大。

④不予回购的意思就是不再需要、不必建设的意思，否则作出不予回购的决议毫无意义。

⑤经开区的文件总是将保障房与公租房混淆，使相对人搞不清文件中说的保障房是什么内涵。我们认为，保障房包括廉租房、公租房、经济适用房、人才公寓、棚改回迁房等，不能将种概念和属概念混用。

⑥会议议定的第 3 项中，所说的"同意将大京房开公司名下需配建的保障性住房任务同意配建到该项目 02 地块"。此处所说的大京房开公司名下需配建的保障房是指 03 地块的廉租房、02 地块的保障房以及"9 号院"需配建的保障房。这个解读能够与 2020 年 8 月 5 日保障房移交协议互相印证，并且其后的规划验收以及综合验收也是按照这个方案验收并验收合格的。

（3）《催缴通知书》。

对真实性无异议，对关联性、合法性、证明目的均有异议。

第一，催缴保障房面积 10 374.93 平方米，没有明确是什么性质的保障房，这是被告的笔误。

第二，催缴保障房面积 10 374.93 平方米，却没有通过规划条件等基建文件告知 10 374.93 平方米的计算依据和计算方式，这个也是被告的笔误。

第三，10 374.93 平方米是一期和二期的保障房面积，《催缴通知书》载明集美小镇一期就需要配建 10 374.93 平方米，这是被告笔误。

第四，经开区专题会议已经决定不予回购，该《催缴通知书》罔顾会议决定以及《经开区三小代建协议》向原告催缴，违反双方约定，侵犯原告的合法权益。

第五，即使原告收到《催缴通知书》，也仅能证明原告收到《催缴通知书》这个事实，不能证明被告具体行政行为合法。

第六，被告下达《催缴通知书》的原因是：土地出让时，保障房建设在市局备案。但是被告却没有在原告 2015 年 6 月代建经开区第三小学以及经开区政府不予回购公租房后，将此情况上报市局，导致某市市局依然按照土地出让时的备案数据来核查并催缴。这是区政府与市政府、区政府新旧领导班子没有沟通导致的。

第七，《催缴通知书》把未建的公租房当成是无偿交给政府的，所以直接要求交付。事实上，公租房部分有偿回购，《催缴通知书》不能在不支付对价的情况下强制原告交付。

（4）《行政决定书》。

对真实性无异议，对关联性、合法性、证明目的均有异议。

第一，该行政行为没有《行政诉讼法》规定的法律、行政法规以及地方性法规这样的依据，不具备合法性。

第二，该行政行为违反经开区会议决定以及《经开区三小代建协议》，严重损害了原告的权利和利益。

第三，催缴保障房面积 10 374.93 平方米，没有明确是什么性质的保障房，这是被告的工作失误。

第四，催缴保障房面积 10 374.93 平方米，却没有通过规划条件等基建文件告知 10 374.93 平方米的计算依据和计算方式，这也是被告的工作失误。

第五，10 374.93 平方米是一期和二期的保障房面积，《行政决定书》载明集美小镇一期就需要配建 10 374.93 平方米，这是被告笔误。

第六，经开区专题会议已经决定不予回购，该《行政决定书》罔顾会议决定以及《经开区三小代建协议》向原告催缴，违反双方约定，侵犯原告的合法权益。

第七，即使原告收到《行政决定书》，也仅能证明原告收到《行政决定书》这个事实，不能证明被告具体行政行为合法。

第八，被告下达《行政决定书》的原因是：土地出让时，保障房建设在市局备案。但是被告却没有在原告 2015 年 6 月代建经开区第三小学以及经开区政府不予回购公租房后，将此情况上报市局，导致某市市局依然按照土地出让时的备案数据来核查并催缴。这是区政府与市政府、区政府新旧领导班子没有沟通导致的。

第九，《行政决定书》关于交付商品房或者购置同面积商品房完成交付任务的决定，把未建的公租房当成是无偿性质的，所以直接要求交付。事实上，公租房部分是有偿回购，《行政决定书》不能在不支付对价的情况下强制原告交付。

要交付公租房，应当先洽商价格，先交付房款，再谈交房。

第十，公租房既然是回购性质，被告在哪里买也是一样，何必非要原告交付。

就此《行政决定书》，我们要求被告提供全国人大、全国人大常委会制定的法律依据、国务院制定的行政法规依据和河北省人大常委会制定的地方性法规依据。

(5)《行政复议决定书》。

对真实性无异议，对关联性、合法性、证明目的均有异议。

第一，复议和诉讼并行不悖，原告可以自由选择，所以二者不矛盾。被告的《行政决定书》也告知原告，既可以申请复议，也可以向经开区人民法院起诉。

第二，被告向原告下达《行政决定书》，形式是行政决定，内容包括指定原告履行特定义务以及不履行的法律后果，这就是确定无疑的具体行政行为。可是《行政复议决定书》竟然以双方协议行为为由，认为不属于具体行政行为，驳回原告复议申请。这等于在程序上未受理原告的申请，遑论实体问题。

这是复议机关在法律识别方面的错误，不具有合法性。

（6）某市住建局的核查报告。

对真实性无异议，对关联性、合法性、证明目的均有异议。

第一，该汇总表表明，原告原址少配建的面积是 5187.46 平方米（应配建 10 374.93 平方米—实际配建的是 5187.47 平方米），可是被告行政决定书却将商品房总建筑面积的 10% 即 10 374.93 平方米作为需配建面积，这是被告的工作失误。

第二，该核查报告以及汇总表均未提到 2016 年经开区专题会议纪要决定的内容，也没有提到原告在规划内容之外拿出 30 亩地给集美小镇小区建设经开区第三小学的情况，所以其核算的结果是不正确的。

第三，这份核查报告明显是市住建局不知道 2016 年经开区专题会议纪要以及原告在规划内容之外拿出 30 亩地给集美小镇小区建设经开区第三小学的情况。在执法主体不同，信息不对称，没有通盘考虑的情况下得出的核查结果是不正确的，不能作为行政决定的依据。

（7）河北省某市关于保障房配建的有关政策文件和规定。对证据形式、合法性和证明目的均有异议。

第一，政府文件规章制度不属于《行政诉讼法》规定的证据范围。

第二，所谓合法性，是指符合法律和法规，地方政府制定的规范性文件应当具有上位法依据，这就是"法无授权皆禁止"的法治原则。

按照《立法法》（2015 年）第 82 条规定，地方性规章无权制定减损公民、法人和其他组织权力的规范。因此，原告对被告引用的所谓法律依据存疑。

《立法法》（2015 年）第 8 条规定，征收征用非国有资产必须有法律依据。《立法法》第 80 条规定，部门规章不得设定减损公民、法人和其他组织权利或者增加其义务的规范，不得增加本部门的权力或者减少本部门的法定职责。《立法法》（2015 年）第 82 条规定，没有法律、行政法规、地方性法规的依据，地方政府规章不得设定减损公民、法人和其他组织权利或者增加其义务的规范。无偿配建廉租房，低价回购公租房的性质具有征收的性质，明显减损法人的财产权，这些只能由全国人大或者全国人大常委会制定法律来规定，河北省政府无权制定相关规范性文件。

《行政诉讼法》第 34 条第 1 款规定："被告对作出的行政行为负有举证责

任,应当提供作出该行政行为的证据和所依据的规范性文件。"

《行政诉讼法》第 63 条第 1 款规定:"人民法院审理行政案件,以法律和行政法规、地方性法规为依据。地方性法规适用于本行政区域内发生的行政案件。"

就本案而言,被告提供的规范性文件,既不是法律、法规,也不是河北省人大制定的地方性法规。明显不能作为催缴保障性住房这个行政行为的依据。

即使被告提供了两部政策性文件,但是被告也存在适用错误的问题,同样不能成为作为催缴保障性住房这个行政行为的依据。

综上所述,被告所提供的七项证据中不能提供催征 10 374.93 平方米保障房的客观事实证据,即没有相应的计算依据和计算方式。原告也没有提供《行政诉讼法》第 34 条第 1 款、第 63 条第 1 款要求的法律和行政法规、地方性法规作为催缴保障房的依据。被告提交的证据恰恰证明了原告的关于原 A03 地块公租房不必配建的主张。在被告既没有事实证据又没有法律依据的情况下,请人民法院依法撤销被告作出的《交付强制配建保障性住房行政决定书》这一具体行政行为。

3. 原告举证以及被告的质证意见

(1) 原告举证目录。(见下表)

原告证据目录

序号		证据名称	证据内容	证明目的	原件/来源	页数
第一组	1	营业执照复印件		主体适格		1
	2	法定代表人证明				1
	3	法定代表人身份证复印件				1
第二组		2010 年 10 月 29 日某市城乡规划局《关于核定铠甲屯储备地块规划设计要求的复函》	用地情况、规划控制指标、城市规划要求、市政要求、配套要求等	原规划设计没有保障房和经开区第三小学的内容		5

序号		证据名称	证据内容	证明目的	原件/来源	页数
第三组	1	2013年9月16日某市高新区管委会《关于铠甲屯城中村改造项目配建保障房的函》	集美小镇A03项目（一、二期）原计划配建9890平方米保障性住房，其中廉租房5%（约99套），公租房5%（约99套）。廉租房无偿移交，公租房政府回购 A02项目（四、五期）原计划配建161套保障性住房，其中廉租房80套，公租房81套。出让价每亩约208万元	集美小镇A03项目公租房由政府有偿取得。但是公租房部分后来一直没有签订《回购协议》，当然也没有洽商过回购的价格 原被告关于A03项目公租房约定只是邀约邀请，相应的合同并未成立		1
	2	某市高新区保障房管理中心《关于核定西苑南路西侧出让土地配建保障性住房有关要求的函》				1
	3	2013年12月2日《集美小镇项目配建保障房协议》				4
	4	12月20日某市政府建设用地批复				1
	5	国有建设用地使用权出让合同（一、二期和四、五期）				40
第四组	1	2016年12月1日经开区管委会专题会议纪要	考虑到我区公租房已饱和，对铠甲屯棚改项目A-03地块按5%比例配建的4945平方米的公租房不予回购	1. 因为公租房饱和且原告配建了第三小学，区政府决定对公租房不予回购，区政府不购买，原告就没必要建设 2. 经开区住建局和规划局已经将上述会议精神贯彻落实 3. 因为已经决定不予回购，所以原被告近十年没有进一步约定回购的具体价格		6
	2	2017年1月5日某市经开区住建局给规划局的证明	对铠甲屯棚改项目A-03地块按5%比例配建的4959平方米的公租房不予回购			1
	3	《经开区三小代建协议》	被告要求原告在集美小镇五期中建设第三小学。原告捐助土地28亩，约5846万元			4

序号		证据名称	证据内容	证明目的	原件/来源	页数
第五组	1	建设用地规划许可证	在对 A03 地块（一期和二期）公租房发生变更，不再建设，其余原告名下保障房统一配建到 A02 地块（四期和五期）四期 1 号楼等了如指掌情况下，经开区住建局、规划局等部门为集美小镇项目办理了用地、规划、报建、施工、验收、备案等全部工程手续，并办理了房产证	住建、规划、消防、人防等部门有权随时命令原告停工，因此原告少建 1 平方米，也会面临政府各职能部门叫停、罚款、不给办理手续等问题。然而可是从 2014 年开工，政府各职能部门为原告办理了全部工程手续，全部验收合格。这说明经开区政府落实了 51 号文的规定，认可上述项目，即 A03 地块公租房不再建设的情况下，上述项目是合格的		40
	2	建设工程规划许可证				
	3	红线图				
	4	规划验收许可证				
	5	河北省建设工程竣工验收备案证明书和建设工程竣工验收备案表				
第五组	1	2020 年 7 月 30 日某市经开区住建局关于集美小镇和九号院配建保障房移交情况的函	集美小镇需配建保障房 17 221.91 平方米。已交付 12 034.45 平方米，尚欠 5187.46 平方米	已交付保障房 12 034.45 平方米		1
	2	2020 年 8 月 5 日保障房移交协议	现交付保障房 5187.47+6846.98 平方米			2

序号		证据名称	证据内容	证明目的	原件/来源	页数
第六组	1	2020 年 12 月 17 日经开区住建局发《保障性住房催缴通知书》	要求落实应配建的 10374.93 平方米保障性住房的建设时间和交房期限	1. 被告关于未交付的保障房面积、项目名称、房源性质、交付方式等均出现错误 2. 即使配建合同成立，被告要求交付保障房，也应先洽商回购价格 3. 被告具体行政行为侵害原告利益		1
	2	2121 年 1 月 25 日经开区住建局向我公司发《交付强制配建保障性住房决定书》	限 15 日内将应配建的 10374.93 平方米保障性住房办理交付手续并交付房屋			2
签收栏		提交人签字：		提交时间：		
		签收人签字：		签收时间：		

（2）被告的质证意见。

对第一组无异议；

对第二组，因属于复印件，不认可真实性；

对第三组第四项土地使用权出让合同与本案没有关联性；

对第四组真实性认可，不认可证明目的。不予回购和不再配建是完全不同的两个概念。原告未予配建侵害国家利益，属于违法行为。建设经开区第三小学与本案没有关联性，经开区通过和建保障房面积 699 平方米已经给予原告优惠。

对第五组，认可真实性，但是不认可关联性和证明目的。被告出于同情，给原告办理了竣工验收手续，原告恩将仇报。

对第六组、第七组证据均认可真实性，但是不认可证明目的。

4. 法庭辩论

被告认为根据合同相对性原则，原被告之间签订了两份合同，即 2013 年 12 月 2 日《集美小镇项目配建保障房协议》以及 2020 年 8 月 5 日《某市经开区配建保障房移交协议》。在这两个协议当中，均没有约定 A03 地块（一二期）由"政府回购"。因此，原告依据和其他部门签订的有回购内容的协议对被告没有法律约束力。

被告认为，2020 年 8 月 5 日《某市经开区配建保障房移交协议》"集美小镇一二期按实测住宅面积 10%配建，现交付 5%廉租房 5187.47 平方米"这句话说明，2020 年 8 月 5 日原告知情并认可集美小镇一二期按实测住宅面积 10%配建，这相当于原被告最新达成的协议，以前与此相冲突的协议内容应当统统以此为准。

被告认为 2013 年 12 月 2 日《集美小镇项目配建保障房协议》第 7 条第 5 款约定："在协议履行期间，如需变更合同的，必须由双方签订书面的协议并加盖公章，凡未达成书面的合同一律视为合同未变更，仍按原合同执行。"尽管原告和其他部门有不同约定，经开区政府专题会议纪要也作出"不予回购"的决定。但是就原被告而言，双方必须执行保障房协议第 7 条第 5 款约定。现在，双方没有书面变更，因此，原告还需要按照建筑面积 10%向被告交付公租房。

被告认为原告建设经开区第三小学属于原告应尽到的社会责任，应当表扬，但是与 A03 地块（一二期）应配建的公租房没有关系。由于建了第三小学，经开区政府已经给原告的保障房配建任务核减了 699 平方米。原告不应该再提不予回购保障房的问题。

就被告的观点，原告发表了自己的观点并于庭后提交了《代理词》，对被告观点进行了反驳。具体内容如下：

代理词

尊敬的审判长、陪审员：

根据开庭情况，现发表如下代理意见：

一、《交付强制配建保障性住房行政决定书》形式上存在多处瑕疵

（一）该《行政决定书》把一二期的 5%公租房错误地表述为一期。

（二）把一二期的 5%公租房表述为保障房，而保障房是非常广的概念，包括廉租房、经济适用房、人才公寓、回迁安置房等。

（三）把 5187.46 平方米错误地表述为 10 374.93 平方米。

（四）把原计划的有偿回购当成是无偿交付。

（五）在不谈回购价格的情况下，竟然要求原告提供同等面积的商品房或者自行购置同等面积的房屋。

被告《交付强制配建保障性住房行政决定书》中文字表述出现多处错误，有失政府文件的规范性、严谨性和严肃性应予撤销。

二、《交付强制配建保障性住房行政决定书》在程序上的瑕疵

（一）在行政机关执法权已经收归城管执法局的情况下，被告没有提供证据来证明其具有强制原告交付保障房的行政权力和行政职责。按照"法无授权皆禁止"的行政法原则，被告向原告发布《交付强制配建保障性住房行政决定书》没有执法依据，该《行政决定书》应予撤销。

按照十九大宏伟规划，到 2025 年，我国要实现法治政府的目标。全面依法行政，重大问题于法有据，"法无授权皆禁止"是法治政府的基本要求。《行政诉讼法》第 6 条规定："人民法院审理行政案件，对行政行为是否合法进行审查"。而本案被告始终没有提供其具有相应职责和执法权的证据。因此被告向原告发布《交付强制配建保障性住房行政决定书》不具有合法性。

（二）被告就其行政行为提供的支撑性规范性文件皆非法律、行政法规或者地方性法规，因此被告向原告发布《交付强制配建保障性住房行政决定书》没有法律依据。该行政决定书应予撤销。

《行政诉讼法》第 63 条规定："人民法院审理行政案件，以法律、行政法规和地方性法规为依据。……"法律是全国人大或全国人大常委会制定的，行政法规是国务院制定的，地方性法规是省人大或省人大常委会制定的。被告提供的河北省政府相关政策性文件不是法律、行政法规和地方性法规，因此被告向原告发布《交付强制配建保障性住房行政决定书》没有法律依据。

三、原被告提交证据证明的法律事实以及《交付强制配建保障性住房行政决定书》在实体上存在的瑕疵

（一）根据双方提交证据以及庭审情况，可以确定如下事实

1. 2013 年 10 月 11 日某市高新区保障房管理中心《关于核定西苑南路西侧出让土地配建保障性住房有关要求的函》、2013 年 12 月 20 日《某市政府建设用地批复》、2013 年 12 月 20 日《国有建设用地使用权出让合同》（一、二期）第 15 条以及 2017 年 1 月 5 日《某市经开区住建局给规划局的证明》、某市经开区住建局给规划局的证明均明确了 A03 地块（一、二期）配建廉租房99 套、公租房 99 套，前者无偿移交，后者由"政府回购"。

2. 双方包括经开区政府从来没有确定回购价格。

3. 根据原、被告的认定，除了 A03 地块（一、二期）应配建的公租房（计划 4945 平方米，按照实测是 5187.46 平方米），集美小镇其余应配建的保障房已经建设完成并已经"交付给被告"。

4. 2015 年 6 月 30 日原告捐助 28 亩地在 A02 地块（四、五期）建设了经开区第三小学。

5. 2016 年 12 月 1 日，由于经开区公租房已经饱和，经开区政府专题会议（被告出席了会议）51 号文作出决定，对 A03 地块 5% 公租房"不予回购"。

6. 被告当庭确认《行政决定书》尚未确定 A03 地块 5% 公租房是无偿移交还是有偿回购，并且被告没有提交应当无偿移交的相应证据或者文件依据。

7. A03 地块（一、二期）、A02 地块（四、五期）已经完工并且已经全部验收合格。经开区规划局出具《规划验收合格证》，被告经开区住建局为该项目出具《竣工验收报告》《竣工验收备案表》《竣工验收备案证明书》。

（二）原告认为因公租房饱和而"不予回购"就等于"不再配建"。

1. 2016 年 12 月 1 日，经开区政府专题会议 51 号文作出公租房"已经饱和"，饱和的意思就是不再需要的意思。

2. 约定回购的东西，买方明确不再回购的情况下，卖方可以不再生产并提供销售，否则没有买家，卖方将承受经济损失。

3. 2010 年 10 月 29 日 A03、A02、A01 地块没有规划小学，原告配建经开区第三小学与对 A03 地块 5% 公租房"不予回购"具有因果联系。这是经开区前任领导和原告洽商的结果，虽然未写进合同，但是通过原告因此失去上亿元经济利益这一事实能够推定二者之间的关系。被告可以去向经开区前任领导核实。

4. 在 A03 地块 5% 公租房没有配建的情况下，经开区规划局、住建局为被告办理固定资产投资备案许可证、建设用地规划许可证、建设用地使用权证书、建设工程规划许可证、施工许可证、商品房预售许可证等全部手续。集美小镇 A03、A02 地块 2010 年到 2020 年 6 月长达 10 年的建设期间，经开区政府以及规划局、住建局从没有对在 A03 地块 5% 公租房没有配建提出任何异议，并出具《规划验收合格证》《竣工验收报告》《竣工验收备案表》《竣工验收备案证明书》。这些事实说明被告对 A03 地块 5% 公租房"不予回购"不仅知情并且认可。现在又要求强制配建，完全是失信行为，其向原告发布

《交付强制配建保障性住房行政决定书》应予撤销。

（三）被告根据合同相对性原理进行抗辩的荒谬。

1. 根据行政协议不同于民事协议，行政协议是否适用合同相对性值得商榷。

2. 我国是单一制国家，下级行政机关职权来自上级的授权，下级服从上级是行政机关基本要求。当上级机关作出决定时，下级当然需要服从上级。

3. 各职能部门的文件与政府决定出现矛盾时，应当以位阶较高的上级部门的文件为准。

2013 年 12 月 20 日某市政府的用地批复（第三组证据第 4 项）明确 A03 地块 5% 公租房由政府回购。某市政府的这个文件在时间上颁发于 2013 年 12 月 2 日《集美小镇项目配建保障房协议》之后，位阶上比经开区住建局高。所以应当以某市市政府的文件为准。

2016 年 12 月 1 日，经开区政府专题会议（被告出席了会议）51 号文作出"不予回购"决定，被告出席了会议，应当落实会议精神。

4. 2017 年 1 月 5 日《某市经开区住建局给规划局的证明》载明被告明确 A03 地块（一、二期）5% 公租房"不予回购"。这个文件时间上在原被告 2013 年 12 月 2 日《集美小镇项目配建保障房协议》之后。表明被告知情并执行了经开区政府专题会议 51 号文的决定精神。

5. 被告之所以没有在原被告签的 2013 年 12 月 2 日《集美小镇项目配建保障房协议》中承诺回购，是因为回购资金应由经开区政府支付，被告没有相应的财政预算。

6. 当政府以及各职能部门的文件出现表述不清，但行为指向性非常明确时，应当以其行为效果推定其真实的意思表示。

《民法典》第 490 条第 1 款规定，一方履行主要义务，对方接受的，该合同成立。这就是以行为推定意思表示。同理，规划局为原告出具《规划验收合格证》（第五组证据第 4 项），被告住建局为该项目出具《建设工程竣工验收备案表》《建设工程竣工验收备案证明书》（第五组证据第 5 项），就是对 A03 地块 5% 公租房不再建设的认可。

7. 国有建设用地使用权出让合同（一、二期和四、五期）是某市国土资源局代表某市市政府与原告签订的合同，如果被告不承认这份合同的效力，那么类似合同还有没有信用，今后行政相对人是否应当履行这样的协议。

　　国有建设用地使用权出让合同（一、二期和四、五期）是某市国土资源局代表某市市政府与原告签订的合同，经开区住建局不是合同当事人，原告可不可以根据合同相对性的原则不向被告经开区住建局履行？

　　（四）被告当庭承认《交付强制配建保障性住房行政决定书》中要求原告交付的 10 374.93 平方米保障房数字不准确，被告认为正确的数字应当是 5187.46 平方米。由于被告统计的交付面积错误，该《行政决定书》应予撤销。

　　（五）被告当庭认为其向原告发布《交付强制配建保障性住房行政决定书》的事实依据是 2013 年 12 月 2 日《集美小镇项目配建保障房协议》和 2020 年 8 月 5 日《保障房移交协议》两个民事合同，这个观点与被告向原告发布《行政决定书》相互矛盾。

　　被告认为这两个协议属于民事合同，认为原告未交付相应保障房违反《合同法》规定。按照被告的自认，被告依据的事实依据完全错误，该《行政决定书》应予撤销。

　　如果这两个协议属于民事合同，那么被告就应当作为民事案件起诉原告违约，不能依据行政权力强制原告交付保障房。现在被告依据民事合同向原告下达《交付强制配建保障性住房行政决定书》，事实依据完全错误。

　　（六）开庭过程中，被告对本案事实的认识多处含糊不清，自相矛盾，甚至信口开河。这说明被告管理混乱，直到现在还对案件事实搞不清楚。

　　1. 原告就 A03 地块（一、二期）的 198 套保障房举证，被告竟然认为与本案没有关联性。被告不知道 A03 地块（一、二期）原计划配建 198 套保障房，廉租房和公租房各 99 套。

　　2. 原告就 A02 地块（四、五期）的保障房建设以及竣工验收情况举证，被告竟然认为与本案没有关联性。被告不了解 A02 地块的保障房建设并验收完毕就等于 A03 地块（一、二期）的保障房建设并验收完毕。

　　3. 被告将保障房协议当成民事合同。

　　4. 原告提供工程验收备案证明书、备案表、规划验收合格证、竣工验收报告，被告也认为没有关联性，其不了解工程验收合格，意味着原告合同义务履行完毕。

　　5. 被告认为其给原告出具工程验收备案证明书、备案表、规划验收合格证、竣工验收报告等法律文件是被告觉得原告不容易，出于同情心，发善心，给予办理各种手续。并攻击原告恩将仇报。

（七）涉及集美小镇 A03 地块 5% 公租房的一、二期和四、五期项目均已经全部竣工验收合格、交付使用，被告为该项目出具《建设工程竣工验收备案表》《建设工程竣工验收备案证明书》业主正在分批办理房产证。被告在合同履行完毕后再强制原告交付 A03 地块 5% 公租房属于失信行为。

由于公租房已经饱和，且原告无偿捐助 28 亩土地建设经开区第三小学，经开区政府专题会议 51 号文作出决定，对 A03 地块 5% 公租房不予回购，政府各职能部门按照会议精神为原告办理了《建设用地规划许可证》《建设工程规划许可证》《土地使用权证书》《施工许可证》《预售许可证》等手续，规划局验线、验槽、主体验收、竣工规划验收时没有提出任何异议，工程完工后在住建、规划等主管部门监督下进行竣工验收，全部合格。被告于 2017 年、2018 年为该项目出具《建设工程竣工验收备案表》《建设工程竣工验收备案证明书》。

《建设工程竣工验收备案表》《建设工程竣工验收备案证明书》是工程建设最后一道手续，如果项目建设中存在问题，被告区住建局就不会为原告办理这个手续，业主也不能办理房产证。住建局《建设工程竣工验收备案表》《建设工程竣工验收备案证明书》的颁发意味着建设工程圆满结束。

《民法典》第 490 条第 1 款规定，一方履行主要义务，对方接受的，该合同成立。这就是以行为推定意思表示。同理，规划局为原告出具《规划验收合格证》（第五组证据第 4 项），被告住建局为该项目出具《建设工程竣工验收备案表》《建设工程竣工验收备案证明书》（第五组证据第 5 项），就是对 A03 地块 5% 公租房不再建设的认可。

（八）如何理解 2020 年 8 月 5 日《某市经开区配建保障房移交协议》"集美小镇一二期按实测住宅面积 10% 配建，现交付 5% 廉租房 5187.47 平方米"这句话。

被告根据这句话声称，被告有权向原告催缴 A03 地块 5% 公租房，而且没有约定回购。这是断章取义，蛮不讲理。

1. 该协议没有对 A03 地块 5% 公租房作出明确表述，不能成为被告的催缴依据。

2. 根据《催缴通知书》，某市住建局 2020 年 7 月 13 日即开始核查，该协议是核查期间签订的，与《催缴通知书》《行政决定书》一脉相承，不仅核查依据的数字错误，而且倒果为因。

3. 2020 年 8 月 5 日《某市经开区配建保障房移交协议》的性质是移交协议，记述交付的内容，是关于标的物的交接。不是重新分配权利和义务的协议。

4. 本案有十几个文件涉及 A03 地块 5% 公租房，应当根据政府关于 A03 地块 5% 公租房态度的历史演变进程，进行系统解释，而不能断章取义。

涉及 A03 地块 5% 公租房的文件分别是国有建设用地使用权出让合同（一、二期和四、五期）、高新区保障房管理中心《关于核定西苑南路西侧出让土地配建保障性住房有关要求的函》、2013 年 12 月 2 日《集美小镇项目配建保障房协议》、12 月 20 日某市政府建设用地批复、2013 年 9 月 16 日高新区管委会《关于铠甲屯城中村改造项目配建保障房的函》、2016 年 12 月 1 日经开区管委会专题会议纪要、《规划验收许可证》《建设用地规划许可证》《建设工程规划许可证》、红线图、河北省建设工程竣工验收备案证明书和建设工程竣工验收备案表、2017 年 1 月 5 日某市经开区住建局给规划局的证明、2020 年 8 月 5 日保障房移交协议、2020 年 7 月 30 日某市经开区住建局《关于"集美小镇"和"九号院"配建保障房移交情况的函》等。

上述文件中，2013 年 12 月 20 日某市政府建设用地批复属于某市政府的文件，行政级别最高，2016 年 12 月 1 日经开区管委会专题会议纪要属于区政府的文件，前一个规定 A03 地块 5% 公租房由政府回购，后一个规定不再回购，其他文件不过是这两个文件的后续执行而已。被告抛开其他文件，寻章摘句，有违诚信。

5. 被告列席了 2016 年 12 月 1 日经开区管委会专题会议，对 A03 地块 5% 公租房不予回购是知情的，其余保障房配建到 A02 地块四期 i 号楼心知肚明。如果原告 A02 地块少建了保障房，被告怎么能给原告出具《建设工程竣工验收备案表》《建设工程竣工验收备案证明书》呢！只能说被告对这个情况是知情并且同意的。

（九）如何理解 2013 年 12 月 2 日《集美小镇项目配建保障房协议》第 7 条第 5 款"在协议履行期间，如需变更合同的，必须由双方签订书面的协议并加盖公章，凡未达成书面的合同一律视为合同未变更，仍按原合同执行"。

行政协议的一方是政府职能部门，该职能部门与相对人签订行政协议其实是执行政府的行政命令。上级的行政意图是本，下级的行政协议是末。就本案而言，如果没有某市政府的用地批复，没有经开区政府的相关决定，被告是没有权力和原告签订行政协议的。所以，探讨行政协议特定条款的含义一定不能脱离制定该条款的根据和原因。

同理，当其上级领导部门的命令发生变更时，该行政协议应当随之变更。

如果没有变更，但是却按照上级的决定履行完毕，那么政府职能部门已经以实际行动贯彻了领导的意图。如果没有按约形成书面变更文件，那只是形式上的瑕疵。鉴于合同已经履行完毕，也没必要再追加一道手续去削足适履。

某市经开区住建局不是"独立王国"，是人民政府的职能部门，贯彻执行政府作出的决定是其职责所在。原被告都应当唯政府号令马首是瞻，没有权利另搞一套。

如果原被告之间签订的是民事合同，其变更与履行的情况则另当别论。

（十）被告认为原告建设经开区第三小学，经开区政府将保障房减少 699 平方米就等于给原告优惠了。这个说法是不对的。

保障房配建商品房建筑面积的 10%，由于建了第三小学 13 983 平方米，保障房减少 699 平米是以少建商品房建筑面积计算为基数乘以 10% 的结果，谈不上优惠。

原告捐出 28 亩地，将近 6000 万元。同时地面上少建 10 000 多平方米商品住宅，付出的经济代价在人民币 1 亿元以上，代价何其之大！去去 699 平方米公租房怎么能够相抵。被告的说法令人寒心！

两千多年前的秦国，商鞅为了树立政府的信用，在城南门立一根木头，谁扛到北门就给谁 50 斤金子。青年毛泽东后来专门就此事写了一篇文章《商鞅徙木立信论》。两千年后的今天，某市经开区住建局竟然不顾某市、经开区政府、规划局、保障房中心发布的许多文件以及签订的合同。在公租房已经饱和、原告捐助将近 6000 万元的土地建设经开区小学之后，悍然撕毁协议，强制要求原告交付政府已经不予回购的公租房。中央多次强调优化营商环境，强调"放管服"，2020 年 1 月 1 日施行的《优化营商环境条例》规定"最大限度减少政府对市场资源的直接配置，最大限度减少政府对市场活动的直接干预"。最近国务院又颁布《关于开展营商环境创新试点工作的意见》。经开区政府得到原告的 28 亩地再反悔这是"放管服"吗？公租房饱和还要强制交付，要那么多干什么用呢？如果是回购，买谁的不一样，干吗非要缘木求鱼呢！

原告认为被告出尔反尔，其《行政决定书》没有授权依据、事实依据、法律依据，请求人民法院对其进行撤销。

代理人：北京威诺（某市）律师事务所律师 丁万星

2021 年 12 月 28 日

5. 判决结果

2022 年 6 月，某市经济开发区法院作出一审判决，撤销被告某市经济开发区住房与城乡建设局于 2021 年 1 月 25 日作出的某经开住建行决字〔2012〕第 4 号《交付强制配建保障性住房行政决定书》。

案件受理费 50 元，由被告承担（限于本判决生效之日起 7 日内缴纳）。

如不服本判决，可在判决书送达之日起 15 日内向本院递交上诉状，并按对方当事人人数提出副本，上诉于某省某市中级人民法院。

被告接到判决书后没有上诉，一审判决书生效。

五、本案应该反思的问题

（一）与政府合作应当考虑因领导换届导致的政策不连续情况，所以政府作出的一切承诺一定要形成书面形式

对于政府领导的承诺要专门签订合同或者形成专门文件，以免领导卸任或者调离时失去决策的依据。

（二）一定要将洽商的内容准确、彻底地表达出来

由于原告贡献 28 亩地为小区配建了经开区第三小学，所以被告前任领导承诺不必再建设公租房。但是会议决议使用了"不再回购"字样，导致后来重大纠纷。如果当时表述为 A03 地块 5%公租房"不再建设"，则就没有后来的纠纷。

（三）不能认为政府都是一家，注意与不同政府部门签订协议时，要保持一致

本案原告分别与市国土储备中心、区住建局、保障房管理中心均签有合同，有的明确 A03 地块 5%公租房"政府回购"，而与被告区住建局签的合同却没有 A03 地块 5%公租房"政府回购"这样的字样，导致住建局据此下达

《交付强制配建保障性住房行政决定书》。原告经办人认为土地使用权出让合同已经明确，因此与住建局的合同里是否明确并不重要，所以当与被告区住建局签的合同没有 A03 地块 5%公租房"政府回购"这样的字样时也没有争取，导致后来的冲突。

（四）合同变更时，一定要符合原合同关于变更条件的约定

2013 年 12 月 2 日《集美小镇项目配建保障房协议》第 7 条第 5 款"在协议履行期间，如需变更合同的，必须由双方签订书面的协议并加盖公章，凡未达成书面的合同一律视为合同未变更，仍按原合同执行"。这是关于合同变更条件的规定，但是原告经办人显然没有注意这个约定，没有通过合同变更的形式将经开区专题会议 51 号文的精神吸收进去，导致后来的纠纷。

（五）合同选用词语要非常谨慎、准确，本案的教训说明企业聘请一个专业的律师团队非常重要

2020 年 8 月 5 日《某市经开区配建保障房移交协议》出现这句话："集美小镇一二期按实测住宅面积 10%配建，现交付 5%廉租房 5187.47 平方米。"被告根据这句话声称，被告有权向原告催缴 A03 地块 5%公租房，而且没有约定回购。

这个协议签订于 2020 年 8 月 5 日，市政府 2020 年 7 月 13 日已经开始核查保障房配建情况，区住建局已经准备要求原告配建 5%公租房 5187.47 平方米，因此，区住建局向原告提供这个合同版本显然是有备而来，甚至就是为下一步工作埋下伏笔。然而原告经办人没有敏锐地意识到这句话暗含的杀机，欣然签字盖章，导致后来发生重大纠纷。

5%公租房 5187.47 平方米造价将近 6000 万元，涉及本案原告重大经济利益。可是原告却没有一个专业的律师团队。民营企业大抵如此，舍不得在法律风险防范方面投资，直到潜在风险变成现实风险，甚至已经造成经济损失，才不得不聘请律师。

预防风险代价最小，但是实践中很多企业做得不好。

第九章

房地产执行纠纷案例

第一节　夫妻已经离婚时能否执行另一方的房产
——缺席法庭审理导致的救济困境

一、案情简介

2013 年 10 月 18 日，大发房开公司为了获得康庄嘉园小区项目工程款、增资验资等通过江某向李某借款 1500 万元，该笔款项分七次转给康庄公司。还了一部分后，还有 570 万元未还。

2014 年 11 月 11 日，李某介绍四海投资服务公司（以下简称"四海公司"）作为中介，大发房开公司与四海公司签订《金融中介服务合同》，约定四海公司为大发房开公司提供符合其要求的出借人，拟借款 570 万元，借款用途为房地产开发，借款期限 6 个月。中介服务费每月支付 11 万元。

2014 年 11 月 18 日，出借人与李某签订《民间借贷抵押合同》，约定大发房开公司借李某人民币 570 万元，借款用途为房地产开发，借期 6 个月，自 2014 年 11 月 18 日到 2015 年 5 月 17 日。月利息 2%。大发房开公司以大发房开公司自有房屋 1000 平方米抵押担保。

为了加强合同效力，大发房开公司与李某为该合同做了公证，并且双方一致赋予该公证书强制执行效力。

上述借款均由大发房开公司董事长江某经办。

由于大发房开公司未按时还款，李某将大发房开公司和江某列为被告到法院起诉，法院判决江某在判决书送达后 10 天内支付李某 570 万元。

江某没有上诉。

李某到法院执行局申请强制执行。在执行中，执行员发现大发房开公司用于担保的房屋已经卖掉，于是决定执行江某的个人房屋。

2019 年 6 月，法院执行局通知江某，准备将其位于某市滨河路的房屋卖掉，江某未予回复。但是江某的妻子白某提出异议，声称其 2019 年 8 月已经与江某离婚，涉案房产协议归白某所有，因此不同意将涉案房产强制执行。

执行局研究后以裁定形式驳回白某的《执行异议》。

2021 年 9 月，白某向法院提起执行异议之诉。

二、双方的主张以及理由

原告白某的诉讼请求：①请求排除被告根据某市滨河区法院［2021］冀 0703 执恢 54 号执行裁定书对滨河路观澜小区 2-3-301 房屋的强制执行（房屋建筑面积 160 平方米，价值约 140 万元）；②诉讼费由被告承担。

事实和理由：根据某市滨河区法院［2019］冀 0703 冀初 216 号民事判决书审理认定的事实，2014 年 11 月 18 日，大发房开公司与李某签订《民间借款抵押合同》并在某市公证处公证。原告前夫江某为借款人大发房开公司经办人，但不是保证人。由于大发房开公司没有按时还款，李某在某市滨河区人民法院起诉大发房开公司和江某，同时于 2020 年 5 月 26 日对江某名下某市滨河路观澜小区 2-3-301 房屋进行保全。后法院作出滨河区法院［2019］冀 0703 冀初 216 号民事判决书。被告李某依据该判决书申请强制执行，桥西法院决定对该房屋进行评估拍卖。

原告与江某因感情不和于 2019 年 8 月 22 日签订《离婚协议书》并于当日领取《离婚证》。根据《离婚协议书》，观澜小区 2-3-301 房屋归原告所有，江某丧失该房屋所有权，所以被告无权对该房屋进行强制执行。

原告于 2020 年对滨河区法院［2021］冀 0703 执恢 54 号执行裁定书提出异议，滨河法院通过［2021］冀 0703 执异 23 号执行裁定书驳回原告的异议，理由是原告与前夫江某存在逃避夫妻共同债务的嫌疑。原告认为这个理由根本不成立。

第一，江某只是大发房开公司抵押借款合同的经办人，既不是借款人、保证人，也不是其他形式的担保人，滨河区法院［2019］冀 0703 冀初 216 号民事判决不应判决江某承担清偿责任，而应判决实际用款人康庄公司承担连带责任。退一步讲，即使是江某借的款，2014 年 11 月 18 日，各方也通过公证重新签订协议，在债权人同意的情况下，实现了债务转让。根据公证过的合同，债务人变成康庄公司，江某不再是债务人。故不应判决江某承担责任。

第二，原告和江某离婚是依法办理、客观真实的，有《离婚证》为凭。

第三，《离婚协议书》已签字画押，是双方真实意思表示。

第四，根据《离婚协议书》，涉案房屋归原告所有。

第五，双方离婚，原告只分得少部分财产，绝大部分财产都归了江某。如果是假离婚、真逃债，那么划分的结果不会是这样。

第六，［2021］冀 0703 执异 23 号执行裁定书仅是根据怀疑就驳回原告的异议，没有任何证据证明原告和江某假离婚、真逃债。法院查明事实应当根据事实和证据，不能在没有任何事实的情况下去臆测或推断。

第七，退一步讲，即使按照该裁定书观点，举债在离婚之前，双方夫妻关系存续，此大宗举债绝非用于家庭日常生活需要，根据《婚姻法》，被执行房屋也有原告一半的所有权，被告要评估拍卖，只能执行江某那一部分，不能执行原告那一部分。

综上所述，根据《民事诉讼法》第 227 条规定，特向贵院提起诉讼，请求排除被告根据滨河区法院［2021］冀 0703 执恢 54 号执行裁定书。

被告的答辩意见：

（1）江某与原告签订的离婚协议书，明显是为了逃避债务。首先，被告申请执行的裁判文书依据的是滨河区 2019 年 5 月 20 日作出的民事判决书，该文书的生效证明日期是 2019 年 7 月 12 日。2019 年 8 月 22 日，江某与原告签订离婚协议书，江某与李某之间的借款是发生在 2013 年 10 月 18 日，江某与原告离婚是在借款之后，且是在这个民事判决书生效之后。其次，离婚协议书中对江某与原告之间夫妻名下房屋几乎全部给予原告。上述情况完全可以说明被执行人江某为恶意逃避债务，故意虚假离婚，将财产转移至其配偶名下。

（2）原告的理由不能排除滨河区人民法院执行裁定书的执行，滨河区人民法院执行程序正确。根据最高人民法院《关于人民法院办理执行异议和复议案件若干问题的规定》（2015 年）第 25 条规定："对案外人的异议，人民法院应当依据下列标准判断其是否系权利人：（一）已登记的不动产，……"按照不动产登记簿判断。滨河区人民法院查封的涉案房屋登记在江某名下，离婚协议书中约定的房屋产权归原告所有，只是离婚双方对财产分割第一次表示。只对夫妻二人具有约束力，不能对抗第三人。根据《民法典》第 209 条规定，不动产物权的设立、变更、转让和消灭，经依法登记，发生效力；未经登记，不发生效力。离婚协议书中约定的涉案房屋产权归原告所有的约定，系江某在案涉房屋中所拥有份额的处分，该处分行为未经产权变更登记，不发生物权变动的法律效力。

（3）原告没有提供任何证据证明涉案房屋是在江某与原告夫妻婚姻存续期间购买，即使涉案房屋属于夫妻共同财产，也不是本案审理的范围。

综上，江某对外尚有未履行债务的情况下，被告作为江某的债权人，要求对江某名下的财产进行执行，符合法律规定。原告依据离婚协议书要求停止涉案房屋执行的诉讼请求，不足以享有足以排除强制执行的民事权益，其提出的诉讼请求于法无据，应得到支持。

江某未出席庭审。

三、举证和质证

原告举证：第一组证据包括原告身份证、离婚协议，证明目的是主体适格。第二组证据是原告与江某的离婚协议，证明涉案房屋协议分给原告，由于江某一直联系不上，所以没有来得及过户。第三组包括法院判决书和裁定书，证明目的是法院查明，李某借出的钱都进了大发房开公司的账户，江某个人没有拿一分钱。

这足以证明是公司借款，而不是江某借款，此外江某也不是担保人，不能执行江某的财产。第四组证据包括大发房开公司与李某 2013 年 10 月 18 日签订的借款协议，2014 年 11 月 18 日出借人与李某签订《民间借贷抵押合同》，证明当时的借款人确实是大发房开公司，而不是江某。

被告质证意见：认可原告全部证据的真实性，合法性，但是不认可关联性和证明目的。

四、本案的焦点问题

（一）实体案件中审理中，应不应当判决江某承担还款责任

由于江某不是借款人，也不是保证人，只是大发房开公司借李某款项的经手人，所以一审判决确实不应当判决江某承担还款责任。

大发房开公司将抵押的房屋另卖他人，李某有权追究其民事违约责任，但不能因此追究江某的责任，并将大发房开确定为连带责任。

（二）江某一审判决后没有上诉，能不能通过再审程序获得重新审理机会

一审判决江某承担还款责任是错误的，但是江某却没有上诉，这是江某的重要错误，他因此失去了一次救济自己权利的机会。

尽管如此，江某放弃了上诉到二审法院的机会，但是他还可以在《民事诉讼法》规定的期限内启动再审程序。《民事诉讼法》没有规定必须走完二审程序才能提起再审。只要具有再审需要的证据和其他条件，不超过提起再审的期限，就可以启动再审程序。

（三）白某可否请求法院在异议执行之诉中将涉案房屋确权

按照《民事诉讼法》的相关规定，案外人提起执行异议之诉，人民法院可以将无权确权之诉合并审理，这样可以节省司法资源，减少当事人的诉累。

（四）查封和强制拍卖程序发生在江某和白某婚姻存续期间，此时白某能否保住涉案房屋一半的份额

根据《婚姻法》的规定，白某当然对婚姻存续期间取得的财产具有一半的份额，《民事诉讼法》对此也有相关规定。

（五）如何理解分期共同财产

执行局法官认为白某无权获得涉案房产的一半份额，因为按照江某与白某的《离婚协议》，夫妻两个拥有大量的房产，包括江某作为董事长和实际控制人的房开公司开发建设项目的投资权益，也包括三套商铺，浙江老家的房子，还有涉案房屋。法官认为，白某的一半财产可以理解为所有夫妻共同财产的一半，而不能理解为每一处房子的一半。也就是这处房子被全部执行，白某可以通过其他夫妻共同财产得到补偿。

笔者认为上述观点存在不妥。因为其他财产并没有涉诉，法官不能通过执行进行处理。目前只有滨河路观澜小区的涉案房屋已经涉诉，法院只能按照不告不理原则就特定的房屋进行处理。

五、本案的判决结果

支持原告诉讼请求。判决后原告没有上诉。

第二节 因民间借贷被裁定以住宅清偿借款的执行纠纷案例
——执行过程中被执行人以及配偶合法权益的保护

一、案情简介

2020 年 11 月 17 日，李某莉发现姐姐家门上被某法院贴了一个通知，要求姐夫郭某腾空房子，10 日内未回复将强制执行。李某莉赶紧告知姐姐李某华。李某华因丈夫郭某拖欠很多债务，不堪其扰，早已不在家住，夫妻在偏远的地方租房居住。由于身心受到打击，两个人均是百病缠身。听了妹妹讲述，姐姐李某华急火攻心，一病不起。妹妹不忍看见姐姐万念俱灰的样子，自费给姐姐请律师应对这个房地产执行案子。

姐夫郭某原来是一家国有建筑公司水暖安装工人，在国有企业改制的大潮中，郭某也组织了一个工程队承包工程。一开始挣了一点钱，那时郭某也曾志得意满，对亲朋好友十分大方，是人们羡慕的一个小老板。

郭某的倒霉缘于高利贷，借高利贷又是因为 2013 年给自己所在的公司进行热力改造。公司热力改造由公司二级子公司物业公司负责。郭某知道公司每年都是先收暖气费，不存在资金缺口，且每年公司给物业公司拨付 500 万元经费，因此郭某很放心地接下了这个活儿，并且垫资承包。然而支取进度款时，物业公司的会计却说公司没钱，要求郭某继续垫资，公司会计见郭某已经捉襟见肘，就提醒他说可以借钱垫资。郭某说借不着钱，公司会计就给他介绍公司员工仇某。郭某与仇某也认识，觉得仇某性格豪爽，因此就借了仇某 30 万元，月利息 2 分。

2016 年仇某让郭某重新打条，连本带利累积到了共 87 万元，月利息 2 分，每月还息 17 400 元

2016 年 10 月仇某起诉郭某。

2017 年，仇某到法院起诉郭某，郭某因为惧怕仇某没有到法院应诉，法院判决郭某在判决生效后 10 日内偿还仇某人民币 87 万元，否则加倍支付迟延履行的债务利息。

2017 年 1 月 17 日，桥西区法院［2017］冀 0703 执 100 协助执行通知书，

冻结、查封扣押一建公司物业分公司应付郭某的工程款 200 万元，不得向郭某支付，如违法支付，承担相应法律后果。

2017 年 2 月仇某围堵工地，进家骚扰。

郭某诉兴扬房开公司 1 912 452 元（1 512 452 元+40 万元质保金）2017 年 6 月 23 日，怀来法院［2017］冀 0730 民初 344 号判决罗某德支付郭某 1 362 628 元，宣化古城公司负连带责任，兴扬房开公司在欠付范围内承担给付责任。对双方变更增加部分，本案不做处理，双方可以另行解决。

判决出来后，仇某到法院执行局申请执行。执行局受理案件 3 日内于 2017 年 7 月 26 日向郭某发出执行通知书。

2017 年 8 月 7 日，桥西区法院［2017］冀 0703 执 467 裁定书冻结宣化古城公司 1 362 638 元债权，该裁定于 2017 年 12 月 4 日送达。

8 月 7 日以［2017］冀 0703 裁 462 裁定书，冻结郭某银行存款 1 248 895 元。

2017 年 11 月 17 日某市中级人民法院［2017］冀 07 民终 2346 号判决维持原判。

2017 年 10 月 20 日，仇某收到桥西区法院转来的郭某公积金 5700 元整。

2018 年 11 月 22 日，仇某收到桥西法院转来的郭某中国银行存款 8800 元整。

2019 年 5 月 13 日钢材被盗，价值 14 万元，工具车车牌号冀 G75××，拖拉机无牌照。

2020 年 11 月 19 日，郭某提出执行异议。

2020 年 11 月 19 日，郭某妻子李某华提出执行异议。

2020 年 11 月 29 日，郭某提出租金补助和生活困难补助申请书。

2020 年 12 月 10 日去桥西区法院，被告知房屋已经被拍卖，两次流拍，法院已经将房屋折价给仇某，并已经到一建公司办理改名手续。

郭某捉襟见肘时，也向李某莉借了 50 万元，李某莉同情姐姐一家的处境，一直没有开口要钱。但是眼看郭某一家的财产几乎都被查封拍卖了，不得已也到法院起诉，并获得了法院的判决书。但是由于郭某的财产和债权几乎都被保全，因此申请执行时只能轮候查封。只能等仇某债权得到实现后才能进入清偿程序。

二、民事执行案件的基础法律依据

（1）《民事诉讼法》，2021 年 12 月 24 日修正，2022 年 1 月 1 日施行。

（2）最高人民法院《关于适用〈中华人民共和国民事诉讼法〉的解释》，2022 年 4 月 1 日修正，2022 年 4 月 10 日施行。

（3）最高人民法院《关于民事诉讼证据的若干规定》，2019 年 10 月 14 日修正，2020 年 5 月 1 日施行。

（4）最高人民法院《关于人民法院办理执行异议和复议案件若干问题的规定》，自 2015 年 5 月 5 日起施行。

（5）最高人民法院《关于人民法院民事执行中拍卖、变卖财产的规定》，2020 年 12 月 29 日修正，2021 年 1 月 1 日施行。

（6）最高人民法院《关于人民法院确定财产处置参考价若干问题的规定》，自 2018 年 9 月 1 日起施行。

（7）最高人民法院《关于审理涉及夫妻债务纠纷案件适用法律有关问题的解释》，自 2018 年 1 月 18 日起施行。

（8）最高人民法院《关于民事执行中财产调查若干问题的规定》，2020 年 12 月 29 日修正，2021 年 1 月 1 日施行。

（9）最高人民法院《关于人民法院办理财产保全案件若干问题的规定》，2020 年 12 月 29 日修正，2021 年 1 月 1 日施行。

（10）最高人民法院《关于人民法院网络司法拍卖若干问题的规定》，自 2017 年 1 月 1 日起施行。

（11）最高人民法院《关于首先查封法院与优先债权执行法院处分查封财产有关问题的批复》，自 2016 年 4 月 14 日起施行。

（12）最高人民法院《关于审理拒不执行判决、裁定刑事案件适用法律若干问题的解释》，2020 年 12 月 29 日修正，2021 年 1 月 1 日施行。

（13）最高人民法院《关于执行程序中计算迟延履行期间的债务利息适用法律若干问题的解释》，自 2014 年 8 月 1 日起施行。

（14）最高人民法院《关于公布失信被执行人名单信息的若干规定》，2017 年 2 月 28 日修正，2017 年 5 月 1 日施行。

（15）最高人民法院《关于网络查询、冻结被执行人存款的规定》，自 2013 年 9 月 2 日起施行。

（16）最高人民法院《关于办理申请人民法院强制执行国有土地上房屋征收补偿决定案件若干问题的规定》，自 2012 年 4 月 10 日起施行。

（17）最高人民法院《关于人民法院委托评估、拍卖工作的若干规定》，自 2012 年 1 月 1 日起施行。

（18）最高人民法院《关于人民法院委托评估、拍卖和变卖工作的若干规定》，自 2009 年 11 月 20 日起施行。

（19）最高人民法院《关于依法妥善审理涉新冠肺炎疫情民事案件若干问题的指导意见（一）》，自 2020 年 4 月 16 日施行。

（20）最高人民法院《关于依法妥善审理涉新冠肺炎疫情民事案件若干问题的指导意见（二）》，自 2020 年 5 月 15 日施行。

（21）最高人民法院《关于依法妥善审理涉新冠肺炎疫情民事案件若干问题的指导意见（三）》，自 2020 年 6 月 8 日施行。

（22）最高人民法院《关于在执行工作中进一步强化善意文明执行理念的意见》，自 2019 年 12 月 16 日施行。

三、本案的焦点问题

（一）本案基础法律关系是否涉嫌"套路贷"

2019 年 4 月 9 日实施的最高人民法院、最高人民检察院、公安部、司法部《关于办理"套路贷"刑事案件若干问题的意见》第 1 条规定，"套路贷"，是对以非法占有为目的，假借民间借贷之名，诱使或迫使被害人签订"借贷"或变相"借贷""抵押""担保"等相关协议，通过虚增借贷金额、恶意制造违约、肆意认定违约、毁匿还款证据等方式形成虚假债权债务，并借助诉讼、仲裁、公证或者采用暴力、威胁以及其他手段非法占有被害人财物的相关违法犯罪活动的概括性称谓。套路贷是犯罪行为，具体罪名根据犯罪行为的特征来确定。

常见的套路贷包括但不限于以下情形：

（1）制造民间借贷假象。犯罪嫌疑人、被告人往往以"小额贷款公司""投资公司""咨询公司""担保公司""网络借贷平台"等名义对外宣传，以低息、无抵押、无担保、快速放款等为诱饵吸引被害人借款，继而以"保证金""行规"等虚假理由诱使被害人基于错误认识签订金额虚高的"借贷"协议或相关协议。有的犯罪嫌疑人、被告人还会以被害人先前借贷违约等理由，迫使对方签订金额虚高的"借贷"协议或相关协议。

（2）制造资金走账流水等虚假给付事实。犯罪嫌疑人、被告人按照虚高的"借贷"协议金额将资金转入被害人账户，制造已将全部借款交付被害人的银行流水痕迹，随后便采取各种手段将其中全部或者部分资金收回，被害人实际上并未取得或者完全取得"借贷"协议、银行流水上显示的钱款。

（3）故意制造违约或者肆意认定违约。犯罪嫌疑人、被告人往往会以设置违约陷阱、制造还款障碍等方式，故意造成被害人违约，或者通过肆意认定违约，强行要求被害人偿还虚假债务。

（4）恶意垒高借款金额。当被害人无力偿还时，有的犯罪嫌疑人、被告人会安排其所属公司或者指定的关联公司、关联人员为被害人偿还"借款"，继而与被害人签订金额更大的虚高"借贷"协议或相关协议，通过这种"转单平账""以贷还贷"的方式不断垒高"债务"。

（5）软硬兼施"索债"。在被害人未偿还虚假"借款"的情况下，犯罪嫌疑人、被告人借助诉讼、仲裁、公证或者采用暴力、威胁以及其他手段向被害人或者被害人的特定关系人索取"债务"。

本案仇某向多人放贷，经常将利息计入本金，要求借款人重新出具借条。也存在要求借款人"转单平债"行为，甚至存在挪用单位资金放贷的行为。但是仇某放贷的对象尚不是不特定多数人，不属于非法吸收公众存款。转单平债标的不大，是否还有其他转单平债行为，债务人也不清楚。债务人怀疑挪用单位资金放贷是因为仇某每月工资 3000 余元，但向多人放贷，甚至与某房开公司存在 600 万元资金的借贷关系，而仇某靠工资是没有这个实力的。但是债务人没有充分的证据证实上述事实，因此依据债务人掌握的现有证据不足以认定仇某构成"套路贷"。

（二）强制执行时能否执行债务人作为唯一住所的房屋

2005 年 1 月 1 日施行的最高人民法院《关于人民法院民事执行中查封、扣押、冻结财产的规定》第 6 条规定："对被执行人及其所扶养家属生活所必需的居住房屋，人民法院可以查封，但不得拍卖、变卖或者抵债。"

2015 年 5 月 5 日最高人民法院《关于人民法院办理执行异议和复议案件若干问题的规定》第 20 条规定："金钱债权执行中，符合下列情形之一，被执行人以执行标的系本人及所扶养家属维持生活必需的居住房屋为由提出异议的，人民法院不予支持：（一）对被执行人有扶养义务的人名下有其他能够维持生活必需的居住房屋的；（二）执行依据生效后，被执行人为逃避债务转让其名下其他房屋的；（三）申请执行人按照当地廉租住房保障面积标准为被执行人及所扶养家属提供居住房屋，或者同意参照当地房屋租赁市场平均租金标准从该房屋的变价款中扣除五至八年租金的。执行依据确定被执行人交付居住的房屋，自执行通知送达之日起，已经给予三个月的宽限期，被执行人以该房屋系本人及所扶养家属维持生活的必需品为由提出异议的，人民法院不予支持。"

因此，一般情况下，郭某的唯一住房是不能拍卖的，但是如果符合最高人民法院《关于人民法院办理执行异议和复议案件若干问题的规定》第 20 条规定，那么就可以进入拍卖程序。

就本案而言，申请执行人尚未按照当地廉租住房保障面积标准为被执行人及所扶养家属提供居住房屋，或者同意参照当地房屋租赁市场平均租金标准从该房屋的变价款中扣除 5 年至 8 年租金，郭某的房子就进入拍卖程序，并且两次流拍之后，就折价给了申请执行人。这个拍卖程序是存在法律问题的。

（三）财产保全能否保全超过债务数额的部分

根据《民事诉讼法》（2017 年）第 242 条规定，人民法院查封、扣押、冻结的财产不得超过被执行人应当履行义务的范围。

最高人民法院《关于人民法院办理财产保全案件若干问题的规定》（2020 年）第 15 条第 1、2 款规定："人民法院应当依据财产保全裁定采取相应的查封、扣押、冻结措施。可供保全的土地、房屋等不动产的整体价值明显高于保全裁定载明金额的，人民法院应当对该不动产的相应价值部分采取查封、扣押、冻结措施，但该不动产在使用上不可分或者分割会严重减损其价值的除外。"第 16 条规定："人民法院在财产保全中采取查封、扣押、冻结措施，需要有关单位协助办理登记手续的，有关单位应当在裁定书和协助执行通知书送达后立即办理。针对同一财产有多个裁定书和协助执行通知书的，应当按照送达的时间先后办理登记手续。"

最高人民法院《关于在执行工作中进一步强化善意文明执行理念的意见》第 4 条规定："严禁超标的查封。强制执行被执行人的财产，以其价值足以清偿生效法律文书确定的债权额为限，坚决杜绝明显超标的查封。冻结被执行人银行账户内存款的，应当明确具体冻结数额，不得影响冻结之外资金的流转和账户的使用。需要查封的不动产整体价值明显超出债权额的，应当对该不动产相应价值部分采取查封措施；……"

就本案而言，2016 年 1 月 17 日，仇某通过桥西区法院［2017］冀 0703 民初 100 号裁定书冻结了郭某对某市一建公司 200 万元的债权。此前贵院应仇某申请，已经通过强制执行，划拨了郭某每月的工资以及全部的养老金，2017 年 8 月 7 日还通过桥西区人民法院［2017］冀 0703 第 467 号裁定强制执行了郭某对宣化古城公司的 1 362 638 元债权，该保全通知 2017 年 12 月 4 日就送达宣化古城公司。2018 年 11 月 20 日，还冻结存款 1 248 895 元。这些已经足以覆盖郭某 613 600 本金元以及利息。

根据《民事诉讼法》相关规定，该法院这种重复保全查封的方式是存在法律问题的。

（四）执行中的拍卖程序需要在哪些环节通知并送达被执行人、优先权人、利害关系人、第三人以及案外人？如果未通知到，如何采取执行措施？被执行人如何救济权利

1. 财产保全中的通知和送达程序

《民事诉讼法》（2017 年）第 103 条第 1 款规定，财产保全采取查封、扣押、冻结或者法律规定的其他方法。人民法院保全财产后，应当立即通知被保全财产的人。财产已被查封、冻结的，不得重复查封、冻结。

最高人民法院《关于适用〈中华人民共和国民事诉讼法〉的解释》（2015 年）第 171 条规定："当事人对保全或者先予执行裁定不服的，可以自收到裁定书之日起五日内向作出裁定的人民法院申请复议。人民法院应当在收到复议申请后十日内审查。裁定正确的，驳回当事人的申请；裁定不当的，变更或者撤销原裁定。"第 172 条规定："利害关系人对保全或者先予执行的裁定不服申请复议的，由作出裁定的人民法院依照民事诉讼法第一百零八条规定处理。"

2. 执行程序中的通知

《民事诉讼法》（2017 年）第 240 条规定，执行员接到申请执行书或者移交执行书，应当向被执行人发出执行通知，并可以立即采取强制执行措施。

《民事诉讼法》（2017 年）第 242 条第 2 款规定，人民法院决定扣押、冻结、划拨、变价财产，应当作出裁定，并发出协助执行通知书，有关单位必须办理。

《民事诉讼法》（2017 年）第 244 条规定，被执行人未按执行通知履行法律文书确定的义务，人民法院有权查封、扣押、冻结、拍卖、变卖被执行人应当履行义务部分的财产。但应当保留被执行人及其所扶养家属的生活必需品。采取前款措施，人民法院应当作出裁定。

《民事诉讼法》（2017 年）第 245 条规定，人民法院查封、扣押财产时，被执行人是公民的，应当通知被执行人或者他的成年家属到场；被执行人是法人或者其他组织的，应当通知其法定代表人或者主要负责人到场。拒不到场的，不影响执行。被执行人是公民的，其工作单位或者财产所在地的基层组织应当派人参加。对被查封、扣押的财产，执行员必须造具清单，由在场人签名或者盖章后，交被执行人一份。被执行人是公民的，也可以交他的成年家属一份。

3. 拍卖程序中的通知

《民事诉讼法》（2017 年）第 247 条规定，财产被查封、扣押后，执行员应当责令被执行人在指定期间履行法律文书确定的义务。被执行人逾期不履行的，人民法院应当拍卖被查封、扣押的财产；不适于拍卖或者当事人双方同意不进行拍卖的，人民法院可以委托有关单位变卖或者自行变卖。国家禁止自由买卖的物品，交有关单位按照国家规定的价格收购。

最高人民法院《关于人民法院确定财产处置参考价若干问题的规定》第 4 条规定："采取当事人议价方式确定参考价的，除一方当事人拒绝议价或者下落不明外，人民法院应当以适当的方式通知或者组织当事人进行协商，当事人应当在指定期限内提交议价结果。双方当事人提交的议价结果一致，且不损害他人合法权益的，议价结果为参考价。"第 5 条第 1 款规定："当事人议价不能或者不成，且财产有计税基准价、政府定价或者政府指导价的，人民法院应当向确定参考价时财产所在地的有关机构进行定向询价。"第 16 条规定："采取委托评估方式确定参考价的，人民法院应当通知双方当事人在指定期限内从名单分库中协商确定三家评估机构以及顺序；双方当事人在指定期限内协商不成或者一方当事人下落不明的，采取摇号方式在名单分库或者财产所在地的名单子库中随机确定三家评估机构以及顺序。双方当事人一致要求在同一名单子库中随机确定的，人民法院应当准许。"第 21 条规定："人民法院收到定向询价、网络询价、委托评估、说明补正等报告后，应当在三日内发送给当事人及利害关系人。当事人、利害关系人已提供有效送达地址的，人民法院应当将报告以直接送达、留置送达、委托送达、邮寄送达或者电子送达的方式送达；当事人、利害关系人下落不明或者无法获取其有效送达地址，人民法院无法按照前述规定送达的，应当在中国执行信息公开网上予以公示，公示满十五日即视为收到。"第22条规定："当事人、利害关系人认为网络询价报告或者评估报告具有下列情形之一的，可以在收到报告后五日内提出书面异议：（一）财产基本信息错误；（二）超出财产范围或者遗漏财产；（三）评估机构或者评估人员不具备相应评估资质；（四）评估程序严重违法。对当事人、利害关系人依据前款规定提出的书面异议，人民法院应当参照民事诉讼法第二百二十五条的规定处理。"

最高人民法院《关于人民法院民事执行中拍卖、变卖财产的规定》（2004年）第6条第1款规定："人民法院收到评估机构作出的评估报告后，应当在五日内将评估报告发送当事人及其他利害关系人。当事人或者其他利害关系人对评估报告有异议的，可以在收到评估报告后十日内以书面形式向人民法院提出。第28条第2款规定："第三次拍卖流拍且申请执行人或者其他执行债权人拒绝接受或者依法不能接受该不动产或者其他财产权抵债的，人民法院应当于第三次拍卖终结之日起七日内发出变卖公告。自公告之日起六十日内没有买受人愿意以第三次拍卖的保留价买受该财产，且申请执行人、其他执行债权人仍不表示接受该财产抵债的，应当解除查封、冻结，将该财产退还被执行人，但对该财产可以采取其他执行措施的除外。"第30条规定："人民法院裁定拍卖成交或者以流拍的财产抵债后，除有依法不能移交的情形外，应当于裁定送达后十五日内，将拍卖的财产移交买受人或者承受人。被执行人或者第三人占有拍卖财产应当移交而拒不移交的，强制执行。"

最高人民法院《关于人民法院网络司法拍卖若干问题的规定》第6条规定："实施网络司法拍卖的，人民法院应当履行下列职责：（一）制作、发布拍卖公告；（二）查明拍卖财产现状、权利负担等内容，并予以说明；（三）确定拍卖保留价、保证金的数额、税费负担等；（四）确定保证金、拍卖款项等支付方式；（五）通知当事人和优先购买权人；……"第12条第1款规定："网络司法拍卖应当先期公告，拍卖公告除通过法定途径发布外，还应同时在网络司法拍卖平台发布。拍卖动产的，应当在拍卖十五日前公告；拍卖不动产或者其他财产权的，应当在拍卖三十日前公告。"第13条规定："实施网络司法拍卖的，人民法院应当在拍卖公告发布当日通过网络司法拍卖平台公示下列信息：（一）拍卖公告；（二）执行所依据的法律文书，但法律规定不得公开的除外；（三）评估报告副本，或者未经评估的定价依据；（四）拍卖时间、起拍价以及竞价规则；（五）拍卖财产权属、占有使用、附随义务等现状的文字说明、视频或者照片等；（六）优先购买权主体以及权利性质；（七）通知或者无法通知当事人、已知优先购买权人的情况；（八）拍卖保证金、拍卖款项支付方式和账户；（九）拍卖财产产权转移可能产生的税费及承担方式；（十）执行法院名称，联系、监督方式等；（十一）其他应当公示的信息。"第16条规定："网络司法拍卖的事项应当在拍卖公告发布三日前以书面或者其他能够确认收悉的合理方式，通知当事人、已知优先购买权人。权利人书面明确放弃权利的，可以不通知。无法通知的，应当在网络司法拍卖平台公示并说明无法通知的理由，公示满五日视为已经通知。"

4. 强制迁出房屋或者强制退出土地

《民事诉讼法》（2017年）第250条规定："强制迁出房屋或者强制退出土地，由院长签发公告，责令被执行人在指定期间履行。被执行人逾期不履行的，由执行员强制执行。强制执行时，被执行人是公民的，应当通知被执行人或者他的成年家属到场；被执行人是法人或者其他组织的，应当通知其法定代表人或者主要负责人到场。拒不到场的，不影响执行。被执行人是公民的，其工作单位或者房屋、土地所在地的基层组织应当派人参加。执行员应当将强制执行情况记入笔录，由在场人签名或者盖章。强制迁出房屋被搬出的财物，由人民法院派人运至指定处所，交给被执行人。被执行人是公民的，也可以交给他的成年家属。因拒绝接收而造成的损失，由被执行人承担。"

5. 异议程序中的通知

最高人民法院《关于适用〈中华人民共和国民事诉讼法〉的解释》（2015年）第152条第3款规定："在诉讼中，人民法院依申请或者依职权采取保全措施的，应当根据案件的具体情况，决定当事人是否应当提供担保以及担保的数额。"第164条规定："对申请保全人或者他人提供的担保财产，人民法院应当依法办理查封、扣押、冻结等手续。"

2015年5月5日最高人民法院《关于人民法院办理执行异议和复议案件若干问题的规定》第21条规定："当事人、利害关系人提出异议请求撤销拍卖，符合下列情形之一的，人民法院应予支持：（一）竞买人之间、竞买人与拍卖机构之间恶意串通，损害当事人或者其他竞买人利益的；（二）买受人不具备法律规定的竞买资格的；（三）违法限制竞买人参加竞买或者对不同的竞买人规定不同竞买条件的；（四）未按照法律、司法解释的规定对拍卖标的物进行公告的；（五）其他严重违反拍卖程序且损害当事人或者竞买人利益的情形。当事人、利害关系人请求撤销变卖的，参照前款规定处理。"

根据《民事诉讼法》第244条规定，人民法院采取强制措施，应当保留被执行人及其扶养的家属的生活必需品：……（4）财产经拍卖后流拍且执行债权人不接受抵债，第三人申请以流拍价购买的，可以准许。（5）网络司法拍卖第二次流拍后，被执行人提出以流拍价融资的，人民法院应结合拍卖财产基本情况、流拍价与市场价差异程度以及融资期限等因素，酌情予以考虑。准许融资的，暂不启动以物抵债或强制变卖程序。

被执行人依照第9（3）条规定申请自行变卖，经人民法院准许后，又依照最高人民法院《关于人民法院确定财产处置参考价若干问题的规定》第21条、第23条规定向人民法院提起异议的，不予受理；被执行人就网络询价或评估价提起异议后，又依照第9（3）条规定申请自行变卖的，不应准许。

（五）拍卖标的属于夫妻共同财产时，如何保护不承担债务配偶一方的合法利益

最高人民法院《关于在执行工作中进一步强化善意文明执行理念的意见》第8条规定："合理确定财产处置参考价。执行过程中，人民法院应当按照《最高人民法院关于人民法院确定财产处置参考价若干问题的规定》合理确定财产处置参考价。要在不损害第三人合法权益的情况下，积极促成双方当事人就参考价达成一致意见，以进一步提高确定参考价效率，避免后续产生争议。……"

执行过程中，人民法院应当按照最高人民法院《关于人民法院确定财产处置参考价若干问题的规定》合理确定财产处置参考价。要在不损害第三人合法权益的情况下，积极促成双方当事人就参考价达成一致意见。

（六）撤销之诉和执行异议之诉存在什么区别？在本案中如何适用

（1）撤销之诉的主体是第三人，包括有独立请求权的第三人和无独立请求权的第三人（辅助性第三人、被告型第三人和原告型第三人）。而执行异议之诉的主体是当事人（申请执行人和被申请执行人）和案外人。

（2）撤销之诉仅限于实体处理内容，即生效判决、裁定或者调解书损害

了第三人的实体利益，因此撤销之诉是要推翻原判决、裁定或者调解书。而执行异议之诉的目的不是要推翻原判决、裁定或者调解书，而是排除原判决、裁定或者调解书对执行标的的强制执行。

（3）撤销之诉属于单一之诉，而执行异议之诉属于复合之诉，诉讼请求不仅包括排除原判决、裁定或者调解书对执行标的的强制执行，而且可以包括解决实体关系的确认之诉、给付之诉或者形成之诉。

（4）提起撤销之诉的程序条件是知道或应当知道自己权益被侵犯之日起6个月内提出。提起执行异议之诉的程序条件是收到驳回执行异议的裁定后15日内提出。

（5）提起撤销之诉一般不针对裁定，而提起执行异议之诉主要针对裁定。

（6）提起撤销之诉不能中止原判决、裁定或者调解书的执行，而提起执行异议之诉的审理期间，人民法院不得对执行标的进行处分。申请执行人提供担保的情形除外。

就本案而言，郭某不能提起撤销之诉，因为郭某不是第三人，而是当事人。但是郭某根据《民事诉讼法》第225条有权就执行行为提出异议。郭某提出的异议主要是程序方面的问题，如果郭某对判决有异议，应当提起再审程序。但是提起再审已经过期，丧失了通过审判监督救济自己权利的机会。当事人、利害关系人提出书面异议的，人民法院应当自收到书面异议之日起15日内审查，理由成立的，裁定撤销或者改正；理由不成立的，裁定驳回。当事人、利害关系人对裁定不服的，可以自裁定送达之日起10日内向上一级人民法院申请复议。

郭某的妻子李某华根据《民事诉讼法》第227条有权就执行标的提出异议。执行过程中，李某华作为案外人对执行标的提出书面异议的，人民法院应当自收到书面异议之日起15日内审查，理由成立的，裁定中止对该标的的执行；理由不成立的，裁定驳回。案外人、当事人对裁定不服，认为原判决、裁定错误的，依照审判监督程序办理；与原判决、裁定无关的，可以自裁定送达之日起15日内向人民法院提起诉讼。

最高人民法院《关于人民法院办理财产保全案件若干问题的规定》（2020年）第25条规定："申请保全人、被保全人对保全裁定或者驳回申请裁定不服的，可以自裁定书送达之日起五日内向作出裁定的人民法院申请复议一次。人民法院应当自收到复议申请后十日内审查。对保全裁定不服申请复议的，人民法院经审查，理由成立的，裁定撤销或变更；理由不成立的，裁定驳回。对驳回申请裁定不服申请复议的，人民法院经审查，理由成立的，裁定撤销，并采取保全措施；理由不成立的，裁定驳回。"第 26 条规定："申请保全人、被保全人、利害关系人认为保全裁定实施过程中的执行行为违反法律规定提出书面异议的，人民法院应当依照民事诉讼法第二百二十五条规定审查处理。"第 27 条规定："人民法院对诉讼争议标的以外的财产进行保全，案外人对保全裁定或者保全裁定实施过程中的执行行为不服，基于实体权利对被保全财产提出书面异议的，人民法院应当依照民事诉讼法第二百二十七条规定审查处理并作出裁定。案外人、申请保全人对该裁定不服的，可以自裁定送达之日起十五日内向人民法院提起执行异议之诉。人民法院裁定案外人异议成立后，申请保全人在法律规定的期间内未提起执行异议之诉的，人民法院应当自起诉期限届满之日起七日内对该被保全财产解除保全。"

（七）作为郭某的劣后债权人，李某莉的债权如何得到保障。存在轮候查封的情况下，债权人如何实现自己的利益

第一，李某莉必须及时通过诉讼获得判决书，这样才能进入执行程序。对于郭某这样债台高筑的人，必须尽快诉讼。

第二，李某莉应当尽快向原审法院或者财产所在地法院申请执行，尽量赶在其他债权人之前进入执行程序。

第三，调查郭某与一建公司的工程款支付情况，帮助郭某与一建公司进行工程结算。协助执行法院在仇某之后轮候查封债权，一旦仇某债权实现，立刻利用郭某与一建公司的工程款清偿债权。

第四，调查郭某与宣化古城公司的工程款支付情况，帮助郭某与宣化古城公司进行工程结算。协助执行法院在仇某之后轮候查封债权，一旦仇某债权实现，立刻利用郭某与宣化古城公司的工程款清偿债权。

第五，关注郭某房屋执行情况，一旦仇某债权实现，立刻就盈余部分进行清偿。

第六，关注郭某其他财产线索。

（八）当事人、利害关系人、优先权人、案外人和第三人的区别

《民事诉讼法》执行部分在主体称谓方面出现了很多形式，其后最高人民法院也没有针对这个问题作出明确的解释。现根据《民事诉讼法》和一些学者的观点对上述主体称谓的概念做了初步的归纳。

民事执行案件中的当事人指的是基础法律关系中的原告和被告。

优先权人指的是相对于普通债权具有优先利益的债权人，例如，建设工程优先受偿权、支付了一半以上购房款的消费者、公司其他股东对于拟转让的债权，以及抵押权、质权和留置权等。

第三人指的是具有独立请求权的第三人和没有独立请求权但案件审理结果与其具有利害关系的人、法人或者其他组织。

利害关系人是指在《婚姻法》《继承法》《收养法》等亲属法以及《物权法》《合同法》《公司法》《合伙企业法》《独资企业法》《信托法》《票据法》《证券法》等民商法方面存在基础法律关系，案件的执行将影响其利益的人、法人或者其他组织。

案外人是民事执行案件中，任何认为法院执行行为损害了其利益的人。案外人的范围很广，涵盖一切与执行主体、执行标的、主体间权利和义务有关的人、法人或者其他组织。

（九）律师能否同时为郭某和妻子担任诉讼代理人

郭某与李某华系夫妻，涉案房产也是夫妻二人共有，似乎律师可以为二人担任代理人。但是，郭某与李某华系夫妻二人在本房地产案件执行中的法律地位却截然不同，因此具有不同的权利义务关系。

第一，律师不能同时成为夫妻二人的共同代理人。因为郭某是实体案件中的被告，而李某华不是实体案件中的当事人。郭某是执行案件中的被执行人，而李某华不是执行案件中的被执行人，她可以作为本执行案件的第三人、利害关系人或者案外人。在这种情况下，律师事务所出具律师函、签订《委托代理协议》时很难将诉讼地位不同的人共同列为委托人。

第二，由于在执行中的法律地位不同，因此郭某与李某华的法律诉求也不同，郭某无权对执行人的主张进行抗辩，只能向执行局提出最低生活补助和租金申请。而李某华则可以基于对房屋的实体权利和案外人身份对执行标的提出独立的物权请求，即要求维护自己对该房屋的价值补偿权。作为律师，同时为诉求不同的主体担任代理人显然具有利益协调上的困难。

第三，没有婚内财产协议和析产之前，郭某与李某华之间的利益有可能是有冲突的，例如李某华可能基于婚姻法主张自己对涉案房屋 1/2 的产权，但是郭某有可能主张房子是其供职单位分给他个人的福利房。因此在两人在共有财产份额上不确定的情况下，律师同时代理两个人就存在"一手托两家"

之嫌。

所以，律师在本案中不宜同时代理郭某与李某华。鉴于郭某诉求标的较小，且有法律明文规定，律师可以仅为郭某提供法律咨询。而把代理的重点放在李某华这里，因为后者将对房屋的 1/2 价值提出主张。

最高人民法院《关于人民法院网络司法拍卖若干问题的规定》第 31 条规定："当事人、利害关系人提出异议请求撤销网络司法拍卖，符合下列情形之一的，人民法院应当支持：（一）由于拍卖财产的文字说明、视频或者照片展示以及瑕疵说明严重失实，致使买受人产生重大误解，购买目的无法实现的，但拍卖时的技术水平不能发现或者已经就相关瑕疵以及责任承担予以公示说明的除外；（二）由于系统故障、病毒入侵、黑客攻击、数据错误等原因致使拍卖结果错误，严重损害当事人或者其他竞买人利益的；（三）竞买人之间，竞买人与网络司法拍卖服务提供者之间恶意串通，损害当事人或者其他竞买人利益的；（四）买受人不具备法律、行政法规和司法解释规定的竞买资格的；（五）违法限制竞买人参加竞买或者对享有同等权利的竞买人规定不同竞买条件的；（六）其他严重违反网络司法拍卖程序且损害当事人或者竞买人利益的情形。"第 32 条规定："网络司法拍卖被人民法院撤销，当事人、利害关系人、案外人认为人民法院的拍卖行为违法致使其合法权益遭受损害的，可以依法申请国家赔偿；认为其他主体的行为违法致使其合法权益遭受损害的，可以另行提起诉讼。"第 33 条规定："当事人、利害关系人、案外人认为网络司法拍卖服务提供者的行为违法致使其合法权益遭受损害的，可以另行提起诉讼；理由成立的，人民法院应当支持，但具有法定免责事由的除外。"第 36 条规定："当事人、利害关系人认为网络司法拍卖行为违法侵害其合法权益的，可以提出执行异议。异议、复议期间，人民法院可以决定暂缓或者裁定中止拍卖。案外人对网络司法拍卖的标的提出异议的，人民法院应当依据《中华人民共和国民事诉讼法》第二百二十七条及相关司法解释的规定处理，并决定暂缓或者裁定中止拍卖。"

最高人民法院《关于人民法院办理财产保全案件若干问题的规定》第 21 条第 1、2 款规定："保全法院在首先采取查封、扣押、冻结措施后超过一年未对被保全财产进行处分的，除被保全财产系争议标的外，在先轮候查封、扣押、冻结的执行法院可以商请保全法院将被保全财产移送执行。但司法解释另有特别规定的，适用其规定。保全法院与在先轮候查封、扣押、冻结的执行法院就移送被保全财产发生争议的，可以逐级报请共同的上级人民法院指定该财产的执行法院。"

四、郭某在此诉讼中的错误

（1）图一时清净为有异议的借款和利息打了借条。

（2）超低价卖房导致债务越还越多。

（3）民间借贷案件开庭时不应该缺席，败诉后本应上诉却没有上诉，且在判决生效后的规定时间里没有及时提起再审程序。

（4）财产被保全后没有及时提出异议。

（5）财产被拍卖时没有及时与申请执行人协商，导致住房被以超低价抵账。

（6）财产被拍卖时未及时提出异议。

五、律师对郭某夫妻财产权利的救济程序

（一）为被执行人郭某撰写并提交《执行异议书》和《生活费和租金申请书》

申请书

申请人：郭某，住所地：某市沙河区永安里小区 13 号甲单元 502，身份证号：130702××××3344，电话：139××××1234

申请事项：①不同意贵院 2020 年 11 月 17 日要求我腾空某市沙河区永安里小区 13 号 1 单元 502 的执行措施；②请求给予我 8 年的租房费用；③维持生活的必要费用（参考河北省人均可支配收入）。

事实和理由：

（一）不同意拍卖的理由，见我提交的《执行异议书》。

（二）如果拍卖该房屋，请求法院给我留出 8 年的租房费用。

执行标的是我目前唯一一处住所，如果被拍卖掉我就只能租房住了。可是目前我为了还债，已经变卖了一切财产，实在没有钱租房了。因此恳求法院给我留出租房的租金。

（三）维持生活的必要费用。

根据某市第一医院《诊断证明书》和住院病历（见附件），我患有高血

压三级，糖尿病Ⅱ型、低钾血症、肺结核。仇某通过强制执行，拿走了我每月全部的养老金，我现在没有任何收入。因此恳请法院给我留出维持生活的必要费用。

此致

某市沙河区人民法院

申请人：郭某

2020 年 11 月 29 日

执行异议书

异议人：郭某，住所地：某市沙河区永安里小区 13 号甲单元 502，身份证号：130702××××04433，电话：139××××1234

异议事项：不同意贵院 2020 年 11 月 17 日要求我腾空某市沙河区永安里小区 13 号 1 单元 502 的执行措施。

事实和理由：

贵院根据沙河区法院［2017］冀 0703 号民初 100 号判决书要求郭某将某市沙河区永安里小区 13 号甲单元 502 腾空，现对该公告提出如下异议：

（一）根据《民事诉讼法》（2017 年）第 242 条第 1 款规定，人民法院查封、扣押、冻结的财产不得超过被执行人应当履行义务的范围。然而贵院对我上述住宅的执行远远超出了我对申请执行人的债务。

2017 年 6 月 5 日沙河区法院［2017］冀 0703 号民初 100 号判决我支付申请执行人仇某 613 600 元以及利息。贵院对我的强制执行不应超出这个范围。

然而，2016 年 1 月 17 日，仇某通过沙河区法院［2017］冀 0703 民初 100 号裁定书冻结了我对某市一建公司 200 万元的债权。此前贵院应仇某申请，已经通过强制执行，划拨了我每月的工资以及全部的养老金，2017 年 8 月 7 日还通过沙河区人民法院［2017］冀 0703 第 467 号裁定强制执行了我对宣化古城公司的 1 361 338 元债权，该保全通知 2017 年 12 月 4 日就送达宣化古城公司。2018 年 11 月 20 日，还冻结存款 1 248 895 元。这些已经足以覆盖仇某 613 600 本金元以及利息。

所以我不同意贵院 2020 年 11 月 17 日要求我腾空某市沙河区永安里小区 13 号 1 单元 502 的执行措施。

（二）申请人仇某为财产保全和强制执行提供的担保物严重不足，违反最高人民法院《关于适用〈中华人民共和国民事诉讼法〉的解释》第 152 条规定。

申请人仇某以沙河区永安里小区 13 号甲单元 502 房屋担保，该房屋面积不大，估值 60 万元左右，如何能重复冻结我 400 万元左右的债权和执行我的房产，关于《关于适用〈中华人民共和国民事诉讼法〉的解释》第 152 条规定，申请人申请财产保全，应当提供申请保全数额的担保，很明显，申请人仇某沙河区永安里小区 13 号甲单元 502 房屋不可能值 200 万元，更不用说 400 万元。

（三）根据《民事诉讼法》（2017 年）第 244 条规定，人民法院采取强制措施，应当保留被执行人及其扶养的家属的生活必需品，我和老伴一身是病，现在只有这一套房，失去它我将流离失所。

为了还清仇某的高利贷，我已经被迫卖掉了两套房。我患有高血压、心脏病，老伴腰椎骨折，刚刚出院。现在只有这一套房，失去它如同失去生命一样。

（四）仇某是职业放贷人，她采用高利、复利并将其重新形成欠条的方式，以 60 多万元的本金逼得我倾家荡产。希望法院不要机械之法，希望法院不要充当恶人的工具。

此致
某市沙河区人民法院

异议人：郭某

2020 年 11 月 19 日

（二）为被执行人郭某的配偶撰写并提交《执行异议书》和《生活费和
    租金申请书》

申请书

申请人：李某华，住所地：某市沙河区永安里小区 13 号甲单元 502，身份证号：130703×××3344，电话：137×××2233

申请事项：①不同意贵院 2020 年 11 月 17 日要求我腾空某市沙河区永安

里小区 13 号 1 单元 502 室并进行拍卖的执行措施。②如果拍卖，应给我拍卖所得价款的 50%。③请求给予我八年的租房费用以及维持生活的必要费用。

事实和理由：

（一）贵院根据沙河区法院［2017］冀 0703 号民初 100 号判决书要求郭某将某市沙河区永安里小区 13 号甲单元 502 腾空，根据《婚姻法》规定，我对某市沙河区永安里小区 13 号甲单元 502 房屋拥有 50% 的产权，强制拍卖必然应征求我的意见。我没有参与郭某承包工程的任何事情，判决书也没有我的名字，因此我和郭某借款的事没有任何关系。强制拍卖不能损害我的利益。

（二）根据法释［2015］10 号最高人民法院《关于人民法院办理执行异议和复议案件若干问题的规定》，如果强制拍卖该房产，我将流离失所，我已没有其他收入租房，因此请求给予我 8 年的租房费用。

（三）根据某市第一医院出具的诊断证明书我现在浑身是病，患有高血压三级、脑血管供血不足、脑梗死后遗症、颈动脉硬化、脂蛋白带下紊乱、糖尿病、严重的心脏病等。根据某市第一医院诊断证明、出院记录，我前段时间刚刚胸 8 椎体椎骨折住院，走不了路，生活不能自理。如果没有房子，我不仅生活不能自理，而且也没有生活来源，所以希望给予我保障生存的必要费用（参考河北省人均可支配收入）。

此致
某市沙河区人民法院

异议人：李某华
2020 年 11 月 19 日

执行异议书

异议人：李某华，住所地：某市沙河区永安里小区 13 号甲单元 502，身份证号：130703×××3344，电话：137××××2233

异议事项：①因为我对某市沙河区永安里小区 13 号甲单元 502 房屋拥有 50% 的产权，因此不同意贵院 2020 年 11 月 17 日要求我腾空某市沙河区永安里小区 13 号甲单元 502 室并进行拍卖的执行措施。②如果拍卖，应给我拍卖所得价款的款 50%。③请求给予我八年的租房费用以及维持生活的必要费用。

事实和理由：

贵院根据沙河区法院［2017］冀 0703 号民初 100 号判决书要求郭某将某市沙河区永安里小区 13 号甲单元 502 房屋腾空，现对该公告提出如下异议：

（一）根据《婚姻法》规定，郭某对某市沙河区永安里小区 13 号甲单元 502 房屋仅拥有 50% 的产权，强制拍卖必然会损害我对该房屋的所有权。

我没有参与郭某承包工程的任何事情，判决书也没有我的名字，因此我和郭某借款的事没有任何关系。

（二）如果有这个房子，我不必去租房。如果失去这个房子，我只能去租房，租房就需要一笔费用。对我而言，这是额外的费用，我无力支付。所以请求给予我必要的租房费用。

（三）我现在浑身是病，患有高血压、严重的心脏病。前一段时间刚刚腰椎骨折住院，走不了路，生活不能自理。如果没有房子，我不仅生活不能自理，而且也没有生活来源，所以希望给予我保障生存的必要费用。

（四）生存权高于发展权，对仇某而言，高利放贷是发家致富权，是发展权。对我而言，房子是生存权的保障。一个人的发展权不应当以另一个人失去生存权为代价。我坚信立法精神的原意一定是鳏寡孤独皆有所养，而不是仅保障一部分人一夜暴富。

（五）全国最后一批贫困县已经摘帽脱贫了，国家就要全面实现小康了。可是我却沦为赤贫了。我希望党和政府不要忘记我这样贫困交加、卧病在床的人，我不要求别的，只想有一个小窝儿能够安身就好！

此致
某市沙河区人民法院

异议人：李某华
2020 年 11 月 19 日

（三）通过阅卷查找执行过程中的瑕疵，争取暂停、中止或者撤销具体执行行为，纠正执行中出现的错误

（1）一审判决书送达，同时告知上诉权利。

（2）判决进入执行程序，告知被告限期履行。

（3）告知被执行人报告一年来的财产情况。

（4）申请人申请财产保全的，告知被执行人财产保全情况。申请人对被

申请人多处财产进行保全的，均应将裁定送达被执行人。

（5）需要对保全财产进行拍卖的，要在线上线下发布公告，并通知被执行人。

（6）需要对财产进行评估的，应当通知被执行人。

（7）需要选择评估机构的，需要通知被执行人写上选择或者摇号选择。

（8）评估报告作出后，应当通知被申请人在规定期限内可以提出异议。

（9）财产拍卖时应当公告并通知被执行人。

（10）强制腾空房屋时应当通知被执行人。

（四）代理被执行人就执行行为提出异议或者提起再审

（1）代理被执行人就执行行为提出执行异议。

（2）当被执行人异议被驳回时提出复议申请。

（3）在判决生效后6个月内向上级人民法院提起再审。

（五）代理案外人李某华就执行标的提起执行异议

（1）代理案外人李某华就执行标的提起执行异议。

（2）当执行异议被裁定驳回时，正式到立案庭提起执行异议之诉。

该执行异议之诉不仅包括对执行标的排除执行的主张，而且同时就夫妻共同财产主张实体权利。

由于李某华对该执行标的拥有1/2的所有权，而评估、拍卖时没有通知李某华。由于起拍价低于评估价20%，又经过二次流拍，再经过折价，该标的物折现价值已经大大低于市场价，因此也大大损害了李某华的权利。因此，李某华有权主张重新评估，并获得评估价1/2的价值补偿。

起诉状

原告：李某华，住所地：某市沙河区永安里小区13号甲单元502，身份证号：130703××××3344，电话：137××××5678

被告：仇某，住所地：某市桥西区狼窝沟小区26号丙单元402，身份证号：130703××××7424，电话：137××××7454

第三人郭某，住所地：某市沙河区永安里小区13号甲单元502

诉讼请求：①中止贵院对某市沙河区永安里小区13号甲单元502房屋的执行行为；②判决我对上诉房屋拥有1/2的所有权并按照市场价给予我1/2的补偿；③请求给予我8年的租房费用以及维持生活的必要费用。

事实和理由：

贵院根据桥西区法院［2017］冀 0703 号民初 100 号判决书要求郭某将某市沙河区永安里小区 13 号甲单元 502 房屋腾空，现对该公告提出如下异议：

（一）根据《婚姻法》规定，郭某对某市沙河区永安里小区 13 号甲单元 502 房屋仅拥有 50% 的产权，强制拍卖必然会损害我对该房屋的所有权。

我没有参与郭某承包工程的任何事情，判决书也没有我的名字，因此我和郭某借款的事没有任何关系。

（二）如果有这个房子，我不必去租房。如果失去这个房子，我只能去租房，租房就需要一笔费用。对我而言，这是额外的费用，我无力支付。所以请求给予我必要的租房费用。

（三）我现在浑身是病，患有高血压、严重的心脏病。前一段时间刚刚腰椎骨折住院，走不了路，生活不能自理。如果没有房子，我不仅生活不能自理，而且也没有生活来源，所以希望给予我保障生存的必要费用。

（四）生存权高于发展权，对仇某而言，高利放贷是发家致富权，是发展权。对我而言，房子是生存权的保障。一个人的发展权不应当以另一个人失去生存权为代价。我坚信立法精神的原意一定是鳏寡孤独皆有所养，而不是仅保障一部分人一夜暴富。

六、李某莉如何维护自己的权利

（1）及时起诉郭某获得判决书。

（2）及时申请强制执行，争取取得在先查封、扣押、冻结。

（3）到一建公司核对郭某的账目，看看有无余款可供查封或者清偿。

（4）到宣化古城公司了解该公司财务状况，了解债权查封的执行申请人个数以及顺序情况。到执行局了解执行的进展情况。

（5）帮助郭某的房产能够最大限度清偿仇某，只有仇某债权得以实现，李某莉的债权才有机会实现。

七、本案的经验和教训

（一）民间借贷风险极大，有时影响人的一生

（二）建设工程垫资资金庞大，借贷时要有担保

（三）要了解民间借贷的法律知识

例如，法律规定借贷利息总额不得超过同期同类贷款利息的 4 倍。再如，民间借贷与非法集资、普通借贷与高利贷犯罪的区别与联系。这些知识都是基本的法律知识。

（四）法院开庭时不可缺席

就本案而言，仇某让郭某将利息和本金一起作为新的利息本金，重新打借条，这本身就是违法的，其诉讼请求法律是不支持的。但是，郭某不懂得相关法律知识，没有察觉出问题，因此觉得出庭和不出庭结果都一样，因此缺席了法庭审理，导致仇某的非法诉求通过判决合法化。从而开始了自己的噩梦之旅。

（五）执行局查封冻结的财产不得超过案件标的

本案诉讼标的不足百万元，但是执行局却冻结了郭某五六百万元的现金、债权、不动产等。郭某没有在第一时间提出异议，导致财产进入拍卖执行程序，最终倾家荡产。

（六）要始终关注执行程序中的程序合法性，例如通知送达环节

从裁定执行到终结执行，需要很长时间，中间需要很多通知送达程序。本案执行法院很多程序都没有及时通知到郭某，郭某也没有在第一时间提出异议，导致查封、拍卖程序一走到底，使其失去了很多救济机会。

（七）对于做工程的人而言，财产要合理配置，否则遇到风险时波及家人，损害家人利益

（八）遇到问题要勇于面对，采用回避的方式不仅不能解决问题，而且可能导致情况恶化

本案当事人郭某害怕麻烦，手机长期关机，不在家居住，自以为万事大吉，结果却是倾家荡产，最终身体也垮了。

（九）对于做工程的人而言，垫资承包风险巨大，应当注册公司，获得有限责任保护，设立个人财产与公司财产的防火墙

我国的公司均为有限责任的，承担责任的上限就是公司的净资产，超出这个范围就不再承担责任，也可以申请破产保护。公司是独立法人，没有特殊情况，例如公司法人人格否定等，公司债务与股东无涉，这就是个人财产与公司财产的防火墙。

第十章

如何签订商品房买卖合同

第一节　买受人如何签订商品房买卖合同

买受人买房时，很多情况下，开发商的手续尚不健全，不具备签订商品房买卖合同的条件，因此只能先签订一份《认购协议书》，以此为依据先交付一定数量的定金。

开发商没有取得《商品房预售许可证》《商品房销售许可证》与客户签订的《认购协议书》在性质上是无效合同，除了争议解决条款以外，其他条款对双方当事人没有约束力。因此，不要以为签订了《认购协议书》就大局已定，从法律上讲，这个协议并不受法律保护。所以，《认购协议书》签订以后，一旦房价大涨，就有开发商借口《认购协议书》无效，要求客户来退钱。反之一旦房价大跌，就有客户借口《认购协议书》无效，找开发商退钱。

很多情况下，开发商的工作人员只与客户谈买或不买、全款或分期付款的问题。如果客户提出看看正式的商品房买卖合同，其工作人员为了避免客户对某些条款的疑虑，往往找理由推脱。

作为购房者，一定要明确《商品房买卖合同》是双方均应奉行的圭臬，一定要牢记看过《商品房买卖合同》之后再签约。尤其是《商品房买卖合同》是开发商提供的格式合同，开发商具有合同拟定者的立法优势，如不知道各阶段合同文本的效力，不研究合同条文，很可能给后期的履行埋下隐患。

笔者以现行的《商品房买卖合同示范文本》为例，从买受人角度，谈谈如何签订商品房买卖合同。

《商品房买卖合同示范文本》

编号：GF-2000-0171

商品房买卖合同说明

1. 本合同文本为示范文本，也可作为签约使用文本。签约之前，买受人应当仔细阅读本合同内容，对合同条款及专业用词理解不一致的，可向当地房地产开发主管部门咨询。

2. 本合同所称商品房是指由房地产开发企业开发建设并出售的房屋。

3. 为体现合同双方的自愿原则，本合同文本中相关条款后都有空白行，供双方自行约定或补充约定。双方当事人可以对文本条款的内容进行修改、增补或删减。合同签订生效后，未被修改的文本印刷文字视为双方同意内容。

4. 本合同文本中涉及的选择、填写内容以手写项为优先。

5. 对合同文本【 】中选择内容、空格部位填写及其他需要删除或添加的内容，双方应当协商确定。【 】中选择内容，以划√方式选定；对于实际情况未发生或买卖双方不作约定时，应在空格部位打×，以示删除。

6. 在签订合同前，出卖人应当向买受人出示应当由出卖人提供的有关证书、证明文件。

7. 本合同条款由中华人民共和国建设部和国家工商行政管理局负责解释。

商品房买卖合同

（合同编号：　　　　　　　　　　　）

合同双方当事人：

出卖人：_____

注册地址：_____

营业执照注册号：_____

企业资质证书号：_____

法定代表人：_____联系电话：_____

委托代理人：_____地址：_____

邮政编码：_____联系电话：_____

委托代理机构：_____

注册地址：_____

营业执照注册号：＿＿＿＿＿＿＿＿＿＿＿＿＿＿＿＿＿＿

法定代表人：＿＿＿＿＿＿＿＿联系电话：＿＿＿＿＿＿＿＿＿＿

买受人：＿＿＿＿＿＿＿＿＿＿＿＿＿＿＿＿＿＿＿＿＿＿＿

【本人】【法定代表人】姓名：＿＿＿＿＿＿＿国籍＿＿＿＿

【身份证】【护照】【营业执照注册号】【　】＿＿＿＿＿＿＿＿

地址：＿＿＿＿＿＿＿＿＿＿＿＿＿＿＿＿＿＿＿＿＿＿＿＿

邮政编码：＿＿＿＿＿＿＿联系电话：＿＿＿＿＿＿＿＿＿＿

【委托代理人】【　】姓名：＿＿＿＿＿＿国籍：＿＿＿＿＿

地址：＿＿＿＿＿＿＿＿＿＿＿＿＿＿＿＿＿＿＿＿＿＿＿＿

邮政编码：＿＿＿＿＿＿电话：＿＿＿＿＿＿＿＿＿＿＿＿＿

上面这一段属于合同的当事人条款，通常不为当事人重视。事实上，这部分特别重要。实践中经常有开发商挂靠他人资质开发房地产，所以合同中的出卖人只不过是挂名的出卖人，此时买受人签约时已经发生交易对象错误。实践中可能开发商的房屋由中介公司包销，此时签合同一定要与包销人协调好三方各自的权利义务关系。

注册地址决定将来的诉讼管辖地，所以一定要核实后填写。实践中有些开发商有很多办公地点，或者有很多分公司。在这种情况下，买受人要以《营业执照》上的注册地址为准。如果存在很多地点，难以确定法定注册地址，那么就要选择对自己有利的地址。

如果开发商委托了代理机构或者代理人与买受人签订合同，买受人应当要求出卖人向买受人提交书面的《授权委托书》，以免将来出卖人推脱责任否定自己的义务。

根据《合同法》《城市房地产管理法》及其他有关法律、法规之规定，买受人和出卖人在平等、自愿、协商一致的基础上就买卖商品房达成如下协议：

这一段称作目的条款或者鉴于条款，当事人往往例行公事。事实上应当研判自己购房是否有特殊目的，如果有，就要在目的条款中作出表达，否则会埋下风险。例如，张三为了孩子在某市重点小学上学，特意在该地段购买学区房。当买房后给孩子迁户口时，房主告知她只有这一处房子，没地方落户，迁不出户口。房主户口迁不出，张三和孩子户口就迁不进购买的房子里，也就上不了重点小学。还有人在天津市区买房，目的是落户。但是买上房子后被告知，这房子规划上是公寓，不能办理户口。对于上述情况，如果在合同目的条款中明确购房目的，出现上述意外情况，买受人就可以目的落空为由，解除合同。反之只能吞下苦果，耽误大事。

第一条　项目建设依据。

出卖人以＿＿＿＿＿方式取得位于＿＿＿＿＿＿＿＿、编号为＿＿＿＿＿＿＿＿＿＿＿＿的地块的土地使用权。【土地使用权出让合同号】【土地使用权划拨批准文件号】【划拨土地使用权转让批准文件号】为＿＿＿＿＿＿＿＿＿＿＿＿。

该地块土地面积为＿＿＿＿＿＿＿＿＿＿，规划用途为＿＿＿＿＿＿，土地使用年限自＿＿＿＿年＿＿＿＿月＿＿＿＿日至＿＿＿＿年＿＿＿＿月＿＿＿＿日。

出卖人经批准，在上述地块上建设商品房，【现定名】【暂定名】＿＿＿＿＿＿＿＿＿＿＿＿＿＿＿。建设工程规划许可证号为＿＿＿＿＿＿＿＿＿＿＿，施工许可证号为＿＿＿＿＿＿＿＿＿＿＿＿＿＿＿。

买房时，如果上述空格留白或者开发商工作人员不提供相应信息，则开发商在售房手续上极有可能存在瑕疵。

买房时，要看规划条件和红线图，要看地块编号、土地面积、建筑面积与规划许可证上的数字是否相符。

要看规划用途，有的小区是商业用地，所买的住房其实是公寓，但是买房人不懂得公寓和商品房住宅的区别，将公寓当商品房住宅购置上了。过后在落户、转让、续期、税费、水电缴费等方面可能会遇到一些麻烦。

要看土地使用权年限，正常年限为70年。但是有些小区拿地较早，开发较晚，或者建设过程中发生停、窝工现象，或者不能及时给付工程款，导致延期交房。这种情况下，所买房屋相应的土地使用权就不足70年，甚至不足60年、50年。这种情况下，一定要求开发商就买房人期限利益的损失给予补偿。否则得到的就属于缺斤短两的产品。

第二条　商品房销售依据。

买受人购买的商品房为【现房】【预售商品房】。预售商品房批准机关为＿＿＿＿＿＿＿＿＿＿＿，商品房预售许可证号为＿＿＿＿＿＿＿＿＿＿＿＿＿。

一个项目可能有若干期，预售证也可能有多个。因此要知道自己所购商品房属于第几期，并且能和售楼处的预售证对应上。

第三条　买受人所购商品房的基本情况。

买受人购买的商品房（以下简称该商品房，其房屋平面图见本合同附件一，房号以附件一上表示为准）为本合同第一条规定的项目中的：

第_____【幢】【座】_____【单元】【层】_____号房。

该商品房的用途为_____，属_____结构，层高为_____，建筑层数地上_____层，地下_____层。

本款非常重要，应当踏勘现场，以确定合同表述是否准确。

该商品房阳台是【封闭式】【非封闭式】。

封闭和非封闭在计算面积方面存在不同，因此不能随意忽视。

该商品房【合同约定】【产权登记】建筑面积共_____平方米，其中，套内建筑面积_____平方米，公共部位与公用房屋分摊建筑面积_____平方米（有关公共部位与公用房屋分摊建筑面积构成说明见附件二）。

本款非常重要，第一，通过本款可以知道自己所购住房的实得面积，以权衡交易的性价比。第二，如果买房附赠草地、车位、地下室、露台等，应当在本款明确。第三，所赠草地属于专用部分还是小区共有部分、车位属于规划车位还是地上业主共有道路上的车位、地下室是民用住宅还是人防工程、草地、车位、地下室、露台能否独立办理产权登记应在本款明确。

如所购为复式结构，还应分别明确楼上和楼下的面积，避免上下不平衡。

第四条　计价方式与价款。

出卖人与买受人约定按下述第_____种方式计算该商品房价款：

1. 按建筑面积计算，该商品房单价为（_____币）每平方米_____元，总金额（_____币）_____千_____百__拾_____万_____千_____百_____拾_____元整。

2. 按套内建筑面积计算，该商品房单价为（_____币）每平方米_____元，总金额（_____币）_____千百_____拾_____万_____千_____百_____拾_____元整。

3. 按套（单元）计算，该商品房总价款为（_____币）_____千_____百_____拾_____万_____千_____百_____拾_____元整。

第五条　面积确认及面积差异处理。

根据当事人选择的计价方式，本条规定以【建筑面积】【套内建筑面积】（本条款中均简称面积）为依据进行面积确认及面积差异处理。

当事人选择按套计价的，不适用本条约定。

合同约定面积与产权登记面积有差异的，以产权登记面积为准。

商品房交付后，产权登记面积与合同约定面积发生差异，双方同意按第_____种方式进行处理：

1. 双方自行约定：

（1）＿＿＿＿＿＿＿＿＿＿＿＿＿＿＿＿＿＿＿＿＿＿＿＿＿＿＿；

（2）＿＿＿＿＿＿＿＿＿＿＿＿＿＿＿＿＿＿＿＿＿＿＿＿＿＿＿；

（3）＿＿＿＿＿＿＿＿＿＿＿＿＿＿＿＿＿＿＿＿＿＿＿＿＿＿＿。

2. 双方同意按以下原则处理：

（1）面积误差比绝对值在 3% 以内（含 3%）的，据实结算房价款；

（2）面积误差比绝对值超出 3% 时，买受人有权退房。

买受人退房的，出卖人在买受人提出退房之日起 30 天内将买受人已付款退还给买受人，并按＿＿＿＿＿＿＿利率付给利息。

买受人不退房的，产权登记面积大于合同约定面积时，面积误差比在 3% 以内（含 3%）部分的房价款由买受人补足；超出 3% 部分的房价款由出卖人承担，产权归买受人。产权登记面积小于合同登记面积时，面积误差比绝对值在 3% 以内（含 3%）部分的房价款由出卖人返还买受人；绝对值超出 3% 部分的房价款由出卖人双倍返还买受人。

$$面积误差比 = \frac{产权登记面积 - 合同约定面积}{合同约定面积} \times 100\%$$

因设计变更造成面积差异，双方不解除合同的，应当签署补充协议。

第六条　付款方式及期限。

买受人按下列第_____种方式按期付款：

1. 一次性付款

＿＿＿＿＿＿＿＿＿＿＿＿＿＿＿＿＿＿＿＿＿＿＿＿＿＿＿＿＿＿。

2. 分期付款

＿＿＿＿＿＿＿＿＿＿＿＿＿＿＿＿＿＿＿＿＿＿＿＿＿＿＿＿＿＿。

3. 其他方式

_____。

买受人通过按揭方式付款的，应当在本条详细约定。主要是明确贷款性质属于商业贷款或者公积金贷款。约定按揭贷款过程中，买受人和出卖人各自的权利义务，以及违约责任。

第七条　买受人逾期付款的违约责任。

买受人如未按本合同规定的时间付款，按下列第_____种方式处理：

1. 按逾期时间，分别处理（不作累加）

（1）逾期在_____日之内，自本合同规定的应付款期限之第二天起至实际全额支付应付款之日止，买受人按日向出卖人支付逾期应付款_____‰的违约金，合同继续履行；

（2）逾期超过_____日后，出卖人有权解除合同。出卖人解除合同的，买受人按累计应付款的_____%向出卖人支付违约金。买受人愿意继续履行合同的，经出卖人同意，合同继续履行，自本合同规定的应付款期限之第二天起至实际全额支付应付款之日止，买受人按日向出卖人支付逾期应付款_____‰［该比率应不小于第（1）项中的比率］的违约金。

本条中的逾期应付款指依照本合同第六条规定的到期应付款与该期实际已付款的差额；采取分期付款的，按相应的分期应付款与该期的实际已付款的差额确定。

2. _____。

第八条　交付期限。

出卖人应当在_____年_____月_____日前，依照国家和地方人民政府的有关规定，将具备下列第_____种条件，并符合本合同约定的商品房交付买受人使用：

1. 该商品房经验收合格。

2. 该商品房经综合验收合格。

3. 该商品房经分期综合验收合格。

4. 该商品房取得商品住宅交付使用批准文件。

5. _____。

但如遇下列特殊原因，除双方协商同意解除合同或变更合同外，出卖人可据实予以延期：

1. 遭遇不可抗力，且出卖人在发生之日起_____日内告知买受人的；

2. _____；

3. _____。

工程验收分为分部分项验收和竣工验收、单体验收和综合验收、单项验收和整体验收等，买受人需要的一定是竣工验收、综合验收和整体验收。

分部分项验收只是施工中特定工序的验收，例如基础、主体、水暖电等，尚不具备居住条件。只有竣工验收，施工合同中的承包人义务才完全得以履行。

单体验收是指针对特定楼座进行验收，它包括了分户验收。有些开发商为了尽快交房，哪栋楼能住人了就验收哪栋楼，然后给该栋楼房出具《竣工验收报告》《规划验收报告》《竣工验收证明书》《竣工验收备案表》，这样该栋楼就通过了单体验收，貌似可以交付入驻了。

但是，小区是一个整体，即使自己所买的房屋所在的楼座通过了验收，但是如果没有通过综合验收，那么很可能大门没修，围墙未建，出门还是工地，基坑遍地，到处管线，规划中配套的幼儿园、养老院、小学、步行街、菜市场还没建起来。房子能住人了，但是不能在那里正常生活。因此，买受人需要的一定是综合验收。

单项验收是指规划、消防、绿化、环保等方面完成验收，整体验收就是所有单项验收全部合格。

所以，买受人应当在第五项作如下约定：该商品房所在小区竣工后综合验收达到合格后交付。

第九条　出卖人逾期交房的违约责任。

除本合同第八条规定的特殊情况外，出卖人如未按本合同规定的期限将该商品房交付买受人使用，按下列第_____种方式处理：

1. 按逾期时间，分别处理（不作累加）

（1）逾期不超过_____日，自本合同第八条规定的最后交付期限的第二天起至实际交付之日止，出卖人按日向买受人支付已交付房价款_____‰的违约金，合同继续履行；

（2）逾期超过_____日后，买受人有权解除合同。买受人解除合同的，出卖人应当自买受人解除合同通知到达之日起_____天内退还全部已付款，并按买受人累计已付款的_____%向买受人支付违约金。买受人要求继续履行合同的，合同继续履行，自本合同第八条规定的最后交付期限的第二天起至实际交付之日止，出卖人按日向买受人支付已交付房价款_____‰〔该比率应不小于第（1）项中的比率〕的违约金。

2. _____。

《民法典》第562条规定了约定解除的条件。

《民法典》第563条规定了法定解除的条件，其中第4项是关于迟延履行。

《民法典》第564条规定了解除权行使的条件。

《民法典》第565条规定了解除权行使的程序规则。

2020年最高人民法院《关于审理商品房买卖合同纠纷案件适用法律若干问题的解释》第11条第1款规定："根据民法典第五百六十三条的规定，出卖人迟延交付房屋或者买受人迟延交付购房款，经催告后在三个月的合理期限内仍未履行，解除权人请求解除合同的，应予支持，但当事人另有约定的除外。"

根据上述法律规定，建议将逾期的期间约定为3个月。建议退还房款的日期约定为10天。建议违约金比例约定为5‰/天。

第十条　规划、设计变更的约定。

经规划部门批准的规划变更、设计单位同意的设计变更导致下列影响到买受人所购商品房质量或使用功能的，出卖人应当在有关部门批准同意之日起10日内，书面通知买受人：

（1）该商品房结构形式、户型、空间尺寸、朝向；

（2）_____；

（3）_____。

买受人有权在通知到达之日起15日内做出是否退房的书面答复。买受人在通知到达之日起15日内未作书面答复的，视同接受变更。出卖人未在规定时限内通知买受人的，买受人有权退房。

买受人退房的，出卖人须在买受人提出退房要求之日起_____天内将买受人已付款退还给买受人，并按_____利率付给利息。买受人不退房的，应当与出卖人另行签订补充协议。

房屋布局、结构属于买受人个性化需求，出卖人交付使用的房屋必须与承诺一致，否则买受人有权退房。

有些买受人不仅对布局、结构有要求，而且对房间形状、方位、次序、高低均有要求，这些一定要以书面形式予以确定。如果发生规划、设计变更，买受人享有合同解除权。

《最高人民法院公报》2017 年第 9 期刊登的张某华、徐某英诉启东市取生置业公司房屋买卖纠纷案中，房屋面积、结构、布局均与约定一致，只是房间的左右顺序发生变更。买受人要求解除合同，法院认为属合同落空并予以支持。

因此，买房人若对房间有特定要求，一定要通过书面形式使主观目的客观化，并加盖房开公司公章，作为将来接受房子的依据。

第十一条　交接。

商品房达到交付使用条件后，出卖人应当书面通知买受人办理交付手续。双方进行验收交接时，出卖人应当出示本合同第八条规定的证明文件，并签署房屋交接单。所购商品房为住宅的，出卖人还需提供《住宅质量保证书》和《住宅使用说明书》。出卖人不出示证明文件或出示证明文件不齐全，买受人有权拒绝交接，由此产生的延期交房责任由出卖人承担。

由于出卖人原因，未能按期交付的，双方同意按以下方式处理：

商品房交接包括资料交接和实物交接，实践中人们总关注实物交接，忽视资料交接。所以本条应当约定实物交接的内容，例如，房屋、露台、车位、地下室、草地、钥匙、消防器材、精装修房屋更须详细列举实物交接的内容。资料交接包括"两书一表"和书面交接单。交接单中应当包括闭水试验结果、强弱电、供暖、给排水、门窗等使用效果以及评价。

出卖人没有全面、适当履行本条义务，买受人有权依据本合同第九条约定追究出卖人的责任。

第十二条　出卖人保证销售的商品房没有产权纠纷和债权债务纠纷。因出卖人原因，造成该商品房不能办理产权登记或发生债权债务纠纷的，由出卖人承担全部责任。

根据《民法典》规定，出卖人对售出商品具有瑕疵担保责任，瑕疵担保括权利担保和质量担保。权利担保指出卖人是所售商品的所有权人，有权行使处分权能。同时所售商品不附着优先权、抵押权以及一般债权。

在房价大涨的情况下，开发商经常"一房二卖"，谋取更高的利润。也有开发商为了融资，将买受人的房屋设定抵押权，或者以房抵债，这种情况下，买受人的权利就会受到侵害。

2003 年最高人民法院《关于审理商品房买卖合同纠纷案件适用法律若干问题的解释》第 8 条、第 9 条规定，出卖人隐瞒未取得商品房预售许可证以及所售房源为拆迁安置房等情况、一房二卖、将抵押出去的房屋卖给买受人，出卖人须赔偿买受人相当于已付房款一倍的赔偿金。2020 年修改的司法解释删除了这个规定，但是笔者认为这个规定很合理。

尽管法律已经删除了上述规定，买受人可以将上述罚则约定在合同中。具体可以表述为：由于出卖人原因导致本合同标的物出现所有权、抵押权等物权纠纷，或者引发债权债务纠纷，出卖人应当赔偿相当于买受人已付房款一倍的经济损失。仍然不足弥补买受人损失的，还应当依据买受人因此受到的全部损失承担赔偿责任。

第十三条　出卖人关于装饰、设备标准承诺的违约责任。

出卖人交付使用的商品房的装饰、设备标准应符合双方约定（附件三）的标准。达不到约定标准的，买受人有权要求出卖人按照下述第_____种方式处理：

1. 出卖人赔偿双倍的装饰、设备差价。

2. _____。

3. _____。

第十四条　出卖人关于基础设施、公共配套建筑正常运行的承诺。

出卖人承诺与该商品房正常使用直接关联的下列基础设施、公共配套建筑按以下日期达到使用条件：

1. _____；

2. _____；

3. _____。

如果在规定日期内未达到使用条件，双方同意按以下方式处理：

1. _____；

2. _____；

3. _____。

第十五条　关于产权登记的约定。

出卖人应当在商品房交付使用后_____日内，将办理权属登记需由出卖人提供的资料报产权登记机关备案。如因出卖人的责任，买受人不能在规定期限内取得房地产权属证书的，双方同意按下列第_____项处理：

1. 买受人退房，出卖人在买受人提出退房要求之日起_____日内将买受人已付房价款退还给买受人，并按已付房价款的_____%赔偿买受人损失。

2. 买受人不退房，出卖人按已付房价款的_____%向买受人支付违约金。

3._____。

从法律角度讲，只有拿到房产证，买房人才真正获得了房款的对价，即真正成了房子的主人。所以买房人签约时，不仅要关注交房，而且要将房产证的办理作为合同履行的重中之重。

很多买房人认为交了房款，开发商办理房产证是理所当然的事，因此根本不想房产证的事。然而很多买房人签约时很干脆，但是却在后来的房产证问题上伤透了心。

要避免因为房产证办理逾期，就必须了解房产证办理的相关规定，并签订好这一条款。

《城市房地产开发经营管理条例》（2020 年）第 32 条规定："预售商品房的购买人应当自商品房交付使用之日起 90 日内，办理土地使用权变更和房屋所有权登记手续；现售商品房的购买人应当自销售合同签订之日起 90 日内，办理土地使用权变更和房屋所有权登记手续。房地产开发企业应当协助商品房购买人办理土地使用权变更和房屋所有权登记手续，并提供必要的证明文件。"

2020 年最高人民法院《关于审理商品房买卖合同纠纷案件适用法律若干问题的解释》第 14 条规定："由于出卖人的原因，买受人在下列期限届满未能取得房屋权属证书的，除当事人有特殊约定外，出卖人应当承担违约责任：（一）商品房买卖合同约定的办理房屋所有权登记的期限；（二）商品房买卖合同的标的物为尚未建成房屋的，自房屋交付使用之日起 90 日；（三）商品房买卖合同的标的物为已竣工房屋的，自合同订立之日起 90 日。合同没有约定违约金或者损失数额难以确定的，可以按照已付购房款总额，参照中国人民银行规定的金融机构计收逾期贷款利息的标准计算。"第 15 条规定："商品房买卖合同约定或者《城市房地产开发经营管理条例》第三十三条规定的办理房屋所有权登记的期限届满后超过一年，由于出卖人的原因，导致买受人无法办理房屋所有权登记，买受人请求解除合同和赔偿损失的，应予支持。"

因此，买房人应当填写的正确日期是 90 日，赔偿的百分比一般填写30%。也可以在本条的第三项这样约定："3. 因出卖人的责任，买受人不能在规定期限内取得房地产权属证书后，买受人有权根据自己实际需要决定收房或者退房。出卖人应当按照已付房价款的 30% 向买受人支付违约金。约定违约金不足以弥补买受人经济损失的，出卖人还应当赔偿买受人的直接损失和间接损失（包括但不限于预期利益、房价差价、评估费、鉴定费、诉讼费、保全费、律师费、差旅费等）。"

第十六条　保修责任。

买受人购买的商品房为商品住宅的，《住宅质量保证书》作为本合同的附件。出卖人自商品住宅交付使用之日起，按照《住宅质量保证书》承诺的内容承担相应的保修责任。

买受人购买的商品房为非商品住宅的，双方应当以合同附件的形式详细约定保修范围、保修期限和保修责任等内容。

在商品房保修范围和保修期限内发生质量问题，出卖人应当履行保修义务。因不可抗力或者非出卖人原因造成的损坏，出卖人不承担责任，但可协助维修，维修费用由购买人承担。

严格而言，房开公司交房时，应向业主交付"两书一表"即《住宅质量保证书》《住宅使用说明书》，还有《建设工程竣工验收备案表》。本条应对此予以明确。

有些房开公司尚未竣工验收，但是为了筹措资金，于是就提前交房，然后向业主主张住房尾款。这其实属于房开公司的融资手段。此时很可能承包人因为尚未验收不能给房开公司出具《建设工程保修书》，那么房开公司也就不能向业主出具《住宅质量保证书》。

如果开发商不出具《住宅质量保证书》《住宅使用说明书》，却让业主提前入住，业主有权拒绝收房。或者收房但拒绝交付尾款，直到房屋竣工验收合格并向业主提供"两书一表"。

第十七条　双方可以就下列事项约定：

1. 该商品房所在楼宇的屋面使用权＿＿＿＿＿＿＿＿＿＿＿＿＿＿＿＿；
2. 该商品房所在楼宇的外墙面使用权＿＿＿＿＿＿＿＿＿＿＿＿＿＿；
3. 该商品房所在楼宇的命名权＿＿＿＿＿＿＿＿＿＿＿＿＿＿＿＿＿；
4. 该商品房所在小区的命名权＿＿＿＿＿＿＿＿＿＿＿＿＿＿＿＿＿；
5. ＿＿＿＿＿＿＿＿＿＿＿＿＿＿＿＿＿＿＿＿＿＿＿＿＿＿＿＿＿＿。

实践中有些建筑物的屋面、外墙具有商业价值，例如临街的居民楼。开发商要利用这些部位获取利润，需要业主的同意。屋面、外墙均属于业主共同所有，因此业主有权处分自己相应权利。

至于楼宇和小区的冠名权则以业主委员会成立为界限，之前冠名权由开发商决定，之后由业主委员会决定，但是业主委员会也需要征得主管部门同意。

第十八条 买受人的房屋仅作_____使用，买受人使用期间不得擅自改变该商品房的建筑主体结构、承重结构和用途。除本合同及其附件另有规定者外，买受人在使用期间有权与其他权利人共同享用与该商品房有关联的公共部位和设施，并按占地和公共部位与公用房屋分摊面积承担义务。

出卖人不得擅自改变与该商品房有关联的公共部位和设施的使用性质。

住宅与经营性住房具有严格界限，一旦约定为住宅，买房人将房屋出租或者用于经营就需要在社区备案，需要邻居甚至有证据证明有利害关系的业主同意。否则不得出租或者用于经营。

通常买受人房屋的用途在小区规划条件和建筑红线图中已经明确，本款沿袭建筑规划许可载名的用途即可，没有必要再生波澜。

第十九条 本合同在履行过程中发生的争议，由双方当事人协商解决；协商不成的，按下述第_____种方式解决：

1. 提交_____仲裁委员会仲裁。

2. 依法向人民法院起诉。

从理论上讲，仲裁的优点是更民主、更透明、更便捷，因为仲裁程序允许当事人双方按照自己的意愿选择自己信任的仲裁员，而且仲裁是一裁终局，不像诉讼那样还有二审、再审程序。实践中，也有很多案件久拖不决，甚至一个案子审理七八年，远远超过审限。因此，实践层面上，仲裁不一定比诉讼更及时、快捷。

因此出现纠纷时，选择仲裁还是诉讼，还是看当事人的具体情况，如果当事人所在地在北上广深等一线城市，笔者建议工程当事人首选仲裁，中国国际经济贸易仲裁委 2017 年受理案件 2298 个，个案标的过亿的 117 件，案件总标的 719 亿元，北京市仲裁委员会 2017 年受理案件 3550 个，个案标的过亿的 94 件，案件总标的 448 亿元。其他广州、上海、华南、深圳、武汉、重庆、湛江、厦门也都是全年受案百亿的仲裁委员会。中国国际经济贸易仲裁委不仅是世界受案标的排名第一的仲裁委员会，而且在世界享有很高声誉。

因此如果当事人所在地在北上广深等一线城市，笔者建议工程当事人首选仲裁。

但是如果案件纠纷出现在经济不发达地区，那么笔者还是建议选择诉讼。因为法官比仲裁委员会成员审判经验更丰富，而且法院审理的案件更有利于案件的执行。

第二十条　本合同未尽事项，可由双方约定后签订补充协议（附件四）。

第二十一条　合同附件与本合同具有同等法律效力。本合同及其附件内，空格部分填写的文字与印刷文字具有同等效力。

第二十二条　本合同连同附件共_____页，一式_____份，具有同等法律效力，合同持有情况如下：

出卖人_____份，买受人_____份，_____份，_____份。

第二十三条　本合同自双方签订之日起生效。

第二十四条　商品房预售的，自本合同生效之日起 30 天内，由出卖人向_____申请登记备案。

出卖人（签章）：　　　　　　买受人（签章）：

【法定代表人】：　　　　　　【法定代表人】：

【委托代理人】：　　　　　　【委托代理人】：

（签章）　　　　　　　　　　【　　　　　】：

_____年_____月_____日　　_____年_____月_____日

实践中，出卖人加盖在合同上的印章多种多样，例如，某房开公司售房专用章、某项目专用章、某房开公司售楼部章、财务专章、合同专用章等。从法律角度，出卖人应在合同上加盖在公安部门、工商部门和行政审批中心备案的公司印章或者合同专用章。其他印章均非正式公章。一旦房价飞涨，房开公司有可能以印章不规范为由否定合同效力。

审核本款时，主要看合同生效条件。如是签章生效，就必须加盖公章同时法定代表人签字；如仅是盖章生效或者签字生效，那么就不必同时签字盖章。

如不是法定代表人签字，那么代表房开公司签字的人一定要有授权委托书，否则构成无权代理。

签字是指法定代表人或者授权代理人本人书面签字，实践中很多公司以法定代表人名章代替殊不可取，除非该名章在公安部门、工商部门和行政审批中心备案，否则该名章不具备公示公信效力，也不具备信用担保作用。

附件一：房屋平面图

附件二：公共部位与公用房屋分摊建筑面积构成说明

附件三：装饰、设备标准

(1) 外墙：

(2) 内墙：

(3) 顶棚：

(4) 地面：

(5) 门窗：

(6) 厨房：

(7) 卫生间：

(8) 阳台：

(9) 电梯：

(10) 其他：

附件四：合同补充协议

第二节　出卖人如何签订商品房买卖合同

出卖人的销售人员必须精通国家有关房地产销售的法律规定，尤其是关于房地产销售方面的国家政策以及所在省市的调控政策。例如，关于房屋首付、限售、限价、限购、备案、网签、纳税方面的规定，切不可为了销售业绩，隐瞒事实，弄虚作假，自摆乌龙。

出卖人的销售人员应熟稔《商品房买卖合同》编号、《销控表》《销售一览表》、房源抵押抵债情况、钥匙领取情况、《入住通知书》《入住交接单》《物业管理合同》等文件，对已售出和未售出房源烂熟于胸。否则发生"一房二卖""标的落空"等情形都将给公司造成巨大的损失。

主要销售主管人员之间应当通过书面和网络方式及时通报房源销售情况，上情下达、下情上达，尤其对于非交易场所销售的物业，必须马上传到销售部门的全部网络，从而避免因为信息不畅造成的损失。

一定要熟悉广告、宣传册、沙盘、《认购协议书》《商品房买卖合同》《补充协议》之间的法律关系。确定的东西可以写入合同，不确定的东西不能信口开河，更不能体现在书面。

第一条　项目建设依据。

出卖人以_____方式取得位于_____、编号为_____的地块的土地使用权。【土地使用权出让合同号】【土地使用权划拨批准文件号】【划拨土地使用权转让批准文件号】为_____。

该地块土地面积为_____，规划用途为_____，土地使用年限自____年____月____日至____年____月____日。

出卖人经批准，在上述地块上建设商品房，【现定名】【暂定名】____。建设工程规划许可证号为_____，施工许可证号为_____。

第二条　商品房销售依据。

买受人购买的商品房为【现房】【预售商品房】。预售商品房批准机关为_____，商品房预售许可证号为_____。

由于每份合同的上述内容基本一样，所以建议上述内容以印章和打号机完成，避免销售人员字迹不清、出现失误，也能够极大提高工作效率。

第三条　买受人所购商品房的基本情况。

买受人购买的商品房（以下简称该商品房，其房屋平面图见本合同附件一，房号以附件一上表示为准）为本合同第一条规定的项目中的：

第_____【幢】【座】_____【单元】【层】_____号房。

该商品房的用途为_____，属_____结构，层高为_____，建筑层数地上_____层，地下_____层。

该商品房阳台是【封闭式】【非封闭式】。

该商品房【合同约定】【产权登记】建筑面积共_____平方米，其中，套内建筑面积_____平方米，公共部位与公用房屋分摊建筑面积_____平方米（有关公共部位与公用房屋分摊建筑面积构成说明见附件二）。

本条应当注明建筑面积最终以实测面积为准。

第四条　计价方式与价款。

出卖人与买受人约定按下述第_____种方式计算该商品房价款：

1. 按建筑面积计算，该商品房单价为（_____币）每平方米_____元，总金额（_____币）_____千_____百_____拾_____万_____千____百_____拾_____元整。

2. 按套内建筑面积计算，该商品房单价为（____币）每平方米____元，

总金额（_____币）_____千_____百_____拾_____万_____千_____
百_____拾_____元整。

3. 按套（单元）计算，该商品房总价款为（_____币）_____千____
__百_____拾_____万_____千_____百_____拾_____元整。

在房地产业整体萎靡情况下，买受人逾期付款或者履约不能的概率增加，在这种情况下，房开公司销售人员应当建议买受人就自己应付房款提供担保，例如以自有住房或者第三方住房提供抵押；也可以通过保证的方式为自己的付款行为提供担保。

第五条　面积确认及面积差异处理。

根据当事人选择的计价方式，本条规定以【建筑面积】【套内建筑面积】（本条款中均简称面积）为依据进行面积确认及面积差异处理。

当事人选择按套计价的，不适用本条约定。

合同约定面积与产权登记面积有差异的，以产权登记面积为准。

商品房交付后，产权登记面积与合同约定面积发生差异，双方同意按第_____种方式进行处理：

1. 双方自行约定：

（1） _____；

（2） _____；

（3） _____。

2. 双方同意按以下原则处理：

（1） 面积误差比绝对值在3%以内（含3%）的，据实结算房价款；

（2） 面积误差比绝对值超出3%时，买受人有权退房。

买受人退房的，出卖人在买受人提出退房之日起30天内将买受人已付款退还给买受人，并按_____利率付给利息。

买受人不退房的，产权登记面积大于合同约定面积时，面积误差比在3%以内（含3%）部分的房价款由买受人补足；超出3%部分的房价款由出卖人承担，产权归买受人。产权登记面积小于合同登记面积时，面积误差比绝对值在3%以内（含3%）部分的房价款由出卖人返还买受人；绝对值超出3%部分的房价款由出卖人双倍返还买受人。

产权登记面积－合同约定面积

面积误差比＝_____×100%

合同约定面积

因设计变更造成面积差异，双方不解除合同的，应当签署补充协议。

第六条 付款方式及期限。

买受人按下列第_____种方式按期付款：

1. 一次性付款

_____。

2. 分期付款

_____。

3. 其他方式

_____。

本条中，尤其按揭贷款中，一定要尽可能多地留下买受人的联系方式，例如移动电话、固定电话、微信、微博、电子邮箱、抖音、快手、直播 IP 等，为了保险还应留下买房人最少两名近亲属的联系方式。

由于信息不畅，导致很多诉讼。主要是买受人通讯方式变更，出卖人联系不上，导致无法签订《商品房买卖合同》，无法办理按揭手续，无法交接房屋。此时，房开公司对于买受人所购房屋不知是应该留下还是卖给别人，搞得进退两难。尤其是房价大好，一房难求时，卖掉可能涉嫌"一房二卖"，不卖又暴殄天物，错过了一波大行情。

此外，根据本条留下的联系方式与买房人联系时，需要录音，甚至公证或者请律师见证。

第七条　买受人逾期付款的违约责任。

买受人如未按本合同规定的时间付款，按下列第_____种方式处理：

1. 按逾期时间，分别处理（不作累加）

（1）逾期在_____日之内，自本合同规定的应付款期限之第二天起至实际全额支付应付款之日止，买受人按日向出卖人支付逾期应付款万分之_____的违约金，合同继续履行；

（2）逾期超过_____日后，出卖人有权解除合同。出卖人解除合同的，买受人按累计应付款的_____%向出卖人支付违约金。买受人愿意继续履行合同的，经出卖人同意，合同继续履行，自本合同规定的应付款期限之第二天起至实际全额支付应付款之日止，买受人按日向出卖人支付逾期应付款万分之_____（该比率应不小于第 1 项中的比率）的违约金。

本条中的逾期应付款指依照本合同第六条规定的到期应付款与该期实际已付款的差额；采取分期付款的，按相应的分期应付款与该期的实际已付款的差额确定。

2. _____。

"房住不炒"政策颁布以来，尤其是 2018 年以后，房地产业式微，房价下行，买受人"断供"成为普遍现象。这种情况下，一定要结合本合同第四条，签订好本条款，否则危及房开公司的资金流动甚至资金链条。

第八条　交付期限。

出卖人应当在_____年_____月_____日前，依照国家和地方人民政府的有关规定，将具备下列第_____种条件，并符合本合同约定的商品房交付买受人使用：

1. 该商品房经验收合格。

2. 该商品房经综合验收合格。

3. 该商品房经分期综合验收合格。

4. 该商品房取得商品住宅交付使用批准文件。

5. _____。

建议选择第一种方式，因为在分户验收合格、单体验收合格的情况下都符合交房条件。

但如遇下列特殊原因，除双方协商同意解除合同或变更合同外，出卖人可据实予以延期：

1. 遭遇不可抗力，且出卖人在发生之日起_____日内告知买受人的；

2. _____；

3. _____。

本条一定要将法律、政策变动，政府行为作为延期交房的原因，因为现实中很多开发商不能按期交房是因为政府的政策或者主管部门办事拖沓所致。此外一些意外因素也应当作为风险因素写进合同，例如程度严重、由国家卫健委公布的疫情。

第九条　出卖人逾期交房的违约责任。

除本合同第八条规定的特殊情况外，出卖人如未按本合同规定的期限将该商品房交付买受人使用，按下列第_____种方式处理：

1. 按逾期时间，分别处理（不作累加）

（1）逾期不超过＿＿＿＿＿＿日，自本合同第八条规定的最后交付期限的第二天起至实际交付之日止，出卖人按日向买受人支付已交付房价款＿＿＿＿＿＿‰的违约金，合同继续履行；

（2）逾期超过＿＿＿＿日后，买受人有权解除合同。买受人解除合同的，出卖人应当自买受人解除合同通知到达之日起＿＿＿＿天内退还全部已付款，并按买受人累计已付款的＿＿＿＿％向买受人支付违约金。买受人要求继续履行合同的，合同继续履行，自本合同第八条规定的最后交付期限的第二天起至实际交付之日止，出卖人按日向买受人支付已交付房价款＿＿＿＿‰（该比率应不小于第 1 项中的比率）的违约金。

2. ＿＿＿＿＿＿＿＿＿＿＿＿＿＿＿＿＿＿＿＿＿＿＿＿＿＿＿＿＿＿。

第十条　规划、设计变更的约定。

经规划部门批准的规划变更、设计单位同意的设计变更导致下列影响到买受人所购商品房质量或使用功能的，出卖人应当在有关部门批准同意之日起 10 日内，书面通知买受人：

（1）该商品房结构形式、户型、空间尺寸、朝向；

（2）＿＿＿＿＿＿＿＿＿＿＿＿＿＿＿＿＿＿＿＿＿＿＿＿＿＿＿；

（3）＿＿＿＿＿＿＿＿＿＿＿＿＿＿＿＿＿＿＿＿＿＿＿＿＿＿＿。

买受人有权在通知到达之日起 15 日内做出是否退房的书面答复。买受人在通知到达之日起 15 日内未作书面答复的，视同接受变更。出卖人未在规定时限内通知买受人的，买受人有权退房。

买受人退房的，出卖人须在买受人提出退房要求之日起＿＿＿＿天内将买受人已付款退还给买受人，并按＿＿＿＿＿＿利率付给利息。买受人不退房的，应当与出卖人另行签订补充协议。

第十一条　交接。

商品房达到交付使用条件后，出卖人应当书面通知买受人办理交付手续。双方进行验收交接时，出卖人应当出示本合同第八条规定的证明文件，并签署房屋交接单。所购商品房为住宅的，出卖人还需提供《住宅质量保证书》和《住宅使用说明书》。出卖人不出示证明文件或出示证明文件不齐全，买受人有权拒绝交接，由此产生的延期交房责任由出卖人承担。

由于买受人原因，未能按期交付的，双方同意按以下方式处理：

第十二条　出卖人保证销售的商品房没有产权纠纷和债权债务纠纷。因出卖人原因，造成该商品房不能办理产权登记或发生债权债务纠纷的，由出卖人承担全部责任。

第十三条　出卖人关于装饰、设备标准承诺的违约责任。

出卖人交付使用的商品房的装饰、设备标准应符合双方约定（附件三）的标准。达不到约定标准的，买受人有权要求出卖人按照下述第_____种方式处理：

1. 出卖人赔偿双倍的装饰、设备差价。

2. _____。

3. _____。

第十四条　出卖人关于基础设施、公共配套建筑正常运行的承诺。

出卖人承诺与该商品房正常使用直接关联的下列基础设施、公共配套建筑按以下日期达到使用条件：

1. _____；

2. _____；

3. _____。

如果在规定日期内未达到使用条件，双方同意按以下方式处理：

1. _____；

2. _____；

3. _____。

第十五条　关于产权登记的约定。

出卖人应当在商品房交付使用后_____日内，将办理权属登记需由出卖人提供的资料报产权登记机关备案。如因出卖人的责任，买受人不能在规定期限内取得房地产权属证书的，双方同意按下列第_____项处理：

1. 买受人退房，出卖人在买受人提出退房要求之日起_____日内将买受人已付房价款退还给买受人，并按已付房价款的_____％赔偿买受人损失。

2. 买受人不退房，出卖人按已付房价款的_____％向买受人支付违约金。

3. _____。

第十六条 保修责任。

买受人购买的商品房为商品住宅的，《住宅质量保证书》作为本合同的附件。出卖人自商品住宅交付使用之日起，按照《住宅质量保证书》承诺的内容承担相应的保修责任。

买受人购买的商品房为非商品住宅的，双方应当以合同附件的形式详细约定保修范围、保修期限和保修责任等内容。

在商品房保修范围和保修期限内发生质量问题，出卖人应当履行保修义务。因不可抗力或者非出卖人原因造成的损坏，出卖人不承担责任，但可协助维修，维修费用由购买人承担。

第十七条 双方可以就下列事项约定：

1. 该商品房所在楼宇的屋面使用权_____；
2. 该商品房所在楼宇的外墙面使用权_____；
3. 该商品房所在楼宇的命名权_____；
4. 该商品房所在小区的命名权_____；
5. _____。

理论上讲，房开公司将小区物业全部售罄之后，以前以房开公司名义购买的土地使用权就应当全部转移到小区业主名下。按照"房地一致"原则，地上建筑物也相应转移为业主共有。

在这种情况下，房开公司如果要保留那些物业，必须与业主有事先约定，否则就属于业主共有。例如房开公司用于销售或者自持的商业用房等等。开发商保留这些物业的理由是这些物业属于房开公司投资，并且相应成本未摊销到业主的购房款当中去。

第十八条 买受人的房屋仅作_____使用，买受人使用期间不得擅自改变该商品房的建筑主体结构、承重结构和用途。除本合同及其附件另有规定者外，买受人在使用期间有权与其他权利人共同享用与该商品房有关联的公共部位和设施，并按占地和公共部位与公用房屋分摊面积承担义务。

出卖人不得擅自改变与该商品房有关联的公共部位和设施的使用性质。

实践中，买受人多有改变建筑主体结构、承重结构和用途，例如为了节省空间，拆掉室内摆放的暖气片，然后在承重墙上打洞，截掉承重墙里的钢筋网，然后在承重墙里盘放暖气管。有的为了采光，将承重墙拆一部分甚至都拆掉。也有开发商擅自改变公共部位的使用性质，例如将楼梯间划给物业用房，却将物业用房当成房开企业的会馆等。

为了避免此类事情发生，本条应当约定违约责任。

第十九条 本合同在履行过程中发生的争议，由双方当事人协商解决；协商不成的，按下述第_____种方式解决：

1. 提交_____仲裁委员会仲裁。

2. 依法向人民法院起诉。

仲裁还是诉讼，要根据具体情况。一般而言，买受人非本地客户，而是外埠甚至外国，那就要选择本地仲裁。因为诉讼实行"原告就被告"原则，一旦将来引发诉讼，出卖人不得不千里迢迢到买受人住所地起诉，不仅诉讼成本高昂，而且极大影响工作效率。反之，如果选择仲裁，则避开了"原告就被告"的诉讼原则，能够在主场作战，把握更大。尤其是对方是外国国籍，此举还可以省却法律选择的难题，不仅可直接适用中国法律，而且在买受人住所地裁判，以逸待劳，有备无患。

第二十条 本合同未尽事项，可由双方约定后签订补充协议（附件四）。

此处应当注明，补充协议效力高于《商品房买卖合同》。

第二十一条 合同附件与本合同具有同等法律效力。本合同及其附件内，空格部分填写的文字与印刷文字具有同等效力。

本条应当列明附件名称，应当明确手写部分效力高于印刷文字，时间在后的优先于时间在前的。

第二十二条 本合同连同附件共_____页，一式_____份，具有同等法律效力，合同持有情况如下：

出卖人_____份，买受人_____份，_____份，_____份。

第二十三条 本合同自双方签订之日起生效。

第二十四条 商品房预售的，自本合同生效之日起 30 天内，由出卖人向_____申请登记备案。

出卖人（签章）：	买受人（签章）：
【法定代表人】：	【法定代表人】：
【委托代理人】：	【委托代理人】：
（签章）	【　　　　】：
_____年_____月_____日	_____年_____月_____日

买受人必须现场亲自签名，如为他人代买，应表明代理关系。如果双方签订有多份合同或者协议，买受人应当一致。如果夫妻买房，最好要求夫妻均签名，因为买房属于重大财产处分，夫妻一方未经对方同意，属于无权处分。夫妻之间也不能代签，一定要本人到场亲自签字。

如果买受人是外国人，合同应附证明其身份的公证文书。

合同签订后，一定要加盖骑缝章。

如果《商品房买卖合同》将《认购协议书》中的内容全部吸收进去，那么签订《商品房买卖合同》后，应当从买受人处收回《认购协议书》。

第十一章

房地产领域非讼业务案例

第一节　某地房地产商会针对国网冀北供电公司小区供电设施运行维护费涨价的维权行动

根据《河北省设区市市区新建住宅小区电力设施建设费管理暂行办法》第6条规定，新建住宅小区电力设施建设费标准分档次按建筑面积计收。计收标准为：石家庄、唐山、邯郸市为90元/平方米；秦皇岛、廊坊、保定市为75元/平方米；承德、张家口、沧州、衡水、邢台市为65元/平方米。

2014年初，国网冀北供电公司某市供电公司拟对居民小区供电设施建设和维护费用由现行的65元/平方米涨价到95元/平方米，其他市经济条件较好，所以涨幅更大，其中维护部分要一次性收取近70年费用的消息在某市房地产业界和市民之间引起很大震动。

某市工商联房地产业商会的法律顾问河北华研律师事务所律师丁万星认真研究后认为，国网冀北供电公司张家口供电公司违反《反垄断法》《城市房地产管理法》《物权法》《合同法》《招投标法》《建筑法》《价格法》《电力法》《关于完善居民阶梯电价制度的通知》（发改价格〔2013〕2523号）等法律法规的规定，涉嫌滥用市场支配地位、限定交易相对人、利用其垄断地位操纵价格损害消费者利益。2014年8月丁万星律师以某市工商联房地产商会名义给某市物价局写了《某市工商联房地产业商会给某市物价局的请示函》。

某市物价局收到《请示函》后非常重视，局长亲自召开会议听取房地产商会领导以及丁万星律师的意见，并将情况上报到河北省物价局。河北省物价局接到《请示函》后，主管副局长亲自到某市听取房地产商会领导以及丁万星律师的意见，同时叫停了国网冀北供电公司在全省的涨价行为。

2016 年 12 月河北省物价局、住建局下发冀价经费［2016］9 号河北省物价局和住房和城乡建设厅《关于废止〈河北省设区市市区新建住宅小区电力设施建设费管理暂行办法〉的通知》，正式废除《河北省设区市市区新建住宅小区电力设施建设费管理暂行办法》。

根据河北省物价局、住建局下发冀价经费［2016］9 号文件，河北省住宅小区居民将不再缴纳小区供电设施运行维护费，这一项费用涉及上百亿元。而且小区供电设施也主要由开发商施工，这一项费用又涉及上百亿元。以前房开公司将此费用摊进房价，转移到居民头上，造成房价被动型上涨，老百姓负担加重。现在没有了这些费用，房开公司、小区居民都大受裨益。这是一场非常成功的维权行动，在全国具有重要影响。以下是笔者撰写的《建议函》：

某市工商联房地产业商会
关于房地产项目供电设施建设运行情况的
建议函

河北省物价局：

河北省物价局、河北省建设厅于 2008 年 11 月施行《河北省设区市市区新建住宅小区电力设施建设费管理暂行办法》（冀价经费［2008］39 号）（以下简称"39 号文件"），规定居民小区供电设施由供电公司施工建设，小区供电设施建设和运行维护费按照平方米收费。39 号文件实施以来，国网冀北供电公司（以下简称"供电公司"）对小区供电设施建设形成垄断，其提供的产品和服务质次价高，导致的问题较为突出和严重。

某市工商联房地产业商会经咨询专业律师并与同行商会磋商，认真研究后认为，39 号文件已经被 2013 年国家发改委（发改价格［2013］2523 号）文件所代替，供电公司无权收取居民小区供电设施建设运行维护费。居民小区内供电设施应当由开发企业组织招标，并由中标单位施工建设，供电公司对供电设施建设的行业垄断局面应当终结。关于棚户区改造工作，我们要求执行河北省人民政府 2013 年 12 月颁布的《关于加快棚户区改造工作的实施意见》（冀政〔2013〕85 号），支持棚户区改造项目的建设。省局制定规范性文件时，应当有母法意识，即明确法律依据，应听取行政相对人的意见。如果制定的规范性文件减损了行政相对人的合法权益，应当考虑该规范性文件的合法性。现将理由呈送贵局，请贵局考虑我商会的建议并给予答复。欢迎局领导到各市县考察，倾听各地房地产企业的呼声。

一、根据国家发改委《关于完善居民阶梯电价制度的通知》（发改价格〔2013〕2523 号）（以下简称"2523 号文件"），河北省人民政府《关于加快棚户区改造工作的实施意见》（冀政〔2013〕85 号）（以下简称"85 号文件"），39 号文件应当停止执行，停止收取小区居民供电设施的建设运行维护费用

2523 号文件明确规定："新建居民小区供电设施要按照'一表一户'的标准进行建设，由电网企业统一负责运行维护，执行阶梯电价制度。电网企业因此增加的固定资产折旧以及运营维护费用等，纳入输配电成本，适时通过调整销售电价予以疏导。"据此，供电公司对固定资产折旧以及运营维护不得再行收取任何费用，然而目前供电公司仍然在执行 39 号文件，依然按平方米收取小区供电设施的建设运行和维护费用（65 元/平方米中包含供电设施建设运行和维护费用）。

85 号文件明确规定："小区外的供电设施，由电力公司配套建设并保证正常使用；小区内的供电设施由开发建设单位自行建设；确需委托电力公司建设的，按照普通住宅小区整体收费 70% 收取。除此之外，棚户区改造安置住房小区内外相关设施不再缴纳其他费用。"据此，对于棚户区改造的小区内供电设施，如果开发商没有委托供电公司建设，那么，供电公司无权收取任何费用。

希望贵局督促冀北供电公司执行国家发改委 2523 号文件、河北省人民政府 85 号文件，停止对小区居民供电设施的建设运行维护收取任何费用。

二、居民小区内供电设施的建设应当由开发商组织招标，并由中标单位施工建设，供电公司依靠行政权力的保护对供电设施建设形成的垄断局面应当终结

（一）项目开发商是居民小区供电设施合法的建设主体。根据《城市房地

产管理法》，具备相应资质的房地产开发商依据《工程建设项目实施阶段程序管理暂行规定》支付土地出让金并成为出让地块的国有土地使用权人后，就获得了对建筑物、构筑物以及相关配套建设组织和实施综合开发的权利。就特定的出让地块而言，取得国有土地使用权的开发商是相应建筑工程及其配套设施的唯一的发包人，有权行使《建筑法》赋予发包人的权利并享有排他干涉的权利，这就是权利和义务相一致的原则。这既是《城市房地产管理法》《建筑法》等相关法律的规定，也是市场经济运行基本规律的要求。因此项目开发商是居民小区供电设施合法的唯一建设主体。

（二）39号文件的初衷是好的，但其规定的内容不符合党的十八大、十八届三中、四中全会的精神，与法律、法规相冲突，实施后的效果也不好。

39号文件制定的背景是，某些开发企业实施的小区供电设施出现质量问题，业主难以维权。河北省物价局、河北省建设厅遂将小区供电设施的建设权统一收回并划转给供电公司，目的是一劳永逸地解决小区供电设施质量问题，维护广大业主的权益，促进社会稳定。这个初衷无疑是非常好的。但是，39号文件违反了法律、法规的规定，实施后的效果也与河北省物价局、河北省建设厅的良好预期相去甚远。

（三）39号文件通过政府部门的行政权力将小区供电设施建设权统一收回划转给供电公司，这种局面已经在事实上形成垄断，严重违反了《反垄断法》的相关规定。

《反垄断法》（2007年）第19条规定："有下列情形之一的，可以推定经营者具有市场支配地位：（一）一个经营者在相关市场的市场份额达到二分之一的；……"国网冀北供电公司张家口供电公司占有河北省供电市场全部份额，具有绝对的市场支配地位。

《反垄断法》（2007年）第17条规定："禁止具有市场支配地位的经营者从事下列滥用市场支配地位的行为：……（四）没有正当理由，限定交易相对人只能与其进行交易或者只能与其指定的经营者进行交易；……"39号文件导致开发商只能与供电公司交易，明显违反《反垄断法》。

（四）39号文件违反《城市房地产管理法》《建筑法》的相关规定。

《建筑法》《招标投标法》《关于进一步规范招投标活动的若干意见》《工程建设项目招标范围和规模标准规定》等规定，工程建设禁止任何行业垄断，符合《招标投标法》规定的招标范围的，必须进行招标。39号文件使供电公司对小区居民供电设施的建设形成垄断，剥夺了开发企业的合同谈判权和议价权，违反了上述法律规定，应予废止。

（五）房地产业不是必须由国有资本保持控制力的七大领域之一，而是可以由民营资本进入并进行充分竞争的领域。各类性质的建设主体在小区居民供电设施的建设应当通过市场平等竞争，优胜劣汰。因此，政府部门以行政权力促成该领域垄断这个行为违反中央、国务院的相关政策规定。

39号文件制定的初衷是，房开公司大多是民营企业，个别民营企业唯利是图，为谋取更多的利益，偷工减料，对供电设施的工程质量没有保障。供电公司是国有企业，国企资金雄厚，责任心强，市场信誉好，因此将小区供电设施交给国企施工，质量会更有保障。我们认为这是典型的计划经济思维模式。

如果国企进入哪个领域，哪个领域就能做好，那么为什么不把食品、药品、纺织、电器等全部交给国有企业经营。国企不是没有经营过上述行业，事实证明国企经营的效果并不是都很好。供电公司的服务也存在很多缺陷和问题。正是因为计划经济走入绝境，我国才走上改革开放的道路。

因此，政府应当相信民企、中小企业完全能够把事情做好，个别开发企业的违法行为不能代表整个房地产行业，应当鼓励、扶持民营企业和中小企业，针对个别开发企业的违法行为应当在招投标、施工、验收等环节加强监管与处罚，而不应就个别企业出现的问题来否定整个行业的建设运行能力，从而遏制行业的健康发展。

根据党的十八大报告以及《关于推进国有资本调整和国有企业重组的指导意见》，国有经济应对关系国家安全和国民经济命脉的重要行业和关键领域保持绝对控制力，包括军工、电网电力、石油石化、电信、煤炭、民航、航运等七大行业。由此可知，房地产业和建筑业均不属于国有经济要绝对控制的行业。

中共中央《关于全面深化改革若干重大问题的决定》规定："国家保护各种所有制经济产权和合法利益，保证各种所有制经济依法平等使用生产要素、公开公平公正参与市场竞争、同等享受法律保护，依法监管各种所有制经济。""根据不同行业特点实行网运分开、放开竞争性业务，推进公共资源配置市场化。进一步破除各种形式的行政垄断。"

居民小区供电设施的建设和维护工程属于上述决定提到的竞争性业务，

在资源配置方面应由市场起决定性作用。国网供电公司要取得居民小区供电设施的建设和维护工程，应当遵守《建筑法》《招标投标法》关于工程发包与承包的法律规定，通过招标程序，与民营的建筑企业平等竞争，以自己良好的专业技术服务、市场信誉和经济实力中标，而取得工程项目的承包权。

第十二届全国人民代表大会第一次会议批准的《国务院机构改革和职能转变方案》明确提出，转变政府职能，必须深化行政审批制度改革，减少微观事务管理，该取消的取消、该下放的下放、该整合的整合，以充分发挥市场在资源配置中的基础性作用、更好发挥社会力量在管理社会事务中的作用，同时改善和加强宏观管理，注重完善制度机制，真正做到该管的管住管好，不该管的不管不干预，切实提高政府管理科学化水平。要减少和下放投资审批事项，减少和下放生产经营活动审批事项。

2014 年 6 月施行的国务院《关于促进市场公平竞争维护市场正常秩序的若干意见》对此也有相似的规定。

（六）39 号文件的实施给建筑市场带来很不好的影响，国网冀北供电公司某市供电公司垄断住宅小区电力设施建设，其提供的产品和服务质次价高，工程造价、施工质量、建设进度等均不能满足国家规范要求，开发商、承包商、客户因此受害不浅，个个怨声载道。

（1）供电公司对小区供电设施的施工进度往往滞后于其他分部工程的施工，往往不能与其他分部工程协调配套，往往不能及时完工或竣工。

以设计招标阶段为例，如果开发商建设住宅小区供电设施，开发商一次即可完成设计阶段的全部招标。但如果由供电公司建设住宅小区供电设施，那么开发商就只能与供电公司分别进行招标，当供电公司的设计招标滞后于开发商对其他工程的招标时，工程的整个工期就不得不向后延期。

开发商心急如焚，因为房地产开发商与客户通过《商品房买卖合同》确定了房屋的价款、质量、交房、办房产证等日期。房地产开发商作为发包人与承包人通过《建设工程承包合同》确定工程的造价、质量、竣工验收、交付、维修等内容，开发商未能履行合同将向客户和承包商承担违约责任。为此开发商找供电公司及其施工队伍协调工程进度，反映工程进度滞后的问题，其结果石沉大海，无济于事。供电公司在提供公用事业服务方面具有垄断地位，它能够通过输电手段制约开发商，因而它不仅有能力强行承揽工程并有定价权，而且不受工程项目建设制度的约束，导致整个工程建设都得迎合供电设施建设的进度和节奏。

部分项目一年前就已经按照 65 元/平方米向供电公司缴纳费用，然而这些缴纳费用的公司直到现在也没有享受到供电公司的服务。一些项目早已开工、竣工，甚至交付使用很长时间，然而供电公司的供电设施工程却仍然遥遥无期。开发企业多次请求供电公司尽快为小区接通生活用电，却被以种种理由推诿。对此，开发企业只能按照供电公司要求缴纳施工的费用，但由于供电公司的垄断地位，开发企业并没有话语权，当然更没有议价权，严重影响了工程的正常建设和交付使用。

供电公司及其雇佣的施工队伍不按照《商品房买卖合同》《建设工程施工合同》确定的工程进度施工时，开发商也无可奈何，因为施工队伍只听命于供电公司。这种状态使开发商不能协调整个项目的正常实施，工程在进度上一再踏空，与其他工程的衔接也很困难。《商品房买卖合同》《建设工程承包合同》确定的工期、进度、交房、办证的时间都变得不再确定，一切都得听命于供电公司。消费者不能按约使用民电和入住新房，从而怨声载道。他们将此归结于开发企业，很多客户因此到政府部门上访，或冲击政府机关，造成许多群体性上访事件。岂不知政府主管部门和客户是否了解实情，开发企业是在代人受过，有苦难言。

（2）供电公司利用其垄断地位获得小区供电设施建设和维护的定价权后，其必然会不断出高价。开发商建设小区供电设施的造价每平方米仅需要 30 元/平方米，而且包括土建费用。供电公司却报出 65 元/平方米的高价，且不含土建费用。同样的工程，为什么开发商就能够以仅 30 元/平方米的价格干下来？因为开发商要考虑成本、销售以及市场供求关系。为什么供电公司需要 65 元/平方米，因为其不必考虑供求和销售，却把自身经营的低效率、经营漏洞都通过 65 元/平方米的高价掩饰掉了。为什么中央要纠正国企高管的超高工资？症结就是，这些企业利用垄断地位和政策红利，不思进取，一旦经营不善，就通过涨价让广大消费者买单。

（3）供电公司通过验收的权利影响工程的质量。他以不符合验收条件为名，要求开发商修改图纸、工程增项变更、整改已完工程。开发商为及时竣工只能迁就，导致供电设施的验收合格了，但其他工程的质量产生了问题。

任何行业只要形成由寡头垄断的结果，其提供的产品或服务必然是质次价高，这是古今中外亘古不变的规律。希望主管部门废除那些与《反垄断法》

冲突的助长垄断的文件和做法，否则供电公司强买强卖的垄断行为将进一步扰乱市场经济秩序，损害群众利益。

三、对棚户区改造工程，执行国家和省政府的相关政策

2013 年 12 月，河北省人民政府 85 号文件明确规定："小区外的供电设施，由电力公司配套建设并保证正常使用；小区内的供电设施由开发建设单位自行建设；确需委托电力公司建设的，按照普通住宅小区整体收费 70% 收取。除此之外，棚户区改造安置住房小区内外相关设施不再缴纳其他费用。"据此，我们多次向供电公司反映省政府相关文件的精神，但供电公司拒不执行 85 号文件，我们要求贵局督促供电公司执行河北省人民政府下发的 85 号文件。

四、2013 年 11 月国家发改委 2523 号文件颁布以后，39 号文件应立即废止执行，所收费用应当退还或作出妥善处理

国家发改委 2523 号文件颁布以后，供电公司拒不贯彻落实，仍然按照 39 号文件收取小区供电设施建设和运行维护费用。我们认为 2013 年 11 月至今，供电公司收取的上述费用没有法律依据，希望尽快退还开发企业，因客观原因不能退还的，对这一阶段收取的费用应当作出妥善处理。

此致

某市工商联房地产业商会

2015 年 8 月 25 日

某市工商联房地产业商会给冀北供电公司某市供电公司的建议函

国网冀北供电公司某市供电公司：

河北省物价局、河北省建设厅于 2008 年 11 月施行《河北省设区市市区新建住宅小区电力设施建设费管理暂行办法》（冀价经费〔2008〕39 号）（以下简称"39 号文件"）规定，居民小区供电设施由供电公司施工建设，小区供电设施的建设和运行维护费用按照 65 元/平方米收取。

某市工商联房地产业商会经咨询专业律师并与同行商会磋商，认真研究

447

后认为，39号文件制定的初衷是好的，但该文件的制定欠缺合法性，在实践中执行的效果也不好。尤其是党的十八届三中全会、四中全会以来，市场经济和依法治国成为我国经济和社会发展的顶层设计，在这种新的形势下，39号文件与十八届三中全会、四中全会的精神明显不符。

我们认为39号文件早已被2013年国家发改委《关于完善居民阶梯电价制度的通知》（发改价格〔2013〕2523号）文件、河北省人民政府通过《关于加快棚户区改造工作的实施意见》所取代，贵公司应执行2013年国家发改委（发改价格〔2013〕2523号）文件，停止执行39号文件，停止收取小区供电设施的运行维护费用；居民小区供电设施应当由开发商施工建设；对于棚户区改造项目，应当执行河北省人民政府通过《关于加快棚户区改造工作的实施意见》，开发商没有委托电力公司建设小区内供电设施时，该工程应当由开发企业自行建设。

以下是提出上述主张的理由，请贵司考虑我商会的理由及其建议，并对其中的不妥之处批评指正。尽快与我商会沟通、洽商，共同促进某市房地产市场的健康发展。

一、根据国家发改委《关于完善居民阶梯电价制度的通知》（发改价格〔2013〕2523号），河北省人民政府通过《关于加快棚户区改造工作的实施意见》，贵司应停止对小区居民供电设施的运行维护收取任何费用

2013年国家发改委《关于完善居民阶梯电价制度的通知》（发改价格〔2013〕2523号）文件已经叫停了河北省物价局、河北省住建厅于2008年11月下发39号文件，然而贵司仍然在执行39号文件，仍然按照65元/平方米收取小区供电设施的维护费用。

国家发改委《关于完善居民阶梯电价制度的通知》明确规定："新建居民小区供电设施要按照'一表一户'的标准进行建设，由电网企业统一负责运行维护，执行阶梯电价制度。电网企业因此增加的固定资产折旧以运营维护费用等，纳入输配电成本，适时通过调整销售电价予以疏导。"

2013年12月河北省人民政府通过《关于加快棚户区改造工作的实施意见》，明确规定："小区外的供电设施，由电力公司配套建设并保证正常使用；小区内的供电设施由开发建设单位自行建设；确需委托电力公司建设的，按照普通住宅小区整体收费70%收取。除此之外，棚户区改造安置住房小区内外相关设施不再缴纳其他费用。"

希望贵司执行国家发改委《关于完善居民阶梯电价制度的通知》（发改价格［2013］2523号）文件、对棚户区执行河北省人民政府通过《关于加快棚户区改造工作的实施意见》，停止对小区居民供电设施的运行维护收取任何费用。

二、根据《城市房地产管理法》《建筑法》等相关法律、法规、规章的规定，将小区内供电设施的施工包括临时用电设施的施工交给开发商组织实施，停止执行39号文件

（一）项目开发商是居民小区供电设施合法的建设主体

根据《城市房地产管理法》，具备相应资质的房地产开发商依据《工程建设项目实施阶段程序管理暂行规定》支付土地出让金并成为出让地块的国有土地使用权人后，就获得了对建筑物、构筑物以及相关配套建设组织和实施综合开发的权利。就特定的出让地块而言，取得国有土地使用权的开发商是相应建筑工程及其配套设施的唯一的发包人，有权行使《建筑法》赋予发包人的权利并享有排他干涉的权利，这就是权利和义务相一致的原则。这既是《城市房地产管理法》《建筑法》等相关法律的规定，也是市场经济运行基本规律的要求。因此，项目开发商是居民小区供电设施合法的建设主体。

（二）39号文件违反《立法法》《反垄断法》《建筑法》《城市房地产管理法》的规定，应当停止执行

我国《立法法》规定的法律渊源包括宪法、法律、行政法规、地方性法规、部委规章、地方性规章。据此，厅级部门没有立法权，因此39号文件没有法律效力。

《建筑法》《招标投标法》《关于进一步规范招投标活动的若干意见》《工程建设项目招标范围和规模标准规定》等法律法规规定，工程建设禁止任何行业垄断，符合《招标投标法》规定的招标范围的，必须进行招标。小区供电设施属于关系社会公共利益和公众安全的公用事业项目，且小区项目总投资几乎全部在3000万元以上，属于法律规定的必须招标的项目。39号文件使供电公司不经招标就进行小区居民供电设施的建设，违反了上述法律规定，应予废止。

《反垄断法》（2007年）第19条规定："有下列情形之一的，可以推定经营者具有市场支配地位：（一）一个经营者在相关市场的市场份额达到二分之一的；……"国网冀北供电公司张家口供电公司占有河北省供电市场全部份额，具有绝对的市场支配地位。

《反垄断法》（2007 年）第 17 条规定："禁止具有市场支配地位的经营者从事下列滥用市场支配地位的行为：……（四）没有正当理由，限定交易相对人只能与其进行交易或者只能与其指定的经营者进行交易；……" 39 号文件导致开发商只能与国网冀北供电公司张家口供电公司及其延揽的施工单位交易，明显违反《反垄断法》。

（三）39 号文件执行的效果非常不好

首先，贵司对小区供电设施的施工进度往往滞后于其他工程分部的施工，往往不能与其他分部工程协调配套，往往不能及时完工或竣工。

以设计招标阶段为例，如果开发商建设住宅小区供电设施，开发商一次即可完成设计阶段的全部招标。但如果由贵司建设住宅小区供电设施，那么开发商就只能与贵司分别进行招标，当贵司的设计招标滞后于开发商对其他工程的招标时，工程的整个工期就不得不向后延期。不仅如此，贵司还可能将所有在一年内开工的项目分成两次集中招标，导致工程设计招标能否及时完成决定于小区供电设施部分的招标进度。监理、施工的情况也是如此。

许多小区一年前就已经按照 65 元/平方米向贵公司缴纳费用，然而这些缴纳费用的公司直到现在也没有享受到贵公司的服务。许多公司早已开工，甚至就要竣工，然而贵公司的临时用电工程却仍然遥遥无期。希望贵公司本着权利和义务相一致的原则，及时组织施工，确保工程按照合同约定的期限竣工并交付使用。

其次，贵司施工的工程造价大大高于开发商的造价。

开发商建设小区供电设施的造价仅需要 30 元/平方米，而且包括土建费用。贵司却报出 65 元/平方米的高价，且不含土建费用。

三、对棚户区改造工程，执行国家和省政府的优惠政策

2013 年 12 月河北省人民政府通过《关于加快棚户区改造工作的实施意见》，明确规定："小区外的供电设施，由电力公司配套建设并保证正常使用；小区内的供电设施由开发建设单位自行建设；确需委托电力公司建设的，按照普通住宅小区整体收费 70% 收取。除此之外，棚户区改造安置住房小区内外相关设施不再缴纳其他费用。"据此，我们要求贵公司执行河北省人民政府通过《关于加快棚户区改造工作的实施意见》。

呈送单位：某市工商联房地产业商会

2015 年 8 月 6 日

第二节　申奥成功背景下某市商会给该市主要领导的调研报告

2015年底，某市市长马宇骏召集市工商联领导谈话，拟了解某市房地产市场环境情况。受市工商联房地产业商会委托，笔者撰写了这篇调研报告，对市领导了解某市房地产业实际情况起到了积极的作用，受到市领导表扬。

申奥成功后某市房地产市场调研报告
某市工商联房地产业商会
（2015年12月）

房地产业是社会经济积极适应新常态"换挡调速"、稳中求进的基础性产业，更是与群众生活息息相关的必需物质条件和基本保障。国家"十二五"胜利收官，其中房地产业为社会经济作出了突出贡献。"十三五"期间，房地产业将依然是国民经济稳定增长、协调发展的核心要素和经济"支柱"。申奥成功后，我市加速融入京津冀现代城市圈和经济圈，房地产业迎来了千载难逢的发展新契机。我市要想借得"三大历史机遇"，创建"奥运新城"，实现绿色崛起，房地产业依然是引领我市经济社会快速发展的强劲"引擎"和"主力军"。

2015年底，市工商联房地产业商会在充分调查的基础上，就我市房地产业市场发展前景、存在和急需解决的问题进行了深入研究。我市主城区房地产市场整体发展走势平稳，且有一定上升趋势与空间，"十三五"期间前景向好，但也有问题堪忧。

一、商品房销售情况

根据调研显示，5月~11月我市主城区26个主要楼盘共计销售房屋2951套，其中，桥西区10个楼盘销售1171套，占市场份额39%；桥东区9个楼盘销售648套，占市场份额的21%；经开区7个楼盘销售1212套占市场份额41%。经开区康泰苑、京润现代城、天河桐盛、滨河公馆等4个楼盘排在全市销量的前四位。

5月份房地产市场微起波峰销量甚好，6月、7月份销量回归常态。

7月31日我市申奥成功后，8月份全市主要楼盘都集中爆发式翻倍成交，只要是房源充足的楼盘都有较好的销售业绩。只有少数楼盘由于涨价相对较高、尾房去化、房源不足等原因，没有收到申奥成功带来的楼市热浪预期去化业绩。

9月份我市房地产市场又逐渐回落至和6月、7月份相似。10月份全市楼盘却出现近年来少有的销售低谷。"金九银十"销售旺季并没有出现，与市场预期效果相去甚远，这与8月份的销售小高峰提前释放和价格上涨有直接的关系。

从2009~2015年的销售统计数据来看，我市主城区商品住宅每年销售量基本维持在150万平方米左右。2012年销售量达到了历史最高峰值约170万平方米。2013年稍有回落，销售量达到147万平方米。2014年销售量为165万平方米。预计2015年销售量与上年基本持平，小幅上涨有限，但不会超过历史峰值。

我市城镇化速度约为1.2%至1.5%，城镇化率约50%，每年约有7万多农民工及北京、天津、石家庄、山西、内蒙古等周边城市人口"入主"我市，其中一半以上人口落脚主城区，形成了房地产有效需求，此外主城区内改善型需求也处于上升阶段，这些都是我市房地产市场健康稳定的基本条件。

目前，某市主城区住宅库存较低，竣工项目绝大部分都完成了90%以上的销售。在全国三四线城市中，从供需关系来看，我市房地产市场整体发展态势健康平稳，销售量稳定，价格有一定涨幅，不存在其他三四线城市库存较高的问题。

"十三五"期间，我市房地产业依托"三大历史机遇"，蓄势待发，必将冲刺新的住宅销售历史峰值。一是我市"奥运新城"的建设，将为房地产市场转型升级发展开创更加广阔的空间。京津冀一体化发展、再生能源示范区建设、筹办举办冬奥会等是推进我市房地产业发展的新机遇、新动力、新市场。二是随着冬奥会的临近，我市成了全球人类瞩目的焦点，客源的多样化刺激房地产市场刚性需求将成倍增长。全国各省市等不同阶层的政要、客商型客户已经在我市房地产市场中呈现上升趋势。三是城市化发展和改善型住房需求持续增长，已经成为房地产市场发展的一支重磅"潜力股"。随着我市群众生活水平的不断提高，进城农民工及市民改善型住房需求将越来越旺盛。

二、土地市场供求情况

土地是不可再生的稀缺资源，是影响房地产市场的直接因素，土地市场供求关系也是反映房地产市场的"晴雨表"。我市主城区三面环山一面迎水，是"气"聚、"脉"旺、风水极好的人居环境，但可开发利用的土地资源较少，土地供给矛盾日益尖锐。

2009 年～2013 年，我市主城区商住总供地 6585 亩，其中，划拨用地 1768.65 亩（主要用于回迁房安置及棚户区改造），挂牌、协议及拍卖用地共 5230.5 亩。2014 年主城区商住实际供地 34 块 790 亩。2015 年主城区商住实际供地 18 块 775 亩，其中，申奥成功后，10 月份出让住宅用地 16 块土地，个别地块最高出让价达到了每亩 410 万元的"天价"，出现了"张垣地王"现象。

按照土地需求来看，我市主城区房地产商住每年需要供地 1000 亩左右，基本能够达到供求平衡。近几年供地呈下降趋势。我市主城区三面环山，一面迎水，土地可利用开发空间较小。尽管市政府大力实施企业外迁入园和"城中村"改造项目，但由于我市工业企业总量少、体量小及"城中村"改造难度大等原因，以此置换和释放出新的土地资源有限，且早已在新的城市化过程消耗殆尽。另外，城市规划红线和耕地红线这"两条红线"的限制进一步加剧了土地供求矛盾。

近年来，我市土地价格逐年攀升。2015 年土地价格比上年涨了 16%，个别地段土地价格涨幅达 80%，个别地块竟拍出了 410 万元/亩的"天价"，开发成本已达 6000 元/平方米。土地价格的上涨，与我市土地供应略小于需求有很大关系，也是房价上涨的因素之一。地价上涨直接导致土地投入增加，开发企业资金链吃紧。从近期土地出让后，大多开发企业不能全额缴纳土地出让金，只能采取延期支付，也可以看出开发企业资金周转遇到了较大困难。

三、奥运申办成功后我市房地产的市场环境状况

2015 年 3 月，市工商联房地产业商会在深入调研的基础上，就我市房地产业亟须解决的问题，形成《某市房地产市场调研报告》(以下简称《报告》)，《报告》呈递后，市主要领导在报告上作出重要批示，并由市政府将该报告发至发改委等二十个单位，要求进行整改。然而《报告》下发后，市工商联房地产业商会却一直没有收到任何答复。所反映的问题也只有"套型建筑面积 90 平方米以下商品住房占新审批新开工商品住房面积的 70% 以上"这一规定被取消，其他问题依然存在。除《报告》反映的问题以外，亟须解

决的问题包括：

（一）开发的审批环节、前置条件过多，手续过于烦琐

房地产开发的审批环节、前置条件过多，手续过于烦琐，这一点一直为开发商所诟病，国家也曾大力治理这种效率低下的公文"旅行"，也取得了一些成效。例如早期房地产开发需要盖一百多个公章，后来经过治理减少到了几十个公章，直到现在变成仅需要加盖二十几个公章。

然而，公章的减少并没有从根本上改变开发手续过于繁琐的局面，许多手续虽然不用加盖以前的一些公章了，但是却转化为办公室之间的前后接力。房地产开发不仅要经过发改委、住建局、国土局、规划局、环保局、公用事业局等许多部门的审批，而且要在各个部门的很多处、科、室层层审批。这些审批手续具有严格的先后顺序，不能同时、多头办理，只能按照既定的顺序"蜗牛"一样爬行。导致每一个开发项目，仅仅办理各种前置手续就需要一至二年时间甚至更长。当然房地产开发的过程中必要的审批是应当的、合理的，但也不是上述所有手续都有必要，或者说都需要那么漫长的时间去办理。

例如，我市对房地产项目实行了联合审图制度，在取得工程规划许可证、施工许可证前设置了许多前置审批条件。一个房地产开发项目在开工前需要跑政府发改委、国土局、规划局、民政局、住建局、气象局、城管局、市政公用事业局、园林局、教育局、消防支队、人防办、区政府等部门。仅住建局下属又分多个部门如保障办、招标办、市场科、稽查站、质监站、安监站、清欠办、建筑垃圾收费、履约担保等，均需要办理相关手续；市政公用事业局需要办理亮化、供热办等手续。除了上述手续，还得跑供电、热力等相关设施部门。这些部门各自都有一套完整的手续。这些手续跑办下来少则1年，多则需要2~3年的时间才能开工建设。工程竣工后这些手续又得再跑一遍。很多开发企业为取得开工许可证都身心疲惫，有苦难言。

烦琐的房地产开发手续导致工期延误、机会丧失、资金积压、农民工讨薪等严重后果，许多项目来不及办讫手续，只能先开工，后补手续，导致项目违规建设。而违规建设又导致办理审批程序困难，从而陷入恶性循环。许多很好的项目因为手续问题陷入困境。

（二）房地产开发的一些政策存在问题，有些规定不尽合理，而有些好的政策规定却执行得不好或者没有落实

每个市场主体都是自己利益的最佳判断者，但是一些部门例如住建局下

属的定额站依然是计划经济的思维方式，越俎代庖，对工程发包承包双方的承包价和安全文明措施费进行审核，既不合法也不合理，对项目毫无意义可言，既耽误了时间又浪费了建设资金，仅起到了增加一道门槛的作用。

有些政策制定的初衷是好的，但在实践中却没有执行好。例如办理施工许可证前，需要缴纳农民工工资预储金和安全文明措施费，两项合计占到建设投资的24%，执行返还报账制，是典型的以收费代管理的行政管理手段。农民工工资预储金制定的初衷是防止发生拖欠农民工工资现象，然而在实际执行当中，由于返还规定较为苛刻，又不符合农民工市场规律，往往是返还不及时，致使农民工有钱拿不上，反而挤占建设资金，造成资金周转困难，结果事与愿违。

有些好的政策没有得到落实，例如2014年住建部颁发《关于推进建筑业发展和改革的若干意见》（建市〔2014〕92号）规定，对民营资本投资的建设工程项目，试行项目建设单位自主决定是否进行招标发包，依法将工程发包给具有相应资质的承包单位。2015年10月15日河北省人民政府制定《关于规范民营资本投资项目招标活动监督管理的通知》（冀政办字〔2015〕130号），也作出相应规定。这一规定本来是给开发企业松绑，有利于加速项目建设进程、提升项目建设效率的一项科学政策，但是我市相关部门至今仍未执行民营企业自主招标的政策。

再如2013年12月河北省人民政府通过《关于加快棚户区改造工作的实施意见》，明确规定："小区外的供电设施，由电力公司配套建设并保证正常使用；小区内的供电设施由开发建设单位自行建设；确需委托电力公司建设的，按照普通住宅小区整体收费70%收取。除此之外，棚户区改造安置住房小区内外相关设施不再缴纳其他费用。"然而，这个文件直到现在没有得到落实。开发企业问询供电企业，也得不到认真满意的答复，总以各种理由推诿。

（三）供电、供热、供水等市政公用设施企业垄断行为不但没有改观，而且愈演愈烈

供电公司在小区供电设施建设中仍执行65元/平方米的规定，而且服务意识淡薄、服务质量很差、建设效率较低。有些项目已缴费一二年仍未实施工程建设。迫于交房压力，开发企业只好先行自行建设后交付使用，但居民不得不按高于居民用电的工程电价支付居民电费（如市文华苑小区）。对此，居民、企业怨声载道，苦不堪言。

供水企业要求小区内的供水管网及二次加压设备必须由他们来实施、建设，否则不予办理手续及供水。这一规定没有任何法律依据，结果是开发企业没有谈判权和议价权，形成供水企业市场垄断。

供热企业早在几年前就强行要求安装热计量系统，否则不予验收，但到目前为止，早已安装热计量系统的小区也没有按照供热计量收费，结果既加大了消费者负担，又造成资源浪费，也未起到节能效果。

四、结论

2015年7月31日申奥成功后我市房地产业面临重大机遇。同时我市房地产市场也因审批程序繁琐、一些相关政策不合理、不合理收费和摊派以及公用设施企业垄断等问题受到重大的瓶颈制约，从九月份销售量下滑直至重新陷入萎缩状态足可佐证。之所以不能在大好的机遇下井喷式发展，原因在于一些机构和部门解放思想不够，依然保留计划经济的思维方式，留恋计划经济时代残存的权力，对深化体制的改革不理解、不落实。一些公用设施企业不是通过国有企业体制改革与创新增强活力，健康发展，而是从本位主义思想出发，利用自然垄断企业的一些特权，垄断住宅小区水、电、气、热的建设权、定价权、审图权、验收权，严重违反市场规律。

2015年11月10日，习近平总书记召开中央财经领导小组第十一次会议，提出化解房地产库存，促进房地产业健康发展。2015年11月11日，李克强召开国务院常务会议，提出以户籍等政策带动房地产业稳定健康发展。

上述讲话表明国家的房地产政策已经由抑制和调控转为稳定和支持。在国家相应宏观政策环境下，市工商联房地产商会再次恳请市领导给予我市房地产业市场政策环境高度关注，倾听房地产企业呼声。建议市政府组织有关部门到发达城市学习房地产先进管理经验（如"三证合一"制度，就是在土地"招拍挂"完成后，一次性将核准证、土地证、规划许可证发放），尽快出台一些有利于房地产市场健康发展、减轻企业负担、简化手续、提高效率的管理制度，打破公用设施企业的市场垄断局面，规范他们的服务行为，使得我市房地产业为我市加速融入京津冀一体化发展，为我市经济建设发展和成功举办冬奥会做出应有的贡献。

2015年12月21日

第三节　某市房地产商会呈送某市主要领导的调研报告

2015 年初，某市领导需要了解该市房地产发展状况，受工商联领导委托，笔者撰写了《某市房地产业市场环境调研报告》。报告由市工商联呈递上去后，收到该市领导表扬，该市原市委书记邢国辉、原市长侯亮、原副市长李敏均对该报告作出重要批示，并指示转发到二十个部门，要求对所反映的问题进行整改。

2016 年，该调研报告参加该某市社会科学优秀成果评选，获得该市社会科学成果一等奖。

某市房地产业市场环境调研报告
某市工商联房地产业商会
（2015 年 3 月）

近年来，在市委、市政府的正确领导和大力支持帮助下，我市房地产业稳中求进、稳步发展，为提升我市城市品位和加快绿色崛起做出了积极贡献。然而，受经济下行压力及一些政策环境影响，我市房地产业近来陷入前所未有的发展乏力的困境。为了促进我市房地产业实现更快更好发展，落实三中全会市场决定作用和四中全会全面依法治国的决定，市工商联房地产业商会在深入调研的基础上，就我市房地产业急需解决的问题，形成调研报告如下：

一、我市房地产业现状问题

（一）房地产项目收费项目繁多，企业难以承受

初步统计，仅《国有土地使用权证》《用地规划许可证》《工程规划许可证》《建设工程施工许可证》《商品房预售许可证》这五证办理下来至少要上缴 40 多项费用（见附件一）。有些摊派或收费是非常不合理的，仅摘要列举几例：

1. 2013 年，某政办〔2013〕135 号文件要求，公开出让的商品住宅用地项目，一律按照项目住宅总建筑面积 10% 的比例配建保障性住房，棚户区改造项目则享受配建 5% 的优惠政策。由于我市财政紧张，在执行这项政策过程

457

中，要求开发企业无偿配建，而全国其他城市绝大多数均为开发企业代建保障房，政府则以项目成本价回购。还需说明，国家对保障房有补贴，并且在土地出让时已计提了此项费用（土地出让总价的5%）。我市执行的无偿配建保障房的政策，直接使开发企业的项目建设成本陡然增加，这笔费用直接进入房价成本，催生了房价上涨，最终转嫁到了消费者头上。

2. 2010年，我市十几个部门联合出台张组通字〔2010〕13号文件要求开发企业按照项目规划建设面积配建社区服务办公用房，规划面积2万平方米以下配建不小于200平方米社区服务用房，规划面积2万平方米到5万平方米的，配套不小于500平方米社区服务用房等，产权归开发企业，但区政府具有永久使用权。这个规定对于社区用房的功能定位不明确，使得很多项目的社区用房利用率不高，造成房屋资源的极大浪费。同时增加了项目开发建设成本，最终也转嫁到了消费者头上。

3. 2014年7月15日，市政府又出台政字〔2014〕40号文件要求新开发项目无偿配建中、小学校，或者按照项目规划建设面积100元/每平方米的标准缴纳中、小学设施配套建设费。这个政策又极大地增加了项目建设成本，进一步催生了房价因成本上升而上涨，同样转嫁到了消费者头上。

4. 供热、供水、供电等相关部门还要收取各种各样的费用。例如，热力公司除按规定收取接口费外，还按每户收取2800元的热计量保证金；供水公司要收取二次供水设施等费用；供电公司从2010年按住宅建筑面积每平方米收取65元的小区供电设施建设费，而之前开发企业自行组织实施的小区供电设施基本是在30元/平方米左右。供电公司到目前为止，一直拒绝执行2013年底省政府出台的关于棚户区改造的相关政策文件。

（二）一些收费项目随意性大，没有法律依据

1. 我市无偿配建保障性住房、社区办公用房、缴纳中小学校设施配套费等均为地方政策，没有任何法律依据。按照某市物价局某价字〔2009〕第23号文件，我市市区需保留的涉及房地产开发收费和基金项目共21项，前述中、小学设施配套建设费、无偿配建社区服务办公用房、保障房建设均不在此21项之列。尽管保障房建设依据冀政〔2011〕28号文件，但冀政〔2011〕28号规定的是开发商配建，政府出资回购，而不是"无偿"配建。

2. 住建局收取的建筑垃圾处理费涉嫌重复收费，施工用水中的水价中就包括垃圾处理费，而且建筑垃圾只管收费却很少服务，收费定价依据不清晰。

3. 履约担保费只收费却无担保能力，政策依据不充分。

4. 收取的安全文明措施费、建安费和农民工保证金占工程总造价的20%。都是以收费代管理。管理效果不明显，却占用了相当规模的项目建设资金。

5. 一些政府职能部门虽然都按国家相关规定取消了收费项目，但变相地改为由下属单位或指定的中介机构进行服务收费。限制了其他中介机构的进入，形成了半垄断局面，造成开发企业对这些收费没有议价权，使得这些服务收费脱离了市场，价格过高，如抗灾报告费、抗震评估报告费等。李克强4月21日在国务院常务会上严厉批评了这种现象，明确指出，"有些中介机构戴着政府的帽子，拿着市场的鞭子，收着企业的票子"，并责成有关部门清理规范与行政审批相关的中介服务。

（三）市政公用设施企业垄断住宅小区供电、供热、供水等设施的建设权，严重扰乱市场

供电、供热、供水等市政公用设施企业在项目设计、施工、管理等方面，形成了"一条龙"服务模式，全面垄断了住宅小区内部公用设施的建筑市场，严重违反了国家《反垄断法》。

供电部门对小区内供电设施建设形成垄断，它的垄断地位和垄断行为是开发企业无法抗拒的，最终造成供电部门服务意识淡薄，服务质量较差，很多项目在缴费半年甚至一年以后，供电设施建设才得以实施。就连施工用电的办理最短需要2~3个月甚至更长的时间，最终造成项目建设及竣工滞后。

热力公司除按规定收取接口费外，还按每户收取2800元的热计量保证金，但又一直没有实行供热计量收费。另外还规定小区内的供热设施建设由他们组织实施，同时还对部分设备的使用设定采购范围。这些规定没有任何政策法律依据，最终造成行业垄断。既占用了相当规模项目开发资金，又使得服务质次价高。

供水部门同样也要求小区内的供水设施由他们组织实施，一样形成了行业垄断。

上述公用设施企业利用审图权、接口权、标准垄断权、工程验收权垄断居民小区内部水电热设施的建设权、定价权，随意收费，服务质次价高，并导致工期延误，物价上涨，买房人不能及时住进新房，产权证不能按时办理。买房人怨声载道，开发商有时只好另找施工单位干活，同一工作两次付费。绝大多数开发企业对此非常不满，给我市房地产业市场带来不良后果和影响。

（四）土地收储制度不尽合理，尚需进一步规范和完善

我市招、拍、挂土地大多是开发企业与各区政府签订协议，对棚户区、城中村改造项目拆迁补偿的一级土地开发取得，拆迁难度大、周期较长，开发企业投入了大量的人力和财力，但我市执行"开发企业的管理、财务成本不得计入土地成本"的土地收储制度，使得开发企业的隐性成本增加，投资收益没有保障。土地收储时，土地收储部门并不支付土地拆迁成本，实行土地出让金先交后返成本的制度，使得一级土地开发企业在土地招、拍、挂的时候，需要先行支付土地出让金，资金需求量较大，财务成本过高，有些开发企业由于融资出现问题，缴纳不了土地出让金而造成项目搁浅，产生了不良后遗症。

我市执行土地招、拍、挂底价由政府定价的制度，土地定价应该充分尊重市场的原则，结合土地用途、容积率、位置、市政配套、周边影响因素等综合条件确定。

我市政府主导的定价制度，由土地招、拍、挂委员会每位成员对该地块定价后搞平均值的定价方法，有失科学性，经常会出现部分地块定价偏高，而我市现招、拍、挂的土地大多是由开发企业做一级土地开发（棚户区改造、城中村改造、企业搬迁等）后，联动做二级房地产开发的项目。土地定价过高会造成开发企业进退两难，使得土地流拍概率加大，增加了企业的融资成本，资金沉淀产生不了效益。最终使项目开发延后，回迁安置户得不到及时安置，个别开发企业铤而走险违规建设，带来诸多后遗症，造成了严重后果。

（五）政策连续性不强，项目手续繁琐，一些政策已不合时宜，但没有及时调整

我市近年来出台了很多关于棚户区、城中村改造及企业外迁的政策，由于当时出台政策的历史背景与现在有较大差异，造成项目没有结束而政策却中断，比如棚户区、城中村改造回迁安置方的供地方式，过去都采取划拨方式，土地成本为零。而现在成了有偿出让。极大地增加了土地成本，开发商根本承受不起，被拆迁居民的积极性也受到伤害。很多项目骑虎难下，在很多方面与现在政策无法衔接，给开发企业带来了很多法律风险和较大经济损失。

我市对房地产项目实行了联合审图制度，在取得工程规划许可证、施工许可证前设置了许多前置审批条件。一个房地产开发项目在开工前需要跑办

政府发改委、国土局、规划局、民政局、住建局、气象局、城管局、市政公用事业局、园林局、教育局、消防支队、人防办、区政府等部门。仅住建局下属又分多个部门如保障办、招标办、市场科、稽查站、质监站、安监站、清欠办、建筑垃圾收费、履约担保等，均需要办理相关手续；市政公用事业局需要办理亮化、供热办等手续。除了上述，还得跑办供电、热力等相关设施部门。这些部门各自都有一套完整的手续。这些手续跑办下来少则一年，多则需要 2~3 年的时间才能开工建设。工程竣工后这些手续又得再跑一遍。很多开发企业为取得开工许可证都身心疲惫，有苦难言。

早在 2006 年 1 月，国家建设部出台了"套型建筑面积 90 平方米以下商品住房占新审批新开工商品住房总面积的 70% 以上"的规定，我市一直严格执行这一政策，影响了企业的经营和销售。而国内许多城市早已顺应房地产市场变化需求的实际，不再严格执行或适当调整了这一政策。调整后做法既贴近市场实际满足了客户需求，又帮助开发企业实现了经济目标。

二、上述现象对我市房地产市场的影响

1. 政府财政收入减少。近几年我市土地流拍多有发生，仅 2014 年我市共成功出让土地 8 宗 300 余亩，流拍土地 14 宗共 956 亩。2014 年，全市开工面积出现严重下滑，2015 年也不容乐观。全市房屋销售成交量逐步下滑，项目开盘严重不足。由于我市房地产业市场环境的持续不佳，严重创伤了开发企业启动和开发新项目的热情和信心，从而导致我市房地产业市场出现目前严重的萎缩状态，直接影响我市政府财政收入。2014 年我市没有完成财政收入预期目标，其中作为国民经济发展"支柱"的房地产业就是其最大"掣肘"因素。如果我市不及时对房地产业市场政策环境进行调整优化，必将对我市今后几年甚至更长时间的财政收入产生更加深远的不良影响。

2. 房地产业难以持续发展。2014 年，在中央政府调控和市场自我调节的情况下，全国房价平均涨幅仅为 1.4%。而我市房价涨幅达 20%，创下了历史最高纪录。我市房价逆势上涨的主要原因就是相关部门过多、过高及变相的收费和部门建筑市场的被垄断，直接抬高了房价，导致房价被动上涨，从而造成我市目前房地产市场投资大幅下滑，房屋销售成交量直线下跌。开发企业坐拥楼市，产品难以变现，造成部分开发企业资金断链，续建项目难以为继，险成"烂尾"，严重影响了开发企业健康持续发展。目前，为开发企业松绑放行势在必为，帮开发企业渡过难关走上科学发展道路是政府及相关部门应尽义务和责任。只有我市房地产业实现健康持续发展，必将加速我市绿色崛起进程。

三、推进我市房地产业科学发展的建议

党的十八届四中全会明确强调"坚持依法治国、依法执政、依法行政共同推进"。2015 年两会提出"法无授权不可为，法定职责必须为"。李克强在回答外国记者提问时说："简政放权有利于厘清政府和市场的关系，激发市场活力，也可以用它去顶住经济下行的压力。"李克强总理还曾明确指出"有权不能任性。"转变职能、简政放权已经是我国推进深层改革的利器。根据中央政府"依法治国""简政放权"的精神，市工商联房地产商会针对房地产领域出现的上述情况提出如下建议：

1. 依法取消无偿配建保障房、社区办公用房、学校设施配套费等相关规定。政府应严格采取成本回购的方式，为保障房、社区办公用房、学校等公共设施埋单，降低房屋开发成本，努力培育房地产业市场信心。

2014 年国务院办公厅颁发《关于进一步加强涉企收费管理减轻企业负担的通知》（国办发〔2014〕30 号），要求按照"正税清费"原则，进一步清理取消、整合、规范现行涉企行政事业性收费和政府性基金项目，逐步减少项目数量。取消政府提供普遍公共服务或体现一般性管理职能的行政事业性收费项目。全面清理行政审批前置服务项目及收费，对没有法律法规依据的行政审批前置服务项目一律取消。

无偿配建保障房、社区办公用房、配建或收取学校设施配套费等相关规定，使企业在没有过错的情况下财产大幅减少，其性质类似征收或罚款，该规定没有法律依据。无偿配建或收取学校设施配套费更是在国办发〔2014〕30 号生效之后出台，直接违反该文件的规定。根据《价格法》和国办发〔2014〕30 号文件，无偿配建保障房应改为开发商代建，政府成本价回购。无偿配建社区办公用房、无偿配建或收取学校设施配套费等相关规定应当取消。

2. 依法规范和纠正相关部门的收费行为。彻底整顿和清理我市房地产市场相关收费项目和办理"五证"的前置条件，特别应规范与行政审批相关的中介费用，整顿清理行政管理、市政公用设施等职能部门的收费项目和前置审批条件，切实为开发企业减负，优化房地产业市场环境，维护消费者权益。同时，规范收费管理，转换服务角色，破除以费代管的弊病，为开发企业松绑。

3. 依法打破行业垄断行为，使市场在资源配置中起决定性作用。严格执行国家《反垄断法》，依法打破供电、供热、供水等市政公用设施企业在工程设计、施工、管理等方面的垄断地位和垄断行为，废止那些"霸王"条款，破除行政干预和市政公用设施企业破坏市场竞争环境的违法行径，让市场对资源配置起决定性作用，使开发企业具有充分的议价权和自主择优委托权，项目建设回归市场，确保项目顺利实施并提振项目开发信心。

4. 合理规范土地收储制度和土地定价机制。应参照其他地市经验和成功做法，出台我市一级土地开发收储基金制度，在土地招、拍、挂过程中，允许一级土地开发企业只缴纳政府收益部分，或土地出让金与土地成本之间的差价，降低开发企业融资难度，制定一级土地开发企业与政府共享土地收益的政策，充分调动和激发开发企业参与城市一级土地开发的积极性和热情，最大限度地挖掘我市土地的潜力。

5. 简化审批手续，切实提高政府行政和市政服务的工作效率和质量。简政放权，依法取消我市房地产业市场过多、过滥的不合理的行政审批事项，精简审批程序，缩短审批周期，明确该审批的事项，可将前置审批事项改为后置审批或备案的尽可能改为后置审批，降低审批门槛的高度，减少审批门槛的数量，积极推行"一站式"审批服务，切实为项目开发创造有利条件。

6. 增强政策的连续性和"契约"精神，激活国家和省政府对棚户区改造、城中村改造的优惠政策。有针对性地对前些年实施的棚户区、"城中村"改造、企业外迁项目进行认真梳理，坚决执行国家和省政府对棚户区改造、城中村改造的优惠政策，对项目实施存在的一些历史遗留问题，采取旧事旧办法、新事新规定的办法来帮助开发企业解决实际问题，切实解决好政策的衔接问题，确保项目实施的连续性，帮助开发企业渡过难关。

四、政府制定房地产行业政策时，确保文件具有合法性。广泛征求意见，尤其是市民、法律专家和房地产商会等相关人士、社团的意见

2015年全国人民代表大会对《立法法》进行修正，对地方性法规和地方性规章"一放一收"。放即赋予设区市立法权，收即限制地方政府立法权，规定行政规章"没有法律依据，不得设定减损公民、法人和其他组织权利或增加其义务的规范"。

政府在出台有关房地产业的政策时，政府法制部门应注意在法律法规中

找到依据，确保红头文件法制化。同时做好调研、把关、梳理工作，广泛征求社会各界，尤其是市民、法律专家、房地产商会、开发企业的意见和建议，必要时召开论证会或听证会，征询社会意见稿，确保政策的合法性、公正性、专业性、科学性，使我市出台的房地产业政策有法可依，不脱离实际，切实推进我市房地产业健康持续发展。

及时修订《某市城市规划管理技术规定》。

在不违反城市规划法的前提下，尽可能减少地方规定，给项目开发企业尽可能大的项目规划设计自主权，尊重市场规律，尊重开发企业权益。根据我市城市建设用地偏紧的实际情况，适当提高规划区范围内的项目容积率上限。结合项目具体情况，制定规划设计条件，以提高城市土地的利用率，并且缩短规划部门的审批时间，为项目开工建设创造有利条件。

适应新常态，创造新业绩。市工商联房地产商会恳请市领导给予我市房地产业市场政策环境高度关注，使我市房地产业为我市加速绿色崛起和申奥成功再做新的更大的贡献。

某市工商联房地产商会

2015 年 3 月 22 日

注：某市工商联房地产商会电话：41××××55

秘书长电话：138××××6688

某市工商联房地产商会专聘律师丁万星（河北建筑工程学院房地产教研室教授、河北华研律师所律师）159××××8899

附：附件一、附件二

附件一：

房地产项目前期手续办理涉及的部分相关收费

一、《国有土地使用权证》

1. 勘测费及出图费

2. 征地管理费

按征地费用的 2%~4%收取

3. 土地出让金

4. 契税（土地出让金总额 4%）

5. 印花税（土地出让金总额 5‰）

6. 发改委立项

（1）项目申请报告费

（2）项目风险评估报告费

（3）项目节能报告费

这三项收费无具体的收费标准，是跟发改委指定的编写单位去谈价钱。

7. 地灾报告费

这项收费无具体的收费标准，是跟土地局指定的编写单位去谈价钱。

8. 抗震评估报告费

这项收费标准是跟地震局指定的评估单位去谈价钱，主要是根据规划方案设计的楼高、面积来定价。

9. 环评报告费

这项收费标准是环保局研究所根据规划设计的面积、项目类别及投资来输入环保局系统公式计算出的价额交费。

二、《用地规划许可证》

1. 地形图出图费

这项收费标准是规划局根据土地面积占城市地形图分布的幅数计算出的价额交费，400 元/幅。

三、《工程规划许可证》

1. 园林绿化方案设计费

这项收费无具体的收费标准，是跟园林局指定的设计单位去谈价钱，一般标准是按绿化面积×4.5 元/平方米。

2. 亮化方案设计费

这项收费无具体的收费标准，是跟公共事业局指定的设计单位去谈价钱，一般标准是按总建筑面积×0.5 元/平方米。

3. 热计量手续

按规划户数收取，2800 元/户。

4. 防雷评估费

这项收费无具体的收费标准，是跟气象局指定的评估单位去谈价钱，一般标准是按总建筑面积×0.9 元/平方米。

5. 城市配套费住宅 16.25 元/平方米

城市配套费商业 14.3 元/平方米

6. 规划技术服务费、出图费、公示牌费

技术服务费住宅 1 元/平方米；商业 0.8 元/平方米

出图费 100 元/幅

公示牌费 3000 元~6000 元

7. 门牌号码制作费

这项收费无具体的收费标准，是跟民政局指定的制作单位去谈价钱。

四、《建设工程施工许可证》

1. 招投标代理手续费

2. 最高限价

一般是按最高限价 1.8‰~2.5‰收取

3. 农民工保证金

按最高限价（或合同价）×2%收取

4. 履约担保费

按最高限价（或合同价）×0.5~0.6‰收取

5. 安全文明措施费

安监站依据按最高限价（或合同价）及工程进度套用安监站电脑公式计算

6. 墙改基金手续

按总建筑面积×10 元/平方米收取

7. 散装水泥基金手续

高层按总建筑面积×0.9 元/平方米收取

多层按总建筑面积×0.6 元/平方米收取

8. 建筑垃圾处置手续

按基地面积×1.3 系数×5 元/立方米收取

9. 项目资金评估

这项收费无具体的收费标准，是跟住建局指定的评估单位去谈价钱，去年新增的。

五、《商品房预售许可证》

1. 测绘费

住宅多层按总建筑面积×1 元/平方米收取

住宅高层按总建筑面积×1.5 元/平方米收取

商住按总建筑面积×2元/平方米收取

2. 预登记

住宅按每套×80元/平方米收取

非住宅每套×550元/平方米收取

3. 办理在建工程抵押他项权证

住宅按每套×80元/平方米收取

非住宅每套×550元/平方米收取

4. 预售转让手续费

住宅按总建筑面积×1.5元/平方米收取

非住宅总建筑面积×2.5元/平方米收取

5. 公告费

按800元收取

第四节　某市房地产企业联盟呈送统战部、市工商联领导的情况汇报

关于公用企事业单位对房开企业乱摊派乱收费强揽工程等问题的情况汇报

2020年6月10日，市委常委、市委组织部、统战部李兵部长，市人大常委会副主任、市工商联武凤英主席在市委北楼1033会议室主持召开民营企业家座谈会，李部长和武主席鼓励企业家们畅所欲言，企业家们也向市领导敞开心扉，提出了很多优化营商环境的建议。

会议上，某市房地产企业联盟副秘书长丁万星就公用企事业单位乱摊派乱收费利用垄断地位强揽工程的现象着重汇报了三个问题。

尊敬的统战部、市工商联领导：

一、供热公司强制收取小区红线外供热管网建设费的问题

自2010年以来，供热公司按照70元/平方米向房开企业收取小区红线外供热管网建设费，2018年4月25日河北省物价局发布冀价管〔2018〕46号

文，明确叫停小区红线外供热管网建设费，并且强调供热企业不得变相再收取已经叫停的费用。

某市物价局同日转发张价〔2018〕50号文，要求供热供气企业执行46号文。

2019年4月29日，河北省住建厅、河北省发改委发布冀城建〔2019〕7号文，明确小区红线外供热管网建设费的缺口在城市基础设施配套费中列支。

然而，在小区红线外供热管网建设费已被叫停，缺口已经有了来源的情况下，供热公司却置于述政府文件于不顾，仍然收取上述费用。如果不交，就拒绝给小区接口、验收。

受房地产企业委托，某市房地产企业联盟秘书长许春光、副秘书长丁万星多次到城管执法局、市场监管局反映这个情况，收效甚微。市场监管局相关人员一开始表示不归其管辖，后来表示无法取证，因此处理不了，等等。

据说今年城管执法局、供热公司召开了一个会议，该费用以后照收不误。对此广大房开企业非常愤慨！

习近平总书记在全国民营经济座谈会上的讲话中，明确指出造成民营企业经营困境的一个重要原因就是好的政策没有得到落实。就小区红线外供热管网建设费而言，文件已经明确叫停，但是有关单位就是置若罔闻。

《优化营商环境条例》第14条第3款规定，禁止在法律、法规之外要求市场主体提供财力、物力或者人力的摊派行为。市场主体有权拒绝任何形式的摊派。

二、2800元/户的供热计量表安装问题

自2012年以来，供热公司按照2800元/户收取供热计量表安装费，但是到现在为止，所有计量供热设备均没有投入使用，安装早的很多已经报废。我们到城管执法局供热办咨询此事，被告知我市根本无法实现计量供热，之所以安装计量表，原因是住建部要求安装。

我们认为，城管执法局的答复难以自圆其说。既然安装了为什么不用，既然不能用何必要安装？日复一日年复一年的巨大经济损失责任由谁来承担？

此外，计量供热的记热表市场价三四百元，可是每户却收取住户2800元，这到底是怎么回事？设施和安装费以外的差价哪里去了？

我们强烈建议取消2800元/户的供热计量表安装费！我们不能眼看着每年巨大的浪费而无动于衷。

三、公用企事业单位利用垄断地位强揽工程的问题

党的十八大以来，党中央国务院一直强调市场主体平等，企业之间平等

竞争。然而水电气热等公用企事业单位利用垄断地位将与小区配套的管网设计施工工程强行承揽，否则就不予审图、验收和接口。房开公司慑于共用企事业单位在审图、验收、接口等方面的权力，敢怒而不敢言。

由于自身的垄断地位，公用企事业单位不顾房开公司与业主签订《商品房买卖合同》中规定的交房日期，拖延工期，导致开发商延期交房，进而导致上访事件。

此外，公用企事业单位承揽工程的造价远远高于房开公司的预算价以及同地段同样工程的市场价，利用垄断地位，牟取暴利。

实际上公用企事业单位利用垄断地位对房开企业乱摊派乱收费强揽工程的类似问题很多，例如还有天然气初装费问题、二次供水设备运行维护费问题（一次性收取30年的，住户每年20元/平方米，商家18元/平方米）等，实质都是公用企事业单位利用垄断地位搞不平等竞争。任何垄断的结果都是质次价高，这是亘古不变的规律。公用企事业单位违背十八大提出的权利平等、机会平等、规则平等的原则，利用垄断地位强揽工程的局面应当予以终结。

习近平总书记在全国民营经济座谈会上提出抓好六个方面的举措落实，其中第一个方面就是减轻企业负担，提出涉企行政事业性收费零收费，提出清理违反公平、开放、透明市场规则的政策文件，推进反垄断、反不正当竞争执法。然而我市某些公用企事业单位不把精力用在转换机制，提高管理水平上，却以经营亏损为由，向房开企业乱摊派乱收费强揽工程。长此以往，将助长他们的"懒汉"行为，使企业失去改革创新的动力和活力。

《优化营商环境条例》第70条规定，公用企事业单位违反本条的，由有关部门责令改正，追究法律责任。然而我们向相关部门反映情况时，遇到的是百般推诿和责难，很多房开企业迫不得已，准备向省级甚至国家级相关部门反映问题，我们总告诉他们坚定信心，保持耐心，然而许多年过去了，房地产市场存在的乱收费乱摊派强揽工程状况依然故我。

本次民营企业家座谈会召开得非常及时，房地产企业希望各位领导重视我们反映的情况，对我们反映的问题调查研究，改变房地产市场存在的戕害营商环境的违法现象。

盼照所请、顺颂政祺！

某市房地产企业联盟秘书长许春光、副秘书长丁万星

2020年6月12日

第五节　某市房地产企业联盟呈该市住房和城乡建设局的建议函

2017年，为了落实国家宏观调控政策，预防项目烂尾，某市颁布了《商品房预售资金管理办法》，规定住建局和房开公司在建设银行开设共管账户，将房开公司预售资金全部存入该账户。然后房开公司需要使用该资金时，向住建局写申请。并且限制房开公司预支该资金的次数，大概开工前、出地面、主体封顶、工程竣工验收、缺陷责任期满五个阶段可以申请支取预售资金。由于预售资金远远大于工程款的数额，所以房开公司很多资金被沉淀在银行账户上，不能发挥作用，造成资金利用方面的巨大浪费。有鉴于此，受房开企业委托，笔者起草了给市住建局领导的建议函，力陈锁定商品房预售资金的弊病，希望不搞一刀切，仅锁定与工程款部分相关的资金，释放多余部分，解决房开公司的燃眉之急。

给某市住房和城乡建设局的建议函

尊敬的某市住房和城乡建设局领导：

2020年7月21日，习近平总书记在民营企业家座谈会上指示制定政策的部门开门问策，鼓励建言献策。习近平总书记在十四五规划的说明报告中提出，要有序取消一些行政性限制消费购买的规定。习近平总书记的讲话为房地产业的进一步发展指明了方向，房地产企业深受鼓舞。

某市房地产企业联盟在深入学习习近平总书记讲话基础上，认为在坚持房住不炒的前提下，还应当因地制宜，多策并举。为了贯彻习近平总书记讲话精神，落实某市住房和城乡建设局关于房地产领域的政策规定，某市房地产企业联盟就商品房限购以及预售资金监管方面向贵局反映我是房地产业的若干情况并提出如下建议。有不妥之处，敬请批评指正。

一、我市商品房市场已经持续出现供过于求、房价低迷以及商品房滞销的现象

自2017年下半年以来，我市房地产市场成交量萎缩、价格明显下降。目前成交量不如2013年、2014年正常年份成交量的1/3，房价比2016年、2017年更是降幅达到了25%~30%。2019年已发预售许可证面积191万平方米，但是每月销售面积仅仅8千平方米左右。2020年1~11月份，全市商品房仅

售出 4 千套左右，月均仅售 350 套左右。这样的成交量说明我市房地产市场已经跌入谷底。

二、房地产业属于支柱性产业，房地产市场持续低迷的现状对我市经济发展产生多方面的消极影响

首先是地方财政收入减少。由于财政收入减少，会带来一些民生、社会问题，会直接影响政府的正常运转；其次是如果房价持续下跌，一级开发拆迁成本高，土地就会供应不出去，回迁安置房建不起来，回迁户得不到如期安置，从而产生社会不和谐和不稳定因素；最后是由于房地产市场的不景气，很可能会出现烂尾工程，给城市形象带来负面影响。同时由于房地产市场低迷，导致建筑施工企业农民工停工待业，造成社会就业压力。

三、为了避免我市房地产业出现系统性危机，使房地产业正常稳定发展，某市房地产企业联盟特建议贵局对房地产市场限售限购和预售资金实行差异化动态管理，具体方式如下：

在限购限售方面，本市居民在中心城区以 8000 元/平方米的售价为界，凡是首套房的售价低于 8000 元/平方米的，首付款交付 20%；反之，凡是首套房每平方米售价高于 8000 元的，首付款交付 30%；通过网签系统对商品房售价进行动态监控，一方面防止场外加价，另一方面对平方米售价低于 8000 元现在售价高于 8000 元的，随时调整首付。

对于本市居民在中心城区已有一套房且无房贷或者房贷已结清的，购买二套房时，最低首付应由 40% 降至 30%；对于本市居民在中心城区已有一套房但有房贷或者房贷未结清的，购买二套房时，最低首付应由 50% 降至 40%；对于非本市居民在中心城区购买首套房，最低首付应由 40% 降至 30%。

作为欠发达地区，并且属于人口净流出城市，我市急缺各方面的人才。住房应成为吸引人才的招牌项目，不应成为限制人才落户我市的障碍。所以对于高职称、高学历的人才，尤其是创新型科技人才，我市应当出台优惠住房政策。例如降低首付比例至 20%，其他优惠措施也实行本市居民待遇。此外对于在我市缴纳三年社保或者连续三年纳税记录的非我市居民，也应当再给予一定优惠。这样既吸引人才人口流入，又能帮助我市消化房屋库存，这是一举两得，互利共赢的好事。

在商品房预售重点资金管理方面，我市应当实行绝对数与支付比例双向控制的方式。所谓绝对数就是按照形象进度需要的建设资金，所谓支付比例

就是按照形象进度需要的重点监管资金总额度的比例。

建议基础完工时，可以申请不超过重点监管资金总额度40%，即单次可用资金占总金额比例16%，留存资金占总金额比例约24%；主体结构封顶时，可以申请不超过重点监管资金总额度20%，留存资金占总金额比例约7%，此时每平方米留存预售资金500元即可完成工程竣工验收；连续施工两个月后，留存金额占总金额比例4%即可，对应每平方米造价留存300元即可；工程竣工验收后，留存金额占总金额比例0.5%即可，因为此时工程已经完工，达到交付使用条件，不再需要资金投入。即便如此，对于一个建设面积一万平方米的单体建筑来讲，0.5%也意味着400万元左右，对于一个不再需要资金投入的建筑而言，留存这个数额已经足够了。

总之，党中央对房地产领域的要求是稳房价，稳中求进。不是将房价打压得越低越好，对房屋的需求越低越好。因此对于房地产市场而言，调控效果应当既能控制住房价，也能增加市场需求，满足人民群众对美好生活的需求，体现全面小康社会人民群众阖家康乐的幸福生活状态。希望贵局对如上建议予以考虑，不胜区区，盼照所请。

别暂不具，顺颂政祺！

某市房地产企业联盟

2020年12月28日

由于兹事体大，住建局不能擅断，于是笔者又向当时的某市委书记回建建言，通过市工商联给回建书记呈递了建议函，

某市房地产商会呈回建书记的函

尊敬的回建书记：

2017年8月，某市人民政府印发了《关于某市新建商品房预售资金监管办法的通知》（以下简称《通知》），其中第16条规定："建设项目符合下列条件时，开发企业可以申请拨付监管资金：（一）取得《商品房预售许可证》后，基础完工的，申请使用预售资金额度不得超过监管资金的30%；（二）主体结构封顶的，累计申请使用资金额度不得超过监管资金的65%；10层以上的建筑增设资金使用节点的，累计申请使用资金额度不得超过监管资金的

50%；（三）完成竣工验收的，累计申请使用资金额度不得超过监管资金的90%；（四）完成首次登记的，解除预售资金监管，监管账户余额全部拨付开发企业。"

《通知》的初衷是好的，但是监管力度过于严苛。例如第 16 条规定的监管范围和监管资金比例就不尽合理。某市房地产商会走访多家会员单位，对《通知》进行认真研究后，认为要实现《通知》的预期目标，对施工合同的合同价款进行监管即可，没有必要对全部房屋预售资金进行监管。各个施工阶段需要监管的资金额度应当以尚未完成的工程造价金额为限。理由如下：

一、房屋售价各个不同，但是房屋工程费用基本相同。如果为了预防房屋建设出现烂尾，那么只需要对工程费用也就是工程款进行监管就可以达到目的。

二、高层建筑的建设成本中，主体工程施工费用 1000 元/平方米左右，安装装饰费用 500 元/平方米左右，外围管网以及相应配套设施 600 元/平方米左右。也就是说，对全部工程款进行监管情况下，主体结构封顶时，开发商申请使用的监管资金最高数额设定为 1000 元/平方米即可预防风险。主体竣工后，监管资金总额保持在 1100 元/平方米即可达到风控目的。当然为了稳妥起见，造价还可以向上适当浮动 100 元~200 元/平方米。

三、开发商投入的开发资金中，拿地这个环节支付的资金占开发资金总额的绝大部分，其他还有商业策划、可行性研究、项目规划、勘察、设计、税费、销售成本、管理成本、财务成本、各种规费、基础设施配套费等资金的投入，上述费用在拿到《商品房预售许可证》时基本上已经支付完毕。到建筑物主体竣工时，开发商已经完成了项目 90%左右的投资，剩余的投资只有安装装饰、外网施工这部分，这部分工程造价 1100 元/平方米左右。要预防工程烂尾或者不能按时交工，按照 1100 元/平方米预留监管资金就足以防控风险。没有理由在主体竣工时，仍然扣押开发商 35%甚至 50%的房屋预售资金。

如果按照《通知》第 16 条执行，开发商在施工过程中将产生巨大的资金缺口，同时会导致巨大的融资成本。这个结果一方面造成开发商支付工程款的困难，融资上的雪上加霜；另一方面，造成大量资金的闲置。两方面的负面影响不利于工程顺利完成，最终背离了资金监管的初衷。

四、《通知》只设了四个支付节点，明显不敷使用。建设工程建设成本大、周期长，施工过程中需要花钱的地方很多，现实中施工方的垫资能力也很有限。因此建议多设几个支付节点，缓解开发商和承包方的资金压力。

五、被监管的预售资金与农民工工资预储金、安全文明施工措施费、墙改基金、散装水泥基金等其他被监管资金重叠监管，给开发商造成极大的资金压力，影响到房地产的正常开发。

六、此外，希望主管部门制定房地产开发规章制度时，尤其是相关规定导致市场主体利益出现重大减损时，一方面坚持重大改革于法有据，另一方面到房地产商会或者开发企业调查研究，从实际出发，制定科学合理规章制度。

总之，希望主管部门仅对全部工程款进行监管，不要对全部房屋预售资金进行监管。根据现实需要，多设支付节点。主体结构封顶时累计申请支付的资金不超过 1000 元/平方米。主体竣工后按照 1100 元/平方米左右预留监管资金就足以应对房屋建设中可能出现的风险。

回书记日理万机，我们在您百忙中又给您呈函，不胜惶恐！顺祝回书记身体健康，万事如意！

某市房地产商会

2018 年 3 月 1 日

附件 1：《关于某市新建商品房预售资金监管办法的通知》（略）

附件 2：

国务院办公厅关于进一步加强
涉企收费管理减轻企业负担的通知

（国办发〔2014〕30 号）

各省、自治区、直辖市人民政府，国务院各部委、各直属机构：

为贯彻落实党的十八届三中全会精神和国务院的部署要求，进一步推进简政放权，建立权力清单制度，充分发挥市场配置资源的决定性作用，激发企业特别是小微企业的活力，经国务院批准，现就进一步加强涉企收费管理、减轻企业负担有关事项通知如下：

一、建立和实施涉企收费目录清单制度

进一步提高涉企收费政策的透明度，对按照法律、行政法规和国家有关政策规定设立的涉企行政事业性收费、政府性基金和实施政府定价或指导价的经营服务性收费，实行目录清单管理，不断完善公示制度。所有涉企收费目录清单及其具体实施情况纳入各地区、各部门政务公开范畴，通过政府网站和公共媒体实时对外公开，接受社会监督。各地区、各部门必须严格执行目录清单，目录清单之外的涉企收费，一律不得执行。

二、从严审批涉企行政事业性收费和政府性基金项目

自本通知印发之日起，新设立涉企行政事业性收费和政府性基金项目，必须依据有关法律、行政法规的规定。对没有法律、行政法规依据但按照国际惯例或对等原则确需设立的，由财政部会同有关部门审核后报国务院批准。各级财政、价格等部门要不断完善对涉企收费的管理，加强收费管理与产业政策的协调配合，完善收费票据和许可证管理制度，建立多层次监督体系，进一步强化事中和事后监管。

三、切实规范行政审批前置服务项目及收费

全面清理行政审批前置服务项目及收费，对没有法律法规依据的行政审批前置服务项目一律取消。各地区、各部门在公开行政审批事项清单的同时，要将涉及收费的行政审批前置服务项目公开，并引入竞争机制，通过市场调节价格。对个别确需实行政府定价、政府指导价的行政审批前置服务实行政府定价目录管理。对列入政府定价目录的行政审批前置服务要严格核定服务成本，制定服务价格。规范行业协会、中介组织涉企收费行为。

四、坚决查处各种侵害企业合法权益的违规行为

各有关部门要加强协同配合，坚决制止各类针对企业的乱收费、乱罚款和摊派等行为，对违规设立的行政事业性收费、政府性基金和行政审批前置经营服务收费项目，一律取消。严禁擅自提高收费标准、扩大收费范围，严禁以各种方式强制企业赞助捐赠、订购报刊、参加培训、加入社团、指定服务，严禁行业协会、中介组织利用行政资源强制收取费用等行为。一经发现坚决予以曝光，并按照《价格法》《禁止向企业摊派暂行条例》《财政违法行为处罚处分条例》《价格违法行为行政处罚规定》等法律法规以及党中央国务院关于治理乱收费的有关规定严肃处理，追究有关人员的法律责任。建立企业负担调查信息平台，完善举报和反馈机制，强化社会舆论监督，加大查处力度。

五、全面深化涉企收费制度改革

按照"正税清费"原则，进一步清理取消、整合规范现行涉企行政事业

性收费和政府性基金项目,逐步减少项目数量。取消政府提供普遍公共服务或体现一般性管理职能的行政事业性收费项目;结合部门职能调整,合并在不同部门分别设立的相关行政事业性收费项目。取消政策效应不明显、不适应公共财政制度要求的政府性基金项目,依法将具有税收性质的收费基金项目并入相应的税种。建立支持小微企业的长效机制,全面落实已出台的各项收费减免措施,将暂免小微企业管理类、登记类和证照类行政事业性收费改为长期措施。加强涉企收费政策的宣传评估,推动建立和实施第三方评估机制,切实增强收费政策的针对性、时效性。研究完善保护企业权益的相关法律法规。

各地区、各有关部门要充分认识进一步加强涉企收费管理、减轻企业负担的重要意义,充分发挥各级减轻企业负担工作机制的作用,加强组织领导,抓好工作落实。国务院减轻企业负担部际联席会议负责全国范围内的工作指导、组织协调和监督检查,联席会议各成员单位要按照职责分工抓好有关政策的落实。各地区、各有关部门加强涉企收费管理、减轻企业负担工作的落实情况,要及时报送国务院减轻企业负担部际联席会议办公室(设在工业和信息化部)。

国务院办公厅

2014 年 6 月 16 日

该建议函送交住建局后,经研究,住建局决定增加申请预售资金的环节,使申请预售资金的次数与施工进度同步。同时释放了一部分资金,缓解了开发企业的一些困难。

房地产领域的重要文件和优惠政策

国务院办公厅《关于复制推广营商环境创新试点改革举措的通知》，自2022年9月28日施行。

国务院办公厅《关于印发全国一体化政务大数据体系建设指南的通知》，自2022年9月13日施行。

国务院办公厅《关于印发第十次全国深化"放管服"改革电视电话会议重点任务分工方案的通知》，自2022年10月15日施行。

国务院办公厅《关于进一步优化营商环境降低市场主体制度性交易成本的意见》，自2022年9月7日施行。

国务院《关于"十四五"新型城镇化实施方案的批复》，自2022年5月31日施行。

国务院办公厅《关于印发全国自建房安全专项整治工作方案的通知》，自2022年5月24日施行。

中共中央办公厅、国务院办公厅《乡村建设行动实施方案》，自2022年5月23日施行。

国务院办公厅转发国家发展改革委等部门《关于加快推进城镇环境基础设施建设指导意见的通知》，自2022年1月12日施行。

中共中央办公厅、国务院办公厅印发《农村人居环境整治提升五年行动方案（2021-2025年）》，自2021年12月5日施行。

国务院《关于印发2030年前碳达峰行动方案的通知》，自2021年10月24日施行。

中共中央、国务院《关于完整准确全面贯彻新发展理念做好碳达峰碳中和工作的意见》，自2021年9月22日施行。

中共中央办公厅、国务院办公厅《关于推动城乡建设绿色发展的意见》，自 2022 年 10 月 21 日施行。

中共中央、国务院《国家标准化发展纲要》，自 2022 年 10 月 10 日施行。

中共中央办公厅、国务院办公厅《关于在城乡建设中加强历史文化保护传承的意见》，自 2021 年 9 月 3 日施行。

中共中央、国务院印发《法治政府建设实施纲要（2021-2025 年）》，自 2021 年 8 月 11 日施行。

《土地管理法实施条例》，自 2021 年 9 月 1 日起施行。

国务院办公厅《关于加快发展保障性租赁住房的意见》，自 2021 年 6 月 24 日施行。

中共中央办公厅、国务院办公厅《关于进一步深化税收征管改革的意见》，自 2021 年 3 月 24 日施行。

国务院《关于加快建立健全绿色低碳循环发展经济体系的指导意见》，自 2021 年 2 月 2 日施行。

中共中央、国务院《关于全面推进乡村振兴加快农业农村现代化的意见》，自 2021 年 1 月 4 日施行。

中共中央《关于制定国民经济和社会发展第十四个五年规划和二〇三五年远景目标的建议》，自 2020 年 10 月 29 日施行。

中共中央《法治中国建设规划（2020-2025 年）》，自 2021 年 1 月 10 日施行。

国务院办公厅转发国家发展改革委等部门《关于清理规范城镇供水供电供气供暖行业收费促进行业高质量发展意见的通知》，自 2021 年 3 月 1 日施行。

国务院《关于实施动产和权利担保统一登记的决定》，自 2021 年 1 月 1 日施行。

中共中央《法治社会建设实施纲要（2020-2025 年）》，自 2020 年 12 月 7 日施行。

国务院办公厅《关于印发全国深化"放管服"改革优化营商环境电视电话会议重点任务分工方案的通知》，自 2020 年 11 月 1 日施行。

国务院办公厅《关于全面推行证明事项和涉企经营许可事项告知承诺制的指导意见》，自 2020 年 10 月 27 日施行。

国务院办公厅《关于加强全民健身场地设施建设发展群众体育的意见》，

自 2020 年 9 月 30 日施行。

国务院办公厅转发国家发展改革委《关于促进特色小镇规范健康发展意见》的通知，自 2020 年 9 月 16 日施行。

中共中央办公厅、国务院办公厅《关于调整完善土地出让收入使用范围优先支持乡村振兴的意见》，2020 年 9 月 23 日施行。

国务院办公厅《关于进一步优化营商环境更好服务市场主体的实施意见》，自 2020 年 7 月 15 日施行。

国务院办公厅《关于全面推进城镇老旧小区改造工作的指导意见》，自 2020 年 7 月 10 日施行。

《保障中小企业款项支付条例》，自 2020 年 9 月 1 日起施行。

中央应对新型冠状病毒感染肺炎疫情工作领导小组《关于在有效防控疫情的同时积极有序推进复工复产的指导意见》，自 2020 年 4 月 7 日施行。

国务院应对新型冠状病毒感染肺炎疫情联防联控机制《关于印发全国不同风险地区企事业单位复工复产疫情防控措施指南的通知》，自 2020 年 4 月 7 日施行。

国务院《关于授权和委托用地审批权的决定》，自 2020 年 3 月 1 日施行。

国务院办公厅《关于进一步精简审批优化服务精准稳妥推进企业复工复产的通知》，自 2020 年 3 月 3 日施行。

中共中央办公厅、国务院办公厅《关于构建现代环境治理体系的指导意见》，自 2020 年 3 月 3 日施行。

《保障农民工工资支付条例》，自 2020 年 5 月 1 日起施行。

《外商投资法实施条例》，自 2020 年 1 月 1 日起施行。

中共中央、国务院《关于营造更好发展环境支持民营企业改革发展的意见》，自 2019 年 12 月 4 日施行。

国务院《关于进一步做好利用外资工作的意见》，自 2019 年 10 月 30 日施行。

中共中央办公厅、国务院办公厅《关于在国土空间规划中统筹划定落实三条控制线的指导意见》，自 2019 年 11 月 1 日施行。

国务院《优化营商环境条例》，自 2020 年 1 月 1 日施行。

国务院《关于印发实施更大规模减税降费后调整中央与地方收入划分改革推进方案的通知》，自 2019 年 9 月 26 日施行。

国务院办公厅转发住房城乡建设部《关于完善质量保障体系提升建筑工程品质指导意见的通知》，自 2019 年 9 月 15 日施行。

国务院办公厅《关于做好优化营商环境改革举措复制推广借鉴工作的通知》，自 2019 年 9 月 3 日施行。

国务院办公厅《关于成立国务院根治拖欠农民工工资工作领导小组的通知》，自 2019 年 8 月 3 日施行。

国务院办公厅《关于完善建设用地使用权转让、出租、抵押二级市场的指导意见》，自 2019 年 7 月 6 日施行。

中共中央办公厅、国务院办公厅《关于加快推进公共法律服务体系建设的意见》，自 2019 年 7 月 10 日施行。

国务院《关于北京市继续开展公共服务类建设项目投资审批改革试点的批复》，自 2019 年 5 月 29 日施行。

中共中央、国务院《关于建立国土空间规划体系并监督实施的若干意见》，自 2019 年 5 月 23 日施行。

国务院《重大行政决策程序暂行条例》，自 2019 年 9 月 1 日起施行。

国务院《政府投资条例》，自 2019 年 7 月 1 日起施行。

国务院《关于印发改革国有资本授权经营体制方案的通知》，自 2019 年 4 月 19 日施行。

中共中央办公厅、国务院办公厅《关于统筹推进自然资源资产产权制度改革的指导意见》，自 2019 年 4 月 14 日施行。

中共中央办公厅、国务院办公厅《关于促进中小企业健康发展的指导意见》，自 2019 年 4 月 7 日施行。

国务院办公厅《关于全面开展工程建设项目审批制度改革的实施意见》，自 2019 年 3 月 13 日施行。

国务院办公厅《关于在制定行政法规规章行政规范性文件过程中充分听取企业和行业协会商会意见的通知》，自 2019 年 3 月 1 日施行。

国务院办公厅《关于压缩不动产登记办理时间的通知》，自 2019 年 2 月 26 日施行。

中共中央办公厅、国务院办公厅《关于推进基层整合审批服务执法力量的实施意见》，自 2019 年 3 月 31 日施行。

国务院办公厅《关于印发"无废城市"建设试点工作方案的通知》，自

2018 年 12 月 29 日施行。

国务院办公厅《关于聚焦企业关切进一步推动优化营商环境政策落实的通知》，自 2018 年 10 月 29 日施行。

中共中央、国务院《乡村振兴战略规划（2018-2022 年）》，自 2018 年 9 月 26 日施行。

国务院《关于促进天然气协调稳定发展的若干意见》，自 2018 年 8 月 3 日施行。

中共中央办公厅、国务院办公厅《国税地税征管体制改革方案》，自 2018 年 7 月 20 日施行。

国务院办公厅《关于进一步加强城市轨道交通规划建设管理的意见》，自 2018 年 6 月 28 日施行。

国务院办公厅《关于做好证明事项清理工作的通知》，自 2018 年 6 月 15 日施行。

国务院办公厅《关于加强行政规范性文件制定和监督管理工作的通知》，自 2018 年 5 月 16 日施行。

国务院办公厅《关于开展工程建设项目审批制度改革试点的通知》，自 2018 年 5 月 14 日施行。

国务院《关于〈必须招标的工程项目规定〉的批复》，自 2018 年 3 月 8 日施行。

国务院办公厅《关于加强电梯质量安全工作的意见》，自 2018 年 2 月 1 日施行。

国务院《关于加强质量认证体系建设促进全面质量管理的意见》，自 2018 年 1 月 17 日施行。

国务院办公厅《省级政府耕地保护责任目标考核办法》，自 2018 年 1 月 3 日施行。

国务院《行政法规制定程序条例》，自 2018 年 5 月 1 日施行。

国务院《规章制定程序条例》，自 2018 年 5 月 1 日施行。

中共中央办公厅、国务院办公厅《关于推进城市安全发展的意见》，自 2018 年 1 月施行。

中共中央、国务院《关于营造企业家健康成长环境弘扬优秀企业家精神更好发挥企业家作用的意见》，自 2017 年 9 月 8 日施行。

国务院办公厅《关于进一步激发民间有效投资活力促进经济持续健康发展的指导意见》，自 2017 年 9 月 1 日施行。

国务院《关于河北省张家口赛区冬奥会建设项目投资审批改革试点的批复》，自 2017 年 5 月 4 日施行。

国务院办公厅《关于进一步完善国有企业法人治理结构的指导意见》，自 2017 年 4 月 24 日施行。

国务院办公厅《关于进一步激发社会领域投资活力的意见》，自 2017 年 3 月 7 日施行。

国务院办公厅《关于促进建筑业持续健康发展的意见》，自 2017 年 2 月 21 日施行。

国务院《关于印发全国国土规划纲要（2016—2030 年）的通知》，自 2017 年 1 月 3 日施行。

中共中央、国务院《关于加强耕地保护和改进占补平衡的意见》，自 2017 年 1 月 9 日施行。

国务院《关于扩大对外开放积极利用外资若干措施的通知》，自 2017 年 1 月 12 日施行。

国务院《关于加强政务诚信建设的指导意见》，自 2016 年 12 月 22 日施行。

国务院《关于坚决遏制部分城市房价过快上涨的通知》，自 2010 年 4 月 17 日施行。

国务院《关于促进房地产市场健康发展的若干意见》，自 2008 年 12 月 20 日施行。

国务院办公厅《关于切实稳定住房价格的通知》，自 2005 年 3 月 26 日施行。

国务院《关于促进房地产市场持续健康发展的通知》，自 2003 年 8 月 12 日施行。

国务院《关于进一步深化城镇住房制度改革加快住房建设的通知》，自 1998 年 7 月 3 日施行。

住房和城乡建设部《关于发布国家标准〈民用建筑通用规范〉的公告》，自 2022 年 7 月 15 日施行。

住房和城乡建设部等六部门《关于加强轻资产住房租赁企业监管的意

见》，自 2021 年 4 月 15 日施行。

住房和城乡建设部《住房和城乡建设行政处罚程序规定》，自 2022 年 5 月 1 日施行。

住房和城乡建设部《房地产开发企业资质管理规定》，2022 年 3 月 2 日施行。

住房和城乡建设部《房屋建筑和市政基础设施工程施工图设计文件审查管理办法》，自 2018 年 12 月 29 日施行。

住房和城乡建设部《房屋建筑和市政基础设施工程施工招标投标管理办法》，自 2019 年 3 月 13 日施行。

住房和城乡建设部《城市设计管理办法》，自 2017 年 6 月 1 日施行。

住房和城乡建设部《建筑工程设计招标投标管理办法》，自 2017 年 5 月 1 日施行。

住房和城乡建设部《房屋建筑和市政基础设施工程施工分包管理办法》，自 2019 年 3 月 13 日施行。

住房和城乡建设部《住房城乡建设质量安全事故和其他重大突发事件督办处理办法》，自 2015 年 3 月 9 日施行。

住房和城乡建设部《建筑工程施工发包与承包计价管理办法》，自 2014 年 2 月 1 日施行。

住房和城乡建设部《房地产估价机构管理办法》，自 2015 年 5 月 4 日施行。

住房和城乡建设部《关于进一步加强住房城乡建设行政复议工作的意见》，自 2013 年 7 月 30 日施行。

住房和城乡建设部《公共租赁住房管理办法》，自 2012 年 7 月 15 日施行。

住房和城乡建设部《房地产经纪管理办法》，自 2016 年 4 月 1 日施行。

住房和城乡建设部《房屋建筑和市政基础设施工程质量监督管理规定》，自 2010 年 9 月 1 日施行。

建设部《城市商品房预售管理办法》，自 2004 年 7 月 20 日施行。

第十三章

最高人民法院房地产案件裁判旨要

第一节　最高人民法院房地产指导性案例裁判旨要

2010 年 11 月 26 日最高人民法院发布《关于案例指导工作的规定》法发 [2010] 51 号，规定最高人民法院发布的指导性案例，各级人民法院审判类似案例时应当参照。所称指导性案例，是指裁判已经发生法律效力，并符合以下条件的案例："（一）社会广泛关注的；（二）法律规定比较原则的；（三）具有典型性的；（四）疑难复杂或者新类型的；（五）其他具有指导作用的案例。"

2011 年 12 月 20 日最高人民法院《发布第一批指导性案例的通知》（法 [2011] 354 号）

各省、自治区、直辖市高级人民法院，解放军军事法院，新疆维吾尔自治区高级人民法院生产建设兵团分院：

为了贯彻落实中央关于建立案例指导制度的司法改革举措，最高人民法院于 2010 年 11 月 26 日印发了《关于案例指导工作的规定》（以下简称《规定》）。《规定》的出台，标志着中国特色案例指导制度初步确立。社会各界对此高度关注，并给予大力支持。各高级人民法院根据《规定》要求，积极向最高人民法院推荐报送指导性案例。最高人民法院专门设立案例指导工作办公室，加强并协调有关方面对指导性案例的研究。近日，最高人民法院审判委员会讨论通过，决定将上海中原物业顾问有限公司诉陶德华居间合同纠纷案等 4 个案例作为第一批指导性案例予以公布。现将有关工作通知如下：

一、准确把握案例的指导精神

（一）上海中原物业顾问有限公司诉陶德华居间合同纠纷案，旨在解决二手房买卖活动中买方与中介公司因"跳单"引发的纠纷。该案例确认：居间合同中禁止买方利用中介公司提供的房源信息，却撇开该中介公司与卖方签订房屋买卖合同的约定具有约束力，即买方不得"跳单"违约；但是同一房源信息经多个中介公司发布，买方通过上述正当途径获取该房源信息的，有权在多个中介公司中选择报价低、服务好的中介公司促成交易，此行为不属于"跳单"违约。从而既保护中介公司合法权益，促进中介服务市场健康发展，维护市场交易诚信，又促进房屋买卖中介公司之间公平竞争，提高服务质量，保护消费者的合法权益。

（二）吴梅诉四川省眉山西城纸业有限公司买卖合同纠纷案，旨在正确处理诉讼外和解协议与判决的效力关系。该案例确认：对于当事人在二审期间达成诉讼外和解协议后撤诉的，当事人应当依约履行。一方当事人不履行或不完全履行和解协议的，另一方当事人可以申请人民法院执行一审生效判决。从而既尊重当事人对争议标的的自由处分权，强调了协议必须信守履行的规则，又维护了人民法院生效裁判的权威。

（三）潘玉梅、陈宁受贿案旨在解决新形式、新手段受贿罪的认定问题。该案例确认：国家工作人员以"合办"公司的名义或以交易形式收受贿赂的、承诺"为他人谋取利益"未谋取利益而受贿的，以及为掩饰犯罪而退赃的，不影响受贿罪的认定，从而对近年来以新的手段收受贿赂案件的处理提供了明确指导。对于依法惩治受贿犯罪，有效查处新形势下出现的新类型受贿案件，推进反腐败斗争深入开展，具有重要意义。

（四）王志才故意杀人案旨在明确判处死缓并限制减刑的具体条件。该案例确认：刑法修正案（八）规定的限制减刑制度，可以适用于 2011 年 4 月 30 日之前发生的犯罪行为；对于罪行极其严重，应当判处死刑立即执行，被害方反应强烈，但被告人具有法定或酌定从轻处罚情节，判处死刑缓期执行，同时依法决定限制减刑能够实现罪刑相适应的，可以判处死缓并限制减刑。这有利于切实贯彻宽严相济刑事政策，既依法严惩严重刑事犯罪，又进一步严格限制死刑，最大限度地增加和谐因素，最大限度地减少不和谐因素，促进和谐社会建设。

二、切实发挥好指导性案例作用

各级人民法院对于上述指导性案例，要组织广大法官认真学习研究，深刻领会和正确把握指导性案例的精神实质和指导意义；要增强运用指导性案例的自觉性，以先进的司法理念、公平的裁判尺度、科学的裁判方法，严格参照指导性案例审理好类似案件，进一步提高办案质量和效率，确保案件裁判法律效果和社会效果的有机统一，保障社会和谐稳定；要高度重视案例指导工作，精心编选、积极推荐、及时报送指导性案例，不断提高选报案例质量，推进案例指导工作扎实开展；要充分发挥舆论引导作用，宣传案例指导制度的意义和成效，营造社会各界理解、关心和支持人民法院审判工作的良好氛围。

今后，各高级人民法院可以通过发布参考性案例等形式，对辖区内各级人民法院和专门法院的审判业务工作进行指导，但不得使用"指导性案例"或者"指导案例"的称谓，以避免与指导性案例相混淆。对于实施案例指导工作中遇到的问题和改进案例指导工作的建议，请及时层报最高人民法院。

附：上海中原物业顾问有限公司诉陶德华居间合同纠纷案等四个指导性案例

二〇一一年十二月二十日

指导案例 1 号（第一批）

上海中原物业顾问有限公司诉陶德华居间合同纠纷案（最高人民法院审判委员会讨论通过　2011 年 12 月 20 日发布）

关键词：民事　居间合同　二手房买卖　违约

裁判要点

房屋买卖居间合同中关于禁止买方利用中介公司提供的房源信息却绕开该中介公司与卖方签订房屋买卖合同的约定合法有效。但是，当卖方将同一房屋通过多个中介公司挂牌出售时，买方通过其他公众可以获知的正当途径获得相同房源信息的，买方有权选择报价低、服务好的中介公司促成房屋买卖合同成立，其行为并没有利用先前与之签约中介公司的房源信息，故不构成违约。

指导案例 7 号（第二批）

牡丹江市宏阁建筑安装有限责任公司诉牡丹江市华隆房地产开发有限责任公司、张继增建设工程施工合同纠纷案

关键词： 民事诉讼　抗诉　申请撤诉　终结审查

裁判要点

人民法院接到民事抗诉书后，经审查发现案件纠纷已经解决，当事人申请撤诉，且不损害国家利益、社会公共利益或第三人利益的，应当依法作出对抗诉案终结审查的裁定；如果已裁定再审，应当依法作出终结再审诉讼的裁定。

指导案例 21 号（第五批）

内蒙古秋实房地产开发有限责任公司诉呼和浩特市人民防空办公室人防行政征收案（最高人民法院审判委员会讨论通过　2013 年 11 月 8 日发布）

关键词： 行政人防　行政征收　防空地下室　易地建设费

裁判要点

建设单位违反人民防空法及有关规定，应当建设防空地下室而不建的，属于不履行法定义务的违法行为。建设单位应当依法缴纳防空地下室易地建设费的，不适用廉租住房和经济适用住房等保障性住房建设项目关于"免收城市基础设施配套费等各种行政事业性收费"的规定。

指导案例 22 号（第五批）

魏永高、陈守志诉来安县人民政府收回土地使用权批复案（最高人民法院审判委员会讨论通过　2013 年 11 月 8 日发布）

关键词： 行政诉讼　受案范围　批复

裁判要点

地方人民政府对其所属行政管理部门的请示作出的批复，一般属于内部行政行为，不可对此提起诉讼。但行政管理部门直接将该批复付诸实施并对行政相对人的权利义务产生了实际影响，行政相对人对该批复不服提起诉讼的，人民法院应当依法受理。

指导案例 41 号（第九批）

宣懿成等诉浙江省衢州市国土资源局收回国有土地使用权案（最高人民法院审判委员会讨论通过　2014 年 12 月 25 日发布）

关键词：行政诉讼　举证责任　未引用具体法律条款　适用法律错误

裁判要点

行政机关作出具体行政行为时未引用具体法律条款，且在诉讼中不能证明该具体行政行为符合法律的具体规定，应当视为该具体行政行为没有法律依据，适用法律错误。

指导案例 59 号（第十二批）

戴世华诉济南市公安消防支队消防验收纠纷案

裁判要点

建设工程消防验收备案结果通知含有消防竣工验收是否合格的评定，具有行政确认的性质，当事人对公安消防部门的消防验收备案结果通知行为提起行政诉讼的，人民法院应当依法予以受理。

指导案例 65 号（第十四批）

上海市虹口区久乐大厦小区业主大会诉上海环亚实业总公司业主共有权纠纷案（最高人民法院审判委员会讨论通过　2016 年 9 月 19 日发布）

关键词：民事　业主共有权　专项维修资金　法定义务　诉讼时效

裁判要点

专项维修资金是专门用于物业共用部位、共用设施设备保修期满后的维修和更新、改造的资金，属于全体业主共有。缴纳专项维修资金是业主为维护建筑物的长期安全使用而应承担的一项法定义务。业主拒绝缴纳专项维修资金，并以诉讼时效提出抗辩的，人民法院不予支持。

指导案例 72 号（第十五批）

汤龙、刘新龙、马忠太、王洪刚诉内蒙古鄂尔多斯彦海房地产开发有限公司商品房买卖合同纠纷案（最高人民法院审判委员会讨论通过　2016 年 12 月 28 日发布）

关键词：民事　商品房买卖合同　借款合同　清偿债务　法律效力　审查

裁判要点

借款合同双方当事人经协商一致，终止借款合同关系，建立商品房买卖合同关系，将借款本金及利息转化为已付购房款并经对账清算的，不属于《物权法》第 186 条规定禁止的情形，该商品房买卖合同的订立目的，亦不属于最高人民法院《关于审理民间借贷案件适用法律若干问题的规定》（2015年）第 24 条规定的"作为民间借贷合同的担保"。在不存在《合同法》第 52条规定情形的情况下，该商品房买卖合同具有法律效力。但对转化为已付购房款的借款本金及利息数额，人民法院应当结合借款合同等证据予以审查，以防止当事人将超出法律规定保护限额的高额利息转化为已付购房款。

指导案例 73 号（第十五批）

通州建总集团有限公司诉安徽天宇化工有限公司别除权纠纷案（最高人民法院审判委员会讨论通过　2016 年 12 月 28 日发布）

关键词：民事　别除权　优先受偿权　行使期限　起算点

裁判要点

符合《破产法》第 18 条规定的情形，建设工程施工合同视为解除的，承包人行使优先受偿权的期限应自合同解除之日起计算。

指导案例 76 号

萍乡市亚鹏房地产开发有限公司诉萍乡市国土资源局不履行行政协议案（最高人民法院审判委员会讨论通过　2016 年 12 月 28 日发布）

关键词：行政　行政协议　合同解释　司法审查　法律效力

裁判要点

行政机关在职权范围内对行政协议约定的条款进行的解释，对协议双方具有法律约束力，人民法院经过审查，根据实际情况，可以作为审查行政协议的依据。

指导案例 91 号（第十七批）

沙明保等诉马鞍山市花山区人民政府房屋强制拆除行政赔偿案（最高人民法院审判委员会讨论通过　2017 年 11 月 15 日发布）

关键词：行政　行政赔偿　强制拆除　举证责任　市场合理价值

裁判要点

在房屋强制拆除引发的行政赔偿案件中，原告提供了初步证据，但因行政机关的原因导致原告无法对房屋内物品损失举证，行政机关亦因未依法进行财产登记、公证等措施无法对房屋内物品损失举证的，人民法院对原告未超出市场价值的符合生活常理的房屋内物品的赔偿请求，应当予以支持。

指导案例 150 号（第二十七批）

中国民生银行股份有限公司温州分行诉浙江某口建筑工程有限公司、青田依利高鞋业有限公司第三人撤销之诉案（最高人民法院审判委员会讨论通过 2021 年 2 月 19 日发布）

关键词：民事　第三人撤销之诉　建设工程价款优先受偿权　抵押权原告主体资格

裁判要点

建设工程价款优先受偿权与抵押权指向同一标的物，抵押权的实现因建设工程价款优先受偿权的有无以及范围大小受到影响的，应当认定抵押权的实现同建设工程价款优先受偿权案件的处理结果有法律上的利害关系，抵押权人对确认建设工程价款优先受偿权的生效裁判具有提起第三人撤销之诉的原告主体资格。

指导案例 154 号（第二十七批）

王四光诉中天建设集团有限公司、白山和丰置业有限公司案外人执行异议之诉案

（最高人民法院审判委员会讨论通过 2021 年 2 月 19 日发布）

关键词：民事案外人执行异议之诉　与原判决、裁定无关　建设工程价款优先受偿权

裁判要点

在建设工程价款强制执行过程中，房屋买受人对强制执行的房屋提起案外人执行异议之诉，请求确认其对案涉房屋享有可以排除强制执行的民事权益，但不否定原生效判决确认的债权人所享有的建设工程价款优先受偿权的，属于《民事诉讼法》第 227 条规定的"与原判决、裁定无关"的情形，人民

法院应予依法受理。

指导案例 171 号（第三十批）

中天建设集团有限公司诉河南恒和置业有限公司建设工程施工合同纠纷案（最高人民法院审判委员会讨论通过 2021 年 11 月 9 日发布）

关键词：民事　建设工程施工合同　优先受偿权　除斥期间

裁判要点

执行法院依其他债权人的申请，对发包人的建设工程强制执行，承包人向执行法院主张其享有建设工程价款优先受偿权且未超过除斥期间的，视为承包人依法行使了建设工程价款优先受偿权。发包人以承包人起诉时行使建设工程价款优先受偿权超过除斥期间为由进行抗辩的，人民法院不予支持。

第二节　《最高人民法院公报》房地产纠纷案件裁判旨要

2022 年第 12 期　韦统兵与新疆宝塔房地产开发有限公司等请求变更公司登记纠纷案

裁判摘要 法定代表人是对外代表公司从事民事活动的公司负责人，法定代表人登记依法具有公示效力。就公司内部而言，公司与法定代表人之间为委托法律关系，法定代表人代表权的基础是公司的授权，自公司任命时取得至免除任命时终止。公司权力机关依公司章程规定免去法定代表人的职务后，法定代表人的代表权即为终止。有限责任公司股东会议及公司章程规定免除法定代表人职务的，公司执行机关应当执行公司决议，依法办理法定代表人工商变更登记。

2022 年第 9 期　江苏南通二建集团有限公司与上海农村商业银行股份有限公司浦东分行等建设工程施工合同纠纷案

裁判摘要 承包人出具虚假的工程款收款证明，就其未获清偿的工程款债权主张享有建设工程价款优先受偿权的，人民法院不予支持。

2022 年第 8 期　昆山城开锦亭置业有限公司诉昆山市国土资源局不动产行政登记及行政赔偿纠纷案

裁判摘要 不动产登记系对物权的公示，涉及民事、行政双重法律关系，既应遵循物权法定等民事法律规范，又应符合不动产登记相关行政法规。物权的种类和内容由法律规定，当事人无权通过约定变更物权的法定内容。登记机关如将缺乏法律依据的约定内容进行登记，有违物权法定原则，当事人请求撤销相关登记内容的，人民法院应予支持。

2022 年第 6 期　饶国礼与江西省监狱管理局物资供应站等房屋租赁合同纠纷案

裁判摘要 违反行政规章一般不影响合同效力，但违反行政规章签订租赁合同，约定将经鉴定机构鉴定存在严重结构隐患，或将造成重大安全事故的应当尽快拆除的危房出租用于经营酒店，危及不特定公众人身及财产安全的，属于损害社会公共利益、违背公序良俗的行为，应当依法认定租赁合同无效，按照合同双方的过错大小确定各自应当承担的法律责任。

2021 年第 9 期　常知富诉南京秦房物业管理有限责任公司侵权责任纠纷案

裁判摘要 业主委员会有权按照法定程序对小区公共区域的管理作出决定。在法律未对共享单车停放做出明确规定的前提下，业主委员会做出的不允许小区内部骑行、停放共享单车的决定对全体业主具有约束力，物业管理公司据此拒绝业主将共享单车骑入小区的，不构成侵权。

2021 年第 8 期　高志清、戴雨晴与张凤清、袁丽萍房屋买卖合同纠纷案

裁判摘要 业主的建筑物区分所有权包括对专有部分的所有权、对共有部分的共有权和共同管理权，且这三种权利具有不可分离性。业主转让房屋时，其基于共同管理约定所享有的共有部分专有使用权也应当一并转让，既有的共同管理约定对继受取得业主权利的房屋受让人继续有效，房屋转让人应当协助将其独占使用的共有部分交付于受让人。

2021 年第 2 期　海南碧桂园房地产开发有限公司与三亚凯利投资有限公司、张伟男等确认合同效力纠纷案

裁判摘要 公司股东仅存在单笔转移公司资金的行为，尚不足以否认公司独立人格的，不应依据《公司法》第 20 条第 3 款判决公司股东对公司的债务承担连带责任。但该行为客观上转移并减少了公司资产，降低了公司的偿债能力，根据"举重以明轻"的原则参照最高人民法院《关于适用〈中华人民共和国公司法〉若干问题的规定（三）》第 14 条关于股东抽逃出资情况下的责任形态之规定，可判决公司股东对公司债务不能清偿的部分在其转移资金的金额及相应利息范围内承担补充赔偿责任。

2021 年第 2 期 重庆市豪运房地产开发有限公司诉重庆市九龙坡区西彭帝景豪苑业主委员会车位纠纷案

裁判摘要 小区建设完成之后，随小区房屋的出售，小区建设区划内的土地使用权也随之转移至小区业主，小区的共有部分土地使用权归小区业主共有。不能办理产权登记成为特定业主所有权的客体的地上车位，不能成为享有专有权的专有部分，该部分占用业主共有的道路或者其他场地用于停放汽车的车位，属于业主共有。

2021 年第 2 期 葛亮诉李辉等房屋买卖合同纠纷案

裁判摘要 涉"套路贷"房屋买卖合同效力的判断，不宜仅凭公证授权文书一律认定有效，要查明当事人的真实意思，对隐藏的民事法律行为的效力，综合考量依法作出判定。

2020 年第 2 期 唐学富庞华域合肥建鑫房地产开发有限公司已负瑕疵担保责任纠纷案

裁判摘要 买卖尚处于租赁期间的，房屋出租人应当告知买受人房屋租赁合同的内容，但承租人的履约能力属于商业风险范畴，不属于出卖人，先合同义务，买受人应自行审查与承担，租赁房屋期间房屋产权发生变更。除当事人有特别约定外，租金自产权变更之日起归买受人所有，买受人在产权变更后因租金难以收取，以出卖人有缔约过失交付房屋存在瑕疵为由，要求出卖人承担租金损失的，人民法院不予支持。

2020 年第 3 期 吉林鑫城房地产综合开发有限公司与汤东鹏买房屋买卖合同纠纷案

裁判摘要 人民法院依职权审查合同效力并予以释明，是引导当事人正确诉讼的基础，债务人到期未能清偿债务，重新与债权人达成合意，以房抵债，双方签订的房屋买卖合同应当认定合法有效。

2020 年第 4 期 永安市燕城房地产开发有限公司与郑耀南远东耀华房地产发展有限公司及第三人高丽镇第三人撤销之诉案

裁判摘要 作为普通债权人的第三人，一般不具有基于债权提起第三人撤销之诉的事由，但如果生效裁判所确认的债务人相关财产处分行为符合《合同法》第 74 条所规定的撤销权条件，则依法享有撤销权的债权人与该生效裁判案件的处理结果具有法律上的利害关系，从而具备以无独立请求权第三人身份提起第三人撤销之诉的原告主体资格。

2020 年第 6 期　周长春与装饰中国投资有限公司李世卫彭振杰及第三人湖南汉业房地产开发有限公司损害公司利益责任纠纷案

裁判摘要 在能够证明依法有权代表公司提起诉讼的公司机关基本不存在提起诉讼的可能性，由原告履行前置程序已无异议的情况下，不宜以股东未履行《公司法》第 151 条规定的前置程序为由驳回起诉。

2020 年第 6 期　长春泰恒房屋开发有限公司与长春市规划和自然资源局国有土地使用权出让合同纠纷案

裁判摘要 第一，因国家法律法规及政策出台，导致当事人签订的合同不能履行，以致一方当事人缔约目的不能实现，该当事人请求法院判决解除合同的，人民法院应予支持；第二，鉴于双方当事人对于合同不能履行的一方当事人缔约目的不能实现均无过错，故可依据《合同法》第 97 条规定，仅判决返还已支付的价款及相应孳息，对于一方当事人请求对方当事人赔偿损失的诉讼请求不予支持；第三，对于一方当事人未履行合同而支付的契税损失，在双方当事人对于案涉合同解除均无过错的情况下，可由双方当事人基于公平原则平均分担。

2019 年第 12 期　周杰帅诉余姚绿城房地产有限公司商品房预售合同纠纷案

裁判摘要 当事人约定的违约金超过损失的 30% 的，一般可以认定为《合同法》第 114 条第 2 款规定的"过分高于造成的损失"的规定，当事人主张约定的违约金过高，请求予以适当减少的，人民法院应当以实际损失为基础、兼顾合同的约定履行情况、当事人的过错程度以及预期利益等综合因素，根据公平原则和诚实信用原则进行考量，作出认定。

2019 年第 11 期　胡炳光、周笃员、蒋美愈、周建光与德清金恒坤房地产开发有限公司、张平平、沈金龙及第三人撤销之案纠纷案

裁判摘要 根据《民事诉讼法》（2017 年）第 56 条规定，有权提起第三人撤销之诉的主体，应当严格限制在该条前两款规定的有独立请求权和无独立请求权两类第三人，不能将有权提起第三人撤销之诉的主体扩大到《民事诉讼法》（2017 年）第 56 条规定的两类第三人之外的享有普通债权的案外人员。原案确有错误的，可依法通过审判监督程序予以纠正。

2019 年第 10 期 江苏南通六建建设集团有限公司与衡水鸿泰房地产开发有限公司建设工程施工合同纠纷案

裁判摘要《民事诉讼法》（2017 年）第 205 条规定，当事人申请再审，应当在判决裁定发生法律效力后 6 个月提出；有本法第 200 条第 1 项、第 3 项、第 12 项、第 13 项规定情形的，自知道或者应当知道之日起 6 个月内提出。本条是关于当事人申请再审期限的规定。法律之所以规定当事人申请再审期限，一方面是为了维护生效判决的既判力，避免经生效判决所确定的法律权利义务关系，长期处于可能被提起再审的不安定状态，从而维护社会关系的稳定，另一方面是为了督促当事人及时行使申请再审的权利，避免影响对方当事人对生效判决稳定性的信赖利益。据此，当事人依据《民事诉讼法》（2017 年）第 200 条第 1、3、12、13 项以外的其他事由申请再审，应当在判决裁定发生法律效力后 6 个月内提出，而当事人在判决裁定发生法律效力 6 个月后，依据《刑事诉讼法》第 200 条第 1、3、12、13 项规定申请再审，同时一并提交其他再审事由的，人民法院不予审查。

2019 年第 6 期 魏淑英、齐帅诉辽宁省新民市人民政府强制清除地上物并行政赔偿案

裁判摘要 人民法院对于评估机构在诉讼中提供虚假证明材料，妨碍人民法院审理案件的行为，应当根据《行政诉讼法》（2017 年）第 59 条规定，对评估机构及其主要负责人直接责任人员予以处罚。

2019 年第 5 期 赵淑华与沈阳皇朝万鑫酒店管理有限公司、沈阳万鑫物业管理有限公司财产损害赔偿纠纷案

裁判摘要 消防安全事关人身财产安全属于社会公共利益，确保建筑消防安全是建设单位的法定义务。商品房买卖合同的购房人一般不具有检测所购房屋是否符合消防安全规定的能力，难以适用一般商品买卖合同在标的物交付后买受人应当及时检验产品质量的规则。案涉责任人在不同时期的数个行为密切结合致使火灾发生，侵权行为、致害原因前后相继而非叠加，责任人对火灾的发生均有重大过失，但没有共同故意或者共同过失，应各自承担相应的责任。建设单位并非主动、积极的行为，致受害人权益受损，不承担主要责任物业。物业服务企业依法或者依约在物业管理区域内负有安全防范义务，应协助做好安全事故隐患的防范、制止或救助工作。第三人原因致损，物业服务企业未尽到专业管理人的谨慎注意义务的，应在其能够预见和防范的范围内承担相应的补充责任。

2019 年第 5 期　张宇、张霞诉上海亚绿实业投资有限公司商品房预售合同纠纷案

裁判摘要 责任限制型格式条款，本质上是一种风险转移约定，根据诚实信用原则，在签约时，经营者除了需要对条款内容进行重点提示，还应当对免责范围内已经显露的重大风险进行如实告知，以保护相对人的信赖利益，经营者故意隐瞒重大风险，造成相对人的信息不对称的情况下达成免责合意，应当认定相对人的真实意思表示中不包括承担被隐瞒的重大风险，免责合意的范围仅限于签约后发生的不确定风险，在后续履约中以恶意隐瞒重大风险，最终导致违约情形发生，经营者主张适用免责条款，排除自身违约责任的，人民法院不予支持。

2019 年第 4 期　厦门源昌房地产开发有限公司诉海南悦信集团有限公司委托合同纠纷案

裁判摘要 双方债务均已到期属于法定抵销权形成的积极条件之一。该条件不仅意味着双方债务均已届至履行期，同时还要求双方债务各自履行期届至到诉讼时效期间届满的时间段，应当存在重合的部分。在上述时间段的重合部分，双方债权均处于没有时效等抗辩的可履行状态，双方债务均已到期的条件即已成就，即使此后抵销权行使之时主动债权已经超过诉讼时效，亦不影响该条件的成立。

因被动债权诉讼时效的抗辩可由当事人自主放弃，故在审查抵销权形成积极条件时，当重点考察主动债权的诉讼时效，即主动债权的诉讼时效届满之前，被动债权进入履行期的，应认为满足双方债务均已到期的条件；反之，则不得认定该条件已经成就。

抵销权的行使不同于抵销权的形成，作为形成权。抵销权的行使，不受诉讼时效的限制。我国法律并未对法定抵销权的行使设置除斥期间，在法定抵销权已经有效成立的情况下，如抵销权的行使不存在不合理、迟延之情形，综合实体公平及抵销权的担保功能等因素，人民法院应认可抵销的效力。

2018 年第 12 期 遵义市红花岗区长征镇沙坝村纪念街村民组诉遵义明顺房地产开发有限责任公司等商品房买卖合同纠纷案

裁判摘要 处理一房二卖情况下的合同履行问题，可从商品房买卖合同的缔约真实性、签约时间、顺序付款程度、合同备案情况、讼争房地产的占有事实、预登记情况等方面加以评判。

2018 年第 11 期 宜兴市新街街道海德名园业主委员会诉宜兴市恒兴置业有限公司南京紫竹物业管理股份有限公司宜兴分公司物权确认纠纷财产损害赔偿纠纷案

裁判摘要 开发商与小区业主对开发商在小区内建造的房屋发生权属争议时，应由开发商承担举证责任，如开发商无充分证据证明该房屋系其所有，且其已将该房屋建设成本分摊到出售给业主的商品房中，则该房屋应当属于小区全体业主所有。开发商在没有明确取得业主同意的情况下，自行占有、使用该房屋，不能视为业主默示同意由开发商无偿使用，应认定开发商构成侵权。业主参照自该房屋应当移交时起的使用费向开发商主张赔偿责任的，人民法院应予支持。

2018 年第 8 期 陕西崇立实业发展有限公司与中国信达资产管理股份有限公司陕西省分公司西安佳佳房地产综合开发有限公司案外人执行异议之诉案

裁判摘要 案外人提起执行异议之诉时，应当就其对执行异议享有足以排除强制执行的民事权益承担举证证明责任，且须达到享有权益排除执行的高度盖然性证明标准。执行异议之诉中，利益和主张相对的双方首先是案外人和申请执行人，被执行人对案件事实的承认，可以作为认定案件事实的证据，但不能据此当然免除案外人的举证证明责任。

2018 第 7 期 王谦与卢蓉芳宁夏建工集团房地产开发有限公司、第三人宁夏恒昌盛房地产开发有限公司民间借贷纠纷案

裁判摘要 一方胜诉或者部分胜诉当事人未提起上诉，且在二审中明确表示一审判决正确，应予维持。在二审判决维持原判后，该当事人申请再审的，因其缺乏再判利益，对其再审请求不予并予以支持，否则将变相鼓励或放纵不守诚信的当事人滥用再审程序，导致对诉讼权利的滥用和对司法资源的浪费。

2018 年第 7 期　于宗民玉田胤先刘颖房屋所有权确认纠纷案

裁判摘要 第三人撤销之诉的目的在于撤销原判决中对第三人不利的部分与再审程序不同，第三人撤销之诉中对原审当事人的诉讼请求进行处理。

2019 年第 6 期　江苏省第一建筑安装集团股份有限公司与唐山市昌隆房地产开发有限公司建设工程施工合同纠纷案

裁判摘要《关于审理建设工程施工合同纠纷案件案适用法律问题的解释》第 21 规定，当事人就同一建设工程另行订立的建设工程施工合同与经过备案的中标合同实质性内容不一致的，应当以备案的中标合同作为结算工程款的依据，其适用前提应为备案的中标合同合法有效。无效的备案合同并非当然具有比其他无效合同更优先参照适用的效力。在当事人存在多份施工合同均无效的情况下，一般应参照符合当事人真实意思表示、并实际履行的合同作为工程价款结算依据；在无法确定实际履行合同时，可以根据两份争议合同之间的差价，结合工程质量、当事人过错、诚实信用原则等，予以合理分配。

2018 年第 3 期　高光与三亚天通国际酒店有限公司海南博超房地产开发有限责任公司等第三人撤销案

裁判摘要 股东和公司之间系天然的利益共同体，公司的对外交易活动民事诉讼的胜败结果一般都会影响到公司的资产情况，从而间接影响到股东利益，由于公司利益和股东利益具有一致性，公司对外活动应推定为股东整体意志的体现。公司在诉讼活动中的主张，也应认定为代表股东的整体利益，因此，虽然公司诉讼的处理结果会间接影响到股东的利益，但股东的利益和意见已经在诉讼过程中由公司所代表，则不应再追加股东作为第三人参加公司对外进行的诉讼。对于已生效的公司对外诉讼的裁判文书，股东不具有提起第三人撤销之诉的主体资格。

2018 年第 2 期　河南省金博土地开发有限公司与刘玉荣及第三人河南元恒建设集团有限公司案外人执行异议之诉案

裁判摘要 第一，人所有的款项误划至被执行人账户的，误划款项的行为因缺乏当事人的真实意思表示，不能产生转移款项实体权益的法律效果，案外人就该款项享有足以排除强制执行的民事权益；第二，款项系通过银行账户划至被执行人账户且进入被执行人账户后即被人民法院冻结并划至人民法院执行账户，被执行人既未实际占有该款项，亦未获得作为特殊种类物的相应货币，该误划款项不适用"货币占有即所有"原则；第三，案外人执行异议之诉，旨在保护案外人合法的实体权利，在查明案涉款项实体权益属案外人的情况下，应直接判决停止对案涉款项的执行，以保护案外人的合法权益，无需通过另一个不当得利之诉解决纠纷。

2018 年第 1 期　黑龙江北大荒投资担保股份有限公司与黑龙江省建三江农垦七星粮油工贸有限责任公司黑龙江省建三江农垦宏达粮油工贸有限公司等担保合同纠纷案

裁判摘要　同一债权上既有人的担保，又有债务人提供的物的担保，债权人与债务人的共同过错致使本应依法成立的质权未设立，保证人对此并无过错的，债权人应对质权未设立承担不利后果。《物权法》第 175 条对债务人提供的物保与第三人提供的人保并存时的债权实现顺序有明文规定，保证人对先以债务人的质物清偿债务存在合理依赖，债权人放弃质权损害了保证人的顺位信赖利益，保证人应依《物权法》第 218 条的规定。在质权人丧失优先受偿权益的范围内，免除保证责任。

2017 年第 9 期　通州建总集团有限公司与内蒙古兴华房地产有限责任公司建设工程施工合同纠纷案

裁判摘要　第一，对以物抵债协议的效力、履行等问题的认定，应当尊重当事人的意思自治为基本原则。一般认为，除当事人有明确约定外，当事人于债务清偿期届满后签订的以物抵债协议，并不以债权人现实地受领抵债物，或取得抵债所有权、使用权等财产权利为成立或者生效要件。只要双方当事人的意思表示真实，合同内容不违反法律行政法规的强制性规定，合同即为有效。第二，当事人于债务清偿期届满后达成的以物抵债协议，可能构成债的更改，即成立新债务，同时消灭旧债务；亦可能属于新债清偿，即成立新债务，与旧债务并存。基于保护债权的理念，债的更改一般需有当事人明确消灭旧债的合意，否则，当事人于债务清偿期届满后达成的以物抵债协议性质，一般应为新债清偿。第三，在新债清偿情况下，旧债务与新债务履行之前不消灭旧债务和新债务处于衔接并存的状态；在新债务合法有效，并得以履行完毕后因完成了债务清偿义务。旧债务才归于消灭。第四，在债权人与债务人达成以物抵债协议，新债务与旧债务并存时，确定债权是否得以实现，应以债务人是否按照约定全面履行自己义务为依据，若新债务届期不履行，致使以物抵债协议目的不能实现的，债权人有权请求债务人履行旧债务，且该请求权的行使并不以以物抵债的协议无效或者被解除为前提。

2017 年第 9 期　张俭华徐海英诉启东市取生置业有限公司房屋买卖合同纠纷案

裁判摘要　当事人将特定主观目的作为合同条件或成交基础并明确约定，则该特定主观目的之客观化属于《合同法》第 94 条第 1 款第 4 项的规制范围，如开发商交付的房屋与购房合同约定的方位布局相反，且无法调换，购房者可以合同目的不能实现为由解除合同。

2017 年第 8 期　孙宝荣与杨焕香，廊坊愉景房地产开发有限公司增资纠纷案

裁判摘要　收条作为当事人之间收付款的书证、直接证据，对证明当事人之间收付款的事实具有一定的证明效力，但如果收条记载的内容与当事人之间实际收付款的时间金额存在不一致的情形，仅凭收条不足以充分证明实际收付情况，人民法院还应结合汇款单、票据等资金结算凭证对收条中记载的资金是否实际收付加以综合判断认定。

股权转让属于股权的继受取得，增资入股则是股权的原始取得，当事人之间协议将取得股权的方式由股权转让变更为增资入股后，原股权转让合同即被其后签订的增资入股合同所更替而终止。根据定金合同的从属特征，作为原股权转让合同从合同的定金合同亦相应消灭，定金罚则不应再适用。

2017 年第 3 期　青海红鼎房地产有限责任公司与青海省国有资产投资管理有限公司，青海省产权交易市场确认合同有效纠纷案

裁判摘要　第一，网络竞价交易具有即时性和公开性的特点，产权人、竞买人、竞买组织方均应严格遵守相关交易规则，虽然网络竞价系统自动生成《竞价结果通知单》，但因违反交易规则不能形成有效承诺的交易，依法不能成立。第二，网络竞拍是拍卖的一种特殊形式，在其有特殊规定时依其规定；在无特殊规定时，可以适用《拍卖法》的一般规定。

2017 年第 1 期　山西省安业集团有限公司诉山西省太原市人民政府收回国有土地使用权决定案

裁判摘要　有征收必有补偿，无补偿则无征收，征收补偿应当遵循及时补

偿原则和公平补偿原则，补偿问题未依法定程序解决前，被征收人有权拒绝
交出房屋和土地。

2017 年第 1 期　长三角商品交易所有限公司诉卢海云返还原物纠纷案

裁判摘要　留置权是平等主体之间实现债权的担保方式，除企业之间留置
的以外，债权人留置的动产应当与债权属于同一法律关系。劳动关系主体双
方在履行劳动合同过程中处于管理与被管理不平等关系。劳动者以用人单位
拖欠劳动报酬为由，主张对用人单位提供其使用的工具物品等动产行使留置
权，因此类动产不是劳动关系的标的物，与劳动债权不属于同一法律关系，
故人民法院不予支持该主张。

**2016 年第 12 期　李明柏诉南京金陵置业发展有限公司商品房预售合同纠
纷案**

裁判摘要　第一，对于政府机关及其他职能部门出具的证明材料，人民法
院应当对其真实性、合法性以及与待证事实的关联性进行判断，如上述证据
不能反映案件的客观、真实情况，则不能作为人民法院认定案件事实的根据；
第二，因出卖人所售房屋存在质量问题。致购房人无法对房屋正常使用、收
益，双方当事人对由此造成的实际损失如何计算未作明确约定的，人民法院
可以房屋同期租金作为标准计算购房人的实际损失。

**2016 年第 11 期　周显治、俞美芳与余姚众安房地产开发有限公司商品房
销售合同纠纷案**

裁判摘要　商品房买卖合同中开发商的交房义务不仅仅局限于交钥匙，还
需出示相应的证明文件并签署房屋交接单等。合同中分别约定了逾期交房与
逾期办证的违约责任，但同时又约定开发商承担了逾期交房责任之后，逾期
办证的违约责任不予承担的，应认定该约定属于免除开发商按时办证义务的
无效格式条款，开发商仍应按照合同约定承担逾期交房逾期办证的多项违约
之责。

**2016 年第 9 期　黄光娜与海口栋梁实业有限公司、广东省阳江市建安集
团有限公司海南分公司商品房销售合同纠纷案**

裁判摘要　第一，案件争议不动产的登记所有权人同案件处理结果具有法
律上的利害关系，可以作为案件第三人；第二，一方当事人作为大股东在案
件诉讼过程中受让争议标的物，但未作为第三人参加诉讼，在案件判决生效

后，又提起第三人撤销之诉的，法院推定其知悉案件情况，非因不能归责于本人的原因未参加诉讼的，符合常理和交易惯例。上述大股东所提第三人撤销之诉不符合起诉条件，应裁定不予受理。

2016 年第 7 期　刘柯菽诉刘茂荣、周宗荣共有房屋分割案

裁判摘要　父母出资购房，将产权登记在子女名下，具有赠与性质，子女不仅应在物质上赡养父母，也应在精神上慰藉父母，努力让父母安宁愉快的生活，子女对父母赠与的房屋依《物权法》分则行使物权，将损害父母生活的，人民法院可依《物权法》总则的规定不予支持。

2016 年第 6 期　大宗集团有限公司、宗锡晋与淮北圣火矿业有限公司、淮北圣火房地产开发有限公司、涡阳圣火房地产开发有限公司股权转让纠纷案

裁判摘要　矿业权与股权是两组不同的民事权利，如果仅转让公司股权而不导致矿业权主体的变更，则不属于矿业权转让，转让合同无需地质矿产主管部门审批，在不违反法律、行政法规强制性规定的情况下，应认定合同合法有效。迟延履行生效合同约定义务的，当事人以迟延履行期间国家政策变化为由主张情势变更的，不予支持。

2016 年第 6 期　江苏中江泓盛房地产开发有限公司诉陈跃石损害责任纠纷案

裁判摘要　因财产保全引起的损害赔偿纠纷适用侵权责任法规定的过错责任归责原则，财产保全制度的目的在于保障将来生效判决的执行，只有在申请人对财产保全错误存在故意或者重大过失的情况下，方可认定申请人的申请有错误，不能仅以申请保全标的额超出生效裁判支持结果作为判断标准。

2016 年第 4 期　李杰与辽宁金鹏房屋开发有限公司金融不良债权追偿纠纷案

裁判摘要　根据《民事诉讼法》（2012 年）第 238 条，最高人民法院《关于当事人对具有强制执行效力的公证债权文书的内容有争议提起诉讼人民法院是否受理问题的批复》的规定，具有强制执行效力的公证债权文书与生效判决书、仲裁裁决书一样，是人民法院的执行依据，当事人可以据此申请强制执行，对于有强制执行效力的公证债权文书发生争议后债权人应当申请强制执行，直接提起诉讼的，人民法院不予受理。根据最高人民法院、司法部《关于公证机关赋予强制执行效力的债权文书执行有关问题的联合通知》第 1

条的规定，赋予强制执行效力的公证债权文书，必须符合当事人已经就强制执行问题在债权文书中达成书面合意的条件。如果仅有公证的形式，而没有当事人关于执行问题的特殊合意，也不能产生可以申请强制执行效果。因此，合同当事人的意思表示是赋予强制执行效力的公证债权文书强制执行效率的重要来源，当事人可以通过合意的方式约定直接申请强制执行的内容，法律亦不禁止当事人变更直接申请强制执行的内容、放弃对债权的特殊保障。在存在有强制执行效力的公证债权文书的情况下，双方当事人后又对部分债权约定可以采取诉讼方式解决纠纷，是通过合理的方式变更了可以直接申请强制执行的内容，当事人可以就该部分债权提起诉讼。

2016 年第 2 期　最高人民法院发布人民法院征收拆迁十大案例

（1）杨瑞芬诉株洲市人民政府房屋拆迁决定案；（2）孔庆丰诉泗水县人民政府房屋征收决定案；（3）何刚诉淮安市淮阴区人民法院房屋征收补偿决定案；（4）郑云、萨德芳诉马鞍山市雨山区人民政府房屋征收补偿决定案；（5）文白安诉商城县人民政府房屋征收补偿决定案；（6）霍侗英诉上海市黄浦区人民政府房屋征收补偿决定案；（7）毛培荣诉永昌县人民政府房屋征收补偿决定案；（8）廖明辉诉龙南县人民政府房屋强制拆迁案；（9）叶呈胜、叶呈长、叶呈发诉仁化县人民政府房屋行政赔偿案；（10）叶汉祥诉湖南省株洲市规划局、株洲市石峰区人民政府不履行拆除违法建筑法定职责案。

2016 年第 1 期　海南海联工贸有限公司与海南天河旅业投资有限公司、三亚天阔置业有限公司等合作开发房地产合同纠纷案

裁判摘要 合作开发房地产关系中，当事人约定一方出地一方出资，并以成立房地产项目公司的方式进行合作开发项目，公司只是合作关系，各方履行房地产合作开发协议的载体和平台，合作各方当事人在项目公司中是否享有股权不影响其在合作开发合同中所应享有的权益，合作各方当事人在合作项目中的权利义务，应当按照合作开发房地产协议约定的内容予以确定。

2016 年第 1 期　洪秀凤与昆明安钡佳房地产开发有限公司房屋买卖合同纠纷案

裁判摘要 第一，合同在性质上属于原始证据、直接证据，应当重视其相对于传来证据、间接证据所具有的较高证明力，并将其作为确定当事人法律关系性质的逻辑起点和基本依据。若要否定书面证据所体现的法律关系，并确定当事人之间存在缺乏以书面证据为载体的其他民事法律关系。必须在证据审核方面给予更为审慎的分析研判。

第二，在两种解读结果具有同等合理性的场合，应朝着有利于书面证据所代表法律关系成立的方向作出判定，以此传达和树立重诺守信的价值导向。

第三，透过解释确定争议法律关系的性质，应当秉持使争议法律关系项下之权利义务更加清晰，而不是更加模糊的基本价值取向。在没有充分证据佐证当事人之间存在隐瞒法律关系，且该隐藏法律关系真实并终局地对当事人产生约束力的场合，不宜简单否定既外化法律关系对当事人真实意思的体现和反映，避免当事人一方不当摆脱既定权利义务约束的结果出现。

2015 年第 12 期　孙庆军诉南京市清江花园小区业主委员会业主知情权纠纷案

裁判摘要 业主作为建筑物区分所有人，享有知情权，想要了解本小区建筑区划内涉及业主共有权及共同管理权等相关事项的权利，业主委员会应全面、合理公开其掌握的情况和资料，对于业主行使知情权亦应加以合理限制，防止滥用权利，其范围应限于涉及业主合法权益的信息，并遵循简便的原则。

2015 年第 10 期　连成贤诉藏树林排除妨害纠纷案

裁判摘要 签订房屋买卖合同后，出卖方应向买受人履行权利与实物的双重交付，在买受方已取得房屋产权而未实际占有的情况下，其仅仅基于物权请求权要求有权占有人迁出，法院应作慎重审查。若占有人对房屋的占有具有合法性、正当性，买受方应以合同相对方为被告提起债权给付之诉，要求对方履行交付房屋的义务，或在房屋客观上无法交付的情况下承担相应的违约责任。

2015 年第 9 期　李占江、朱丽敏与贝洪峰、沈阳东昊地产有限公司民间借贷纠纷案

裁判摘要《合同法》第 125 条第 1 款规定："当事人对合同条款的理解有争议的，应当按照合同所使用的词句、合同的有关条款、合同的目的、交易习惯以及诚实信用原则，确定该条款的真实意思。"双方当事人签订的合同为《担保借款合同》，具体到该合同第 4 条第 1 款约定的目的，是为了保证款项的出借方对款项使用情况的知情权、监督权，以便在发现借款人擅自改变款项用途或发生其他可能影响出借人权利的情况时，及时采取措施、收回款项及利息。用目的解释的原理可以得知，提供不真实的材料和报表固然会影响出借方对借款人使用款项的监督，而不提供相关材料和报表却会使得出借人无从了解案涉款项的使用情况，不利于其及时行使自己的权利。因此，借款人在借款的两年多的时间里，从未向出借人提供相关材料和报表，属于违约。

2015 年第 5 期　兰州滩尖子永昶商贸有限责任公司等与爱之泰房地产开发有限公司合作开发房地产合同纠纷案

裁判摘要　在双务合同中双方均存在违约的情况下，应根据合同义务分配情况合同履行程度以及各方履约程度大小等综合因素，判断合同当事人是否享有解除权。

2015 年第 4 期　陈山河与洛阳市人民政府、洛阳中房地产有限责任公司行政赔偿案

裁判摘要　"任何人不得从自己的错误行为中获益"，拆迁人和相关行政机关违法实施拆迁，导致被拆迁人长期未依法得到补偿安置的，房价上涨时，拆迁人和相关行政机关有义务保证被拆迁人得到公平合理的补偿安置。被拆迁人选择实行房屋产权调换的，拆迁人和相关行政机关无适当房屋实行产权调换的，则应向被拆迁人支付生效判决作出时以同类房屋的房地产市场评估价格为标准的补偿款。

2015 年第 3 期　最高人民法院公布人民法院保障民生第二批典型案例

（1）王淑荣与何福云、王胜喜等农村土地承包经营权纠纷案

裁判摘要　从吉林省三级人民法院的四个裁判结果看，部分法院对是否应当受理当事人以及在他人承包的土地上享有承包经营权为由提起的民事诉讼以及是否可以在一定条件下对某个自然人是否具有某个农村集体经济组织成员资格作出认定的问题，认识不一。本案明确了法院在审理此类案件中，应当比照《农村土地承包法》第 26 条第 3 款之规定，在认定当事人是否具有某个农村集体经济组织成员资格的基础上，对其是否享有农村土地承包经营权问题做出裁决，因而具有一定指导意义。

（2）武汉华珍药业有限公司与武汉市人民政府、武汉市国土资源和规划局、武汉金福置业有限公司、武汉市汉桥中兴集团有限责任公司土地行政确权案

裁判摘要　该案历经数次审理，影响多方当事人利益，案情复杂，且原告

华珍公司自起诉以来，长期组织人员在法院和人民政府"闹访"武汉中院，湖北高院对案件能严格依法裁判，只服从事实，只服从法律，铁面无私，秉公执法，办案法官顶住压力，多次组织协调判决后，主动向政府发去司法建议函。不就案办案，延伸审判职能，最终通过案后的调解、协调和解，一次性解决了争议土地的权益和归属。本案的判决对政府机关如何依法办理土地权属变更登记有积极的指导意义，同时又充分体现了行政审判监督政府依法行政保障相对人利益的重要职能。

（3）郝龙只等15人诉屯留区人民政府不履行征地方案公告和征地拆迁安置方案公告法定职责案

裁判摘要 在土地征收中，行政机关既是决定者，也是执行者，权力高度集中，被滥用的风险极大，因此，从制度设计上要尽量保证权力公开公正运行，增加土地征收的透明度，保证被征收者的知情权和陈述意见权，以规范征收行为。征地公告制度，包括征收土地方案公告和征收土地补偿安置方案，公告是保证被征地农民知情权的法定程序，是征地及补偿安置工作透明化的程序保障，《土地管理法》《土地管理法实施条例》以及原国土资源部的《征用土地公告办法》对征收土地公告的内容形式和程序均作了明确规定。此外，原国土资源部2004年5月1日施行的《国土资源听证规定》第19条规定，拟定征地项目的补偿标准和安置方案时，主管部门在报批之前应当告知当事人有要求听证的权利。2008年5月1日实施的《政府信息公开条例》第10条至第12条规定，市县人民政府及其部门和乡级人民政府重点公开征收土地及其补偿补助费用的发放、使用等政府信息，这可以说是对我国征地公告制度的新要求和重要补充。实践中如果在征地中出现行政机关没有依法履行征地公告职责，剥夺被征地农民对征地行为的知情权和对征地补偿安置方案的听证权建议权，意味着征地程序严重违法，被征地农民有权向人民法院提起诉讼，要求行政机关依法履行征地公告职责，本案中，征地行为已经实施，但被征地农民对征地事宜一直不知情，人民法院经审理认定，行政机关没有履行征地公告职责，直接判决行政机关履行征地公告职责，有力促进了行政机关依法行政，保证被征地农民的合法权益。判决生效后，屯昌县人民法院高度重视，成立执行工作领导组，积极履行判决，经协商和被征地农民达成补偿协议，征地补偿款3 929 310元已全部补偿到位，郝龙只等15人已向长沙市中级人民法院提出撤回执行申请书。

2015 年第 2 期　安定城东建筑装修公司与海南省安定县人民政府第三人，中国农业银行安定支行收回国有土地使用权及撤销土地证案

裁判摘要　行政机关作出对当事人不利的行政行为，未听取其陈述申辩，违反正当程序原则的，属于《行政诉讼法》（2014 年）第 54 条第 2 项第 3 目违反法定程序的情形。行政机关根据《土地管理法》第 58 条第 1 款第 1、2项规定，依法收回国有土地使用权的，对土地使用权人应当按照作出收回土地授权决定时的市场评估给予补偿。因行政补偿决定违法造成逾期付补偿款的，人民法院可以根据当事人的实际损失等情况，判决其承担预期支付补偿款期间的同期银行利息损失。

2015 年第 2 期　李延东诉上海汉宇房地产顾问有限公司居间合同纠纷案

裁判摘要　在房屋买卖居间活动中，中介公司（居间人）对于受托事项及居间服务，应承担符合专业主体要求的注意义务，注意审查核实与交易相关的主体身份、房产权属、委托代理、信用资信等证明材料的真实性，中介公司因未尽必要的注意义务而未能发现乙方提供的相关材料存在重大瑕疵缺陷，由此使另一方受欺诈遭受损失的，应根据其过错程度在相应的范围内承担赔偿责任。

2015 年第 1 期　成都讯捷通讯连锁有限公司与四川蜀都实业有限责任公司四川友利投资控股股份有限公司房屋买卖合同纠纷

裁判摘要　第一，判断当事人之间订立的合同系本约还是预约的根本标准，应当是当事人的意思表示，也就是说，当事人是否有意在将来订立一个新的合同，以最终明确在双方之间形成某种法律关系的具体内容。对于当事人之间存在预约还是本约关系，不能仅孤立地以当事人之间签订的协议之约定为依据，而是应当综合审查相关协议的内容以及当事人事后为达成交易进行的磋商和有关的履行行为等事实，从中探寻当事人真实意思，并据此对当事人之间法律关系性质作出准确界定；第二，根据《物权法》第 15 条规定之精神，处分行为有别于负担行为，解除合同并非对物进行处分的方式，合同的解除与否不涉及物之所有权变动，而只与当事人是否继续承担合同所约定的义务有关。

2014 年第 12 期　朱俊芳与山西嘉和泰房地产开发有限公司商品房买卖合同纠纷案

裁判摘要 第一，双方当事人基于同一笔款项先后签订商品房买卖合同和借款协议，并约定如借款到期偿还借款，商品房买卖合同不再履行，若借款到期不能偿还借款，则履行商品房买卖合同；在合同、协议均依法成立并生效的情况下，应当认定当事人之间同时成立了商品房买卖和民间借贷两个民事法律关系，该行为并不违反法律行政法规的强制性规定；第二，借款到期借款人不能按期偿还借款，对方当事人要求并通过履行商品房买卖合同取得房屋所有权，不违反《担保法》第 40 条、《物权法》第 185 条有关"禁止流押"的规定。

2014 年第 11 期　张一诉郑中伟、中国联合网络通信有限公司武汉市分公司建筑物区分所有权纠纷案

裁判摘要 在审理建筑物区分所有权案件时，即使业主对房屋的使用没有给其他区分所有权人造成噪声、污水异味等影响，只要房屋用途发生改变，由专供个人家庭日常生活居住使用改变为用于商业、工业、旅游、办公等经营性活动即可认定。该行为影响了业主的安宁生活，属于将住宅改变为经营性用房，应依照《物权法》第 77 条关于业主改变住宅用途的规定处理。房屋使用人将住宅改变为经营性用房的，应承担与业主相同的法定义务，除遵守法律法规和管理规约外，还应当经有利害关系的业主同意。

2014 年第 10 期　广州珠江铜厂有限公司与佛山市南海区中兴五金冶炼厂，李烈芬加工合同纠纷案

裁判摘要 当事人对合同条款的理解有争议的，应当按照合同所使用的词句、合同的有关条款、合同的目的、交易习惯以及诚实信用原则确定该条款的真实意思，当事人基于实际交易需要而签订合同，在特定条件下会做出特定的意思表示，只要其意思表示是真实的，且不违背法律的强制性或者禁止性规定，即应当予以保护。

2014 年第 10 期　四川省聚丰房地产开发有限责任公司与达州广播电视大学合资合作开发房地产合同纠纷案

裁判摘要 根据《物权法》的规定，不动产物权应当以不动产登记簿的内容确定，不动产权属证书，只是权利人享有该不动产物权的证明，行政机关注销国有土地使用权证但并未注销土地登记的国有土地的，国有土地使用权人仍然是土地登记档案中记载的权利人。国有土地使用权转让法律关系中的转让人以国有土地使用证被注销，其不再享有土地使用权为由主张解除合同的，人民法院不应支持。

2014 年第 9 期　中国光大银行股份有限公司、上海青浦支行诉上海东鹤房地产开发有限公司、陈思琪保证合同纠纷案

裁判摘要　第一，开发商为套取银行资金，与自然人串通签订虚假的预售商品房买卖合同，以该资产的名义与银行签订商品房抵押贷款合同而获得银行贷款，当商品房买卖合同被依法确认无效后，开发商与该自然人应对银行的贷款共同承担连带责任连带清偿责任；第二，预售商品房抵押贷款中，虽然银行与借款人（购房人）对预售商品房做了抵押预告登记，但该预告登记并未使用银行获得现实的抵押权，而是在房屋建成交付借款人，后银行就该房屋设立抵押权的一种预先的排他性保全，如果房屋建成后的产权未登记至借款人名下，则抵押权设立登记无法完成，银行不能对该预售商品房行使抵押权。

2014 年第 8 期　江苏南通二建建设集团有限公司与吴江恒森房地产开发有限公司建设工程施工合同纠纷案

裁判摘要　承包人交付的建设工程应符合合同约定的交付条件及相关工程验收标准。工程实际存在明显的质量问题，承包人以工程竣工验收合格证明等主张工程质量合格的，人民法院不予支持。在双方当事人已失去合作信任的情况下，为解决双方矛盾，人民法院可以判决由发包人自行委托第三方参照修复设计方案对工程质量予以整改，所需费用由承包人承担。

2014 年第 6 期　徐州西园一居花园儿（一期）业主委员会诉徐州中川房地产开发有限公司物业管理用房所有权确认纠纷案

裁判摘要　业主委员会依据《物权法》第 75 条第 1 款规定成立，具有一定目的的名称、组织机构与场所，管理相应财产，是《民事诉讼法》（2012 年）第 49 条第 1 款规定的其他组织。业主委员会依据业主共同或业主大会决议，在授权范围内以业主委员会名义从事法律行为，具备诉讼主体资格。物业管理用房依规划定点建造，为区分所有权建筑物管理人进行管理维护业务必需的场所，依据《物权法》第 72 条第 1 款的规定，为业主共有。在建筑物竣工验收交付后，物业管理用房的分割、转移、调整或重新配置应当由业主共同或业主大会决定。

2014 年第 5 期　华镇名与孙海涛、吉林市轩宇房地产开发有限责任公司申请执行人执行异议纠纷案

裁判摘要　根据最高人民法院《关于民事诉讼证据的若干规定》（2008年）第 64 条规定，审判人员应当依照法定程序，全面、客观地审核证据，依据法律的规定，遵循法官职业道德，运用逻辑推理和日常生活经验，对证据有无证明力和证明力大小独立进行判断，并公开判断的理由和结果。

2014 年第 3 期　嘉吉国际公司与福建金石制油有限公司等买卖合同纠纷案

裁判摘要　在债务人的行为危害债权人行使债权的情况下，债权人保护债权的方法：一是根据《合同法》第 74 条第 1 款规定行使债权人撤销权，请求人民法院撤销债务人订立的相关合同；二是根据《合同法》第 52 条第 2 项的规定，请求人民法院确认债务人签订的相关合同无效。

2014 年第 1 期　湖南金华实业有限公司与苏金水等商品房买卖合同纠纷案

裁判摘要　第一，人民法院审理检察机关抗诉的再审案件一般应以原审审理范围为限，当事人的诉讼请求不同于支持其提出请求的理由和依据，如当事人提出的请求的理由和依据不同于检察机关抗诉所提出的理由和依据，并不意味其申请抗诉的请求未获得检察机关抗诉支持；当事人的再审请求未超出原审审理范围的，人民法院再审中应予审理；第二，在房地产开发企业委托代理机构销售房屋的情况下，房地产开发企业因委托代理机构未告知其特定房屋已经售出而导致"一房二卖"，属于其选择和监督委托代理人的经营风险，不得转嫁于购房者。房地产开发企业以此为由主张最高人民法院《关于审理商品房买卖合同纠纷案件适用法律若干问题的解释》第 8 条规定的惩罚性赔偿，应予免除的请求，人民法院不予支持。

2013 年第 12 期　徐州大舜房地产开发有限公司诉王志强商品房预售合同纠纷案

裁判摘要　房地产开发企业以规避国家对房地产业房地产行业调控为目的，借他人名义与自身签订虚假商品房买卖合同抵押套取银行信贷资金的，如果商品房买受人明知合同非双方真实意思表示，则该情形符合《合同法》的相关规定，应当认定合同无效。

2013 年第 11 期　莫志华、深圳市东深工程有限公司与东莞市程富广场房地产开发有限公司建设工程合同纠纷案

裁判摘要 鉴于建设工程的特殊性，虽然合同无效，但施工人的劳动和建筑材料已经物化在建筑工程中，依据最高人民法院《关于审理建设工程施工合同纠纷案件适用法律问题的解释》第 2 条规定，建设工程合同无效，但建设工程竣工验收合格，承包人请求参照有效合同处理的，应当参照合同约定来计算涉案工程价款，承包人不应获得比合同有效时更多的利益。

2013 年第 10 期　天津市滨海商贸大世界有限公司与天津市天益工贸有限公司王锡锋财产权属纠纷案

裁判摘要 第一，根据《民事诉讼法》（2012 年）第 13 条第 1 款的规定，民事诉讼应当遵循诚实信用原则，当事人提出诉讼请求并经人民法院作出生效判决后，又否认其具体提起诉讼请求的基本事实，并以此为由申请再审，违背诚实信用原则，人民法院不予支持；第二，最高人民法院《关于审理商品房买卖合同纠纷案件适用法律若干问题的解释》（2003 年）第 15 条关于解除权行使期限的规定仅适用于该解释所称的商品房买卖合同纠纷案件，对于其他房屋买卖合同解除权的行使期限，法律没有规定或者当事人约定的，应当根据《合同法》第 95 条规定，在合理期限内行使。何为合理期限，由人民法院结合具体案情予以认定。

2013 年第 10 期　于栖楚诉贵阳市住房和城乡建设局强制拆迁案

裁判摘要 第一，生效的拆迁补偿安置裁决是实施强制拆迁的基础，拆迁补偿安置裁决被一审撤销后，强制拆迁不得再继续实施；第二，县级人民政府负责人签署的同意强制拆迁的意见，不能代替应经法定程序并应以书面形式作出的责令限期拆迁决定。

2013 年第 6 期　河源市劳动服务建筑公司与龙川县人民政府建设工建设工程施工合同纠纷案

裁判摘要 原告提出诉讼请求，并经人民法院作出生效裁判后，又以实际争议标的额超出原诉讼请求为由，就超出的数额另行提起诉讼，系对同一争议事实再次起诉，违反一事不再理的民事诉讼原则，人民法院不应予以支持。

2013 年第 4 期 吉林省东润房地产开发有限公司与吉林省佳磊房地产集团有限公司、第三人大商股份有限公司合资合作开发房地产合同纠纷案

裁判摘要 双方当事人在签订合同后、履行合同过程中，因情况变化又签订多份补充协议修改原合同约定的，只要补充协议是当事人的真实意思表示，协议内容符合法律规定，均应认定为有效。当事人对多份补充协议的履行内容很有争议的，应根据协议之间的内在联系，以及协议中约定的权利义务分配的完整性，并结合补充协议签订和成立的时间顺序，根据民法的公平和诚实信用原则确定协议的最终履行内容。

2013 年第 3 期 宋宇与北京盛和发房地产开发有限公司、广东粤财投资控股有限公司、北京城乡建设集团有限责任公司商品房预售合同纠纷案

裁判摘要 买受人与开发商均主张双方之间存在真实，有效的商品房买卖关系，并依据最高人民法院《关于建设工程价款优先受偿权问题的批复》第2 条消费者交付购买商品房的全部或者大部分款项后，承包人就该商品房享有的工程价款优先权不得对抗买受人的规定。对抗承包人建设工程价款请求权，但在签订购房合同支付购房款等租房事实上存在众多疑点，双方多次陈述不一前后矛盾，具体认定双方之间存在真实的商品房买卖关系的依据明显不足，在此情况下，买受人请求开发商按照商品房买卖合同约定，办理房屋过户登记的应予驳回。

2013 年第 3 期 屠福炎诉王义炎相邻通行权纠纷案

裁判摘要 第一，买卖合同中买受人取得的只能是出卖人有处分权的标的物或权利，如果出卖人无权处分，即使在合同中进行约定，买受人也无法通过该买卖合同而取得相应的权属；第二，出卖人出卖不动产时，其基于相邻关系，而在他人不动产上享有的通行等权利不应成为转让标的。即使双方在买卖合同中对该通行权进行了所谓约定，对第三人也不具有约束力，买受人享有的通行权权源基础同样是相邻关系，而并非买卖合同的约定。当客观情况发生变化，买受人不再符合相应关系要件时，第三人得拒绝买受人的通行请求，买受人无权以买卖合同中关于通行权的约定来约束第三人。

2013 年第 2 期 自贡市自流井区国有资产经营投资有限责任公司诉四川廉政工程咨询有限公司服务合同纠纷案

裁判摘要 人民法院委托鉴定机构作出的司法鉴定结论仅是诉讼证据之

一，其不具有可诉性。当事人对鉴定结论存在异议，直接向人民法院提出诉讼请求确认鉴定结论无效的，不属于人民法院民事诉讼受案范围，应当依法裁定驳回起诉。

2013 年第 1 期　江西省南昌百货总公司、湖南赛福尔房地产开发有限公司与南昌新洪房地产综合开发有限公司合资合作开发房地产合同纠纷案

裁判摘要　第一，在审理合作开发房地产纠纷时，判断增益房屋产权的归属，应当依据合作协议的约定以及房地产管理部门的登记情况全面分析，在没有证据证明双方变更了合作协议约定的情况下，一方当事人仅以为对方偿还部分债务或向对方出借款项，对争议房产享有优先受偿权以及登记在其名下等事实为由，主张确认全部房产归其所有的，人民法院不予支持，第二，在合作双方就合作双方在签订合作合同之后合作。合作项目在双方共同努力下得以优化变更建筑面积在土地面积不变的情况下，因容积率变化而得以增加，由于土地价值与容积率正相关，提供土地一方的出资部分因容积率增加而增值，其应分获的房产面积应相应增加，该方当事人可依照原合同约定的分配比例请求分配，新增面积，部分当事人对于应分得但未实际获得的不足部分，如让另一方实际交付已不现实，可根据市场行情认定该部分房产价值由另一方以支付现金的方式补足，该部分面积差。

2012 年第 11 期　丁福如与石磊房屋买卖合同纠纷案

裁判摘要　房屋行政主管部门对未经审批而改建重建的房屋，可因现实状况与不动产登记簿记载的权利状况不一致，将其认定为附有违法建筑并结构相连的房屋并限制交易，如何认定这类房屋买卖合同效力实践中存有分歧，善意买受人根据不动产登记的公示公信原则，确信登记的权利状态与现实状态相一致。此信赖利益应予保护；根据区分原则，房屋因附有违法建筑而无法过户，属合同履行范畴不应影响合同效力。因此，这类合同如不具备《合同法》52 条的无效情形，应当认定有效。出卖人负有将房屋恢复至原登记权利状态并消除行政限制义务，在买受人同意按现状交付并自愿承担恢复原状义务的情况下，出卖人应按诚实信用原则将房屋交付买受人，并与买受人将房屋恢复原状，消除行政限制后协助完成过户状态。

2012 年第 11 期　张励与徐州市同力创展房地产有限公司商品房预售合同纠纷案

　　裁判摘要　预约合同是一种约定将来订立一定合同的合同，当事人一方违反预约合同约定，不与对方签订本约合同或无法按照预约的内容与对方签订本约合同的，应当向对方承担违约责任。

　　判断商品房买卖中的认购、订购、预订等协议究竟是预售合同还是本约合同，最主要的是看此类协议是否具备《商品房销售管理办法》第 16 条规定的商品房买卖合同的主要内容，即只要具备了双方当事人的姓名、名称、商品房的基本情况，（包括房号建筑面积）、总价或单价、付款时间、方式、交付条件及日期，同时出卖人已经按照约定收受购房款的，就可以认定此类协议已经具备了商品房买卖合同本约的条件，反之，则应认定为预约合同。如果双方当事人在协议中明确约定在具备商品房销售条件时，还需重新签订商品房买卖合同的，该协议应认定为预约合同。

2012 年第 9 期　齐河环盾钢结构有限公司与济南永君物资有限责任公司建设工程施工合同纠纷案

　　裁判摘要　鉴定机构分别按照定额价和市场价作出鉴定结论的，在确定工程价款时，一般应以市场价确定工程价款，这是因为以定额为基础确定工程造价，大多未能反映企业的施工技术和管理水平，定额标准往往跟不上市场价格的变化，而建设行政主管部门发布的市场价格信息更贴近市场价格。

2012 年第 6 期　大连羽田钢管有限公司与大连保税区弘丰钢铁工贸有限公司株式会社羽田钢管制造所大连高新技术产业园区龙王塘街道办事处物权确认纠纷案

　　裁判摘要　在物权确权纠纷案件中，根据物权变动的基本原则，对当事人依据受让合同提出的确权请求应当视动产与不动产区别予以对待。人民法院对于已经交付的动产权属可以予以确认，对于权利人提出的登记于他人名下的不动产物权归其所有的确权请求，人民法院不宜直接判决确认其权属，而应当判决他人向权利人办理登记过户。

2012 年第 5 期　重庆雨田房地产开发有限公司与中国农业银行股份有限公司重庆市分行房屋联建纠纷案

　　裁判摘要　第一，双方当事人在平等自愿基础上达成的前后两份协议，符合法律规定，合法有效，两份协议所约定的内容均应对当时产生约束力。当两份合同（协议）均属有效合同（协议），除当事人有特别约定外，如果前后签两份合同（协议），对同一内容有不同约定产生冲突时，基于意思表示最新、最近且不违反法律、合同（协议）目的，可根据合同（协议）成立的时间先后确定以后一合同（协议）确定的内容为准。如果签了两份合同（协议）所约定的内容并不冲突，只是对内容进行了不同的约定，因此，不能简单地认定后一协议是前协议的变更，或后一协议是对前协议的补充和完善。第二，当事人在法律规定的范围内处分自己的民事诉讼权利和不告不理是民事诉讼的重要原则，人民法院处理民商事纠纷时，只能对已诉至法院的民事权利义务关系作出判断，除涉及国家和公共利益外，其审理和判决应以当事人请求主张的范围为限。

2012 年第 2 期　吉林中成建中大房地产开发有限公司申诉案

裁判摘要 被执行人与其他人以复杂的出资组建新公司收购股份及并购的名义，将债权人享有优先受偿权的工程及相关土地等主要资产变更至新组建的公司名下，而其他人控制新组建公司多数股权，新组建公司不承担工程价款的债务的，该情形可以认定为被执行人和其他人及新组建公司之间转移资产侵犯工程价款优先受偿优先债权人的合法权益，其他人和新组建公司应当作为被执行人的权利义务承受人对该优先权人的承担责任。执行法院有权裁定追加其他人和新组建的公司为被执行人。

2011 年第 12 期　胡田云诉汤锦勤、王剑峰所有权确认纠纷案

裁判摘要 房屋拆迁安置权权益属房屋所有权的综合性功能，一般包括被拆房屋补偿款、拆迁费用、新建房屋补贴、新建房屋土地使用权等在内。应以被拆迁房屋的所有权权属决定拆迁安置权属的归属，共有人之间有权通过协议予以分割。在他人享有使用权的土地上建造房屋而形成复合的房屋所有权，一般归属于土地使用权人，对实施房屋建造的非土地使用权人所进行的补偿，不仅包括金钱给付，在特定身份关系下，一应包括居住使用权益。

2011 年第 11 期　吴国军诉陈晓富王克祥及德清县中建房地产开发有限公司民间借贷担保合同纠纷案

裁判摘要 民间借贷涉嫌或构成非法吸收公众存款罪，合同一方当事人可能被追究刑事责任，并不当然影响民间借贷合同以及相对应的担保合同的效力。如果民间借贷纠纷案件的审理并不必须以刑事案件的审理结果为依据，则民间借贷纠纷案件无需中止审理。

2011 年第 10 期　夏浩鹏等人诉上海市闸北区精文城市家园小区业主委员会业主知情权纠纷案

裁判摘要 业主知情权是指业主了解建筑区划内涉及业主共有权以及共同管理权相关事项的权利，根据最高人民法院《关于审理建筑物区分所有权纠纷案件具体应用法律若干问题的解释》第 13 条规定，业主请求公布、查阅建筑物及其附属设施的维修基金使用、业主业委会的决定及会议记录、共有部分的收益、物业服务合同等情况和资料的，人民法院应予支持。司法解释对于业主知情权的范围作了明确的规定，业主以合理的方式行使知情权，应当受到法律保护。

2011 年第 8 期　俞财新与福建华辰房地产开发有限公司、魏传瑞商品房买卖（预约）合同纠纷案

裁判摘要 根据合同的相对性原则，涉案合同一方当事人以案外人违约为由，主张在涉案合同履行中行使不安抗辩权的，人民法院不予支持。

2011 年第 5 期　深圳富三宝实业有限公司与深圳市福星股份合作公司甚至是宝安区福永物业发展总公司甚至是金安城投资发展有限公司等合作开发房地产合同纠纷案

裁判摘要 合同一方当事人构成根本违约时，守约一方当事人享有法定解除权，合同的解除再解除通知，送达违约方时即发生法律效力，解除通知送达时间的拖延。只能导致合同解除时间相应后延，而不能改变合同解除的法律后果，当事人没有约定合同解除异议期间，在解除通知送达之日起三个月以后才向人民法院起诉的，人民法院不予受理。

2010 年第 11 期　北京公达房地产有限公司诉北京祥和三峡房地产开发公司房地产开发合同纠纷案

裁判摘要 公司的法定代表人依法代表公司对外进行民事活动，法定代表人发生变更的，应当在工商管理部门办理变更登记，公司的法定代表人在对外签订合同时，已经被上级单位决定停止职务，但未办理变更登记，公司以此主张合同无效的，人民法院不予支持。

2010 年第 11 期　杨珺诉东台市东盛房地产开发有限公司商品房销售合同纠纷案

裁判摘要　第一，人民法院依法独立行使审判权，在审理案件中以事实为根据，以法律为准绳。人民法院均已定案的事实依据是指经依法审理查明的客观事实。建设行政主管部门的审批文件，以及建设工程勘察、设计、施工、工程监理等单位分别签署的质量合格文件，在关于房屋建筑工程质量的诉讼中仅属诉讼证据，对人民法院认定的事实不具有当然的确定力和拘束力，如果存在房屋裂缝渗漏等客观事实，并且该客观事实确系建筑施工所致，则人民法院应当依法认定房屋存在质量缺陷。第二，除特别约定外，房屋出卖人应当保证房屋质量符合工程建设强制性标准以及合同的约定，房屋买受人因房屋存在质量缺陷为由向出卖人主张修复等民事责任的，人民法院应当予以支持。

2010 年第 10 期　陈全、皮治勇诉重庆碧波房地产开发有限公司、夏昌均、重庆奥康置业有限公司合同纠纷案

裁判摘要　第一，根据最高人民法院《关于审理涉及国有土地使用权合同纠纷案件适用法律问题的解释》（2005 年）第 24 条的规定："合作开发房地产合同约定提供土地使用权的当事人不承担经营风险，只收取固定收益的，应当认定为土地使用权转让。"合同当事人自行约定的合同名称不影响对合同性质的认定。第二，《合同法》第 52 条规定有下列情形之一的，合同无效，"（二）恶意串通，损害国家、集体或者第三人利益"。根据前述规定，法人与他人恶意串通签订合同，表面上损害法人自身利益，实际损害第三人利益的，第三人有权提起确认合同无效之诉。第三，对于前述条款中"恶意串通"行为的认定，应当分析合同双方当事人是否具有主观恶意，并全面分析订立合同时的具体情况，合同约定内容以及合同的履行情况，在此基础上加以综合认定。

2010 年第 8 期　广州市仙源房地产股份有限公司与广东中大中鑫投资策划有限公司、广州远兴房产有限公司、中国投资集团国际理财有限公司股权转让纠纷案

裁判摘要　第一，合作者一方转让其在中外合作企业合同中的权利义务，转让合同成立后未报审批机关批准的，合同效力应确定为未生效而非无效。

第二，即使转让合同未经批准，仍应认定报批义务在合同成立时即已产生，否则当事人可通过肆意不办理或不协助办理报批手续，而恶意阻止合同生效，有悖于诚实信用原则。最高人民法院《关于适用〈中华人民共和国合同法〉若干问题的解释（二）》第8条规定，有义务办理申请批准手续的，一方当事人未按照法律规定或者合同约定办理申请批准手续的，人民法院可以判决相对人自行办理有关手续，对方当事人对由此产生的费用和给相对人造成的实际损失，应当承担损害赔偿责任。据此，人民法院也可以根据当事人的请求，判决义务人履行报请审批机关批准的义务。

2010年第5期　无锡市春江花园业主委员会诉上海陆家嘴物业管理有限公司等物业管理纠纷案

裁判摘要　根据《物权法》第72条规定，业主对建筑物专有部分以外的共有部分享有权利，承担义务。共有部分在物业服务企业物业管理（包括前期物业管理）期间所产生的收益，在没有特别约定的情况下，应属全体业主所有，并主要用于补充小区的专项维修资金，物业服务企业对共有部分进行经营管理的，可以享有一定比例的收益。

2009年第12期　中国信达资产管理公司西安办事处与海南华山房地产开发总公司、中国建设银行股份有限公司、西安曲江支行借款合同纠纷案

裁判摘要　当事人签订民事合同具有复杂的动机目的和作用，合同除确定具体的交易关系外，还可以具有规范和指引作用。即当事人通过合同对以后发生的权利义务关系进行规范和指引，合同还可以具有确认和评价的作用，即当事人通过合同对双方既往发生的民事法律行为的性质目的和作用加以确认补充、完善和评价。

2009年第4期　重庆索特盐化股份有限公司与重庆新万基房地产开发有限公司土地使用权转让合同纠纷案

裁判摘要　第一，根据《物权法》第191条、《担保法》第49条规定，抵押期间抵押人转让抵押物应当通知抵押权人，并经抵押权人同意，否则转让行为无效。但《物权法》第191条以及最高人民法院《关于适用〈中华人民共和国担保法〉若干问题的解释》第67条还同时规定，未经通知或者未经抵押权人同意转让抵押物的，如受让方代为清偿债务消灭抵押权的，转让有效。即受让方通过行使涤除权，涤除转让标的物上的抵押权负担的，转让行为有效。上述法律、司法解释的规定旨在实现抵押权人抵押人和受让人之间的利益平衡，既充分保证抵押权不受侵害，又不过分妨碍财产的自由流转，充分发挥物的效益。

第二，根据《物权法》第 15 条规定，当事人之间设立、变更、转让和消灭不动产物权的合同，除法律另有规定或者合同另有约定外，自合同成立时生效；未办理物权登记的，不影响合同效力。该规定确定了不动产物权变动的原因与结果相区分的原则，物权转让行为不能成就，并不必然导致物权转让合同无效。

2008 年第 11 期　中国工商银行股份有限公司三门峡车站支行与三门峡天元铝业股份有限公司三门峡天元铝业集团有限公司借款担保合同纠纷案

裁判摘要　第一，根据《合同法》第 84 条规定，债务人将合同的义务全部或者部分转让给第三人的，应当经债权人同意。因此，债务人向债权人出具承诺书，表示将所负债务全部或者部分转让给第三人，而债权人对此未予接受，亦未在债务人与第三人签订的债务转移、协议书上加盖公章的，应当认定债权人不同意债务转让，债务人与第三人之间的转让债务协议对债权人不发生法律效力。第二，借新贷还旧贷，系在贷款到期不能按时收回的情况下，作为债权人的金融机构与债务人订立协议，向债务人发放新的贷款用于归还旧贷款的行为，该行为与债务人用自有资金偿还贷款，从而消灭原债权债务管理行为具有本质区别。虽然新贷代替的旧贷，但原有的债权债务并未消除，客观上只是以新贷形式延长了旧贷的还款期限。

2008 年第 11 期　大连渤海建筑工建筑工程总公司与大连金世纪房屋开发有限公司大连宝裕房地产开发有限公司大连宝玉集团有限公司建设工程施工合同纠纷案

裁判摘要　债权属于相对权，是债权的基础，故债权债法律性质上属于对人权债，是特定当事人之间的法律关系，债权人和债务人都是特定的债权人，只能向特定的债务人请求给付，债务人也只对特定的债权人负有给付义务，即使因合同当事人以外的第三人的行为，支持债权不能实现，债权人不能依据债，不能依据债权的效力向第三人请求排除妨害，也不能在没有法律依据的情况下突破合同相对性原则，要求第三人对债务承担连带责任。

2008 年第 10 期　上海国际信托投资有限公司与上海市综合信息交易所、上海三和房地产公司委托贷款合同纠纷案

裁判摘要　最高人民法院《关于适用〈中华人民共和国担保法〉若干问题的解释》第 36 条规定："主合同当事人双方协议以新贷偿还旧贷，除保证人知道或者应当知道的外，保证人不承担民事责任。新贷与旧贷系同一保证人的，不适用前款的规定。"据此，借贷合同双方当事人基于以新贷偿还旧贷的合意。先后订立多个借贷合同，同一担保人在应当知道的情况下，在该多个借款合同上盖章，同意担保的，应当依法承担担保责任。担保人以上述多个借贷合同之间没有形式及内在联系为由，否认以新贷偿还旧贷的合同性质，进而拒绝承担担保责任的，人民法院不予支持。

2008 年第 9 期　浙江省乐清市乐成镇石马北村村民委员会与浙江顺益房地产开发有限公司合作开发房地产合同纠纷案

裁判摘要　根据《村民委员会组织法》（1998 年）第 18 条、第 19 条规定，村民会议由村民委员会召集，对于涉及村民利益的事项和村民委员会认为应当由村民会议讨论决定的涉及村民利益的其他事项，村民委员会必须提请村民会议讨论决定后方可办理，村民委员会经依法召集村民会议讨论决定后，与他人订立的协议，应当认定为合法有效。

2008 年第 5 期　青岛市国土资源和房屋管理局，崂山国土资源分局与青岛乾坤木业有限公司土地使用权出让合同纠纷案

裁判摘要　第一，对于双方当事人意思表示真实约，定内容不损害国家、集体和第三人合法权益，且已经过公证的合同，应认定已经成立。第二，根据合同的相关规定，依法成立的合同自成立时生效，法律行政法规规定应当办理批准登记等手续生效的，依照其规定。第三，合同部分内容无效，但不影响其他部分效力的，应当认定合同其他部分内容有效。

2008 年第 4 期　仲崇清诉上海市金轩大邸房地产项目开发有限公司合同纠纷案

裁判摘要　预约合同一般指双方当事人为将来订立确定性本合同而达成的合意预约，合同生效后，双方当事人均应按照约定履行自己的义务。一方当事人未尽义务导致本合同的谈判、磋商不能进行，构成违约的，应当承担相应的违约责任。

2008 年第 3 期 山西嘉和泰房地产开发有限公司与太原重型机械括号儿集团有限公司土地使用权转让合同纠纷案

裁判摘要 第一，根据最高人民法院《关于审理涉及国有土地使用权合同纠纷案件适用法律问题的解释》（2005 年）第 9 条规定："转让方未取得出让土地使用权证书与受让方订立合同转让土地使用权，起诉前转让方已经取得出让土地使用权证书或者有批准权的人民政府同意转让的，应当认定合同有效。"第二，虽然我国税收、管理方面的法律法规对于各种税收的征收均明确了规定纳税义务人，但是并未禁止纳税义务人与合同相对人约定由合同相对人或者第三人缴纳税款，即对于实际由谁缴纳税款，并未做强制性或禁止性规定。因此，当时在合同中约定由纳税义务人以外的人承担转让土地使用权税费的，并不违反法律法规的强制性规定，应认定为合法有效。第三，根据《合同法》114 条规定，对于当事人在合同中约定的违约金数额，只有在当事人请求调整且合同约定的违约金数额确实低于或者过分高于违约行为，给当事人造成的损失时，人民法院才能进行调整。

2007 年第 11 期 雷远程与厦门王将房地产发展有限公司、远东房地产发展有限公司财产权属纠纷案

裁判摘要 根据相关法律法规和司法解释的规定，法人被吊销营业执照后，应当依法进行清算，其债权、债务由清算组负责清理，法人被吊销营业执照后未依法进行清算的，债权人可以申请人民法院指定有关人员组成清算组进行清算。法人被吊销营业执照后，没有依法进行清算，债权人没有申请，人民法院指定有关人员组成清算组进行清算，而是在诉讼过程中，通过法人自认或者法人与债权人达成协调解协议，在清算之前对其债权债务关系作出处理，对法人资产进行处分，损害其他债权人利益的，不符合公平原则，人民法院对此不予支持。

2007 年第 9 期 青岛中南物业管理有限公司南京分公司诉徐献太、陆素侠物业管理合同纠纷案

裁判摘要 （1）业主与所在小区的物业管理公司签订物业管理服务协议后，即与物业管理公司之间建立了物业管理服务合同关系。物业管理公司作为提供物业管理服务的当事人，有义务进行物业管理，要求业主遵守业主公约及小区物业管理规定，有权对于违反业主公约及物业管理规定的行为加以

纠正，以维护小区正常的物业管理秩序，维护小区全体业主的共同利益，当业主不按照整改要求纠正违反业主公约和物业管理规定的行为时，物业管理公司作为合同一方当事人，有权依法提起诉讼；

（2）对于业主所购房屋毗邻庭院绿地的权属问题，不能仅仅依据房地产开发商的售楼人员曾向业主口头承诺"买一楼房送花园"，以及该庭院绿地实际为业主占有、使用的事实即认定业主对该庭院绿地享有独占使用权。该庭院绿地作为不动产，其使用权的归属，必须根据房屋买卖双方正式签订的商品房买卖协议及物权登记情况加以确定；

（3）业主不得违反业主公约及物业管理规定，基于个人擅自破坏改造与房屋毗邻的庭院绿地，即使业主对于该庭院绿地具有独占使用权，如果该庭院绿地属于小区绿地组成部分，业主在使用该庭院绿地时，亦应遵守业主公约、物业管理规定关于小区绿地管理规定，不得擅自破坏该庭院绿地，损害小区其他业主的合法权益。

2007 年第 8 期　长治市华茂副食果品有限公司与长治市杰昌房地产开发有限公司合作开发房地产合同纠纷案

裁判摘要 合作开发房地产合同，是指当事人之间订立的以提供土地使用权、资金等方式共同出资、共享利润、共担风险、合作开发房地产项目地的合同土地使用权投入方将其土地使用权变更为合作各方共有或者归于项目公司名下，通常是这类合同的重要重要内容。确认某合同是以土地使用权作价出资的合作开发房地产合同还是单一的土地使用权转让合同，应根据合同双方是否对房地产开发项目共享利润、共担风险等情形进行判断。

2007 年第 8 期　陆廷佐诉上海市闸北区房屋土地管理局房屋拆迁行政裁决纠纷案

裁判摘要 房屋拆迁过程中，被拆迁人房屋承租人对被拆房屋评估报告有异议的，有权申请复估。因此，基于正当程序原理，为保护被拆迁人房屋承租人对被拆迁房屋评估报告依法申请复估的权利，拆迁人应将被拆房屋评估报告及时送达被拆迁人、房屋承租人。房屋拆迁行政裁决机关在裁决过程中，应当对被拆房屋评估报告是否送达被拆迁人、房屋承租人的问题予以查明，并确保在裁决作出之前将评估报告送达被拆迁人、房屋承租人。房屋拆迁行政裁决机关未查明该问题即作出房屋拆迁行政裁决，且不能举证证明被拆房屋评估报告已经送达被拆迁人、房屋承租人的，所做房屋拆迁行政裁决书属于认定事实不清、主要证据不足且违反法定程序。被拆迁人、房屋承租人诉至人民法院请求撤销该裁决的，人民法院应予支持。

2007 年第 7 期　金坛市建筑安装工程公司与大庆市庆隆房地产开发有限公司建设工程结算纠纷案

裁判资料在审理建设工程施工合同纠纷案件中，一审法院针对发包人和承包人就已完工程总造价材料分析退价不合格工程返修费用等事项产生的争议，给予当事人申请，分别委托鉴定机构就上述事项进行鉴定，经一审法院组织质证后，当事人对上述鉴定结论仍有异议，提出上诉，经二审庭审补充质证，当事人对上诉，鉴定结论没有提出充分的相反证据和反驳理由的，可以认定上诉鉴定结论的证明力。

2007 年第 6 期　江西圳业房地产开发有限公司与江西省国利建筑工程有限公司建设工程施工合同纠纷案

裁判摘要　根据最高人民法院《关于民事诉讼证据的若干规定》第 34 条规定，当事人应当在举证期限内向人民法院提交证据材料，当事人在举证期限内不提交的，视为放弃举证权利，人民法院可以根据对方当事人提供的证据认定案件事实，但是被视为放弃举证权利的一方当事人依法仍享有抗辩权，人民法院对其抗辩应当依法审查，抗辩有理的，应当予以采纳、支持。

2007 年第 3 期　崂山国土局与南太置业公司国有土地使用权出让合同纠纷案

裁判摘要　（1）根据《合同法》第 45 条规定，当事人对合同的效力约定所附条件，是指在合同中特别约定一定的条件，以条件成就与否作为合同效力发生的根据。该条件必须是将来发生的、不确定的、约定的、合法的事实。政府机关对有关事项或者合同审批或者批准的权限和职责，源于法律和行政法规的规定，不属于当事人约定的范畴。当事人将上述权限和职责约定为合同所附条件，不符合法律规定。

（2）根据《合同法》第 52 条第 5 项和最高人民法院《关于适用〈中华人民共和国合同法〉若干问题的解释（一）》第 4 条的规定，确认合同无效应当以法律和行政法规作为依据，不得以地方性法规和行政规章作为依据。双方当事人签订的《国有土地使用权出让合同》中约定的土地用途与规划和评估报告中的土地用途不同，如果可能导致土地使用权出让金低于订立合同时当地政府按照国家规定确定的最低价的，属于影响国有土地使用权出让合同价格条款效力的因素，但不导致国有土地使用权出让合同无效。

（3）根据《民法通则》（1986 年）第 6 条的规定，民事主体从事民事活动，除必须遵守法律外，在法律没有规定的情况下还应当遵守国家政策。国务院下发的有关规范整顿土地出让市场秩序的通知以及国务院有关部委颁发的贯彻配套规定等规范性文件，属于国家政策。按照国家有关政策规定，在 2002 年 7 月 1 日前未经市、县政府前置审批或者签订书面项目开发协议而在此后协议出让经营性用地的，应当按照有关规定改为以招标拍卖挂牌方式出让。完善招标拍卖挂牌手续的，属于对有关国有土地使用权出让合同的变更或者解除，影响到相关合同能否实际履行以及是否解除问题，不影响和限制合同的效力。

（4）解除权在实体方面属于形成权，在程序方面则表现为形成之诉。在没有当事人依法提出该诉讼请求的情况下，人民法院不能依职权径行裁判。

2007 年第 2 期　农银建财务有限公司与广东三星企业（集团）公司、车桥股份有限公司担保合同纠纷案

裁判摘要 根据最高人民法院《关于适用〈中华人民共和国担保法〉若干问题的解释》的规定，抵押合同被确认无效后，当事人之间责任的承担应当根据其过错程度确认，对于因违反我国法律行政法规而认定无效的抵押合同，因我国法律行政法规均对外公开，各方当事人都应当了解我国法律行政法规的相关规定，故应认定各方当事人对于抵押合同的无效均存在一定的过错。

2006 年第 12 期　鸿润锦源（厦门）房地产开发有限公司与彭雄浑、鸿润集团房地产投资有限公司商品房预售合同纠纷案

裁判摘要 根据《民事诉讼法》（1991 年）第 108 条第 4 项和第 38 条规定，管辖权异议是指当事人对案件是否属于人民法院管辖受理范围或者是否由受诉人民法院管辖提出异议，当事人有权提出管辖权异议，但当事人以其不是适格被告为由提出管辖权异议，不符合上述规定，不属于管辖权异议，当事人是否属于适格被告应当经人民法院实体审理确定。

2006 年第 12 期　大连远东房屋开发有限公司与辽宁金利房屋实业公司辽宁澳金利房地产开发有限公司国土国有土地使用权转让合同纠纷案

裁判摘要　第一，根据《合同法》第 79 条第 80 条的规定，债权人可以将合同权利全部或者部分转让给第三人转让，只需通知到债务人即可，而无需征得债务人同意。因此转让行为一经完成，原债权人即不再是合同权利主体，亦即丧失以自己名义作为债权人向债务人主张合同权利的资格。第二，当时的起诉被法院裁定驳回，该裁定已经发生法律效力的，如果当事人对该裁定不服，除依法通过启动审判监督程序对案件重新审理外，不得在以后的诉讼中主张与该生效裁定相反的内容，亦不能就同一诉讼标的重复起诉。

2006 年第 11 期　新疆亚坤商贸有限公司与新疆精河县康瑞棉花加工有限公司买卖合同纠纷案

裁判摘要　在审理合同纠纷案件中确认违约方的赔偿责任，应当遵循"可预见原则"即违约方仅就其违约行为给对方造成的损失承担赔偿责任，对由于市场风险等因素造成的双方当事人均不能预见的损失，因非违约方过错所致，与违约行为之间有没有因果关系，违约方对此不承担赔偿责任。

2006 年第 11 期　郑州二建公司诉王良础公有住房出售协议违约纠纷案

裁判摘要　第一，建筑物区分所有权只能在该建筑中自己专用的部位行使所有权四项功能，未经该建筑的其他区分所有权和物业经营管理者维修者许可，不得对该建筑的共用部位行使权利；第二，公有住房售出单位对公有住房的共用部位承担的维修责任，售出单位在与公有住房买受人签订售房协议中，为了不加重自己一方在住房售后的维修负担，约定买受人不得实施有碍公有住房共用部位安全的行为，这样的约定没有限制买受人正当行使自己权利，因此是合法有效的。

2006 年第 10 期　重庆台华房地产开发有限公司与重庆晨光实业发展（集团）有限公司、重庆晨光百货有限公司、重庆晨光大酒店有限责任公司房屋搬迁纠纷案

裁判摘要　吊销企业法人营业执照，是工商行政管理机关依据国家工商行政法规对违法企业法人作出的行政处罚，企业法人被吊销营业执照后，应当依法进行清算，清算程序结束并办理工商注销登记后，该法人才归于消灭。判断企业法人资格存续与否，应当以工商行政管理机关是否注销其法人资格为标准，只要该企业尚未被注销，即使被吊销营业执照，仍具有法人资格，仍具有诉讼权利能力和行为能力，有权以自己的名义进行诉讼活动。

2006 年第 8 期　北京新中实经济发展有限责任公司、海南中实集团有限公司与华润置地北京股份有限公司房地产项目权益纠纷案

裁判摘要 根据最高人民法院《关于民事诉讼法诉讼证据的若干规定》，一审诉讼中，当事人主张的法律关系的性质或民事法律行为的效力与法院根据案件事实作出的认定不一致的，法院应当告知当事人可以变更诉讼请求，当事人坚持不变更诉讼请求的，法院应当驳回其起诉而并作出实体判决；法院径行对当事人未主张的法律关系进行裁判，既是代替当事人行使起诉权利，又剥夺了对方当事人的抗辩权利，构成程序违法。

2006 年第 8 期　戴雪飞诉华新公司商品房定购协议定金纠纷案

裁判摘要 购房者对开发商的样板房表示满意，与开发商签订订购协议，并向其交付了定金，约定双方于某日订立商品房预售合同。后由于开发商提供的商品房预售格式合同中有样板房仅供参考等不利于购房者的条款，购房者对该格式条款提出异议，要求删除，开发商不能立即给予答复，以致商品房预售合同没有在订购协议约定的日期订立的，属于最高人民法院《关于审理商品房买卖合同纠纷案件适用法律若干问题的解释》（2003 年）第 4 条规定的不可归责于当事人双方的事由，开发商应当将收取定金返还购房者。

2006 年第 8 期　吉庆公司、华鼎公司与农行西藏分行营业部抵押借款合同纠纷案

裁判摘要 《民事诉讼法》（1991 年）第 53 条关于："当事人一方或者双方为二人以上，其诉讼标的是共同的，或者诉讼标的是同一种类，人民法院认为可以合并审理并经当事人同意的，为共同诉讼"的规定，是就主体合并审理必须经当事人同意作出的规定，其前提是当事人一方或者双方必须为 2 人以上，我国法律并无客体合并审理必须经当事人同意的强制规定，债权人就两笔到期债务一并提起诉讼，人民法院合并审理并作出一审判决，并不违反法律规定。

2006 年第 6 期　徐州路宝交通设施制造有限公司与徐州市华建房地产开发公司，第三人尤安庆房屋买卖合同纠纷案

裁判摘要 当事人对已经发生法律效力的判决不服，或者人民法院发现已经发生法律效力的判决确有错误，只有通过依法启动审判监督程序，撤销原审判决，才能对案件进行重新审判，否则均应受该已发生法律效力的判决的拘束，当事人不得在以后的诉讼中主张与该判决相反的内容，人民法院也不得在以后的判决中作出与该判决冲突的认定和处理。

2006 年第 5 期　福建三木集团股份有限公司与福建省泉州市煌星房地产开发有限公司商品房预售合同纠纷案

裁判摘要　根据最高人民法院《关于民事诉讼证据的若干规定》（2001年）第 2 条、第 10 条、第 34 条规定，当事人对自己提出的诉讼请求所依据的事实或反驳对方诉讼请求所依据的事实有责任提供证据加以证明。当事人向人民法院提供书证的，应当提供原件并在人民法院指定的举证期限内积极、全面、正确地完成举证义务。因此，签订合同的一方当事人主张对方向法院提交的合同文本原件不真实，即应当向法院提供自己持有的合同文本原件及其其他相关证据；如果不能向法院提供合同文本原件，亦不能提供其他却有证明力的证据以否定对方当事人提供的合同文本原件的真实性，因为法院应当根据优势证据原则认定对方当事人提供的合同文本原件真实。

2006 年第 4 期　厦门东方设计装修工程公司与福建省施华房地产开发有限公司商品房包销合同销售案

裁判摘要　当事人签订的合同中对某一具体事项使用了不同的词语进行表述，在发生纠纷后，双方当事人对这些词语的理解产生分歧的，因为法院在审判案件时，应当结合合同全文双方当事人经济往来的全过程，对当事人订立合同时的真实意思表示作出判断，在此基础上，根据诚实信用的原则对这些词语加以解释，不能简单，片面地强调词语文意上存在的差别。

2006 年第 2 期　百花公司诉浩鑫公司买卖合同纠纷案

裁判摘要　第一，根据《担保法》第 49 条第 1 款和最高人民法院《关于适用〈中华人民共和国担保法〉若干问题的解释》第 67 条，在未通知抵押权人和未告知受让人的情况下，抵押人转让已办理登记的抵押物，只要抵押人在转让后向抵押权人清偿了债务，或者受让人在得知受让物上有抵押权后代抵押人清偿了债务，使物上设定的抵押权消灭，转让行为仍可以有效。第二，能够援引《担保法》第 49 条第 1 款规定来主张转让行为无效的，应当是合法权益受到损害的抵押权人或者受让人，不是不履行此款规定通知、告知义务的抵押人。抵押人提起诉讼主张确认转让行为无效的，在确保抵押权实现的前提下，其诉讼请求应当驳回。

2006 年第 2 期　黄颖诉美晟房产公司商品房预售合同纠纷案

裁判摘要 对所购房屋显而易见的瑕疵，业主主张已经在开发商收执的《业主入住验收单》上明确提出书面异议。开发商拒不提交有业主签字的《业主入住验收单》，却以业主已经入住为由，主张业主对房屋现状认可。根据最高人民法院《关于民事诉讼证据的若干规定》（2001 年），可以推定业主关于已提出异议的主张成立。根据《合同法》第 107 条规定，交付房屋不符合商品房预售合同中的约定，由开发商向业主承担违约责任。交付房屋改变的建筑事项，无论是否经过行政机关审批或者是否符合建筑规范，均属另一法律关系，不能作为开发商不违约或者免除违约责任的理由。

2005 年第 10 期　陈清棕诉亭洋村一组亭洋村村委会征地补偿款

裁判摘要 依照《土地管理法》第 14 条和《土地承包法》第 26 条规定，承包土地的农民到小城镇落户后，其土地承包经营权可以保留或者依法流转，该土地如果被征用承包土地的，农民有权获得征地补偿款。

2005 年第 9 期　徐雷诉宗汇房产公司财产所有权纠纷案

裁判摘要 根据《合同法》第 41 条规定，承租人和出租人没有协商免除出租人退还押金的义务，出租人以双方签署的由其提供的解除房屋租赁关系格式合同中有双方再无经济关系的约定为由，拒绝退还押金，承租人提出异议的，出租人不能免除退还押金的义务。

2005 年第 8 期　阿拉山口公司诉宁夏秦毅公司买卖合同纠纷管辖权异议案

裁判摘要 根据《民事诉讼法》（1991 年）第 25 条的规定和最高人民法院《关于适用〈中华人民共和国民事诉讼法〉若干问题的意见》第 33 条的规定，双方当事人协议约定可向各自住所。

2005 年第 6 期　黄金成等 25 人诉成都市武侯区房管局划分物业管理区域行政纠纷案

裁判摘要 一根据反不正当竞争法第二条的规定，经营者违反法律规定，损害虽不直接从事商品经营，但通过附属企业经营活动间接从市场获利的事业法人的合法权益，扰乱市场经济秩序的行为构成不正当竞争，根据《民法通则》（1986 年）第 134 条第 3 款的规定，人民法院在审理民事案件中发现当事人的行为构成违法的，除追究其民事责任外，还可以按照法律规定进行对其予以罚款。

2005 年第 5 期　时间集团公司诉浙江省玉环县（今玉环市）国土局土地使用权出让合同纠纷案

裁判摘要 根据《合同法》第 15 条第 1 款的规定，国有土地使用权出让公告属于要约邀请，竞买人在竞买申请中提出报价，并按要约邀请支付保证金的行为属于要约，双方当事人尚未形成土地使用权出让合同关系。国有土地使用权出让方因出让公告违反法律的禁止性规定，撤销公告后，造成竞买人在缔约阶段发生信赖利益损失的，应对竞买人的实际损失，承担缔约过失责任。

2005 年第 3 期　万顺公司诉永新公司等合作开发协议纠纷案

裁判摘要 第一，催告对方履行的当事人应当是守约方处于违约状态的当事人不享有基于催告对方仍不履行而产生的合同解除权；第二，合同解除权的行使须以解除权成就为前提，解除行为应当符合法律规定的程序，否则不能引起合同解除的法律效果。

2005 年第 3 期　张成银诉徐州市人民政府房屋登记行政复议决定案

裁判摘要 行政机关在行政复议中可能做出不利于他人的决定时，如果没有采取适当的方式通知其本人参加行政复议及作出复议决定的，构成严重违反法定程序，应予撤销。

2005 年第 2 期　眉山气雾剂厂诉眉山市人民政府，眉山市国土局土地行政登记案

裁判摘要 根据最高人民法院《关于执行〈中华人民共和国行政诉讼法〉若干问题的解释》第 43 条规定，对于当事人提出行政诉讼，人民法院应该立案而未立案，又未出具书面裁定，造成当事人向其他部门上访，申诉并继续向人民法院起诉的，不应将当事人第一次起诉被拒绝后，由于非自身原因延误的时间计算在起诉期限内。

2005 年第 1 期　北沙坡村村委会诉西安市高新技术产业开发区东区管委会等拖欠征地款纠纷案

裁判摘要 依据《合同法》第 114 条第 2 款规定，当事人在合同中约定的违约金过分高于违约方给守约方造成的损失的，人民法院可根据当事人的请求适当予以减少。

2004 年第 11 期　念泗三村 28 栋楼居民 35 人诉扬州市规划局行政许可行为侵权案

裁判摘要 根据《城市规划法》第 21 条规定，编制分区规划城市的规划主管行政机关依照法律和地方性法规的授权规划许可的建筑工程，虽然缩短了相邻人住宅的原日照时间，但符合国家和当地行政主管部门技术规范规定的最低日照标准，且不违反其他法律行政法刑法规定的，应认定其许可行为合法。

2004 年第 10 期　长城公司诉远洋大厦公司商品房买卖合同纠纷案

裁判摘要 房屋出卖人交付使用的房屋建筑面积违反商品房买卖合同约定面积的，应按照最高人民法院《关于审理商品房买卖合同纠纷案件适用法律若干问题的解释》（2003 年）第 14 条的规定处理。

2004 年第 8 期　三门峡水利管理局诉郑州市配套建设公司房屋买卖合同纠纷案

裁判摘要 房屋买卖合同的出卖人在收取了买受人支付的大部分款项后，不能以房屋的工程价款需优先受偿为由而拒绝按合同约定向房屋买受人交付房屋。

2004 年第 7 期　丰浩江等人诉广东省东莞市规划局房屋拆迁行政裁决纠纷案

裁判摘要 行政机关作出行政裁决时依据的评估报告，如果存在评估人不具备法定评估资格或者评估人未依法取证等程序上严重违法的问题，应认定行政机关的裁决主要依据不足依法予以撤销。

2004 年第 5 期　中海雅园管委会诉海淀区房管局不履行法定职责案

裁判摘要 行政机关对具体行政行为相对人要求其依法履行职责的，申请人长时间不予书面答复，亦未按规定履行指导监督的职责，其行为构成违法。

2004 年第 4 期　宣懿成等 18 人诉衢州市国土资源局收回土地使用权行政争议案

裁判摘要 行政机关在依法实施具体行政行为时，仅说明所依据的法律名称没有说明依据的具体法律条款，且不能证明其具体行政行为符合法律的哪些规定构成违法应予撤销。

2004 年第 3 期 勋怡公司诉瑞申公司财产权属纠纷案

裁判摘要 双方当事人恶意串通，隐瞒事实，编造理由进行诉讼，违反了《民法通则》（1986 年）第 4 条规定的诚实信用原则，应承担相应的法律责任。

2004 年第 3 期 沈希贤等 182 人诉北京市规划委员会颁发建设工程规划许可证纠纷案

裁判摘要 根据环境保护法第 13 条规定，规划部门审批建设污染环境项目时，在申请方没有提供有关环境保护影响报告书，且建设项目不符合有关国家标准的情况下，即颁发建设许可证的行为，构成违法，应予撤销。

2004 年第 2 期 中国银行江西分行诉南昌市房管局违法办理抵押登记案

裁判摘要 国家行政机关在履行行政登记职责时，未尽到必要的注意义务，致使行政管理相对人遭受财产损失的，应根据国家赔偿法的有关规定承担相应的赔偿责任。

2004 年第 1 期 香港新建业有限公司等诉上海新建新建业有限公司等欠款担保纠纷案

裁判摘要 第一，涉外经济合同当事人以书面形式另行约定或确认法律适用条款的，依法应确认有效；第二，企业法定人企业法定代表人虽已免职，但尚未在政府，企业登记机关办理变更登记前，如不违反企业利益，仍可对外行使相应职权。

2003 年第 4 期 海军航空兵海南办事处诉深圳市三九旅游酒店有限公司等房屋租赁合同纠纷上诉案

2002 年第 6 期 中信实业银行诉北京市精工房地产开发总公司保证合同纠纷案

2002 年第 6 期 罗伦富不服道路交通事故责任认定案

2002 年第 1 期 新疆维吾尔自治区建筑木材加工总厂与中国民主同盟新疆实业发展总公司房屋租赁纠纷

2001 年第 6 期 南京市鼓楼区房产经营公司、宗宝强等诉江苏盛明实业有限公司房屋侵权纠纷案

第三节　最高人民法院房地产法律纠纷典型案件裁判旨要

2014 年 8 月最高人民法院发布第一批征收拆迁十大案例

2014 年 8 月 29 日，最高人民法院公布了人民法院征收拆迁十大案例，这批案件均为 2013 年 1 月 1 日以后作出的生效裁判，涉及国有土地上房屋征收和违法建筑拆除，有的反映出个别行政机关侵害当事人补偿方式选择权、强制执行乱作为等程序违法问题，有的反映出行政机关核定评估标准低等实体违法问题以及在诉讼中怠于举证问题，这些行政行为有的被依法撤销，有的被确认违法，同时，也有合法行政行为经人民法院审查后判决维持。典型案例对于指导人民法院依法履行职责、统一裁判尺度、保障民生权益具有重要意义。

一、杨某某诉株洲市人民政府房屋征收决定案

典型意义　在房屋征收过程中，如果因规划不合理，致使整幢建筑的一部分未纳入规划红线范围内，则政府出于实用性、居住安全性等因素考虑，将

未纳入规划的部分一并征收，该行为体现了以人为本，有利于征收工作顺利推进。人民法院认可相关征收决定的合法性，不赞成过于片面、机械地理解法律。

二、孔某某诉泗水县人民政府房屋征收决定案

典型意义《国有土地上房屋征收与补偿条例》第 2 条规定的对被征收人给予公平补偿原则，应贯穿于房屋征收与补偿全过程。无论有关征收决定还是补偿决定的诉讼，人民法院都要坚持程序审查与实体审查相结合，一旦发现补偿方案确定的补偿标准明显低于法定的"类似房地产的市场价格"，即便对于影响面大、涉及人数众多的征收决定，该确认违法的要坚决确认违法，该撤销的要坚决撤销，以有力地维护人民群众的根本权益。

三、何某诉淮安市淮阴区人民政府房屋征收补偿决定案

典型意义在房屋补偿决定诉讼中，旗帜鲜明地维护了被征收人的补偿方式选择权。《国有土地上房屋征收与补偿条例》第 21 条明确规定："被征收人可以选择货币补偿，也可以选择房屋产权调换"，而实践中不少"官"民矛盾的产生，源于市、县级政府在作出补偿决定时，没有给被征收人选择补偿方式的机会而径直加以确定。本案的撤销判决从根本上纠正了行政机关这一典型违法情形，为当事人提供了充分的司法救济。

四、艾某某、沙某某诉马鞍山市雨山区人民政府房屋征收补偿决定案

典型意义通过严格的程序审查，在评估报告是否送达这一细节上，彰显了司法对被征收人获得公平补偿权的全方位保护。房屋价值评估报告是行政机关作出补偿决定最重要的依据之一，如果评估报告未及时送达，会导致被征收人申请复估和申请鉴定的法定权利无法行使，进而使得补偿决定本身失去合法性基础。本案判决敏锐地把握住了程序问题与实体权益保障的重要关联性，果断撤销了补偿决定，保障是充分到位的。

五、文某某诉商城县人民政府房屋征收补偿决定案

典型意义从程序合法性、实体合法性两个角度鲜明地指出补偿决定存在

的硬伤。在程序合法性方面，依据有关规定突出强调了征收决定作出后才能正式确定评估机构的基本程序要求；在实体合法性方面，强调补偿决定认定的被征收人必须适格。本案因存在征收决定作出前已确定了评估机构，且补偿决定核定的被征收人不是合法权属登记人的问题，故判决撤销补偿决定，彰显了程序公正和实体公正价值的双重意义。

六、霍某某诉上海市黄浦区人民政府房屋征收补偿决定案

典型意义 对如何界定被征收房屋是否属于居住房屋，进而适用不同补偿标准具有积极的借鉴意义。实践中，老百姓最关注的"按什么标准补"的前提往往是"房屋属于什么性质和用途"，这方面争议很多。法院在实践中通常依据房产登记证件所载明的用途认定房屋性质，但如果载明用途与被征收人的主张不一致，需要其提供营业执照和其他相关证据佐证，才有可能酌定不同补偿标准。本案中原告未能提供充分证据证明涉案房屋系非居住房屋，故法院不支持其诉讼请求。

七、毛某某诉永昌县人民政府房屋征收补偿决定案

典型意义 人民法院通过发挥司法监督作用，对合乎法律法规的征收补偿行为给予有力支持。在本案征收补偿过程中，征收部门在听取被征收人对征收补偿方案的意见、评估机构选择、补偿范围确定等方面，比较充分到位，保障了当事人知情权、参与权，体现了公开、公平、公正原则。通过法官释法明理，原告逐步消除了内心疑虑和不合理的心理预期，不仅未上诉，其后不久又与征收部门达成补偿协议，公益建设项目得以顺利推进，案件处理取得了较好法律效果和社会效果。

八、廖某某诉龙南县（今陇南市）人民政府房屋强制拆迁案

典型意义 凸显了行政诉讼中行政机关的举证责任和司法权威，对促进行政机关及其工作人员积极应诉，不断强化诉讼意识、证据意识和责任意识具有警示作用。法律和司法解释明确规定了行政机关在诉讼中的举证责任，不在法定期限提供证据，视为被诉行政行为没有证据，这是法院处理此类案件的法律底线。本案中，被告将原告的合法房屋在拆除违法建筑过程中一并拆

除，在其后诉讼过程中又未能在法定期限内向法院提供据以证明其行为合法的证据，因此只能承担败诉后果。

九、叶某某等三人诉仁化县人民政府房屋行政强制案

典型意义 充分体现了行政审判监督政府依法行政、保障公民基本权益的重要职能。即使对于违法建筑的强制拆除，也要严格遵循《行政强制法》的程序性规定，拆除之前应当先通知相对人自行拆除，在当地张贴公告且不得在夜间拆除。本案被告未遵循这些程序要求，被人民法院判决确认违法。《行政强制法》自 2012 年 1 月 1 日起至今施行不久，本案判决有助于推动该法在行政审判中的正确适用。

十、叶某某诉湖南省株洲市规划局、株洲市石峰区人民政府不履行拆除违法建筑法定职责案

典型意义 以违法建设相邻权人提起的行政不作为诉讼为载体，有效发挥司法能动性，督促行政机关切实充分地履行拆除违建、保障民生的法定职责。针对各地违法建设数量庞大，局部地区有所蔓延的态势，虽然《城乡规划法》规定了县级以上人民政府对违反城市规划、乡镇人民政府对违反乡村规划的违法建设有权强制拆除，但实际情况不甚理想。违法建设侵犯相邻权人合法权益难以救济成为一种普遍现象和薄弱环节，本案判决在这一问题上表明法院应有态度：即使行政机关对违建采取过一定查处措施，但如果不到位仍构成不完全履行法定职责，法院有权要求行政机关进一步履行到位。这方面审判力度需要不断加强。

2018 年最高人民法院发布第二批拆迁补偿案例典型案例

一、王凤俊诉北京市房山区住房和城乡建设委员会拆迁补偿安置行政裁决案

在集体土地征收拆迁当中，安置人口数量之认定关乎被拆迁农户财产权利的充分保护，准确认定乃是依法行政应有之义。实践中，有些地方出于行政效率等方面的考虑，简单以拆迁户口冻结统计的时间节点来确定安置人口数量，排除因婚姻、出生、回国、军人退伍转业等原因必须入户、分户的特

殊情形，使得某些特殊人群尤其是弱势群体的合理需求得不到应有的尊重，合法权益得不到应有的保护。本案中，二审法院通过纠正错误的一审判决和被诉行政行为，正确贯彻征收补偿的法律规则，充分保护农民合法权益的同时，也体现了国家对婚嫁女、新生儿童等特殊群体的特别关爱。

二、孙德兴诉浙江省舟山市普陀区人民政府房屋征收补偿案

评估报告只有准确反映被征收房屋的价值，被征收人才有可能获得充分合理的补偿。要做到这一点，不仅需要行政机关和评估机构依法依规实施评估，同时也离不开被征收人自身的配合与协助。如果被征收人拒绝履行配合与协助的义务导致无法评估，不利后果应由被征收人承担。本案即属此种情形，在孙德兴拒绝评估机构入户，导致装饰装修及房屋附属物无法评估的情况下，行政机关没有直接对上述财物确定补偿数额，而是在决定中载明经入户按实评估后按规定予以补偿，人民法院判决对这一做法予以认可。此案判决不仅体现了对被拆迁人合法权益的保护，更值得注意的是，以个案方式引导被征收人积极协助当地政府的依法征拆工作，依法维护自身的合法权益。

三、王江超等三人诉吉林省长春市九台区住房和城乡建设局紧急避险决定案

在行政执法活动尤其是不动产征收当中，程序违法是一种常见多发的违法形态。本案中，被告为了节省工期，对于已经启动征地程序的房屋，错误地采取危房鉴定和强制拆除的做法，刻意规避补偿程序，构成程序滥用，严重侵犯当事人合法权益。对于此种借紧急避险为由行违法强拆之实的情形，人民法院依法判决撤销被诉行为，彰显了行政诉讼保护公民产权的制度功能。此案的典型意义在于昭示了行政程序的价值，它不仅是规范行政权合法行使的重要方式，也是维护相对人合法权益的保障机制。在土地征收当中，行政机关只有遵循行政程序，才能做到"严格、规范、公正、文明"执法，才能体现以人为本，尊重群众主体地位，才能实现和谐拆迁，才能符合新时代中国特色社会主义法治精神的要求。

四、陆继尧诉江苏省泰兴市人民政府济川街道办事处强制拆除案

不动产征收当中最容易出现的问题是，片面追求行政效率而牺牲正当程

序，甚至不作书面决定就直接强拆房屋的事实行为也时有发生。强制拆除房屋以事实行为面目出现，往往会给相对人寻求救济造成困难。按照《行政诉讼法》的规定，起诉人证明被诉行为系行政机关而为是起诉条件之一，但是由于行政机关在强制拆除之前并未制作、送达任何书面法律文书，相对人要想获得行为主体的相关信息和证据往往很难。如何在起诉阶段证明被告为谁，有时成为制约公民、法人或者其他组织行使诉权的主要因素，寻求救济就会陷入僵局。如何破局？如何做到既合乎法律规定，又充分保护诉权，让人民群众感受到公平正义，就是人民法院必须回答的问题。本案中，人民法院注意到强拆行为系动迁的多个执法阶段之一，通过对动迁全过程和有关规定的分析，得出被告街道办具有推进动迁和强拆房屋的动因，为行为主体的推定奠定了事理和情理的基础，为案件处理创造了情理法结合的条件。此案有两点启示意义：一是在行政执法不规范造成相对人举证困难的情况下，人民法院不宜简单以原告举证不力为由拒之门外，在此类案件中要格外关注诉权保护。二是事实行为是否系行政机关而为，人民法院应当从基础事实出发，结合责任政府、诚信政府等法律理念和生活逻辑作出合理判断。

五、吉林省永吉县龙达物资经销处诉吉林省永吉县人民政府征收补偿案

在征收拆迁案件当中，评估报告作为确定征收补偿价值的核心证据，人民法院能否依法对其进行有效审查，已经在很大程度上决定着案件能否得到实质解决，被拆迁人的合法权益能否得到充分保障。本案中，人民法院对评估报告的审查是严格的、到位的，因而效果也是好的。在认定涉案评估报告存在遗漏评估设备、没有评估师的签字盖章、未附带资产设备的明细说明、未告知申请复核的评估权利等系列问题之后，对这些问题的性质作出评估，得出了两个结论。一是评估报告不具备合法的证据形式，不能如实地反映被征收人的财产情况。二是据此认定评估报告缺乏客观公正性、不具备合法效力。在上述论理基础上撤销了被诉房屋征收补偿决定并判令行政机关限期重作。本案对评估报告所进行的适度审查，可以作为此类案件的一种标杆。

六、焦吉顺诉河南省新乡市卫滨区人民政府行政征收管理案

在行政诉讼中，公民权利意识特别是诉讼意识持续高涨是社会和法治进步的体现。但是公民、法人或者其他组织提起行政诉讼应当具有诉的利益及

诉的必要性，即与被诉行政行为之间存在"利害关系"。人民法院要依法审查被诉行政行为是否对当事人权利义务造成影响？是否会导致当事人权利义务发生增减得失？既不能对于当事人合法权利的影响视而不见，损害当事人的合法诉权；也不得虚化、弱化利害关系的起诉条件，受理不符合《行政诉讼法》规定的受案范围条件的案件，造成当事人不必要的诉累。本案中，被告卫滨区政府决定不再征收焦吉顺所有的房屋，作出了《调整征收范围决定》。由于《调整征收范围决定》对焦吉顺的财产权益不产生实际影响，其提起本案之诉不具有值得保护的实际权益。人民法院依法审查后，裁定驳回起诉，有利于引导当事人合理表达诉求，保护和规范当事人依法行使诉权。

七、王艳影诉辽宁省沈阳市浑南现代商贸区管理委员会履行补偿职责案

在依法治国的进程中，以更加柔和、富有弹性的行政协议方式代替以命令强制为特征的高权行为，是行政管理的一个发展趋势。如何通过行政协议的方式在约束行政权的随意性与维护行政权的机动性之间建立平衡，如何将行政协议置于依法行政理念支配之下是加强法治政府建设面临的重要课题之一。本案即为人民法院通过司法审查确保行政机关对行政协议权的行使符合法律要求，切实保障被征收人合法权益的典型案例。本案中，当事人通过合意，即签订国有土地上房屋征收与补偿安置协议的形式确定了各自行政法上具体的权利义务。行政协议约定的内容可能包罗万象，但依然会出现遗漏约定事项的情形。对于两个行政协议均未约定的"双倍支付"临时安置补助费的内容，二审法院依据2015年2月实施的《沈阳市国有土地上房屋征收与补偿办法》有关"超期未回迁的，按照双倍支付临时安置补助费"之规定，结合行政机关未能履行2011年协议承诺的交房义务以及2016年已协议改变补偿方式等事实，判令行政机关按照上述规定追加补偿原告2015年2月至2016年5月期间一倍的临时安置补助费。此案判决明确了人民法院可适用地方政府规章等规定对行政协议未约定事项依法"填漏补缺"的裁判规则，督促行政机关在房屋征收补偿工作中及时准确地适用各种惠及民生的新政策、新规定，对如何处理行政协议约定与既有法律规定之间的关系具有重要的指导意义。

八、谷玉梁、孟巧林诉江苏省盐城市亭湖区人民政府房屋征收补偿决定案

"正义不仅要实现，而且要以看得见的方式实现。"科学合理的程序可以保障人民群众的知情权、参与权、陈述权和申辩权，促进实体公正。程序正当性在推进法治政府建设过程中具有独立的实践意义和理论价值，此既是党的十九大对加强权力监督与运行机制的基本要求，也是法治发展到一定阶段推进依法行政、建设法治政府的客观需要。《国有土地上房屋征收与补偿条例》确立了征收补偿应当遵循决策民主、程序正当、结果公开原则，并对评估机构选择、评估过程运行、评估结果送达以及申请复估、申请鉴定等关键程序作了具有可操作性的明确规定。在房屋征收补偿过程中，行政机关不仅要做到实体合法，也必须做到程序正当。本案中，人民法院结合被诉征收补偿决定的形成过程，着重从评估机构的选定、评估事项的确定、评估报告的送达、评估异议以及补偿方式的选择等多个程序角度，分析了亭湖区政府征收全过程的程序正当性，进而肯定了安置补偿方式与结果的合法性。既强调被征收人享有的应受法律保障的程序与实体权利，也支持了本案行政机关采取的一系列正确做法，有力地发挥了司法监督作用，对于确立相关领域的审查范围和审查标准，维护公共利益具有示范意义。

第四节　《民事审判指导与参考》房地产纠纷案件裁判旨要

2010 年总第 41 辑

案例 1：当事人仅主张未违约法院能否主动酌减违约金——天津万利成实业发展有限公司与内蒙古铁骑纺织有限责任公司建设工程施工合同纠纷再审案

案例 2：缔约一方以第三人名义签订合同时合同主体及效力的确定——中建一局集团第六建筑有限公司与河北置业房地产开发有限公司及河北省国际信托房地产公司破产清算组建设工程施工合同纠纷上诉案

案例 3：关于施工合同中的让利条款是否附条件问题的正确解读——沈阳三色空调净化工程有限责任公司与沈阳五爱天地实业有限公司建设工程合同纠纷案

2010 年总第 42 辑

案例 4：工程承包人承诺放弃优先受偿权的条件未成就其对转让的工程仍享有优先受偿权

案例 5：当事人就同一工程签订与中标合同内容不一致的合同，如两份合同工程价款、工程质量与工程期限等主要内容无实质性差别，并不必然导致非中标合同无效——中建二局第三建筑工程有限公司与武汉大陆桥投资开发有限公司建设工程施工合同纠纷上诉案

2010 年总第 43 辑

案例 6：实际施工人请求支付无效建设工程施工合同约定的工程进度奖励金的，人民法院不予支持

案例 7：排除与合同无关的第三人之权利义务，遵循合同相对性原则——黑龙江省环亚建筑工程有限公司与哈尔滨医科大学附属第四医院及原审第三人刘国力建设工程施工合同纠纷上诉案

2010 年总第 44 辑

案例 8：《合同法》第 286 条规定的建设工程价款优先权的客体不及于建筑物所占用的建设用地使用权

案例 9：建筑工程承包合同被认定无效后，银行为开办企业出具不实的验资证明应否承担民事赔偿责任——中国新兴建设开发总公司与中国农业银行股份有限公司上海川沙支行等建筑工程承包合同中途停建纠纷再审案

2011 年总第 45 辑

案例 10：依据《合同法》第 125 条规定的合同解释规则，探究当事人对合同条款的解释之真意——浙江东源建设有限公司与攀枝花市临亚房地产开发有限公司建设工程施工合同纠纷上诉案

2011 年总第 47 辑

案例 11：如何认定书面合同的变更——华太建设集团有限公司与浙江福德尔电器有限公司建设工程施工合同纠纷案

2011 年总第 48 辑

案例 12：建设工程施工合同无效，但建设工程经竣工验收合格，承包人是否有权选择要求发包人参照合同约定结算或者据实结算支付工程价款

2012 年总第 49 辑

案例 13：建筑物所有人依据合同约定对建筑工程总承包人应付工程款不承担责任的，应予支持

案例 14：施工合同约定工程尾款待验收通过后支付，如工程验收客观上无法进行，施工人请求支付该尾款，诉讼时效期间应当如何计算？

案例 15：工程款结算金额不明时，承包人不能以超过约定给付期限为由主张逾期违约金——山东万鑫建设有限公司与园林城实业有限公司、海阳市天创投资开发有限公司、山东置城集团有限公司建设工程施工合同纠纷上诉案

案例 16：建设工程经竣工验收合格后，实际施工人与发包人所签订的建设工程价款结算协议，人民法院可予保护——黑龙江省东阳房地产开发有限公司与郑延利建设工程施工合同纠纷案

2012 年总第 50 辑

案例 17：双方当事人签订合作开发房地产合同后，又签订建设工程施工合同。有一方负责施工并取得工程款，应当认定合同变更为建设工程施工合同

案例 18：鉴定机构分别按照定额价和市场价作出鉴定结论的。一般以市场价确定工程价款——济南永君物资有限责任公司与齐河环盾钢结构有限公司建设工程施工合同纠纷一案

案例 19：如何认定合理的停工时间——河南省偃师市（今偃师区）鑫龙建安工程有限公司与洛阳理工学院、河南省第六建筑工程公司索赔及工程欠款纠纷再审案

2012 年总第 51 辑

案例 20：通过以物抵债方式取得建设工程所有权的第三人，不能对抗承

包人行使建设工程价款优先受偿权

2012 年总第 52 辑

案例 21：审计部门对建设资金的审计，不影响建设单位与承建单位的合同效力及履行——呼和浩特绕城公路建设开发有限责任公司与河北路桥集团有限公司建设工程施工合同纠纷案

2013 年总第 53 辑

案例 22：《建设工程施工合同》被确认无效后的过错赔偿责任

2013 年总第 54 辑

案例 23：因组织工程竣工验收的主体不合格，质监部门出具的竣工验收报告不具有证明力——威海市鲸园建筑有限公司与威海市福利企业服务公司、威海市盛发贸易有限公司拖欠建筑工程款纠纷再审案

案例 24：建设工程施工合同应当认定无效的，应参照合同约定确定工程价款——莫志华与东莞市长富广场房地产开发有限公司、深圳市东深工程有限公司建设工程施工合同纠纷再审案

2013 年总第 55 辑

案例 25：就同一建设工程分别签订的多份施工合同均被认定无效后，应当参照双方当事人达成合意并实际履行的合同结算工程价款——汕头市建安（集团）公司与北京秦浪屿工艺品有限公司建设工程施工合同纠纷上诉案

案例 26：建设工程施工合同解除后，承包人仍享有建设工程优先受偿权——陕西建工集团第五建筑工程有限公司与陕西铠达投资集团有限公司建设工程施工合同纠纷上诉案

2014 年总第 57 辑

案例 27：当事人就同一建设工程另行订立的建设工程施工合同与经过备案的中标合同实质性内容不一致的。应当以备案的中标合同作为结算工程价款的依据——浙江宝业建设集团有限公司与天津老板娘水产食品物流有限公司、浙江老板娘食品集团有限公司建设工程施工合同纠纷案

2014 年总第 58 辑

案例 28：二审中发包方以一审判决作为新证据，主张承包方起诉时已经超过诉讼时效期间的诉请应否予以支持？

案例 29：如何理解最高人民法院《关于审理建设工程施工合同纠纷案件适用法律问题的解释》第 21 条所称的"实质性内容"不一致

2014 年总第 59 辑

案例 30：建设工程施工合同校工程尚未竣工且未经验收，承包人请求支付工程价款，发包人同意并主张参照合同约定支付的，一般应当参照合同约定支付工程价款

案例 31：合同的解释应当结合双方当事人的约定的具体内容与案件的实际情况——辽宁省沈阳溢利房地产开发有限公司与中国建筑第六工程局有限公司施工合同纠纷案

2014 年总第 60 辑

案例 32：如何理解《招标投标法》第 33 条所称的低于成本？

案例 33：实际施工人与承包人约定仲裁的情况下不能起诉发包人——甘肃杰出建筑工程有限公司与中交第二公路工程局有限公司、兰渝铁路有限责任公司建设工程施工合同纠纷再审申请案

2015 年总第 61 辑

案例 34：关于实际施工人向发包人主张权利的法律适用与完善

案例 35：违反《招标投标法》规定签订的建设工程施工合同应当认定无效——江苏南通六建建设集团有限公司与山西嘉太泰开发有限公司建设工程施工合同纠纷案

2015 年总第 62 辑

案例 36：建设工程价款优先受偿权的权利范围，不包括因发包人违约导致的损失——中铁 22 局集团第四工程有限公司与安徽瑞讯交通开发有限公司、安徽省高速公路控股集团有限公司建设工程施工合同纠纷上诉案

案例 37：双方当事人已就工程款的结算数额达成协议，无需鉴定——薛理杰，陈强与重庆交通建设集团有限责任公司、绵阳市交通运输局，绵阳市重点公路建设指挥部办公室、绵阳市重点公路建设指挥部，绵阳市人民政府建设工程施工合同纠纷案

案例 38：最高人民法院《关于审理建设工程施工合同纠纷案件适用法律问题的解释》第 26 条第二款的缩限适用问题——大连恒达机械厂与普兰店市（今普兰店区）宏祥房地产开发有限公司、大连重大建筑劳务有限公司、大连博源建设集团有限公司、赵学君建设工程施工合同纠纷申请再审案

2015 年总第 63 辑

案例 39：双方当事人对工程没有明确的交接手续，可以工程实际投入使用时间作为计算欠付工程款的起息点——罗杰与五矿二十三冶建设集团有限公司、中铝国际工程股份有限公司建设工程施工合同纠纷案

2016 年总第 65 辑

案例 40：合同履行过程中的正常变更与黑白合同的认定——唐山凤辉房地产开发有限公司与赤峰建设建筑（集团）有限责任公司建设工程施工合同纠纷案

案例 41：发包人不得仅以与分包人另行签订分包合同，并实际支付工程款为由。抗辩总承包人给付分包部分工程款的请求——陕西省咸阳市建筑安装工程总公司与宁夏银峰房地产开发有限公司建设工程施工合同纠纷上诉案

案例 42：发包人与实际施工人直接签订合同的，实际施工人可以直接向发包人主张权利——中铁二局股份有限公司与李春久建设工程施工合同纠纷上诉案

2016 年总第 66 辑

案例 43：建设工程质量保证金返还期限应尊重合同约定

2016 年总第 67 辑

案例 44：约定了平方米的均价的未完工程如何进行结算——唐山凤辉房地产开发有限公司与赤峰建设建筑集团有限责任公司建设工程施工合同纠

纷案

2017 年总第 69 辑

案例 45： 四川恒升钢构公司诉四川国际标榜学院建设工程合同纠纷案——施工人因修建违法建筑请求给付工程款，不适用建设工程司法解释第二条的规定

2017 年总第 70 辑

案例 46： 债务清偿期届满后的以物抵债协议的性质与履行——内蒙古兴华房地产有限责任公司与通州建总集团有限公司建筑工程施工合同纠纷案

2017 年总第 72 辑

案例 47： 建设工程施工中多份无效合同工程价款的结算-江苏省第一建设安装集团股份有限公司与唐山市昌隆房地产开发有限公司建设工程施工合同纠纷二审案

案例 48： 建设工程价款优先受偿权能否排除强制执行及执行异议之诉审理范围相关问题探讨—华宇广泰建工集团松原建筑有限公司与东北农业生产资料有限公司及松原市博翔房地产开发有限公司案外人执行异议之诉申请再审案

2018 年总第 73 辑

案例 49： 约定的工程价款支付时间晚于竣工日期的，承包人行使优先受偿权的时间不应从竣工之日计算

2018 年总第 74 辑

案例 50： 建设工程施工合同解除后，质量保证金条款能否适用-中国新兴建设开放总公司与国泰纸业（唐山曹妃甸）有限公司建设工程施工合同纠纷案

2018 年总第 76 辑

案例 51： 施工合同无效，能否直接参照合同约定工期计算相关损失——河北工程建设有限责任公司与河北盈驰房地产开发有限公司、石家庄柏林集

团有限公司建设工程施工合同纠纷案

2019 年总第 77 辑

案例 52：中国新兴建设开发有限责任公司与海上嘉年华青岛置业有限公司建设工程施工合同纠纷案

参考文献

一、书籍类

1. 人民法院出版社编：《最高人民法院司法观点集成》（民事卷），人民法院出版社 2017 年版。

2. 《最高人民法院最高人民检察院指导性案例》，人民法院出版社 2018 年版。

3. 朱树英主编：《法院审理建设工程案件观点集成》，中国法制出版社 2017 年版。

4. 朱树英主编：《法院审理房地产案件观点集成》，中国法制出版社 2017 年版。

5. 朱树英：《墨斗匠心定经纬 2》，法律出版社 2017 年版。

6. 史尚宽：《物权法论》，中国政法大学出版社 2000 年版。

7. 史尚宽：《债法总论》，中国政法大学出版社 2000 年版。

8. 郑玉波：《民法债编总论》，中国政法大学出版社 2004 年版。

9. 王泽鉴：《民法物权》，北京大学出版社 2009 年版。

10. 王泽鉴：《民法学说与判例研究》（第 5 册），北京大学出版社 2009 年版。

11. 王利明：《物权法研究》，中国人民大学出版社 2013 年版。

12. 梁慧星：《民法学说判例与立法研究（二）》，国家行政学院出版社 1999 年版。

13. 尹田：《法国物权法》，法律出版社 2009 年版。

14. 丁烈云主编：《房地产开发》（第 4 版），中国建筑工业出版社 2014 年版。

15. 孙森焱：《民法债编总论》（下册），法律出版社 2006 年版。

16. 金昊、赵鉴编著：《房地产开发与经营》，清华大学出版社 2017 年版。

17. 中汇城控股（集团）房地产研究中心编：《房地产精细操盘》，化学工业出版社 2014 年版。

18. 贾康：《中国住房制度与房地产税改革》，企业管理出版社 2017 年版。

19. 陈正平编著：《世界房地产发展史》，陕西科学技术出版社 2015 年版。

20. 张跃松编著：《房地产开发与案例分析》，清华大学出版社 2014 年版。

21. 张建坤编著：《房地产开发》，东南大学出版社 2006 年版。

22. 刘守英：《土地制度与中国发展》，中国人民大学出版社 2018 年版。

23. 田杰芳主编：《房地产开发与经营》，清华大学出版社、北京交通大学出版社 2011 年版。

24. 刘薇主编：《房地产基本制度与政策》，化学工业出版社 2010 年版。

25. 孙智慧、王志磊主编：《房地产开发与经营》，华中科技大学出版社 2016 年版。

26. 谭术魁主编：《房地产开发与经营》（第 3 版），复旦大学出版社 2016 年版。

27. 韩国波主编：《房地产开发》，重庆大学出版社 2008 年版。

28. 叶雉鸠编著：《房地产开发与经营》，清华大学出版社 2018 年版。

30. 孙晓丽、乔晓辉主编：《房地产政策与法规》，化学工业出版社 2018 年版。

31. 中国房地产业协会编著：《2019 中国房地产年鉴》，企业管理出版社 2018 年版。

32. ［美］迈克·E. 米勒斯等：《房地产开发原理与程序》，刘洪玉等译，中信出版社 2003 年版。

33. ［日］田山辉明：《物权法》（增订本），陆庆胜译，法律出版社 2001 年版。

34. ［德］鲁道夫·冯·耶林：《法学是一门科学吗》，李君韬译，法律出版社 2010 年版。

35. 林诚二：《民法债编总论——体系化解说》，中国人民大学出版社 2003 年版。

36. ［美］迈克尔·D. 贝勒斯：《法律的原则——一个规范的分析》，张文显等译，中国大百科全书出版社 1996 年版。

37. ［德］维尔纳·弗卢梅：《法律行为论》，迟颖译，法律出版社 2013 年版。

39. 丁万星等：《建设工程法律实务与案例分析》，中国政法大学出版社 2019 年版。

二、论文类

1. 崔建远："以物抵债的理论与实践"，载《河北法学》2012 年第 3 期。

2. 李英健："我国城镇住房制度改革进程 40 年回顾"，载《城市住宅》2018 年第 8 期。

3. 董昕："中国房地产业的发展历程与展望——兼论中国住房制度与土地制度的改革变迁"，载《经济研究参考》2017 年第 52 期。

4. 吴宇哲、孙小峰："改革开放 40 周年中国土地政策回溯与展望——城市化的视角"，载《中国土地科学》2018 年第 7 期。

5. 董藩、王庆春："房地产开发调控的几个基本理论问题（上篇）"，载《城市开发》2003 年第 11 期。

6. 董藩、王庆春："房地产开发调控的几个基本理论问题（下篇）"，载《城市开发》2003 年第 12 期。

7. 张新："本案以房抵债协议构成新债清偿"，载《人民法院报》2006 年 11 月 29 日。

8. 丁万星、赵广庆、林青："论发包人提前占用未竣工工程的法律后果以及救济措施"，载《河北建筑工程学院学报》2014年第4期。

9. 丁万星、赵广庆、林青："建设工程中承发包双方主体资格的法律分析"，载《河北建筑工程学院学报》2013年第3期。

10. 丁万星、吴玉婷、刘月君："论河北省建筑业领域实现双碳经济的法治保障"，载《河北建筑工程学院学报》2022年第3期。

11. 丁万星："新冠疫情下施工工期和造价等控制因素的风险分担、法律救济和争端解决措施"，载《仲裁咨询》2022年2月26日。

后 记

　　1990 年我到河北建筑工程学院从事教学工作。1994 年，学校设立房地产专业，我承担了房地产专业《经济法》《城市房地产法》的教学任务。2009 年我正式调到经济管理学院的房地产教研室，又担任《建设与房地产法》的教学任务。由于长期给建设工程和房地产专业同学上课，自己知识结构也逐渐偏向于建设工程和房地产方向。

　　1992 年，我通过了当时的律师资格考试，1994 年我到律师事务所实习，1995 年拿到律师执业证，开始从事律师工作。因为我承揽房地产案件后，总能得到学校同事的专业指点，所以逐渐感觉在建设工程和房地产专业方面有了一点积累，于是就想把我办理的房地产诉讼案件中的典型案例整理出版。我把真实的公司名字、时间、地点隐去，换上自己取的名字，方便大家在案例中学习法律知识，以期我的学生们在未来的工作中谙熟建设工程和房地产法律规则，在竞争中立于不败之地。

　　从效果上看，近年来我所在的院校就业越来越好，至今已经连续四年在全国毕业生薪酬榜上位居前一百名。2020 年更是位居第 73 名，超越了一些"211"甚至"985"学校。这一点，令我们这些从事教学工作的教师倍感欣慰，可以说是"日拱一卒，功不唐捐"。

　　参加本书写作的还有河北建筑工程学院房地产教研室主任李艳芳副教授，高级经济师王腾老师、对外经济贸易大学的丁隐等人。本书案例来自我参加的诉讼，但是他们三位帮助我整理编纂讲义资料，并整理、打印资

550

料，撰写、编辑、校对书稿，付出了大量劳动。我的研究生谭京、宣萱、郭晓龙、陈兴宇对本书亦有贡献。

河北建筑工程学院学术团队能力提升项目（项目编号：TD202203）、河北省高等教育教学改革研究与实践项目：立德树人视域下"德育"融入工科类课程教学实践研究（项目编号：2022GJJG327）、河北省高等学校人文社会科学青年基金项目：疫情防控常态背景下工科院校大学生就业困境与破解对策研究（项目编号：SQ2023243）、河北建筑工程学院教育教学改革研究与实践项目：关于《建设工程法律实务与案例分析》课程体系的创新研究（2022JY128）、河北省科技厅软科学专项：双碳背景下河北省城镇建筑碳排放目标和控制对策研究（22557676D）对本书出版给予了赞助，在此予以感谢

"眼出心生句自神，暗中摸索总非真。画图临出秦川景，亲到长安有几人。"理论和现实之间的差距非常大，在有人物、有场景有故事的案例中体会立法精神，更能够地体会法律"执象以求，咫尺千里"的精神空间。在此意义上，本书也能为房地产专业人士以及从事房地产专业的律师同行们提供借鉴。